30位著名学者
纵论哲学社会科学

中国社会科学院马克思主义研究学部 编

中国社会科学出版社

图书在版编目（CIP）数据

30位著名学者纵论哲学社会科学／中国社会科学院马克思主义研究学部编．
—北京：中国社会科学出版社，2017.10
ISBN 978 - 7 - 5203 - 1134 - 2

Ⅰ.①3…　Ⅱ.①中…　Ⅲ.①哲学社会科学—研究　Ⅳ.①C

中国版本图书馆 CIP 数据核字（2017）第 243292 号

出 版 人　赵剑英
责任编辑　田　文
特约编辑　陈　琳
责任校对　张爱华
责任印制　王　超

出　　版　中国社会科学出版社
社　　址　北京鼓楼西大街甲 158 号
邮　　编　100720
网　　址　http://www.csspw.cn
发 行 部　010 - 84083685
门 市 部　010 - 84029450
经　　销　新华书店及其他书店

印　　刷　北京君升印刷有限公司
装　　订　廊坊市广阳区广增装订厂
版　　次　2017 年 10 月第 1 版
印　　次　2017 年 10 月第 1 次印刷

开　　本　787×1092　1/16
印　　张　40
插　　页　2
字　　数　676 千字
定　　价　168.00 元

目　录

政治经济学篇

科学社会主义篇

社会科学总论篇

习近平总书记系列重要讲话的核心要义是坚持和发展中国特色社会主义

李慎明

【作者简介】李慎明，第十二届全国人大常委会委员，第十二届全国人大内务司法委员会副主任委员。中国社会科学院原副院长、党组副书记，世界社会主义研究中心主任，研究员、博士生导师。党的十六大、十七大代表；第十、十一届全国人大常委会委员。中央马克思主义理论研究和建设工程咨询委员会委员、首席专家；全国哲学社会科学评审委员会国际问题组组长；国务院学位委员会第六、第七届学科评议组政治组成员；中国政治学会会长；中国中共文献研究会副会长；中共党史研究会副会长；中国科学社会主义学会副会长；中国国际文化交流协会副理事长；全国党的建设研究会、中国国际战略学会、中国国际友好联络会等顾问；中央统战部专家咨询组成员。中国社会科学院研究生院教授，清华大学、南开大学、北京交通大学、郑州大学、国家行政学院、国家教育行政学院、俄罗斯科学院远东研究所等兼职教授。俄罗斯科学院、莫斯科大学名誉博士。国家中医药管理局改革发展专家咨询委员会顾问。主要研究方向：党的建设、民主政治、国际战略。主要著作：《忧患百姓忧患党——毛泽东关于党不变质思想探寻》《对习近平总书记所讲社会主义的体悟》《居安思危——苏共亡党二十年的思考》《人为什么而活着》《全球化背景下的中国国际战略》《全球化背景下的中国大党建》《李慎明自选集》《中国和平发展与国际战略》《战争和平与社会主义》《纵马湘赣》《王震传》（合著，上、下册）等，任八集电视片《居安思危——苏共亡党的历史教训》和六集电视教育片《苏联亡党亡国20年祭——俄罗斯人在诉说》总撰稿。主编《世界社会主义跟踪研究报告——且听低谷新潮声》（系列）、《全球政治与安全报告》（黄皮书系列）等20多部学术著作。先后在《人民日报》《求是》《光明日报》等中央重要报刊发表文章200多篇。数部作品获国家有关奖项。

2016年2月28日，中共中央办公厅印发的《关于在全体党员中开展"学党章党规、学系列讲话，做合格党员"学习教育方案》指出：要"认真学习习近平总书记关于改革发展稳定、内政外交国防、治党治国治军的重要思想，认真学习以习近平同志为总书记的党中央治国理政新理念新思想新战略，引导党员深入领会系列重要讲话的丰富内涵和核心要义"，"坚定中国特色社会主义道路自信、理论自信、制度自信"。在当今经济全球化、国际金融危机和世界多极化深入发展的今天，在国内改革开放历经三十八年进入新的历史时期的今天，在国际国内机遇与挑战都前所未有和世所罕见的今天，在全党开展这样的"两学一做"学习教育十分重要和十分必要。

截至中办关于开展"两学一做"学习教育的通知为止，对于以习近平同志为总书记的党中央关于在思想理论方面的新发展，中央先后有五大重要提法：一是习近平总书记系列重要讲话；二是习近平总书记关于改革发展稳定、内政外交国防、治党治国治军的重要思想；三是以习近平同志为总书记的党中央治国理政新理念新思想新战略；四是"全面建成小康社会、全面深化改革、全面依法治国、全面从严治党"战略布局；五是"创新、协调、绿色、开放、共享"五大发展理念。

我个人认为，从一定意义上讲，我们可以作出如下判断，习近平总书记系列重要讲话等五大重要提法是五个同心圆。

习近平总书记系列重要讲话是最大的圆。其中涵盖了以习近平同志为总书记的党中央关于思想理论方面新发展的全部思想，并为习近平总书记的思想在未来的发展提供了广阔的空间。

习近平总书记关于改革发展稳定、内政外交国防、治党治国治军的重要思想是第二个圆。这是对习近平总书记系列重要讲话丰富内涵和具体范畴的界定。这里突出了治党并把治党放在治国治军之前，也涵盖了习近平总书记关于党的建设的全部思想。

以习近平同志为总书记的党中央治国理政新理念新思想新战略是小于前两

个圆的第三个圆。狭义上的治国理政思想不包括党的建设思想。

"四个全面"战略布局和五大发展理念分别是习近平总书记系列重要讲话、重要思想和治国理政新理念新思想新战略的重要组成，分别是第四个圆和第五个圆。"四个全面"战略布局中的"全面从严治党"属于党的建设的范畴，但全面从严治党仅是习近平同志党的建设思想的重要组成，而不是全部。"四个全面"战略布局是在当今中国贯彻落实习近平总书记系列重要讲话、重要思想和治国理政新理念新思想新战略的行动纲领，而五大发展理念则是指导贯彻落实"四个全面"战略布局特别是经济建设方面的行动理念和行动指南。

早在 2012 年 11 月 17 日，习近平同志在十八届中共中央政治局第一次集体学习时就明确指出："中国特色社会主义是中国共产党和中国人民团结的旗帜、奋进的旗帜、胜利的旗帜。我们要全面建成小康社会、加快推进社会主义现代化、实现中华民族伟大复兴，必须始终高举中国特色社会主义伟大旗帜，坚定不移坚持和发展中国特色社会主义。"①

2013 年 1 月 5 日，习近平在新进中央委员会的委员、候补委员学习贯彻党的十八大精神研讨班上又强调："中国特色社会主义是社会主义而不是其他什么主义，科学社会主义基本原则不能丢，丢了就不是社会主义"；"党的十八大精神，说一千道一万，就是坚持和发展中国特色社会主义"。②

依据习近平以上的论述，我们完全有足够的理由说，对于当代中国共产党人来说，说一千道一万，我们所干的所有事业，归结为一点，就是坚持和发展中国特色社会主义。

所以，我们说，坚持和发展中国特色社会主义是习近平总书记系列重要讲话、重要思想、治国理政新理念新思想新战略、"四个全面"战略布局和五大发展理念的核心要义，也可以说这是以上五个不同层次不同范畴的五个圆的共同的圆心。

早在 1917 年 8 月，毛泽东就十分重视理论的作用，他形象地指出："当今之世，宜有大气量人，从哲学、伦理学入手，改造哲学，改造伦理学，根本上变换全国之思想，此如大纛一张，万夫走集；雷电一震，阴噎皆开，则沛乎不可御矣！"③ 1920 年 11 月，毛泽东又说："中国坏空气太深太厚，吾们诚哉要造成一种有势力的新空气，才可以将他斟换过来。我想这种空气，固然要有一班刻苦励志的'人'，尤其要有一种为大家共同信守的'主义'，没有主义，是造不成空气

① 《人民日报》2012 年 11 月 18 日。

② 《人民日报》2013 年 1 月 6 日。

③ 《毛泽东早期文稿》，湖南出版社 1995 年版，第 86 页。

的。我想我们学会，不可徒然做人的聚集，感情的结合，要变为主义的结合才好。主义譬如一面旗子，旗子立起了，大家才有所指望，才知所趋赴。"①

在当今中国，中国特色社会主义伟大旗帜就是方向，就是形象，就是力量，就是光明灿烂的希望。坚持和发展中国特色社会主义，我们就一定能够避免修昔底德陷阱，否则，就必然会落入此陷阱并给中华民族带来重大的灾难。

愈是中国的，就必然愈是世界的。苏东剧变和苏联解体后，中国不仅是世界上最大的发展中国家，同时也是世界上最大的社会主义国家。在占世界人口1/5 的中国，在深度参与经济全球化的中国，在国际风云变幻和风雷激荡背景下的中国，能够毫不动摇地坚持和发展中国特色社会主义并巍然屹立于世界民族之林，这对于带动和推动世界社会主义在 21 世纪的复兴，对于创新和发展 21世纪的马克思主义，都必然具有重大的现实意义和历史意义。

要深刻理解中国特色社会主义，就必须认真学习习近平总书记系列重要讲话。习近平总书记反复强调的"坚持和发展中国特色社会主义"，"中国特色社会主义是由道路、理论体系、制度三位一体构成"②，"坚持以人民为中心的发展思想"和"中国共产党是中国特色社会主义的领导核心"等重要思想，则体现了习近平总书记系列重要讲话的核心要义。

一　中国特色社会主义道路主要体现在经济领域，主要体现着中国特色社会主义的经济基础

中国特色社会主义道路，是坚持科学社会主义在当代中国的实践之路；是具有时代特征和中国特色、建设富强民主文明和谐的社会主义现代化国家的发展之路；是坚持党的基本路线、不断解放和发展社会生产力和逐步实现全体人民共同富裕的幸福之路。

我个人认为，一个国家的广义的发展道路，体现在经济政治文化和对外关系发展的方方面面，但经济是基础，因此，坚持和发展中国特色社会主义道路，主要和根本体现在经济发展道路上。当然，政治是经济的集中体现。经济的发展道路，首先表现在政治的上层建筑领域之中，是一定阶级及其集团通过国家所确立的一定的经济制度，这也可以叫作应然；但这一经济制度在经济领域里运行的实际状况，则属于经济基础的范畴，这也可以叫作实然。中国特色社会主义发展道路，本质上属于经济基础领域，直接和根本体现在应然经济制度在

---

① 《毛泽东早期文稿》，湖南出版社 1995 年版，第 554 页。
② 《习近平谈治国理政》，外文出版社 2014 年版，第 8 页。

实然经济领域的落实上，主要体现在所有制及分配关系和人与人关系的实际状况上。

十八大之后，党中央十分强调以宪治国。我国的宪法明确规定："中华人民共和国的社会主义经济制度的基础是生产资料的社会主义公有制，即全民所有制和劳动群众集体所有制"；"国家在社会主义初级阶段，坚持公有制为主体、多种所有制经济共同发展的基本经济制度"；"国有经济，即社会主义全民所有制经济，是国民经济中的主导力量"；"国家保护个体经济、私营经济等非公有制经济的合法的权利和利益。国家鼓励、支持和引导非公有制经济的发展"。

2015 年 11 月 23 日，习近平总书记在政治局学习会上指出："要坚持和完善社会主义基本经济制度，毫不动摇巩固和发展公有制经济，毫不动摇鼓励、支持、引导非公有制经济发展，推动各种所有制取长补短、相互促进、共同发展，同时公有制主体地位不能动摇，国有经济主导作用不能动摇，这是保证我国各族人民共享发展成果的制度性保证，也是巩固党的执政地位、坚持我国社会主义制度的重要保证。"① 习近平总书记在参加 2014 年"两会"上海代表团的审议时指出，"国企不仅不能削弱，而且要加强"，"国有企业加强是在深化改革中通过自我完善，在凤凰涅槃中浴火重生"；"要吸取过去国企改革经验和教训，不能在一片改革声浪中把国有资产变成谋取暴利的机会"。② 2016 年 3 月 4 日，习近平总书记在参加全国政协十二届四次会议民建、工商联界委员联组会讲话时还明确指出："实行公有制为主体、多种所有制经济共同发展的基本经济制度，是中国共产党确立的一项大政方针，是中国特色社会主义制度的重要组成部分，也是完善社会主义市场经济体制的必然要求"；"我们党在坚持基本经济制度上的观点是明确的、一贯的，而且是不断深化的，从来没有动摇"；"任何想把公有制经济否定掉或者想把非公有制经济否定掉的观点，都是不符合最广大人民根本利益的，都是不符合我国改革发展要求的，因此也都是错误的"。③

通过对照学习宪法与习近平同志的相关论述，我们完全可以这样说，习近平同志的相关论述与我国根本大法宪法的规定是完全一致的。总书记带头遵守宪法，宣传宪法，依照宪法的根本原则提出经济、政治和文化等一系列治党治国治军的大政方针，这也更加坚定了广大干部群众依法治国首先是依宪治国的信心，坚定了广大干部群众走中国特色社会主义道路的信心。

---

① 《人民日报》2015 年 11 月 24 日。
② 《人民日报》2014 年 3 月 10 日。
③ 《人民日报》2016 年 3 月 10 日。

我国正处于并将长期处于社会主义初级阶段。在当今我国，能否在经济领域真正做到坚持公有制为主体、多种所有制经济共同发展这一基本经济制度，至关重要。从一定意义上讲，只有毫不动摇地坚持这一基本经济制度，才能直接和根本体现我国的社会主义性质，体现最广大人民群众的根本利益，体现党和政府坚定正确的领导，党、国家、人民和民族也才有着光明的前途。

在坚持和完善社会主义基本经济制度中，也出现了不同程度的错误想法和做法。比如，有的想否定非公有制经济对公有制为主体的社会主义经济制度的有益补充作用，认为市场上的假冒伪劣产品全部来自非公有制经济，只有公有制经济才能有力保障食品、药品等这些直接关乎亿万人民生命之大事的安全。有的则说，对非公有制经济只提鼓励、支持就可以了，不要再提引导非公有制经济发展了，一提引导，就容易影响非公有制经济的大力发展；有人认为只有私有制经济才有活力，甚至鼓吹全盘私有化。这两种错误倾向，我们都要反对。但在反对的同时，必须具体分析。在当今中国，必须弄清，从整体上和在不同领域中，哪种倾向是主要问题，如何有针对性地采取哪些行之有效的措施加以解决。只有这样，我们才能有利于真正做到坚持公有制为主体、多种所有制经济共同发展这一社会主义初级阶段的基本经济制度，也才能把依宪治国落到实处。

毛泽东说，社会主义社会是一个相当长的历史阶段。邓小平说，中国处于并将长期处于社会主义初级阶段。我们必须时时记住这一国情。中国特色社会主义民营企业，在社会主义初级阶段中担负着光荣的使命。中国的民营企业家有很多必然具有中国特色社会主义的特色和中华民族优秀文化传统与优秀道德传统。在中华民族实现伟大复兴的征程中，必然有凯歌先进的豪迈，同时又有风雨交加的艰辛。我们深信，特别是在风雨交加之时，将有许多中国的民营企业家将坚定与党、国家、人民和民族站在一起，将有更多的华为式的企业出现。

中国国有企业是中华人民共和国的长子，为新中国建设和改革事业作出了重大贡献。国有企业是我国国民经济中的中坚力量，是我国国计民生和国防建设的重要支撑，是中国特色社会主义的重要组成和重要体现。

现在，不少同志关注着国有企业管理中出现的腐败现象。也有不少同志担心，我们要坚持公有制为主体，但如何有效遏制公有制企业中的腐败现象呢？有的人还把国有企业中出现的腐败现象作为全盘私有化的理由。这里涉及一个人与机制体制的关系问题，也涉及哲学上的内因与外因问题。

1960年2月9日，毛泽东在读完苏联《政治经济学教科书》下册的结束语后说：“所有制问题基本解决以后，最重要的问题是管理问题，即全民所有的企业如何管理的问题，集体所有的企业如何管理的问题，这也就是人与人的关系问题。这方面是大有文章可做的。"① 毛泽东又说："生产关系包括所有制、劳动和劳动生产中人与人之间的相互关系、分配形式三个方面。经过社会主义改造，基本上解决了所有制问题以后，所有制性质具有相对的稳定性；但人们在劳动生产中的平等关系，是不会自然出现的。"②

毛泽东的这一判断完全正确。我们体味，所有制性质在一定时期可以处于相对稳定的阶段，劳动生产中的人与人之间关系却处于不断变化之中。这种变化存在着两种可能：一是沿着社会主义公有制的要求，不断完善和发展人与人在劳动生产中的关系；二是也存在着违背社会主义公有制要求的逆向发展的可能。这两者都会对社会主义公有制的性质产生影响。所以，在所有制问题基本解决以后，管理问题即人与人的关系问题就突出出来了，核心问题是如何防止管理人员由社会公仆变为官僚老爷，即巴黎公社原则中所说的如何"防止国家和国家机关由社会公仆变为社会主人"③，如何确保已经建立起来的新的生产关系能够适应和促进生产力的发展。这也是永远保持党的先进性和纯洁性、保持党和政权永不变质的重大而又根本的问题。

所以，毛泽东明确要求："等级森严，居高临下，脱离群众，不以平等待人，不是靠工作能力吃饭而是靠资格、靠权力，干部之间、上下级之间的猫鼠关系和父子关系，这些东西都必须破除"；④ "如果干部不放下架子，不同工人打成一片，工人就往往不把工厂看成自己的，而看成干部的。干部的老爷态度使工人不愿意自觉地遵守劳动纪律，而且破坏劳动纪律的往往首先是那些老爷们"。⑤ 这样下去，企业的社会主义性质就有可能受到损害甚至变质，结果名义上的国有企业或集体企业，就会变成实质上的资本主义企业了。这也就是说，企业的管理权与所有权是密切相关、相辅相成、相互作用的。在一定条件下，管理权则对所有权起着决定性的反作用。

所谓管理问题，首先是管理权掌握在谁手里的问题，群众应不应该参加管理的问题。这样，在马克思主义的发展史上，毛泽东第一个从理论上提出了社会主义所有制的生产资料管理权问题，并且把它和所有权的变化、发展放在一起来说明社会主义所有制问题"大有文章可做"，从而找到了社会主义革命成

---

① 《毛泽东年谱（1949—1976）》第 4 卷，中央文献出版社 2013 年版，第 325 页。

② 《毛泽东读社会主义政治经济学批注和谈话》（上），中华人民共和国国史学会，1997 年 7 月，第 67 页。

③ 《马克思恩格斯选集》第 3 卷，人民出版社 1995 年版，第 12 页。

④ 《毛泽东读社会主义政治经济学批注和谈话》（上），中华人民共和国国史学会，1997 年 7 月，第 67 页。

⑤ 《毛泽东年谱（1949—1976）》第 4 卷，中央文献出版社 2013 年版，第 285—286 页。

功以后，党的先进性和纯洁性建设所应努力的主要方向。

通过毛泽东以上一系列论述，我们完全可以说，国有企业中出现的腐败现象，并不是公有制自身存在的问题，而是私有观念对公有制侵蚀的结果。这也充分说明，公有制企业，要求必须培育和树立相应的公有观念才能搞好。国有企业中出现的腐败现象，并没有为全盘私有化和资本的永久统治提供任何理由，反而印证了马克思、恩格斯在《共产党宣言》中所说的必然与传统的所有制关系和传统的所有制观念实行"两个彻底决裂"思想的正确，说明以习近平同志为总书记的党中央强调牢固树立正确理想信念和践行社会主义核心价值观的迫切性与重要性。

中国特色社会主义经济发展道路的内涵十分丰富，习近平同志强调的改革开放之路是强国之路，党的十八届五中全会中提出的"创新、协调、绿色、开放、共享"五大发展理念也主要是体现在中国特色社会主义经济发展道路之中。

二　中国特色社会主义理论体系体现在中国特色社会主义的文化领域，是中国特色社会主义的行动指南

中国特色社会主义理论体系，是马克思主义中国化最新成果，包括邓小平理论、"三个代表"重要思想、科学发展观，同时也包括习近平总书记一系列重要讲话精神等。

中国特色社会主义理论体系与马克思列宁主义、毛泽东思想是坚持、发展和继承、创新的关系。一方面，我们决不能丢掉"老祖宗"。从一定意义上讲，马克思主义、科学社会主义和共产主义是同一事物的三种不同称呼和表达。马克思主义辩证唯物主义和历史唯物主义，深刻揭示了客观物质世界特别是人类社会发展的一般规律，是放之四海而皆准的普遍真理，而中国特色社会主义理论体系仅是把马克思主义的普遍真理与中国社会主义初级阶段实际相结合的产物，中国特色社会主义仍在实践之中，我们仍然需要不断把马克思主义的普遍真理与中国特色社会主义新的实践相结合。而且，中国特色社会主义理论体系是在毛泽东思想基础上产生和发展起来，要想使中国特色社会主义理论体系得到健康发展，就必须牢记习近平同志所说："马克思列宁主义、毛泽东思想一定不能丢，丢了就丧失根本。"[1] 另一方面，经济全球化、世界多极化和国际金融危机正在深入发展；改革开放三十八年来，国内社会主义市场经济的不断确立和发展都使得我们党面临着前所未有的机遇与世所罕见的挑战。我们党也亟待

---

[1] 《人民日报》2013年1月6日。

把马克思主义的普遍真理与当今国际国内新的情况实行新的结合，从而创新和发展 21 世纪的马克思主义。

这就需要正确处理坚持与发展马克思主义的关系。要坚持和创新相统一，不能割裂，更不能对立。而要正确处理坚持和发展马克思主义的关系，还必须坚持党的最高纲领和基本纲领相统一的关系。我们坚信共产主义是人类历史发展的必然归宿，我们所坚持和发展的中国特色社会主义，是顺应人类社会发展规律的正义事业，经过艰辛的奋斗，必然会取得最终的胜利，即与人类一道共同过渡到将来的共产主义社会。

党的十八大标志着中国共产党进入一个新的历史时期，在这一历史时期，我们每一名真正的共产党人，心目中都应该牢记着为现在实现"两个一百年"即中华民族伟大复兴的中国梦而奋斗和为将来实现共产主义而奋斗这样两个明确的目标。如果不为实现"两个一百年"这一基本纲领而艰辛奋斗，而仅仅奢谈、空谈什么共产主义，则必定是乌托邦式的空想。这是每一位真正的共产党人都不会也不应该赞成的。但是，我们也应看到，从整体上看，对共产主义远大理想信念不足甚至产生了信仰危机是当今党内与社会上的主要倾向。正因如此，党的十八大以来，习近平同志反复强调共产党员和党的各级领导干部必须坚定共产主义远大理想，多次批评了那种认为"共产主义虚无缥缈"的观点。他指出："共产主义决不是'土豆烧牛肉'那么简单，不可能唾手可得、一蹴而就，但我们不能因为实现共产主义理想是一个漫长的过程，就认为那是虚无缥缈的海市蜃楼，就不去做一个忠诚的共产党员。革命理想高于天。实现共产主义是我们共产党人的最高理想，而这个最高理想是需要一代又一代人接力奋斗的。"① 所以说，如果不能坚定共产主义的远大理想，或是看不起中华民族伟大复兴的中国梦这一基本纲领而对它怠慢，都不是一个自觉的和忠诚的共产主义者。

经济政策必须从现时经济文化发展水平出发，照顾大多数人现时的思想政治觉悟和实际的经济利益，搞最大公约数；但指导思想、理想信念和核心价值观则必须具有导向性、先进性和纯洁性，不能搞最大公约数。

三　中国特色社会主义制度主要体现在中国特色社会主义的政治领域，是中国特色社会主义的可靠保障

如果说中国特色社会主义道路主要体现在经济基础领域，那么，中国特色

---

① 习近平：《做焦裕禄式的县委书记》，中央文献出版社 2015 年版，第 5 页。

社会主义制度则直接体现在政治的上层建筑领域。中国特色社会主义制度，从中华人民共和国是工人阶级领导的、以工农联盟为基础的人民民主专政的社会主义国家这一社会主义根本制度出发，坚持把根本政治制度、基本政治制度同基本经济制度以及各方面体制机制等具体制度有机结合起来，坚持把党的领导、人民当家作主、依法治国有机结合起来，体现在经济社会的各个领域。而习近平总书记系列重要讲话、重要思想、治国理政、"四个全面"和五大发展理念的贯彻落实同样涉及也必然涉及我国经济社会的各个领域，通过对习近平总书记系列重要讲话的贯彻落实，中国特色社会主义制度在经济社会的各个领域也必然得到坚持和发展。

以"四个全面"战略布局中的全面深化改革为例。习近平同志指出："党的十八届三中全会提出的全面深化改革的总目标，就是完善和发展中国特色社会主义制度、推进国家治理体系和治理能力现代化。这是坚持和发展中国特色社会主义的必然要求，也是实现社会主义现代化的应有之义。"[1]

这也就是说，在全面深化改革的时候，我们不能只记得推进国家治理体系和治理能力现代化这一句话和这一手段，从而淡化国家治理体系和治理能力现代化的社会主义属性，进而忘记推进国家治理体系和治理能力现代化的根本目的是完善和发展中国特色社会主义制度与所要前进的根本方向是坚持和发展中国特色社会主义。改革开放是一场深刻革命，一方面必须坚持正确方向，沿着正确道路推进，不断推动社会主义制度自我完善和发展，坚定不移走中国特色社会主义道路；同时也必须根据变化了的新情况，积极回应广大人民群众对深化改革开放的强烈呼声和殷切期待，加强宏观思考和顶层设计，更加注重改革的系统性、整体性、协同性，鼓励大胆试验、大胆突破，以更大的政治勇气和智慧，不断把社会主义的改革开放大业引向深入。

这就需要在贯彻落实"四个全面"战略布局和五大发展理念中，正确处理全面深化改革与全面推进依法治国的关系。全面深化改革即要求变，这就要求勇于打破已有的不适应新情况、新要求的规则和办法；而全面推进依法治国，则是要求按规则办事，不得逾越、违犯。从表面看，全面深化改革与全面依法治国确有矛盾的一面，但在从严治党，保持党的性质、宗旨和党的先进性、纯洁性上，在全面建成小康社会上，在不断推动社会主义制度自我完善和发展与坚定不移走中国特色社会主义道路上，在重大问题改革上必须于法有据、立法先行上又高度统一起来。

---

[1] 《人民日报》2014 年 2 月 18 日。

因此，我们必须认真对待与处理好全面深化改革与全面推进依法治国这一对关系，不断推进国家治理体系和治理能力现代化，进而不断完善和发展中国特色社会主义制度，从而坚持和发展中国特色社会主义。

四　坚持以人民为中心的发展思想是中国特色社会主义的灵魂本质

最近，习近平总书记频频使用了"坚持以人民为中心的发展思想"这一重大提法。

2015 年 11 月 23 日，习近平同志在主持中央政治局第二十八次集体学习时明确指出："坚持以人民为中心的发展思想，这是马克思主义政治经济学的根本立场。"①

2016 年 1 月 18 日，习近平同志在省部级主要领导干部学习贯彻十八届五中全会精神专题研讨班开班式上明确强调："要着力践行以人民为中心的发展思想，用新的发展理念引领发展行动。"②

其实，坚持以人民为中心的发展思想，早已蕴含在习近平新任总书记和提出实现中华民族伟大复兴之时。2012 年 11 月 15 日，十八届政治局常委同中外记者见面之时，习近平同志就明确指出："人民对美好生活的向往，就是我们的奋斗目标。"③ 2013 年 3 月 17 日，习近平同志在第十二届全国人民代表大会第一次会议上的讲话中明确指出："中国梦归根到底是人民的梦，必须紧紧依靠人民来实现，必须不断为人民造福。"④ 把人民对美好生活的向往作为自己的奋斗目标，并紧紧依靠人民自己去实现，这已经内含了坚持以人民为中心的发展思想的全部要素。

正因如此，我们说，"坚持以人民为中心"这一提法既是以习近平同志为总书记的党中央深思熟虑的结果，又是对习近平总书记系列重要讲话、重要思想、治国理政新理念新思想新战略、"四个全面"战略布局和五大发展理念的升华。坚持以人民为中心的发展思想是习近平总书记系列重要讲话、治国理政新思想和"四个全面"战略布局和五大发展理念的灵魂。

什么是坚持以人民为中心的发展思想？主要表现在以下两个方面，一是全心全意为人民。为什么人的问题，是根本的问题，原则的问题。这是检验任何个人、任何集团、任何政党和任何国家先进与落后、进步与反动的根本分水岭

---

① 《人民日报》2015 年 11 月 26 日。
② 《人民日报》2016 年 1 月 19 日。
③ 《人民日报》2012 年 11 月 16 日。
④ 《人民日报》2013 年 3 月 18 日。

与试金石。共产党人把全心全意为人民谋利益作为自己的唯一宗旨，以此作为自己最高和最为光荣的历史使命，并与其他任何剥削阶级及其政党根本区别开来。二是全心全意依靠人民。劳动大众始终占一个社会的绝大多数，绝大多数人的利益、意愿、意志和力量是创造历史的真正动力，最终决定历史的发展方向。所以，共产党人把依靠人民作为发挥人类历史能动性的根本动力源泉。为着人民和依靠人民，相互依存，互为前提，高度统一于党的全心全意为人民服务这一唯一的宗旨；同时也贯穿于治国理政和"四个全面"战略布局的每一个行动之中。只有为着人民，才能最大限度和最充分地调动广大人民的积极性、主动性、创造性；只有依靠人民，才能达到为着人民这一唯一的目的。正因如此，习近平同志在系列重要讲话中反复强调："要学习和掌握人民群众是历史创造者的观点，紧紧依靠人民推进改革。人民是历史的创造者。要坚持把实现好、维护好、发展好最广大人民根本利益作为推进改革的出发点和落脚点，让发展成果更多更公平惠及全体人民，唯有如此改革才能大有作为。"①

坚持以人民为中心的发展思想和以经济建设为中心是什么关系？以经济建设为中心是我们的各项具体工作的任务导向，这一各项工作的任务导向在任何时候我们都要坚定不移，矢志不渝；而坚持以人民为中心的发展思想则是我们的根本政治立场的价值导向，同样，这一根本政治立场的价值导向在任何时候我们同样应该都要坚定不移，矢志不渝。二者相辅相成、相得益彰。

另外，过去我们提倡让一部分人先富起来，然后让先富带动后富，这是完全正确的。在即将全面建成小康社会的今天，与改革开放之初邓小平同志提出让一部分人先富起来时的情况相比，情况已经发生了根本性变化；习近平总书记及时提倡精准扶贫、精准脱贫，并要求一户也不能落下，同样是完全正确的，这是坚持以人民为中心的发展思想的具体行动的生动体现。

国内外有些人常说，中国人没有信仰，13亿多人没有信仰来凝聚，多可怕。这至少是误解。1945年党的七大的闭幕词中，毛泽东同志就曾鼓励全党："一定要坚持下去，一定要不断地工作，我们也会感动上帝的。这个上帝不是别人，就是全中国的人民大众。"② 1965年2月19日，毛泽东在会见坦桑尼亚总统尼雷尔时又明确指出："上帝就是人民，人民就是上帝。"③ 从根本上说，中国共产党人的信仰就是人民，就是坚持以人民为中心的思想。这也就是说人民是共产党人心目中唯一的"上帝"。人民不仅是真实的存在，而且世世代代永

① 《人民日报》2014年12月4日。
② 《毛泽东选集》第3卷，人民出版社1991年版，第1102页。
③ 《毛泽东年谱（1949—1976）》第5卷，中央文献出版社2013年版，第480页。

生。这样的信仰才是社会和历史的真实，而不是社会和历史的虚幻。

坚持以人民为中心的发展思想，既是我们的根本立场和根本目的，又是达到这一根本目的的根本路径和根本办法；既是全党各项工作的出发点，又是各项工作的落脚点；既是历史唯物主义的真谛，又是共产党人的本色；既是对党的优良传统的总结和继承，又是在新的历史条件下对党的建设理论的新的认识和新的发展，是我们党全心全意为人民服务的根本宗旨在新的发展实践中的生动体现，是对以人为本理念的深度阐发和凝练升华，体现了中国特色社会主义道路、理论体系、制度的本质特征，体现了中国特色社会主义发展的根本目的和动力源泉。坚持以人民为中心的发展思想，反映了我们党对三大规律的认识和运用达到新高度。正确认识和自觉运用共产党执政规律、社会主义建设规律和人类社会发展规律，对我们党的发展壮大、对中国特色社会主义事业的兴旺发达具有决定性意义。

以人民为中心的发展思想是在落实党的全心全意为人民服务这一唯一的宗旨、解决人心向背这一根本问题时唯一正确的工作指针，是党的各项工作的方向和灵魂。在我们每一位共产党人和党的各级组织中所从事的任何一项工作中，都应坚持以人民为中心的发展思想。

五　坚持中国共产党的领导是中国特色社会主义的根本选择

在建设中国特色社会主义宏伟事业中，我们为什么反复坚持中国共产党的领导呢？

一是坚持党的领导是我国历史发展的必然和人民的选择。自1840年鸦片战争起，一直到1949年建立了人民当家作主的新型国家，中国革命的实践揭示了这样一个伟大的真理：要真正实现人民当家作主，无论是靠人民群众的自发斗争，还是靠资产阶级、小资产阶级政党都不行；有了中国共产党的领导，才有了新中国和中国人民的翻身解放；中国共产党在新中国执政的"合法性"即政治基础是历史的选择和人民的选择。

二是坚持党的领导在于党的宗旨是全心全意为人民服务。党的性质是工人阶级的先锋队，同时又是中国人民和中华民族的先锋队；党的指导思想是马克思主义；最高纲领是实现共产主义即最终目的是解放全人类，即最终实现每一个人自由而全面的发展。这是迄今为止人类历史上已经开始的但远未完成的最深刻彻底、最完整系统、最伟大壮丽的一次变革。从一定意义上讲，这是我们特别强调坚持共产党领导和执政的最根本的、最重要的和全部的合法性所在。

三是由我国是工人阶级领导的、工农联盟为基础的人民民主专政的社会主义国家这一根本制度性质所决定的。现在有一种观点认为，在革命时期要取得革命的成功需要党的领导，在建设特别是改革时期，只要有一套健全的政治体制并依靠依法治国这一方略，就可以保证人民当家作主了。其实，这是一种极大的误解。我国现在处于并将长期处于社会主义初级阶段，由这一历史阶段的国际环境和我国经济与社会结构的特征所决定，我国社会还存在着阶级和阶层差别，各主要阶级阶层在根本利益一致的基础上，也存在着一些不同利益和利益发展要求之间的矛盾。建设中国特色社会主义是一项十分宏伟艰巨的事业；这项事业的核心内容，就是要保证让人民当家作主，逐步实现共同富裕。而要完成这一宏伟事业，就必须继续在最无狭隘性和自私自利性，最有远大政治眼光和组织性的世界上最先进的无产阶级及其政党即共产党的领导下，通过党内和国家的民主集中制这一组织原则，通过人民代表大会、共产党领导的多党合作、民族区域自治这些组织形式，把工人阶级和整个国家民族高度团结统一起来，从中国最广大人民的根本利益出发，正确处理社会利益矛盾，协调社会利益关系，正确全面地反映和维护广大人民群众的利益。

国际共产主义运动的历史已经证明，坚持党的领导不仅是无产阶级夺取和掌握国家政权的首要条件与普遍规律，同时也是社会主义建设和改革的首要条件与普遍规律。列宁明确指出："作为执政党，我们不能不把苏维埃的'上层'和党的'上层'融为一体，现在是这样，将来也是这样。"[1] 苏东剧变的殷殷教训，也从反面充分昭示了这一点。正反两方面的经验教训说明，似不提党政分开为好，而应提党政职能分开为好。党政截然分开了，我们党还是执政党吗？

所以，习近平同志首先高度重视党的建设。习近平同志明确指出："中国共产党是领导和团结全国各族人民建设中国特色社会主义伟大事业的核心力量，肩负着历史重任，经受着时代考验，必须坚持立党为公、执政为民，坚持党要管党、从严治党，全面加强党的建设。"[2] 习近平同志在强调搞好党的建设的同时，也特别强调党的领导。他指出："中国共产党是中国特色社会主义事业的领导核心，处在总揽全局、协调各方的地位。"[3] "进行具有许多新的历史特点的伟大斗争，关键在党，关键在人。关键在党，就要确保党在发展中国特色社会主义历史进程中始终成为坚强领导核心。"[4] 从一定意义上讲，没有中国共产党思想上、政治上和组织上的坚强正确的领导，就没有中国特色社会主义。这同

---

① 《列宁全集》第41卷，人民出版社1986年版，第11页。

② http：//cpc. people. com. cn/n/2014/0806/c164113—25415570. html.

③ 《人民日报》2015年2月3日。

④ 《人民日报》2013年7月10日。

样是千真万确的真理。而我们的对手，每每利用无产阶级政党领导人民在探索解放全人类实现美好社会的道路上所犯过的错误甚至是他们钻到我们的内部所蓄意制造的罪孽，把共产党和共产主义歪曲、攻击为"独裁"、"暴政"，其本质是为了维持或恢复资本对劳动的永久的独裁与暴政。

随着我们党领导人民不断取得中国特色社会主义建设事业的新胜利，有的人不断提出了党性和人民性的大小和高低问题，对我们党进行诘难，也有不少人对此有模糊的认识。其实，早在 1944 年 7 月 14 日，毛泽东在延安与英国记者斯坦因谈话中就明确地回答了这一问题。谈话中，斯坦因问："我在重庆的时候，一些中国朋友要我来观察一下共产党是'中国至上'还是'共产党至上'？请谈谈你对这个问题的看法。"当年的这个问题，实质上也就是今天有人提出的党性与人民性孰大孰高的问题。毛泽东回答："没有中华民族，就没有中国共产党。你还不如这样提问题，是先有孩子还是先有父母？这不是一个理论问题而是一个实际问题。这就像在国民党区域人们向你提出的另一个问题一样，问我们是在为我们的党工作，还是为人民工作？"毛泽东接着说："至于我们的思想方法，我已经告诉过你，我们像其他国家的共产党一样，坚信马克思主义的正确性。当人们问我们是'共产党至上'还是'中国至上'时，可能指的就是这一点。可是，我们信奉马克思主义是正确的思想方法，这并不意味着我们忽视中国文化遗产和非马克思主义的外国思想的价值。"[①] 在回答斯坦因关于你们的"政策从来没有被怀疑过或被反对过吗？"这一问题时，毛泽东说："我们党内自然也时常会发生意见分歧，但这些分歧都能通过讨论和分析这种民主的方式加以解决。如果少数人对多数人的决议的正确性仍然不信服，那末，在党的会议上经过彻底辩论以后，他们就会服从决议了。在我们工作中起决定性作用的因素是我们经常去了解我们哪些政策为群众所接受，哪些政策受到群众的批评或拒绝。只有那些受群众欢迎的政策才能成为我们党继续实行的政策。"[②] 谈话中，毛泽东特别强调："我们的党员在中国人口中当然只占很小的一部分，只有当这一小部分人反映大多数人的意见，并为他们的利益而工作时，党和人民之间的关系才是健康的。"[③]

综上所述，我们可以得出以下结论：

一是党性与人民性是高度有机的统一。什么是党性？共产党的党性就是党的性质、党的宗旨、党的指导思想和党的纲领的有机统一。党的性质是工人阶

---

① 《毛泽东文集》第 3 卷，人民出版社 1996 年版，第 191 页。

② 同上书，第 188 页。

③ 同上书，第 186—187 页。

级的先锋队，同时又是中国人民和中华民族的先锋队；这两个先锋队并不是并列关系，党是工人阶级的先锋队是党的阶级性质，而同时又是中国人民和中华民族的先锋队，则是工人阶级先锋队所起的作用。党的宗旨就是全心全意为人民服务。党的指导思想是马克思主义。党的最高纲领就是共产主义。什么是人民性？就是最广大人民群众的个人利益与集体利益、局部利益与全局利益、眼前利益与长远根本利益的结合。由此看来，党性和人民性完全是高度有机统一的关系，根本不存在谁大谁小和谁高谁低的问题。

二是在党的各项具体工作中，由于对实际情况掌握的不够和情况的不断变化，我们党也会有这样那样的失误甚至错误，党的一些具体政策必须根据实际情况的变化和人民利益的需求而及时进行必要的调整与改变。我们党历来主张，坚持真理、修正错误。党的失误甚至错误特别是个别领导和党员所犯的错误，并不属于共产党党性的范畴，而恰恰属于共产党党性所要反对和纠正之列。根据人民的利益对政策做适时调整甚至随时纠正工作中的失误和错误，这恰恰不是违背了党性和人民的利益，这反而说明我们具有坚强的党性和人民性的体现，说明坚持彻底的党性，就是坚持彻底的人民性；或者是说，坚持彻底的人民性，就是坚持彻底的党性。党性和人民性是同一种事物的两种不同的表达与不同的称呼。

三是自发的群众运动往往会被眼前局部的经济利益所障碍，人民群众的彻底解放，必须在有先进理论武装的共产党领导下才能实现。列宁在 1902 年写就的《怎么办？》中明确指出："工人本来也不可能有社会民主主义的意识。这种意识只能从外面灌输进去，各国的历史都证明：工人阶级单靠自己本身的力量，只能形成工联主义的意识"；"而社会主义学说则是从有产阶级的有教养的人即知识分子创造的哲学理论、历史理论和经济理论中发展起来的"[1]；"对工人运动自发性的任何崇拜，对'自觉因素'的作用即社会民主党的作用的任何轻视，完全不管轻视者自己愿意与否，都是加强资产阶级思想体系对工人的影响。"[2] 因此，作为以马克思主义先进理论指导的党，决不能做人民群众的尾巴，必须向人民群众及时灌输科学社会主义理论并引导人民群众为着自己的眼前和长远利益的有机结合而奋斗。

四是认为人民性高于党性的人，绝大多数是模糊认识，而极少数用所谓的人民性来否定我们鲜明的党性的人，则是别有用心，其目的是为了否定中国共

---

① 《列宁选集》第 1 卷，人民出版社 1995 年版，第 317—318 页。
② 同上书，第 325 页。

产党的领导，推行所谓"民主宪政"，在中国实行资本主义制度，走资本主义道路，由资本当家作主。实践已经证明并将继续证明，没有中国共产党的领导，就没有新中国，就没有中国特色社会主义，中国就必然会重新沦入殖民地和半殖民地。蓄意制造人民性高于党性这一伪命题，这无论是在形式逻辑、辩证逻辑、历史逻辑还是现实实践中都是站不住脚的。对此，我们应有足够的重视才行。

通过对毛泽东和列宁上述相关论述的学习，来回答如何看待党性与人民性关系这一问题，可以给我们这样的启示：我们当今在理论与实践中遇到的不少重大问题，马克思主义经典作家的著作里往往直接间接都有了明确的相关回答。从一定意义上讲，一切历史都是当代史。正因如此，习近平总书记最近提倡各级党组织和党的领导干部要重读毛泽东的《党委会工作方法》，这具有重要意义。马克思主义的基本原理和基本观点绝对没有过时。让我们重读马克思主义的经典著作吧。紧密结合现实，重读马克思主义的经典，我们才可能成为邓小平所说的真正的"明白人"。党内各级领导干部这一关键的少数中，真正的明白人多了，中国特色社会主义才会真正有希望，否则，无从谈起。

运用习近平总书记系列重要讲话精神
同历史虚无主义思潮做斗争

朱佳木

【作者简介】朱佳木，中共党员，研究员。1970 年毕业于中国人民大学中共党史系。历任胡乔木、陈云秘书，天津港务局副局长，中国社会科学院研究生院党委书记、副院长，中共中央文献研究室秘书长、第四编研部主任，中共中央党史研究室副主任，中国社会科学院副院长兼当代中国研究所所长，中国地方志指导小组常务副组长。是中共十四大、十五大代表，全国政协第十、十一届委员会委员，俄罗斯科学院荣誉博士。现为全国政协第十二届委员会委员，中华人民共和国国史学会会长，中俄友好协会副会长，中国社会科学院马克思主义当代中国史理论论坛理事长、"陈云与当代中国"研究中心理事长、研究生院兼职教授和博士生导师。主要著作有《陈云年谱》《论陈云》《我所知道的十一届三中全会》《中国工业化与中国当代史》《当代中国史理论问题十二讲》《地方志工作文稿》等。

我们党历来重视对历史的学习和对历史经验的总结。在党成立至今 90 多年、取得全国政权 60 多年的不同历史时期，党中央和毛泽东等主要领导人，几乎都就学习党和国家的历史以及总结历史经验的问题，作过指示、决定和论述。习近平总书记自从 2007 年主持中央书记处日常工作，到 2012 年担任党中央总书记，再到现在的前后九年多时间，除了同党中央历届主要领导人一样，高度重视全党对历史唯物主义理论和党史国史的认真学习、正确认识，以及对历史经验的深刻总结和充分运用之外，还针对意识形态领域中的历史虚无主义思潮问题，作出了一系列马克思主义的分析和旗帜鲜明的阐述，成为他的系列重要讲话精神的组成部分。深入领会和切实运用这一思想武器，对于我们同历史虚无主义思潮做斗争，具有重要的意义。

一　运用习近平总书记系列重要讲话精神认识历史虚无主义思潮的本质属性和危害性

虚无主义曾经是欧洲唯心主义哲学的一个流派，主张人类生存没有意义、没有目标。引入史学领域的虚无主义则认为人类历史没有规律可循，也无所谓本质和主流，人在历史潮流中更是无可选择、无能为力，决定历史走向的是地理、气候等客观环境，等等。对于这些理论观点的正确与否，人们可以继续在学术层面上讨论和争论。然而，自从20世纪七八十年代以来主要在社会主义国家中流行的历史虚无主义，是否也是这类学术性流派呢？同它的争论是否也属于学术性的讨论吗？对这个问题如果认识模糊、判断失误，我们将会犯不可挽回的颠覆性的错误。

对于历史虚无主义的本质及其危害，习近平总书记早在党的十八大开过不久就曾一针见血地指出："古人说：'灭人之国，必先去其史。'国内外敌对势力往往就是拿中国革命史、新中国历史来做文章，竭尽攻击、丑化、污蔑之能事，根本目的就是要搞乱人心，煽动推翻中国共产党的领导和我国社会主义制度。苏联为什么解体？苏共为什么垮台？一个重要原因就是意识形态领域的斗争十分激烈，全面否定了苏联历史、苏共历史，否定列宁，否定斯大林，搞历史虚无主义，思想搞乱了，各级党组织几乎没任何作用了，军队都不在党的领导之下了。最后，苏联共产党偌大一个党就作鸟兽散了，苏联偌大一个社会主义国家就分崩离析了。"① 在2013年中央政治局第七次集体学习会上，他又指出："历史虚无主义的要害，是从根本上否定马克思主义指导地位和中国走向社会主义的历史必然性，否定中国共产党的领导。"② 这些论述再清楚不过地告诉我们，先在苏联后在我国蔓延的历史虚无主义思潮，绝不是什么学术思潮，而是专门拿共产党和社会主义国家的历史做文章，专门为策动社会主义国家的政

① 《十八大以来重要文献选编》（上），中央文献出版社2014年版，第113页。
② 转引自中央党史研究室：《历史是最好的教科书——学习习近平同志关于党的历史的重要论述》，《人民日报》2013年7月22日。

治动乱造舆论，专门用来同社会主义制度打心理战的政治思潮；我们同这股思潮的斗争，也绝不是什么学术之争，而是关系人心稳乱、政权安危的大是大非之争。

一段时间以来，历史虚无主义思潮在理论界、学术界、新闻出版界、文艺界，以及社会舆论界都有表现，在近代史和党史国史领域的表现尤为突出。概括起来，不外乎集中在以下几个方面：

1. 虚无中国近代以来一切反帝反封建的斗争及新中国建立的历史正义性、合理性、合法性，污蔑一切反对外国侵略和国内反动统治的斗争，攻击中国共产党领导的革命是外因造成的，违反了中国自身的文化传统，破坏了中国的社会发展；同时美化帝国主义、封建地主阶级、官僚买办资产阶级，对以蒋介石为首的国民党反动派的倒行逆施大唱赞歌。例如，说林则徐虎门销烟导致了鸦片战争，因此是历史的罪人；说太平天国运动是文化的大荒谬、社会大灾难；说孙中山是在中日冲突的背景下寻求日本支持进行反清活动的，因此不能说是爱国的；说日本人占领东三省时，中国人并不认为那是中国的；说五四运动是破坏性运动，使中国走上了歧途；说中国共产党是少数知识分子在共产国际秘密支持下建立起来的，是靠拿卢布、搞阴谋、耍诡计、窃情报而取胜的；说新民主主义不仅不应当向社会主义过渡，而且它本身就有问题，是和宪政民主、市场经济背道而驰的。反过来，说凡是被帝国主义"租借"、"割让"、"占领"的地方，经济发展都快，如果中国早些被殖民化就好了，如果再当 500 年殖民地就更好了；说李鸿章向列强妥协是为了救中国，是替人受过；说日本并没有一个灭亡中国的计划，不过是想通过中国抗衡西方列强；说近代买办是沟通中西交流的桥梁，是历史的进步力量；说中国的地主都是勤劳俭朴的人，是善于经营的农村精英；说蒋宋孔陈"四大家族"并没有对中国经济进行垄断，也没有和帝国主义、封建势力相互勾结，蒋介石更是中国现代第一伟人；说汪精卫投靠日本人是从民族利益着想的，是为了使沦陷区的中国人有自己的政府；说黄世仁、周扒皮、南霸天、刘文彩等都是被人为丑化的，其实他们是对农民很好的大善人；说民国时期的文人有独立精神、自由风范，文化成就超过了新中国，等等。

2. 虚无新中国的成立及其对中国乃至世界发展进步的伟大意义，否认世界社会主义运动和民族解放运动的进步性，抹杀正义战争与非正义战争的区别，夸大新中国历次运动中的缺点、错误，把新中国历史描写成一连串错误的集合，并诋毁党和国家领导人，诬蔑一切为新中国成立和建设献出生命、作出贡献的烈士、英雄、模范人物。例如，说 1949 年 10 月 1 日不能作为中国人民站起来的标志；说"一边倒"的政策是在国际斗争中的错误选择；说美国出兵朝鲜是反侵略，中国抗美援朝是上了苏联的当，耽误了国内建设和解放台湾，得不偿失；说土改、合作化运动、镇压反革命、三反五反、知识分子思想改造都是错误的，反右斗争更是一场大阴谋；说优先发展重工业战略是中国经济长期落后的根源，计划经济从一开始就是错误的，提前向社会主义过渡是领导人主观意志的产物，公私合营是对私营工商业者的无理剥夺，实行这些举措使中国走上了人类历史发展的岔路；说肯定"大跃进"和"文化大革命"时期在经济、科技、国防、外交战线上有成绩，就是为"大跃进"和"文化大革命"翻案；说搞"三线"建设是对国际形势的误判，是劳民伤财；说支援亚非拉民族解放运动是打肿脸充胖子；说20世纪60年代与苏共的争论是为了争夺国际共产主义运动的领导权，没有是非可言，等等。同时，抹黑毛泽东、周恩来等老一辈无产阶级革命家，诽谤从李大钊到十八勇士、狼牙山五壮士、赵一曼、刘胡兰、江姐、董存瑞、黄继光、邱少云、毛岸英，以及雷锋、时传祥、草原小姐妹、少年英雄赖宁等榜样，就连刺杀大汉奸的国民党女特工郑苹如也被丑化。

3. 虚无新中国改革开放前后两个历史时期的内在一致性，或者用改革开放后的历史时期否定改革开放前的历史时期，或者用改革开放前的历史时期否定改革开放后的历史时期。例如，说中国历史只有帝制时期和后帝制时期，改革开放前也是帝制时期；说1978年的改革开放如同1840年的鸦片战争一样，是划分中国历史时期的标志性事件；说改革开放前的社会主义是斯大林版的社会主义，改革开放使中国回归了世界文明；说中国特色社会主义实际上是中国特色的资本主义；说毛泽东、邓小平都是所谓专制"皇帝"，毛泽东使中国陷入普遍贫穷，邓小平则把中国引向两极分化，等等。

从历史虚无主义思潮的上述表现可以看出，习近平总书记对它的定性是十分准确的。事实说明，这股思潮完全是由国内外敌对势力制造和散布的，是以反对共产党领导、搞乱社会主义国家人心、颠覆社会主义国家政权为目的，以"告别革命"、否定革命为核心，以"重新评价历史、书写历史"为幌子，以"碎片化"和胡编滥造、"恶搞""戏说"历史为手段，以攻击、丑化、诬蔑革命领袖、英模人物为主要内容的。按照这股思潮对历史的叙述和解释，不仅中国近代史和党史国史要推翻重写，而且进步与反动、正义与邪恶等等观念都要被颠倒。其结果，必然是剥削有理、压迫有理、侵略有理，而革命有罪，劳动人民有罪，中国共产党有罪，新中国有罪。那样，由中国共产党领导的千千万万烈士用鲜血和生命换来的国家有主权、民族有尊严、人民当家作主的历史岂不成了罪恶史、黑暗史？让中华儿女倍感振奋和骄傲的反压迫史、反侵略史、新中国建设史岂不都成了使人羞于启齿的历史？如果这些历史被篡改了，还谈得上什么中国特色社会主义的道路自信、理论自信、制度自信?

世界上万事万物都是有联系的。对于上述颠倒黑白的言行,同样不能孤立地看。只要把近些年来攻击、诬蔑革命领袖、英模人物的现象联系起来,尤其再联系苏联解体之前出现的类似现象,我们就不难看清,说这些话、造这些谣的人,绝不是在调侃,而是在自觉不自觉、明里暗里接受敌对势力的指挥,和我们党、我们国家、我们民族打意识形态的"无硝烟战争"。他们妄图使用"三人成虎"的战术,加上网络技术的扶助,从精神上动摇、摧垮人民群众特别是广大青年对革命领袖的热爱、对英雄人物的崇敬、对社会主义的信念、对中华民族的自豪,最终砍断中国人民的精神支柱。当年苏联在解体之前,这类现象就曾出现过。例如,诽谤列宁是德国间谍,攻击斯大林和希特勒一样是恶魔,造谣卓娅是因为烧老百姓的房子而被群众送给德军处死的,诬蔑用身体堵德军碉堡枪眼的马特洛索夫是少年犯,等等。现在,这股势力又想故伎重演,把那一套拿到中国来如法炮制。对此,我们一定要用习近平总书记的论述擦亮眼睛,绝不能让他们的阴谋得逞。

二 运用习近平总书记系列重要讲话精神揭露历史虚无主义思潮的荒谬性和欺骗性

历史虚无主义思潮在一部分人群中之所以具有一定迷惑性,原因往往在于它通过兜售唯心主义历史观,营造反对宏大叙事和"碎片化"研究的舆论氛围,把人们的注意力引向历史的枝节和琐碎小事,使人失去洞察全局的能力,难以看清历史的全貌;在于它抓住我们党和国家历史上的挫折和曲折,以及革命领袖和英模人物身上存在的缺点和错误大做文章,或以点代面、以偏概全,或攻其一点、不及其余,或捕风捉影、移花接木,给人以似是而非的错觉;在于它利用我们队伍中的叛徒和败类,或捉刀代笔,或内外勾结,或"出口转内销",以所谓"亲历者"、"知情人"的名义炮制谣言,搞无中生有、凭空捏造、偷换概念、胡搅蛮缠那一套,让人一时难以辨别真假。因此,要战胜这股思潮,戳穿鼓吹者的鬼把戏,既要针对他们制造、散布的谣言和诡辩,做具体的澄清辟谣、解疑释惑工作,也要帮助广大群众学习和掌握马克思主义的唯物史观,从根上树立看待党史国史的正确立场、观点和方法。在这方面,掌握和运用习近平总书记有关重要论述精神,是非常有益的。

1. 要牢牢把握党和国家历史发展的主题和主线、主流和本质

历史虚无主义思潮诋毁我们党和国家的历史、抹黑革命领袖和英模人物的一个惯用伎俩,就是混淆事物的主次,恶意放大其中的曲折、挫折、缺点、错

误。针对这一现象，习近平总书记在 2010 年全国党史工作会议上提出了"牢牢把握党和国家历史发展的主题和主线、主流和本质"的命题①。他指出：研究和宣传党的历史，应着重把握党的领导地位和核心作用形成的历史必然性，把握中国人民走上社会主义道路的历史必然性，把握通过改革开放和社会主义现代化建设实现中华民族伟大复兴的历史必然性，把握我们党在革命、建设、改革各个历史时期领导人民所取得的伟大胜利和辉煌成就，把握我们党在长期奋斗中积累的宝贵经验、形成的光荣传统和优良作风。就是说，上述三个"历史必然性"，以及"伟大胜利"、"辉煌成就"、"宝贵经验"、"光荣传统"和"优良作风"等等，是我们党和国家历史发展的主题和主线、主流和本质，看待党史国史应当着重把握这些地方。只要把这些把握住了，人们自然就会分清党史国史以及革命领袖、英模人物身上的主流和支流、本质和现象，就不会被历史虚无主义鼓吹者的那一套所蒙蔽。

　　着重把握党和国家历史发展的主题和主线、主流和本质，并不是要回避和掩饰党史国史中的挫折、曲折及领袖和英模人物身上的缺点、错误。否定客观存在的错误，甚至为错误辩护、把错误说成正确，同样是不对的。但习近平总书记讲得很清楚，正视这些，意在"总结和汲取历史教训，目的是以史为鉴、更好前进"②，而不是要否定党和国家的历史，否定革命领袖和英模人物。他说："不能把历史逆境中的挫折简单归咎于个人……苛求前人干出只有后人才能干出的业绩来"③；不能因为革命领袖"有失误和错误就全盘否定，抹杀他们的历史功绩"。否则，我们将会"陷入虚无主义的泥潭"④。他强调："新民主主义革命的胜利成果决不能丢失，社会主义革命和建设的成就决不能否定，改革开放和社会主义现代化建设的方向决不能动摇。"⑤ 这些论述对于我们正确看待党史国史的曲折、挫折和革命领袖、英模人物身上的缺点、错误，既是重要的方针，也是重要的方法。人们只要沿着这一方针，运用这一方法观察和分析历史问题，历史虚无主义思潮鼓吹者施展的鬼魅伎俩就会不攻自破。

　　2. 正确认识改革开放前后两个历史时期的关系

　　利用改革开放前后两个历史时期在进行社会主义建设的思想指导、方针政策、实际工作上的差别，将它们加以割裂和对立，是历史虚无主义鼓吹者们喜

---

① 《人民日报》2010 年 7 月 22 日。

② 《人民日报》2013 年 12 月 27 日。

③ 同上。

④ 同上。

⑤ 《人民日报》2014 年 8 月 21 日。

欢作的另一篇文章，也是许多群众特别是青年容易被误导的一个地方。所以，能否正确认识这两个历史时期的关系，很大程度上成为能否战胜这股思潮，能否把受其误导的群众争取过来的一个关键问题。对此，习近平总书记也给予过高屋建瓴的分析，为我们正确解决这个问题作出了示范。

习总书记首先实事求是地指出："我们党领导人民进行社会主义建设，有改革开放前和改革开放后两个历史时期，这是两个相互联系又有重大区别的时期，但本质上都是我们党领导人民进行社会主义建设的实践探索。中国特色社会主义是在改革开放历史新时期开创的，但也是在新中国已经建立起社会主义基本制度并进行了二十多年建设的基础上开创的。"然后，他就上述论点，提纲挈领地摆出了三点理由：

"一是，如果没有1978年我们党果断地决定改革开放，并坚定不移推进改革开放，坚定不移把握改革开放的正确方向，社会主义中国就不可能有今天这样的大好局面，就可能面临严重危机，就可能遇到像苏联、东欧国家那样的亡党亡国危机。同时，如果没有1949年建立新中国并进行社会主义革命和建设，积累了重要的思想、物质、制度条件，积累了正反两方面经验，改革开放也很难顺利推进。"

"二是，虽然这两个历史时期在进行社会主义建设的思想指导、方针政策、实际工作上有很大差别，但两者决不是彼此割裂的，更不是根本对立的。我们党在社会主义建设实践中提出了许多正确主张，当时没有真正落实，改革开放后得到了真正贯彻，将来也还是要坚持和发展的。"

"三是，对改革开放前的历史时期要正确评价，不能用改革开放后的历史时期否定改革开放前的历史时期，也不能用改革开放前的历史时期否定改革开放后的历史时期。改革开放前的社会主义实践探索为改革开放后的社会主义实践探索积累了条件，改革开放后的社会主义实践探索是对前一个时期的坚持、改革、发展。"[①]

在作出上述分析后，习近平总书记进一步指出："正确处理改革开放前后的社会主义实践探索的关系，不只是一个历史问题，更主要的是一个政治问题。"[②] 这些论述明确地告诉人们，改革开放前后两个历史时期尽管有重大区别，但在本质上是有机的整体，具有内在的一致性；二者都是由共产党领导、人民当家作主的历史，都是社会主义的建设史、探索史、奋斗史。如果不是这

---

① 《十八大以来重要文献选编》（上），中央文献出版社2014年版，第111—112页。

② 同上书，第113—114页。

样看问题，而是将二者割裂和对立起来，就会有意无意地或用后者否定前者或用前者否定后者，就无法解释我国 60 多年来取得的辉煌成就，就无法说明"中国特色社会主义是社会主义而不是其他什么主义"①，就会掉入历史虚无主义设置的陷阱。由于习总书记的这些论述根据确凿，说理透彻，具有很强的说服力，得到了广大群众的普遍认同；也正因为如此，击中了历史虚无主义的要害，戳到了它的痛处，使其鼓吹者十分恼火、恨得要命。我们同这股思潮做斗争，就是要紧紧抓住这个问题，以习总书记的论述精神为指导，继续深入做好党史国史的研究和宣传工作，让更多的群众特别是青年学生能正确认识改革开放前后两个历史时期的关系，从而使历史虚无主义借割裂和对立二者否定社会主义的阴谋无所遁形、彻底破产。

3. 深刻理解革命对于历史前进的推动作用

历史虚无主义思潮的核心是否定革命、"告别革命"，它的所有言论，几乎都是围绕这个核心展开的。受它的影响，前一阶段在党内流传一种说法，叫作"要把我们党由革命党转变为执政党"。意思是，我们党现在的主要任务是执政而不是革命了，因此应当尽快完成角色转换。这种论调是对"革命"的片面理解，是把"革命"与"执政"人为割裂和对立了。我们要批判这一谬论，同样要学习和运用习近平总书记的系列重要讲话精神。

革命有多种含义，有的指一个阶级推翻另一个阶级的变革，有的指积极进取、奋发向上的精神状态，有的指某一领域中的重大变革。选择走社会主义道路、为实现共产主义理想而奋斗，相对于既有的资本主义世界秩序来说也是革命。党的十八大后，习近平总书记反复强调"革命理想高于天"，指出"革命理想高于天。实现共产主义是我们共产党人的最高理想，而这个最高理想是需要一代又一代人接力奋斗的"②，他在这里说的革命，显然指的就是要避免走资本主义道路，要为实现共产主义而奋斗。

"文化大革命"时期提出的"无产阶级专政下继续革命"中的"革命"，特指在无产阶级已经推翻资产阶级统治后，仍然要进行一个阶级推翻另一个阶级的革命。这种"继续革命"的理论当然是错误的，应当否定，而且在党的十一届三中全会后已经被否定。但否定这种特定含义的"继续革命"，并不意味着否定了本来意义的继续革命。对此，《历史决议》曾用很大篇幅作过详细论述。《决议》指出："我们坚决纠正'文化大革命'中所谓一个阶级推翻一个阶级的

① 《十八大以来重要文献选编》（上），中央文献出版社 2014 年版，第 109 页。
② 《学习时报》2015 年 9 月 7 日。

'无产阶级专政下继续革命'口号的错误，这绝对不是说革命的任务已经完成，不需要坚决继续进行各方面的革命斗争。社会主义不但要消灭一切剥削制度和剥削阶级，而且要大力发展社会生产力，完善和发展社会主义的生产关系和上层建筑，并在这个基础上逐步消灭一切阶级差别，逐步消灭一切主要由于社会生产力发展不足而造成的重大社会差别和社会不平等，直到共产主义的实现。这是人类历史上空前伟大的革命。我们现在为建设社会主义现代化国家而进行的斗争，正是这个伟大革命的一个阶段。"① 可见，我们党从来没有因为否定了"无产阶级专政下继续革命"的口号，就认为革命的任务完成了，不再需要继续进行革命了。

习近平总书记还说过："坚持马克思主义政治立场，首先就是阶级立场，进行阶级分析。"② 而"革命是历史的火车头"③，正是马克思主义阶级斗争理论的一个基本观点。历史虚无主义思潮之所以总是围绕"告别革命"、否定革命做文章，就是因为这一思潮的鼓吹者们很清楚，只要否定了马克思主义关于无产阶级革命的理论，共产党领导人民为实现共产主义理想而斗争的历史也就站不住脚了。至于要求我们党由"革命党转变为执政党"的主张，正是把这种"告别革命"论误用来指导现实的产物。按照这个主张办，我们党的执政势必会混同于资产阶级政党的执政，势必会丢掉为人民服务的宗旨和革命传统、革命作风、革命精神，势必助长形式主义、官僚主义、享乐主义、奢靡之风，逐步脱离人民群众，最终导致亡党亡国。不难看出，这些年我们党的干部队伍和党风中之所以发生这么多问题，与这种主张的散布有着直接的关联。

改革开放后，邓小平一再讲："我们干的是社会主义事业，最终目的是实现共产主义"；"要特别教育我们的下一代下两代，一定要树立共产主义的远大理想。"④ 最近，习近平总书记又指出："国内外各种敌对势力，总是企图让我们党改旗易帜、改名换姓，其要害就是企图让我们丢掉对马克思主义的信仰，丢掉对社会主义、共产主义的信念。而我们有些人甚至党内有的同志却没有看清这里面暗藏的玄机。"⑤ "革命理想高于天。中国共产党之所以叫共产党，就是因为从成立之日起我们党就把共产主义确立为远大理想。我们党之所以能够经受一次次挫折而又一次次奋起，归根到底是因为我们党有远大理想和崇高追

---

① 《三中全会以来重要文献选编》（下），人民出版社 1982 年版，第 844—845 页。
② 转引自刘世军《中国政治学研究新时代的到来》，《文汇报》2014 年 6 月 30 日。
③ 《马克思恩格斯选集》第 1 卷，人民出版社 2012 年版，第 8 页。
④ 《邓小平文选》第 3 卷，人民出版社 1993 年版，第 110—111 页。
⑤ 《习近平在全国党校工作会议上的讲话》，《求是》2016 年第 11 期。

求。"① 他们的话都表明，共产主义事业是伟大而崇高的事业，我们党的历史从本质上说就是领导人民群众为实现共产主义理想而奋斗的历史。毫无疑问，我们党今后仍然要领导人民继续革命，这个革命不是别的，也是为着实现中国特色社会主义共同理想和共产主义远大理想而奋斗。

三　运用习近平总书记系列重要讲话精神增强同历史虚无主义思潮斗争的坚定性

同历史虚无主义思潮做斗争，必须有斗争的坚定性。这就要求我们对历史虚无主义思潮的种种表现要敢于亮剑，进行积极管理，并且保持斗争的韧性。而要做到这些，同样要用习近平总书记的系列重要讲话精神武装我们的头脑。

1. 要敢于亮剑

党的十八大后，习近平总书记多次指出，领导干部不能搞"爱惜羽毛"、"故作开明"、左顾右盼、上推下卸那一套，也不能用"不争论"、"不炒热"、"让说话"等理由替不作为开脱，更不能在有人同错误思潮做斗争时袖手旁观，甚至"拉偏架"，听任错误的反动的言论畅通无阻、大行其道、自由泛滥，而要敢于亮剑、敢抓敢管。他说，对那些敢于碰硬、敢于批评、做得正确的同志要支持，而且要公开支持。他强调，党校、党和政府主办的媒体"必须姓党"，必须旗帜鲜明、大张旗鼓地讲马克思主义、讲中国特色社会主义、讲共产主义，必须把政治方向摆在第一位，坚持党性原则。他要求我们，"要警惕和抵制历史虚无主义的影响，坚决抵制、反对党史问题上存在的错误观点和错误倾向"；② 要"坚决反对任何歪曲和丑化党的历史的错误倾向"③。他明确指出，一切报刊图书、讲台论坛、会议会场、电影电视、广播电台电视台、舞台剧场等都不能为那些恶意攻击党的领导、攻击社会主义制度、歪曲党史国史、造谣生事的言论提供空间，一切数字报刊、移动电视、手机短信等新兴媒体都不能为之提供方便。

对于受历史虚无主义思潮影响的人，我们当然要通过摆事实讲道理，心平气和地做思想转化工作，帮助他们划清是非界限，澄清模糊认识。但同时必须看到，对于鼓吹这股思潮的人不存在做思想工作的问题，而是要坚决揭露，迎头痛击。他们起劲鼓吹这股思潮，绝不是什么一时糊涂、误入歧途，而是蓄谋

---

① 《人民日报》2016 年 7 月 2 日。

② 转引自中央党史研究室《历史是最好的教科书——学习习近平同志关于党的历史的重要论述》，《人民日报》2013 年 7 月 22 日。

③ 《人民日报》2010 年 7 月 22 日。

已久、居心叵测。这些人中有的"吃国际资本、'台独'势力的饭,砸新中国和中国共产党的锅";有的则是"吃共产党的饭,砸共产党的锅"。我们只有揭露他们的真面目,才更有利于帮助那些受这股思潮影响的群众幡然醒悟。例如,有人造谣说《毛泽东选集》1—4 卷 160 余篇文章,由毛泽东执笔起草的只有 12 篇,经毛泽东修改的只有 13 篇,其余都是别人写的。对此,中央档案馆负责保管毛泽东手稿的同志就公开站出来,用事实戳穿了这个弥天大谎,使一些不熟悉党史的人避免了上当受骗。再如,有人造谣说三年困难时期"饿死了 3600 万人",并以所谓"统计数据"和"县志记载"为证。对此,一位长期从事统计学研究和教学的教授,主动查阅了那些县志,发现谣言中所谓"饿死的人数"其实是人口死亡数,而且许多志书上连死亡数字都没有,是瞎编滥造出来的。这位教授还运用专业知识,对我国 20 世纪 60 年代人口统计中存在的具体问题进行了考证,发现所谓"饿死几千万人"的各种说法,不仅混淆了依据统计公式计算出的那个时期的人口减少数与死亡数、死亡数与饿死数的区别,而且就连计算本身也忽略了当时历史背景下几千万人口由农村入城又由城市下乡过程中的户籍注销、漏报、补报等复杂情况。经过这番核对、考证和公开辟谣,人们终于看清了这一谎言实际上是为迎合国际反共反华势力需要而刻意制造的。

现在还有人以"不符合生理常识"为论据,质疑邱少云的英雄行为,更有甚者公然对烈士进行侮辱。对此,我们不仅要坚决反击,而且要诉诸法律。英雄人物当然是人,但他们又不是一般的人。习近平总书记指出:"在 20 世纪中国苦难而辉煌的历史进程中,涌现出一大批用特殊材料制成的优秀共产党人。"① 对于他们的英雄行为,我们绝不能仅仅从生理上解释,而应当考虑到信仰、忠诚和意志等精神力量的作用。英雄人物用坚强的意志战胜常人难以忍受的折磨,这在古今中外历史中比比皆是,为什么到了为中国革命和中华民族解放而献身的烈士身上,就要遭到无端质疑?这不是有意虚无中国共产党和新中国的历史又是什么呢!

2. 要积极管理

习近平总书记说过:"一个政权的瓦解往往是从思想领域开始的,政治动荡、政权更迭可能在一夜之间发生;但思想演化是个长期过程。思想防线被冲破了,其他防线很难守住。"② 因此,做意识形态工作必须见微知著,对于利用媒体特别是新兴媒体散布历史虚无主义思潮的现象,更要主动防范、积极管理。

---

① 《人民日报》2015 年 6 月 13 日。

② 《学习时报》2014 年 9 月 19 日。

当前互联网已成为舆论斗争的主战场和历史虚无主义思潮传播的主渠道，西方敌对势力一再扬言要利用互联网"扳倒中国"，我们对此必须高度重视，并采取切实有效的反制措施。在2016年4月网络安全和信息化工作座谈会上，习近平总书记强调指出："互联网不是法外之地。利用网络鼓吹推翻国家政权，煽动宗教极端主义，宣扬民族分裂思想，教唆暴力恐怖活动，等等，这样的行为要坚决制止和打击，决不能任其大行其道。"① 这说明，对于网络上出现的攻击社会主义制度的言论，国家有关部门不仅要管，而且要理直气壮地大胆管理。

现在有人一方面在网上疯狂攻击共产党，歪曲党史国史，丑化党和国家形象，诬蔑党和国家领导人及英雄模范，另一方面指责网管部门加强网络管理"侵犯了言论自由"。言论自由是宪法赋予每个公民的权利，当然要依法保障，包括保障错误言论的自由。但同时一定要看到，世界上从来没有抽象的绝对的自由，言论自由在任何国家任何时候都不是无边无际的。首先，公民的言论自由要受法律的制约。我国《宪法》规定，"公民在行使自由和权利的时候，不得损害国家的、社会的、集体的利益和其他公民的合法的自由和权利"。《刑法》规定，不得煽动分裂破坏国家统一；不得以造谣、诽谤方式煽动颠覆国家政权；不得诬告、陷害他人；不得捏造事实诽谤他人。其次，中国共产党党员的言论自由还要受到党纪的制约。2015年修订颁布的《中国共产党纪律处分条例》规定，"凡公开发表违背四项基本原则，违背、歪曲党的改革开放决策，或者其他有严重政治问题的文章、演说、宣言、声明的；丑化党和国家形象，或者诋毁、诬蔑党和国家领导人，或者歪曲党史军史的，都要视情节予以相应处分，直至开除党籍"。党的十八届六中全会通过的《关于新形势下党内政治生活的若干准则》重申："党员不准散布违背党的理论和路线方针政策的言论"，"不准制造、传播政治谣言及丑化党和国家形象的言论。"② 再次，言论自由还要受到道德的制约。无论任何人通过任何媒体发表伤风败俗的言论，都要受到舆论的谴责，承担由此造成的社会后果。可见，所谓言论自由，是指在法律、纪律、道德允许范围内的自由。那种认为言论自由是不受任何约束、想说什么就说什么的观点，是毫无根据的。

在当前西方反共反华势力和我们打的这场"没有硝烟的战争"中，"武器"、"弹药"及其载体都离不开言论。从一定意义上讲，媒体上尤其互联网上的斗争，主要是言论之间的斗争。正因为如此，国内外敌对势力总喜欢拿"言

---

① 《人民日报》2016年4月26日。

② 《人民日报》2016年11月3日。

论自由"说事。他们这样做，说穿了，就是为打"没有硝烟的战争"做掩护。对此，我们的头脑一定要清醒，绝不要上当受骗。

3. 要保持韧性

我们一些同志在同历史虚无主义思潮的斗争中，往往存在两种情绪。一种是看到这股思潮的蔓延，感到积重难返，因而产生消极情绪；另一种态度虽然积极，但总想通过一两次斗争就把这股思潮消灭，因而产生急躁情绪。这两种情绪说到底，都源于对历史虚无主义思潮的根源，以及与之斗争的长期性、复杂性的特点缺少足够的认识。

历史虚无主义思潮既然是国内外敌对势力制造的旨在否定共产党领导和社会主义制度的政治思潮，其背后就不可能没有国际资本的支持。帝国主义政治家早在第二次世界大战结束时就提出了对社会主义国家进行非武装侵略的另一种战略，即和平演变。他们说："最终对历史起决定作用的是思想，而不是'武器'"；"在宣传上花1美元，等于在国防上花5美元"；要同社会主义国家"打一场没有硝烟的战争"。制造和散布历史虚无主义，就是他们用来打这种"无硝烟战争"的重要"武器"。应当看到，这件"武器"在苏联解体、苏共下台的过程中确实起到了一定作用。苏东剧变后，世界社会主义运动进入了低潮，西方敌对势力集中力量，加紧对我国进行西化和分化；我国综合国力这些年虽然明显上升，但在经济科技军事上的西强我弱态势并未根本改变。这种形势决定了我们同历史虚无主义思潮的斗争不可能是短时间的，必然具有长期性。

既然斗争是长期的，做斗争就需要有韧性。根据习近平总书记系列重要讲话精神，这种韧性我认为主要来自三个方面。首先，来自对马克思主义基本原理的深刻理解。习近平总书记说："马克思主义关于世界的物质性及其发展规律、人类社会及其发展规律、认识本质及其发展规律等原理，为我们研究把握哲学社会科学各个学科各个领域提供了基本的世界观、方法论。只有真正弄懂了马克思主义，才能在揭示共产党执政规律、社会主义建设规律、人类社会发展规律上不断有所发现、有所创造，才能更好识别各种唯心主义观点，更好抵御各种历史虚无主义谬论。"[1] 其次，来自对社会主义和共产主义必胜的坚定信念。他反复强调："对马克思主义的信仰，对社会主义和共产主义的信念，是共产党人的政治灵魂，是共产党人经受住任何考验的精神支柱。"[2] 再次，来自对社会主义将长期同资本主义制度既合作又斗争的清醒认识。他指出："资本主义

① 《人民日报》2016年5月19日。
② 《十八大以来重要文献选编》（上），中央文献出版社2014年版，第115页。

最终消亡、社会主义最终胜利，必然是一个很长的历史过程。我们要深刻认识资本主义社会的自我调节能力，充分估计到西方发达国家在经济科技军事方面长期占据优势的客观现实，认真做好两种社会制度长期合作和斗争的各方面准备。"① 做到了这些，我们同历史虚无主义思潮的斗争自然就会有韧性。

做好长期斗争的思想准备，并不是说只有等到世界社会主义运动高潮到来的时候，等到经济科技军事上我强西弱的时候才开始斗争。天底下任何胜利，靠等都是等不来的。我们要看到同历史虚无主义思潮斗争的长期性、艰巨性，更要看到这场斗争的必要性、必胜性，增强斗争的自觉性。我们既不能因为斗争的长期性而悲观失望、丧失信心、"刀枪入库"、"解甲归田"；也不要寄希望于一两个回合就"得胜回朝"，更不要奢望"毕其功于一役"。同历史虚无主义做斗争，必须有这样的定力。

当前，我国经过 60 多年的奋斗，经济总量已经跃居世界第二位，中华民族距离伟大复兴从来没有像现在这样接近过，更加需要我们紧紧抓住和用好眼下仍然可以大有作为的战略机遇期，加快发展自己。积极开展同历史虚无主义思潮的斗争，坚决维护国家的意识形态安全，就是为了不让国内外敌对势力利用这股思潮搞乱人心、搞乱中国的阴谋得逞，不让苏联发生的悲剧在我国重演，不丧失中华民族难得的发展机遇，以确保建党一百年时全面建成小康社会，建国一百年时达到中等发达国家的水平。我们坚信，有以习近平同志为核心的党中央的坚强领导，同历史虚无主义思潮的斗争一定会取得最后胜利，"两个一百年"的奋斗目标一定会最终实现；历史虚无主义思潮和其他各种错误思潮都阻挡不了中华民族伟大复兴的脚步，而一定会被历史前进的巨轮碾得粉碎。

---

① 《十八大以来重要文献选编》（上），中央文献出版社 2014 年版，第 117 页。

我国哲学社会科学必须坚持
以马克思主义为指导

——学习习近平总书记在哲学社会科学工作座谈会上讲话的体会

徐崇温

【作者简介】徐崇温，中国社会科学院荣誉学部委员、哲学所研究员、博士生导师，中国共产党党员。出版《当代资本主义新变化》《国际金融危机与当代资本主义》《当代社会主义的若干问题》《西方马克思主义》《西方马克思主义理论研究》《怎样认识西方马克思主义》《民主社会主义评析》《中国的和平发展道路》《中国特色社会主义理论体系研究》等30余部专著；主编《国外马克思主义和社会主义研究丛书》（42种）等。曾三次获中共中央宣传部精神文明建设"五个一工程"奖，首届、第二届、第三届中华优秀出版物图书奖，两部专著分别入选国家新闻出版总署第二届、第三届"三个一百"原创出版工程。

　　2016年5月19日习近平总书记在哲学社会科学工作座谈会上的重要讲话，明确提出了构建中国特色哲学社会科学的指导思想、根本要求和主要任务，深刻阐明了有关哲学社会科学的重要作用、发展方向和前途等一系列重大原则问题，为做好新时期哲学社会科学工作提供了根本遵循和行动指南。而作为灵魂贯穿在这篇讲话中的，则是深刻地重申了我国哲学社会科学必须坚持以马克思主义为指导。下面是我学习这篇讲话的体会，和大家一起讨论。

一

哲学社会科学必须坚持以马克思主义为指导，这是我们党历来强调的基本原则，对于每一个从事这项工作的同志来说，都可以说已经耳熟能详了，但习近平这次在重申这一原则时，却从人们通常没有注意的角度去援引事实和进行论证：

首先是从我国在鸦片战争失败后救亡图存的历史背景下来考察我国哲学社会科学的发展，他振聋发聩地指出："当代中国哲学社会科学是以马克思主义进入我国为起点的，是在马克思主义指导下逐步发展起来的"，据此，"我国哲学社会科学坚持以马克思主义为指导，是近代以来我国发展历程赋予的规定性和必然性"。应当说，这是我国哲学社会科学的一个特点和优点。

接着是从当代中国哲学社会科学与其他哲学社会科学的区别的角度，指出："坚持以马克思主义为指导，是当代中国哲学社会科学区别于其他哲学社会科学的根本标志，必须旗帜鲜明地加以坚持。"

随后就从是否坚持以马克思主义为指导，关系我国哲学社会科学的灵魂、方向和前途的角度，强调"在我国，不坚持以马克思主义为指导，哲学社会科学就会失去灵魂、迷失方向，最终也不能发挥应有作用"。

十分明显，从这样的视角来强调我国哲学社会科学必须坚持以马克思主义为指导，更加顺理成章、更具说服力。

二

坚持以马克思主义为指导，当然得以真懂真信马克思主义为根本前提，因为这涉及究竟以什么样的世界观、方法论去观察和解释自然界、人类社会、人类思维各种现象的问题：如果当事者用以观察和解释的世界观和方法论究竟是否真正的马克思主义，连他自己都弄不清楚，或者当事者自身并不真正信仰马克思主义，他在观察世界、分析问题时用的是另一种世界观、方法论，那还怎么谈得上以马克思主义为指导呢？所以，习近平指出："只有真正弄懂了马克思主义，才能在揭示共产党执政规律、社会主义建设规律、人类社会发展规律上不断有所发现、有所创造，才能更好地识别各种唯心主义观点，更好抵御各种历史虚无主义谬论。"

三

为什么我国哲学社会科学必须坚持以马克思主义为指导？从根本上说，是因为马克思主义深刻地揭示了自然界、人类社会和人类思维的普遍规律，为人类社会的发展进步指明了方向，它反映了人类社会的美好憧憬，是人们观察世界、分析问题的有力思想武器，还具有引导人们科学地认识世界和积极改变世界的实践品格。

那为什么人们在坚持马克思主义基本原理的同时，又还要推进马克思主义中国化，还要把继续推进马克思主义中国化、时代化、大众化，当作我国哲学社会科学的一项重要任务？

在坚持马克思主义的时候，必须把马克思主义的基本原理同运用这些原理的当时当地的具体实际结合起来，这是由马克思主义的本质所决定的，也是马克思主义的一贯要求。1872 年 6 月，马克思恩格斯在《共产党宣言》德文版序言中强调说，《共产党宣言》所阐述的迄今还是完全正确的一般"原理的实际应用，正如《宣言》中所说的，随时随地都要以当时的历史条件为转移"[①]；1886 年 1 月，恩格斯在致爱·皮斯的一封信中指出："我们对未来非资本主义社会区别于现代社会的特征的看法，是从历史事实和发展过程中得出的确切结论；不结合这些事实和过程去加以阐明，就没有任何理论价值和实际价值。"[②]毛泽东在总结中国革命经验的基础上提出的必须把马克思主义与中国革命的具体实际相结合，实现马克思主义中国化，并指出："离开中国特点来谈马克思主义，只是抽象的空洞的马克思主义"[③]；邓小平所说："只有结合中国实际的马克思主义，才是我们所需要的真正的马克思主义"[④]，贯穿于其中的，也正是与马克思恩格斯所说相同的道理。

实际上，不断推进马克思主义中国化、时代化、大众化，这还是把坚持马克思主义和发展马克思主义统一起来，结合新的实践不断作出新的理论创新，使马克思主义永葆生机活力的重要途径。在 1985 年的全国党代表会议上，邓小平说过，马克思主义理论"要求根据它的基本原则和基本方法，不断结合变化着的实际，探索解决新问题的答案，从而也发展马克思主义理论本身"[⑤]；而在 1989 年的《结束过去，开辟未来》中，邓小平又强调"绝不能要求马克思为解决他去世之后上百年、几百年所产生的问题提供现成答案。列宁同样也不能承担为他去世以后五十年、一百年所产生的问题提供现成答案的任务"，因而，

①《马克思恩格斯选集》第 1 卷，人民出版社 1995 年版，第 248 页。
②《马克思恩格斯选集》第 4 卷，人民出版社 1995 年版，第 676 页。
③《毛泽东选集》第 2 卷，人民出版社 1991 年版，第 534 页。
④《邓小平文选》第 3 卷，人民出版社 1993 年版，第 213 页。
⑤ 同上书，第 146 页。

"真正的马克思列宁主义者必须根据现在的情况，认识、继承和发展马克思列宁主义"，"不以新的思想、观点去继承、发展马克思主义，不是真正的马克思主义者"①。

马克思主义是由两部分内容构成的：第一部分是马克思主义的基本原理和贯穿其中的立场、观点和方法，这一部分构成为马克思主义的理论体系，习近平把它称作是"马克思主义的精髓和活的灵魂"；第二部分是马克思恩格斯在一些特定的历史条件下，针对具体情况作出的某些个别论断和具体行动纲领。邓小平所说要根据马克思主义的基本原则和基本方法，不断结合变化着的实际，探索解决新问题的答案，从而也发展马克思主义本身，他所说的必须根据现在的情况，认识、继承和发展马克思列宁主义，就是说的要牢牢把握马克思主义的精髓和活的灵魂，从现在的实际情况出发，去探索解决新问题的答案，就是要把坚持马克思主义和发展马克思主义统一起来，结合新的实践不断作出新的理论创新，使马克思主义永葆生机和活力。反之，如果不顾历史条件和现实情况的变化，拘泥于经典作家在特定历史条件下、针对某种具体情况作出的某些个别论断和具体行动纲领，那就是对马克思主义采取教条主义态度，它会因为思想脱离实际而不能顺利前进，甚至导致失误。

四

在哲学社会科学工作座谈会上，习近平说，坚持以马克思主义为指导，核心是要解决好为什么人的问题。必须坚持以人民为中心的研究导向，要坚持人民是历史创造者的观点，树立为人民做学问的理想，尊重人民主体地位，聚焦人民实践创造。

坚持人民是历史创造者，坚持以人民为中心的研究导向，这是马克思主义历史唯物主义的基本观点，贯穿于以马克思主义为指导的哲学社会科学工作的各个方面和整个过程。以推进马克思主义大众化为例来说，通常理解为就是要把马克思主义的基本理论通俗化，使之更好地为人民群众所理解和掌握，成为人民群众改造客观世界和主观世界的锐利武器。这种理解无疑是符合马克思主义大众化的原意的，但它还只是事情的一个方面。事情的另一个方面是，马克思主义大众化，不仅包含有马克思主义"到群众中去"的过程，还包含马克思主义"从群众中来"的过程，是马克思主义"从群众中来"与"到群众中去"相互联结的无限循环。

① 《邓小平文选》第3卷，人民出版社1993年版，第291—292页。

1945年4月，党的六届七中全会通过的《关于历史问题的决议》曾经在总结历史经验的基础上强调指出："在我党的一切实际工作中，凡属正确的领导，必须是从群众中来，到群众中去。这就是说，将群众的意见（分散的无系统的意见）集中起来（经过研究，化为集中的系统的意见），又到群众中去宣传解释，化为群众的意见，使群众坚持下去，见之于行动，并在群众行动中考验这些意见是否正确。然后再从群众中集中起来，再到群众中坚持下去。如此无限循环，一次比一次地更正确、更生动、更丰富。这就是马克思主义的认识论。"① 这就是说，马克思主义大众化要以最广大人民的实践作为马克思主义理论创新的源泉，并及时总结党领导人民创造的新鲜经验，以实践基础上的理论创新去指导新的实践。在中国特色社会主义的发展历程中，马克思主义大众化突出地表现为：我们党既通过提出和贯彻正确的理论和路线方针政策带领人民前进，又从人民的实践创造和发展要求中获得前进的动力。

在改革开放前，我国大多数农民处在非常贫困的状态，衣食住行都非常困难。党的十一届三中全会以后决定进行农村改革，给农民自主权、给基层自主权，这样一下子就把农民的积极性调动起来了，把基层的积极性调动起来了，农村的面貌开始改变。可是，邓小平说："农村搞家庭联产承包，这个发明权是农民的。农村改革中的好多东西，都是基层创造出来，我们把它拿来加工提高作为全国的指导。"②

乡镇企业的出现也是如此。邓小平说："农村改革中，我们完全没有预料到的最大收获，就是乡镇企业发展起来了，突然冒出搞多种行业、搞商品经济，搞各种小型企业，异军突起。这不是我们中央的功绩"，那是基层农业单位和农民自己创造的，解决了占农村剩余劳动力50%的人的出路问题。"如果说在这个问题上中央有点功绩的话，就是中央制定的搞活政策是对头的。"邓小平归纳说："我们农村改革之所以见效，就是因为给农民更多的自主权，调动了农民的积极性。现在我们把这个经验应用到各行各业，调动各方面的积极性。"③ 以后，邓小平又从群众和领导关系的角度总结经验说："改革开放中许许多多的东西，都是由群众在实践中提出来的"，"绝不是一个人的脑筋就可以钻出什么新东西来，是群众的智慧、集体的智慧，我的功劳是把这些新事物概括起来，加以提倡。"④ 邓小平的这番话，也为坚持以马克思主义为指导，就必须坚持人民

---

① 《毛泽东选集》第3卷，人民出版社1991年版，第899页。

② 《邓小平文选》第3卷，人民出版社1993年版，第382页。

③ 同上书，第238、242页。

④ 参见《伟大的实践，光辉的篇章》，《人民日报》1992年10月24日。

的历史创造者的观点，尊重人民主体地位，聚焦人民实践创造的观点，提供了一个典型的范例。

<h2 style="text-align:center">五</h2>

坚持以马克思主义为指导，还要坚持问题导向。习近平指出："问题是创新的起点，也是创新的动力源。只有聆听时代的声音，回应时代的呼唤，认真研究解决重大而紧迫的问题，才能真正把握历史脉络，找到发展规律，推动理论创新。坚持以马克思主义为指导，必须落到研究我国发展和我们党执政面临的重大理论和实践问题上来，落到提出解决问题的正确思路和有效办法上来。"

对待马克思主义，不应该从本本出发，不应采取静止、孤立地研究的方法，而应该用马克思主义的立场观点方法去解决我国的现实问题，这是我们党的优良传统。早在延安整风时，毛泽东就在《改造我们的学习》一文中强调："应确立以研究中国革命实际问题为中心，以马克思列宁主义基本原则为指导的方针，废除静止地孤立地研究马克思列宁主义的方法。"习近平在哲学社会科学工作座谈会上提出的"坚持问题导向是马克思主义的鲜明特点"，就是指的我们党的这个优良的马克思主义传统。

实际上，以习近平为总书记的党中央不仅号召我国哲学社会科学工作者坚持和发扬我们党的这个优良传统，而且还身体力行地践行这个传统，把马克思主义作为深入研究分析当前我国客观实际、提出治国理政新理念新思想新战略的指导。例如，从21世纪第2个十年开始，在国际上由于国际金融危机的爆发，世界经济进入深度调整期，全球贸易进入低迷期，致使我国出口增速放缓；在国内则由于长期以来我国采取的粗放型经济发展方式，遭遇资源环境的掣肘，已经难以为继，导致经济增速下行的发展趋势。党中央以马克思主义为指导深入分析了这种形势以后，和国外有些人叫嚷的"中国经济崩溃论"相反，认为这种现象的出现，标志着我国经济正在进入"新常态"，这是我国经济向形态更高级、分工更优化、结构更合理的阶段演进的必经过程，我们要因势而谋、因势而动、因势而进，为此提出了以创新、协调、绿色、开放、共享五大发展理念作为贯穿全局和全过程的大逻辑，来把握和引领这种新常态，去夺取在2020年全面建成小康社会的新胜利。我国哲学社会科学工作者应以此为榜样，把坚持以马克思主义为指导，落实到研究我国发展和我们党执政面临的重大理论和现实问题上，提出解决问题的正确思路和有效办法。

旗帜鲜明坚持当代中国哲学社会科学的"根本标志"

——学习习近平《在哲学社会科学工作座谈会上的讲话》

田心铭

【作者简介】田心铭，曾任北京大学教授，教育部高等学校社会科学发展研究中心主任、研究员，《高校理论战线》杂志总编辑。曾获国家授予的"有突出贡献中青年专家"称号。主要从事马克思主义哲学、中国化马克思主义、马克思主义理论与思想政治教育等学科的教学、研究工作及社科杂志编辑工作。主要兼职有：国家社会科学规划哲学学科评审组副组长，中国历史唯物主义学会副会长，高校马克思主义研究会顾问，教育部普通高中思想政治课课程标准实验教材编写指导委员会主任。发表论文 200 多篇。主要代表作有：《认识的反思》《反腐败论》《当代大学生哲学思潮》等。

习近平总书记在哲学社会科学工作座谈会上指出："坚持以马克思主义为指导，是当代中国哲学社会科学区别于其他哲学社会科学的根本标志，必须旗帜鲜明加以坚持。"① 这一重要论断指明了构建当代中国哲学社会科学必须坚持的正确方向。本文就此谈谈学习体会。

---

① 习近平：《在哲学社会科学工作座谈会上的讲话》（2016 年 5 月 17 日），《光明日报》2016 年 5 月 19 日。以下凡出自这篇讲话的引文不再加注。

一　为什么是"根本标志"?

"当代中国哲学社会科学"区别于其他哲学社会科学的"根本标志",所表明的是它既区别于其他历史时代、又区别于世界其他国家的哲学社会科学的根本的标志性的特征。为什么"坚持以马克思主义为指导"就是这样的"根本标志"呢?习近平的讲话为我们指明了理解这个问题的方法论,他指出:"观察当代中国哲学社会科学,需要有一个宽广的视角,需要放到世界和我国发展大历史中去看。"

把当代中国哲学社会科学放到"世界和我国发展大历史"中去看,就要把它同世界其他国家和其他历史时代的哲学社会科学相比较,找出它们的根本区别所在。习近平在中央政治局第十一次集体学习时强调,要学习历史唯物主义基本原理和方法论,更好认识国情、认识党和国家事业发展大势、认识历史发展规律。我们当然也要运用历史唯物主义基本原理和方法论来认识当代中国哲学社会科学。观察一个社会中的哲学社会科学,不能离开其所属的社会。在人类社会有机体中,哲学社会科学属于社会意识;从其总体(即除语言学、逻辑学等少数学科外的大多数学科)看,具有意识形态属性。历史唯物主义基本原理告诉我们,社会存在决定社会意识,社会的经济基础决定上层建筑。因此,一定社会中哲学社会科学的根本特征或根本标志,归根到底是由该社会的社会存在尤其是物质生活的生产方式决定的,是由社会的经济基础决定的。

不同时代、不同国家的经济基础和由此决定的作为意识形态的哲学社会科学的根本区别在哪里呢?马克思主义抛弃了历来统治社会历史理论领域的唯心史观关于"一般社会"的臆想,把社会关系归结于生产关系、把生产关系归结于生产力的高度,提出了"社会形态"这个基本范畴,把人类历史上出现的各种社会概括和区分为几种社会形态。马克思在《〈政治经济学批判〉序言》中阐述了"经济的社会形态演进的几个时代"[①] 在历史上依次更替的规律。邓小平把历史唯物主义揭示的这一"人类社会发展的规律"概括为:"封建社会代替奴隶社会,资本主义代替封建社会,社会主义经历一个长过程发展后必然代替资本主义。"[②] 社会形态作为生产方式、经济基础和由此决定的上层建筑的统一,体现为这里邓小平所说的奴隶社会、封建社会、资本主义社会和社会主义社会等社会制度。不同社会中哲学社会科学的根本区别,归根到底取决于不同

[①] 《马克思恩格斯文集》第 2 卷,人民出版社 2009 年版,第 592 页。
[②] 《邓小平文选》第 3 卷,人民出版社 1993 年版,第 382 页。

社会形态、社会制度之间的区别。当代中国哲学社会科学同世界其他社会制度的国家及历史上其他时代哲学社会科学的根本区别，就在于它是当代中国的即中国特色社会主义制度下的哲学社会科学。正是这一区别决定了它的根本标志。

习近平指出："我国哲学社会科学坚持以马克思主义为指导，是近代以来我国发展历程赋予的规定性和必然性。"历史告诉我们，中国共产党是马克思主义同中国工人运动相结合的产物，中华人民共和国是以马克思主义为指导建立的人民当家作主的国家，中国特色社会主义制度是以马克思主义为指导建立的社会制度。近代以来的中国，处在社会大变革的时代。自从十月革命一声炮响给中国送来了马克思列宁主义，中国共产党领导中国人民拿起这个思想武器作为观察国家命运的工具，经历空前的人民大革命，实现了争取民族独立、人民解放的历史任务，把一个半殖民地半封建的旧中国变成了社会主义的新中国，开辟出一条中国特色社会主义道路。当代中国哲学社会科学就是在这一历史性变革中继承民族文化优秀传统而建立和发展起来的。这是建立在中国特色社会主义制度基础上并为其服务的哲学社会科学，是作为中国特色社会主义事业中一个重要组成部分的哲学社会科学。这就表明，以马克思主义为指导成为当代中国哲学社会科学的根本标志，是由中国近代的历史发展决定的。当代中国哲学社会科学是以马克思主义进入我国为起点的，今后也只有以马克思主义为指导才能沿着正确方向前进。

当代中国哲学社会科学必须坚持以马克思主义为指导思想和理论基础，是因为马克思主义是工人阶级的科学世界观。习近平指出："马克思主义尽管诞生在一个半多世纪之前，但历史和现实都证明它是科学的理论，迄今依然有着强大生命力。"哲学社会科学的繁荣发展，必须建立在正确的世界观、历史观、方法论的基础之上。在人类几千年的思想史上，只有马克思才创立了唯物主义历史观，使唯物主义贯彻到社会历史领域而成为彻底的唯物主义，使历史破天荒第一次被置于它的真实基础之上，为我们研究把握哲学社会科学各个学科领域提供了基本的世界观、方法论，使关于社会历史的各门学问得以建立在这一基础之上而有可能成为真正意义的科学。在我国，不坚持以马克思主义为指导，哲学社会科学就会失去灵魂、迷失方向，不能发挥应有的作用。

二　怎样才能坚持"根本标志"？

习近平的讲话既阐明了我国哲学社会科学为什么要坚持以马克思主义为指导，又阐明了如何坚持以马克思主义为指导。这里就讲话中的几个重要观点谈一些认识。

第一，"坚持以马克思主义为指导，要'自觉把中国特色社会主义理论体系贯穿研究和教学全过程，转化为清醒的理论自觉、坚定的政治信念、科学的思维方法'"。

坚持以马克思主义为指导，必须把马克思主义基本原理同中国具体实际相结合。既不能离开马克思主义的立场、观点、方法，又不能脱离中国实际。中国特色社会主义理论体系是中国共产党把马克思主义基本原理同中国具体实际相结合，推进马克思主义中国化，继毛泽东思想之后创造的又一伟大成果。建设中国特色社会主义是当代中国社会生活的主题。在当代中国，离开这个主题谈马克思主义，没有意义。因此，坚持马克思主义，必须坚持中国特色社会主义理论体系。这对于哲学社会科学工作者来说，就是要面向中国特色社会主义的实践，把中国特色社会主义理论体系贯穿到研究和教学中去。

清醒的理论自觉，是理论主体对自身"是什么"的清醒认识，也就是清醒地认识到自身质的规定性，同其他思想理论区分开来。坚定的政治信念，是以科学理论为指导、以对社会发展客观规律和国情的深刻认识为基础建立起来的对社会发展方向和发展道路的坚定不移的确认和追求。科学的思维方法，是科学的世界观在思维活动和社会实践中的自觉运用。当代中国哲学社会科学工作者保持清醒的理论自觉，就要坚持马克思主义基本原理，反对"马克思主义已经过时"、"马克思主义只是一种意识形态说教，没有学术上的学理性和系统性"等错误观点，划清马克思主义同反马克思主义的界限，深刻理解中国特色社会主义理论体系的科学内涵和精神实质；确立坚定的政治信念，就要坚定中国特色社会主义共同理想和共产主义远大理想，反对用新自由主义、西方"宪政民主"、"普世价值"论等错误思潮否定中国特色社会主义道路和社会制度，反对"共产主义虚无缥缈"论；坚持科学的思维方法，就要学习和运用唯物辩证法和历史唯物主义去观察和分析问题，反对唯心主义和形而上学，反对历史唯心主义和历史虚无主义。

第二，"坚持以马克思主义为指导，首先要解决真懂真信的问题"。

科学的世界观不能自发地产生。在古代和近代中国的社会历史条件下，只能产生朴素的唯物论、辩证法和社会历史观点，不可能有完备的理论。马克思和恩格斯在19世纪前半期欧洲机器大工业发展、无产阶级运动和自然科学成就的基础上，综合人类认识史的积极成果，才创造了工人阶级的科学世界观，实现了人类认识史上空前的大革命。中国人民同马克思主义的关系，是以学习、接受马克思主义为历史起点和逻辑起点的。因此，坚持以马克思主义为指导，首先要通过学习和实践，解决真懂真信的问题。"真懂"和"真信"是紧密关联的。真信来自真懂，真懂也离不开真信。如果不了解马克思主义，或者只知道马克思主义的词句而不理解它的基本原理，不可能确立对马克思主义的坚定信仰。如果没有真诚的热爱和追求，站在以马克思主义为指导的社会实践之外以旁观者的态度仅仅把它当作一种学问去研究，也不可能真懂，不能深刻理解和有效运用马克思主义。没有对马克思主义的"真懂真信"，"指导"就成了空话、套话。不懂或不信马克思主义基本原理，就不可能真正理解和掌握中国特色社会主义理论体系，更谈不上把它贯穿研究和教学全过程。

要做到真懂、真信，就必须下功夫真学。习近平要求广大党员干部特别是领导干部，要原原本本学习和研读经典原著，努力把马克思主义立场观点方法学到手，作为自己的看家本领。他在这次讲话中又强调指出，马克思主义经典作家眼界广阔、知识丰富，马克思主义理论体系和知识体系博大精深。对马克思主义的学习和研究，不能采取浅尝辄止、蜻蜓点水的态度。有的人马克思主义经典著作没有读几本，一知半解就哇啦哇啦发表意见，这是一种不负责任的态度，也有悖于科学精神。

第三，"坚持以马克思主义为指导，核心要解决好为什么人的问题"。

毛泽东 1942 年在延安文艺座谈会上的讲话中，习近平 2014 年在文艺工作座谈会上的讲话中都指出："为什么人的问题，是一个根本的问题，原则的问题。"文艺工作是如此，哲学社会科学工作同样是如此。习近平说："为什么人的问题是哲学社会科学研究的根本性、原则性问题。"我国哲学社会科学为谁著书、为谁立说，是为少数人服务还是为绝大多数人服务，是必须搞清楚的问题。

解决好为什么人的问题，就是要坚定地站在工人阶级和人民的政治立场，全心全意为人民服务，把实现好、维护好、发展好最广大人民的根本利益作为哲学社会科学研究的出发点和落脚点。

哲学社会科学和自然科学同样都以求真为主旨，都要揭示其对象的本质和规律。不同的是，社会科学的对象是社会运动，哲学的对象包括社会运动。所谓社会，就是人们之间的关系，其基础是生产关系，这是人们之间的物质利益关系。社会运动无不关联着人们的利益和社会关系，因而研究者对现实社会的认识、对本学科中传承的思想材料的加工，无论他是否自觉意识到，都不能不受其立场和社会关系的制约。生活在一定社会关系中的人们，其利益在多大程度上与历史前进的方向一致，他们才能在相应的程度上认识社会客观规律。

毛泽东指出，人们在很长的历史时期内对社会的认识只能限于片面的了解，除了生产规模的狭小限制了人们的眼界外，是由于剥削阶级的偏见经常歪曲社会的历史，只有代表近代无产阶级的马克思主义才能对社会历史的发展作全面的历史的了解。恩格斯晚年回顾总结马克思主义产生的历史时深刻地指出："科学越是毫无顾忌和大公无私，它就越符合工人的利益和愿望。在劳动发展史中找到了理解全部社会史的锁钥的新派别，一开始就主要是面向工人阶级的，并且从工人阶级那里得到了同情。"① 工人阶级在社会生产体系中的地位决定了它的阶级利益与社会发展客观规律、历史前进方向完全一致，它只有解放全人类才能最后解放自己，所以只有面向工人阶级的马克思主义才把对于社会的认识变成了科学。由此就决定了，哲学社会科学工作者只有站在工人阶级和人民的立场，解决好为什么人的问题，才能真正理解和掌握马克思主义，并运用它指导自己的研究。

习近平指出："世界上没有纯而又纯的哲学社会科学。""研究者生活在现实社会中，研究什么，主张什么，都会打下社会烙印。"我们的党是代表中国最广大人民根本利益的中国工人阶级的先锋队，我们的国家是工人阶级领导的人民当家作主的国家。在中国共产党领导的当代中国，哲学社会科学要有所作为，就必须坚持以人民为中心的研究导向。当代中国的哲学社会科学工作者要做出经得起实践、人民、历史检验的研究成果，就必须解决好为什么人这个核心问题，牢固确立人民是历史创造者的观点，树立为人民做学问的理想，尊重人民主体地位，聚焦人民实践创造，把个人学术追求同国家发展、民族振兴、人民利益紧紧联系在一起。

第四，"坚持以马克思主义为指导，最终要落实到怎么用上来"。

马克思主义不是书斋里的学问。马克思和恩格斯创立科学的世界观，目的在于为工人阶级解放和人类解放锻造精神武器。在马克思看来，哲学家们只是用不同的方式解释世界，而问题在于改变世界。因此，实践性是马克思主义最显著的特点之一。它强调理论的基础在实践，又反过来为实践服务。我们坚持马克思主义，并不是为了好看，也不是因为它有什么神秘，只是因为它能指导中国人民革命、建设和改革的实践。所以，对于马克思主义的理论，精通的目的全在于运用。我国哲学社会科学研究应该以我们正在做的事情为中心。坚持以马克思主义为指导要落实到研究我国发展和我们党执政面临的重大理论和实践问题上来，落实到提出解决问题的正确思路和有效办法上来。

落实到"怎么用"，必须把对马克思主义的坚持和发展统一起来。习近平指出："把坚持马克思主义和发展马克思主义统一起来，结合新的实践不断作出新的理论创造，这是马克思主义永葆生机活力的奥妙所在。"来自实践的科学理

---

① 《马克思恩格斯文集》第4卷，人民出版社2009年版，第313页。

论回到实践中去，既是用理论指导实践、推动实践发展，又是在新的实践中检验理论、发展理论。这是理论和实践之间相互作用的过程。习近平 2015 年 1 月在中央政治局集体学习时提出：不断实现理论创新和实践创新良性互动，在这种统一和互动中发展 21 世纪中国的马克思主义①。"不断实现理论创新和实践创新良性互动"，这是坚持和发展马克思主义的基本途径，是马克思主义永葆生机活力的源泉。毛泽东说，我们的实践超过了马克思，实践当中是要出道理的。建设中国特色社会主义，是前无古人的伟大实践。当代中国正在进行的人类历史上最为宏大而独特的实践创新，必将给理论创造、学术繁荣提供强大动力和广阔空间，迎来一个哲学社会科学大发展的时代。

落实到"怎么用"，必须在新形势下坚持马克思主义基本原理和贯穿其中的立场、观点、方法，而不能对马克思主义采用教条主义或实用主义的态度。马克思主义不是教条，而是行动的指南。恩格斯曾经批评德国社会民主党内的一些人"用学理主义和教条主义的态度"对待马克思主义②。他指出，有些人把唯物主义当作现成的公式，按照它来剪裁各种历史事实。有些人把"唯物主义"这个套语当作标签贴到各种事物上去，再不做进一步的研究。针对这样的现象，恩格斯提出："必须重新研究全部历史。"③ 历史唯物主义揭示出社会发展的规律，不是人类对社会历史的认识的终结，而是认识的新起点。因此，"必须详细研究各种社会形态的存在条件，然后设法从这些条件中找出相应的政治、私法、美学、哲学、宗教等等的观点"④。原则不是研究的出发点。科学研究不是从概念、原理出发，而是从客观实际出发。以马克思主义为指导，决不是用经典作家的语录代替对现实问题的研究，而是要面向当代中国和世界的实际，倾听时代的声音，坚持问题导向，把问题当作创新的起点和动力源，研究和解决重大而紧迫的现实问题，回应时代的呼唤。

解决好"真懂真信"的问题是前提；解决好"为什么人"的问题是核心；解决好"怎么用"的问题是落脚点。只有解决好这三个问题，才能做到以马克思主义为指导，把中国特色社会主义理论体系贯穿研究和教学全过程。

"根本标志"所体现的，是一个事物成为该事物而同其他事物区别开来的本质特征。坚持"根本标志"，就是坚持事物的根本性质。抛弃或改变"根本标志"，就是否定或改变事物的根本性质。习近平关于当代中国哲学社会科学

① 《光明日报》2015 年 1 月 25 日。
② 《马克思恩格斯文集》第 10 卷，人民出版社 2009 年版，第 557 页。
③ 同上书，第 587 页。
④ 同上。

"根本标志"的重要论断,深刻揭示了当代中国哲学社会科学的本质特征,丰富和深化了我们党关于坚持马克思主义在意识形态领域指导地位的理论,是哲学社会科学工作必须遵循的指南。

创新科学理论和伟大实践的光辉指南

——学习习近平总书记在哲学社会科学工作座谈会上讲话的体会

梅荣政

【作者简介】梅荣政，武汉大学马克思主义学院二级教授，博士生导师。曾任武汉大学邓小平理论研究中心副主任、政治与行政学院常务副院长，马克思主义理论与思想政治教育国家重点学科带头人，马克思主义理论一级学科带头人；教育部高校思想政治理论课教学指导委员会委员，教育部邓小平理论中心特邀研究员。现任中国社会科学院马克思主义研究院特聘研究员、中国高校马克思主义研究学会副会长，中央马克思主义理论研究和建设工程马克思主义发展史课题组首席专家、马克思恩格斯列宁历史理论经典著作导读课题组主要成员，国家重大委托项目《马克思主义大辞典》编委会常务副主编。曾出访俄罗斯、德国、比利时、日本、美国等国进行学术交流。专业方向：马克思主义发展史、马克思主义基本原理、马克思主义中国化。主要学术成果：主持完成国家社会科学基金重大项目、重大委托项目研究多项。专著有《中国特色社会主义基本问题研究》《马克思主义发展史》《马克思主义中国化史》《用马克思主义引领社会思潮》等20多部；在《求是》《人民日报》《马克思主义研究》《政治学研究》等报刊发表论文320余篇。曾获教育部高等学校科学研究优秀成果人文社会科学一等奖1项、二等奖1项、三等奖2项；中国社会科学院二等奖1项、湖北省人民政府社会科学优秀成果一等奖1项、二等奖1项；获中国图书奖、图书奖提名奖各1项。

习近平总书记在哲学社会科学工作座谈会上的讲话是一个纲领性文献，对于加快构建、全面繁荣发展中国特色哲学社会科学，具有根本性的理论指导和实践指南意义。本文谈四点初学体会。

一　旗帜鲜明，坚持根本标志

习近平总书记在讲话中，从近代以来我国发展历程赋予的规定性和必然性的高度清楚地说明："坚持以马克思主义为指导，是当代中国哲学社会科学区别于其他哲学社会科学的根本标志。"[①] 他要求我们旗帜鲜明地加以坚持。这是习近平总书记讲话中的根本观点。马克思主义是我们立党立国的根本指导思想。在当代中国，不坚持，或者模糊、淡化，甚至抹杀哲学社会科学这个根本标志，即"不坚持以马克思主义为指导，哲学社会科学就会失去灵魂、迷失方向，最终也不能发挥应有作用"[②]。所以在坚持马克思主义指导地位这一根本问题上，我们必须坚定不移，任何时候任何情况下都不能有丝毫动摇。

坚持还是不坚持当代中国哲学社会科学这个根本标志的试金石，如有专家指出过的，是看马克思主义是否真正深入到哲学社会科学内部，在经济学、政治学、法学、历史学、社会学、文艺学、伦理学等学科领域中发挥指导作用，并成为其最根本的理论基础。

应该说，我国广大哲学社会科学工作者在这方面做了许多坚持工作，为此作出了重要贡献；但是也毋庸讳言，对这方面状况的估计不容太乐观、太高。正像习近平总书记提醒我们的："实际工作中，在有的领域中马克思主义被边缘化、空泛化、标签化，在一些学科中'失语'、教材中'失踪'、论坛上'失声'。这种状况必须引起我们高度重视。"[③] 因为对这个必须解决的问题如果解决不好，不仅中国特色哲学社会科学不可能加快构建，而且还因它同坚持和发展中国特色社会主义的大局不一致、不协调、不符合，会起相反的作用。

应该说，我国高校对落实马克思主义在哲学社会科学各学科领域的指导地位，彰显当代中国哲学社会科学的根本标志，负有特别重要的责任。这是因为如习近平总书记此前所说："高校肩负着学习研究宣传马克思主义、培养中国特色社会主义事业建设者和接班人的重大任务。"[④] 高校的哲学社会科学工作人员

[①] 习近平：《在哲学社会科学工作座谈会上的讲话》，《人民日报》2016 年 5 月 19 日。

[②] 同上。

[③] 同上。

[④] 参见《人民日报》2014 年 12 月 30 日第 1 版。

已占到全国哲学社会科学工作队伍的大多数。高校的马克思主义学院又是学习、研究和宣传马克思主义的"四大平台"之一。所以高校的中国哲学社会科学自觉坚持马克思主义的指导地位，具有特别重要的意义。

关于这个问题，中央已下发了多个文件，习近平总书记就加强党的意识形态工作也有一系列重要指示，高校应进一步振作精神，不等待不观望不犹豫，抓紧结合习近平总书记加强党的意识形态工作的指示，结合中央已下发的有关文件，依靠广大从事哲学社会科学研究、学习的师生，深入调查研究，弄清家底，找出问题及产生的原因，提出切实可行的有效措施，将习近平总书记在哲学社会科学工作座谈会上的讲话精神具体落实到哲学社会科学的学科建设、教材建设、教学内容、队伍建设、人才培养、学术论坛、学术交流中去，以期通过一段时间的系统工作，使习近平总书记批评的实际工作中的不良状况得到根本好转。

二　分析鉴别，洋为中用

马克思主义只有批判地吸收人类思想文化的一切积极成果，包括西方资产阶级思想文化的积极成果，才能得到发展创新。习近平总书记讲得非常好："对一切有益的知识体系和研究方法，我们都要研究借鉴，不能采取不加分析、一概排斥的态度。"① 中华民族是一个兼容并蓄、海纳百川的民族，在漫长的历史进程中，不断学习他人的好东西，把他人的好东西化成我们自己的东西，形成我们的民族特色。这是对中国共产党一贯坚持的原则、态度的重申和进一步阐扬。今天人类已进入信息化时代，打破封闭，坚持开放，是加快构建中国特色哲学社会科学的一个重要条件。但是，如何把握好这个条件，如何正确对待西方的思想文化理论，这是一个带方向性的问题，又是一个极为复杂的问题。近几十年来我们在这方面有经验可总结，更有教训值得认真检讨。

今天如何正确对待西方的思想文化理论？总的说就是要坚持分析鉴别，洋为中用。具体要把握好四点。

一是立根固本为先。这个"根"和"本"就是马克思主义。借鉴西方资产阶级思想文化的有益成分，必先立根固本。如不久前习近平总书记所说，要处理好"真经"和"西经"的关系："马克思主义就是我们共产党人的'真经'，'真经'没念好，总想着'西天取经'，就要贻误大事！"②

二是独立思考，绝不跟在别人后面亦步亦趋。习近平总书记讲得清楚：对

---

① 习近平：《在哲学社会科学工作座谈会上的讲话》，《人民日报》2016 年 5 月 19 日。
② 习近平：《在全国党校工作会议上的讲话》，《求是》2016 年第 9 期。

国外的理论、概念、话语、方法，要有分析、有鉴别，适用的就拿来用，不适用的就不要生搬硬套。"跟在别人后面亦步亦趋，不仅难以形成中国特色哲学社会科学，而且解决不了我国的实际问题。"① 跟在别人后面亦步亦趋，不仅在思想方法上是信奉"懒汉"哲学、洋教条的表现，与具有非凡创造力、创造了5000年灿烂文化的中华民族的宝贵精神品格不相容，而且会在政治上带来危险。譬如，如何评价我们的实践？如何衡量我国发展？如果我们用西方资本主义价值体系来剪裁，用西方资本主义评价体系来评估，符合西方标准就行、就好，不符合西方标准就是落后的陈旧的，就要批判、攻击，那后果只能是，要么跟在人家后面亦步亦趋，走上资本主义邪路，接受资产阶级的价值观，要么自持理亏，只有挨骂的份。

三是要从意识形态领域斗争的严峻性认识问题。当今时代，在思想舆论领域，国内外各种敌对势力，总是妄图让我们党改旗易帜、改名换姓，企图让我们丢掉对马克思主义的信仰，丢掉对社会主义、共产主义的信念。这不能不反映到西方资产阶级思想文化理论及其研究传播中。意识形态领域的斗争尖锐复杂。面对这种形势，我们脑子要特别清醒、眼睛要特别明亮、立场要特别坚定，绝不能迷信盲从，奉西方理论、西方话语为金科玉律，不知不觉成了西方资本主义意识形态的吹鼓手。

四是要区分西方资产阶级思想理论的完整体系和个别方面。对前者，要坚决予以批判和抵制。对后者，要根据中国的实际需要和具体情况，有选择性地借鉴。借鉴绝不是制造复制品，而是一个批判改造和重新制作，即比较、对照、批判、吸收、升华，服务于建设和发展中国特色社会主义文化的过程。1983年11月16日《人民日报》第5版曾转载《北京大学学报》同年第3期陈岱孙教授《现代西方经济学的研究和我国社会主义经济现代化》一文，文章深刻指出："在对待西方经济学对于我们经济现代化的作用上，我们既要认识到，这些国家的经济制度和我们的社会主义经济制度根本不同，从而，现代西方经济学作为一个整个体系，不能成为我们国家经济发展的指导理论。同时，我们又要认识到，在若干具体经济问题的分析方面，它确有可供我们参考、借鉴之处。"但是"由于制度上的根本差异，甚至在一些具体的、技术的政策问题上，我们也不能搬套西方的某些经济政策和措施"。陈老在文中特别强调"在经济学或者可以说在整个社会科学范围里，社会经济制度是一个恒定的前提"②。这对于

---

① 习近平：《在哲学社会科学工作座谈会上的讲话》，《人民日报》2016年5月19日。
② 参见《人民日报》1983年11月16日第5版。

我们如何正确对待西方各种哲学的、经济学的、社会政治的和文学艺术的理论、思潮，都有重要启示意义。

20世纪80年代，邓小平同志就发出警示："现在有些同志对于西方各种哲学的、经济学的、社会政治的和文学艺术的思潮，不分析、不鉴别、不批判，而是一窝蜂地盲目推崇。"①"如果我们不及时注意和采取坚定的措施加以制止，而任其自由泛滥，就会影响更多的人走上邪路，后果就可能非常严重。从长远来看，这个问题关系到我们的事业将由什么样的一代人来接班，关系到党和国家的命运和前途。"②针对当时的严峻形势，邓小平同志要求："马克思主义者应当站出来讲话。思想战线的共产党员，特别是这方面担负领导责任的和有影响的共产党员，必须站在斗争的前列。"③

邓小平同志这些警示过去几十年了，我们这一代人当倍加努力，着力解决仍未解决的问题。

三 科学扬弃，古为今用

如何对待中国的传统文化？这也是一个带方向性、又极为复杂的问题。我以为在这个问题上，我们党的原则方针是明确的、一贯的。特别是党的十八大以来，习近平总书记的一系列有关重要讲话，进一步阐明了我们党一贯的原则方针。学习领会其精神，至少要把握如下几点。

1. 弄清中华文化的科学内涵

中华文化（或中华文明）是我国人民在长期实践中创造、培育和形成的。其构成包括三个部分：在五千多年文明发展中孕育的中华优秀传统文化，在党和人民伟大斗争中孕育的革命文化和社会主义先进文化。这三个部分构成一个博大精深的严谨整体，积淀着中华民族最深层的精神追求，代表着中华民族独特的精神标识，滋养着中华民族生生不息、不断发展壮大，是把我国56个民族、13亿多人紧紧凝聚在一起的伟大民族精神力量。其中，社会主义核心价值观，以爱国主义为核心的民族精神和以改革创新为核心的时代精神集中体现了中华文化的思想精华。全党全国各族人民共同坚守的中国特色社会主义共同理想和最终实现共产主义的最高理想是其精髓所在。中国特色社会主义共同理想和最终实现共产主义的最高理想，在现阶段熔铸在实现中华民族伟大复兴的中国梦中。这就是我们的文化自信。我们说，文化自信是更基本、更深沉、更持

① 《邓小平文选》第3卷，人民出版社1993年版，第44页。
② 同上书，第45页。
③ 同上书，第46页。

久的力量，其深刻根据就在于此。

2. 明确弘扬中华文化的意义

其一，民族自信的历史文化支撑。我们的民族是伟大的民族。在五千多年连绵不断的文明发展历程中，创造了博大精深的中华文化，为人类文明进步作出了不可磨灭的贡献；中华文化源远流长，孕育了中华民族的宝贵精神品格，培育了中国人民的崇高价值追求。自强不息（以爱国主义为主旋律）、厚德载物的思想，作为中华民族安身立命的文化基础，支撑着中华民族生生不息、薪火相传，今天依然是我们推进改革开放和社会主义现代化建设的强大精神力量。

其二，中国特色社会主义的历史文化支撑。这里包含两个历史的必然：一是中国走适合自己特点的发展道路是历史文化发展的必然。每个国家和民族的历史传统、文化积淀、基本国情不同，其发展道路必然有着自己的特色。中国独特的文化传统，独特的历史命运，独特的基本国情，注定了我们必然要走适合自己特点的发展道路，在现阶段就是中国特色社会主义道路。二是对中国特色社会主义的自信是历史文化发展的必然。中华优秀传统文化是中华民族的突出优势，最深厚的文化软实力。中国特色社会主义正是植根于中华文化沃土之中。不仅如此，业已创造了伟大中华文明的中华民族具有非凡创造力，还一定能够继续拓展和走好适合中国国情的发展道路，在沿着中国特色社会主义道路，实现中华民族伟大复兴中国梦的过程中，创造出中华文化新的辉煌。这就是我们对中国特色社会主义自信的深厚历史渊源和广泛现实基础。

其三，推进国家治理体系和治理能力现代化的历史文化支撑。一个国家选择什么样的治理体系，是由这个国家的历史传承、文化传统、经济社会发展水平决定的，是由这个国家的人民决定的。我国今天的国家治理体系，是在我国历史传承、文化传统、经济社会发展的基础上长期发展、渐进改进、内生性演化的结果。民族文化是一个民族区别于其他民族的独特标识，今天要推进国家治理体系和治理能力现代化，必须发挥文化的作用。其中培育和弘扬社会主义核心价值观，是有效整合社会意识，确保社会系统得以正常运转、社会秩序得以有效维护的重要途径。因为社会主义核心价值观是文化软实力的灵魂和建设的重点，也是决定文化性质和方向最深层次的要素。一个国家的文化软实力，从根本上说，取决于其核心价值观的生命力、凝聚力、感召力。历史和现实都表明，构建具有强大感召力的核心价值观，关系社会和谐稳定，关系国家长治久安。这种核心价值观在当代中国就是社会主义核心价值观。

3. 对待历史文化的正确方针

对历史文化特别是先人传承下来的道德规范，要坚持正确的方针。这就是：

要以对我们树立正确的世界观、人生观、价值观有益还是无益为准则，通过科学分析，有鉴别地加以对待，有扬弃地予以继承。绝不搞厚古薄今、以古非今，努力实现传统文化的创造性转化、创新性发展。具体说要分辨糟粕与精华，去其糟粕，取其精华；分辨粗伪与精真，去粗取精、去伪存真。

所谓传统文化中的糟粕、粗伪，从根本上说，是适应中国两千余年来未曾变动的农业经济组织反映出来的，作为中国大家族制度表层构造的，建立在小农经济基础上的血缘关系等级制度的封闭体系，宣扬历史唯心主义的东西。

所谓精华，就是中华优秀传统文化中能够与当代文化相适应、与现代社会相协调的思想精华和中华传统美德。这些思想精华和道德精髓积淀着中华民族最深层的精神追求，代表着中华民族独特的精神标识，有助于我们今天加强爱国主义、集体主义、社会主义教育，引导我国人民树立和坚持正确的历史观、民族观、国家观、文化观，增强做中国人的骨气和底气；有助于加强全社会的思想道德建设，坚持马克思主义道德观、坚持社会主义道德观，激发人们形成善良的道德意愿、道德情感，培育正确的道德判断和道德责任，提高道德实践能力尤其是自觉践行能力，引导人们向往和追求讲道德、尊道德、守道德的生活，形成向上的力量、向善的力量。能够让 13 亿人的每一分子都成为传播中华美德、中华文化的主体，夯实中国特色社会主义的思想道德基础的东西。

这些东西是中华民族最基本的文化基因和精神命脉，也是我们在世界文化激荡中站稳脚跟的根基，我们必须认真学习和研究，掌握其历史渊源、发展脉络、基本走向、独特的创造性、价值理念、鲜明特色。对于中国传统文化中维系中华民族生生不息、团结统一的优良思想（如讲仁义、倡忠勇、敬孝悌、重民本、守诚信、崇正义、尚合和、求大同等）、宏大抱负（如"修身、齐家、治国、平天下"）、壮烈情怀（如"先天下之忧而忧、后天下之乐而乐"）、国家利益至上的精神（如"苟利国家生死以，岂因祸福避趋之"）、不辱使命的责任感（如"为天地立心，为生民立命，为往圣继绝学，为万世开太平"），要结合现时代的精神，结合创新实践的要求，结合人民群众精神文化生活新的需要，放在中国特色社会主义理论体系、话语体系下，加以深度阐发，解读出精义，在实现创造性转化、创新性发展中创造出新话语、新范畴，使中华优秀传统文化成为涵养社会主义核心价值观，繁荣社会主义先进文化的重要源泉。

四　应时代需要，设专门学科

结合中国特色社会主义伟大实践，加快构建中国特色哲学社会科学，是习近平总书记在哲学社会科学工作座谈会上讲话的主题、出发点和落脚点。也是党和国家赋予哲学社会科学工作的一项光荣而艰巨的任务。这项任务包括加快构建经济学、政治学、法学、历史学、社会学、文艺学、伦理学等学科的理论体系和话语体系等等。完成这项任务需要全国的哲学社会科学工作者共同努力，做好多方面的工作。每一个哲学社会科学工作者当扫除坐而论道、述而不作之旧气，树立时不我待、从我做起之新风，少一点怨气和牢骚，真正"立时代之潮头、通古今之变化、发思想之先声"，做到有所作为。这里只想就构建中国特色社会主义学谈一点建议。

早在 20 世纪 60 年代，周恩来同志就提出"政治经济学中国化"问题，包括材料在内，不能都以欧美特别是英国的作为根据，看不见中国的实际情况。不久前习近平总书记又提出构建中国特色社会主义经济学。遵循这样的思路，提出构建中国特色社会主义学。中国特色社会主义是科学社会主义的理论逻辑和中国社会发展的历史逻辑的统一，是科学社会主义基本原理和中国具体实际相结合的产物。中国特色社会主义学由研究对象的根本性质所决定，本质是科学社会主义，特点是更加凸显科学社会主义基本原理与中国具体实际相结合，更具有中国气派、中国风格、中国话语，是科学社会主义中国化在 21 世纪的继续推进。构建中国特色社会主义学的重要性主要有以下方面。

其一，科学社会主义基本原理需要深度挖掘、解读和教育。科学社会主义是马克思主义的核心，马克思主义哲学和政治经济学的出发点和落脚点。列宁多次称："科学社会主义学说，也就是马克思主义。"[①] 甚至认为，马克思主义中没有社会主义部分就不成为马克思主义了。邓小平也说："马克思主义的另一个名词就是共产主义。"[②] 然而，由于中国高校近几十年都不系统进行科学社会主义基本原理教育了，成长起来的年轻一代中，不少人已经不清楚什么是科学社会主义基本原理，不清楚中国特色社会主义与科学社会主义基本原理是什么关系了，以致竟有专业人员把中国特色社会主义排除在科学社会主义之外，而同民主社会主义、民族社会主义等等混为一谈。这表明再不补课，马克思主义的社会主义——共产主义学说就会被慢慢淡忘了。今天，我们要继续推进马克思主义中国化、时代化、大众化，21 世纪的马克思主义，当代中国马克思主义，不能不大力强化其核心——科学社会主义基本原理教育。

其二，社会主义的伟大创新实践需要专门学科集中研究和总结。从 20 世纪

---

① 《列宁专题文集·论马克思主义》，人民出版社 2009 年版，第 303 页。
② 《邓小平文选》第 3 卷，人民出版社 1993 年版，第 137 页。

初期十月社会主义革命成功，无产阶级和广大劳动人民就在共产党领导下，开始了社会主义建设实践的探索，"什么是社会主义，怎样建设社会主义"的高难度历史课题就提到了执政的共产党人面前。从 20 世纪 50 年代以后，在社会主义国家里，社会主义建设和改革，巩固发展社会主义（从反面说是防止向资本主义倒退），日益成为马克思主义的主题。社会主义国家在长达一个世纪里，经历了成功与失败、胜利与挫折、前进与后退、战争与和平的考验，在这些波澜壮阔的斗争中，在不同程度上探索、发现、掌握了人类历史发展规律、社会主义建设规律和共产党执政规律，为开拓未来积累了经验，这些需要有专门学科进行集中研究、消化、提升，用以丰富科学社会主义学说，为世界工人阶级、广大劳动人民和进步人士把握社会主义发展的历史脉络、找到社会主义发展的客观规律，推动社会主义理论和实践的创新提供科学指南。

其三，坚持和发展中国特色社会主义需要专门学科集中探索。中国特色社会主义是一个伟大的历史创造，把社会主义市场经济、社会主义民主政治和社会主义先进文化统一于一体，内含社会主义物质文明、政治文明、精神文明和生态文明的全面发展，党领导的伟大事业和党的建设新的伟大工程的相互促进，既是以经济建设为中心的经济、政治、文化、社会、生态文明全面向前推进的可持续性的运动，又是促进人的全面发展的过程，实现了中国特色社会主义的道路、理论体系和社会制度的统一，它为人类对更好社会制度的探索提供了中国方案。对于这样一种客观对象，当代中国的哲学社会科学各门科学都应该进行研究，这是毫无疑义的。但中国特色社会主义本质和规律，集中体现了人类历史发展规律、社会主义建设规律和共产党执政规律，或者说，是这三大规律在当代中国的特殊表现，要从整体上把握它的本质和发展规律，只是从某一个、几个侧面研究是不够的，需要设置专门学科进行整合、集中研究。党的十八大以来，坚持和发展中国特色社会主义，统筹推进"五位一体"总体布局和协调推进"四个全面"战略布局，为实现"两个一百年"奋斗目标、实现中华民族伟大复兴的中国梦，进行了具有许多历史特点的伟大斗争，提出和形成了治国理政的新思想、新观念、新战略，科学社会主义在 21 世纪焕发出新的生机更加蓬勃向上。对这样的重大贡献，对以此为基础必将开拓的新境界、铸造的新辉煌，更需要对中国特色社会主义学进行专门研究。"因为迈出最勇敢的前进步伐的是早就成为理论研究对象的那个领域，是主要从理论上、甚至几乎完全从理论上耕耘过的那个领域。"①

---

① 《列宁选集》第 4 卷，人民出版社 1995 年版，第 793 页。

　　要说明的是，现在，在我国高校的思想政治理论课中开设有毛泽东思想和中国特色社会主义课，但是这还只是一门课程，够不上一个学科。由于没有专门的科学社会主义学科培养教师，为数不少的高校对这门课的教学不完整，只能讲其中某一个部分。在我国学科目录中，国际共产主义运动和科学社会主义学科是有的，也早有硕士、博士学位授权点，但实际情况是除了党校，高校大都有庙无和尚，名存实亡，或者一些学者早已借船出海，改换门庭。此外，原有的学科建设思路也要适应时代发展的要求与时俱进。

关于当前马克思主义理论的一些问题

刘国光

【作者简介】刘国光，中国社会科学院学部委员，中国社会科学院原副院长。曾任孙冶方经济科学基金会名誉理事长、理事及其评奖委员会名誉主任委员，中国城市发展研究会名誉理事长，兼任北京大学、南京大学、浙江大学、东北财经大学、上海财经大学等大学教授，国务院学位委员会委员、国务院三峡工程审查委员会委员、中国城市发展研究会理事长、中国生态经济学会会长、中国石油化工股份有限公司独立董事、全国社会保障基金会理事会理事等职。曾获得波兰科学院外国院士、俄罗斯科学院荣誉博士，首届中国经济学杰出贡献奖、首届世界马克思经济学奖等国内外荣誉。多年来，参加和领导过中国经济发展、宏观经济管理、经济体制改革等方面重大课题的研究、论证和咨询，是当前中国最著名和最有影响的经济学家之一。

一 关于经济领域的阶级斗争

《红旗文稿》2014 年第 18 期发表的《坚持人民民主专政，并不输理》一文引起巨大关注，并遭到右翼"公知"的围攻。该文所讲的内容，都是在宪法和党的文件中明确阐明的，讲一讲"阶级斗争"，谈一谈"人民民主专政"，这本是很正常的，却遭到如此多的人恶毒攻击，这恰恰说明"阶级斗争"是存在的。一些右翼"公知"闻见"阶级斗争"和"人民民主专政"就暴跳如雷，恰恰因为这触动了他们的阶级敏感神经。我在2009年写的《经济建设与阶级斗争》一文中，就对新时期的阶级矛盾和阶级斗争进行了分析。经过改革开放30多年的演变，中国的阶级结构是否起了变化？剥削阶级作为阶级是否又已重现？这个问题应该实事求是地判断。即使认为阶级斗争现在不再是国内主要矛盾，但在我国"文化大革命"后，阶级斗争事实上此起彼伏，长期存在，包括政治和意识形态领域的阶级斗争，有时还非常激烈突出，如20世纪80年代几次学潮动荡、八九年政治风波，21世纪初的西山会议、"〇八宪章"等事件，西方宪政民主、新自由主义、历史虚无主义等思潮在思想文化领域的渗透和蔓延，无一不是各派政治力量的较量，或者是意识形态领域阶级斗争的反映。所以说，阶级斗争熄灭论同阶级斗争扩大化一样，都不可取，这在党的十一届六中全会关于历史问题的决议中讲得非常明白。

在社会主义初级阶段，阶级斗争存在于哪些领域？毛泽东早已指出，在所有制的社会主义改造基本完成后，各派政治力量之间的阶级斗争，无产阶级和资产阶级在意识形态方面的阶级斗争，还是长期的、曲折的，有时甚至是很激烈的。政治和意识形态等上层建筑领域存在阶级斗争，已经为前述改革开放以来各项事实所证明。

阶级斗争不仅在上层建筑领域存在，而且在经济基础领域也有表现。目前，不仅在私有企业存在着劳动和资本之间的矛盾，劳资纠纷此起彼伏；而且在某些异化了的国有企业中，也可以看到，随着工人阶级重新被雇佣化，高管阶层与普通员工之间也存在矛盾。经济领域存在的马克思主义与新自由主义的激烈斗争，主要表现在对"社会主义市场经济"认知上的对立。我国经济改革采取市场取向政策的目的，是社会主义经济制度的自我完善，而不是演化、转变为资本主义。因此，社会主义市场经济必须坚持三个基本特征：第一，在所有制结构上，社会主义市场经济是以公有制经济为主体、多种所有制经济共同发展的社会主义基本经济制度为其制度基础的；第二，在经济运行机制上，社会主义市场经济是有计划的，即在国家宏观计划调控下，发挥市场在资源配置中的决定性作用；第三，在追求目标上，社会主义市场经济力求效率与公平并重，更加重视社会公平，最终实现共同富裕。

十分明显，多年来在这三个方面的纷争是很激烈的。同"社会主义市场经济"的上述内涵正好相反，从反对方向来的意见是：第一，反对以公有制经济为主体，主张私有化；第二，反对国家宏观计划调控和政府对经济的监督管理，主张完全的自由化和市场化；第三，一味地片面主张效率优先，轻视社会公平，变相宣扬他们抵制共同富裕和推行两极分化的主张和政策。

针锋相对的纷争，当然有理论是非问题，需要辨别清楚。但是，在更大程度上这是当今中国社会不同利益集团或势力的对决。反对市场经济的社会主义性质，主张私有化、自由化和两极分化的声音，虽然有雄厚的财富和权力的实力背景，但毕竟只代表少数人的利益。而主张以公有制为主体，以国家宏观调控为指导和以共同富裕为目标的声音，则代表了工农大众和知识分子群体的期望。所以，这场争论明显具有阶级分歧的性质。中国经济改革的前景，不取决于争论双方一时的胜负，最终将取决于广大人民群众的意志。

二 正确认识市场与政府的关系

党的十八届三中全会通过的《中共中央关于全面深化改革若干重大问题的决定》（以下简称《决定》）提出，"使市场在资源配置中起决定性作用"。这一提法代替了以前"市场在资源配置中起基础性作用"的提法，新的提法和原来的提法只有"两字"之差，却被一些人有意解读为中央要全面推进市场化、私有化改革。实际上，《决定》在"使市场在资源配置中起决定性作用"的后面，紧接着是"更好发挥政府作用"，保留了"健全以国家发展战略和规划为导向、以财政政策和货币政策为主要手段的宏观调控体系"，其实就是表达了"计划导向"的意思。值得注意的是，习近平总书记在《关于〈中共中央关于全面深化改革若干重大问题的决定〉的说明》中指出："市场在资源配置中起决定性作用，并不是全部作用。"可见，市场的"决定性作用"是有限制的。根据这个精神，《决定》在提出市场配置资源的"决定性作用"的同时，也强调了政府和国家的计划作用，就是说政府和国家计划要在资源配置中起"导向性作用"。这样，市场与政府、市场与计划在资源配置中的"双重调节作用"的思想就凸现出来了[①]。

那么，在资源配置中，市场和政府应如何分工？依我看，按照资源配置的微观层次和宏观层次，划分市场与政府或计划的功能，大体上是可以的。市场在资源配置中起决定性作用，应该限制在微观层次，即多种资源在各个市场主体之间的配置，应由供求、竞争、价值规律来决定。而政府职能，如行政审批等的缩减，也主要在微观领域。至于宏观层次上的资源配置，以及微观经济活动中对宏观方面产生重大影响的资源配置问题，如供需总量平衡、部门地区比例、自然资源生态保护、社会资源的公平分配以及教育、医疗、住房等问题，

---

① 参见程恩富《完善双重调节体系：市场决定性作用与政府作用》，《中国高校社会科学》2014 年第 6 期。

政府都要加强计划调控和管理，不能让市场这只"看不见的手"盲目操纵，自发"决定"。当然，对市场提供服务、实施监管、做"守夜人"的责任，政府还是责无旁贷的。

习近平总书记说得好："在市场作用和政府作用的问题上要讲辩证法、两点论，'看得见的手'和'看不见的手'都要用好。"[①]"看得见的手"和"看不见的手"都要在资源配置中发挥重要作用。这样理解社会主义市场经济中"政府"与"市场"或"计划"与"市场"的关系，符合马克思主义经济学原理，更加有利于坚持既是"市场经济"的又是"社会主义"的改革方向。在全面深化改革中处理好政府和市场的关系，不是照搬现代发达资本主义国家的政府职能，而是结合生产资料所有制关系来分析政府和市场之间的关系，通过转换政府的经济职能，实现服务人民利益和适应市场社会分工制度的统一[②]。只有在社会主义公有制经济基础上研究和实践政府职能的转变，才能更好地体现出习近平同志所说的两点论。

党的十八届三中全会《决定》指出，"市场决定资源配置是市场经济的一般规律"，也就是经济学所讲的市场价值规律。市场价值规律通过价格机制、供求机制、竞争机制来发挥作用。每一种机制的失灵都会导致资源配置的无效，所以绝不能迷信市场。以公有制为基础的社会主义经济，决定资源配置的就不是市场价值规律，而是有计划按比例发展规律，这就是马克思所讲的，劳动时间在不同生产部门之间有计划的分配和劳动时间的节约，是共同生产（即社会主义经济）基础上的首要经济规律。有计划按比例发展就是人们自觉安排的持续、稳定、协调发展，它不等同于传统的行政指令性的计划经济，更不是某些人贬称的"命令经济"。"有计划"主要是指导性、战略性、预测性的计划，用以从宏观上引导国家资源的配置和国民经济的发展。当然，也包括某些必要的指令性指标，也并不排除国家计划的问责功能。近年来，我们革除传统计划经济的弊病，适应初级阶段的国情，容纳了市场经济的运行，建立了社会主义市场经济体制，尊重市场价值规律，但是不能丢掉公有制下有计划按比例发展的经济规律。

三　正确理解中央关于发展混合所有制经济的精神

党的十八届三中全会通过的《决定》明确指出："积极发展混合所有制经

---

① 习近平：《"看不见的手"和"看得见的手"都要用好》，《人民日报》2014年5月28日。
② 参见何干强《政府职能、所有制和市场关系的整体协同性》，《管理学刊》2014年第2期。

济。国有资本、集体资本、非公有资本等交叉持股、相互融合的混合所有制经济，是基本经济制度的重要实现形式，有利于国有资本放大功能、保值增值、提高竞争力，有利于各种所有制资本取长补短、相互促进、共同发展。"十八届三中全会突出用混合所有制的办法进行国企改革，但混合所有制不是新事物，新中国成立初期我们就有"公私合营"，这其实就是混合所有制的一种方式。那是以公有经济参与私有经济，将私营经济改造成国营经济，是过渡的所有制形式，时间很短，很快便完成改造。这次的"混合所有制"形式上类似于"公私合营"，实质上完全不同。它是倒过来，以私有经济参与国有经济的改革，但这是不是意味着也倒过来，把国有经济逐步改造成为私有经济，成为向资本主义过渡的一种暂时的所有制形式呢？我觉得不应当是这样的。党的方针意不在此，混合所有制经济是社会主义初级阶段基本经济制度的重要实现形式之一，我们要长期搞。社会主义初级阶段要向高级阶段过渡，而向高级阶段过渡当然不能是向私有经济过渡，而且这个过渡时间很长，所以混合所有制经济不应当是一种短暂的向资本主义私有制经济过渡的形式。社会主义初级阶段的基本经济制度是公有制为主体、多种所有制经济共同发展，公有经济和私有经济都是社会主义市场经济的重要组成部分，现阶段必须坚持"两个毫不动摇"，无论在宏观国民经济层面，还是微观混合经济实体方面，我们都要坚持"公进私也进，国进民也进"，不能是单纯的"国进民退或者民进国退"，但无论如何都要守住公有制为主的底线和国有资本控股的底线。"国进民退或民进国退"争论的实质是坚持和完善中国特色社会主义基本经济制度，还是反对和削弱这个基本经济制度，是坚持和发展社会主义公有制还是动摇和削弱公有制。在这个问题上，党的十八大重申要加快完善公有制为主体、多种所有制经济共同发展的基本经济制度，强调要坚持"两个毫不动摇"的政策主张，应当说已经对所谓"国进民退"炒作作出了明确的回应①。

发展混合所有制经济的目的是什么？习近平总书记最近说，国企在深化改革中不仅不能削弱，而且要加强，十八届三中全会的文件也说，"混合所有制经济要有利于放大国有资本的功能，实现国有资本的保值增值"。不能随着混合所有制经济的发展，使国有经济越来越萎缩，非公经济越来越扩张；也不能随着混合所有制经济的发展，国有资本越来越小，国有资产最后都"混"没有了。持这种"把混合所有制看成国退民进，公退私进，国有企业私有化形式"主张的人，的确大有人在，如发改委某副主任在达沃斯世界经济论坛上讲，政

---

① 参见冷兆松《"国进民退"争论的兴起与升级、焦点与实质》，《海派经济学》2013年第3期。

府大力提倡混合所有制经济，意味着地方政府可以将国有企业私有化，可以用卖掉国有企业的资金还债，这与三中全会的精神风马牛不相及。

国企改革和发展混合所有制经济，一定要坚持社会主义的方向，坚持社会主义基本经济制度的根本原则，防止财富和收入分配通过所有制结构的变化向少数人手中集中，强化两极分化的倾向。在目前国有经济在国民经济占比已经大大缩减的情况下（已经缩减到 20%），如果继续对所剩不多的大中型国有企业进行国有股减持，那么我国公有制为主体的基本经济制度将更加难以维持，"社会主义市场经济"将摇摇欲坠，就会变成"资本主义市场经济"。因此，搞混合所有制经济不是简单地进行国有股减持，而是要放大国有资本的功能；不是把国有企业一卖了之，而是要确保国有资产的保值增值；不是只允许私有资本参股甚至控股国有企业，而是同样允许国有资本参股甚至控股私人企业；不是削弱公有制经济的主体地位，而是要加强社会主义的经济基础[1]。

四　防止"经右政左"导致社会分裂

现在，海内外对中国政治经济形势有一种流行的说法，叫"经右政左"，即在经济上更加趋于自由化、市场化，放开更多管制领域；同时，在政治上更加趋于权威化，高举马克思列宁主义、毛泽东思想的旗帜，收紧对意识形态的控制。似乎我国在经济领域偏右，而在政治和意识形态领域偏"左"。姑且不论"经右政左"说法是否准确，从理论上讲，这是一对矛盾的概念。按照历史唯物主义的基本原理，政治、意识形态等上层建筑是由经济基础决定的。如果上层建筑与经济基础方向一致，就可以巩固经济基础；如果经济基础与上层建筑偏离，那么就会使经济基础发生变异，原来的上层建筑也会有坍塌之虞。

有人分析，"经右政左"的局面难以长久持续，可能会导致社会分裂。社会主义经济如果长期受到西方新自由主义经济思想的侵蚀，使自由化、私有化倾向不断上升，计划化、公有经济为主体的倾向不断弱化，社会主义经济基础最终就要变质，变成与社会主义意识形态等上层建筑不相容的东西。而随着私有经济的发展，资产阶级力量壮大，其思想如西方宪政民主的影响也在扩大，迟早他们会提出分权甚至掌权的要求，那时即使在政治思想上坚持科学社会主义做多大的努力，恐怕终究难以为继。这是由经济基础决定上层建筑所决定的，不以人的意志为转移。对此，我们一定要有清醒的认识。必须防微杜渐，不仅在经济基础领域，而且在上层建筑领域都要反对和平演变的侵蚀。

---

[1]　参见程恩富、谢长安《论资本主义和社会主义的混合所有制》，《马克思主义研究》2015 年第 1 期。

当前，意识形态领域的斗争形势严峻，各种反马克思主义思潮甚嚣尘上，比如新自由主义、民主社会主义、历史虚无主义、"普世价值"、西方宪政民主等思潮很有市场。意识形态领域的混乱状况，必须引起我们的高度重视。毛泽东曾指出：凡是要推翻一个政权，总要先造舆论，先做意识形态方面的努力，革命的阶级是这样，反革命的阶级也会是这样。龚自珍说过"灭人之国，必先去其史"。苏联的解体就是鲜活的事例，对此我们应当提高警惕，深刻认识到意识形态工作的阶级性、长期性、复杂性、艰巨性，巩固马克思主义在意识形态领域的指导地位。

上层建筑领域和经济基础领域的上述种种问题，都与阶级、阶级矛盾、阶级斗争的存在有关。我们不能视而不见，淡化置之，走向阶级斗争熄灭论。美国原驻苏大使马特洛克在《苏联解体亲历记》一书中说到苏联领导人抛弃阶级斗争学说时指出：阶级斗争理论是列宁主义者的国家结构演进观及同西方发生冷战所依据的中心概念，没有它，冷战的理由就不复存在，一党专政的理论基础就随之消失。如果苏联领导人真的抛弃了这个观点，那么，他们是否继续称他们的思想为"马克思主义"也就无关紧要了，这已是别样的"马克思主义"，这个别样的社会则是我们大家都可以接受的。看看以美国为首的西方发达国家是怎样希望社会主义国家放弃阶级斗争、放弃共产党的领导的。如果我们淡化阶级观念，走向阶级斗争熄灭论，使"马克思主义"和"社会主义"蜕变为资产阶级"可以接受的"东西，就必然重蹈苏联亡党灭国的覆辙。

改革开放前的30年，我们并不是只搞阶级斗争，而不搞经济建设，经济领域是取得巨大成就的；改革开放后的30年，我们也不是只搞经济建设，而闭眼不见阶级斗争，阶级斗争在很多领域还是客观存在的。但我们现在不是要搞"以阶级斗争为纲"，而是要反对国内外敌对势力对我国进行私有化、自由化、西方化、资本主义化的图谋。要粉碎国内外敌对势力的这种图谋，我们必须在坚持一个中心的同时，坚持两个基本点，坚持人民民主专政，这是我们的底线，也是我们斗争的法宝。

关于繁荣发展哲学社会科学的若干思考

赵 曜

【作者简介】赵曜，曾任中央党校科学社会主义教研部主任，第八、第九届全国政协委员，第三、第四届国务院学位委员会政治学、社会学、民族学学科评议组成员、召集人，全国哲学社会科学规划马克思主义·科学社会主义评议组副组长，中国科学社会主义学会会长、名誉会长，马克思主义理论研究和建设工程《科学社会主义概论》课题组首席专家。现任中央党校特聘教授，校学术委员会委员。长期从事科学社会主义和国际共产主义运动史的教学与研究工作。在中央党校多次获得教学优秀奖，两次被评为优秀教师。个人撰写专著有《论无产阶级政党》《社会主义理论研究》《赵曜讲学录》《精神文明建设十讲》《赵曜自选集》《赵曜讲稿》等。主编著作和教材有《科学社会主义教程》《中国特色社会主义概论》《社会主义精神文明论》《中国特色社会主义史论研究》等三十几部，发表论文300余篇。《中国的改革实践和成功奥秘》获"五个一工程"论文奖，主编的《马克思列宁主义基本问题》获"五个一工程"著作奖。

我们党一向重视哲学社会科学。习近平总书记不久前在哲学社会科学工作座谈会上的重要讲话，全面深刻阐述了我国哲学社会科学的历史任务和发展方向等一系列重大问题，是指导新时期我国哲学社会科学繁荣发展的纲领性文献。

认真学习和全面贯彻习总书记的这一重要讲话，是哲学社会科学工作者义不容辞的责任。

一 坚持和发展中国特色社会主义离不开哲学社会科学

中国特色社会主义是我们党带领全国人民长期探索的根本成就，是实现两个一百年奋斗目标和中华民族伟大复兴中国梦的必由之路。习近平同志指出："在这个过程中，哲学社会科学具有不可替代的重要作用，哲学社会科学工作者具有不可替代的重要作用"①。两个"不可替代"充分说明了哲学社会科学在坚持和发展中国特色社会主义中的重要作用，是各方面的迫切需要。

首先，是治国理政的需要。任何一个国家和社会的发展与进步，都离不开知识。英国哲学家培根有一句名言："知识就是力量"。自然科学和社会科学是人类知识体系的两大类。自然科学是以自然界为研究对象，是认识和把握自然规律的科学。社会科学是以人类社会为研究对象，是认识和把握人类社会发展规律的科学。科学的这两大类，犹如车之两轮、鸟之两翼，共同推动人类社会的发展与进步。自从国家诞生以后，就有一个如何治国理政的问题。在奴隶社会和封建社会，是君主执政；从近代产生政党以后，是政党执政。执政党最根本的任务，就是如何管理好国家和社会。一般说来，发展生产力和经济，主要靠自然科学；管理国家和社会，更多的是靠哲学社会科学。古今中外，历史上所有远见卓识、有作为的政治家和统治者无不重视哲学社会科学，并把它作为立国治国之道的理论依据。例如，在我国几千年的封建社会，历代统治者都是以我国传统文化中的主流学派——儒家学说来"齐家治国平天下"的。儒家学说是由孔子创立的，主要思想家是孔（子）、孟（子）、荀（子），后来，汉代大儒董仲舒、宋代大儒朱熹又将其发展和完善。北宋大臣赵普曾说，我生平所托都在《论语》书中，过去以半部《论语》定天下，今后以另半部治天下。这就是后人所说的"半部《论语》治天下"。再如，近代以来的欧美资本主义国家，也都是以 17、18 世纪涌现的霍布斯、伏尔泰、孟德斯鸠、卢梭等启蒙学者的经典自由主义管理国家和社会的。我们党从建党时起，就坚持以马克思主义作为指导思想，并与中国实践相结合，推进马克思主义中国化，在它的指导下，取得革命、建设和改革的伟大胜利。党的十八大以来，以习近平为总书记的党中央，提出治国理政的新理念、新思想、新战略，是中国特色社会主义理论的新发展。

---

① 习近平：《在哲学社会科学工作座谈会上的讲话》（2016 年 5 月 17 日），《人民日报》2016 年 5 月 19 日。

其次，是建设社会主义强国的需要。在当今世界，任何国家要成为强国，经济、政治、军事、文化都得强，缺少任何一项也不行。大国和强国是有区别的，大国的标志是人口多、国土面积大；强国的标志是各方面的实力强。有的国家是大国，但不是强国；有的国家是强国，但不是大国；有的国家既是大国又是强国。中国在人类历史的很长一个时期里，既是大国又是强国，对人类作出重大贡献。但是，从近代以后，在西方列强的侵略和奴役下，受人宰割、凌辱，只是一个表面上的大国。新中国成立以后，在中国共产党领导下，我国逐步实现了政治强国、经济强国、军事强国，但还不是文化强国。我国要成为世界一流强国，不仅要有经济、军事等硬实力，还要有文化、外交等软实力，不断提升文化力。文化是一个伸缩性很大的概念，有大、中、小之分。这个文化是"大文化"，可以和整个精神文明画等号。哲学社会科学是其中重要组成部分。

再次，是提高民族文化素质的需要。世界一流强国和中华民族伟大复兴的奋斗目标，要求不断提高民族文化素质。中国是世界四大文明古国之一。但是，从近代以后，由于长期物质文明落后，导致民族的文化素质还不够高。哲学社会科学中的人文学科即人文文化，它是提高我国民族文化素质、文化修养和文明程度的重要条件。因此，在我国繁荣发展哲学社会科学中，必须加强人文学科建设，弘扬人文精神，扩大国家间的人文交流和人文合作。

二 我国哲学社会科学的分类和功能

哲学是理论化和系统化的世界观，是世界观和方法论的统一，它是以总体方式阐述人与世界的关系，与具体科学有很大区别，所以在我国单提并与社会科学列为一类。哲学社会科学是一个总称，其中包括很多具体科学，如将其分类，大体可分三类。

第一类是人文科学，属于这一类的有文学、历史、哲学等学科，简称文史哲，是哲学社会科学的基础学科。我国是一个历史悠久的文明国家，先人给我们留下了极其丰富的文化遗产和资源。中国传统文化的文学、历史和哲学内涵丰富，博大精深。在文学方面，《诗经》、《楚辞》以及历代古文、唐诗、宋词、元曲，明清小说中的"四大名著"、"四大谴责小说"等都是优秀作品。文学作品，不仅丰富了人们的精神文化生活，更重要的是能够陶冶人们的心灵。在史学方面，中国是最重视历史著述，从未间断叙述历史的文明国家，其中有正史也有野史，正史中有《春秋》、《左传》、《史记》、《汉书》、《资治通鉴》、《二十四史》等权威作品。历史是一部最好的教科书。古人曰："以铜为镜，可以正衣冠；以史为镜，可以知兴替；以人为镜，可以明得失。"在哲学方面，中华民族是一个富有理论思维的民族，历史上涌现了许多大哲学家、大思想家。哲学是关于世界观的学问，是时代精神的精华，对自然和社会一切现象的认识，只有上升到哲理的高度，才具有一种穿透力，透过现象看清本质。这类学科在当前我国是弱项，学习、研究的人不多，急需加强。

第二类是不包括文史哲的狭义社会科学，如经济学、财政学、金融学、会计学、统计学、政治学、法学、社会学、新闻学等实践性较强、与改革开放和社会主义现代化建设关系密切的学科。这是当前我国的热门学科，学习、研究的人很多，力量强，成果也多。

第三类是理论科学，即写在党章和宪法上作为指导思想的马克思主义，它在哲学社会科学中居指导地位。这类学科过去很热，后来受西方社会思潮的影响，在一些单位趋于边缘化，实行马克思主义理论研究和建设工程后有较大改善和加强。

哲学社会科学具有认识世界、传承文明、创新理论、资政育人、服务社会等五大基本功能和重要作用。这五大功能是从总体上讲的，不同学科所具有的功能也有所不同。

三　坚持马克思主义在哲学社会科学领域的指导地位

坚持以马克思主义为指导，是我国哲学社会科学的基本特征，也是我国哲学社会科学繁荣发展的根本保证。其基本内涵包括如下几个方面。

其一，必须把马克思主义学科的自身建设搞好。马克思主义是马克思、恩格斯的观点和学说体系，是工人阶级的意识形态和科学世界观，是工人阶级及其政党认识世界和改造世界的强大思想武器。我们党在 95 年的奋斗历程中，坚持把马克思主义的基本原理和中国的具体实践相结合，推进马克思主义中国化，产生了毛泽东思想和中国特色社会主义理论体系两大理论成果，并在它的指导下，取得了革命、建设和改革的伟大胜利。习近平同志指出："在人类思想史上，还没有一种理论像马克思主义那样对人类文明进步产生了如此广泛而巨大的影响。"① 在当前马克思主义的思想理论建设中，最重要的，一是把坚持和发展统一起来，即一坚持二发展，或既坚持又发展。坚持就是"老祖宗不能丢"，丢了就丧失根本，就会亡党亡国。这个"老祖宗"是特指的，是指作为党和国家指导思想的马克思主义创始人及其继承者马克思、恩格斯、列宁、毛泽东，

---

① 习近平：《在哲学社会科学工作座谈会上的讲话》（2016 年 5 月 17 日），《人民日报》2016 年 5 月 19 日。

而不是中华文化的奠基人孔子、老子。当然，两个"老祖宗"都不能丢，丢了就是忘本、背叛。但是不能把二者相提并论、等量齐观，否则必将导致指导思想多元化。发展就是要"讲新话"，新话才能解决现实的新问题。发展有两种，一种是充实和丰富，另一种是创新和突破，后一种是更大的发展。理论的生命力在于创新。要坚持以我们正在做的事情为中心，在新的实践的基础上不断实现新的理论创新。总起来说，坚持才能发展，反过来发展才能坚持住；要在坚持中发展，在发展中坚持。离开坚持的发展，或离开发展的坚持，都是错误和有害的。前苏共在思想理论建设中的主要失误和教训是，前期是僵化，只坚持不发展；后期是自由化，彻底放弃马克思主义。二是把信仰教育和信念教育结合起来。马克思主义是科学也是信仰。对马克思主义要坚持"三真"，即真学、真信和真用。真学是前提，真信是关键，真用是目的。一个人只有"真信"，在马克思主义信仰的基础上，才能确立社会主义和共产主义的理想信念。习近平同志指出："对马克思主义的信仰，对社会主义和共产主义的信念，是共产党人的政治灵魂，是共产党人经受住任何考验的精神支柱。"① 现实生活中，一些党员领导干部所以蜕化变质、腐化堕落，最根本的原因是丧失了共产党人应有的崇高信仰和信念。

其二，必须以马克思主义指导哲学社会科学各个学科建设。这就是要以马克思主义的立场、观点、方法，以马克思主义的基本原理特别是历史唯物主义指导各个学科建设。哲学社会科学中的任何一门学科都与历史有关。历史唯物主义是哲学社会科学所有学科的理论基础。离开历史唯物主义的指导，哲学社会科学就会偏离正确方向。在学科建设中要倡导和贯彻"双百"方针和"二为"方向。"双百"方针是促进科学文化理论繁荣发展的正确方针。贯彻执行"双百"方针，支持和鼓励以科学研究为基础的大胆探索和自由争论，才能分辨正确与错误、真理与谬误，从而推动哲学社会科学的繁荣发展。"双百"方针必须服从和服务于为人民服务、为社会主义服务的"二为"方向。习近平同志指出："我国哲学社会科学要有所作为，就必须坚持以人民为中心的研究导向。脱离了人民，哲学社会科学就不会有吸引力、感染力、影响力、生命力。"② 方向高于方针。

其三，必须坚持马克思主义在整个意识形态领域的指导地位。哲学社会科学是意识形态的一部分，它的繁荣发展离不开整个意识形态领域的大环境。哲

---

① 《习近平总书记系列重要讲话读本》，学习出版社 2016 年版。

② 习近平：《在哲学社会科学工作座谈会上的讲话》（2016 年 5 月 17 日），《人民日报》2016 年 5 月 19 日。

学社会科学作为由经济基础决定的思想上层建筑，具有学术和意识形态的双重属性。在改革开放以后，随着经济基础的变化，意识形态领域呈现一元主导和多元并存的局面。一元主导，是指马克思主义仍居指导地位；多元并存，是指马克思主义、非马克思主义以及反马克思主义在这个领域同时存在。随着科学技术的发展，信息时代的到来，意识形态领域的主战场和主阵地已转移到互联网。战场和阵地是两军必争之地，马克思主义、社会主义不去占领，反马克思主义、反社会主义就会去占领。坚持马克思主义在哲学社会科学、宣传新闻舆论整个意识形态领域的指导地位，必须支持正确、进步的社会思潮，改造消极、落后的社会思潮，抵制腐朽、有害的社会思潮，尤其是与马克思主义争夺指导地位、与党争夺领导地位的新自由主义、民主社会主义、历史虚无主义等社会思潮，以排除干扰，净化环境，沿着正确航向前进。习近平同志指出："思想舆论领域大致有红色、黑色、灰色'三个地带'。红色地带是我们的主阵地，一定要守住；黑色地带主要是负面的东西，要敢于亮剑，大大压缩其地盘；灰色地带要大张旗鼓争取，使其转化为红色地带。"①

四　加强党对哲学社会科学的领导

中国共产党是中国特色社会主义事业的坚强领导核心。在党中央的领导下，有关部门党委要加强对哲学社会科学的领导，重在建设，重点抓好如下几项建设。

一是学科建设。这是哲学社会科学的最基本建设。随着经济全球化、政治多极化、科技信息化快速发展，在哲学社会科学领域出现了一些新兴学科、前沿学科、交叉学科、冷门学科。当前，在学科建设上，尽可能要全而新，补上短板；要坚持正确的学术方向，不能让西方的学术观点成为某些学科的主流思想；要强调原创性，运用理论思维，提出自己有真知灼见的独立学术见解，少发那些总是重复别人论述的"二手货"。

二是队伍建设。繁荣发展哲学社会科学要有一支宏大的政治强、业务精、作风正的专业队伍。经过长期努力，造就出一批高水平的学术人才，形成众多学派，涌现出一批著名学者，乃至大家、大师级人物。对党员专业人员在政治上应提出更高要求：坚持马克思主义，和党中央在思想上政治上行动上保持高度一致。

三是阵地建设。各级党校、高校中有关社会科学的院系、各级社会科学院

_____

① 《习近平总书记系列重要讲话读本》，学习出版社2016年版。

以及有关报刊媒体都是阵地。阵地是两军必争之地,马克思主义不去占领,反马克思主义就会去占领,切忌在交锋中丢失阵地。有关党委要加强对这些阵地的领导和引导,从中锻造出一批够得上"坚强"的阵地。

四是智库建设。任何国家的领导人的主要精力都用在处理国内外大事上,需要有智力支持。我国在这方面起步较晚,但党中央一经提出,一哄而起,很快一些阵地成为智库,发展势头良好。人各有长短。智库成员的最重要条件,不是学历和学术水平,而是主意多、点子多的智囊。智库重在质量而不是数量。要着力抓好和尽快形成一批能够给党和国家出大点子大谋略的新型高端智库,以应对国际上许多不确定的因素。

五是精品建设。繁荣发展哲学社会科学,要出人才和成果。成果重在质量不在数量。现实中,学术文章和著作数量不少,但质量高的不多。要坚持精品意识,引导学者刻苦钻研,若干年后,写出一批高质量的学术著作,乃至"精品"、"珍品"和传世之作。

六是学风建设。繁荣发展哲学社会科学要有一个好的学风。毛泽东在1942年延安整风时作的《整顿党的作风》的报告,第一次提出整顿学风的任务。他认为学风问题是一个非常重要的问题,是第一个重要的问题。当前的学风问题很多。其一是教条主义严重,崇拜洋人,从言必称"希腊"(即苏联)到言必称"美国"。其二是学风浮躁,做学问不扎实,急功近利,急于求成。学风要整顿。"科学求真"。为此,学者不能整天关在屋里,闭门造假,而要经常走出家门,深入实践,了解实际情况,理论和实际相结合,使自己的主观认识、学术见解符合客观实际,成为"真"学问。科学如果失真,没有任何价值。学风问题如果得不到解决,难以出现优秀学术著作,更难以涌现拔尖的学术人才。

当前我国正处在最为广泛而深刻的社会大变革的时代。习近平同志指出:"这种前无古人的伟大实践,必将给理论创造、学术繁荣提供强大动力和广阔空间。"① 我国哲学社会科学工作者只要不忘初心,继续前进,就一定能够在加快构建和繁荣发展中国特色哲学社会科学中有所作为和作出积极贡献。

---

① 习近平:《在哲学社会科学工作座谈会上的讲话》(2016年5月17日),《人民日报》2016年5月19日。

坚持马克思主义立场观点方法
繁荣当代中国哲学社会科学

吴宣恭

【作者简介】吴宣恭，厦门大学经济研究所教授、博士生导师。长期从事经济理论教学和研究工作。曾任厦门大学经济系主任、经济学院副院长、副校长、校党委书记。担任过一些全国学术机构的理事，国家和省、市多种学术评议机构的成员。现为福建省社会科学界联合会、省经济学会等多个学术团体以及一些政府机构的顾问。主编政治经济学教材 5 部，其中 2 部全国统编教材，分别于 1987 年和 1995 年获国家级优秀高等院校教材奖，1 部于 1997 年获国家级优秀教学成果一等奖。出版专著和文集 4 部，发表论文 170 多篇，其中多数刊登于全国权威和核心报刊上。在产权与所有制理论、企业制度、经济体制改革以及政治经济学建设等方面提出许多有创意和有影响的观点。曾十几次获得国家、教育部和福建省优秀社科成果奖以及第七届国家精神文明建设"五个一工程"论文奖。

　　当前，我国社会思想观念和价值取向日趋活跃，主流和非主流同时并存，社会思潮纷繁复杂，要繁荣我国的哲学社会科学，最重要的是必须坚持马克思主义的指导地位。习近平总书记在哲学社会科学工作座谈会上指出："坚持以马克思主义为指导，是当代中国哲学社会科学区别于其他哲学社会科学的根本标志，必须旗帜鲜明加以坚持。""我国哲学社会科学坚持以马克思主义为指导，是近代以来我国发展历程赋予的规定性和必然性。"同时，他又指出："坚持马克思主义，最重要的是坚持马克思主义基本原理和贯穿其中的立场、观点、方法。这是马克思主义的精髓和活的灵魂。"① 这些重要的论述为我国繁荣哲学社会科学指明了方向。

一　端正立场，矢志为绝大多数人服务

研究和阐述哲学社会科学之所以会产生和存在"立场"问题，是由哲学社会科学的特点决定的。首先，哲学社会科学的研究对象大量涉及阶级关系，它与自然科学的一个重大差别就在于它存在显明的阶级性。哲学社会科学是在探索和回答人类社会的问题时形成和发展的，面临的主要是人与人之间的关系，即社会关系。自从人类社会伴随生产力的发展产生了私有财产之后，人们之间由于所处的经济地位，亦即所处的所有制关系不同，就开始了阶级分化。小部分人能够利用他们独占的生产资料，无偿获取失去生产资料无法独立生产和生活的多数人的劳动成果，产生了剥削和阶级。从此，人与人的关系便发生了变化，阶级关系就成为最重要的社会关系，其他的社会关系，如民族关系、家庭和伦理关系、宗教关系都与阶级关系紧密相连，受阶级关系影响和制约。既然如此，以社会关系作为对象的绝大多数哲学社会科学学科的研究便离不开阶级关系，研究成果不能不涉及对阶级关系的分析和判断。其次，马克思主义的一个基本观点，就是存在决定意识，人们的阶级地位决定人们的思想感情。哲学社会科学研究的主体，即研究者自身是生活在阶级关系之中的，他们对客体的观察和分析就不能不受到一定阶级的影响，得出和表达的观点不能不反映一定阶级的利益。世上没有纯而又纯、不偏不倚的哲学社会科学。人们研究什么，主张什么必然要打下社会的烙印，最主要的就是阶级的烙印。以哲学社会科学各个学科都普遍关注的公平概念为例，不同的阶级及其代言人就有极不相同的观点。奴隶主觉得奴役甚至杀戮自己买来的奴隶是公正的权利，封建地主认为出租土地和交纳地租是两相情愿和公平合理的，资产阶级学者宣称雇佣劳动获取剩余价值符合自由平等原则，地租、利息、利润和工资是按生产要素的贡献分配，都是公平的。可见，哲学社会科学的研究都存在为哪个阶级服务，站在哪个阶级立场的问题。再次，哲学社会科学研究成果是否科学，要取决于研究者所服务的阶级是否代表历史前进的方向。这在社会关系发生重大变革时代表现得最为明显。西欧的一些学者在资本主义关系形成和兴起时期，代表着新兴

---

① 习近平：《在哲学社会科学工作座谈会上的讲话》（2016 年 5 月 17 日），《人民日报》2016 年 5 月 19 日。

的阶级，在政治上鼓吹自由平等，反对"君权神授"；在经济上揭示财富的来源，宣扬获取利润和劳动报酬的正义性，强调社会分工和开放市场的积极作用；在法律方面呼吁保障市场自由、商业利益和私有产权，等等，他们的理论既维护先进阶级的利益，也符合社会发展的规律，极大地推动了当时哲学社会科学的繁荣，也有力地促进社会经济政治文化的发展。所有这些，都表明哲学社会科学存在一定的立场问题。

习近平总书记指出："坚持以马克思主义为指导，核心要解决好为什么人的问题。为什么人的问题是哲学社会科学研究的根本性、原则性问题。我国哲学社会科学为谁著书、为谁立说，是为少数人服务还是为绝大多数人服务，是必须搞清楚的问题。"① 这是他多次强调的"以人民为中心"的发展观在理论建设方面的延伸，是我国广大哲学社会科学工作者必须坚持的原则立场。

工人阶级和其他劳动人民占我国人口的绝大多数，是新中国的主要缔造者和建设者，是社会财富和精神文明的创造者，工人阶级是先进生产力的代表者，虽无个人"恒产"，却是社会主义信念和共产主义理想永远的忠诚拥护者，是实现社会发展规律的主要推动者，是共产党执政的坚强支持者。哲学社会科学要为绝大多数人服务，就应该义无反顾地站在劳动人民的立场，想劳动人民之所思，说劳动人民之欲言，坚定地为维护和增进劳动人民的利益呼喊，反对一切不利于劳动人民的言论和行为。只有这样，才能顺应社会浩荡前进的潮流，完成自身应尽的责任。

为绝大多数人服务不是抽象的，它体现于社会关系的各个方面。从大的方面看，共产党是经过历史考验的国家富强、人民幸福的引路人，人民民主专政是劳动人民权利最坚实的保护者，站在绝大多数人民的立场就要坚决拥护中国共产党，捍卫人民民主专政。社会主义公有制，尤其是国家所有制是劳动人民共同所有的，是劳动人民利益的重要经济源泉，其最终目的是为了促进社会经济健康发展，不断提高劳动人民的福利水平，逐步实现劳动人民的全面发展，为劳动人民着想就要支持公有制经济的发展和壮大，维护和增强国有经济的主导作用。在当前阶段，广大劳动者为社会创造了巨大的财富，却只得到其中的微小份额，收入增长缓慢，有的还处于贫困状态，在许多方面都成为社会的弱势群体，关心劳动人民就必须正视这些不公平的现象，呼吁机会、权利、分配的社会主义公平。人民政府在经济、政治、社会、文化教育施行的是协调社会关系、增进人民福祉、提高人民素质的政策，真正关心劳动人民就要支持政府，

---

① 习近平：《在哲学社会科学工作座谈会上的讲话》（2016 年 5 月 17 日），《人民日报》2016 年 5 月 19 日。

更好发挥政府的正确领导作用。但是，当前却有一些人逆主道而行之，散布不利于社会主义和劳动人民的种种言论。例如，否认历史、歪曲事实，抹黑中国共产党及其领导人，鼓吹军队国家化，反对党的绝对领导；宣扬西方的"民主宪政"和自由主义，攻讦人民民主专政；诬称国家所有制垄断、腐败、不负责任、低效率、分配不公、与民争利，却同时美化依靠剥削劳动人民迅速增长的资本主义私有制，排斥、挤压国有经济，扩散各种私有化主张；掩盖、混淆社会不公的根源，干扰社会主义分配制度的推行；借口效率，漠视公平，为企业主利润不惜攻击劳动立法，为私有经济开辟财路不惜牺牲公共福利；片面夸大市场功能，反对更好发挥政府作用，将经济结构失调、市场出现假冒伪劣产品、甚至资本外逃等问题都归咎于政府。诸如此类的现象很多，难于遍述。有良知的哲学社会科学工作者必须坚持科学的分析，站稳正确立场，坚决同各种不利于广大劳动人民的错误思想作斗争。

二　掌握核心精神，坚持马克思主义的基本观点

马克思主义观点是马克思主义关于自然、社会和人类思维规律的科学认识，博大精深，内容非常丰富，涵盖了人与自然的关系以及人类社会各种关系的众多领域，成为引导人们分析、认识自然界和人类社会各方面关系的指针。习近平同志指出："马克思主义关于世界的物质性及其发展规律、人类社会及其发展规律、认识的本质及其发展规律等原理，为我们研究把握哲学社会科学各个学科各个领域提供了基本的世界观、方法论。"①

由于马克思主义分布在非常广泛的领域，既有关于客观事物和人类思维一般规律的论述，也有关于经济、政治、法律、文化、教育、伦理等领域的分析；既对重大的主要的问题进行过研究和论证，也对一些比较具体的问题作出分析和阐述。因此，必须区分不同的范围和层次，着重理解主要的、基本的观点，学会基本的方法，掌握基本的规律，才能探其堂奥，正确地解决其他问题。概括起来，哲学社会科学工作者必须牢牢掌握的马克思主义基本观点主要有以下几方面。在自然、社会和人类思维的一般关系上，必须懂得关于人与自然之间协调、可持续发展的基本观点；存在决定意识以及物质和意识相互关系的基本观点。在人类社会发展规律方面，必须理解生产力和生产关系、经济基础与上层建筑辩证关系的基本观点；生产资料所有制是生产关系基础的基本观点；社会形态从低级向高级发展规律的基本观点。在经济关系方面，必须领会有关剩

---

① 习近平：《在哲学社会科学工作座谈会上的讲话》（2016年5月17日），《人民日报》2016年5月19日。

余价值、资本积累和资本主义社会基本矛盾的基本观点；社会主义必然代替资本主义的基本观点；资本主义向共产主义过渡的基本观点；关于完善和发展社会生产，最大限度满足人民的物质文化需要，最终实现人的全面发展的基本观点。在社会关系方面，关于阶级斗争和社会主义革命、无产阶级专政的基本观点；无产阶级历史地位和无产阶级政党建设的基本观点。这些基本观点构成了马克思主义的世界观、人生观和方法论，是任何条件下都不能动摇、必须始终坚持的。离开它们就不是马克思主义，甚至还可能走到马克思主义的对立面。

中国共产党人在进行社会主义革命和建设时期遵循和实践了马克思主义的基本观点，从我国正处于并将长期处于社会主义初级阶段这个最基本的国情出发，建立了中国特色社会主义的系统理论，在社会主义的本质属性、根本任务、发展道路、发展动力、发展战略、经济建设、政治建设、法制建设、文化建设、党的建设等方面提出了一系列基本观点，并且最终归结为以人为本的发展思想，为马克思主义宝库增添了宝贵的理论财富。

马克思主义是一个内容极其丰富的完整理论体系，其中的各个观点存在密切的联系。它以辩证唯物主义和历史唯物主义作为世界观和方法论，指引人们对社会各个阶段、各个方面和各种关系的分析；它发现的各个社会经济形态的发展规律，特别是资本主义和社会主义的发展规律，又有力地佐证了它的方法论的正确性。显然，只从个别方面和领域去认识这样一个极为丰富和完整的体系是远远不够的，必须从整体上加以理解和把握。这就必须探寻贯穿在它的各个组成部分的基本精神，掌握它的精髓和核心所在。要找出和掌握这一点，可以从追踪马克思的主要理论贡献，了解马克思主义的初衷入手。

马克思对人类思想作过两个最伟大的贡献：一个是创立和运用唯物史观，发现了人类历史的发展规律；另一个是揭露剩余价值产生的秘密，发现了资本主义生产关系和资产阶级社会的运动规律。这是所有马克思主义者都认同的。正是在这两大发现的基础上构建了科学的社会主义理论，奠立了无产阶级革命者的共产主义理想。1880 年，恩格斯发表影响深远的名著《社会主义从空想到科学的发展》，将这两大理论贡献结合在一起展开详细的阐述，说明生产力与生产关系、经济基础与上层建筑的矛盾如何推动社会前进，展示了唯物史观的中心内容，进而从剩余价值的榨取和资本的积累揭示了资本主义基本矛盾的根源和矛盾的加剧，指出资本主义的产生、发展以及它被社会主义所代替是社会规律作用的必然结果，预言废除资本主义私有制、社会占有生产资料以后，人们之间以及人与自然之间的关系必然发生巨大的变化。最后，恩格斯在论文末尾两段概述了论文的一个重要观点，指出："无产阶级革命，矛盾的解决：无产阶级将取得社会权力，并且利用这个权力把脱离资产阶级掌握的社会化生产资料变为公共财产。通过这个行动，无产阶级使生产资料摆脱了它们迄今具有的资本属性，给它们的社会性以充分发展的自由。从此按照预定计划进行的社会生产就成为可能的了。生产的发展使不同社会阶级的继续存在成为时代的错误。随着社会生产的无政府状态的消失，国家的政治权威也将消失。人终于成为自己的社会结合的主人，从而也就成为自然界的主人，成为自己本身的主人——自由的人。完成这一解放世界的事业，是现代无产阶级的历史使命。考察这一事业的历史条件以及这一事业的性质本身，从而使负有使命完成这一事业的今天受压迫的阶级认识到自己行动的条件和性质，这就是无产阶级运动的理论表现即科学社会主义的任务。"[1]

恩格斯非常重视他提出的上述观点。1885 年，他在《反杜林论》三版序言中提出，该书第三编第二章的社会主义理论部分所涉及的，"是我所主张的观点的一个核心问题的表述"[2]。简要地说，马克思主义观点的这个核心就是，运用辩证唯物主义和历史唯物主义世界观和方法论，认识社会关系的发展规律，分析资本主义制度及其产生的矛盾，指明工人阶级和其他劳动人民争取解放的道路和目标，树立社会主义、共产主义必然胜利的信念。这个核心思想是马克思主义目标、任务、道路的集中体现，是马克思主义的精髓和灵魂，是辨别马克思主义与一切非马克思主义、反马克思主义理论的试金石。

由于各种条件的限制，中国人民在夺取政权之后，还不能立即全面建成社会主义生产关系。在相当长的时期，实行的是社会主义公有制与资本主义私有制、社会主义生产关系与资本主义生产关系同时并存的二元化体制。除了社会主义性质的各种规律以外，资本主义的规律仍然在发挥作用，而且力度愈来愈强。在这种条件下，马克思主义分析资本主义社会的基本观点仍然完全符合我国现阶段的客观实际。劳动人民在建设社会主义的同时还要正确认识和对待资本主义关系，既要运用马克思主义有关社会主义建设的基本观点，也不能放弃它批判资本主义制度的基本观点。不管社会主义完全代替资本主义、实现共产主义理想的过程有多长，时间有多久，必须从整体上去认识马克思主义的基本观点，特别是要掌握它的精髓和灵魂，引导和激励广大劳动人民继续前进。

可是，马克思主义的基本观点不仅遭到坚持资产阶级理论的人强烈反对，有些口头上讲马列的人也以种种说法有意无意地放弃马克思主义的核心精神。

---

① 《马克思恩格斯选集》第 3 卷，人民出版社 1972 年版，第 443 页。
② 同上书，第 50 页。

例如，片面摘引马克思、恩格斯的早期观点或个别观点去否定整体的观点及其核心精神；有的将马克思主义划分为所谓的"革命性"和"建设性"的观点，主张在当今社会应淡化前者，发展后者；有的以各种名堂掩盖资本主义的剥削实质，反对划清资本主义和社会主义、公有制和私有制的界限；有的将马克思主义、非马克思主义和反马克思主义的观点分歧，说成是"空洞概念化、对立型思维"，主张摒弃它们去研究所谓的"人类社会中政治生活的客观规律"；有的借口"与时俱进"、"中国特色"篡改、修正或否定马克思主义的许多基本观点。如此等等，对弘扬马克思主义，坚持社会主义道路造成极为恶劣的影响。我国要发展和繁荣哲学社会科学不能不认清和批评这类错误观点。

三　抓住要点，运用辩证唯物主义和历史唯物主义方法

方法论为人们提供观察事物的立场和角度、发现和分析问题的思路以及对待研究结果的态度，对人们能否正确认识和处理事物具有决定性的意义。恩格斯说过："马克思的整个世界观不是教义，而是方法。它提供的不是现成的教条，而是进一步研究的出发点和供这种研究使用的方法。"①

马克思主义的基本方法是辩证唯物主义和历史唯物主义。辩证唯物主义是辩证方法和唯物主义的统一；历史唯物主义是辩证唯物主义对人类社会发展过程基本规律的进一步运用，也是哲学社会科学的基本方法或方法论基础。习近平总书记指出："马克思主义哲学深刻揭示了客观世界特别是人类社会发展一般规律，在当今时代依然有着强大生命力，依然是指导我们共产党人前进的强大思想武器。""只有坚持历史唯物主义，我们才能不断把对中国特色社会主义规律的认识提高到新的水平，不断开辟当代中国马克思主义发展新境界。"②

辩证唯物主义和历史唯物主义方法的内容非常丰富，我只想联系我国经济理论界的状况强调四个重要方面。

第一，端正思想路线，一切从实际出发，坚持实事求是。

一切从实际出发，坚持实事求是是辩证唯物主义方法的基础。哲学社会科学要把客观存在的实际作为研究问题和解决问题的根本出发点，坚持在实践中检验真理和发展真理。习近平总书记指出，实事求是是中国特色社会主义理论体系的精髓和灵魂，"它始终是中国共产党人认识世界和改造世界的根本要求，是我们党的基本思想方法、工作方法和领导方法，是党带领人民推动中国革命、

---

① 《马克思恩格斯全集》第 39 卷，人民出版社 1974 年版，第 406 页。

② 习近平：《在中共中央政治局第十一次集体学习时的讲话》（2013 年 12 月 3 日）。

建设、改革事业不断取得胜利的重要法宝。"① "要学习掌握认识和实践辩证关系的原理,坚持实践第一的观点,不断推进实践基础上的理论创新。"②

当代中国哲学社会科学也必须从中国社会主义初级阶段的实际出发,从中探寻经济运行的规律,用于指导经济建设,并通过实践检验不断提高和发展。可是,我国当前的一些理论观点却没有践行党的这个基本思想路线。它们对改革开放后我国经济社会关系的巨大变化视若无睹,还停留在 20 世纪 50 年代 "三大改造" 完成时形成的一些观念,认为剥削制度和剥削阶级已经消灭了,拒不承认我国当前还存在强大的资本主义生产关系和资产阶级,极力掩盖大部分 "民营经济" 的实质,避而不谈资本主义经济规律对我国社会的巨大冲击以及对资源、生态的严重破坏,讳言资产阶级思想对社会道德观念的强烈腐蚀,等等。由于这些理论严重脱离实际,既无法说明真实的经济关系,对实践也失去指导意义,遂被视为空谈,难以被大众接受。因此,端正思想路线,做到不唯上、不唯书、只唯实,一切从实际出发,进行理论分析,研究社会主义初级阶段的社会关系的规律,寻找解决社会矛盾的途径,解决广大群众的疑虑和困惑,是建设和发展当代中国哲学社会科学的必由之路。

第二,牢记矛盾分析这个唯物史观最根本的方法。

毛泽东主席指出:"事物的矛盾法则,即对立统一的法则,是唯物辩证法的最根本的法则。"③ 强调 "对立统一规律是宇宙的根本规律。这个规律,不论在自然界、人类社会和人们的思想中,都是普遍存在的。"④ 习近平总书记指出:"辩证思维能力,就是承认矛盾、分析矛盾、解决矛盾,善于抓住关键、找准重点、洞察事物发展规律的能力。"⑤ 坚持矛盾分析方法,即通过揭露社会关系的内在矛盾,分析它们的发展进程及其规律,发现反映这些关系的范畴之间的本质联系。这对正确认识我国社会主义初级阶段的社会关系和社会发展规律尤其重要。因为,在改革开放以后,资本主义生产关系在我国重新出现并迅速发展,形成社会主义生产关系与资本主义生产关系同时并存的社会结构,不仅在社会主义生产关系和资本主义生产关系内部各自存在一系列矛盾,两类生产关系之间也存在种种矛盾,而且两类社会矛盾还会互相影响,由此形成日益复杂、纵横交错的巨大矛盾网络,加上经济基础与上层建筑之间的矛盾,在社会上产生

---

①　习近平:《在中央党校春季学期开学典礼上的讲话》(2012 年 5 月 16 日)。
②　习近平:《在中共中央政治局第二十次集体学习时的讲话》(2015 年 1 月 23 日)。
③　《毛泽东选集》第 1 卷,人民出版社 1991 年版,第 299 页。
④　《毛泽东选集》第 5 卷,人民出版社 1977 年版,第 372 页。
⑤　习近平:《在中央党校春季学期开学典礼上的讲话》(2010 年 3 月 1 日)。

众多的社会问题。为此，党中央多次提出我国正处在社会矛盾多发时期。我们必须勇于面对矛盾，分析矛盾，同时认清主要矛盾和一般矛盾、矛盾的主要方面和非主要方面，特别要探寻矛盾产生的根源，找出规律性和本质性的联系，有效解决矛盾。

反观我国的理论界，讳言社会矛盾的言论俯拾皆是。例如，对我国当前阶段社会主义与资本主义经济在共同发展的同时又互相矛盾的实际视若无睹，不谈资本主义生产关系内部的矛盾；回避国际资本在我国横行，压制排挤民族经济的矛盾；在社会矛盾重重并日益尖锐的条件下侈言和谐社会，在劳资对立的资本主义关系中妄谈和谐劳动；在意识形态领域，笼统谈论社会价值和道德观念，不讲社会主义思想与资产阶级思想的矛盾和斗争，不鲜明反击宣扬资本主义、污蔑社会主义的谬论；在国际经济政治关系中，闭口不提发达国家千方百计压制破坏我国、企图打击我国经济，消灭社会主义政权的残酷事实，片面谈论合作共赢，甚至不顾国格散布所谓的"夫妻论"。有些人虽也谈论社会矛盾，却对矛盾的个性共性、主要矛盾一般矛盾、矛盾主要方面非主要方面分辨不清，甚至颠倒主次关系，对矛盾的产生根源更是讳莫如深。如果不扭转这些离开矛盾分析和错误分析矛盾的方法，就不能正确认识中国特色社会主义的复杂关系，势必妨碍我国哲学社会科学的健康发展。

第三，切勿回避阶级分析的重要方法。

阶级分析是运用对立统一规律正确认识和处理社会经济政治关系以及文化教育、思想意识的重要方法。马克思主义在研究社会形态的发展时，始终贯彻和运用阶级分析方法，阐明阶级产生的基础，深刻地揭示了在这些基础上人们相互关系的实质，精辟地论述这些关系的发展规律。阶级关系是客观存在的，不管人们是否认识它、承认它，一定的阶级必然按其本性发挥作用，影响人们的活动，决定社会关系。因此，只要是存在阶级的地方，对一切社会关系的认识都离不开阶级分析。

改革开放以来，资本主义经济在我国迅速膨胀，雇佣劳动制度重新恢复和发展，在其内部和社会上大量存在对劳动人民的剥削关系，过去一度被消灭的资产阶级重新出现，分配不公严重，财富悬殊加剧，阶级分化明显，成为无法回避的客观事实，连海外的许多学者也经常讲到中国存在"食利阶层"。在这样的条件下，离开阶级分析，许多社会问题就无法找到合理的答案。例如，为什么在社会主义社会竟然会出现生活消费资料大量过剩，扩大内需的呼吁和努力为何多年未见成效，至今只能悄然噤声？为什么经济结构会产生严重失调，市场到处出现不正当活动和混乱现象？为什么在人民政府领导下，还有人操纵生活必需品物价，掠夺广大群众？改革开放后频繁出现的众多有悖于社会主义原则的现象，让广大群众产生疑惑，动摇了对社会主义优越性的信念。只要运用阶级理论稍加剖析，这些悖谬是不难说明清楚的。其实，我国消费需求不足反映的是生产迅速增长与广大劳动者有支付能力相对不足的矛盾，根本原因则是超强的剥削和过快的资本积累，使广大劳动者创造的价值过多地落入少数剥削者囊中而自己所得过少，劳动者虽有生活消费的需要，却没有购买的能力。至于大量的市场乱象，则是私营企业主追求尽快攫取最大利润的贪欲本性的表现。

所以，哲学社会科学工作者必须从实际出发，承认客观存在的阶级关系，从阶级性对人们行为的必然影响去探寻社会关系的规律，切莫以抽象的人性去演绎人的活动和人们的相互关系。否则，在纷繁复杂的社会关系面前就会失去应有的判别理解能力，看不到本质的内在的必然联系。当然，承认我国现阶段还存在阶级和阶级矛盾，不是要回到"阶级斗争为纲"，而是正视现实，贯彻实事求是精神。阶级和剥削的存在，产生了一系列的社会弊病，导致严重的社会不公，损害了广大劳动者的利益，是一系列不和谐关系根本原因。回避、掩盖、否认阶级关系，既不利于哲学社会科学的发展，也不利于正确处理不同阶级的关系，最终建立真正的社会主义和谐社会。

第四，重视所有制分析，从基础层面探索社会关系的变化规律。

生产资料是社会生产必不可少的物质条件，生产资料所有、占有、支配和使用的状况决定了生产资料与劳动者的结合方式和人们在直接生产过程的地位和相互关系，进而影响了人们的交换关系和分配关系。生产资料所有制是生产关系发生根本变革的主导环节和根据，生产资料所有制改变了，人们在生产、交换、分配过程的一系列关系也会随之发生变化。生产力决定生产关系的过程首先从生产资料所有制内部结构的变化开始，继而形成新的所有制，改变所有制的性质，最终导致社会生产关系的全面变革，社会上层建筑也随之发生变化。马克思高度重视生产资料所有制的重要地位和作用，在许多论著中称它为生产关系的基础。他批判过拉萨尔关于劳动是一切财富的源泉的论点，指出这个说法回避生产资料所有制的重要性，掩盖了资本主义和其他一切剥削的根源，是"资产阶级的说法"[①]。

由于生产资料所有制对生产关系起着基础性的决定作用，不仅经济学必须使用所有制分析方法去认识一切经济关系以及它们变化发展的规律，哲学社会

---

① 《马克思恩格斯选集》第 3 卷，人民出版社 1972 年版，第 5 页。

科学的其他学科要研究社会问题必须探寻它们的经济根源，借助于所有制分析也能加深对问题本质的理解和阐述。

经过三十多年的改革开放，我国从几乎单一的社会主义制度重新回到社会主义和资本主义同时并存，经济政治社会关系的各个方面都发生了巨大的变化，在经济快速增长的同时，也出现了一系列以前曾经消失的问题和矛盾，诸如分配不公、财富悬殊、阶级分化、城乡差别扩大、经济失调、内需不足、市场混乱、假冒伪劣、投机诈骗、贪污腐化、盗公肥私、四毒泛滥，其流行范围愈来愈广，破坏程度愈来愈烈，而原来的社会主义优良风尚则逐步沦丧。许多哲学社会科学工作者试图研究和解释这些问题，但有说服力的答案尚不多见。只有借助于经济分析，特别是所有制分析方法，从所有制与生产关系、经济基础与上层建筑的关系才能追寻到它们产生的根源和发展过程。大量的历史资料表明，上述这些问题和矛盾的产生都与资本主义私有制在我国迅猛发展分不开，是资本追逐最大利润带来的恶果。它们扩大和加剧的程度与我国资本主义私有制的发展状况完全同步，伴随着资本主义关系的扩展和社会主义公有制主体地位的削弱，一时比一时严重，到近十年达到膨胀爆发的地步。尽管宣传机构对此大力揭批、政法部门严厉禁止，至今还见不到收敛的征象。仅由这些现象可见，在一定物质条件上产生的社会关系是不以人们意志和愿望为转移的，它们充分显示生产资料所有制对经济关系和其他社会关系影响力之强大，同时表明所有制分析对正确认识社会问题和矛盾具有重要作用。至于哲学社会科学界普遍关注的中心问题，如，中国特色社会主义究竟"特"在哪里？今后中国会怎样发展？为什么在社会主义初级阶段公有制可能和需要实行市场经济？我国现阶段的市场经济属于什么性质，它对生产过程和分配过程起什么作用？当前我国的社会主要矛盾是什么，它对社会各方面的发展和人民生活有什么影响？三十多年来我国的社会思潮有哪些变化，原因在哪里，今后还可能有什么变化？怎样牢固树立道路自信、理论自信、制度自信，建设繁荣富强的社会主义祖国？这些问题也可以通过全面掌握马克思主义所有制理论，进行所有制分析找到正确的答案。我已经发表过文章对它们做过一些分析，在此不赘述。

但是，所有制分析方法也受到一些人的诘难和反对。有的抹杀生产资料所有制对生产关系的决定作用，提出"目的论"或"手段论"的伪命题，干扰对所有制重大意义的认识；有的打着批判"所有制崇拜"的旗号、诋毁关于生产资料所有制重要性的论述，借口反对"所有制歧视"为私有经济争夺资源和地位；有的将生产资料所有制完全等同于生产关系，或者当成法学范畴，否认所有制的存在及其客观性；有的歪曲"国"和"民"的真实概念，抹杀社会主义公有制与资本主义私有制的本质区别，掩盖资本主义私有制的剥削性。这些意见看似理论和政策探讨，实则反对维护公有制的必要性和重要性，为私有制的发展制造舆论。对于这些观点，必须根据马克思主义所有制理论加以分析和批判。只有摆正生产资料所有制的地位，分辨不同所有制的性质，科学运用所有制分析方法，才有利于辨认社会关系的本质，正确认识社会关系的发展规律。

哲学社会科学是有阶级性的

——学习习近平《在哲学社会科学工作座谈会上的讲话》的一点思考

周新城

【作者简介】周新城，经济学家、理论家。曾任中国人民大学研究生院院长，兼任苏联东欧研究所所长。现任中国人民大学马克思主义学院教授、博士生导师。1990 年获国务院"特殊贡献专家津贴"。主要研究方向是：社会主义经济理论与实践、邓小平经济理论、苏联演变问题、民主社会主义等。著有《什么是社会主义》《邓小平经济理论研究》《世纪性悲剧的思考》《评人道的民主社会主义》等 10 多部专著，发表《完整准确地理解邓小平理论》等 300 多篇文章，并有 600 万字左右的译作。

习近平 2016 年 5 月 17 日《在哲学社会科学工作座谈会上的讲话》，从坚持和发展中国特色社会主义的战略高度，科学地阐述了繁荣发展哲学社会科学的极端重要性，论述了发展中国特色社会主义哲学社会科学的指导思想、基本思路、根本要求和主要任务，是指导我国哲学社会科学工作的纲领性文件，为做好新时期哲学社会科学工作提供了根本遵循和行动指南。

一　哲学社会科学的研究对象决定了它具有阶级性

谈到哲学社会科学工作，有一点必须明确：哲学社会科学是有阶级性的，因而研究哲学社会科学的各项问题，必须坚持阶级分析方法，坚持正确的阶级立场，坚决同各种错误思潮作斗争。

与自然科学不同，社会科学的各个学科（除了少数学科如语言学、逻辑学等外）是研究人与人之间的社会关系的，而在阶级社会里，不同的阶级、不同的社会集团具有不同的、甚至对立的利益。研究对象客观地决定了哲学社会科学具有强烈的阶级性。人们从事哲学社会科学的研究工作，总是从一定阶级的利益出发，为一定阶级服务的。不管研究者本身是否意识到这一点，他总是在一定阶级的世界观、方法论指导下进行科学研究的。自人类进入文明社会以来，所谓纯客观的、不偏不倚的哲学社会科学研究始终没有存在过。正如鲁迅先生所说的："某一种人，一定只有这一种人的思想和眼光，不能越出他本阶级之外。说起来，好像又在提倡什么犯讳的阶级了，然而事实是如此。"①

这一点，连西方资产阶级学者也是承认的。例如，经济学家凯恩斯就公开说过："在阶级斗争中会发现，我是站在有教养的资产阶级一边的。"② 经济学的研究涉及人们的切身经济利益，阶级性尤为鲜明。凯恩斯公开承认，他是站在资产阶级一边来研究经济问题，为资产阶级服务的。

诺贝尔经济学奖金获得者、美国经济学家索洛说："社会科学家和其他人一样，也具有阶级利益、意识形态倾向以及一切种类的价值判断。但是，所有的社会科学的研究，和材料力学或化学分子结构的研究不同，都与上述（阶级）利益、意识形态和价值判断有关。不论社会科学家的意愿如何，不论他是否觉察到这一切，甚至他力图避免它们，他对研究主题的选择，他提出的问题，他没有提出的问题，他的分析框架，他使用的语言，很可能在某种程度上反映了他的（阶级）利益、意识形态和价值判断。"③ 他这个判断是正确的，应该承认，在这个问题上，他比我国某些"马克思主义者"要明白得多。

在社会主义国家里，我们从事哲学社会科学研究工作，必须自觉地意识到我们是替工人阶级和广大劳动人民说话的，是为他们的利益进行科学研究的；必须自觉地以马克思主义为指导，而不能去追求什么客观上并不存在的"纯客观的"、"超越意识形态"的研究。

然而改革开放以来，我国哲学社会科学工作者往往回避哲学社会科学的阶级性。在哲学社会科学界，"阶级"两个字成了禁忌的字眼，谁也不愿意提起，更不用说阶级斗争了。我们犯过以阶级斗争为纲的错误，十一届三中全会纠正了这个错误，提出以经济建设为中心，这是完全正确的。但一些哲学社会科学

① 鲁迅：《二心集》，《鲁迅全集》第4卷，人民文学出版社1981年版，第205页。
② 凯恩斯：《劝说集》，商务印书馆1962年版，第245页。
③ 索洛：《经济学中的科学和意识形态》，载克伦道尔、埃考斯编《当代经济论文集》，利特尔·布朗公司1972年版，第11页。

工作者错误地汲取教训，"矫枉过正"了，连阶级也不敢提了。似乎阶级、阶级斗争不存在了，一切都是"和谐"了。有人甚至提出有两个马克思主义，一个是"和谐马克思主义"，另一个是"斗争马克思主义"。过去闹革命，搞的是"斗争马克思主义"，显然已经过时了，不适用了；在社会主义建设时期尤其是改革开放时期，应该提倡"和谐马克思主义"。谁要再讲阶级、阶级斗争，就太不合时宜了。于是，报纸杂志上见不到宣传马克思主义阶级斗争理论的文章，谁要在文章里出现阶级、阶级斗争的字眼，编辑也必须把它删去。这是极不正常的现象。在这种氛围下，出现王伟光同志宣传马克思主义阶级斗争理论和无产阶级专政学说的文章遭到怀疑、围攻和谩骂的现象，也就不奇怪了。

应该看到，垄断资产阶级政治家、思想家对阶级、阶级斗争却是十分敏感而清醒的。记得美国最后一任驻苏大使马特洛克曾经说过一句有名的话，如果苏联共产党放弃阶级斗争理论，那么再讲什么马克思主义，也就无所谓了，那将是别样社会里的别样的马克思主义。这个"别样的社会"是西方认可的社会，那当然就是资本主义社会；这个"别样的马克思主义"，是西方可以容忍和接受的马克思主义，那当然是修正主义、民主社会主义了。所以，当他听到戈尔巴乔夫在联合国大会上宣布"全人类价值高于一切"，他就明确说，他感到放心了，从此美苏之间不会有根本性的矛盾和冲突了。这清楚地说明了抛弃阶级斗争理论、阶级分析方法会导致什么样的严重后果。而这一点，我国某些社会科学工作者恰恰忘记了。

在具有阶级性的哲学社会科学领域，研究工作不讲阶级、阶级观点、阶级分析，那是会走上邪路的。无数事实证明了这一点。

二 哲学社会科学研究工作必须坚持阶级分析方法

既然哲学社会科学具有阶级性，那么从根本上说，在研究方法上必须坚持阶级分析方法。

马克思恩格斯指出，自原始社会瓦解以来，迄今为止，人类社会的历史都是阶级斗争的历史。在阶级社会里，社会的发展呈现出复杂纷繁而又不断更换的现象，似乎混沌一片，无法把握。马克思主义给我们指出了一条分析阶级社会一切问题的指导性的线索，使得人们能在这种看来迷离扑朔的状态中发现规律性，这条线索就是阶级斗争理论。正如列宁所说的，马克思的天才就在于他得出了全世界历史提示的结论，并且彻底贯彻了这个结论，这个结论就是关于阶级斗争的理论。阶级斗争理论是了解和把握阶级社会发展的关键。列宁指出："必须牢牢把握住社会划分为阶段的事实，阶级统治形式改变的事实，把它作为基本的指导线索，并用这个观点去分析一切社会问题，即经济、政治、精神和宗教等等问题。"① 马克思主义者在谈论阶级社会的一切社会问题时，始终不能离开分析阶级关系的正确立场，不能离开阶级观点和阶级分析方法，因为"阶级关系——这是一种根本的和主要的东西"。不分析阶级关系，没有阶级观点和阶级分析方法，"也就没有马克思主义"②。只要存在阶级，列宁的这一论断就不会过时。

毛泽东也是这样看的。《毛泽东选集》第 1 卷第一篇文章，就是用阶级分析方法来解决革命的基本问题的。他说："谁是我们的敌人？谁是我们的朋友？这个问题是革命的首要问题。"而"我们要分辨真正的敌友，不可不将中国社会各阶级的经济地位及其对于革命的态度，作一个大概的分析"③。没有阶级观点、阶级分析方法，分不清敌我友，革命就不可能取得胜利。

我们现在正在建设社会主义。在这种条件下，研究哲学社会科学的问题，还要不要运用阶级分析方法呢？这就涉及另一个问题，即社会主义社会还存在不存在阶级、阶级斗争？如果还有，那么我们分析各种重大问题就仍然需要坚持阶级分析方法。党的十一届六中全会通过的《建国以来党的若干历史问题的决议》总结了我国的历史经验，指出在生产资料所有制社会主义改造完成、社会主义制度建立以后，一方面大规模的急风暴雨式的阶级斗争已经过去，阶级矛盾不再是社会的主要矛盾，在实际工作中，不能再以阶级斗争为纲；另一方面，"由于国内的因素和国际的影响，阶级斗争还将在一定范围内长期存在，在某种条件下还有可能激化"④。因此，"既要反对把阶级斗争扩大化的观点，又要反对认为阶级斗争已经熄灭的观点"⑤。这是符合实际的科学论断。两方面一起讲，才能全面反映社会主义社会的阶级矛盾、阶级斗争的状况。

习近平同志也是这样分析的。他强调"必须坚持马克思主义政治立场。马克思主义政治立场，首先是阶级立场，进行阶级分析。有人说这已经落后于时代了，这种观点是不对的。我们说阶级斗争已经不再是我国社会主要矛盾，并不是说阶级斗争在一定范围内不存在了，在国际大范围中也不存在了。改革开放以来，我们党在这个问题上的认识一直是明确的"⑥。

这个结论，是我们党经过长期探索才得出来的，来之不易，应该倍加珍惜。

① 《列宁选集》第 4 卷，人民出版社 1995 年版，第 30 页。
② 《列宁全集》第 41 卷，人民出版社 1986 年版，第 92 页。
③ 《毛泽东选集》第 1 卷，人民出版社 1991 年版，第 3 页。
④ 《中国共产党中央委员会关于建国以来党的若干历史问题的决议》，人民出版社 1981 年版，第 56 页。
⑤ 同上。
⑥ 习近平：《在哲学社会科学工作座谈会上的讲话》（2016 年 5 月 17 日），《人民日报》2016 年 5 月 19 日。

在阶级彻底消灭之前，我们必须始终坚持这一论断，不能动摇。邓小平指出："社会主义社会中的阶级斗争是一个客观存在，不应该缩小，也不应该夸大。实践证明，无论缩小或者夸大，两者都要犯严重的错误。"① 当前，理论界弥漫着一种否定阶级、阶级斗争的氛围，我们更应该重申这一科学的结论，理直气壮地宣传马克思主义的阶级斗争理论，坚持用马克思主义的阶级观点和阶级分析方法来观察和分析有关的政治生活现象。

2000 年 6 月 28 日，江泽民同志在中央思想政治工作会议上指出："我们纠正过去一度发生的'以阶级斗争为纲'的错误是完全正确的，但是这不等于阶级斗争已不存在了，只要阶级斗争还在一定范围内存在，我们就不能丢弃马克思主义的阶级和阶级分析的观点和方法。这种观点和方法始终是我们观察社会主义同各种敌对势力斗争的复杂政治现象的一把钥匙。"② 这一论断对分析当前国际国内一系列重大问题具有指导意义。

既然阶级观点、阶级分析方法是观察复杂政治现象的"钥匙"，我们就应该经常用这把"钥匙"去开复杂政治现象的"锁"。抛弃这把"钥匙"，就看不到复杂现象的本质，搞不清楚事情的来龙去脉，也就提不出科学的对策。运用马克思主义的阶级观点、阶级分析方法来研究重大问题，应该成为哲学社会科学研究工作的常态，也是哲学社会科学研究工作取得成果的根本保证。

三　哲学社会科学研究应该坚持正确的阶级立场

哲学社会科学是有阶级性的，因此，研究哲学社会科学领域的问题只有站在正确的阶级立场上，才能得出科学的结论。1942 年毛泽东在延安文艺座谈会上就提出这个问题。他说："立场问题。我们是站在无产阶级和人民大众的立场。对于共产党员来说，也就是站在党的立场，站在党性和党的政策的立场。"他说，在这个问题上，有人是"认识不正确或者认识不明确的"。他是就文艺说的，但对今天的哲学社会科学也完全适用。

在哲学社会科学研究工作中，经常出现这样的情况：同一个事情，不同的人的价值判断和结论不一样，甚至截然相反。越是重大问题，这种情况越明显。举苏东剧变问题为例。苏东剧变是国际共产主义运动史上最大的事件，也是引起国际格局重大变化的历史性事件。我国学术界对这一事件的判断和评价存在原则性分歧，存在两种完全对立观点。一种观点，认为这是历史的进步现象，

---

①　《邓小平文选》第 2 卷，人民出版社 1994 年版，第 182 页。
②　《江泽民文选》第 3 卷，人民出版社 2006 年版，第 83 页。

它冲破了"斯大林模式"的束缚，摆脱了"历史的迷误"，走上了"人类文明的正道"；另一种观点认为，这是历史的大倒退，一批国家从社会主义倒退到资本主义，世界政治地图上一大片红色抹去了，这是违反人类历史发展规律的悲剧。一个说好得很，一个说糟得很。同一件事情，却有两种不同的、对立的价值判断，这种现象只能用阶级立场不一样来解释，别的理由怎么也解释不了。从垄断资产阶级看来，这当然是一件大好事，搞垮社会主义是他们梦寐以求的事情，居然不费一枪一弹就实现了，那个时刻他们弹冠相庆，欢呼"历史到此终结"，这是可以理解的。我们站在无产阶级立场上，站在社会主义立场上，必然对一批社会主义国家演变成为资本主义，感到痛心。但是，值得注意的是，我国某些自称是遵循"马克思主义"的哲学社会科学工作者，却与垄断资产阶级唱一个调子，谴责社会主义是历史的迷误，声称资本主义才是文明的正道，对苏东剧变报之以欢呼。对他们不得不大喝一声："同志，你的立场站错了！"立场错了，一切皆错。

我们说哲学社会科学研究有一个阶级立场的问题，同一事物，不同阶级有不同的结论、不同的价值判断，是不是说，公说公有理，婆说婆有理，就没有客观的真理标准了？不是的。标准在于，它是不是符合社会发展规律。符合社会发展规律的判断，是真理性的判断，符合社会发展规律的结论，就是真理。当某个阶级的利益与社会发展规律的要求相一致的时候，这个阶级的代表就有可能把阶级性与科学性、真理性统一起来。在资本主义上升时期，在反对封建贵族的斗争中，新兴资产阶级是具有革命性和进步性的，这时资产阶级学者（例如古典经济学家）能够透过现象寻找内在的规律性联系，因而在一定范围内实现了阶级性与科学性的统一。但当资产阶级取得政权、无产阶级与资产阶级的矛盾上升为主要矛盾以后，资产阶级学者的任务就不再是揭示社会发展的规律，而是为资本主义制度的合理性、永恒性进行辩护了，这时，阶级性与科学性发生了冲突，资产阶级学者（例如庸俗经济学者）就坚持阶级性而牺牲科学性。在当今历史条件下，工人阶级是最先进的阶级，它代表了先进生产力发展的要求，代表了社会发展的未来。工人阶级的利益从根本上说是与全人类的利益相一致的，无产阶级只有解放全人类才能最终解放自己。反映工人阶级根本利益的理论也就符合社会发展规律的要求，因此，站在工人阶级立场上研究哲学社会科学，就能够把阶级性与科学性完美地统一在一起，能够得出科学的、真理性的结论。

对哲学社会科学来说，不仅对社会现象、历史事件作出的价值判断和结论具有阶级的烙印，而且研究的主题的选择，即提出什么问题，不提什么问题，也具有阶级性。改革开放以来，我国哲学社会科学处于最活跃的时期。但是哲学社会科学工作者研究什么、不研究什么，都代表了一定的阶级利益。所有剥削阶级，从自身利益出发，都会对某些问题感兴趣，而竭力回避对自己不利的问题。这就反映到哲学社会科学研究的选题上来。举一个例子：改革开放以来，我国私营经济得到了很大的发展。不可否认，私营企业主的第一桶金，来路往往不大光彩，许多人是靠偷税漏税、盗窃国有资产获得的。这种犯罪行为理应得到惩处。某些代表暴发的私营企业主利益的"著名经济学家"，这时适时地提出"赦免原罪"论，要求不追究第一桶金的来路。一时间"赦免原罪"的文章，铺天盖地，造成了一定的舆论氛围。在这种舆论压力下，有的地方政府公开下达文件，宣布"赦免原罪"，理由是要"保持社会稳定"。但与此同时，社会上出现了拖欠农民工工资的现象。几千万农民工进城干了一年活，却得不到工资，而这是他们养家糊口的要命钱。我国一些所谓的"著名经济学家"对这个问题一点也不感兴趣。我们没有见到有哪位"著名经济学家"发表过一篇文章，为农民工发出呼吁，讨要应得的工资的。在这问题上，那些"著名经济学家"一反类似"赦免原罪"那样的积极态度，选择了集体沉默。从资产阶级的利益来看，这个问题的确不好表态：谴责拖欠农民工工资吧，显然对资本家不利；反对及时发放工资吧，实在于理不通。于是只好不吭声了。可见，选择什么研究课题，也是有阶级倾向的。

还有一个话语体系问题。语言本身是没有阶级性的，但是用来分析社会现象的、由一系列概念、范畴构成的、具有一定逻辑框架的话语体系，却是具有明显的阶级性的。西方经济学研究资本主义经济，有它自己的一套话语体系，这套话语体系是为辩护资本主义制度服务的。我国正在建设中国特色社会主义，理应有自己的概念、范畴，自己的分析问题的逻辑框架，那就是中国化的马克思主义的话语体系。把西方经济学的话语体系生搬硬套地用来分析中国问题，是怎么说也说不清楚中国特色社会主义的经济问题的。现在的问题是，改革开放以来，西方经济学泛滥，马克思主义被边缘化了，照搬西方经济学的现象十分严重，马克思主义的话语体系难觅踪影。有的杂志编辑公开宣布，用生产力、生产关系、经济基础、上层建筑等概念来分析经济问题，显得水平不高，没有学术味，不能刊用。只有用一大堆数学公式来演绎经济问题，才有水平，才能刊用。西方经济学的话语体系，在我国经济学界占了统治地位。一些经济学家忘记了这些话语体系是为资产阶级服务的，搬过来分析社会主义经济问题是不管用的。

立场问题，归根结底是为什么人的问题。哲学社会科学研究绝不是概念的堆砌，有的人喜欢杜撰一些新的概念，玩弄概念游戏，说一些谁也听不懂的话，显得自己学问的深奥。这种尽说些空话的所谓"研究"，是一点意义也没有的。我们研究哲学社会科学，首先要想一下，研究的问题对谁有意义，得出的结论对谁有利，说出的话谁爱听，也就是为什么人服务。习近平总书记指出："为什么人的问题是哲学社会科学研究的根本性、原则性的问题。我国哲学社会科学为谁著书、为谁立说，是为少数人服务还是为绝大多数人服务，是必须搞清楚的问题。""我国哲学社会科学要有所作为，就必须坚持以人民为中心的研究导向。脱离了人民，哲学社会科学就不会有吸引力、感染力、影响力、生命力。"① 他提出，哲学社会科学工作者必须自觉地把个人学术追求同国家和民族发展紧紧联系在一起。这一点是我们研究哲学社会科学的人必须牢记的。

四　哲学社会科学研究必须坚决抵制和批判错误思潮

正因为哲学社会科学具有阶级性，因此在哲学社会科学的各个领域都充满着阶级斗争。我们不能回避这种斗争，而应该积极投入斗争。

在生产资料所有制改造基本完成以后，毛泽东就及时地提出，意识形态领域仍然存在激烈的阶级斗争。他说，"我国社会主义和资本主义之间在意识形态方面的谁胜谁负的斗争，还需要一个相当长的时间才能解决。""如果对于这种形势认识不足，或者根本不认识，那就要犯绝大的错误，就会忽视必要的思想斗争。"② 这段话，过了半个世纪，今天听起来仍感到振聋发聩。

随着改革开放的深入，意识形态领域的斗争越发激烈了。回顾改革开放30多年的历史，我们可以发现，意识形态领域的基本态势是敌攻我守，敌对势力发起一波又一波的进攻，新自由主义、民主社会主义、宪政民主、"普世价值"、历史虚无主义、"公民社会"等等轮番上阵，一股思潮刚刚得到批判、澄清，另一股思潮又来了，又需要批判、澄清。我们在意识形态领域穷于应付。这些思潮尽管辞藻不一样，政治诉求却高度统一，无非是要求取消共产党的领导，推翻社会主义制度。我们同这些错误思潮的斗争的实质，仍是毛泽东所说的"社会主义和资本主义之间在意识形态方面的谁胜谁负的斗争"，这种斗争"还需要一个相当长的时间才能解决"。

也许这一斗争比20世纪50年代更为激烈了，因为国际国内的环境变了。从国际上说，随着苏联东欧国家的剧变，世界社会主义跌入低潮。在低潮的情

---

① 习近平：《在哲学社会科学工作座谈会上的讲话》，《人民日报》2016年5月19日。
② 《毛泽东文集》第7卷，人民出版社1999年版，第231页。

况下，一方面，有的人怀疑马克思主义还灵不灵、社会主义还有没有前途，信念动摇了；另一方面，苏东剧变以后，帝国主义把和平演变的矛头主要指向中国，加紧对我国进行思想渗透，而我国对外开放政策的实施，打开了国门，西方各种资产阶级思想观点、理论涌进中国。各种情况凑在一起，一时间西方学说几乎成为学术界的主流，马克思主义被边缘化了。从国内环境来说，改革开放以来，私有制经济尤其是私营经济等资本主义性质的经济得到了迅速发展，经济基础发生了很大变化。随之而来的是意识形态领域态势也发生了相应的变化，共产主义的理想信念淡薄了，资本主义思想扩张了，有的人包括一些党员接受了资产阶级思想，不相信马克思主义和社会主义了。经济基础决定上层建筑，这种状况也是难以避免的，不以人们意志为转移。对大多数人来说，在私有制基础上的确很容易接受资产阶级思想，很难产生共产主义思想。

在这样的国际国内环境下，意识形态领域必然发生激烈的斗争，社会主义、共产主义的理想信念、已经建立的社会主义制度必然遭到严重的挑战。如果不积极回应这种斗争，无产阶级专政的政权就难以巩固。思想战线守不住，其他战线也就崩溃了。思想乱了，必然导致政治动乱，敌对势力就可以乱中夺取政权。苏联东欧国家的剧变，世界上所有的颜色革命，没有一个不是先把意识形态搞乱，然而再制造动乱的。毛泽东说，凡是要夺取一个政权，总是要先制造舆论，做意识形态工作。革命的阶级是这样，反革命阶级也是这样。这是无数事实证明的真理。所以，习近平总书记一再强调意识形态工作的极端重要性。意识形态工作确实是关系到党和国家前途命运的大事。

哲学社会科学是意识形态重要组成部分，所有反马克思主义的错误思潮都是披着学术外衣的。意识形态斗争大部分集中在哲学社会科学的各个领域中。哲学社会科学工作者必须从捍卫党和人民的根本利益出发，坚持宣传马克思主义、抵制和批判反马克思主义，这是责无旁贷的事情。我们决不能见了错误思潮躲了走，充当爱惜羽毛的开明士绅。不批判错误思潮，是哲学社会科学工作者的失职。哲学社会科学工作者应该是战士，写的文章应该是投向敌对势力的投枪、匕首。没有战斗力的哲学社会科学工作是毫无用处的。马克思主义是在批判中发展的，不同错误思潮作斗争，马克思主义就停滞了、僵化了。

哲学社会科学工作者应该有阵地意识。实践表明，在哲学社会科学领域，始终存在着谁来占领阵地的问题。哲学社会科学的阵地，包括刊物、专著、课堂、讲坛、网络等等，无产阶级思想不去占领，非无产阶级思想必然去占领；马克思主义不去占领，非马克思主义、反马克思主义必然去占领。在这里，不存在"真空"，不可能保持"中立"。在哲学社会科学的宣传、研究工作中，缺乏"阵地意识",不去主动占领阵地,放弃必要的思想斗争,马克思主义就会丧失指导地位。

习近平总书记指出,从阵地的角度来看,大体上有三个地带。第一个是"红色地带",主要是由主流媒体和网上正面力量构成的,这是我们的主阵地。这个阵地一定要守住,绝不能丢了。第二个是"黑色地带",主要是由网上和社会上一些负面言论构成的,包括敌对势力制造的舆论。这不是主流,但其影响不能低估。第三个是"灰色地带",处于"红色地带"和"黑色地带"之间。对不同"地带"要采取不同的策略。对"红色地带",要巩固和拓展,不断扩大其社会影响;对"黑色地带",要勇于进入,像孙悟空钻进铁扇公主肚子里那样斗,逐步推动其改变颜色;对"灰色地带",要大规模开展工作,加快使其转化为"红色地带",防止其向"黑色地带"蜕变。

马克思主义与反马克思主义的斗争是长期的,不可能毕其功于一役。应该对哲学社会科学领域占领阵地的斗争的复杂性和持久性,有充分的思想准备。

发展、繁荣哲学社会科学,是一项艰苦、复杂的工作。我们应该清醒地看到哲学社会科学的阶级性,在马克思主义指导下,从我国社会主义初级阶段的具体国情出发,按照阶级斗争的规律,不辜负党的期望,努力把哲学社会科学工作做好。

论坚持和发展马克思主义的基本原则

田心铭

 【作者简介】田心铭，曾任北京大学教授，教育部高等学校社会科学发展研究中心主任、研究员，《高校理论战线》杂志总编辑。曾获国家授予的"有突出贡献中青年专家"称号。主要从事马克思主义哲学、中国化马克思主义、马克思主义理论与思想政治教育等学科的教学、研究工作及社科杂志编辑工作。主要兼职有：国家社会科学规划哲学学科评审组副组长，中国历史唯物主义学会副会长，高校马克思主义研究会顾问，教育部普通高中思想政治课课程标准实验教材编写指导委员会主任。发表论文200多篇。主要代表作有：《认识的反思》《反腐败论》《当代大学生哲学思潮》等。

马克思主义自 19 世纪 40 年代问世以来，在坚持中发展，在发展中坚持，就像一棵根深叶茂、蓬勃生长的大树，保持着强大的生命力。总结 100 多年来坚持和发展马克思主义的经验，以为今后继续前进的借鉴，是一个重大历史性课题。本文仅就坚持和发展马克思主义的基本原则做一些探讨。

一　坚持和发展马克思主义的基本原则：马克思主义基本原理同本国具体实际相结合

1945 年召开的中国共产党第七次全国代表大会通过的《中国共产党章程》规定："中国共产党，以马克思列宁主义的理论与中国革命的实际之统一的思想——毛泽东思想，作为自己一切工作的指针。"① 这标志着中国共产党确立了毛泽东思想的指导地位，同时也确立了把马克思列宁主义的理论同中国具体实际相结合的原则。邓小平在 1956 年回顾说，十一年前，中国共产党第七次全国代表大会确定了这样的原则，即 "马克思列宁主义的普遍真理与中国革命的具体实践相结合"，"这个原则是我们党和毛泽东同志根据过去革命中失败和成功的经验总结起来，并在第七、第八两次党代表大会上加以肯定的"。② 自从党的七大以来，每当党总结历史经验，决定党的路线的重要时刻，都在重要文献中郑重重申这条原则。例如，1956 年毛泽东在党的八大开幕词中，1982 年邓小平在党的十二大开幕词中，2008 年胡锦涛在总结 1978 年党的十一届三中全会以来改革开放 30 年的历史经验时，2012 年党的十八大在总结九十多年来开创和发展中国特色社会主义道路时，都重申了这条原则。③

在中国共产党的重要文献中，在不同场合，这一原则中的 "马克思列宁主义" 也表述为 "马克思主义"；"理论" 也表述为 "普遍真理"、"基本原理"、"普遍原理"；"实际" 也表述为 "实践"；"统一" 也表述为 "结合"。这些不同表述没有实质上的区别。中国共产党从建党之日起，就把马克思列宁主义写在自己的旗帜上，作为党的指导思想。马克思主义作为一个不断发展着的科学思想体系的总名称，包括了列宁主义。我们所要坚持和作为指导思想的马克思主义理论，不是指马克思主义经典作家关于特定对象的个别性结论或理论判断，而是具有普遍真理性的理论，因而称之为普遍真理或基本原理、普遍原理。在马克思主义中国化的开拓者毛泽东的著作中，"实际" 这个概念，既是指真实情况，又包括人们的行动或实践。

笔者认为，这一原则虽然来自中国共产党的实践和理论总结，但是它的精神实质具有超出一国范围的普遍适用性。将其中的 "中国" 改成 "本国" 或 "各国"，这一原理仍然能够成立。也就是说，"把马克思主义基本原理同本国具体实际相结合"，这是坚持和发展马克思主义的基本原则（以下简称 "结合" 原则）。

二　坚持 "结合" 原则，才能坚持和发展马克思主义

一种理论的坚持，意味着它保持着自身的根本性质和理论内核，它的核心

① 《建党以来重要文献选编（1921—1949）》第 22 册，中央文献出版社 2011 年版，第 533 页。
② 《邓小平文选》第 1 卷，人民出版社 1994 年版，第 258 页。
③ 《毛泽东文集》第 7 卷，人民出版社 1999 年版，第 116 页；《邓小平文选》第 3 卷，人民出版社 1993 年版，第 3 页；《十七大以来重要文献选编》（上），中央文献出版社 2009 年版，第 809 页；《十八大以来重要文献选编》（上），中央文献出版社 2014 年版，第 8 页。

范畴和基本原理继续被付诸实践并不断得到证实；而一种理论的发展，意味着它在保持固有性质的基础上沿着既往的方向继续前进，不断增添新的内容，具有越来越丰富的范畴和原理。在各种不同的乃至对立的哲学社会科学理论中，只有科学真理性的理论才真正具有这种坚持和发展的必要性和可能性。至于错误的思想和理论，常常是来去匆匆，时髦一阵后很快就烟消云散；有一些也会有人去坚持和发展。错误思想的坚持和发展是另一种性质的问题，本文不拟讨论。

马克思主义是工人阶级的科学世界观。马克思主义的哲学、政治经济学和科学社会主义是它的三个主要组成部分。它以科学社会主义为核心，以共产主义社会为最高目标。所以"马克思主义，另一个词叫共产主义"。① 马克思主义的坚持和发展不仅表现在它的理论文献中，更体现于以它为指导的社会实践、社会变革之中。科学社会主义从理论到现实、从一国到多国的发展，尤其是当今十三亿中国人民在中国特色社会主义道路上奋勇前进的事实，向全世界彰显了马克思主义在坚持中不断发展的蓬勃生机。

为什么只有遵循马克思主义基本原理同各国具体实际相结合的原则，才能坚持和发展马克思主义呢？

第一，马克思主义理论只有在同各国具体实际相结合中才能得到坚持，即确立为科学真理并转化为改造世界的物质力量。

理论来源于实践，还必须接受实践的检验，并且通过指导实践改变世界。毛泽东在他的名著《实践论》中揭示了"实践、认识、再实践、再认识"即"通过实践而发现真理，又通过实践而证实真理和发展真理"② 的人类认识发展基本规律。他指出，从实践中获得的感性认识上升为理性认识后，理论的东西在回到实践中去之前，其真理性问题是没有也不可能完全解决的。只有把理论应用于实践，接受实践检验，才能完全地解决这个问题。自然科学的理论是如此，马克思主义理论也是如此。"马克思列宁主义之所以被称为真理，也不但在于马克思、恩格斯、列宁、斯大林等人科学地构成这些学说的时候，而且在于为尔后革命的阶级斗争和民族斗争的实践所证实的时候。"③ 毛泽东还指出："任何思想，如果不和客观的实际的事物相联系，如果没有客观存在的需要，如果不为人民群众所掌握，即使是最好的东西，即使是马克思列宁主义，也是不

① 《邓小平文选》第 3 卷，人民出版社 1993 年版，第 173 页。
② 《毛泽东选集》第 1 卷，人民出版社 1991 年版，第 296 页。
③ 同上书，第 292—293 页。

起作用的。"①

　　毛泽东这些论断完全符合马克思主义形成和发展的历史事实。马克思、恩格斯创立的新世界观于19世纪40年代形成，在《共产党宣言》中问世，立刻就面临着席卷欧洲的1848年革命风暴。马克思、恩格斯投身于这场大革命之中，创办了《新莱茵报》，在《1848至1850年的法兰西阶级斗争》、《路易·波拿巴的雾月十八日》、《德国的革命和反革命》等著作中成功地运用新世界观总结法国、德国革命的经验，检验了自己的理论。恩格斯在1885年为马克思的《路易·波拿巴的雾月十八日》第三版写的序言中说，马克思把他发现的历史运动规律作为理解法兰西第二共和国历史的钥匙，"他用这段历史检验了他的这个规律；即使已经过了33年，我们还是必须承认，这个检验获得了辉煌的成果"。② 马克思1859年在《政治经济学批判》的序言中对自己40年代形成的唯物主义历史观做出了简洁而明确的表述，他称之为"我所得到的，并且一经得到就用于指导我的研究工作的总的结果"。③ 正如列宁所指出的，马克思这些"天才的思想""在那时**暂且**还只是一个假设"。尽管它"是一个第一次使人们有可能以严格的科学态度对待历史问题和社会问题的假设"④，但毕竟还只是假设。恩格斯说过："只要自然科学运用思维，它的发展形式就是**假说**。"⑤ 哲学社会科学的发展同样是如此。这是因为，以有限数量的事实和观察为基础就可以形成天才的假设，但不足以形成定律；如果等待材料到足以形成定律为止，就等于在此以前中止运用思维的研究，而那样就永远不会形成什么定律了。要让假设成为定律，必须有新的实践。马克思在19世纪40年代提出的这个假设，在经受了1848年革命实践的检验之后，在马克思将它成功地运用于对资本主义经济运动规律的研究，创立了自己的政治经济学之后，才作为科学理论确立起来。列宁指出，由于马克思把他的历史观成功地运用于资本主义这个最复杂的社会形态，"自从《资本论》问世以来，唯物主义历史观已经不是假设，而是科学地证明了的原理"。⑥ 如果马克思和恩格斯不把他们创立的新世界观付诸实践，就不可能在自己的有生之年欣慰地看到这个理论在全球环行。

　　后来，列宁领导的十月革命以马克思主义为指导创立了世界上第一个社会主义国家，使过去蕴藏在地下的俄国无产阶级和劳动人民的革命精力像火山一

①《毛泽东选集》第4卷，人民出版社1991年版，第1515页。
②《马克思恩格斯文集》第2卷，人民出版社2009年版，第469页。
③ 同上书，第591页。
④《列宁专题文集·论辩证唯物主义和历史唯物主义》，人民出版社2009年版，第160页。黑体是引者所加。
⑤《马克思恩格斯文集》第9卷，人民出版社2009年版，第493页。黑体是引者所加。
⑥《列宁专题文集·论辩证唯物主义和历史唯物主义》，人民出版社2009年版，第163页。

样突然爆发出来，让世人刮目相看，显示了马克思列宁主义的科学真理性和力量，这才有了如毛泽东所说的"十月革命一声炮响，给我们送来了马克思列宁主义"①，由此开始了马克思列宁主义同中国具体实际相结合的历程。中国共产党成立以来90多年的历史，就是马克思列宁主义同中国实际日益结合的历史。毛泽东思想和中国特色社会主义理论体系，都是经过中国人民长期实践的检验而确立起来、同时通过指导实践改变了中国的马克思主义中国化的理论成果。

马克思主义理论指导实践、改变世界和接受实践检验的过程，就是与各个不同国家的具体实际相结合的过程。当资本主义生产方式使历史成为世界历史之后，各国在政治、经济和文化上的相互影响是巨大的，各国无产阶级和人民群众之间的相互支持是非常重要的，但是说到底，各国的革命、建设和改革，是各国人民自己的事情。马克思在1864年创立的第一国际和列宁在1919年创立的第三国际，都曾在特定历史条件下对推动国际工人运动发挥了重要作用，但也都在完成了自己的历史使命后适应新的历史条件分别于1876年和1943年及时地宣告解散。正如1943年中共中央《关于共产国际执委主席团提议解散共产国际的决定》所指出的："马克思列宁主义是科学，而科学是没有国界的。"但是，"革命不能输出，亦不能输入，而只能由每个民族内部的发展所引起"，这正是"马克思列宁主义者从来所阐发的真理"。② 社会实践无不是同这个或那个国家的具体历史条件相联系的。马克思主义理论同社会实践相结合的主要途径或方式，是通过以它为指导的各国工人阶级政党从本国实际出发，组织和领导本国人民改造世界的实践。所以，马克思主义只有同各国具体实际相结合，才能得到坚持。

第二，马克思主义理论只有同各国具体实际相结合，才能随着社会实践的发展而不断丰富和发展。

毛泽东指出，"实践、认识、再实践、再认识"的人类认识运动，是"循环往复以至无穷"③ 的过程。人们对于在某一发展阶段内的某一客观过程的认识运动，可以通过从实践到认识、又从认识到实践的多次反复达到相对意义上的完成；而人类对于整个世界的认识，则是永无止境的发展过程。"客观现实世界的变化运动永远没有完结，人们在实践中对于真理的认识也就永远没有完结。"因此，"马克思列宁主义并没有结束真理，而是在实践中不断地开辟认识

---

① 《毛泽东选集》第4卷，人民出版社1991年版，第1471页。
② 《建党以来重要文献选编（1921—1949）》第20册，中央文献出版社2011年版，第318页。
③ 《毛泽东选集》第1卷，人民出版社1991年版，第296页。

真理的道路"。①

马克思主义的理论在实践中产生，也只能在实践中发展。虽然理论的发展有其相对的独立性，思想理论领域的各种矛盾、不同社会意识形式之间的相互作用也是理论发展的推动力，理论的发展离不开对各专业领域历史传承的思想材料的加工制作，但是归根到底，理论的发展是由社会实践推动的。各国都有其特定的现实条件、历史发展和民族文化传统等多种因素构成的基本国情，都有自己各具特殊性的历史任务和这样那样的问题。问题是时代的声音，理论是通过回答新的问题向前发展的。马克思主义只有同各国具体实际相结合，才能在新的实践中通过解决新的问题而得到发展。

马克思和恩格斯在《共产党宣言》中阐述新的科学世界观的同时，也在第四章《共产党人对各种反对党派的态度》中分别指出了在英国和北美，在法国、瑞士、波兰和德国对待各国反对党派的态度。后来他们在《共产党宣言》1872 年德文版序言中说，《宣言》中所阐述的一般原理整个说来直到现在还是完全正确的，但是，"这些原理的实际运用，正如《宣言》中所说的，随时随地都要以当时的历史条件为转移"②。这里已经表达了《宣言》中基本原理的实际运用要以不同国家的历史条件为转移的思想。1881 年，马克思在给荷兰社会民主党人的信中谈到即将召开的国际社会党人代表大会时说："任何工人代表大会或社会党人代表大会，只要它们不和这个或那个国家当前的直接的条件联系起来，那就不仅是无用的，而且是有害的。它们只能在没完没了的翻来覆去的陈词滥调之中化为乌有。"③ 理论的运用不能脱离这个或那个国家具体实际的思想在这里得到了更加强烈的表达。

列宁坚决反对那种认为马克思的理论"不完备和过时了"的观点，明确宣布"我们完全以马克思的理论为依据"，同时他又指出，马克思的理论"只是给一种科学奠定了基础"，"如果不愿落后于实际生活，就**应当**在各方面把这门科学推向前进"。他强调俄国社会党人"需要**独立地**探讨马克思的理论，因为它所提供的只是总的**指导**原理，而这些原理的应用**具体地说**，在英国不同于法国，在法国不同于德国，在德国又不同于俄国"④。列宁在新的历史条件下向前推进了马克思主义。他根据对帝国主义时代资本主义经济和政治发展不平衡规律的深刻分析，明确地得出结论："社会主义可能首先在少数甚至在单独一个资

---

①　《毛泽东选集》第 1 卷，人民出版社 1991 年版，第 296 页。

②　《马克思恩格斯文集》第 2 卷，人民出版社 2009 年版，第 5 页。

③　《马克思恩格斯文集》第 10 卷，人民出版社 2009 年版，第 459—460 页。

④　《列宁专题文集·论马克思主义》，人民出版社 2009 年版，第 94、96 页。黑体是引者所加。

本主义国家内获得胜利。"① "社会主义不能**在所有**国家**内**同时获得胜利。它将首先在一个或者几个国家内获得胜利。"② 俄国国内和国外多重复杂的社会矛盾使它成为帝国主义统治链条中的薄弱环节。在 1917 年俄国二月革命后的重要历史关头，列宁在《四月提纲》中阐述了由资产阶级民主革命向社会主义革命过渡的理论，为后来的十月革命做了思想上理论上的准备。十月革命的胜利把马克思创立的科学社会主义变成了现实，也验证了列宁对马克思主义的发展。列宁没有把俄国革命的经验凝固化，他在 1923 年说："在东方那些人口无比众多、社会情况无比复杂的国家里，今后的革命无疑会比俄国革命带有更多的特殊性。"③

中国正是这样一个人口众多、情况复杂的东方国家。经过俄国人的介绍才找到马克思主义的中国共产党人，通过自己长期的实践探索，深刻地认识到了中国不同于俄国的特殊性。以毛泽东为代表的中国共产党人，认清了中国半殖民地半封建社会的基本国情，创立了无产阶级领导的，人民大众的，反对帝国主义、封建主义和官僚资本主义的新民主主义革命理论，开辟了一条农村包围城市、武装夺取政权的革命道路，又以中华人民共和国的成立为标志，从新民主主义革命转变到社会主义革命，开辟出一条适合中国特点的社会主义改造道路，发展了马克思列宁主义关于社会主义革命的理论。中国共产党人经过 90 多年的接力探索，开创了道路、理论体系和社会制度"三位一体"的中国特色社会主义，回答了在中国这个经济文化落后的东方大国如何建设社会主义的问题，丰富和发展了马克思主义关于什么是社会主义、怎样建设社会主义的理论。

中国共产党人对结合本国实际发展马克思主义具有高度的理论自觉。1945年 4 月党的六届七中全会通过的总结了建党 24 年历史经验的《关于若干历史问题的决议》开头第一句话就是："中国共产党自 1921 年产生以来，就以马克思列宁主义的普遍真理和中国革命的具体实践相结合为自己一切工作的指针，毛泽东同志关于中国革命的理论和实践便是此种结合的代表。"④ 毛泽东 1958 年在中共八大二次会议上说：列宁说的和做的许多东西都超过了马克思，如《帝国主义论》，还有马克思没有做十月革命，列宁做了。马克思没有做过中国这样大的革命，我们的实践超过了马克思，实践当中是要出道理的。这种革命的实践，

---

① 《列宁专题文集·论社会主义》，人民出版社 2009 年版，第 4 页。
② 同上书，第 8 页。黑体是引者所加。
③ 同上书，第 359—360 页。
④ 《建党以来重要文献选编（1921—1949）》第 22 册，中央文献出版社 2011 年版，第 73 页。

反映在意识形态上，这就是理论。① 后来他又批评中国共产党内有的人说"学哲学只要读《反杜林论》、《唯物主义和经验批判主义》就够了，其他的书可以不必读"的观点，指出，马克思主义这些老祖宗的书必须读，他们的基本原理必须遵守，"但是，任何国家的共产党，任何国家的思想界，都要创造新的理论，写出新的著作，产生自己的理论家，来为当前的政治服务，单靠老祖宗是不行的。"他说，"我们在第二次国内战争末期和抗战初期写了《实践论》、《矛盾论》，这些都是适应于当时的需要而不能不写的。"②

2011 年中国共产党成立 90 周年之际，时任中共中央政治局常委、国家副主席的习近平回顾总结 90 年来党的指导思想和基本理论与时俱进的历程，指出："每一次理论创新都是把马克思主义基本原理同中国具体实际相结合而不断追求真理、大胆探索的结果。这个结合，是坚持马克思主义和发展马克思主义的统一。"③ 党的十八大后不久，习近平总书记 2013 年 1 月在新进中央委员会的委员、候补委员研讨班上指出："马克思主义必定随着时代、实践和科学的发展而不断发展，不可能一成不变，社会主义从来都是在开拓中前进的。"④ 他强调，世界上没有放之四海而皆准的发展道路和发展模式，也没有一成不变的发展道路和发展模式。全党必须坚持马克思主义的发展观点，坚持实践是检验真理的唯一标准，发挥历史的主动性和创造性，清醒认识世情、国情、党情的变和不变，不断推进理论创新、实践创新、制度创新。

总之，理论只有在社会实践中才能得到运用、检验和发展，而各国实践的社会历史条件和实践活动本身无不具有特殊性，这就决定了，只有把马克思主义基本原理同各国具体实际相结合，才能坚持和发展马克思主义。

三　"结合"原则的两个基本点：坚持马克思主义指导思想，坚持从本国具体实际出发

笔者认为，"把马克思主义基本原理同本国具体实际相结合"作为坚持和发展马克思主义的基本原则，包含两个基本点：坚持马克思主义指导思想，坚持从本国具体实际出发。这二者缺一不可。把握这两个基本点的统一，就要反对教条主义、经验主义和否定马克思主义指导地位的错误思想。

---

① 《毛泽东年谱（1949—1976）》第 3 卷，中央文献出版社 2013 年版，第 345 页。
② 《毛泽东文集》第 8 卷，人民出版社 1999 年版，第 109 页。
③ 习近平：《中国共产党 90 年来指导思想和基本理论的与时俱进及历史启示》，《学习与研究》2011 年第 7 期。
④ 《十八大以来重要文献选编》（上），中央文献出版社 2014 年版，第 114 页。

第一，坚持"结合"原则，必须坚持从本国具体实际出发，反对以教条主义的态度对待马克思主义。

中国共产党从一开始就是建立在马克思主义理论基础上的党。但是在如何理解和如何对待马克思主义的问题上，党内发生过严重分歧。用毛泽东的话说，我们历史上的马克思主义有很多种，"有香的马克思主义，有臭的马克思主义，有活的马克思主义，有死的马克思主义"①。1981 年党的十一届六中全会通过的《关于建国以来党的若干历史问题的决议》指出："主要在本世纪二十年代后期和三十年代前期在国际共产主义运动中和我们党内盛行的把马克思主义教条化、把共产国际决议和苏联经验神圣化的错误倾向，曾使中国革命几乎陷于绝境。"② 毛泽东思想就是在同这种错误倾向作斗争并总结这方面历史经验的过程中形成和发展起来的。把马克思主义基本原理同中国具体实际相结合的原则，也是在反对这种把马克思主义教条化倾向的斗争中确立的。因此，坚持从本国具体实际出发，反对把马克思主义教条化，从来就是"结合"原则的一个基本要点。

在恩格斯晚年，随着马克思主义在全世界的广泛传播，如何正确认识和对待马克思主义的问题已经提上了日程。针对当时德国社会民主党内和党外对马克思主义的曲解，恩格斯指出："马克思的整个世界观不是教义，而是方法，它提供的不是现成的教条，而是进一步研究的出发点和**供**这种研究**使用**的方法。"③ 他明确提出："我们的历史观首先是进行研究工作的指南。"④ 他严肃地批评说："如果不把唯物主义方法当做研究历史的指南，而把它当做现成的公式，按照它来剪裁各种历史事实，那它就会转变为自己的对立物。"⑤ 恩格斯关于马克思主义不是教条而是行动指南的思想，为正确认识和对待马克思主义确立了基本准则，被列宁称为"经典性的论点"。列宁认为，忽视了这一方面，"就会把马克思主义变成一种片面的、畸形的、僵死的东西，就会抽掉马克思主义的活的灵魂，就会破坏它的根本的理论基础"⑥。毛泽东所说的"死的马克思主义"、"臭的马克思主义"正是如此。

毛泽东在 1930 年就针对他当时称之为"本本主义"的错误思想提出："马克思主义的'本本'是要学习的，但是必须同我国的实际情况相结合。"他说：

① 《毛泽东文集》第 3 卷，人民出版社 1996 年版，第 331—332 页。
② 《三中全会以来重要文献选编》（下），人民出版社 1982 年版，第 825—826 页。
③ 《马克思恩格斯文集》第 10 卷，人民出版社 2009 年版，第 691 页。
④ 同上书，第 587 页。
⑤ 同上书，第 583 页。
⑥ 《列宁专题文集·论马克思主义》，人民出版社 2009 年版，第 157 页。

"中国革命斗争的胜利要靠中国同志了解中国情况。"① 红军长征到达陕北后，毛泽东在 30 年代后半期先后从政治策略和军事战略上总结了反对以教条主义为主要特征的王明"左"倾机会主义的经验，又写作《实践论》《矛盾论》把对于教条主义的认识上升到了哲学思想的高度。在 1938 年 10 月召开的党的六届六中全会上，毛泽东提出了"马克思主义的中国化"的命题。他说："离开中国特点来谈马克思主义，只是抽象的空洞的马克思主义。因此，马克思主义的中国化，使之在其每一表现中带着中国的特性，即是说，按照中国的特点去应用它，成为全党亟待了解并亟须解决的问题。"他大声疾呼："教条主义必须休息。"② 经过 1942 年开始的延安整风，以毛泽东为代表的对待马克思列宁主义的科学态度成为全党的共识。毛泽东把这种态度概括为"实事求是"。在毛泽东看来，"实事求是"表达了把马列主义普遍真理同中国实际相结合的思想，他说："我们党是有实事求是传统的，就是把马列主义的普遍真理同中国的实际相结合。"③ 1981 年党的十一届六中全会通过的《关于建国以来党的若干历史问题的决议》把实事求是论定为"毛泽东思想的活的灵魂"即贯串于毛泽东思想各个组成部分的立场、观点和方法的一个基本方面，明确指出："实事求是，就是从实际出发，理论联系实际，就是要把马克思列宁主义普遍原理同中国革命具体实践相结合。"④

在中国实行改革开放的历史新时期，邓小平领导全党重新确立实事求是的思想路线，也是强调必须从实际出发。他要求把马克思主义普遍真理同新的实际相结合，反对思想僵化，反对教条主义。他说，思想一僵化，不从实际出发的本本主义就严重起来了。"一个党，一个国家，一个民族，如果一切从本本出发，思想僵化，迷信盛行，那它就不能前进，它的生机就停止了，就要亡党亡国。"⑤ 他说："只有结合中国实际的马克思主义，才是我们所需要的真正的马克思主义。"他提出："要努力把马克思主义的普遍原则同我国实现四个现代化的具体实践结合起来。""你不抓住四个现代化，不从这个实际出发，就是脱离马克思主义，就是空谈马克思主义。"邓小平指出，实事求是是我们党的马克思主义的思想路线，"我们贯彻这条思想路线，就要反对教条主义"⑥。

---

① 《毛泽东选集》第 1 卷，人民出版社 1991 年版，第 111—112、115 页。
② 《建党以来重要文献选编（1921—1949）》第 15 册，中央文献出版社 2011 年版，第 651 页。
③ 《毛泽东文集》第 8 卷，人民出版社 1999 年版，第 237 页。
④ 《三中全会以来重要文献选编》（下），人民出版社 1982 年版，第 832、833 页。
⑤ 《邓小平文选》第 2 卷，人民出版社 1994 年版，第 143 页。
⑥ 《邓小平文选》第 3 卷，人民出版社 1994 年版，第 213 页。《邓小平文选》第 2 卷，人民出版社 1999 年版，第 153、163、278 页。

中国特色社会主义道路的成功开辟，正是坚持党的思想路线，从中国实际出发取得的伟大成果。正如党的十七大在回顾总结改革开放的历史时所指出的："中国特色社会主义道路之所以完全正确、之所以能够引领中国发展进步，关键在于我们既坚持了科学社会主义的基本原则，又根据我国实际和时代特征赋予其鲜明的中国特色。"①

第二，坚持"结合"原则，必须坚持马克思主义指导思想，反对轻视理论的经验主义和否定马克思主义的错误思想。

中国共产党在新民主主义革命时期确立"结合"原则，在着重反对教条主义的同时，也反对轻视或忽视理论的经验主义。毛泽东说："我们党内的主观主义有两种：一种是教条主义，一种是经验主义。"② 他要求有工作经验的人向理论方面学习，认真读书，使经验上升为理论，这样才可以不把局部经验误认为即是普遍真理，不犯经验主义的错误。1945 年党的六届七中全会《关于若干历史问题的决议》分析了经验主义与教条主义的关系，指出："经验主义和教条主义的出发点虽然不同，但是在思想方法的本质上，两者却是一致的。他们都是把马克思列宁主义的普遍真理和中国革命的具体实践分割开来。"③ 它们的思想都不符合客观的全面的实际情况，对于中国社会和中国革命有许多共同的错误认识，经验主义成了教条主义的助手。邓小平后来回顾说，"在普遍真理与具体实际相结合这个问题上"，教条主义和经验主义"两者我们都反对"。④

中国实行改革开放后，随着国内和国际形势的变化，出现了一种如邓小平所指出的"从右面来怀疑或反对四项基本原则的思潮"⑤，他称之为"资产阶级自由化"思潮。"必须坚持马列主义、毛泽东思想"，是邓小平提出的"四项基本原则"⑥ 之一。怀疑或反对马列主义、毛泽东思想，就从根本上否定了把马克思主义基本原理同中国具体实际相结合。因此，坚持马克思主义的指导地位，反对各种否定马克思主义的错误思想，是坚持"结合"原则的一个关键所在。

坚持还是否定马克思主义的指导地位，是我国改革开放新时期意识形态领域斗争的焦点。否定马克思主义指导地位的思想在不断演化中以多种形式表现出来。有人提出马克思主义"过时论"，指责 100 多年前产生的马克思主义今天已经不再具有真理性和价值。这种观点的错误，不仅在于它否定了凡经过实践

① 《十七大以来重要文献选编》（上），人民出版社 2009 年版，第 9 页。
② 《毛泽东选集》第 3 卷，人民出版社 1991 年版，第 819 页。
③ 《建党以来重要文献选编（1921—1949）》第 22 册，中央文献出版社 2011 年版，第 103—104 页。
④ 《邓小平文选》第 1 卷，人民出版社 1994 年版，第 259、260 页。
⑤ 《邓小平文选》第 2 卷，人民出版社 1994 年版，第 166 页。
⑥ 同上书，第 165 页。

检验的科学真理都具有绝对性的一面，在其适用的范围内不会过时，更是无视马克思主义产生以来随着实践和时代的发展而不断丰富和发展的事实。有人提出"外来文化论"来反对马克思主义的指导，称马克思主义是"外来文化"，而不是"本土文化"，不适用于中国。这种观点没有看到，我们是把揭示了物质世界和社会发展普遍规律的马克思主义基本原理当作指导思想，而不是照搬经典作家表达思想的民族文化形式，更忘记了马克思主义传入中国后已经中国化了的事实，无视马克思主义中国化的伟大成果。有人宣扬一种"实践否定论"，把社会实践中发生的各种错误、社会生活中存在的种种问题都当作否定马克思主义指导地位的理由。这种观点无视社会生活中的许多问题是实践脱离科学理论指导或受错误思想理论影响的结果，把指导思想与社会实际生活的关系简单化了。有人散布一种马克思主义"非学术论"，称马克思主义不是学术、没有学问，要把它从哲学社会科学的学科领域排挤出去。这种观点完全背离了哲学社会科学发展的历史和现实，无视马克思主义在哲学社会科学各学科中取得的辉煌成果；更没有看到，只有马克思创立的唯物主义历史观才使研究社会历史的各门学问得以建立在真实的基础之上而成为严格意义上的科学。还有人提出"指导思想多元论"来反对以马克思主义为指导。指导思想一元化而不是多元化，这是社会意识形态运动的客观规律，也是社会历史发展中各国普遍存在的事实。指导思想多元论的哲学理论基础真理多元论是一种否定真理客观性和一元性的主观唯心主义真理观。在已经确立了马克思主义指导地位的中国，宣扬"指导思想多元论"是挑战马克思主义指导地位的一种谋略，其实质是企图用西方资产阶级的或中国封建社会的思想体系取而代之。

面对怀疑和反对马克思主义的错误思潮，中国共产党始终鲜明地高举起马克思主义的旗帜。邓小平提出的坚持四项基本原则，被郑重地确立为党在社会主义初级阶段的基本路线的两个基本点之一，写进了中国共产党章程和中华人民共和国宪法。邓小平一贯强调在整个改革开放过程中都要坚持四项基本原则，反对资产阶级自由化。在党的十二大开幕词中，邓小平做出一个重要论断："把马克思主义的普遍真理同我国的具体实际结合起来，走自己的道路，建设有中国特色的社会主义，这就是我们总结长期历史经验得出的基本结论。"[①] 在1992年的南方谈话中，邓小平说："马克思主义的真理颠扑不破。"他坚定地表示："我坚信，世界上赞成马克思主义的人会多起来的，因为马克思主义是科学。"

---

① 《邓小平文选》第3卷，人民出版社1994年版，第3页。

"不要认为马克思主义就消失了，没用了，失败了。哪有这回事！"①

　　针对一些党员、干部中存在的对马克思主义信仰不坚定、理想信念动摇的问题，党的十八大振聋发聩地提出："对马克思主义的信仰，对社会主义和共产主义的信念，是共产党人的政治灵魂，是共产党人经受住任何考验的精神支柱。"② 党的十八大以来，习近平反复强调坚定对马克思主义的信念，学习马克思主义理论。他说："马克思主义基本原理是普遍真理，具有永恒的思想价值。"③ 他强调："中国特色社会主义是社会主义而不是其他什么主义，科学社会主义基本原则不能丢，丢了就不是社会主义。"④ 他要求党的各级领导干部特别是高级干部，要把系统掌握马克思主义基本原理作为看家本领。要老老实实、原原本本地学习，研读经典原著，学会运用马克思主义的立场、观点、方法观察和解决问题，坚定理想信念。

　　总之，坚持马克思主义指导思想，坚持从本国具体实际出发，这两个基本点的统一构成了"结合"原则的基本内容。坚持"结合"原则，既要有对马克思主义的坚定信念和深刻理解，又要有对社会实际的深入研究和正确认识，要反对一切离开马克思主义或脱离本国实际的错误倾向。

四　马克思主义的一条基本原理

　　马克思主义作为一个科学思想体系，主要是由它的基本原理构成的；马克思主义的发展，也主要是它的基本原理的发展。笔者认为，"结合"原则是马克思主义在其发展中形成和确立的一条基本原理。中国共产党提出"把马克思主义基本原理同本国具体实际相结合"的原则，本身就是马克思主义在实践中发展的生动体现。确立这条基本原则或基本原理，是中国共产党人对马克思主义理论的一个重要贡献，也是对世界社会主义运动的贡献。

　　毛泽东、邓小平对于中国经验是否适合于其他国家的问题，历来持非常谨慎的态度。他们一面劝外国朋友不要照搬中国经验，一面告诫中国同志不能把中国经验强加于人。但与此同时，他们都明确提出，"结合"原则是对各国都适用的普遍真理。

　　1956年9月中国共产党第八次全国代表大会期间，毛泽东先后会见了多个国家参加中共八大的代表。他对拉丁美洲十一个国家的共产党代表说，中国革

①　《邓小平文选》第3卷，人民出版社1994年版，第382、383页。
②　《十八大以来重要文献选编》（上），中央文献出版社2014年版，第39页。
③　同上书，第696页。
④　同上书，第109页。

命的经验，建立农村根据地，以农村包围城市，最后武装夺取城市的经验，对你们许多国家不一定都适用，但可供你们参考。"我奉劝诸位，切记不要硬搬中国的经验。任何外国的经验，只能作参考，不能当作教条。"他明确提出："一定要把马克思列宁主义的普遍真理和本国的具体情况这两个方面结合起来。"①他后来又对非洲的朋友们说："我的著作，中国的情况，仅仅只能作你们的参考，你们办事情要按照你们国家的实际情况。""马克思和列宁都曾说过，他们的理论仅仅是行动的指南，是指导方向的，不能当作教条。"②1957年，在讨论起草莫斯科社会主义国家共产党和工人党会议的文件时，毛泽东提出，在会议公报中写上"走十月革命的道路，按照各国的民族特点进行工作"③。在1957年11月6日莫斯科庆祝十月社会主义革命的大会上，毛泽东说："各国无产阶级的革命家如果忽视或者不认真研究俄国革命的经验，不认真研究苏联无产阶级专政和社会主义建设的经验，并且按照本国的具体条件，有分析地、创造性地利用这些经验，那末，他就不能通晓作为马克思主义发展新阶段的列宁主义，就不能正确地解决本国的革命和建设问题。那末，他就会或者陷入教条主义的错误，或者陷入修正主义的错误。我们需要同时反对这两种错误倾向。"④毛泽东后来回顾说："马列主义普遍真理与中国具体实践相结合，这个口号就是在延安整风时提出的。这个口号写进了1957年莫斯科宣言，那里面说马列主义普遍真理要与各国的具体实践相结合。"对中国同志，毛泽东则明确指出："对于一切外国人，不要求他们承认中国人的思想，**只要求**他们承认马列主义的普遍真理与该国革命的具体实践相结合。这是一个基本原则。"⑤在毛泽东看来，不论中国或其他国家，都应该遵循马列主义普遍真理与本国具体实践相结合的基本原则；不论照搬苏联的或中国的经验，都是违背这条原则的。

邓小平对"结合"原则的普遍真理性做出了更加明确的论断。他说："马克思列宁主义的普遍真理与本国的具体实际相结合，这句话本身就是普遍真理。它包含两个方面，一方面叫普遍真理，另一方面叫结合本国实际。"⑥他强调："我们历来主张世界各国共产党根据自己的特点去继承和发展马克思主义，离开自己国家的实际谈马克思主义，没有意义。"⑦邓小平以中国的实践经验为依

①《毛泽东文集》第7卷，人民出版社1999年版，第133页。
② 同上书，第383页。
③《毛泽东年谱（1949—1976）》第3卷，中央文献出版社2013年版，第232页。
④ 同上书，第236—237页。
⑤《毛泽东文集》第8卷，人民出版社1999年版，第339、433页。黑体是引者所加。
⑥《邓小平文选》第1卷，人民出版社1994年版，第258—259页。
⑦《邓小平文选》第3卷，人民出版社1994年版，第191页。

据，面向国内外的人们有力地论证了为什么必须坚持"结合"原则。1980 年 11月，邓小平对来访的西班牙共产党代表团说：既然中国是根据自己的实践与马列主义结合取得胜利，那末其他国家为什么就不能这样做？他说：任何国家的事情，只能由那个国家的马列主义者和共产主义者自己去判断。世界各国，拿欧洲来说，欧洲的问题只能由欧洲人民自己来解决。① 同年，他对我国工作人员说："既然中国革命胜利靠的是马列主义普遍原理同本国具体实践相结合，我们就不应该要求其他发展中国家都按照中国的模式去进行革命。当然，也不能要求这些国家都采取俄国的模式。"② 他说，各国党的国内方针、路线是对还是错，应该由本国党和本国人民去判断。最了解那个国家情况的毕竟还是本国的同志。欧洲共产主义是对还是错，也不应该由别人来判断，"只能由那里的党、那里的人民，归根到底由他们的实践做出回答"③。

如果说中国共产党历史上成功和失败的正反两方面经验为"结合"原则的确立提供了充分的实践根据，那么马克思主义的辩证法和认识论则为它提供了科学的理论根据。唯物辩证法告诉我们，世上一切事物的矛盾都有其区别于其他事物的特殊性、共性，同时又在特殊性中包含着普遍性、个性。普遍性存在于特殊性之中，在特殊性中存在着普遍性。用列宁的话来说："一般只能在个别中存在"，"个别一定与一般相联而存在"。④ 毛泽东指出："这一共性个性、绝对相对的道理，是关于事物矛盾的问题的精髓，不懂得它，就等于抛弃了辩证法。"⑤ 客观事物自身矛盾的普遍性和特殊性、共性和个性之间既相互区别又相互联结的关系，决定了人们认识发展的一条规律："由特殊到一般，又由一般到特殊"⑥，循环往复、不断深化的规律。人们总是首先认识了许多不同事物的特殊本质，再通过概括认识诸种事物的共同本质，然后以这种对共同本质的认识为指导，继续研究其他各种相关的具体事物，找出其特殊的本质，并进一步验证、丰富和发展对事物共同本质的认识。这是"实践、认识、再实践、再认识"循环往复的过程。在这一过程中经受住了实践检验而确立并发展起来的真理，就是科学理论；其中从认识到实践、由一般到特殊的过程，对于科学理论来说，就是它回到实践中去，与新的具体的实践相结合的过程。马克思主义基本原理是经受了一百多年来社会实践反复检验的科学真理，它所揭示的物质世

---

① 参见《邓小平年谱（1975—1997）》（上），中央文献出版社 2004 年版，第 692、693 页。
② 《邓小平文选》第 2 卷，人民出版社 1994 年版，第 318 页。
③ 同上书，第 319 页。
④ 《列宁专题文集·论辩证唯物主义和历史唯物主义》，人民出版社 2009 年版，第 150 页。
⑤ 《毛泽东选集》第 1 卷，人民出版社 1999 年版，第 320 页。
⑥ 同上书，第 310 页。

界的普遍规律、人类社会发展的普遍规律、资本主义矛盾运动和它必然被社会主义代替的一般规律，存在于世界各不同国家之中，所以各国共产党人都应该坚持以马克思主义基本原理为指导。离开马克思主义的指导，只能在黑暗中摸索，难免处处碰壁。另一方面，各国情况千差万别，都有自己的特殊国情。"任何一般都是个别的（一部分，或一方面，或本质）"，"任何个别都不能完全地包括在一般之中"。① 马克思主义基本原理不能代替对任何一个国家具体国情的认识。要认清本国的国情，找到一条适合本国的发展道路，只能由各国人民从本国实际出发去探求，不能从马克思主义的概念、原理出发去演绎、推导。把马克思主义当作公式或教条搬用，必然导致认识上的错误和实践中的挫折。因此，既坚持以马克思主义为指导，又坚持从本国具体实际出发，即坚持"结合"原则，这不仅是中国的也是世界各国共同的成功之道。

进入改革开放新时期以来，中国共产党的理论和实践，都是围绕着"什么是马克思主义、怎样对待马克思主义，什么是社会主义、怎样建设社会主义，建设什么样的党、怎样建设党，实现什么样的发展、怎样发展等重大理论和实际问题"② 展开的。由于党的全部理论和实践都建立在马克思主义科学世界观的基础之上，对于"什么是社会主义、怎样建设社会主义"等三大基本问题的探索和回答，都是以马克思主义为指导进行的，因此，"什么是马克思主义、怎样对待马克思主义"的问题，即对马克思主义的认识和态度问题，就成为党的全部理论和全部实践中的首要问题。用毛泽东的话来说，"我们对待马克思列宁主义的态度问题，就是第一个重要的问题"③。中国共产党对待马克思主义的态度，如果以最简明的方式，用一句话来概括，那就是：把马克思主义基本原理同中国具体实际相结合。正因为如此，党在总结十一届三中全会后30年的历史和经验时提出："30年的历史经验归结到一点，就是把马克思主义基本原理同中国具体实际相结合，走自己的路，建设中国特色社会主义。"④ 在笔者看来，把中国共产党成立90多年来的历史经验"归结到一点"，所得出的也应该是这个结论。

如何坚持和发展马克思主义，是一个大题目，包含着极为丰富的内容，可以从不同的角度作多方面的探讨。举例来说，马克思主义的坚持和发展的关系，实事求是和解放思想的关系，理论创新和实践创新的关系，求真和务实的关系，

① 《列宁专题文集·论辩证唯物主义和历史唯物主义》，人民出版社2009年版，第150页。
② 《十七大以来重要文献选编》（上），中央文献出版社2009年版，第809页。
③ 《毛泽东选集》第3卷，人民出版社1999年版，第813页。
④ 《十七大以来重要文献选编》（上），中央文献出版社2009年版，第809页。

马克思主义和本国传统文化的关系，立足本国和借鉴外国的关系，理论决策和学术探讨的关系，从群众中来和到群众中去的关系，马克思主义的科学性和意识形态性的关系，马克思主义的整体性和部分的关系，马克思主义和哲学社会科学各学科的关系，马克思主义和非马克思主义、反马克思主义的关系等等，都是坚持和发展马克思主义应该探讨的问题。对这些问题作分别的或各种综合性的研究，对于坚持和发展马克思主义都是必要的、有益的。但是，无论从哪一方面开展研究，都必须坚持马克思主义基本原理，都必须坚持从本国实际出发；否定马克思主义的基本原理，或脱离本国具体实际，就会偏离正确的方向，危害理论和实践的健康发展。因此，把马克思主义基本原理同本国具体实际相结合，是坚持和发展马克思主义的基本原则，是应该得到普遍遵循的马克思主义的基本原理，也是坚持和发展社会主义事业的成功之道。

建设哲学社会科学的基础学科
推进中国历史学国际话语权

张海鹏

【作者简介】 张海鹏，中国社会科学院近代史研究所研究员，中国社会科学院学部委员，马克思主义理论研究与建设工程首席专家、国家哲学社会科学研究专家咨询委员会委员、国家社科规划办中国历史学科评审小组召集人、中国社会科学院台湾史研究中心主任、国台办海峡两岸关系研究中心学术顾问、中国社会科学院史学理论研究中心顾问、新华通讯社特约观察员、山东大学特聘一级教授、国家清史编纂委员会委员等。曾任中国社会科学院近代史研究所所长、中国社会科学院文史哲学部副主任、国务院学位委员会委员兼历史学科评议组召集人、中国史学会会长、中国孙中山研究会会长、中国义和团研究会理事长；中国地方志指导小组成员、第十届全国人民代表大会代表等。长期致力于中国近代史、马克思主义史学理论等领域的研究工作。

习近平同志在哲学社会科学工作座谈会上指出："面对世界范围内各种思想文化交流交融交锋的新形势，如何加快建设社会主义文化强国、增强文化软实力、提高我国在国际上的话语权，迫切需要哲学社会科学更好发挥作用。"发挥我国哲学社会科学作用，提高话语权，离不开话语体系建设。为此，习近平同志对哲学社会科学界提出要"不断推进学科体系、学术体系、话语体系建设和创新"。在我国发展的重要阶段，提出哲学社会科学话语体系建设具有十分重要的意义。历史学作为哲学社会科学的重要组成部分，应直面不足，努力在中国化马克思主义指引下推进我国历史学话语体系，努力提高学术话语权。

习近平总书记在哲学社会科学工作座谈会上的讲话，高屋建瓴，指出了我国哲学社会科学在马克思主义指导下发展的光辉前景，指出了加快构建中国特色哲学社会科学科学体系的紧迫性、必要性和可能性，指出了克服目前我国哲学社会科学弱点的途径和办法，给予哲学社会科学工作者极大的启示。

繁荣我国哲学社会科学，使我国哲学社会科学的学术研究对国际学术界，对国际社会，表现出强而有力的影响力，将是中国在国际上的和平崛起的重要表征，也是体现中国软实力的主要表征。

一 历史学是哲学社会科学的基础学科

在建设中国特色哲学社会科学科学体系中，把中国的历史学科学体系建设好，是其中极为重要的一环。

习近平总书记2015年8月23日在济南举行的第22届国际历史科学大会开幕式上的贺信指出："历史研究是一切社会科学的基础，承担着'究天人之际，通古今之变'的使命。世界的今天是从世界的昨天发展而来的。今天世界遇到的很多事情可以在历史上找到影子，历史上发生的很多事情也可以作为今天的镜鉴。重视历史、研究历史、借鉴历史，可以给人类带来很多了解昨天、把握今天、开创明天的智慧。所以说，历史是人类最好的老师。"习近平关于历史研究的评价，给与会的中外历史学家很大的鼓舞。繁荣哲学社会科学，首先要繁荣哲学社会科学领域最基础的学问——历史科学。

在哲学社会科学工作座谈会上谈到要加快完善对哲学社会科学具有支撑作用的各学科时，习近平同志把历史学的位置提到哲学之后，而位于其他各学科之前。这种位置的变化，不同于我国社科规划办的学科排列，也不同于国务院学位委员会通过的学科目录的排列，我想这是有深意在焉的。

马克思恩格斯在《德意志意识形态》中说："我们仅仅知道一门唯一的科学，即历史科学。"恩格斯还说，"凡不是自然科学的科学都是历史科学"。所有学科领域中，史是最基础的。凡学必有史，包括自然科学在内。

历史科学是基础科学，无论哪一门学科，都离不开历史，离不开对历史过程和历史规律的深刻理解和把握，至少离不开本学科形成和发展的历史。哲学、文学、经济学、政治学、法学、国际关系学、民族学、人类学、宗教学等，莫不如此。即使是自然科学，也离不开历史，至少离不开自然科学各学科自身形成发展的历史。只有立足于本学科既有历史，学科发展才有根基。只有透彻了解本学科形成发展的历史，才能对学科发展的方向做出准确的判断。科学事业永远是后人站在前人的肩膀上前进的。无论是哲学社会科学或者自然科学，都是在人类社会发展过程中产生的，都有它产生、形成和发展的社会历史背景。无论社会科学家还是自然科学家，只有透彻了解了人类社会发展的历史，了解了人类社会历史的发展规律，才能明了本门学科发展的方向，以及本门学科如何才能推动社会的发展，使得本门学科成为推动社会发展的积极力量。否则就是无本之木、无源之水，对社会没有多少用处。

凡是不能正确理解历史的来龙去脉的，哲学社会科学各个学科的讨论以及对国内国际现实问题的研究与评论，必然缺乏深度，所做出的结论必不能透彻，必不能揭示事物的真相。换句话说，只有历史学研究做到位了，历史认识全面了，天人之际、古今之变清楚了，各学科的研究，国内国外现实问题的研究，才有所凭借，才可以深度展开，才能得出多数人所能接受的结论，才能为社会发展贡献本学科的真知灼见。

历史学是基础科学，基础科学研究是"坐冷板凳"的学问，是打破砂锅璺到底的学问，是要求严谨学风的学问。

哲学社会科学各学科的研究，都必须建立在一定的分析材料基础上。历史学研究尤其如此。历史研究本质是一项实证研究，历史研究必须建立在历史文献、考古资料以及档案的基础上。历史研究讲究全面占有史料，有多少史料说多少话，用史料说话。

在纪念抗战胜利 70 周年的政治局会议上，习近平总书记强调研究抗战历史，要让历史说话，用史实发言，强调抗战研究要深入，就要更多通过档案、资料、史实、当事人证词等各种人证、物证来说话，尽量掌握第一手材料。这是非常专业的意见。不仅抗战史如此，历史学各领域莫不如此。

为了掌握第一手资料，历史研究者要深入国内外图书馆、档案馆、各种民间机构和个人，去搜集各种有用的史料。这种史料包括历史文献、简帛、碑刻、档案、书信、电报、谱牒、方志、会议记录、口述史料、照片录像，等等，研究鸦片战争以来的历史，研究五四运动以来的历史，研究中国共产党历史、研究中华民国以及中国国民党历史，研究中华人民共和国历史，研究台湾史以及海峡两岸关系历史，研究中国特色社会主义形成、发展的历史等，都要注重史料的搜集，也要强调运用档案史料。国家开放档案史料，对历史学者的研究是最有力的支持。国家应该为历史研究者利用史料提供方便。美国、日本、英国、法国等国家在这方面的做法令中国历史学者称道。任何中国人仅凭护照就可以在美英等大国档案馆调阅档案。我们的档案管理工作应该得到改善。

拿到史料并不表示搜集史料工作的完成，必须对史料加以鉴别，考证其真伪，才对历史研究有用处。中国古代史学家特别是乾嘉学派在这方面做足了功夫。我国年轻一代历史学者要掌握这些本领，否则，你的研究难以得出正确的结论。

史学工作者不主张史学就是史料学。司马迁说"究天人之际，通古今之变"。习近平同志引用了这句话。这句话确实把历史研究的真谛讲出来了。照我的理解，究天人之际，是讲自然和人类社会的关系，换言之，是要建立事物彼此之间的联系，要在联系的基础上探究彼此事物之间的关系和规律。通古今之变，是要长时段看历史的变化。只有从长时段观察历史的变化，才能看出历史发展的走向、趋势和规律。这一条，光靠老祖宗的乾嘉考证就不够了。这需要运用马克思主义的解剖刀和方法论。唯物辩证法可以告诉我们如何探究事物之间的联系，历史唯物论可以教会我们如何从历史研究中发现历史发展的规律性。历史学者可以借用各种研究方法，但是绝对需要唯物辩证法的方法，绝对需要历史唯物论的指导，这是很难以质疑的。习近平说："坚持以马克思主义为指导，是当代中国哲学社会科学区别于其他哲学社会科学的根本标志，必须旗帜鲜明加以坚持。"坚持马克思主义为指导不是说教，而是鸦片战争以来我国学术发展的基本趋势和经验总结。

年轻一代历史学者极需要培植马克思主义基本理论的素养。据我所知，一些大学历史学院本科生、硕士生、博士生，可能没有读过马克思主义基本著作，有的连《毛泽东选集》也没有读过。繁荣中国特色哲学社会科学，繁荣中国历史学，学习马克思主义基本理论是做学问的一项基本功。忽视这项基本功，在做学问的道路上难以取得大的成功。

讲真实的历史，从历史本质和历史规律讲历史，对于历史虚无主义是最有力的驳斥。

二　话语体系和话语权是国家软实力的重要组成部分

按照我的理解，哲学社会科学话语体系建设的主要目的，是使我国哲学社会科学形成与我国物质生产能力相匹配的话语影响能力，提升国家话语权。如果按照硬实力和软实力的分法，我们可以把物质生产能力看作是硬实力，把文化、哲学社会科学、意识形态等的影响能力看作是软实力。哲学社会科学的话语体系和话语权正是国家软实力的核心组成部分，也是我国在世界上和平崛起、中华民族实现伟大复兴的重要衡量指标。从这个意义上说，建设并提升与我国物质生产能力相匹配的哲学社会科学话语体系，是我国哲学社会科学发展极为光荣的使命，也是极为紧迫的任务。

　　从历史上看，一个国家哲学社会科学的话语体系、话语权，大体与该国的物质基础相匹配。一个小国、弱国，一般来说很难形成自己的哲学社会科学话语体系并在世界上拥有话语权。从16世纪到19世纪上半叶，当中国还显得很强大的时候，正在崛起的西方资本主义国家对中国的学术表现出很大的兴趣和尊敬。老子、孔子等中国先哲的著作在欧洲被翻译出版，欧洲汉学开始兴盛。17世纪传教士们编译的《中国哲学家孔子》，向欧洲思想界传播了一个完全不同的东方思想体系，深刻影响了18世纪欧洲的思想家。一些欧洲思想家如伏尔泰等在自己的著作中都描述过中国和中国的学术，许多欧洲思想家的思想其实都受到中国学术思想的启迪。但当西方国家完成工业革命、忙于在世界各地抢占殖民地和市场的时候，它们也开始探寻中国实力的底细，并计划对中国施加兵威。鸦片战争后，中国面对西方列强的侵略手足无措。甲午战争的失败是当时的清政府未能想到的，甚至也是西方各国未曾想到的。甲午战争后，西方列强在中国瓜分势力范围，几乎要瓜分中国。八国联军侵华、《辛丑条约》签订，彻底打倒了中国士大夫的自大，崇洋观念开始兴盛。中国知识界认识到自己国家的落后，纷纷到东洋、西洋留学，如饥似渴地学习西学知识。《天演论》《群学肄言》《民约论》《法意》《群己权界论》等西方资产阶级上升时期的理论著作纷纷被译成中文出版。苏格拉底、柏拉图、亚里士多德、培根、孟德斯鸠、康德、黑格尔等西方思想界的名士被中国知识界所接纳。这些理论著作和这些思想家的观点就成为当时中国学术话语体系的核心。严复、梁启超、孙中山、胡适、鲁迅、郭沫若等新型知识分子，都是在吸吮西学知识后成长起来的。毛泽东在他的著作中曾经肯定过近代中国人学习西学的过程。

　　到了辛亥革命前后，有些文化人面对西学的文化强势，反思自己的文化，认为中国的文化、学术落后，就是因为汉字不好，有人就主张废除汉字，制订了汉字拉丁化方案。包括鲁迅在内，甚至劝说年轻人不要看中国书，只看西文书。世界语报纸，直到20世纪90年代初汉字可以输入电脑前还有发行。

　　20世纪20年代开始，包括《共产党宣言》在内的一批马克思主义理论著作译成中文出版。李大钊、陈独秀、李达、郭沫若、吕振羽、范文澜、翦伯赞、侯外庐等中国学者开始运用唯物史观研究中国历史、中国哲学和中国社会。马克思主义理论在中国学术界成为一套新兴话语体系。

从中我们可以看出，近代中国的衰落，中国哲学社会科学的话语体系基本上是以西方话语体系为参照、为圭臬，话语权极为微弱，中国的软实力也跌到了"谷底"。

三　我国话语体系长期以来在国际上处于弱势地位

以毛泽东为代表的中国共产党人把马克思主义革命理论与中国革命实际和文化传统相结合，走上了中国化的马克思主义的路，也走上了中国特色工业化、现代化道路。在这个过程中，要克服只知希腊、罗马的崇洋风气，树立自己的理论自信、文化自信和道路自信，花费了大量时间和心力。

毛泽东作为中国共产党和中华人民共和国的主要缔造者和领导人，曾经提出了"帝国主义和一切反动派都是纸老虎""和平共处五项原则""实践论""矛盾论""人民内部矛盾""东风压倒西风""三个世界"等著名论断；以后邓小平提出社会主义改革开放方针、"贫穷不是社会主义""社会主义有计划，资本主义也有计划""社会主义市场经济"以及实践是检验真理的唯一标准等著名论断，都在政治思想领域曾经广泛影响了国际舆论。实际上，这也是我国哲学社会科学领域的代表性话语体系。

但是，我们应该承认，新中国成立以来的大多数时间里，我国哲学社会科学领域的话语体系，总体来说在国际学术领域还是处于弱势地位。这与我国的国力总体上是相匹配的。我国具有传统优势学术地位的历史学领域尚且如此，其他学术领域大多如是。

在这个时期，我国学术界的眼光是向外的。就历史学而言，先是大量翻译出版苏联的史学著作，包括多卷本的苏联科学院《世界通史》；后来是大量翻译欧美国家（包括日本）的历史学著作在国内出版。剑桥世界史，剑桥中国史等等在中国大量出版。剑桥中国史系列包括剑桥晚清史、剑桥民国史、剑桥中华人民共和国史等，其实都是针对西方读者写的，对中国学者固然不无参考作用，但也不是多么了不起的学术著作。中国学者的历史学著作很少被西方国家翻译出版。中国也有外文出版社等，他们翻译了少量中国学者的历史书，但发行量甚少，难以占领国外市场，在国外图书出版界只是点缀，难以在西方话语体系中露出头角。

中国出版界大量翻译出版外国历史学著作，而西方出版界很少翻译出版中国史学著作。如，范文澜的《中国通史》、郭沫若主编的《中国史稿》、刘大年主编的《中国近代史稿》、白寿彝主编的《中国通史》、逄先知、金冲及主编的《毛泽东传》以及近些年出版的大部头的中国史学著作，都没有外文译本（包括外国出版的译本和中国出版的译本）。这恐怕是目前的基本态势。这在一个侧面反映了中国历史学的话语体系状况。

美国学者在中国近代史领域提出了不少新的概念，比如冲击—反应模式、现代化研究范式、中国近现代历史的连续性、文明的冲突、告别革命、历史的终结等等，风靡世界，也风靡中国。这些，在中国历史学领域，是体现话语体系的典型概念。中国学术界流行的历史虚无主义，在理论根源上往往与上述某些概念有关。中国历史学者有关研究历史采用马克思主义社会形态学说的概念，有关近代中国社会性质是半殖民地半封建社会的概念，有关中国近代史的主题是反帝反封建的概念，有关中国革命史是在中国化的马克思主义理论指导下取得胜利的概念，有关民族资本主义和官僚资本主义的概念，在历史学研究中采用阶级观点和阶级分析的概念，有关中国文明起源的概念，有关汉族形成的概念，有关中华民族在长期的历史过程中民族融合的概念，等等，往往不为西方学者接受，甚至也不大受中国年轻学者所重视。

这种情况既与国家的经济地位有关，也与国家的政治地位有关。中国是共产党领导的社会主义国家，这在西方世界的眼中是可怕的，至少是意识形态上的敌人，西方学者不认为中国是民主国家，坚持认为中国是专制国家，因此认为中国的学术也是不自由的。在西方许多学者眼中，中国作为社会主义国家在意识形态上与西方是对立的，正是由于这一偏见，他们总是难以冷静客观地评价中国的哲学社会科学，总是习惯于排斥中国历史学者提出的概念和理论。

当然，外国历史学家大多不懂汉语，即使懂些汉语的学者也不大方便阅读中文出版的历史著作。中国历史学刊物有外文版的很少，在外国发行的更少。这在客观上妨碍了外国学者了解中国的哲学社会科学包括历史学成果。国家应该大力推动汉语历史学著作由外国出版机构翻译发行的工作。

随着中国经济的迅猛发展，中国国力和世界影响的增大，学术界的状况也在悄悄改变。据我的浅薄了解，过去说蒙古学、敦煌学在外国，现在不能那么说了。中国抗战在世界反法西斯战争的地位和作用，以往西方学者忽略不计，现在开始有较高的评价了。也有欧洲学者采用中国是半殖民地半封建社会的概念了。中国历史学领域的许多专门研究，无疑有独步世界的学术成就，但是为外人了解尚需时日。

从历史和现实的角度观察，学术领域话语体系的建立，与国家的经济实力有关，与国家的政治制度有关。我国经济总量已超过日本，仅次于美国。国外经济学界一般估计，不超过10年，中国经济总量将超过美国。应该看到，无论是日本，欧洲还是美国，它们对中国经济的发展和国际地位的提升，是不适应的，是不习惯的，也是不耐烦的。因为中国的人均经济在世界上排名很后。尽管现在美国、英国都有一些经济学者、政治学者对中国的观察和评论持比较客观的态度，但还不足以影响西方学术界。

根据经济是基础，政治是上层建筑（学术包含在上层建筑中）的基本观点，我判断，说 21 世纪是中国的世纪，从经济上可能来得早一些；从政治上，可能要晚于经济；从学术上，则要更晚一些。未来 10—20 年或者更长时间，如果中国国内的经济与政治持续按照现在的规模和格局发展的话，中国经济与政治形势在国际上获得比较广泛地承认，可能有一个拉锯时期，有一个适应时期。西方观察家（包括历史学者）从现实利害关系出发，在一定的历史发展阶段下，他们是会承认或者认可中国的经济与政治发展格局的。承认中国发展是中国特色社会主义，而不是中国特色资本主义，需要一个转弯的时间；承认中国共产党领导的协商民主政治是中国特色的民主政治，而不是专制，也需要有一个转弯的时间；承认中国社会主义宪法体现的是社会主义性质的民主宪政，承认中国化的马克思主义是发展中的马克思主义，都需要一些时间。美国的政治历史学者福山已经开始在转弯了。这个"历史的终结论"的发明者，在 2008 年后重新做了思考，2011 年出版了《政治秩序诸起源》，"把中国当作国家形成的范本"，研究中国发展模式，研究"其他文明为何不能复制中国道路"。这个学术观点的转变很有典型意义。这个观点是我们愿意看到的，但我看，从意识形态的角度，他的立场并未根本转变。

因此，提升我国哲学社会科学包括历史科学的学术体系建设水平，是我国学术界当前的紧迫任务。

四　提升话语权，历史学者不能辜负了这个时代

中国的发展会使西方学者对中国的看法有新的转变，西方学者学术观念的转变是值得欢迎的，但这并不等于在学术上支持了中国学者的话语体系。要把我国建设成为哲学社会科学强国，需要中国学者自己去建设自己的话语体系、提升自己的话语权。现在开始抓这个问题，是时候了。就历史学来说，中国历史学的许多研究无疑有独步世界的学术成就，但是还没有被国际学界所了解、所接受。如何建设话语体系、提升话语权，中国历史学者还需要下一番苦功夫。

从 20 世纪 20 年代开始，李大钊、陈独秀、李达、郭沫若、吕振羽、范文澜、翦伯赞、侯外庐等一批中国学者就开始坚持以马克思主义为指导，运用唯物史观研究中国历史。中国历史学者要自觉地用中国化的马克思主义正确方向指引，来研究中国历史，研究中国近现代史，也要研究世界历史。毛泽东早就

说过：从孔夫子到孙中山都要总结。这就是说，从有文字以来的中国历史都要研究，都要总结。今天，建设中国历史学话语体系、提升话语权，最根本的要求就是自觉坚持以中国化马克思主义为指导来研究中国历史和世界历史。在中国化马克思主义指导下建设并提升中国历史学话语体系，关键是总结、概括出体现这一话语体系的科学概念和学科范式。就中国近现代史而言，要坚持以前提出的半殖民地半封建社会性质、反帝反封建斗争、旧民主主义革命和新民主主义革命、旧三民主义和新三民主义等科学概念，要在更多史料的支持下进一步论证和丰富这些概念；要对诸如中国特色社会主义、协商民主、民族区域自治等政治术语作出翔实的学术论证，使之成为学术话语。要对我国学者有较多话语权的社会历史发展规律学说，做出更加翔实的学术研究和论证，形成具有中国学术特色的学术体系。只有在这些方面进行努力，我国历史学才能把话语体系提高到一个新的水平，而不是跟在西方学者后面亦步亦趋。

建设中国历史学话语体系、提升话语权，基础是开展扎实深入的史学研究。否则，话语体系就是无根的浮萍，话语权也就是空谈。这就要求我们坚持在中国化马克思主义指导下深入开展史学研究。我们要研究中华文明起源的历史根据，中华文明何以不同于世界其他文明，中华文明在历史上是如何吸收其他文明的精华，中华文明的优点和弱点在哪里；要研究自甲骨文以来中国历史发展的特点，中国封建社会经历漫长历史时期的原因，中国几千年的经济结构、政治结构和社会结构是如何形成的；要研究中国传统社会意识形态体系或者说儒学体系的精华和糟粕是什么，儒学体系在面对西方资本主义思想体系时为什么会打了败仗，今天正在走向复兴的中华民族应该如何看待中华传统文化包括儒学体系；要研究中国革命的特点和成功的原因究竟是什么，马克思主义在中国化过程中是如何与中国革命实际相结合、与中华传统文化相结合的，中国特色社会主义在中国发展的历史必然性；要研究五千年不曾中断的中华文明对世界作出了哪些贡献，中华文明的连续性发展对当今世界发展有什么启示意义，如何看待世界历史的发展以及世界历史发展中心的转移，等等。这些课题都是需要历史学者深入研究的，把这些问题研究透了，才能把握历史发展规律。历史学者要有甘坐冷板凳的精神，研究要有十分扎实的史料根据、十分严谨的论证逻辑，要有令人信服的阐释力。只有这样的研究，才能在学术上有说服力，才有助于中国历史学话语体系水平和话语权的提高。当然，中国历史学也要注意扶持某些冷门学科，如古文字研究，甲骨、金石铭文研究，历史地理学研究，音韵与方言研究等。这些冷门学科，对于中国历史学的传承、中国历史文脉的传承和累积以及中国历史学话语体系的建设是极有意义的。

这样的研究，不应只限于历史学，其他学科，如哲学、文学、政治学、经济学、法学、社会学、民族学等在其中也是大有作为的。

发展中国特色历史科学，要下大力培养和储备人才。这样的人才不仅有丰实的中国历史学基础知识，了解欧美世界历史学的进展，尤其要懂得马克思主义理论，懂得把马克思主义基本理论与中国的文化传统结合起来，又精通几门主要外国语的人才。现在这样的人才还太少。在国家发展的大环境下，是一定可以涌现出未来中国的优秀学术人才的。需要培养大批专门人才，也需要培养一批跨学科的具有战略性思维能力的人才。新一代的学术人才需要有强烈的创造力。形成中国历史学的气派，固然需要大批扎实的专门研究成果做支撑，尤其需要具有战略性思维能力的学者提出某个学科领域的新概念、新范畴、新概括、新表述，形成具有方法论意义的中国学派的研究模式，使之对国际历史学界产生较大的影响力。

建设中国历史学话语体系，既需要学者个人开展深入的研究，产生一系列运用史料得当、见解独到的精深专著；又需要运用集体力量组织学者攻关，产生多种体系宏大、结构严密的大部头著作；还需要具有战略思考能力的学者在专门研究的基础上对研究成果进行新的概括，提出具有主体性、原创性的概念和理论，使我们的研究在方法论意义上对国际史学界产生重要影响。

中国历史学话语体系水平和话语权的提升，当然也会有许多具体的体现。比如，西方国家学术界主动翻译引进中国学者历史研究成果，作为其研究、认识中国历史和现状的基本参考，也作为其研究、认识世界历史和现状的重要参考；西方大量历史学者来中国访学，大量留学生为学习历史到中国深造。当然，在这一过程中，中国学术界也要主动翻译出版我国历史学界的代表性著作，将我们的研究成果推荐到西方国家；我国学术机构、学术团体应召开重要的国际学术会议，去评价和推介中国历史学界的重要研究成果。这些都是在建设中国历史学话语体系、提升话语权过程中需要做好的具体工作。

2000 年我访问位于伦敦的《中国季刊》编辑部，讨论如何让中国学者的近代史论文在该刊发表。该刊编辑部负责人告诉我，只要你们提交 5 万英镑，可以利用该刊一期篇幅。随着中国经济的迅猛发展，中国国力和世界影响的增大，这种状况也在悄悄改变。2007 年，英国伦敦著名的 Routledge 出版公司主动找到中国社会科学院近代史研究所，请近代史研究所主编一本中国近代史的学术刊物，由 Routledge 出版公司出版发行。这份名为 *Journal of Modern Chinese History* 的学术刊物已经在欧洲发行好几年了。这在一定意义上开始体现出中国近代史研究上中国学者的话语体系在欧洲产生的影响。现在这本英文刊物一年只出两期，应该加大影响力，最好改为季刊，使之与英语世界的《中国季刊》齐名。类似的英文期刊，在中国社会科学院有关研究所（院），也在编辑发行。这是一个好的趋势。我希望看到，未来某个时候，欧美的学术机构、大学、公共图书馆非汉语为母语的学者，主动订阅中国学术期刊。

中国哲学社会科学界，包括历史学界已经经历了新中国成立以来近70年的学术积累，已经具有对国外学术界的充分了解和把握，中国学者应该与国家的逐步强大所形成的物质基础相匹配，相应地具备对中国化马克思主义的理论自信，对中国文化传统的自信，对中国学术界的理论和文化创造力的自信，独立思考，为创建哲学社会科学的中国学派而奋斗。未来20年或者更长一点时间，一定会是中国哲学社会科学大放光彩的时期，一定是中国哲学社会科学群星灿烂的时期，我对此有着无限的憧憬和强烈的期待。

建设中国历史学话语体系、提升话语权，不会一蹴可就，需要我们付出艰辛努力。习近平同志指出："当代中国正经历着我国历史上最为广泛而深刻的社会变革，也正在进行着人类历史上最为宏大而独特的实践创新。这种前无古人的伟大实践，必将给理论创造、学术繁荣提供强大动力和广阔空间。这是一个需要理论而且一定能够产生理论的时代，这是一个需要思想而且一定能够产生思想的时代。我们不能辜负了这个时代。"新时期的中国历史学者，要承担起自己的历史责任，绝不能辜负了这个时代。中国历史学者要坚定对中国化马克思主义的理论自信，对中国历史传统和文化传统的自信，对中国学术界理论和文化创造力的自信，为构建中国特色哲学社会科学贡献自己的力量。

哲学篇

马克思主义基本原理、文本及其解读

陈先达

【作者简介】陈先达，中国人民大学哲学院教授、博士生导师，全国哲学社会科学规划哲学组组长，北京市社科联常委，中国历史唯物主义学会名誉会长，教育部社会科学委员会委员，全国高校"两课"教学指导委员会委员。曾任中国人民大学哲学系主任，第三届国务院学科评议组成员，北京市哲学学会会长。著作和论文曾获教育部全国普通高校人文社会科学研究成果一等奖，两次获中宣部"五个一工程"奖，两次获吴玉章奖金一等奖。著有《走向历史的深处》《马克思与马克思主义》《处在夹缝中的哲学：走向 21 世纪的马克思主义哲学》等多部著作。

　　学习马克思主义有两种基本方式，一种是精读经典著作，一种是学习马克思主义基本原理。这两种方式，各有其用，相互促进，不能偏废。

　　马克思主义经典著作和马克思主义基本原理，哪个更重要？这是个伪命题。我们既重视经典著作，也重视马克思主义基本原理。没有经典著作对规律的揭示，哪来马克思主义基本原理？不掌握基本原理，如何深刻理解经典著作并杜绝对经典的错误解读？习近平总书记近年来两次在中共中央政治局主持集体学习辩证唯物主义和历史唯物主义基本原理，并强调学习和运用马克思主义基本原理的重要性。这对我们如何正确对待马克思主义基本原理有指导意义。

　　马克思和恩格斯的原著，思想深邃，逻辑严密，文字优美，是传世之作。马克思和恩格斯的文本之所以被奉为经典并不包含任何个人崇拜，而是因为在他们的著作中创造了一种为无产阶级和人类解放指明方向的新的理论，即马克思主义。它的集中表现，就是在他们著作中阐述的基本原理。

马克思和恩格斯自己并没有留下专门论述马克思主义基本原理的著作，更没留下章节清晰分明的原理式的教科书。马克思主义哲学同样如此。马克思曾打算写一本小册子集中阐述唯物主义辩证法，终未如愿；恩格斯写过一本《共产主义原理》，对有关什么是共产主义的 26 个问题做了回答，这是对共产主义基本原理的一种阐述，这说明马克思和恩格斯对基本原理的阐述是重视的。但他们毕生忙于专门研究、论战和从事实际工人运动，没有可能把自己全部思想理论凝缩为专门论述基本原理的著作。《反杜林论》章节分明，原理清晰，包含对马克思和恩格斯自己观点的连贯性论述。但它仍属论战性著作，并非专门阐述马克思主义基本原理的著作。我们不能因此断言，只有马克思和恩格斯著作，并没有马克思主义基本原理，基本原理是后人建构甚至伪造的。其实，马克思主义基本原理，就存在于马克思和恩格斯的著作之中，是他们在自己著作中反复出现并一再论述的具有规律性的基本观点。无论是与对手论战，还是对重大历史事件的评述，或对某个专门问题的研究，都有一以贯之的思想。这个一以贯之的"一"，就是我们必须把握的马克思主义基本原理。列宁把马克思主义定义为"马克思的观点和学说体系"，就是指明马克思和恩格斯所缔造的马克思主义就存在于他们的著作之中，是他们著作中的基本观点和学说体系。如果马克思和恩格斯的著作中不包含马克思主义基本原理，何以能成为马克思主义的经典呢？所谓经典，就是其中包含马克思主义基本原理。

马克思和恩格斯著书立说并不是为写书而写书，而是为了创立新的学说，阐述新的原理。马克思说过，"我们是从世界本身的原理中为世界阐发新的原理"。马克思主义之所以是科学学说，正在于他们在自己的著作中创立了新原理，新的经济学原理、新的哲学原理，新的科学社会主义原理。没有新的原理的支撑，就不可能构成一种新的主义、新的学说。

马克思主义基本原理当然具有抽象性，但它不是思辨性的原理，而是一种以事实为依据，以规律为内容，以实践为标准的理论，既具实证性又具有高度的理论性。马克思主义经济原理就是从资本主义社会常见的商品入手，从商品两重性到劳动两重性，层层剖析，揭示出资本主义经济社会形态的产生、发展和必然为新的社会形态取代的规律；科学社会主义的基本原理是立足于资本主义现实的阶级矛盾和无产阶级在生产关系中的地位，从资本主义现实矛盾出发揭示出无产阶级历史使命和解放条件的规律；而哲学原理则是对自然科学、社会科学成就的概括和总结。真正使一切资本主义捍卫者和辩护者感到头痛，感到不安的并不是马克思和恩格斯的某部著作，而是包含其中的马克思主义基本原理。原著的可怕性在于其中的原理，而非文本。

　　恩格斯的《卡尔·马克思〈政治经济学批判·第一分册〉》这篇关于马克思经济思想的评论，对基本原理的重要性的论述应该引起所有理论工作者的高度注意。恩格斯说，"'不是人们的意识决定人们的存在，相反，是人们的社会存在决定人们的意识'，这个原理非常简单，它对于没有被唯心主义的欺骗束缚住的人来说是不言自明的。但是，这个事实不仅对于理论，而且对于实践都是最革命的结论。"还说，"人们的意识决定于人们的存在而不是相反，这个原理看来很简单，但是仔细考察一下也会立即发现，这个原理的最初结论就会给予一切唯心主义，甚至最隐蔽的唯心主义当头一棒。关于一切历史的东西的全部传统和习惯的观点都被这个原理否定了。政治论证的全部传统方式崩溃了；爱国主义勇气精神愤慨地起来反对这个无理的观点"。

　　有些人以不屑一顾的态度对待马克思主义基本原理，认为无非世界是物质的、物质是运动的、运动是有规律的，无非物质第一性、意识第二性，诸如此类，这算什么哲学！我想问这些人：对于人类正确认识世界和改造世界来说，哪种哲学比这种哲学更具科学性和实践性？当然没有。习近平总书记在中共中央政治局学习辩证唯物主义和历史唯物主义时强调的就是这些基本原理，提倡要掌握这些基本原理、学会运用这些基本原理。抛弃世界物质性原理，在当代就不能理解生态环境恶化的物质原因。如果世界不是物质的，而是依赖人的主观意识的存在，就不会存在自然对人的报复。如果蔑视世界是运动的原理，辩证思维就失去它的客观依据；如果运动没有规律，任何科学，无论是自然科学、社会科学都失去了它存在的可能性。如果不懂物质第一性、意识第二性，就不能理解为什么必须实事求是；不理解社会基本矛盾原理就不理解社会主义社会为什么还需要改革，如何进行改革；不懂人民群众的原理，就不懂得为什么要强调群众路线。有些人往往容易沉迷于那种论证烦琐、晦涩不明的哲学，以为这才叫哲学。其实，马克思主义哲学的每条基本原理，看似简单，实际内容无限丰富，都具有无可辩驳的理论力量和实践力量，只是我们不少理论工作者对这一点并未达到自觉理解的水平。他们不是在原理的应用中理解原理，而是把原理当成教条。大道至简，真理是平凡的，可真理的力量是无穷的。

　　在当代世界，马克思主义最受攻击的正是它的基本原理。在哲学中，他们集中攻击的是辩证唯物主义和历史唯物主义基本理论，把马克思主义哲学歪曲为机械决定论、宿命论、庸俗的生产力决定论，等等；在经济学中，他们集中攻击的仍然是劳动价值论和剩余价值理论；而在科学社会主义方面则反对马克思主义关于阶级斗争和无产阶级专政的理论，反对关于人类解放的理论，把马克思主义科学社会主义理论说成是乌托邦，倡导各种旗帜的社会主义学说。他们反对某本著作，不是反对著作本身，而是反对其中的基本原理。西方资本主义代言人最痛恨的是《共产党宣言》，并非因为《共产党宣言》这本书的名称，而是贯彻其中的核心的基本理论即历史唯物主义，是其中关于阶级社会历史都是阶级斗争史、资产者和无产者、关于资本主义必然灭亡，社会主义必然胜利等等基本原理。

西方有些所谓"马克思学"学家，热烈拥抱马克思的早期著作，尤其是马克思的《1844 年经济学哲学手稿》，并非因为他们重视经典著作，而是他们认为其中包含可以用来反对传统马克思主义，尤其是被他们认定为保守的、退化的老年马克思主义基本原理的东西。斗争的实质仍然是围绕基本原理，而不是著作本身。三十多年前，我与我的学生写过一本名为《被肢解的马克思》的书，就是批判性地考察一些反对马克思主义的学派如何通过对这本原著中个别论断发展出各种各样的马克思主义，如人本主义的马克思主义、异化的马克思主义、伦理学的马克思主义、宗教马克思主义，等等。形形色色的各种马克思主义，最后落脚点仍然是对马克思主义基本原理的颠覆。至于曾经红极一时，至今仍然流行的马克思恩格斯对立论，恩格斯是马克思和马克思主义的伪造者等等，无不是自称以对马克思和恩格斯的原著解读为依据的。他们制造恩格斯是马克思主义的伪造者，是意图从文本中寻找根据，从而彻底推翻现有的马克思主义基本原理。

没有任何真正严肃的学者能从文本的解读中发现存在两种基本原理：一种是属于马克思的马克思主义基本原理，一种是恩格斯伪造的所谓马克思主义基本原理。事实上只存在一种马克思主义的基本原理，这就是在马克思和恩格斯著作中反复出现、论述和运用并得到他们共同认同的基本原理。

任何人都不可能从马克思和恩格斯自己的独著，或者通信，或谈话中发现马克思反对恩格斯，或恩格斯反对马克思。在彼此通信中对某一问题看法会有讨论，甚至有不同的看法，研究领域也有各自关注的问题，也就是理论分工，但不存在基本原理的对立，不存在两种马克思主义。恩格斯曾明确说，"当我 1844 年夏天在巴黎拜访马克思时，我们在一切理论领域中都显出意见完全一致，从此开始了我们共同的工作。我们 1845 年春天在布鲁塞尔再次会见时，马克思已经从上述基本原理出发大致完成了发挥他的唯物主义历史观的工作，于是我们各自着手在各个极为不同的方面详细制定这些新观点"。所有制造马克思和恩格斯对立、制造马克思主义新发现、制造传统马克思主义是被恩格斯篡改了的马克思主义的人，都声称他们是以文本为依据，可他们置恩格斯的上述明确中明于不顾，好像恩格斯的言论不属于马克思主义的文本。这种文本解读者，在我看来不是诚实的科学家，而是弗洛伊德式潜意识的马克思和恩格斯的文本解读者，仿佛他们比马克思和恩格斯本人更了解他们自己，更深入他们的潜意识。这种有选择性的、怀有偏见的断章取义的解读，引申出的完全与马克思主义基本原理相对立的结论，有多少科学价值可言呢！

在意识形态领域，马克思主义与反马克思主义凡是围绕原著的斗争，最终都会归结为其中阐述的马克思主义基本原理的正确与否的争论；凡是反对马克思主义，试图推翻所谓传统马克思主义的人，无不是以马克思和恩格斯著作中片言只语的引证为据，另立新说。我可以斗胆地说，决定马克思主义在当代命运的并不是某一本马克思主义的经典原著，或者马克思和恩格斯的某一句话，而是马克思主义的基本原理，是马克思主义的科学理论体系。所有反对马克思主义的人，都不是只反对某本著作，而是反对马克思主义基本原理。围绕马克思主义基本原理的斗争才是马克思主义理论领域斗争的实质，而某本书、某句引语都只是斗争的引线，是重新立论的所谓文本根据，而不是目的。因此，要坚持马克思主义在意识形态中的指导地位，我们首先应该坚持和维护的是马克思主义基本原理。

任何具有马克思主义发展史知识的人都了解，在历史和现实中，文本为什么会成为西方某些人反对马克思主义基本原理的斗争领域呢？因为马克思主义基本原理是规律性的表述，没有多少可以任意解释的空间，对马克思主义基本原理的回答，只能是对或错，坚持或反对。论者的立场鲜明，界限清楚，无可隐藏，而对马克思和恩格斯的著作则存在最大的可解释空间。尤其在唯心主义解释学的鼓吹下，这种"六经注我"的方式，往往成为对马克思主义作任意解释的合法性依据。西方学者早就发现了这个秘密，发现了多种马克思主义出现的一个重要原因就存在于对文本的不同解读，而不在对原理的不同解读。赖特·米尔斯几十年前关于这个问题曾说过，"马克思没有得到人们的统一认识。我们根据他在不同的发展阶段写出的书籍、小册子、论文和书信对他做出什么样的说明，要取决于我们自己的利益观点。因此，这些说明中任何一种都不能代表'真正的马克思'。""人们对马克思的确没有统一的认识，每一个研究者必须通过自己的努力去认识马克思。"

马克思和恩格斯的著作汗牛充栋，如果按照自己的主观解读寻章摘句、断章取义，要制造一个新马克思主义，并不困难。可要推翻马克思主义基本原理，谈何容易。解读，可以借口自己对文本的不同理解，而要驳倒马克思主义基本原理，必须拿出大量事实。自 19 世纪中叶马克思主义产生以来，马克思主义可以说一百次、一千次号称被驳倒、被推翻，可至今马克思主义仍然岿然不动屹立于世界。社会主义在实践中可以遭遇挫折，可马克思主义仍然是指引世界方向的明灯，原因就在于没有人能举出可靠的事实推翻马克思主义基本原理。相反，世界资本主义社会现状和经济危机，包括苏联解体，无数事实都从正面或反面证实马克思主义基本原理的正确性。

恩格斯强调学习马克思原著的重要性，他劝人要读马克思的原著，掌握第一手材料，不要假手第二手材料。但是恩格斯又提出了另一个要求，这就是在读马克思的著作（当然也包括恩格斯自己的著作）时，要按照作者的原意来阅读而不能把原著没有的东西塞进去。这就牵涉到一个重大问题，即原著和原理的关系问题。我们既是从原著中掌握原理，又要以原理为指导来阅读原著。掌握基本原理是我们学习马克思主义经典著作的目的，也是我们衡量并判断对原著某句话、某段话，包括上下文的解读是否符合原意的一种标尺。在这个意义上，我们完全可以说，掌握马克思主义基本原理是我们科学理解马克思和恩格斯著作的钥匙。例如，如果只是抓住《德意志意识形态》中论述的历史唯物主义考察的"前提是人"这句话，而不顾及马克思主义关于历史唯物主义的基本原理，不顾及马克思主义关于人的全部基本原理，就有可能把历史唯物主义解读为抽象人本主义者；如果只抓住《共产党宣言》中"每个人的自由发展是一切人的自由发展的条件"这句话，而不顾及马克思主义关于个人自由与人类自由关系的原理，就有可能把马克思主义解读成个人自由优先于社会解放的自由主义者。可见，如果没有对马克思主义基本原理的深刻把握，我们往往会为种种似乎言之有文、引证有据的解读所迷惑。

我们不需要深入研究和学习马克思主义经典原著吗？当然需要。经典著作与原理相比，有它不可取代的优越性。在经典著作中，任何基本原理都不是单纯的逻辑性存在，而是与对事实的分析结合在一起的。它具有历史感、具有无可辩驳的说服力和事实依据，它是大量事实分析后的点睛之笔。即使是最著名的《1859年政治经济学批判·序言》中对于历史唯物主义基本原理的经典概括，马克思也说明了它的来龙去脉，说明如何从经济学研究中能得出这个结论的根据和缘由。而由经典著作中提炼和剥离出的基本原理，成为以概念和范畴表现的规律的逻辑抽象，往往抛开了原理的历史背景和事实论证。因此，学习经典著作不仅可以学到基本原理，而且能学到这些基本原理是如何产生，马克思和恩格斯是如何论证和运用的。如果我们可以把马克思主义基本原理比喻为宝石的话，原著则包括对矿藏的开采和提炼过程。原理的发现和形成过程，其中就包括马克思和恩格斯观察问题的立场和方法。

　　我们不应该这样问：一百多年以前写的著作难道不会过时吗？难道包括有对当代问题的答案吗？我们只能这样问：马克思和恩格斯的经典著作阐述的基本原理是否正确？是否已被现实证伪、被推翻？是否可以继续为当代人解决当代问题提供基本的理论和方法论指导？马克思主义经典著作的当代价值，取决于其中阐述的基本原理的当代价值。文本具有历史性，其中某个具体论断具有历史性，而马克思主义基本原理则具有普遍性和超越性。

　　毫无疑问，立足当代实践，结合时代提出的问题，我们能够通过重读马克思和恩格斯的经典著作，发现一些我们过去没有注意的论述，发现我们曾经发生过的某种误读。这是对原著中包含的思想的发掘和理解的深化。但必须注意，任何新的重读都不能成为推翻或颠覆马克思主义基本原理的依据，而只能是对马克思主义基本原理内容的丰富和补充。

　　马克思主义中国化，马克思主义在中国的胜利，是马克思主义基本原理与中国实际的结合，而不仅仅是与某一本著作的结合，与某一句话的结合。在中国继续发展马克思主义，推进马克思主义中国化，应该继续坚持马克思主义基本原理和中国实际相结合的正确方向。文本解读的局限性在于它是文本，解读的对象是文本，文本是不能改变的历史性文件；而马克思主义基本原理与中国实际相结合是不断发展着的实际，它的立足点是实践，而实践具有普遍性和现实性品格。只有实践才是推动马克思主义发展的真正动力，而解读只是能理解或重新理解。这是马克思主义基本原理与实际相结合的马克思主义中国化道路优于任何单纯文本解读的地方，也是中国马克思主义研究完全有可能和有能力超越西方"马克思学"的地方。

　　我们应该坚持马克思主义基本原理，但不能把马克思主义基本原理教条化。坚持和发展应该是统一的。不坚持，当然谈不上发展，如果不发展，所谓坚持往往是教条主义。教条主义是对马克思主义基本原理的背叛，因为马克思主义的精髓、马克思主义活的灵魂，是对具体问题的具体分析。马克思主义基本原理提供的是分析和解决问题的基本观点和方法，而不是答案。列宁对如何对待马克思主义基本原理提出过严格要求。他说："马克思主义的全部精神，它的整个体系，要求人们对每一个原理都要历史地，都要同其他原理联系起来，都要同具体的历史经验联系起来考察。"原理的无穷威力取决于具体应用，取决于是否能把原理真正化为思维方法和工作方法。当原理成为方法，它就能有效地避免教条主义和思想僵化，真正发挥马克思主义基本原理的作用。

　　马克思主义经典著作、马克思主义基本原理、马克思主义教科书三者之间存在联系和区别。经典著作是马克思主义基本原理的文本依据；离开马克思主义经典著作，当然不存在马克思主义基本原理的逻辑表述。不同的是，原著往往是论战性的，包括多方面内容。它的重要的基本原理有时为其他次要的论述所遮蔽，甚至被掩盖在个别词句中；而基本原理则具有确定性，它虽然取自原著，但它的基础是客观规律，而它的表述方式仿佛是公理和公式。教科书是教材，它按章分节表述马克思主义的基本原理。教材可能会由于编者的水平和理解不准确出现错误，或出现重要观点的遗漏。因此，教科书的编写从来不是一劳永逸的，它应该密切结合时代的变化而增加新的内容，使教科书具有时代气息和民族特色。

马克思主义哲学可以划分为经典著作和基本原理，这是它与中国哲学、西方哲学的一个重要区别。这是它的特点，也是它的优点。当然把握不当，也可能变为它的缺点。西方哲学，从前苏格拉底哲学到当代各种哲学，有不同的思想家、不同的哲学体系，它们各自有自己的哲学思想和特殊贡献，但没有为西方各种哲学体系普遍赞同的基本原理。它们可以涉及同一个哲学问题，但各自立说。西方哲学学派林立，哲学体系的主导地位处于不断更新和变化之中。中国传统哲学，大体相似。诸子百家，孔老庄荀各有不同，而且在发展中也会出现新的哲学家、新的哲学思想。黑格尔说的"哲学就是哲学史"，大体上概括了历史上哲学发展的特点。对人类哲学发展来说，这是好事，因为它提供多种哲学智慧，使哲学思想的花园丰富多彩。但它的缺点是使哲学难见庐山真面目，留下一个"什么是哲学"的千古难题。

马克思主义由于它的阶级性、实践性和科学性，决定它必须有经得起实践检验的基本原理，提供科学的世界观和方法论，才能发挥认识世界和改造世界的作用。只要是马克思主义，从马克思主义基本原理角度看，从基本立场、世界观和方法论角度看，都应该具有同一性。摒弃马克思主义基本原理，背离马克思主义的基本立场、观点和方法，不能称之为马克思主义。

马克思主义基本原理是开放的哲学体系，马克思主义基本原理不能固化、不能僵化，必须在实践中发展和推进。马克思主义有自己的发展史，出现过不少著名思想家。他们不是各立异说、离经叛道，而是马克思主义的继承者和发展者，是在坚持马克思主义基本原理的基础上前进的。我们应该牢记列宁的名言："沿着马克思的理论道路前进，我们将愈来愈接近客观真理（但决不会穷尽它）；而沿着任何其他的道路前进，除了混乱和谬误之外，我们什么也得不到。"

对马克思主义中国化研究中
两个问题的理解

陶德麟

【作者简介】陶德麟，武汉大学人文社会科学资深教授，该校马克思主义哲学博士点和国家重点学科创建人。曾先后任该校哲学系主任、研究生院院长、校长。此外，兼任国务院学位委员会哲学学科评议组召集人，全国博士后哲学评议组召集人，全国普通高校哲学教学指导委员会主任委员，国家社会科学基金哲学评议组副组长，中央实施马克思主义理论研究与创新工程编写组主要成员和首席专家，中国社会科学院马克思主义研究院顾问，教育部社会科学委员会委员和哲学学部召集人，教育部邓小平理论研究中心副主任，《中国大百科全书·哲学卷》总论及辩证唯物主义部分副主编，湖北省社会科学界联合会主席，美国依阿华大学亚太研究中心国际顾问等学术职务。1956 年在《哲学研究》发表论文批评苏联《简明哲学辞典》对"同一性"的错误解释，产生重要影响。此后十年在《红旗》《人民日报》《新建设》等报刊发表论文 30 余篇。1961 年李达受毛泽东面托主编《唯物辩证法大纲》，陶德麟为主要执笔人（1978 年由陶修订出版）。1978 年发表系列论文投入真理标准大讨论，其中《逻辑证明与真理标准》获国家教委首届人文社科优秀成果一等奖。1984 年被人事部首批评为国家级有突出贡献的中青年专家。重点研究马克思主义中国化时代化和大众化问题，力主马克思主义"说中国话"。出版《中国当代哲学问题探索》《哲学的现实与现实的哲学》《〈实践论〉浅释》等十余本著作，在《求是》《中国社会科学》《红旗文稿》《哲学研究》《马克思主义研究》等刊发表《对马克思主义中国化研究中两个问题的理解》《关于马克思主义大众化问题》等论文多篇。其论著获中宣部"五个一工程"奖、教育部人文社会科学优秀成果一等奖、中国图书奖、湖北省人文社会科学优秀成果一等奖、日本创价大学最高荣誉奖等十余种奖项。被同行专家评价为"我国马克思主义研究领域最前沿的、最有影响的前辈学人之一"。2012 年入选《二十世纪中国知名科学家学术成就概览·哲学卷》。《光明日报》2013 年 11 月 21 日发表专文《陶德麟：笔有雷鸣道不孤》介绍了他的事迹。

近年来学术界对马克思主义中国化的研究出现了空前繁荣的局面，成果累累。有些见解上的差异也很自然，这对于通过切磋交流加深认识大有助益。我认为有些问题涉及马克思主义中国化的理论基础，是一些前提性的问题。本文试图对其中两个问题提出个人的一些商榷意见，请大家指正。这两个问题是：马克思主义中国化的可能性问题；检验马克思主义中国化成败得失的标准问题。

一　马克思主义中国化的可能性问题

马克思主义中国化是一个进行了八十多年还在继续进行的过程，是一个客观事实，现在提出马克思主义中国化的可能性问题是不是多余的呢？我认为并不多余，因为实际上有些论者并不承认马克思主义中国化的可能性，把这个问题明晰地提出来讨论还是必要的。

否定马克思主义中国化的可能性的论点可以大体归结为三种：一是认为中国人学到的"马克思主义"其实并不是"真正的"马克思主义；二是认为中国人即使面对着马克思主义的文本也不可能读懂；三是认为即使中国人读懂了马克思主义的文本也不可能使马克思主义中国化。这三个论点是层层递进的。现在逐一辨析如下：

1. 中国人学到的马克思主义是不是真正的马克思主义？

对这个问题作否定回答的论者首先作了一个预设：只有马克思本人亲笔写的论著才是真正的马克思主义，其他统统不算。他们对文本做了精细的研究，其意图和着力点都在于找出马克思与恩格斯的"根本分歧"，证明恩格斯的理论与马克思的理论从来就不一致。例如，在哲学上马克思是"实践本体论"，恩格斯是"物质本体论"；马克思是"人本主义"，恩格斯是"物本主义"。不宁唯是，就连马克思本人的论著也有时段之分，只有早期和晚期的论著才是真正的马克思主义。至于其他的后继者，例如列宁和斯大林，更与马克思主义无缘。在作了这个预设之后，他们就来考证中国人的马克思主义是从何处学来的。他们发现，中国人的马克思主义是"十月革命一声炮响"从苏俄"送"来的，早期的中国共产党人读的书籍无非是从苏俄介绍来的论著，充其量也只读过恩格斯、列宁和斯大林的几本书，加上苏俄理论家编写的转述马克思主义的书，马克思本人的书读得很少很少，连马克思的《1844年经济学哲学手稿》都还不知道。他们头脑里的马克思主义不仅少得可怜，而且是变形走样的"马克思主义"，与"真正的"马克思主义相去甚远，实际上并不是马克思主义。他们不过是拿着被误解了的"马克思主义"来处理中国革命的一些实际问题，在这个过程中建立了一套自己的理论体系，然后把这个理论体系自称为马克思主义中国化的成果罢了。

我认为这些观点是不能成立的。

（1）把恩格斯的理论排除在马克思主义之外，我认为没有根据。马克思和恩格斯确实是通过不同的道路、经过不同的思想历程才成为合作者的；成为合作者以后他们也有各自的特点，各自的风格，研究的领域也各有侧重，任务也有必要的分工。他们的合作也是共同探索的过程，其中有理论内容上的切磋砥砺，有文字表述上的推敲润色，各人对自己的想法和表述也会经常有所变动。这些都是很自然的事。要从他们在不同情况下发表的论著中找出两人的差别，特别是从手稿文本中找出两人的差别，并不困难；甚至要找出马克思自己与自己的差别、恩格斯自己与自己的差别也不困难。我并不笼统地反对这种寻找差别的研究，因为这种研究对于更细致地了解马克思主义形成的思想历程是有价值的。但是，如果找出这种差别之后刻意做许多文章加以渲染，把这种差别说成马克思和恩格斯的"根本分歧"，否认恩格斯是马克思主义的创立者之一，断言恩格斯的理论不是马克思主义，只有马克思本人亲笔写的论著（而且又只限于早期和晚期）才是马克思主义，那就远离事实了。事实上，马克思和恩格斯自合作以来，在原则问题上是高度一致，没有分歧的。1844年9月至11月写的以批判鲍威尔兄弟为主题的《神圣家族》，1845年9月至1846年夏写的《德意志意识形态》，1848年写的《共产党宣言》，都是他们两人的合著。在这些著作的手稿上确能发现有增添删削之处，但这是在任何合作者的手稿上甚至在同一人的手稿上都常见的事，并不表明有什么"根本分歧"。说这样共同创作共同署名的著作不是两人共同思想的结晶，是说不过去的。1845年马克思写的《关于费尔巴哈的提纲》是由恩格斯在1888年首次发表的，并认为是"包含着新世界观的天才萌芽的第一个文件"，恩格斯在发表这篇手稿时确实做了几处改动，但这种改动并不表明恩格斯与马克思有什么"根本分歧"。有人把《反杜林论》和《自然辩证法》当成恩格斯与马克思"分歧"的"铁证"。然而《反杜林论》的全部原稿是念给马克思听过的，而且经济学那一篇的第十章（《〈批判史〉论述》）还是马克思亲自写的。① 恩格斯指出，这部著作是，"对马克思和我所主张的辩证方法和共产主义世界观的比较连贯的阐述"②，这决不是恩格斯的自我标榜。马克思本人在1880年为《社会主义从空想到科学的发展》（即《反杜林论》的一部分）法文版写的前言中就高度赞扬了《反杜林论》"在德国社会主义者中间获得了巨大的成功"③。哪里有什么"物质本体论"与"实践本体论"的"分歧"，"物本主义"与"人本主义"的"分歧"？在事关人类命运的严肃斗争中，在如此重大的理论问题上，如果马克思竟然赞同恩格斯发表歪曲自己思想的论著，还亲自参加写作，还给予高度评价，那就不可思议了。至于《自然辩证法》的写作，是恩格斯为了"确立辩证的同时又是唯物主义的自然观"而刻苦研究自然科学的结晶，是马克思主义哲学的不可缺少的组成部分。④ 这部著作虽然在马克思和恩格斯生前没有发表，但恩格斯在1873年写信向马克思详细谈过它的计划和基本构思，马克思从未提出过不同意见。⑤ 在这里谈论恩格斯与马克思的"分歧"也没有根据。

（2）说列宁的理论不是马克思主义，这也是曲解。列宁在当时的新条件下提出的社会主义革命可以在一国首先胜利的理论，以及他在领导社会主义建设的几年中提出的许多设想都是马克思在世时没有提出过的新论断，这是事实。但这些新论断正是他运用马克思主义的根本原理（特别是哲学原理）分析现实的结果，也是无可否认的事实。这与他的具体论断是否全部正确是两回事。马克思本人也有许多具体论断并不正确，但并不能由此得出结论说他在这些问题上没有运用自己的理论，或者他的理论不是马克思主义。有人认为列宁的哲学不是马克思主义哲学，而是旧唯物主义，其主要根据就是《唯物主义与经验批判主义》一书中坚持了认识论上的反映论。我认为应当指出几点；第一，反映论是一切唯物主义（庸俗唯物主义除外）在认识论上的起码的、共同的原则，是唯物主义区别于唯心主义的标志。马克思的认识论与旧唯物主义的分歧不在于是否承认反映论，而在于承认什么样的反映论。马克思说："观念的东西不外

---

① 参见《马克思恩格斯选集》第3卷，人民出版社1995年版，第347页。

② 同上。

③ 同上书，第689页。

④ 参见恩格斯《反杜林论》三个版本的序言二.《马克思恩格斯选集》第3卷，人民出版社1995年版，第349页。

⑤ 参见《1873年恩格斯致马克思》，《马克思恩格斯选集》第4卷，人民出版社1995年版，第614—616页。

是移入人的头脑并在人的头脑中改造过的物质的东西而已。"[①] "经济范畴只不过是生产的社会关系的理论表现，即其抽象。"[②] 这就是反映论，只不过马克思主义的反映论不是旧唯物主义的消极的、直观的、机械的反映论，而是以实践为基础的积极的、能动的、辩证的反映论而已。以为只要一讲反映论就是旧唯物主义，这恰恰是误解和曲解。第二，即使是旧唯物主义的反映论也不是一切皆错，它在坚持从物质到感觉到思维的认识路线这根本出发点上毕竟比唯心主义的认识路线正确。列宁当时面对的是以对所谓"物理学的危机"的错误解释为借口的主观唯心主义思潮，是连"地球在人类出现以前就存在"和"人是用头脑思想的"都不承认的荒谬理论，这种理论动摇了一切唯物主义的起码的共同原则，在斯托雷平反动年代泛滥成灾，党内一些大知识分子也群起附和，危及党的生存。在那种情况下，列宁理所当然地要突出强调坚持唯物主义的基本路线，强调一切唯物主义的共同原则，有选择地借用一些旧唯物主义反对唯心主义的正确论断来驳斥唯心主义也是必要的。第三，就在这本书里，列宁也决没有把马克思主义的反映论与旧唯物主义的反映论混为一谈，决没有轻视旧唯物主义的消极性、直观性、机械性的缺陷。恰恰相反，正是他突出地强调了辩证唯物主义与旧唯物主义的原则区别，划清了两者的界限，深刻地揭露了旧唯物主义由于不懂辩证法而在与唯心主义斗争中软弱无力，指出旧唯物主义的物质观必然无法抵挡唯心主义的进攻。也正是他强调了实践的观点是马克思主义认识论的首要的基本的观点，精辟地论述了绝对真理与相对真理的辩证关系、实践标准的绝对性与相对性的辩证关系等一系列的重大问题，与旧唯物主义根本不可同日而语。第四，列宁在1895—1916年写的《哲学笔记》中又发展了自己的思想，那些充满辩证法的精彩分析和论断，例如关于辩证法、认识论和逻辑三者同一的思想，关于辩证法诸要素的思想，关于人的意识不仅反映世界而且创造世界的思想，关于"聪明的唯心主义"（指辩证的唯心主义）比"愚蠢的唯物主义"（指旧唯物主义）更接近于"聪明的唯物主义"（指辩证唯物主义）的思想，关于黑格尔《逻辑学》这部最唯心的著作中"唯心主义最少，唯物主义最多"的思想等等，更是任何旧唯物主义不能望其项背的。这充分说明了列宁的哲学思想与马克思哲学思想一致而又有所发展，断言列宁的理论不是马克思主义是不能成立的。

（3）斯大林在理论上和实践上都有错误，对中国革命也作过某些不正确的

---

① 《马克思恩格斯选集》第2卷，人民出版社1995年版，第112页。
② 《马克思恩格斯选集》第1卷，人民出版社1995年版，第141页。

干预，曾经助长过中共党内的"左"右倾错误，这是事实。但若以此为理由来证明中国人学不到真正的马克思主义，却不是公允之论。我这里只想指出两点：第一，无论列举斯大林多少错误，也说明不了他的理论根本不是马克思主义。人们指责最多的是他的《辩证唯物主义与历史唯物主义》一书（通常叫作斯大林的"小册子"），认为是马克思主义哲学的赝品，而且祸延中国达数十年之久，这不是事实。这本"小册子"是由十二章组成的《苏联共产党（布）历史简明教程》的第四章的第二节，它的任务是向党员简要介绍辩证唯物主义和历史唯物主义的基本观点，而不是全面系统地论述马克思主义哲学，也不可能把马克思主义哲学的丰富思想发挥得很充分。作为这种性质的"小册子"，虽有缺点错误，但并非一无是处，更不能说是马克思主义的赝品。这本"小册子"的缺点错误主要是有不少简单化绝对化的东西，辩证法的精神比较薄弱，其中也确有一些不符合马克思主义的东西。在斯大林个人崇拜时期，这本"小册子"在苏联确实被捧到了不适当的高度，被说成了马克思主义哲学的典范，对苏联哲学界产生了很大的束缚作用。但抓住这一点就断定斯大林的理论与马克思主义根本不相干，我认为并不符合实际。第二，更重要的是，中国人的马克思主义一开始就不是从斯大林那里学来的。李大钊、陈独秀等人早在斯大林的"小册子"发表前二十年就学习马克思主义了。1921 年 9 月中国共产党创办第一个人民出版社的时候，计划出版的书籍有《马克思全书》15 种，《列宁全书》14 种。一年之内实际出版了 15 种，包括《共产党宣言》《哥达纲领批判》《工钱劳动与资本》[1]《国家与革命》等马克思列宁的原著和《〈资本论〉入门》等书，并无斯大林的著作。中国的唯物辩证法运动在 20 世纪 20 年代末 30 年代初就已经开始了，那时也还没有斯大林的"小册子"。李达在 1929—1932 年翻译成中文出版的 4 本书[2]，其中有两本就并非来自苏联，来自苏联的两本的出版也早在斯大林的"小册子"之前，而且这些书都有各自的体系，与后来出版的斯大林的"小册子"的体系并不一样。至于这个时期中国人自己写的马克思主义哲学著作，如李达的《社会学大纲》[3]，艾思奇的《大众哲学》[4]，毛泽东的《辩证法唯物论提纲》——包括《实践论》和《矛盾论》[5]，也都发表在斯大林

---

[1] 即《雇佣劳动与资本》。

[2] 指德国塔尔海玛的《现代世界观》（1929 年 9 月出版），日本河上肇的《马克思主义之哲学的基础》（这是《马克思主义经济理论》一书的上篇，全书 1930 年 6 月出版），苏联卢波尔的《理论与实践的社会科学理论》（1930 年 10 月出版），苏联西洛可夫等的《辩证法唯物论教程》（1932 年 9 月出版）。

[3] 1935 年作为北平大学的讲义印行，1937 年由笔耕堂书店正式出版。

[4] 原名《哲学讲话》，1936 年出版。

[5] 1937 年发表。

的"小册子"之前。以李达的《社会学大纲》为例，这本被毛泽东称为"中国人自己写的第一本马克思主义哲学教科书"的名著就反映了中国当时的马克思主义者对马克思恩格斯原著已有相当系统的独立研究。这本书在第一篇第一章第二节《唯物辩证法的生成及发展》中论述马克思主义哲学的创立过程时，不仅分析了《论犹太人问题》《黑格尔法哲学批判》《英国工人阶级状况》《神圣家族》《关于费尔巴哈的提纲》《德意志意识形态》等马克思和恩格斯的原著，还分析了1932年才首次在苏联出版的《1844年经济学哲学手稿》。这本书在斯大林的"小册子"发表前五年就印行了。怎么能说中国人的马克思主义哲学都是从斯大林那里学来的呢？即使在斯大林的"小册子"1938年发表之后，它的体系对中国马克思主义哲学（包括教科书的编写）也没有特别重大的影响。事实上，除了20世纪50年代来中国的苏联专家在讲课时一度采用过这种体系外，中国学者写的马克思主义哲学教科书都没有按照这个体系。这是有书为证的。①还应该指出的是，对斯大林的这本"小册子"的缺点错误提出尖锐批评的正是中国的马克思主义者。毛泽东1957年1月27日的讲话中就曾尖锐地批评了"斯大林有许多形而上学，并且教会许多人搞形而上学"。他说斯大林在《苏联共产党（布）历史简明教程》中讲事物的"联系"时没有说明联系就是对立的两个侧面的联系；讲事物的内在矛盾又只讲对立面的斗争而不讲对立面的统一和在一定条件下的互相转化。他还批评了苏联的《简明哲学词典》第四版关于"同一性"的一条"就反映了斯大林的观点"，"是根本错误的"。"对立面的这种斗争和统一，斯大林就联系不起来。苏联一些人的思想就是形而上学，就是那么硬化，要么这样，要么那样，不承认对立统一。因此，在政治上犯错误。"②那时中国的刊物还公开发表过普通青年学者批评斯大林哲学观点的文章③，可见中国理论界并没有把斯大林的观点奉为圭臬。说斯大林的理论对中国人掌握马克思主义有特别巨大而恶劣的影响，以致使中国人学不到真正的马克思主义，是并无事实根据的。

2. 中国人能不能读懂马克思主义的文本？

有的论者更进一步，认为中国人即使读了马克思的原著也很难理解马克思主义。理由是，要理解马克思主义，首先就得读懂整个马克思主义的基础——马克思主义哲学。而马克思主义哲学是产生于西方"语境"的学问，是整个西方文化传统发展的产物。西方的文化背景、思维方式、语言习惯都与中国迥然

---

① 例如艾思奇主编的《辩证唯物主义与历史唯物主义》，李达主编的《唯物辩证法大纲》等等。
② 见毛泽东1957年1月27日在省市自治区党委书记会议上的讲话。
③ 参见陶德麟《关于"矛盾同一性"的一点意见》，《哲学研究》1956年第2期。

不同，这是一个难以逾越的鸿沟。古希腊哲学就与中国哲学没有共同语言。中国人如果不把自己的思维方式和语言习惯改变得与西方人一模一样，就读不懂古希腊哲学，因而也读不懂全部西方哲学，当然也读不懂马克思主义哲学。中国人要读懂马克思主义哲学，就得首先把自己的思维方式、语言习惯彻底西方化，跨过这个鸿沟，否则即使把马克思的文本摆在面前也读不懂，自以为读懂了其实也是歪曲的，与文本的原意相去甚远。中国人要想跨越这个鸿沟，至少也要在书斋里磨上几十年，直到把自己的思维方式彻底西方化了，才有资格谈论马克思主义。几个急于为中国的救亡图存的实务忙得不可开交的人怎么可能做这件事？不做这件事又怎么能掌握真正的马克思主义哲学？不掌握真正的马克思主义哲学又怎能掌握真正的马克思主义？不掌握真正的马克思主义又哪里谈得上使马克思主义中国化？由此可见，所谓马克思主义中国化，不过是中国共产党人拿着被误解了的"马克思主义"在那里解决一些实际问题，然后把这个过程叫作"马克思主义中国化"而已。于是结论不言而喻：马克思主义中国化其实是虚构的东西，至少到现在还没有这回事，将来即使可能，也是难于上青天的事。

这是从西方解释学的角度更彻底地否定马克思主义中国化的可能性的观点，很容易给人以貌似合理的满足，但实际上是似是而非的。不错，哲学与文化传统的关系无可否认，中西思维方式和语言习惯的差别也是事实。但也不必把这一点夸大到神乎其神的程度。既为哲学，无论"形而上"到什么程度，所论的总还是宇宙人生的大事，概括的总还是有普适性的内容，而不可能是一个文化圈里的秘传暗语，更不可能是哲学家私人的自言自语，否则算什么哲学？那些哲学家的书又是写给谁看的？语言习惯和思维方式当然有民族特征，确实需要一个沟通理解的过程。但各民族之间的生存条件和实践方式也并非毫无共同之处，由此形成的思维方式也不会绝对地扞格不入，不可通约。假如有一天真有"外星人"同我们打交道，我相信他们的逻辑与我们还是相通的。同在一个地球上的人，彼此的思想何至于就不可以互相沟通、互相理解？那鸿沟就真的巨大到几乎不可逾越？倘真如此，现在大家提倡的文化交流和对话等等岂非痴人说梦？马克思主义哲学诚然是西方哲学传统的产物，它的思维方式和表述方式也确与中国传统哲学有许多歧异，但它的内容却是世界性的。它的基本原理和基本精神，它在哲学领域里取得的成果和造成的变革，是世界各民族有正常思维能力的人都可以理解的，并不因为中国人一解读就必然面目全非。印度与中国虽然都是东方国家，但文化的差异也并不小。然而产生于印度的佛教哲学从东汉传入中国以后至今将近两千年，在中国形成了许多有中国特色的流派，谁也不会说这些中国化了的佛教哲学就不成其为佛教哲学。佛教哲学如此，马克思主义哲学何独不然？不错，最早接受马克思主义哲学的一批中国人确实不是西方哲学的专家，他们的思维方式和语言习惯当然也与地道的西方人有所不同。但他们也决非对西方文化一无所知的东郭先生，而是相当熟悉西方文化的先进知识分子。他们对马克思主义哲学的理解和论述，在今天看来虽然简单一些，肤浅一些，常常有不全面、不深刻、不准确的毛病，对文本也确有一些误读之处。但这是马克思主义中国化的历史过程中不可避免的现象，是符合认识规律的正常现象。这与中国人原则上不可能读懂马克思主义是完全不同性质的两回事。何况马克思主义中国化并不止于起点，它一直在不停顿地发展。在总结中国实践经验的过程中，在进一步研读马克思主义著作的过程中，中国人对整个马克思主义的理解、包括对马克思主义哲学的理解也在不断深化。说中国人从来没有读懂过马克思主义，并且不可能读懂马克思主义，是未免言之过甚了。

3. 中国人能不能使马克思主义中国化？

有的论者再进一步，认为中国人即使读懂了马克思主义，也不可能使马克思主义中国化。理由是，马克思主义本来就是西欧的社会条件和文化背景的产物，是离不开西方土壤的东西。一到中国就必定水土不服，变形走样，不成其为马克思主义了。如果一定要使马克思主义中国化，结果只能是"儒家化"、"封建化"，或者民粹主义化，实际上把马克思主义"化"为乌有，根本不是马克思主义了。

这种说法仍然是陈旧的"马克思主义不符合中国国情论"的另一种说法，在理论上站不住脚。马克思主义虽然产生于西欧，但它的视阈是整个人类历史和世界全局，而不仅是西欧。它不是地域性的理论，而是世界性的理论。马克思主义的根本原理并不只是西欧情况的概括，而是整个世界历史发展过程的概括。特别是它的世界观和方法论，是整个人类认识史的总计、总和与结论，对人类社会是有普适性的。中国的特殊性诚然在马克思主义的原典中找不到具体论述，正因为如此才需要中国化；但中国的特殊性并没有取消马克思主义原理的普适性，倒正是这种普适性的特殊表现和印证。正如桃、杏、梨、梅虽各有特殊性，但并没有取消水果的共同本质一样。我们并不否认马克思主义中国化发生失误的可能，事实上也发生过许多失误，其中有些失误既违背了马克思主义的根本原理也违背了中国的具体实际，今后也不能排除这种可能，但不能由此推出马克思主义根本不可能中国化的结论。

那么，马克思主义中国化会不会使马克思主义走样呢？那要看对"走样"这个词怎么理解。如果认为只有与马克思本人的著作不爽毫厘才算不"走样"，那么"走样"的事实确实存在。但有两种不同性质的"走样":一种是从根本上背离马克思主义的根本原理,首先是背离它的世界观和方法论,并且朝着倒退方向的"走样"。这是不可取的,因为它是思维水平的降低。一种是坚持马克思主义的根本原理而又有所前进的"走样"。这是极大的好事。不允许这种意义的"走样",就等于禁止马克思主义随着实践的发展而发展,把马克思主义视为化石,变成教条。如果把这种"走样"也看成罪过,那么第一个难辞其咎的就是马克思本人。马克思的思想也是活的,也是随着实践的发展和他本人认识的发展而发展,决非一成不变。他的世界观和方法论本质上就是批判的、革命的,不仅批判别人,也经常自我批判,自己也常常"走样"。如果马克思今天还健在,他还会一字不差地复述一百多年前的每一句老话吗?马克思自己可以根据实践和认识的发展做一些"走样"的事情,为什么他的后继者就不可以这样做呢?

黑格尔是肯定理论民族化的可能性的,并且特别重视民族化的意义。他在给 J. H. 沃斯的一封信里说得很精彩:"路德让圣经说德语,您让荷马说德语,这是对一个民族所作的最大贡献,因为,一个民族除非用自己的语言来习知那最优秀的东西,那么这东西就不会真正成为它的财富,它还将是野蛮的。""现在我想说,我也在力求教给哲学说德语。如果哲学一旦学会了说德语,那么那些平庸的思想就永远也难于在语言上貌似深奥了。"① 黑格尔说的"教给哲学说德语",让哲学"学会说德语",正是为了使那些并非产生于德国的哲学德国化,成为德国的财富。我想,黑格尔的这段话是很正确、很深刻的。它不仅适用于哲学,也适用于一切社会历史理论;不仅适用于德国,也适用于中国。马克思主义所以能成为中华民族的宝贵财富,正因为中国的马克思主义者"教给马克思主义说中国话","让马克思主义学会说中国话"也就是做了马克思主义中国化的工作。如果"让马克思主义说中国话"是根本不可能的事,那么"让圣经说德语"、"让荷马说德语"也同样是徒劳之举,黑格尔就没有理由赞扬沃斯,黑格尔本人的全部工作也都毫无意义。这显然是非常荒谬的。

二　检验马克思主义中国化成败得失的标准问题

马克思主义中国化的成败得失以什么为标准来检验,这也是一个前提性的问题。在这个问题上的不同意见,主要表现在文本标准和实践标准的区别上。

---

① 黑格尔:《致 J. H. 沃斯的信》,见苗力田译编:《黑格尔通信百封》,上海人民出版社1981年版,第202页。

其实，这一分歧并不是现在才发生的问题，而是一直贯串于马克思主义中国化的各个历史阶段的一个重大的原则问题，它经历了非常复杂而曲折的过程，与中国的前途命运息息相关。

我认为，离开了对历史经验的回顾和分析，抽象地争论这个问题是不易说清的。

不妨先大略回顾一下中国民主革命阶段的情况。

1840 年以后，中国在资本帝国主义的侵略宰割下面临着沦亡的惨祸，历史向中国人民提出了两大课题：一是救亡图存，二是民族复兴。先进的中国人以前仆后继可歌可泣的努力向西方寻找救国救民的方案，为的就是解决这两大课题。救亡图存是民族复兴的前提，尤其迫在眉睫。但是，八十年奋斗牺牲的历史表明，在西方曾经行之有效的种种资产阶级学说和理论都不能帮助中国人认清自己的处境，提供解放的道路，一一归于失败；直到俄国十月革命的胜利之后，中国人才找到马克思主义这个观察国家命运的有效工具，使中国革命的面貌焕然一新，中国共产党应运而生。中国共产党不是一个学术研究团体，更不是一个专务清谈的沙龙，而是一个有明确纲领的政党，是一个领导实际斗争的司令部。党的使命就是以马克思主义的理论为武器，在中国实现救亡图存和民族复兴两大任务。但是，中国的社会性质和民族特点与产生马克思主义的西欧不同，与已经取得革命胜利的俄国也不同，在马克思主义的原典中找不到解决中国问题的方案，俄国的成功经验也不能照样移植。党要运用马克思主义解决中国问题，就只能在马克思主义的普遍原理指导下考察中国的具体实际，把一般与特殊结合起来，创造出符合中国特点的理论和策略，以指导自己的行动，别无他途。这不是任何人的主观意图，而是历史决定的客观需要。这一客观需要就蕴含着马克思主义中国化的指向和内容。

党从成立之日起实际上就在做着马克思主义中国化的工作。但这并不等于一开始就对马克思主义中国化有明晰而深刻的认识，甚至在很长的时间里也还没有马克思主义中国化这个语词。建党前后的三次大论战只是原则上解决了必须和可能用马克思主义改造中国的问题。1920 年创办的《共产党月刊》号召"举行社会革命，建设劳工专政的国家"，介绍十月革命的成就和经验，报道国际共产主义运动的消息，号召探讨中国革命的问题。1921 年党的"一大"提出的纲领是"以无产阶级革命军队推翻资产阶级"，"采用无产阶级专政，以达到阶级斗争的目的——消灭阶级"，"废除资本私有制"，但对中国的具体实际认识得很少。在列宁领导的共产国际帮助下，1922 年党的"二大"正确认识了中国的社会性质，明确了中国革命要分两步走，第一次提出了反帝反封建的纲领。1923 年党的三大决定全体共产党员以个人名义加入国民党，建立各民主阶级的统一战线。1925 年党的四大进一步规定了国共合作和工农联盟的方针。这些都表明党在马克思主义中国化道路上正在逐步深化认识，提高水平。但是，当时的党毕竟还是幼年的党，对马克思主义与中国实际两个方面都还知之不多，知之不深，对如何把两方面结合起来更缺乏经验。所以当 1927 年蒋介石叛变革命，形势骤然逆转之际，党对如何在严峻局面下把革命坚持下去就缺乏统一的正确认识和有效的行动方针，还存在着诸多的分歧和争论。党的五大也没有解决这个问题。斯大林领导的共产国际极力主张的城市武装暴动的办法并不符合中国国情，在实践中一再碰壁。毛泽东首先提出并实行的建立农村革命根据地和工农武装割据的道路本来是符合中国国情并且行之有效的道路，却因为没有马克思主义著作和共产国际指示的"文本"依据，竟被视为离经叛道的错误，毛泽东还因此受到打击和排斥。1928 年在莫斯科举行的党的六大基本正确地总结了大革命失败的教训，在中国社会性质和革命性质问题上又深化了一步，但对中国革命的具体特点、革命的中心问题、党的工作重心等关键问题仍然没有深刻的认识，并没有准确地掌握中国革命的规律；虽然由于事实的教训认可了毛泽东的做法，但也仅仅把它看作一时的策略，还是把依靠工人实行中心城市暴动作为夺取政权的最终方式。在这种思想的影响下，党的领导机关一再发生"左"倾错误，尤以共产国际支持的王明的错误为害最烈，使辛苦聚积起来的革命力量受到惨重的损失，几乎断送了中国革命。1935 年红军长征途中的遵义会议确立了毛泽东的军事指挥权，毛泽东也实际上主导了全党的决策，因而挽救了中国革命，但在组织上还并没有确立毛泽东在全党的领导地位。1937 年抗日战争爆发后党实行了联合国民党抗日的战略转变，开辟了新局面。1938 年共产国际举行七大时，国际的领导才认识到"不要机械地把一国的经验搬到别国去，不要用呆板格式和笼统公式去代替具体的马克思主义的分析。""在解决一切问题时要根据每个国家的具体情况和特点，一般不要直接干涉各国共产党内部组织上的事宜"[1]，并对中国共产党有了新的看法，承认了毛泽东在全党的应有地位。在 1938 年 9 月至 11 月党的六届六中全会上，确立了以毛泽东为首的政治局，由他代表中央作了《论新阶段》的报告。马克

---

① 《共产国际第七次代表大会决议》，莫斯科 1939 年版，第 4—5 页。

思主义中国化的概念，就是由毛泽东在这个报告中正式提出，并给予精辟阐释的。[①] 他指出：

"共产党员是国际主义的马克思主义者，但是马克思主义必须和我国的具体特点相结合并通过一定的民族形式才能实现。马克思列宁主义的伟大力量，就在于它是和各个国家具体的革命实践相联系的。对于中国共产党说来，就是要学会把马克思列宁主义的理论应用于中国的具体的环境。成为伟大中华民族的一部分而和这个民族血肉相连的共产党员，离开中国特点来谈马克思主义，只是抽象的空洞的马克思主义。因此，使马克思主义在中国具体化，使之在其每一表现中带着必须有的中国的特性，即是说，按照中国的特点去应用它，成为全党亟待了解并亟须解决的问题。洋八股必须废止，空洞抽象的调头必须少唱，教条主义必须休息，而代之以新鲜活泼的、为中国老百姓所喜闻乐见的中国作风和中国气派。把国际主义的内容和民族形式分离起来，是一点也不懂国际主义的人们的做法，我们则要把二者紧密地结合起来。在这个问题上，我们队伍中存在着的一些严重的错误，是应该认真地克服的。""当前的运动的特点是什么？它有什么规律性？如何指导这个运动？这些都是实际的问题。直到今天，我们还没有懂得日本帝国主义的全部，也还没有懂得中国的全部。运动在发展中，又有新的东西在前头，新东西是层出不穷的。研究这个运动的全面及其发展，是我们要时刻注意的大课题。如果有人拒绝对这些作认真的过细的研究，那他就不是一个马克思主义者。"[②]

毛泽东对马克思主义中国化概念的科学含义的揭示，凝聚着中国共产党人和中国人民用鲜血换来的宝贵经验。经过整风运动，转化成了全党高度统一的认识。党的七大确认了马克思主义中国化的成果——毛泽东思想为全党的指导思想，很快就赢得了中国民主革命的胜利和新中国的诞生，中国人民救亡图存的历史任务经过一百零九年的奋斗终于胜利完成。毛泽东思想的产生，标志着马克思主义中国化历程中的一次飞跃。实践证明，毛泽东思想就是马克思主义中国化的理论成果，即中国化的马克思主义。

在回顾这段历史的时候，我想至少应该得到这样的启示：

第一，马克思主义中国化这个概念本来就不是从书本研究中产生，而是从

---

① 毛泽东在《解放》第 57 期发表《论新阶段》的报告时用的是"马克思主义中国化"的概念，这一概念得到了全党的认同，并出现在党的许多领导人的文章中。刘少奇在七大修改党章的报告中多次使用了这个概念，并把它解释为"马克思主义的普遍真理与中国革命的具体实践相结合"。但是，由于当时共产国际领导人仍然不认同这一概念，毛泽东在 1938 年出版《毛泽东选集》时把这一提法改成了"使马克思主义在中国具体化"。但实际上中国党对这一提法的理解与"马克思主义中国化"是没有区别的，与苏共和共产国际领导人的理解并不一样。

② 《毛泽东选集》第 2 卷，人民出版社 1991 年版，第 534—535 页。着重点是本文作者所加。

中国人民的解放斗争的实践中产生的。这个概念提出的历史背景和条件就决定了它的性质和内容，决定了它是一个标志实践目的、实践过程和实践结果的概念，同时也就逻辑地蕴含了它的检验方式和检验标准。与版本学、校勘学、考据学、训诂学一类的问题不同，检验马克思主义中国化的成败得失不能用汉儒和清代朴学家注经的办法，以某个论断与某个文本是否符合为标准，而只能以实践的结果与实践方案的预期目的是否符合为标准。一句话，应当是实践标准，而不是文本标准。教条主义者与马克思主义者的分歧不在于是否重视文本，而在于对文本的意义和作用如何理解。教条主义者之所以为教条主义者，就因为他们崇奉的是唯文本主义或文本至上主义，以为文本就是无条件的真理，就是检验认识真理性的标准。他们的根本谬误在于不了解一切文本都是思想的记录，都是由概念判断推理组成的认识成果，都是第二性的东西，它们只能是客观实际的反映，只能来源于实践，它们的真理性也只有实践才能确证。马克思主义的经典文本也不例外。这些文本也是马克思主义经典作家根据他们掌握的实际情况、针对一定的问题做出的论断；这些论断本身的真理性也要经过实践的检验；经过实践证实的论断也还要由不断发展着的实践继续检验，根据检验的结果保持那些符合新的实际情况的东西，修正和更新那些已经不再符合新的实际情况的东西；在此时此地是真理的论断，在彼时彼地就未必是真理。马克思和恩格斯本人毕生对自己的论断不知作过多少订正，连《共产党宣言》这样的著作都多次以序言的形式作过订正，对革命形势的估计更是作过多次订正。列宁的社会主义一国首先胜利的理论就没有照搬马克思恩格斯的文本，但实践证明了它是真理。如果以文本作为检验真理的标准，就是以尚待检验的认识为标准，等于没有标准。

第二，文本标准与实践标准之争不仅是一个学理问题，更重要的还是一个关系中国人民前途命运的实际问题。中国的教条主义者如果只是在书斋里坐而论道，不问实事，他们怎么看法倒也无关大局。问题在于他们恰恰是实践者，是从事中国革命活动并往往居于领导地位的指挥者，他们的错误就必定要造成灾难，这灾难又得由中国人民承担，这就关系到中国人民的前途和命运，非同小可了。马克思主义中国化的事业从起步到成熟，从历经挫折到终于成功，始终伴随着与教条主义的斗争，绝非偶然。中国的教条主义者奉为真理标准的文本有两种：一是马克思主义经典著作中的论断，二是共产国际的指示。在他们看来，一切都必须符合这两种文本才算正确，否则一概是错误。毛泽东根据中国具体情况得出的结论即使明明在实践中达到了预期的目的，导致了胜利，也是"山沟里的马克思主义"、"狭隘经验论"；而他们的一套尽管在实践中碰得头破血流，把革命搞得倾家荡产，也是"百分之百的马克思主义"。这就是他们的逻辑。毛泽东是最早清晰地意识到这个问题的严重意义的。他在1930年写的《反对本本主义》中就一针见血地指出："以为上了书的就是对的，文化落后的中国农民至今还存在着这种心理。不谓共产党内讨论问题，也还有人开口闭口'拿本本来'。""我们说马克思主义是对的，决不是因为马克思这个人是什么'先哲'，而是因为他的理论，在我们的实践中，在我们的斗争中，证明了是对的。""马克思主义的'本本'是要学习的，但是必须同我国的实际情况相结合。我们需要'本本'，但是一定要纠正脱离实际情况的本本主义。"① 他尖锐地批评了那种以为"党的第六次全国代表大会的'本本'保障了永久的胜利"的"空洞乐观"的观念，认为这是"思想路线"问题，这种本本主义"如不根本丢掉，将会给革命造成很大损失，也会害了这些同志自己。"② 毛泽东的洞见不幸而言中，民主革命阶段最严重的教条主义错误就发生在此后的几年中，使革命一度危如累卵，直到受到实践的残酷惩罚之后才被迫转变。这种付出了高昂代价的惨痛教训一次一次地表明，马克思主义只能是行动的指南，决不能当成教条，决不能把马克思主义的文本当成检验真理的标准。实践的结果最顽强，最无情，它决不迁就任何文本。文本标准必定导致主观与客观相分裂、认识与实践相脱离。"盲人骑瞎马，夜半临深池"，照此办理是必定要陷于灭顶之灾的。

再回顾一下中国社会主义建设阶段的情况。

新中国的成立标志着党的第一大历史任务——救亡图存的胜利完成，第二大任务——民族复兴即建设社会主义的任务迅速提上了日程。这是一个伟大的历史转折。马克思主义中国化的内容完全不同了。毛泽东在新中国成立前夕和新中国成立初期极其清醒睿智地指出了这一点。他在新中国成立前夕的七届二中全会的报告中，在《论人民民主专政》这篇著名论文中，都再三强调夺取全国胜利"只是万里长征走完了第一步"，"只是一出长剧的一个短小的序幕"，"革命以后的路程更长，工作更伟大，更艰苦"，"务必使同志们继续地保持谦虚、谨慎、不骄、不躁的作风，务必使同志们继续地保持艰苦奋斗的作风"，"学会我们原来不懂的东西。"③ "我们熟习的东西有些快要闲起来了，我们不熟习的东西正在强迫我们去做。这就是困难。""我们必须克服困难，我们必须学会自己不懂的东西。我们必须向一切内行的人们（不管什么人）学经济工作。拜他们做老师，恭恭

① 《毛泽东选集》第1卷，人民出版社1991年版，第111—112页。
② 同上书，第115—116页。
③ 《毛泽东选集》第4卷，人民出版社1991年版，第1438—1439页。

敬敬地学，老老实实地学。不懂就是不懂，不要装懂。"①　这说明他看到了中国具体实际的内容与革命战争时期已经不同，要完成的任务也不同，马克思主义中国化的事业在社会主义建设的新阶段必须继续发展。他率领全党以万里长征的精神开始了新的探索。探索的头几年曾一度不得不移植苏联的经验，提出过"学习苏联"的口号，但很快就意识到苏联的做法有许多并不符合中国的实际情况，不能照搬。毛泽东领导党和人民走上了独立自主地探索中国社会主义建设规律的道路，也就是在社会主义建设阶段实现马克思主义中国化的道路，在这条道路上走了27年，其艰难曲折的程度至少不亚于民主革命阶段。一方面取得了伟大的成绩，积累了宝贵的经验，但也犯了长时间的全局性的错误，"文化大革命"标志着错误的顶端。党的十一届六中全会关于新中国成立以来若干历史问题的决议②对此作了全面的科学总结，这里无须详说了。

这些错误初看起来似乎与文本问题无关。谁都知道毛泽东历来最坚决地反对教条主义，最系统地倡导马克思主义的普遍真理与中国的具体实际相结合，最强调从实际出发。中国革命的胜利就是由此取得的。新中国成立以后他也一直强调这一原则，坚持独立自主地走自己的路。他是从来不搞文本崇拜，不把马克思主义的"本本"当作"圣经"，也不把苏联的一套当作碑帖去临摹的。他的中国特色可谓举世无双，很难说有教条主义之嫌。难道他也会犯教条主义的错误吗？但是，如果仔细回顾一下就可以发现，这27年中的失误还是与教条主义有绝大的关系。

（1）中国的社会主义建设离不开马克思主义普遍真理的指导，这毋庸置疑。但是，什么是马克思主义的普遍真理？马克思主义的论著中的哪些论断是普遍真理？普遍到什么程度？是否符合中国的实际情况？离开了具体实践的检验，是判定不了的。例如在什么是社会主义的问题上，马克思主义经典作家也确有一些一般性的论断，但他们并没有在实际的社会主义社会里生活过，并没有从事过社会主义社会建设的实践，这些论断是从他们对资本主义的分析中推论出来的，带有设想的性质。这些论断是不是普遍真理？适用不适用于中国？这本来是一个需要实践检验才能判定的问题。但是，毛泽东却把这些论断当成了不容置疑的普遍真理，不自觉地奉为教条了。他心目中的社会主义就是从经典作家的论断推导出来的，其中就有不符合实际的成分，而他却把这一社会主义的概念当成了不可移易的模式，当然也当成了检验社会主义建设是否成功的

　　①　《毛泽东选集》第4卷，人民出版社1991年版，第1480—1481页。
　　②　《中国共产党中央委员会关于若干历史问题的决议（一九八一年六月二十七日中国共产党的十一届中央委员会第六次全体会议一致通过）》，见《三中全会以来重要文献选编》，人民出版社1982年版，第788—849页。

标准。为了与这一概念相一致，他又在经典著作中引用了一些论断，还加上他自己的某些误读，一起作为"理论依据"，加以教条化。例如，认为商品交换中的等价交换原则应该作为"资产阶级权利"加以批判，甚至引申到八级工资制也应该批判；认为社会主义改造基本完成后小生产还会每日每时地大批地产生资本主义和资产阶级；认为党内的思想分歧都是阶级斗争的反映；夸大阶级斗争的范围、性质和作用，提出"年年讲，月月讲，天天讲"；把许多符合中国实际的意见都视为导致"资本主义复辟"的"修正主义"等等。[1] 这些错误的教条主义性质是很明显的。

（2）更严重的是新的教条主义的产生和泛滥。实事求是地看，毛泽东对社会主义建设问题的许多论断，大部分并不是来自马克思主义经典著作的文本，而是他的发挥和创造。其中有非常正确深刻的思想，也有非常严重的错误。由于多年形成的种种复杂原因，他的所有论断，包括错误的论断，也都逐步被视为无可怀疑的真理，并且是马克思主义在中国的新发展，在"文化大革命"中甚至被说成是"马克思主义的当代顶峰"，"最高最活的马克思主义"，"句句是真理"。这样，毛泽东的一切论断就都成了不容置喙的"最高指示"，成了新教条，凌驾于实践之上，成了检验真理的标准和判定方针政策是非得失的标准，而且是唯一标准。这种与最高权力相结合的新教条主义，彻底破坏了马克思主义的思想路线，切断了马克思主义与中国实际的应有的联系，堵塞了实事求是的大门，导致了主观与客观、认识与实践的分裂，造成了巨大的灾难。应该承认，即使在这种情况下，毛泽东也并没有公然在理论上提倡文本崇拜和教条主义，相反，他还一再强调人的正确思想只能从实践中来，思想的正确与否只能靠实践来检验；他仍然提倡实事求是、调查研究，严厉批评"形而上学猖獗，唯心主义横行"。他在具体问题的处理上也纠正过一些错误。他的悲剧就在于他没有意识到他自己的论断正在被人神化为教条，新的教条主义已经在全国造成了极其严重的恶果。他后来虽然有所觉察，批评过"顶峰论"和"一句顶一万句"的荒谬，但他并没有从根本上纠正新教条主义，反而在实际上容许了甚至助长了它的泛滥。这种错误使马克思主义中国化的事业受到了严重阻碍，陷入了背道而驰的险境。当然，邓小平说得很公允，造成这些错误的原因极其复杂，不能简单地把这些错误归结到毛泽东一个人身上。[2] 这个问题与本文要论述的问题无关，为避免枝蔓，此处不加分析。

① 参见《三中全会以来重要文献选编》，人民出版社1982年版，第818页。
② 《对起草〈关于建国以来若干历史问题的决议〉的意见》，《邓小平文选（1975—1982年）》，人民出版社1983年版，第260页。

　　粉碎"四人帮"以后一段时间,拨乱反正的主要障碍是"两个凡是"。邓小平一语中的:"'两个凡是'的观点就是想原封不动地把毛泽东同志晚年的错误坚持下去。"① "两个凡是"就是"句句是真理"的翻版,就是新教条主义的继续,要害还是文本标准,也就是以毛泽东的论断为检验真理和判定是非得失的标准。只要还坚持这个标准,真理和谬误就无法区分,"文化大革命"的错误就无法纠正,拨乱反正就寸步难行,社会主义现代化的事业就无从迈步,马克思主义中国化就无从谈起。1978 年的真理标准讨论之所以值得载入史册,就因为它摧毁了新教条主义的依据,恢复了党的实事求是的思想路线,从根本上为马克思主义中国化的事业扫除了障碍,重新开辟了道路。党的十一届三中全会以来的中国社会主义建设的空前伟大的成就,从邓小平理论、"三个代表"重要思想到科学发展观的中国特色社会主义理论体系的形成,就是发端于此。我们清晰地看到,在摆脱了文本标准的束缚之后,党中央是怎样用马克思主义的立场观点方法艰苦地探求中国的实际情况,在马克思主义中国化的道路上胜利前进的。邓小平的英明首先就在于他既坚持马克思主义的立场观点方法的指导而又不搞文本崇拜和文本标准,在新的条件下恢复和发扬了从实际出发的传统。他说:"什么叫社会主义、什么叫马克思主义?我们过去对这个问题的认识不是完全清醒的。"② 他反复强调"问题是要把什么叫社会主义搞清楚,把怎么样建设和发展社会主义搞清楚"。③ 他指出"贫穷不是社会主义,更不是共产主义。"④ "社会主义的本质,是解放生产力,发展生产力,消灭剥削,消除两极分化,最终达到共同富裕。"⑤ 并提出不束缚人们手脚的具体模式。邓小平说的"摸着石头过河",有人说是经验主义,其实正好是马克思主义的一种通俗形象的说法。"石头"就是指中国的实际情况,"摸"就是在实践中去探索研究,"过河"就是实现社会主义现代化建设的目标。这与民主革命时期毛泽东坚持的实事求是、有的放矢是一个意思,就是要以马克思主义的立场观点方法为指导去弄清中国的实际情况(包括中国所处的时代条件和国际环境),弄清中国社会主义建设必须遵循的规律,从而开辟中国特色社会主义的道路。像当年民主革命时期开辟农村包围城市的革命道路一样,这也就是在社会主义建设时期把马克思主义中国化的事业推向前进的工作。这三十年的探索就是在做这件工

　　① 《对起草〈关于建国以来若干历史问题的决议〉的意见》,《邓小平文选(1975—1982 年)》,人民出版社 1983 年版,第 262 页。

　　② 《邓小平文选》第 3 卷,人民出版社 1993 年版,第 63 页。

　　③ 同上书,第 369 页。

　　④ 同上书,第 64 页。

　　⑤ 同上书,第 373 页。

作。回顾三十年的历程，我们可以清楚地看到探索道路的崎岖，几乎每走一步都有艰难的认识过程，都有"左"的和右的干扰，而这些干扰又都与实践标准和文本标准的分歧有关。有人指责新的方针政策和具体措施违背了马克思主义文本的这一说法那一说法，有人又鼓吹抛弃马克思主义而照搬西方资本主义理论，把这些理论的文本奉为教条。三十年来的探索实践的过程就是不断地排除各种干扰的过程，其中排除文本主义的干扰就占了很大的比重。邓小平提出的"三个有利于"标准，就是针对文本主义的实践标准，就是针对中国的实际情况具体化了的实践标准。如果不按这个标准去检验方针政策和具体措施的是非得失，而按马克思主义论著的文本或者西方资本主义理论的文本去检验一切，我们就会重犯民主革命时期教条主义的错误，中国的社会主义现代化就将不知如何进行，中国特色社会主义理论体系就将永远无法产生，中国今天的大好局面就不可能出现，全面建设小康社会的宏伟目标就将成为泡影，马克思主义中国化也将成为纸上谈兵。我们说从邓小平理论到"三个代表"重要思想再到科学发展观的中国特色社会主义理论体系是马克思主义中国化历程中的又一次飞跃，是马克思主义中国化的新成果，并不是根据文本做出的判断，而是根据三十年来实践的结果做出的判断。

实践的发展过程无止境，马克思主义中国化的过程无止境，实践的检验过程也无止境。中国特色社会主义理论体系是诸多命题组成的系统，命题的层次不一，实践检验的结果又有直接与间接、目前与长远、对这一方面的作用和对那一方面的作用之分，检验必然是非常复杂的动态过程，而不可能毕其功于一役。因此，这个理论体系必然是开放的而不是封闭的，必然会在不断发展的实践中与时俱进，日新又新。这是可以预期的。

本文提出异议的只是以文本为标准来检验马克思主义中国化的成败得失，而不是轻视文本研究意义和作用。文本研究不仅有其自身的学术意义，而且也是马克思主义中国化的不可缺少的组成部分。这至少有两方面的理由：第一，要做好马克思主义中国化的工作，就需要准确地把握马克思主义创始人和其他代表人物思想形成和发展的历程，把握马克思主义理论在全世界的发展历程，正确地总结马克思主义与各国实际结合的经验教训，作为在中国如何运用马克思主义的借鉴。中国是世界的一部分，马克思主义中国化是马克思主义在世界实践和发展的一部分。不了解这些涉及世界全局的问题也就不可能深刻地了解中国实际，而要如实地了解这些情况就有赖于对文本的正确把握。第二，要做好马克思主义中国化的工作，就需要准确地把握马克思主义经典作家在何时何地针对何种情况作出过何种论断，防止和避免对马克思主义著作的误读和误解。

如我们在前面指出过的，在马克思主义中国化的历史过程中，由于对马克思主义著作的误解误读而导致的错误也屡见不鲜，造成的危害也不容轻视，这个教训也必须记取。因此，马克思主义著作文本的精确翻译和系统研究是一件必不可少的基础性的工作，今后还需要下大气力解读马克思主义的文本，以求尽可能全面准确地理解和把握原意。现在也比以往任何时候更有条件做好这件工作。马克思主义的文本从来不是教条，只有在被人们当作教条对待的时候才会变成教条。文本研究并不必然导致教条主义。教条主义的产生不是文本研究之过，而是教条主义者对待文本的错误态度之过。在警惕和克服教条主义的前提下，对文本研究无论下多少工夫也只会有益而不会有害，一部分学者专做皓首穷经的工作也是很有意义的贡献。这与把文本当作检验马克思主义中国化的是非得失的标准是截然不同的两回事。我们只是反对以文本为标准来检验认识，剪裁实践，反对以文本为理由限制我们在实践中运用和发展马克思主义，而不是反对文本研究。

马克思主义哲学对处于改革开放新起点上的中国的现实意义

陈学明

【作者简介】陈学明，现任复旦大学哲学学院教授、博士生导师。2012 年被评为复旦大学特聘教授。现担任全国当代国外马克思主义研究会会长、中国人学学会副会长、中国马克思恩格斯研究会副会长等。发表论文 400 余篇，出版论著、教材、译著 30 多部。完成省部级以上研究课题数十项，其中国家哲学社会科学基金重大课题有 2 项。获得省部级以上各种奖励 20 余次，其中获得上海市哲学社会科学优秀成果一等奖 2 次，二等奖 7 次，三等奖 5 次；教育部高校人文社会科学优秀成果二等奖 3 次。还有一部著作入选全国"五个一工程"奖，另一部著作入选中华优秀图书奖。

毫无疑问，我国的改革开放取得了举世瞩目的成就，但与此同时又面临着一系列矛盾。我们之所以说当今中国处于改革开放的新起点上，就是因为如果这些矛盾与问题得不到化解，那么改革开放的事业就不能推向前进，甚至还有可能将已取得的成就丧失掉。

在我看来，当今中国主要面临以下三个方面的矛盾：

其一，两极分化越来越严重。虽然总的来说老百姓的物质生活水准的底线在不断提高，但富人与穷人之间的差距却在日益拉大。当一部分人依靠当今的发展模式"暴富"的同时，另一部分人被迅速地推向社会的底层。城市与农村、沿海地区与内陆地区的差距十分明显。

其二，对生态、自然环境的破坏日益扩大。伴随 GDP 增长的是生态危机的加剧。粗放型、高消耗的生产方式没有从根本上得以转变。高污染的工业生产不断在从世界各地转移到中国，中国人感觉到自己的生态容量已快接近底线。

其三，人日益成为"单向度"的消费机器。本来中国是比较重视精神因素的民族，中国人讲究"正己""内秀"，中国人追求"和谐"与"平衡"。但现在这一切都改变了。不少中国人都已把"消费主义"作为自己的生活准则，一心追求物质利益的最大化。

现在，各种思潮都企图为认识和解决这三大矛盾提供思想资源。但无疑，马克思主义哲学仍然是当今中国人民认识和解决这些矛盾的主要思想武器。马克思主义哲学在处于改革开放新起点上的中国有着不可估量的其他任何思潮都不能替代的现实意义。本文想就此谈点看法。

一

先说为认识和消除当今严重存在的人与人之间的矛盾，马克思主义哲学能够提供的理论武器。

严重的两极分化毕竟是个客观存在的事实。我们看到一些自由主义思想家和文化保守主义者都在"安抚"那些处于两极分化一极的广大"穷人"。在一些自由主义思想家的言辞中，富人与穷人的区别即是成功人士与失败者之间的区别，他们把富人称为"成功人士"，而把"穷人"称为"失败者"。在他们看来，穷人之所以"穷"，主要由于他们在激烈竞争中败了下来，他们没有把握住机会所以失败了。尽管他们没有说出来，但显然他们要对这些穷人说的话是：你们活该。而一些文化保守主义者则将传统儒学与佛学的一些理论经过他们"折射"后变成了纯粹的"天命论"，他们正用这种"天命论"向我们广大的穷人说教：一切都是命里注定的，你们"安贫乐道"、认命吧！

马克思主义哲学的研究者能容忍这些自由主义思想家和文化保守主义者这样去欺骗和愚弄我们的广大劳动人民吗？当然不能。我们必须用马克思为我们奠定的理论观点来说明这种两极分化为什么严重存在，以及为解决这种两极分化寻找出路。

两极分化的严重存在说明当今中国在公平方面出了问题。我认为马克思的公平观，即马克思关于"形式上的公平"与"事实上的公平"的论述，正是我们认识和解决当今中国严重的两极分化的思想武器。

马克思的《哥达纲领批判》一书集中反映了马克思的公平观。我们就根据马克思的这一著作来剖析一下马克思的公平观。

作为 19 世纪 70 年代即将合并的德国社会民主党的纲领草案的《哥达纲领》提出：劳动的解放要求把劳动资料提高为社会的公共财产，要求集体调节总劳动并公平分配劳动所得。马克思一看到这里的"公平分配"的字眼，马上发问道："难道资产者不是断言今天的分配是'公平的'吗？难道它事实上不是在现今的生产方式基础上唯一'公平的'分配吗？难道经济关系是由法的概念来调节，而不是相反，从经济关系中产生出法的关系吗？难道各种社会主义宗派分子关于'公平的'分配不是也有各种极不相同的观念吗？"① 马克思的意思是，《哥达纲领》所推崇的未来社会的"公平的"分配实际上正是当今资产阶级所实施的那种分配，资产阶级同样强调这种分配是"公平的"，而且这种分配原则是在现今的生产方式基础上，是唯一能推行的"公平的"分配原则。

马克思接着就对这种"公平的"分配进行了分析。他强调，在这里所说的平等的权利按其原则是"资产阶级法权"，虽然这种平等的权利从历史发展的角度看是"进步的"，但"总还是被限制在一个资产阶级的框框里"②。这里的关键是生产者的权利是同他们提供的劳动成比例的；所谓平等就在于以同一尺度——劳动——来计量。但是，一个人在体力或智力上胜利另一个人，因此在同一时间内提供较多的劳动，或者能够劳动较长的时间；而劳动，要当作尺度来用，就必须按照它的时间或强度来确定，不然它就不成其为尺度了。马克思说道："这种平等的权利，对不同等的劳动来说是不平等的权利。它不承认任何阶级差别，因为每个人都像其他人一样只是劳动者；但是它默认，劳动者的不同等的个人天赋，从而不同等的工作能力，是天然特权。所以就它的内容来讲，它像一切权利一样是一种不平等的权利。权利，就它的本性来讲，只在于使用同一尺度；但是不同等的个人（而如果他们不是不同等的，他们就不成其为不同的个人）要用同一尺度去计量，就只有从同一个角度去看待他们，从一个特定的方面去对待他们，例如在现在所讲的这个场合，把他们只当作劳动者，再不把他们看作别的什么，把其他一切都撇开了。"③ 马克思不但指出了劳动者在体力和智力上的差异，而且还指出了劳动者家庭情况的差异。一个劳动者已经结婚，另一个则没有；一个劳动者的子女较多，另一个的子女较少，如此等等。因此，在提供的劳动相同、从而由社会消费基金中分得的份额相同的条件下，

---

① 《马克思恩格斯选集》第 3 卷，人民出版社 1995 年版，第 302 页。
② 同上书，第 304 页。
③ 同上书，第 305 页。

某一个人事实上所得到的比另一个人多些，也就比另一个人富些，如此等等。

马克思在这里强调，这种按照劳动者的劳动来相应地进行"平等的"分配，实际上只是一种形式上的"公平"，因为它的"公平"只在于使用同一尺度来对待本来不同等的个人。这种形式上的"公平"实际上就是不公平。在马克思看来，即使是这种形式上的"公平"，即"用同一尺度去对待天赋本来就有差异的个人"，在资本主义社会中也不可能真正做到，因为在资本主义社会中"原则与实践"是"互相矛盾"的。而在"经过长久阵痛刚刚从资本主义社会中产生出来的共产主义社会第一阶段"，不可避免地还要实施这种"用同一尺度去对待天赋本来就有差异的个人"的分配原则，从而也不可避免地要承受由这一原则所带来的弊端。它与资本主义社会的区别之处只在于，"原则和实践在这里已不再互相矛盾"①。也就是说，在作为共产主义社会的第一阶段的社会主义社会，真正有可能实施按劳分配这一"公平分配"原则了。但从马克思的整个论述来看，马克思确实并不把这种形式上的"公平的"分配视为人类最高的精神境界，他所期望的是"事实上的公平"，即把个人体力与智力的差异以及个人家庭情况的差异也考虑在内的真正的公平。当然马克思深深地知道，即使在作为共产主义初级阶段的社会主义社会，也不可能完全做到这种事实上的公平，但是他提醒人们，在不可能完全做到事实上的平等而只能实施形式上的平等的情况下，人们一方面千万不能忘记这种形式上的公平的实质与弊端，另一方面又必须不断地创造条件向事实上的公平方向前进。

归纳一下马克思在《哥达纲领批判》中所阐述的公平观，有四个要点：

第一，在资本主义社会中所实施的公平原则，比起封建社会的等级制度来说，即从历史发展的角度看是"进步的"。

第二，在肯定在资本主义社会中所实现的公平原则具有进步作用的同时，必须看到这种公平不是"事实上的公平"，而只是"形式上的公平"，即它只是崇尚用"同一尺度"来计量。

第三，即使这种"形式上的公平"在资本主义社会中也不可能完全做到，事实上，资产阶级的"原则"与其"实践"有着尖锐的矛盾。

第四，人类真正所追求的崇高境界是"事实上的平等"，即把个人体力与智力的差异以及个人家庭情况的差异也考虑在内的真正的平等。

显然，按照马克思的公平观，主要由于我们在实施社会主义市场经济的过程中在以下两个方面做得不尽人意，才带来了如此严重的两极分化：

---

① 《马克思恩格斯选集》第3卷，人民出版社1995年版，第304页。

第一，没有充分认识到实施社会主义市场经济，就是要通过发挥社会主义制度的优势，不断地消除造成市场经济所奉行的"机会公平"等原则与"实践"之间发生冲突的因素，从而并没有使"机会公平"等原则完全付诸实现，在"原则"与"实践"之间并没有如马克思所说的那样"已不再互相矛盾"。

我们之所以要在"市场经济"前加上一个限制词，之所以强调我们是在社会主义的制度下实施市场经济，一个重要原因就是为了消除市场经济的"原则"与"实践"之间的矛盾。问题在于，我们在具体实施社会主义市场经济的过程中，忘记了"社会主义"这个前提，听任造成在资本主义社会中"原则"与"实践"发生尖锐冲突的因素在我们的社会里继续存在与发展。我们承认，我们当前的社会是马克思所说的带有旧社会痕迹的社会主义社会，而且实际上还处于社会主义社会的初级阶段。资本主义社会中的那些造成"原则"与"实践"发生冲突的因素不可能马上全部消除掉，它们还会起作用。具体地说，影响"机会公平"等原则实现的主要有两个因素：一是政治特权，即通过政治权力的滥用来不公平地猎取机会；二是生产资料的私人占有，即把对生产资料的垄断变成对机会的垄断。

第二，没有充分认识到实施社会主义市场经济，就是要通过发挥社会主义制度的优势，不断地创造条件从"形式上的公平"向"事实上的公平"发展，而是满足于"形式上的公平"，在进行分配时对个人的能力差异以及个人情况的其他方面的差异这一点顾及不够，把同一尺度使用在状况本来就完全不平等的个人身上。

事实上，马克思关于社会主义社会（处于社会主义初级阶段的社会）必须不能满足于"形式上的公平"而应向"事实上的公平"发展的思想还没有进入我们的视野。在"文革"中对"按劳分配"作为"资产阶级法权"加以批判所造成的恶果至今还使人心有余悸。可是按照马克思的公平观，"按劳取酬"是属于"资产阶级法权"这一点是毫无疑问的，那个时候的错误不在于对"按劳取酬"是属于"资产阶级法权"这一点的认定，而在于完全无视包括"按劳分配"在内的"资产阶级法权"的存在在一定的历史条件下有其合理性，消灭它必须有一个历史过程。时至今日，我们不能回避这一问题，面对"机会平等"这样的"形式上的平等"我们应持的正确态度一方面必须认识到它的公平尽管是"形式上的"，尽管在一定意义上它是属于"资产阶级法权"的范畴，但是即使在今天我们还需要它，它的存在的合理性还没有完全丧失掉；另一方面还须认识到它所体现的公平毕竟是"形式上的"，它毕竟属于"资产阶级法权"的范畴，现在已经有必要和有条件逐步限制它、超越它，使我们社会中的公平逐步成为事实上的公平。让人认识到"机会公平"只是"形式上的公平"这一点并不太困难，困难在于认识到这一点以后究竟如何对待。我们当然不能听之任之，也不能因为市场经济只是实施"形式上的公平"而重新设法消灭市场，正确的态度应当是通过制度设计或采取其他措施限制这种"形式上的公平"，向"事实上的公平"发展。现在为了消除"形式上的公平"的负面效应从而要求从根本上取消市场的声音虽然不时听到，但并不强烈，最可怕的是人们对这种"形式上的公平"的本质缺乏认识，对其已经产生和将会更加严重地产生的不良后果不加正视，而是持一种放任自流、听之任之的态度。

在知道了造成当今中国出现严重两极分化的根源究竟是什么以后，下一步如何消除这种两极分化的道路究竟在哪里自然也清楚了。

实际上，社会主义市场经济的确立，已经为我们消除两极分化奠定了基础。关键在于，我们能否真正按照不是一般的市场经济原则，而是按照我们所特有的社会主义市场经济的原则去做。消除两极分化的道路就是严格按照社会主义市场经济的原则去做的道路。社会主义市场经济所奉行的公平原则基本上是与马克思的公平观相吻合的，从而严格按照社会主义市场经济的原则去做的道路，也就是坚持马克思的公平观。

二

我们接下来再说为认识和消除日趋激化的人与自然之间的矛盾，马克思主义哲学能够提供的理论武器。

面对如此沉重的生态危机，人们都没有熟视无睹，而是提出了各种方案企图从这种危机中走出来。问题在于，这些方案真的能帮助人们消除生态危机吗？且看下述各种方案：

有的人企图通过将资本主义经济"非物质化"来解决所有环境问题。所谓"非物质化"（dematerialization）就是提高能源的使用效率，减少向环境倾倒废料的数量。将经济"非物质化"的途径就是通常所说的实施"低碳经济"，也就是说，使经济成为"低碳经济"。

有的人企图通过发展科学技术来解决所有环境问题。他们向人们灌输这样一种观点：只要技术改进能够提高效率，特别是能源利用效率，并且采用更良性的生产工艺，清除最严重的污染物，那么所有的环境问题都可以迎刃而解。

有的人企图通过把自然市场化、资本化来解决所有环境问题。持有这种观点的人坚持认为，"生态退化是市场化不彻底所带来的"，必须"在市场中内化外部成本"，因此他们主张通过赋予自然以经济价值并更加充分地把环境纳入市场体系之中，来解决所有的环境问题。

有的人企图通过道德改革、建立生态伦理来解决所有环境问题。一些人正在呼吁展开一场"将生态价值与文化融为一体的道德革命"，把拯救地球、消除生态危机寄托于人的思想观念的变革。

我们不否认上述所有这些企图消除生态危机的设想有其合理性，但无论是哥本哈根世界峰会所发生的一切，还是日益严重的环境恶化的事实都无情地告诉我们，仅仅指望通过上述这些途径来解决环境问题是徒劳的。当代西方最著名的"生态马克思主义者"J. B. 福斯特把上述所有这些途径和方法都称为在解决环境问题上的"幻想"，是有道理的。可以说，至今人类面对日益严重的生态危机，还没有找到真正能使自己从这种危机中走出来的思想武器。

那么，人类究竟到哪里去寻找这种思想武器呢？这种思想武器现成的就有，这就是马克思主义，就是马克思主义的唯物史观，就是从马克思的唯物史观所引出的马克思的生态世界观。马克思主义的生态世界观是当今世界唯一能指引人们消除生态危机，建设生态文明的思想武器。一部人已经认识到，其他的人也终将会认识到，唯有马克思主义才能承担起指引人们消除生态危机的重任。

马克思在《1844 年经济学哲学手稿》《共产党宣言》和《资本论》等著作中所阐述的生态世界观起码对我们有以下四点启示：

第一，人类社会究竟向何处去？人类究竟应当具有什么样的存在状态？人与自然之间的和谐相处在人类理想社会中究竟居于什么地位？对此，马克思的生态世界观已经做出了明确的回答。我们应当毫不犹豫地向着马克思所指引的方向前进。

既然在马克思那里，一方面人类属于物质世界的一个组成部分，人也是一种自然存在物；另一方面整个自然界"首先作为人的直接的生活资料，其次作为人的生命活动的材料"，变成了"人的无机的身体"，从而两者原本非但不冲突，而且有着不可分割的内在联系。人与自然界中的其他存在物的关系是伙伴关系，它们之间是完全平等的。理想的社会应当是人与自然和谐相处的社会。

马克思所说的理想社会不仅是一个人道主义的社会，而且也是一个自然主义的社会。把自然主义作为共产主义的一个主要特征，强调共产主义就是人道主义与自然主义的有机结合，是马克思的生态世界观的最根本之处。马克思明确地说道，这种积极的共产主义，"作为完成了的自然主义，等于人道主义，而作为完成了的人道主义，等于自然主义，它是人和自然界之间、人和人之间的矛盾的真正解决，是存在和本质、对象化和自我确定、自由和必然、个体和类之间的斗争的真正解决"。共产主义之下的社会，不再因为把私有财产制度和积累财富作为工业的推动力而被异化，"是人同自然界的完成了的本质的统一，是自然界的真正复活，是人的实现了的自然主义和自然界的实现了的人道主义"①。我们要永远记住马克思为我们所描述的这一理想社会的图景，永远不要忘记自然主义与人道主义的完美结合这一奋斗目标！

第二，我们正面临着生态危机，那么这一危机究竟对我们人类意味着什么？它究竟会把我们人类引向何处去？马克思的生态世界观能使我们充分认识到生态危机的本质，充分认识到生态危机对我们人类的危害的严重性。也就是说，马克思的生态世界观将使我们人类充分认识到人类社会究竟能否继续下去，就取决于当今人类能否跨过生态危机这个坎。

马克思的生态世界观一方面在"应然"的层面上展开的，即从人与自然相互关系的角度论述了理想社会究竟应当是怎么样的；另一方面又在"实然"的层面上展开的，即回到现实世界之中，揭露了现实世界中人与自然之间是如何对立的。

由于马克思是从哲学的高度，从本体论的高度阐述了人与自然对立的实质，阐述了生态危机的本质，从而我们也可以从根本上来认识生态危机的危害。

按照马克思的论述，生态危机将使我们人类丧失基本的生活要素，生态危机不消除我们人就不成其为人，就是非人。如果我们以牺牲自然环境为代价来获取那种富裕的生活，那么这样的生活由于以人与自然相对立为前提，从而根本谈不上什么幸福。按照马克思的论述，人无止境地侵犯自然，自然界也会对人类做出报复，其结果是人类社会必然毁灭。我们一定要以马克思的这些论述来警告自己，永远使自己处于如临深渊、如履薄冰的境地，永远记住我们人类实际上已危在旦夕。

第三，当今人类至关重要的是要知道生态危机究竟是如何造成的？是一些人所说的是由于科学技术、现代性、工业化本身造成的还是由其他原因造成的？生态危机是人类追求现代文明的一个必然归宿还是可以消除的？马克思的生态世界观最有价值之处是论述了生态危机是由资本主义的生产方式和生活方式，由资本主义的利润原则，由资本逻辑带来的。因此，生态危机并不是不可消除的，只要人类限制和消除资本逻辑，人类就可以走出生态危机。解决生态危机的最终出路就是变资本主义为社会主义。

马克思的生态世界观清清楚楚地告诉人们：人类消除生态危机、在人与自然之间建立起真正和谐的关系的最大障碍就是资本主义制度。资本的本性是与

① 《马克思恩格斯全集》第 42 卷，人民出版社 1979 年版，第 122 页。

自然根本对立的，只要资本的逻辑在这一世界上还畅通无阻，那么人类要走出生态危机就是缘木求鱼，一句空话。马克思的生态世界观对当今人类的最大启示就是如果不触动资本主义制度，要摆脱生态危机就只能是梦想。人类反对资本主义的理由不仅仅在于这是一个促使一些人残酷地剥削另一些人，造成人与人之间不平等的制度，也在于这是一个促使一些人无止境地盘剥自然，造成人与自然之间对抗的制度。

第四，当今人类究竟如何着手去消除生态危机呢？固然消除生态危机是一项综合工程，它需要各种因素综合地进行，但是其中最本质最核心是什么呢？由于马克思的生态世界观把生态危机的根源归结于资本主义制度，归结于资本逻辑，从而它就必然合乎逻辑地得出结论，消除生态危机就是一场反对资本主义的斗争，人类反对生态危机与反对资本主义应当是同步的。

由于马克思用以说明正是资本主义制度在破坏"新陈代谢"，导致了生态危机的理由是十分充分的，从而马克思对只有推翻资本主义制度、消灭资本主义私有制才能消除"新陈代谢断裂"，实现可持续发展的论证也是富有说服力的。我们必须记住：改变资本主义生产关系的过程就是"与资本主义利润原则彻底决裂的过程"，只有与利润原则相决裂，才能确保维护人类与自然之间健康的"新陈代谢"；废除异化劳动是解决"新陈代谢断裂"的必要条件，要把改变异化劳动与改变人与自然之间的对立关系结合在一起；"有计划性"是建立人与自然之间健康的"新陈代谢"关系的不可或缺的内容，一个实现了可持续发展的社会实际上就是人在自然界这一必然领域获得真正自由的社会，而这样一种社会的主要表现形式就是"有意识、有计划地加以控制"；把"让生产者联合起来"是实现可持续发展的关键，联合起来的生产者才能合理地调节他们和自然之间的新陈代谢；解决所有制问题，即变资本主义私有制为社会主义公有制是消除"新陈代谢断裂"，实现可持续发展的前提。任何反对生态危机的斗争都必须紧紧地与反对资本主义结合在一起的，反对生态危机与反对资本主义是同步的，建设生态文明与建设社会主义也是一致的。

三

最后我们说一下为认识和消除正折磨人的人自身内部的各种需求、功能之间的矛盾，马克思主义哲学能够提供的理论武器。

对于当今人们正日益成为"单面人"，即只是从满足自己的物质方面的贪欲这一维度来发展自己这一点，一些学者，特别是一些自由主义经济学家非但不加以指正，而且还想方设法推波助澜。由此造成人的生存的意义是不是仅在物质领域就能全部实现，还是必须从各个方面满足自己，在追求全面满足中来实现自己的意义，这一问题越来越尖锐地摆在人们面前。

沧海横流，方显英雄本色。马克思的关于人的全面发展理论在这一事关人类究竟应当如何活下去的关键时刻，显得具有特别重大的意义。

马克思是通过对人的本质的各种精辟的阐述，引出人的生存的意义就在于全面发展的结论的：

马克思曾把人的本质归结为是自由自觉的活动，即作为目的本身的消遣性的劳动。马克思强调，如果人类要沿着使人的本质——劳动得以实现的方向发展自己，就应该使自己从旧的分工体系中解脱出来，自由地选择自己的职业，全面地发展自己的爱好和天赋。这里关键的是要在劳动的过程中，注意形成自己全面的、综合的劳动能力。这种劳动能力的全面性，可以从两个不同的角度概括：一是概括为物质生产能力、精神生产能力和人自身生产能力；二是概括为人与自然发生关系的能力、人与社会发生关系的能力和人自己与自己发生关系即自我调控的能力。马克思则把这种实现人的劳动这一本质所要求的人的能力的全面发展，直接表述为"全面发展自己的能力"、"发挥他的全部才能和力量"、"人的全部力量的全面发展"等。马克思在《资本论》中这一段耳熟能详的话可以视为什么是人的全面发展的最经典的论述："我有可能随我自己的心愿今天干这事，明天干那事……但并不因此就使我成为一个猎人、渔夫、牧人或批判者。"①

马克思也曾提出人的本质是社会关系的总和。马克思这是从社会性的角度规定人的本质。马克思说："人的本质不是单个人所固有的抽象物，在其现实性上，它是一切社会关系的总和。"② 马克思关于人的本质的这一著名的论断不但告诉我们，人的本质存在于人的社会关系之中，而且也向我们揭示这里所说的"社会关系"是一个全面的、综合的、外延广泛的概念。也就是说，作为人的本质存在的根基的"社会关系"，包括了与人生存和发展相联系的一切历史的、现存的、自然的、社会的条件和关系。既然如此，人的社会特性的充分实现，完全有赖于人的社会关系的全面生成，即人的社会特性的充分发展与人的社会关系的全面生成相一致。马克思说："个人的全面性不是想像的或设想的全面性，而是他的现实关系和观念关系的全面性。"③ 这样，马克思从把人的本质规定为"社会关系的总和"出发，推论出人的发展离不开社会关系的充分丰富与

---

① 《马克思恩格斯全集》第3卷，人民出版社1960年版，第37页。
② 《马克思恩格斯选集》第1卷，人民出版社1995年版，第56页。
③ 《马克思恩格斯全集》第46卷（下），人民出版社1980年版，第36页。

全面占有。

　　马克思又曾强调人的本质是人的自然属性、社会属性和精神属性的统一。人的自然属性指人的天赋，它包括智力和体力两个方面。人的社会属性和精神属性则构成人的个性的基本内容。既然人的本质是这三种属性的统一，从而要实现人的本质则务必应使这三种属性全面地得以发展。这就是说，不但要使作为人的自然属性的两大组成部分的体力和智力都得到自由而充分的发展，而且更要使另外两种属性也相互协调地展示和强化。后两种属性的全面发展是与人的个性的全面发展紧密联系在一起的，它们构成了人的全面发展的综合表现和最高指标。从马克思从三种属性的统一的角度规定人的本质的思路不难得出结论，人的全面发展的根本特征，不仅体现在脑力劳动与体力劳动的结合上，也体现在高度政治觉悟和科学文化知识的结合上。换言之，人的完整本质的多方面的自由的发展和发挥，就是对人的肉体和精神上的异化的扬弃，就是对人的体力、智力和道德上的片面发展的克服。

　　马克思还曾把人的本质与人的需求联系在一起。马克思认为"他们（指人——引者注）的需要即他们的本性"[1]。按照马克思的论述，需要是人内在的、本质的规定性，是人的全部生命活动的动力和根据。因此需要的满足程度直接涉及人的本质的实现程度。而无疑，人的需要是全面的、综合的和多层次的，所以，为了实现人的本质，不仅要在广度上而且应在深度上满足人的需要，即应全面地、综合性地、多层次地满足人的需要。马克思把人的需求概括为生存需求、发展需求和享乐需要，认为它们共同构成一个开放的动态系统。如果细分一下，可以把人的需要列为 6 个不同的层次：生存需要、情感需要、服务需要、社会需要、享受需要和发展需要。它们都是人的基本需要，既属个人，也属群体、社会以及整个人类。人的全面发展当然包括人的所有这些需要的全面满足与发展，其具体趋向是不断丰富和理性化。

　　上述是马克思关于人的本质的各种论断以及由此引发的他对人的发展的思考。从中我们可以领悟到，马克思所说的人的发展的基本内涵就在"全面"两字上。不管你从什么样的角度去规定人的本质，所看到的人都是具有无限丰富性的总体的人。从而不管你从什么样的角度去探讨人的发展，所得出的结论只能是：人的发展的第一个要求就是它的全面性，即使人的各个方面、各个层次兼容并包地、铢两悉称地、相互协调地得以发展。

　　正因为马克思对人的生活的基本要求是全面性，从而他对资本主义社会只

---

[1] 《马克思恩格斯全集》第 3 卷，人民出版社 1960 年版，第 514 页。

是从物质需求方面来满足人，即对资本主义社会中的消费主义提出了尖锐的批评。有些人总认为马克思之所以要批判和推翻资本主义，只是因为这一社会中的工人阶级和广大劳动人民处于贫困状态、物质需求得不到满足，只是因为这一社会的财富分配的不公正。这样去理解马克思对资本主义社会的批判有一定的根据，但肯定带有肤浅性和片面性。实际上，马克思对资本主义的批判主要在于这一社会一方面使人的劳动堕落成为被迫的、异化的、无意义的劳动，另一方面又把人引向成为一种只知道物质消费的"残废的怪物"。

资本主义社会是个异化的世界，马克思非常清楚地看到了在这个异化的世界中人的欲望和需求究竟变成了什么。在异化了的资本主义世界中，欲望不是人的潜在力量的表现，也就是说，欲望不是人的欲望。他这样揭露说，在资本主义条件下，"每个人都千方百计在别人身上唤起某种**新的**需要，以便迫使他做出新的牺牲，把他置于一种新的依赖地位，促使他进行新花样的**享乐**"，在这一社会中，"产品和需要的范围的扩大，成为对不近人情的、过于讲究的、违反自然的和**想入非非**的欲望的**精心安排的**和总是**考虑周到的**迎合"，为了达到自己增加财富的目的，"工业的宦官投合消费者的卑鄙下流的意念，充当消费者和他的需要之间的皮条匠，激起他的病态欲望，窥伺他的每一个弱点，以便然后为这种亲切的服务要求报酬"。① 马克思在这里对资本主义社会如何从维护自身利益出发强行把对物的需求变成人的主要需求，即异己的本质力量的分析确实十分深刻。

马克思批判资本主义社会把人歪曲成经济动物，当然他所希望建立的社会主义社会的基本要求是把人从那种使人变成物，特别是变成消费动物的状态中解放出来。但一些人在曲解马克思对资本主义社会的批评的同时，又错误地理解马克思所要建立的社会主义的真正内涵。正如"西方马克思主义"理论家弗洛姆所指出的："对马克思的这种看法进一步把马克思的社会主义天堂描绘成这样一种情景：成千上万的人听命于一个拥有至高无上权力的国家官僚机构，这些人即使可能争取到平等地位，可是牺牲了他们的自由；这些在物质方面得到满足的'个人'失去了他们的个性，而被变为成千上万个同一规格的机器人和自动机器，领导他们的则是一小撮吃得更好的上层人物。"② 在弗洛姆看来，社会主义是要消灭妨碍尊严生活的贫困，但不能由此推论出社会主义的目的就是满足消费。他说："我们决不能把这样两个目标混淆起来，一个是要克服妨碍尊严生活的赤贫，另一个是不断增长消费，后一目标对于资本主义和赫鲁晓夫来

---

① 马克思：《1844年经济学哲学手稿》，人民出版社1979年版，第85—86页。黑体是引者所加。
② 弗洛姆：《马克思关于人的概念》，《西方学者论〈1844年经济学哲学手稿〉》，复旦大学出版社1983年版，第21—22页。

说具有最高价值。马克思的立场是十分清楚的：既要征服贫困，又要反对把消费作为最高目的。"① 应当说，弗洛姆对马克思所提出的社会主义内涵的理解基本上是正确的。确实，按照马克思的原意，人类之所以要搞社会主义，并不仅仅在于使人们都拥有昔日的资本家所拥有的那么多的财富，使人们都过着穷奢极欲、金玉满堂、纸醉金迷的生活，社会主义与资本主义确实是两种根本对立的社会制度，在这两种制度下的人的生活方式也迥然有别，社会主义决不把最大限度地进行消费作为自身的目的。社会主义必须消除有损人的尊严的贫困，但并不能因此得出结论社会主义就是为了获得富裕，社会主义社会决不像资本主义社会那样，把人引向一种只知道从物质方面来满足自身的"经济动物"。社会主义不是为了使资本主义条件下的生活方式更顺利地发展下去，而是旨在创建一种新的生活方式。

中国从"以阶级斗争为纲"演变为"以经济建设为中心"，这是历史的选择，时代的进步。但实施"以经济建设为中心"必须以马克思主义人的全面发展理论为指导。如果真正欲用这一理论来加以指导，那起码得做到以下两点：

其一，在强调"以经济建设为中心"时，不要忘记经济建设仅仅是手段，它是为人的全面发展服务的，是为满足人民不断增长的物质生活与精神生活的需要服务的。应使经济的发展惠及广大人民群众的全面发展。

其二，在强调"以经济建设为中心"时，不要忘记尽管经济发展是满足广大人民群众物质生活与精神生活的基础，在一定意义上说是主要的手段，但为达到人的全面发展这一目的还应有其他手段，因此必须让经济发展这一主要手段与其他手段相互协调、相互配合。

上面我们把"处于改革开放的新起点"，理解成正在面临日益加剧的人与人之间、人与自然之间、人自身内在的各种需求和功能之间的矛盾，与此同时，我们又论证了马克思的公平理论、马克思的生态世界观以及马克思的人的全面发展理论乃是帮助人们正确认识和消除这三大矛盾的思想武器。需要说明的是，在马克思主义丰富的理论宝库中，能够为我们认识和消除这三大矛盾提供启示作用的何止这三方面的理论，我们在这里仅是以这三个方面的理论作为例证加以说明。我们期望着马克思主义哲学界有更多的学者在用马克思主义哲学之"矢"去射中国现实之"的"方面做出更加富有成效的工作。我们相信我们在这里所做的仅仅是抛砖引玉而已。

---

① 弗洛姆：《马克思关于人的概念》，《西方学者论〈1844 年经济学哲学手稿〉》，复旦大学出版社 1983 年版，第 51 页。

关于意识形态问题的一些看法

逢先知

【作者简介】逢先知，1950 年 3 月，从华北人民革命大学调中共中央书记处政治秘书室（后改为中央办公厅秘书室）工作。从 1950 年 11 月到 1976 年 5 月，任田家英的秘书，同时负责管理毛泽东的图书工作。期间，1955 年至 1958 年在中共中央政治研究室工作。1977 年至 1979 年，在中国科学院政策研究室工作。1980 年 1 月，调中共中央文献研究室，先后任毛泽东研究组负责人、室务委员、室副主任、常务副主任，1991 年任室主任。2002年离休。1983 年评为编审。长期从事毛泽东生平和思想研究。先后参加《毛泽东选集》（1—4 卷）和《邓小平文选》（1—3 卷）的编辑工作。主编《毛泽东年谱（1893—1949）》3 卷，共同主编《毛泽东年谱（1949—1976）》6 卷、《毛泽东传（1949—1976）》2 卷。合著《毛泽东和他的秘书田家英》《毛泽东的读书生活》等回忆和研究毛泽东的作品。在《人民日报》《光明日报》《求是》杂志等报刊发表过一些关于毛泽东思想、中国特色社会主义理论以及中共党史和党建方面的文章。

一

当前意识形态领域的情况非常复杂，相当严峻。多少年来，邓小平同志批评的一手硬一手软的问题没有解决。马克思主义、反马克思主义之间的斗争，从来没有停止。有这样一种趋势，资产阶级自由化的势头，不但没有减弱，反而在增强。马克思主义者常常处于守势，处于被动地位，甚至失掉话语权。右的势力越来越猖狂，矛头直指共产党、党的领袖和社会主义制度，达到肆无忌惮的程度。有人竟敢于冒天下之大不韪，公开发表汉奸言论，称汪精卫为"真正的英雄"，把爱国主义者称之为"爱国贼"。我们有些思想阵地并不巩固，甚至在一个一个地丢失。高校的问题应当引起高度注意。有些高校教师可以在讲堂上公开发表反对马克思主义、反对共产党的言论，经济学、政治学、社会学等只讲西方的。这样下去，很危险。历史经验证明，出事往往从高校而起。高校又是培养将来的各级领导干部的摇篮，培养将来掌握国家权力的人。高校情况如何，决定于领导班子是否掌握在马克思主义者手里，而教师又是直接影响学生思想状况的关键因素，因此高校教师的选用、聘任应当严格把关，实在不行的停止聘用。

上述情况，是长期形成的，冰冻三尺非一日之寒。长期以来，只强调反"左"，反"左"是对的，但忽视了反右，甚至对右的东西听之任之。对所谓"新西山会议"中那些公开反对共产党领导的露骨言论，却可以容忍，置之不理；有的刊物专门同共产党对着干，连篇累牍地发表反面文章，制造舆论，蛊惑人心，造成极坏影响，却长期拖着不去解决。对这类问题，党和政府早就应该管了。对一些严重错误的言论，你越容忍，他就越放肆。

党的十八大以来，出现了重大转机，情况开始扭转。习近平同志关于意识形态问题的重要讲话和批示，广大党员干部，马克思主义者，受到鼓舞，增强了信心，看到了希望。

二

有一些混乱的观念，应当予以澄清。举几个例子。

（1）把马克思主义的阶级观点、阶级分析方法同"阶级斗争为纲"混淆起来。现在，谁讲阶级斗争、阶级分析，就给你扣上"阶级斗争为纲"的帽子。这个问题要澄清。在社会主义社会里，阶级斗争还将在一定范围内长期存在，在某种条件下还可能激化。既要反对把阶级斗争扩大化的观点，又要反对认为阶级斗争已经熄灭的观点。这是写入了宪法和党章的，写进了第二个《历史决议》。从邓小平同志到江泽民同志也一直是这样讲的。阶级斗争，特别是意识形态领域里的斗争，必将长期存在。这是客观事实，不是哪个人主观想出来的。害怕讲阶级斗争的人，有一些可能是因为过去受过不公正待遇、受到过阶级斗争扩大化的冲击。但有一些人，恰恰自己就是搞阶级斗争的。他天天在那里搞阶级斗争，却不许别人讲阶级斗争。承认阶级斗争在一定范围内存在，同"阶级斗争为纲"是有原则区别的。"阶级斗争为纲"是把阶级斗争作为社会主义社会的主要矛盾，同以经济建设为中心的政治路线相对立；而且把阶级斗争扩大化、绝对化，把不属于阶级斗争的问题也当作是阶级斗争。这是完全错误的，应当批评。坚持以经济建设为中心毫不动摇，同时又承认在一定范围内将长期存在阶级斗争，这样的认识和提法才是全面的。

（2）把人民民主专政同依法治国对立起来。任何国家都是实行专政的。问题在于谁专谁的政。是少数人专多数人的政，还是多数人专少数人的政，性质是不同的。美国不实行专政吗？对于占领华尔街、反对金融寡头的广大穷人，它毫无顾忌地动用武力进行清场。这就是专政。我们国家实行的是人民民主专政，就是在占人口绝大多数的人民内部实行广泛的民主，对严重危害国家和人民利益的极少数敌对分子实行专政。它是保障国泰民安不可缺少的武器。所以说，人民民主专政并不理亏，要理直气壮地讲。人民民主专政是我们的国体。依法治国是人民民主专政的内在要求，它为实行人民民主专政提供法律保障。人民的民主受到法律的保护，对危害国家和人民利益的敌对分子，依法给以制裁。两者相辅相成，并行不悖。

（3）把真左和假左（即带引号的左、极左）混淆起来。左，是革命的，进步的，马克思主义的；"左"是非马克思主义的，甚至是反马克思主义的。现在是左、"左"不分。左派，在一些人那里成为贬义词，受到压制和攻击。谁讲马克思主义，讲革命传统，就说你"左"，让你抬不起头来。"文化大革命"中是宁"左"毋右，改革开放以后，又出现了一种宁右毋左的倾向。连人民民主专政都被人当成是"左"的东西。谁对错误的言论进行批评，谁就被扣上搞"文革大批判"的帽子，遭到围攻。

（4）把邓小平同志提出的"不争论"扩大化、绝对化，歪曲了邓小平的思想。邓小平同志提出的"不争论"，是针对具体问题而说的。在大是大非面前，他非常坚定，一点儿也不含糊。他说，要理直气壮地坚持四项基本原则。针对资产阶级自由化思潮，邓小平同志旗帜鲜明地指出："某些人所谓的改革，应该换个名字，叫作自由化，即资本主义化。……我们讲的改革与他们不同，这个问题还要继续争论的。"[①] 有人大讲"不争论"，结果是马克思主义者的手脚被捆住，右的错误言论大行其道。还有一个所谓"不炒热"的问题。这要看什么情况，不能一概而论。有些问题可以这样做，有些问题就不能这样做。比如对党和党的领袖进行造谣诬蔑的，就要澄清，不能怕"炒热"而置之不理。人家早就把谣言炒热了。谣言不胫而走，搞得沸沸扬扬，以讹传讹，信谣的人越来越多，造成了极其恶劣的影响。这就不能以怕"炒热"而束缚了自己，就要理

---

① 《邓小平文选》第3卷，人民出版社1993年版，第297页。

直气壮地拿事实进行辟谣。凡是这样做了的，都收到好的效果，谣言销声匿迹。

三

面对现在的情况怎么办？首先要同以习近平同志为总书记的党中央保持高度一致。前面我说过，习近平同志担任总书记以后，意识形态领域的情况，在很大程度上得到扭转，已经见到成效，方向明确了，坚定了马克思主义者的信心。习近平同志的讲话非常精彩，有的放矢，观点鲜明，很有说服力。不仅有理论深度、文化底蕴，言语又生动活泼，分寸掌握得恰到好处。他的讲话，结合新时代的特点，继承了毛泽东、邓小平等老一辈革命家一切优秀遗产和宝贵经验；继承了党的优良传统，发扬了党的正气；同时又汲取了中华文化的精华，是马克思主义与中国实际相结合的最新成果。他的系列讲话，是治党治国的指导思想，当然也是进行意识形态领域斗争的指导思想和有力武器。我们要认真学习和大力宣传习近平同志的系列讲话，并以此来统一大家的思想。

意识形态领域的斗争是长期的，对此要有充分的思想准备。不能太天真。鲁迅的话，"战斗正未有穷期"。现在情况虽然有所好转，但并不巩固，斗争不会停止，会长期较量下去。树欲静而风不止。国际上的斗争同国内的斗争又是相呼应的。毛泽东同志早就指出，意识形态领域的斗争是长期的。邓小平同志也强调指出，反对资产阶级自由化要贯穿于整个现代化的过程中。毛、邓的这些思想都被实践证明了。

在意识形态领域的斗争中要主动出击，打主动仗，改变过去多年来的被动处境。旗帜要鲜明，观点要鲜明，"不要含含糊糊，遮遮掩掩"。如果自己都理不直气不壮，腰杆不硬，旗帜不鲜明，谁还会跟你走？斗争一定要讲究方法。主要是摆事实，讲道理，拿捏好分寸，以理服人。不随意上纲上线，不搞大批判式的批评。不论是写文章还是发表讲话，要着眼于绝大多数的中间力量，使他们能接受；集中批评那些攻击诬蔑共产党、党的领袖和社会主义，危害人民政权的极少数人。意识形态领域的工作，归根到底是争取人心的工作。毛泽东同志说："人心就是力量。"习近平同志进一步强调："人心是最大的力量。"一些西方国家在发展中国家搞"颜色革命"，也是先大做舆论工作，影响和争取人心。它们掌握和利用强大的高科技的舆论宣传工具，进行文化和价值观的思想渗透，做到一定程度就发动"颜色革命"。

意识形态问题不是孤立的。它既密切联系政治问题，又密切联系经济基础问题。意识形态领域的斗争，往往发展成为政治斗争，最后会导致政权的争夺。意识形态对经济基础有重要的反作用，但归根到底决定于经济基础，适应经济基础。有什么样的经济基础，就有什么样的上层建筑、什么样的意识形态，并为经济基础服务。这是不以人们的意志为转移的客观规律。现在各种错误思潮泛滥，固然同我们的思想宣传工作不力有关，但更重要的是经济基础发生了重大变化。拿国有经济来说，它的总产量只占经济总量的 25%，只占出口贸易额的 11%，非国有企业反成为外贸出口的主力军。国有经济是不是处于主导地位都成问题，怎能保证主体地位。一些人还在极力鼓吹"民进国退"，谁讲"国进民退"就受到围攻。也有人想把"混合经济"这种合法形式，作为推行私有化的途径。另一方面，则拼命抹黑国有企业，把国企说得一无是处。这是不公道的，别有用心的。我们这三十多年经济起飞，是靠国企打下的基础、创造的种种基本条件。真正能同外国资本进行竞争的也是国有大企业。国企需要改革，是改掉国企本身的毛病，使之更有效率，更健康更壮大。有什么问题就改什么，不能借机搞私有化。国企是全国人民的财产，不能轻易一卖了之，化公为私。邓小平同志从实行改革开放那天起，就一直强调必须以公有制为主体。这是非常重要的，必须坚持。现在我们国家的国企经济所占比例，还不如有些西方资本主义国家。经济基础发生了重大变化，加上西方文化、价值观的大量涌入，就出现了今天思想领域的情况。

在思想宣传工作中，应当如实地、系统地宣传新中国成立后的前 30 年各方面取得的成就，特别是建设方面的成就（如基本建设，水利建设，科学技术等等）。这方面的宣传很不够。一些别有用心的人就专门抹黑前 30 年的历史。使得人们一提到前 30 年，就是讲反右、"大跃进"、"文化大革命"，就是一个运动接着一个运动，好像什么好事都没有做。为了证明改革开放的必要性，就贬低前 30 年，造成很大的负面影响。那些没有亲身经历过新旧社会两重天对比的人们，很容易接受这种宣传。与此相关联的，有一种情况值得警惕，就是"民国热"。有人流露出对旧中国的留恋之情。有人替蒋介石翻案，把蒋介石作为正面人物来评价，拿蒋介石日记做文章，声称要改写近代史。这是历史虚无主义的一种赤裸裸的表现。

中国红色文化研究会作为党在意识形态领域中的一支力量，要坚定不移地遵循和宣传习近平总书记关于意识形态问题的系列重要讲话和批示精神，团结和不断扩大自己的队伍，发挥自己的作用。

"普世价值"的理论误区和制度陷阱

侯惠勤

【作者简介】侯惠勤，安徽安庆人，教授，博士生导师。中国社会科学院国家文化安全与意识形态建设研究中心主任、马克思主义研究院原党委书记；中央实施马克思主义理论研究和建设工程首席专家，中国历史唯物主义学会会长；国家社会科学基金评审委员、国家出版基金评委、中宣部"四个一批人才"评委；中国社会科学院"马克思主义发展史"重点学科带头人。1993年起享受国务院"政府特殊津贴"。先后主持中央马工程重点教材《马克思恩格斯列宁哲学经典著作导读》，全国博士生公共课《中国马克思主义与当代》，国家重大委托课题"意识形态领导权、管理权、话语权研究"，国家社会科学基金重大委托课题"危机中的当代资本主义研究"，国家社会科学基金重大招标课题"社会主义核心价值体系引领多样化社会思潮"及国家社会科学规划重点项目1项、一般项目4项、中国社会科学院重大项目3项等。曾获"第七届中国社会科学院优秀科研成果奖"二等奖、"第八届中国社会科学院优秀科研成果奖"三等奖、"第九届中国社会科学院优秀科研成果奖"三等奖及江苏省人民政府颁发的"江苏省哲学社会科学优秀成果奖"一等奖1次、二等奖2次。在《人民日报》《光明日报》《求是》《中国社会科学》《哲学研究》《历史研究》《马克思主义研究》等报刊上发表学术论文近200篇。

自 2008 年 "普世价值" 突然间在我国热炒至今，有许多人从原来对这一问题的云遮雾盖，通过舆论斗争和历史经验的双重学习，已经开始心中有数。但也仍有一些人，对于围绕其中的重大意识形态斗争还是若明若暗、不甚了了。为了巩固我们已经取得的思想成果，在重大理论是非上保持头脑清醒、认识统一，进一步维护国家意识形态安全，有必要对这一重大政治思潮进行再清理。

一 围绕"普世价值"的斗争本质上不是有无共同人性、有无人类共同价值追求的抽象争论，而是关于资本主义制度是否具有普世性和永恒性、中国是否要改旗易帜搞"全盘西化"的重大政治是非

尽管"普世价值"最容易把水搅浑、把思想搞乱的秘方是共同人性，但我们在观察这一现象时，首先还是要抓住其本质和要害。必须明确，"普世价值"之争不是思想上、学术上关于人类有无共同人性、有无价值共识争论的继续，也不是历史上关于抽象人性论和人道主义问题争论的简单延续，而是反共的意识形态在特定的历史节点、针对特定的现实对象展开的思想渗透，是新的历史条件下我国意识形态斗争的突出表现。

"普世价值"思潮在中国泛滥，发端于 2008 年。这一历史节点的契机在哪儿？自诩为"零八宪章"而实为对中国"和平演变"纲领的一篇网文，以极其鲜明的政治立场作了明白无误的说明："今年是中国立宪百年，《世界人权宣言》公布 60 周年，'民主墙'诞生 30 周年，中国政府签署《公民权利和政治权利国际公约》10 周年。"可见，这一历史节点的特殊性就在于聚焦"宪改"，即国家根本制度的变革。"自由、平等、人权是人类共同的普世价值；民主、共和、宪政是现代政治的基本制度架构。抽离了这些普世价值和基本政制架构的'现代化'，是剥夺人的权利、腐蚀人性、摧毁人的尊严的灾难过程。21 世纪的中国将走向何方，是继续这种威权统治下的'现代化'，还是认同普世价值、融入主流文明、建立民主政体？这是一个不容回避的抉择。"这就是说，在中国实行改革开放 30 年后，西方及其在中国的同伙自认为全面颠覆我国根本国家制度的时机已经到来，条件已经成熟，依据就是自由、民主、人权已经作为"普世价值"深入人心，以此为现代国家政治制度的架构已经作为"普世模式"获得广泛认同。因此，以"普世价值"来根本扭转中国改革开放的方向，颠覆以共产党领导为本质特征的中国特色社会主义制度，迫使中国的改革通过"建立民主政体"而回归西方主流文明的政治版图，适逢其时。

不难看出，"普世价值"本质上是体现了西方国家制度精神的核心价值观，是西方在今天"西化"、"分化"我国的思想武器，其针对性就是"中国特色"，理论依托就是西式民主制度。"普世价值"所力图渲染的一统价值就是，现代化道路只有一条，现代国家的构架只有一种，核心价值观当然也只有一个，那就是已经定型的资本主义制度及其核心价值。所以，走"普世价值"之路，就是走"全盘西化"之路，就是从制度上照搬西方。

对于我们做出的这个判断，甚至"普世价值"的鼓吹者也不否认。他们承认："1979 年的新版《辞海》和 1986 年的《简明不列颠百科全书》都没有收入'普世价值'这个词条，可见这个词是近几年才兴起的。"他们认为："批判普世价值的人士所反对的，不是普世价值这个概念，甚至也不是自由、民主、平等、人权这些价值理念；他们所反对的，是根据这些价值理念来设计和建设的制度。他们反对按照自由、民主、人权等价值理念来改革政治体制和社会体制。这才是问题的本质所在。"① 所以，观察"普世价值"问题，首先要拨开笼罩在其上的迷雾，还原其本来面目。

然而，"普世价值"一旦还原为政治价值，其"人类共同价值"之表与资本主义国家制度之实的矛盾马上就暴露无遗了。如果说，仅停留在道德精神层面，抽象地讨论自由、民主等的普遍价值还有迷惑性的话，那么一旦进入了政治实践领域，这种"普世性"就马上化为乌有了。尽管在今天，西方意识形态把国家理论搞得十分混乱，但仍无法否定马克思主义关于国家虽然也执行公共管理职能，但本质上是阶级统治的工具这一理论；也无法否认一个基本事实，即国家是有阶级性的，任何国家制度的设计虽然要调和各方利益，但都有需要加以特别维护的主导利益。

历史证明，政治实践领域无"普世价值"，没有一种国家制度是各国都适用的"普世模式"。是走消灭阶级、消灭剥削、共同富裕的社会主义、共产主义之路，还是走维护资本统治、维护两极分化的资本主义道路，两条道路不可调和；是坚持共产党领导的、工农联盟为基础的人民民主专政的国家制度，还是搞政党轮替、三权分立、投票民主的虚假民主，两种制度不容混淆；我们经过长期探索，成功地走出了一条区别于西方现代化的中国特色社会主义道路，正在逐步定型、完善的制度也在不断展示出更加优越的广阔前景，历史成就不容否定。

还要看到，政治实践领域的价值导向都是具体的、可直接观察和检验的，空谈超阶级、超时代的人类价值无法改变现实。几百年来资本主义国家尽管不断进行调整，但改变不了基本的利益格局，即资本收益率远高于其经济增长率

---

① 杜光：《试析"批温高潮的来龙去脉"》，《中国论坛》2010 年 7 月 15 日。

和下层人民的收入增长的两极分化格局，形式上的票决而实际上的金钱和利益集团操控的钱主政治格局，以及因人和人社会交往关系的物化而造成的人的异化格局，这些都是无法用"普世价值"掩盖的事实，也宣告了把资本主义制度普世化的破产。

二　"普世价值"在人性问题上的思想错乱：试图从人的天性中推论出资本主义制度的普世性和永恒性，从而造成了抽象人性论和具体资本主义制度设计间不可弥合的思想断裂

"普世价值"之所以成为资产阶级意识形态的一个核心理念，就因为它是其历史观和价值观的浓缩，并因而奠立了其制度的道义基础。这个理念概括起来就是，资本主义是合乎人的天性的自然产生的社会制度，因而是不可抗拒和不可超越的。因此，尽管"普世价值"本质上是政治信条和政治思潮，但其保护色却是抽象人性论。我们虽然不必纠缠在抽象人性论的争论中，但不能不揭露"普世价值"利用抽象人性论进行包装而产生的不可弥合的思想谬误和逻辑断裂。

什么是人的天性，历来众说纷纭。马克思主义已经充分论证人的天性并不是动物性，而是由生产力和生产关系矛盾运动所开辟的文明进化趋势，由此决定了人的发展方向和人性的形成规律，这就是人类通过劳动而自我创造、自我生成的历史前景，在不断地把自在之物转化成为我之物中真善美的不断积累。这样，所谓的人的天性就不是既有的、不变的，而是历史地变化发展的；历史有方向，就是不断地随着生产力的发展从较低级的社会形态向高级社会形态的进步；人性的变化也有方向，就是随着生产力和人的发展而不断地脱离动物性、体现个性的自由全面发展。关于这点，连西方舆论也不能轻易否定。

这样，当西方意识形态试图用人的天性论证其制度的普世性时，就不可避免地陷入了种种思想混乱中：其一，把特定历史条件下的人性当作永恒不变的人性，从而否定了人性不断趋向真善美的演进趋势。实际上，资本主义条件下的人性，体现了资本主义生产关系的性质，体现了人格化资本的本性，无疑只能是人类历史发展中的阶段性人性。马克思早就一针见血地指出，资本主义鼓吹的"这种'自由的人性'和对它的'承认'不过是承认利己的市民个人"。"正如古代国家的自然基础是奴隶制一样，现代国家的自然基础是市民社会以及市民社会中的人，即仅仅通过私人利益和无意识的自然必然性这一纽带同别人发生联系的独立的人，即为挣钱而干活的奴隶，自己的利己需要和别人的利己需要的奴隶。现代国家通过普遍人权承认了自己的这种自

然基础本身。"① 毫无疑问，人类发展在不断地突破现存的社会形态和社会关系的同时，也会不断地突破现存的人性"样态"。因此，要依靠把这种利己的市民视为"最后之人"，将其所表现出的人性视为"永恒人性"去证明资本主义的不可超越，的确只能证明了今天的资本主义极其虚弱和在道德资源及精神创新力方面的枯竭。

其二，把特定历史条件下的人性视为同质化的单一人性，从而否定了具体历史条件下人性的内在矛盾及其变化发展的必然性。资产阶级意识形态总是把自己虚构的单一人性作为制度设计的依据，如将"天赋人权"作为个人权利本位和国家"契约论"的依据，而"经济人"的假设是其经济制度设计的依据，"无赖"假设是其政治制度和法治国家的设计依据等。但实际上，一定历史条件下的具体人性总是多重性的，其在阶级对立的社会还具有内在的对抗性。例如，同样是从资本主义条件下的个体出发，费尔巴哈却作出了人的本质不是个体性，不是单一有限的自我，而是相互需要、喜欢交往、具有无限性的"类"本质的结论；同样是从抽象的人性论出发，费尔巴哈却得出人性不是自利性，人的最高价值不是利己主义，而是建立"类生活"共同体、实现"社会主义、共产主义"这样一些和当时主流意识形态相反的判断。这说明，现实的人性不仅是多重性的，而且是相互冲突的，这种冲突是现存社会关系对抗性的表现。费尔巴哈的错误不在于对人性的判断没有根据，而在于试图依靠人性的力量达到对于资本主义的批判和实际超越。他和他的资本主义辩护士的对手都犯了同样的错误，即把人性视为人类历史的决定性力量。实际上，不是人性创造历史，而是历史改变人性。在人性和历史关系上的本末倒置，是包括"普世价值"在内的资产阶级历史观的根本错误。

其三，"普世价值"在人性问题上的奥秘就是把具体的制度设计思想抽象化为人性一般，然后又用抽象人性推论其制度的不可逾越，陷入了同义反复的逻辑谬误。马克思恩格斯在其标志性著作《德意志意识形态》中，揭示了占统治地位的剥削阶级进行思想统治的一个趋势，就是"占统治地位的将是越来越抽象的思想，即越来越具有普遍性形式的思想"②。虽然任何统治阶级都力图以全社会利益代表的面貌出现，在一定程度上都倾向使用抽象普遍性的思想观念，然而真正实现了用抽象的普遍观念作为思想统治形式的却是资产阶级社会。"抽象性"在真正意义上构成了资本主义社会的本质，"抽象的个人"成为了这个

---

① 《马克思恩格斯文集》第 1 卷，人民出版社 2009 年版，第 312—313 页。
② 《马克思恩格斯选集》第 1 卷，人民出版社 1995 年版，第 100 页。

社会的自然基础，也成为了"普世价值"的人性依据。

"普世价值"的奥秘就在于，把"抽象的个人"的政治诉求幻化为一般人性的诉求，再把这种诉求转化为资本主义的制度精神。这样，资本主义制度就成为符合人的天性、不可逾越的制度设计了。而实际上，正如马克思深刻指出的那样，"抽象的个人"不过是资本主义发展过程中，在唤醒个人、促成个人独立的同时，又因"物的依赖关系"而导致其孤独化和片面化，致使个人丧失了全面社会交往而陷入自我封闭和自我孤立的状态。所以，"抽象的个人"决不是所谓的"原人"，其人性也决不是人的天性。"普世价值"的逻辑谬误就在于，它把资本主义历史发展中的具体产物，即"抽象的个人"，抽象化为"人一般"和"人性一般"，然后再用这种"人性一般"论证在人类历史中具体形成的资本主义及其制度为"制度一般"而具有不可逾越的普世性。这种极武断的同义反复，不仅是逻辑上的混乱，也是话语上的霸道。

三　"普世价值"在人类价值共识上的祸心：把蛮横的"文化霸权"和落后的"冷战思维"冒充为当代人类的价值共识，为其进行所谓的"价值观渗透"提供道义伪装

一部人类文明史，就是人类不断地从必然王国走向自由王国的历史，其中包括不断积累、积淀和丰富的人类价值共识。作为人类精神财富的价值共识，大体上表现为两种形式：其一是作为超越时代、民族和地域的纯粹理想和美好愿望。例如关于人类"大同"一类的理想等，可以说是各民族世世代代的一种追求。其对于人类的道德进步和人性修养具有重要的积极意义，但它只限于伦理价值，而不能作为具体实践的依据，因为愿望不能代替现实。历史发展并不以人们的美好愿望为转移，不以人性的诉求为驱动，只有客观条件已经具备的美好愿望才具有实践意义。

其二是特定时代的时代精神和特定民族的民族精神。这种价值共识是一个民族、一个时代的精神纽带，是维系社会团结、推动历史前进的强大现实力量。但是，这种价值共识并不是在简单重复的日常生活中自发形成的，而是在重大的历史变动和曲折发展中、由突破了狭隘利益眼界的革命阶级和志士仁人开创的。马克思指出："进行革命的阶级，仅就它对抗另一个阶级而言，从一开始就不是作为一个阶级，而是作为全社会的代表出现的；它以社会全体群众的姿态反对唯一的统治阶级。"① 它必须提出能够得到全社会认可的共同思想，把自己

---

① 《马克思恩格斯文集》第 1 卷，人民出版社 2009 年版，第 552 页。

的思想和要求描绘成全社会的共同要求。革命阶级的革命思想能够以社会代表的名义动员群众，向旧社会宣战，并能得到广泛的认同，形成全社会强大的价值共识，是有其客观原因的。因为在革命时期"这瞬间，这个阶级与整个社会亲如兄弟，汇合起来，与整个社会混为一体并且被看做和被认为是社会的总代表；在这瞬间，这个阶级的要求和权利真正成了社会本身的权利和要求，它真正是社会的头脑和社会的心脏"①。但是，历史上作为革命阶级的剥削阶级，在其成为统治阶级以后，就迅速形成了本阶级排他性的特殊利益，全社会价值共识的利益基础被逐步破坏，价值共识也就逐渐成为"虚假的共识"。当今的"普世价值"就是这样一个冒牌货。

　　一般地说，区分真实的共识与虚假的共识可以有以下依据：有是非原则的共识是真实的共识，无是非原则的共识是假共识；以现实的共同利益为基础的共识是真实的共识，以权术和霸道为基础的共识是假共识；以真善美为追求的共识是真实的共识，以思想操纵和观念渗透为手段的共识是假共识；如此等等。不难看出，区分真假共识不是看一时有多少人的观念认同，而是看这种认同与人类真实的普遍利益、长远的精神追求是否一致。虚假的意识形态认同，就不是真实的价值共识。由此可见，"普世价值"是一种虚假的人类共识。

　　具体地说，在今天，凝聚人类当代价值共识和推行"普世价值"的区别在于：其一，凝聚当代人类的价值共识是以承认多种价值观的差异和共存为前提，而推行"普世价值"则是一种"君临天下"的文化霸权。凝聚价值共识是每一个民族、每一个国家生存和发展的需要，是社会变革、历史进步的必要条件，也是维系一个民族生命力和国际间进行合作的基础，因而必然是一个通过求同存异、相互作用的过程。而"普世价值"则是维护既得利益的统治思想，是一种高高在上、唯我独尊的思想霸权和价值优越感，因而其实际过程必然是单方面的攻城略地、扫荡四方，必然是强加于人的"和平演变"。

　　其二，凝聚当代人类的价值共识是扩大现实共同利益的必由之路，而推行"普世价值"则是当今世界不安宁的重要根源。凝聚价值共识必须从现实的共同利益出发，通过双向、多向的交流、交融和合作，以达到各方利益最大化以及国际利益格局日趋优化的目的，因而必然是社会利益和人类利益不断扩大的过程。而推行"普世价值"则是以美国为代表的西方霸权利益为根本，以维持和巩固欧美主导的世界利益格局为追求，因而必然是一个损害他国主权和核心利益、危害世界和平的动乱和麻烦制造源。

---

① 《马克思恩格斯文集》第 1 卷，人民出版社 2009 年版，第 14 页。

其三，凝聚当代人类的价值共识是推动时代精神和民族精神的不断丰富和更新的过程，而推行"普世价值"则是一种对于当代人类文明进步的怀疑乃至绝望的情绪。凝聚价值共识是建立在对于人类文明进步的坚定信念和不懈追求的基础上，是确信历史不会"终结"、文明不会毁灭和倒退，因而是一个在比较中发展、在斗争中前进的历史创造过程，体现了人类进步永无止境的趋势。而"普世价值"则是一种霸权、优越感和悲观虚弱的混合物，是历史感、方向感丧失，不敢也不愿面向未来的末日情绪，是一种丧失真理和面对现实的勇气，只试图在"虚幻的共同利益"之上，通过思想控制而制造出的一种"共识幻觉"的自欺欺人之举。

正因为"普世价值"脱离了人类文明的发展大道，因而它与普遍真理、客观规律有本质的区别。作为体现历史必然性的普遍真理，具有不以人们的主观意志为转移的客观普遍性，它不以人们的一时主观认同状态为依据，而是以其科学性为依据。换言之，历史发展的客观真理为大多数的人所接受，往往是结果，而不是前提。因此，邓小平在苏东剧变后坚定地表示："一些国家出现严重曲折，社会主义好像被削弱了，但人民经受锻炼，从中吸收教训，将促使社会主义向着更加健康的方向发展。因此，不要惊慌失措，不要认为马克思主义就消失了，没用了，失败了。哪有这回事！"他充满信心地预言："我坚信，世界上赞成马克思主义的人会多起来的，因为马克思主义是科学。"① "普世价值"则不然，它的力量主要来自某一时段大多数人的主观认同。我们常常可以听到主张照搬西方制度的一个似乎很充分的论据，就是认为虽说西方制度并非完美无缺，但它毕竟为现下绝大多数国家认可并实行，中国为什么要例外呢？然而历史反复证明，如果大多数人的暂时认同就等同于历史规律，那么人类社会可能就止步于原始社会了；新制度、新道路的开辟，总是由小到大、由弱变强；历史潮流不取决于一时的人数多少，而取决于是否遵循客观真理和历史规律；甚至可以从一定意义上说，历史的每一个进步，都是对于某种"普世价值"的颠覆。

四　批判抵制"普世价值"要落脚于"四个自信"，尤其是制度自信和文化自信，在占领历史制高点和道德制高点的基础上，牢牢掌握我国意识形态的领导权、管理权和话语权

说到底，"普世价值"就是当代资本主义的核心价值观。核心价值观可以简要地概括为"制度精神"，它实际上是一种国家制度、一个国家运作模式赖

① 《邓小平文选》第3卷，人民出版社1993年版，第382—383页。

以立足、借以扩展、得以持续的灵魂，因而是国家意识形态的内核。核心价值观有三大作用：

第一，核心价值观奠定了国家制度的道义基础，构成其正义性的依据，决定了其国家形象。现在西方对一些国家进行所谓人道主义的干预，之所以似乎是理直气壮，就因为其核心价值观还在被广泛认同，因而被干预的国家都被戴上了野蛮、流氓国家的帽子，而维护人权、维护西式民主体制，则似乎是时代的潮流。因此，核心价值观之争，首先是道德制高点之争。马克思主义在深刻揭示出西方自由、民主、人权的阶级实质和历史局限的同时，也就成功地抢占了当代人类文明的道德制高点。

第二，核心价值观为相应国家制度的构建提供了基本思路，决定了其国家制度变革和调整的基本方向。核心价值观看似抽象的共性话语，与具体的制度构架无涉，实际上并非如此。作为特定社会经济形态的观念表达，尽管披着全民性话语的外衣，其利益导向却明白无误。以西方核心价值观为例，其自由，首先或本质上就是资本流转的自由、买卖自由，其实质是资本对于劳动的支配，而不是人的自由全面发展；其民主，要害就是金钱做主、商品投票，其实质是金钱对民意的操纵，而不是人民当家作主；其人权，首要或本质上就是维护异化状态下人格独立的外观，其实质就是资本人格化和劳动非人化的权力，而不是人的生存权、发展权。这样，私有制或私有产权、议会民主制和个人主义价值观就成为不可替代和或缺的制度要素，这也是赞同（无论是自觉还是不自觉）西方核心价值观所必然导致的结果。因此，核心价值观之争，从根本上说是制度建构权之争。

第三，核心价值观奠定了相关社会的主导价值，决定了一定历史条件下的主流民意。统治阶级思想转化为统治思想，主要通过核心价值观的渗透。当人们把本来从属于一定阶级、一定社会形态的核心价值观视为当然如此的"普世价值"时，统治阶级思想就化成了社会广泛认同的统治思想。这种隐性的价值共识，成为人们日常生活准则并由以培育相应的生活方式，成为人们判断善恶、是非、美丑的内在尺度，并在重大的关口左右着主流民意。这就是为什么通过议会道路、以"合法反对"方式难以撼动资本主义的原因。只有通过"批判的武器"颠覆其核心价值体系，再通过"武器的批判"推翻其国家政权，才能建立新社会。可见，核心价值观之争，就是思想主导权之争。

因此，必须从制度精神的层面对"普世价值"作进一步的剖析。由于这一价值的要害是把资本的社会特权视为自然权利，所以"不平等"是其本质，它不仅是制造社会等级和社会对立的价值观，而且是制造民族歧视和民族隔阂的价值观，这就决定了它不可能成为被压迫民族争取民族平等和创立新的国家精神的武器。西方资本主义的殖民历史明白无误地证明了这点。它的核心价值一方面很顺利地在本国以至海外殖民地转化成了奴役他人的特权，而另一方面却又不能"平等地"为被压迫民族反抗侵略所用，由此而不断暴露出其所谓的"普世性"确实就是资本主义私利性。

毛泽东曾深刻比较过西方"普世人权"和马克思主义给中国人民带来的截然相反的命运，他指出："不得已，中国人被迫从帝国主义的老家即西方资产阶级革命时代的武器库中学来了进化论、天赋人权论和资产阶级共和国等项思想武器和政治方案，组织过政党，举行过革命，以为可以外御列强，内建民国。但是这些东西也和封建主义的思想武器一样，软弱得很，又是抵不住，败下阵来，宣告破产了。"但是，"自从中国人学会了马克思列宁主义以后，中国人在精神上就由被动转入主动。从这时起，近代世界历史上那种看不起中国人，看不起中国文化的时代应当完结了。"① 这一历史实践证明，这种诉诸个人权利的所谓"普世人权"，不但没有唤醒被奴役受剥削者的觉悟和尊严，甚至会使他们在压迫者面前自惭形秽、盲目认命，形成殖民地民众常见的奴性心态。只有用马克思主义武装起来的中国共产党，才真正唤醒了一度沉睡的中国，重铸了中华民族的脊梁和灵魂，激发了中国人民的伟大创造力，开启了中华民族伟大复兴的历史征程。马克思主义和中华民族的民族精神及优秀文化传统是真正的命运共同体。因此，不是所谓的"普世价值"，而只有马克思主义才是我们的立国之本。

人们总是习惯地认为人类性高于阶级性，因为人类是整体，而阶级只是部分。但是，事实表明，人类至今还没有走出阶级对立的历史，还没有真正形成全人类一致的根本利益，"人类性"往往成为诸如"普世价值"那样掩盖一己之私的伪装。马克思主义证明，否认阶级性的人类性话语是掩盖少数人统治的谎言，只有经过无产阶级专政才能最终进入无阶级社会。必须指出，现代无产者（或工人阶级）不是传统意义上的阶级，它是阶级社会走向解体过程中的产物，是消灭阶级、实现人类解放的领导力量。工人阶级的特性在于，它是"一个并非市民社会阶级的市民社会阶级"，也就是说，它没有市民社会阶级那种阶级私利，它的解放以社会的解放为条件。"它表明人的完全丧失，并因而只有通过人的完全回复才能回复自己本身"，② 也就是说，它的解放不是为了获得人的

---

① 《毛泽东选集》第 4 卷，人民出版社 1991 年版，第 1514、1516 页。

② 《马克思恩格斯文集》第 1 卷，人民出版社 2009 年版，第 16—17 页。

某些权利，而是以消灭阶级、消灭剥削、共同富裕和人的自由全面发展为追求，其立足点是"人类社会或社会化的人类"。这样，工人阶级就体现了阶级性和人类性的具体统一，革命性和科学性的有机结合，坚持工人阶级的领导就能实现党性和人民性的统一。

从国家制度精神层面批判抵制"普世价值"，就要增强代表工人阶级和人民大众掌好权、用好权的政权意识，增强坚持中国共产党的领导是中国特色社会主义的本质特征和最大优势的制度自信，增强坚持和发展中国特色社会主义的理论自觉和政治坚定。必须看到，马克思主义和"普世价值"是两种对立的政治性话语，反映了不同的立场、观点和方法。我们观察、分析形势、现实格局及变化趋势，思考和应对重大实践和理论问题，解释和阐发世界及其历史发展的整体面貌的根本立足点。必须运用马克思主义的立场、观点、方法去提出问题和回答问题，纳入马克思主义的话语体系和分析框架，而不是相反，用"普世价值"的方式去提出问题和思考问题，否则就会走入邪路。从表面上看，现代国家都标榜自己在执行民意、代表着大多数人，即体现民主。然而，怎样才叫作代表大多数呢？在西方自由主义看来，国家的基础是个人，因而获得多数个人的选票就获得了民意，代表了大多数；而在马克思主义看来，国家的统治基础是阶级，个人在自发状态下必然依附于具有阶级意识的统治阶级，因而无论有无普选制、选票多少，国家必定执行统治阶级的意志，而社会主义以前的国家都是少数人统治多数人的工具。

这就是说，人民群众要真正成为历史主体、自己解放自己，只是在现代无产阶级出现后才成为可能。这不但是因为这个时候才具备了实现解放的客观历史条件，而且只有现代无产阶级才具备了认识本阶级地位和解放条件的历史主体条件。但是工人阶级也并非天生就能做到这点，它只是依靠马克思主义，才获得了本阶级的阶级意识，由自在阶级上升为自为阶级。原因在于，任何少数剥削者统治多数人的国家，必然利用其自身在经济上、政治上和思想上的优势地位，使被统治者处在"自发"状态、使其成为政治上经济上思想上的附庸，从而认同这种统治。因此，要自己解放自己，必须"让思想冲破牢笼"，提出不同于剥削阶级的阶级要求，这就需要接受先进理论武装。这样，一个用马克思主义武装的、始终保持先进性和纯洁性的党的领导，就是工人阶级领导权的实现方式。从这个意义上说，批判抵制"普世价值"，就是新形势下克服自发性，增强党性和政治觉悟的根本要求，确实不能掉以轻心。

论治国理政的"底线思维"

李崇富

【作者简介】李崇富,湖北省鄂州市人。曾任第十届、第十一届全国政协委员、中国社会科学院马克思列宁主义毛泽东思想研究所所长、中国历史唯物主义学会会长;现为中国社会科学院学部委员、马克思主义研究院教授、博士生导师,中国历史唯物主义学会名誉会长。享受国务院特殊津贴专家。长期致力于马克思主义哲学、科学社会主义和中国特色社会主义的研究和教学工作,已有《李崇富选集》《中国社会科学院学者文选·李崇富集》《中国社会科学院学部委员专题文集·论科学社会主义和中国特色社会主义》《较量——关于社会主义历史命运的战略沉思》《毛泽东与马克思主义中国化》《邓小平理论的马克思主义解读》(主撰)等著作行世,共约 400 万字。其中论文和理论文章 300 余篇;个人和合作科研成果获得中共中央宣传部精神文明建设"五个一工程"奖 3 项、团中央"五个一工程"奖 1 项,获省部级特别奖 1 项、一等奖 3 项、二等奖 3 项、三等奖 2 项。

党的十八大以来,习近平同志在我们党治国理政中的一项理论和实践创新,就是向全党及其领导干部提出了"底线思维"概念和"强化底线思维"、固守"底线"的要求。2013 年 6 月 28 日,习近平在全国组织工作会议上的讲话中,指出:"学习是进步的阶梯。干部要勤于学、敏于思,认真学习马克思主义理论特别是中国特色社会主义理论体系,掌握贯穿其中的立场、观点、方法,提高战略思维、创新思维、辩证思维、底线思维能力,正确判断形势,始终保持政治上的清醒和坚定。"在我们党的方法论中，讲"辩证思维"、"战略思维"和"创新思维"，都是早已有之的概念和要求；而提出"底线思维"概念和要求全党领导干部"强化底线"、提高"底线思维能力"[1]，则是第一次。故此，学习和坚持"底线思维"，对于全党学习和贯彻党的十八大精神，在治国理政中增强坚持和发展中国特色社会主义的自觉性和坚定性，是必要而有益的。

一　建设"初级阶段的社会主义"必须有"底线思维"

在马克思主义哲学看来，物质世界和人类社会中的一切事物，都是在其发展变化中既保持着自身质的规定性和确定的界限，又会在越过一定界限的条件下而改变其性质，甚至转化为自己的对立物。据此，"马克思主义辩证法的基本原理是：自然界和社会中的一切界限都是有条件的和可变动的，没有任何一种现象不能在一定条件下转化为自己的对立面"。[2] 这条哲学原理要求当代中国共产党人：为了坚持和发展中国特色社会主义，就必须在"全面深化改革"中，既要继续解放思想，勇于实践探索和理论创新，又要坚守一些必不可少的"底线"，坚持正确的政治方向；否则它也会"在一定条件下转化为自己的对立面"。这就是习近平要求领导干部提高"底线思维能力"和必须固守"底线"的哲理根据。

照我理解，习近平所说的治国理政中的"底线"（亦称"红线""警戒线""高压线"和"带电的高压线"[3]）和"底线思维"，前者主要是指我们共产党人绝对不应触碰、践踏和逾越的那些事关中国共产党的兴衰成败、中国特色社会主义的前途命运、中国工人阶级和广大人民的长远和根本利益的原则界限；后者则是指在人们思想观念中应当具有明确的"底线意识"和对各种"底线"的敬畏，以期在行动上时刻保持和增强固守"底线"的清醒、坚定与自觉。

习近平倡导治国理政中的"底线思维"，之所以同党和人民的事业具有生死攸关的意义，就在于党中央在新时期带领全党全国各族人民，通过改革开放，开创、坚持和发展中国特色社会主义事业具有探索性、创新性和风险性。对此，邓小平说："我们现在干的事业是全新的事业"、"是天翻地覆的事业，是伟大的实验，是一场革命"；而且"这是个很大的试验，是书本上没有的"、"要冒

---

① 《习近平谈治国理政》，外文出版社 2014 年版，第 417、202 页。

② 《列宁选集》第 2 卷，人民出版社 1995 年版，第 693 页。

③ 参见中共中央纪律检查委员会、中共中央文献研究室编《习近平关于严明党的纪律和规矩论述摘编》，中央文献出版社、中国方正出版社 2016 年版，第 23、24、61、69、77、90 页。

很大风险的"①。正是因为这种探索性、创新性和风险性，以及由此可能造成的失误、挫折，乃至要防止失败，故而全党和各级领导干部就必须坚持"底线思维"和"强化底线思维"，以便有效地防止在改革和建设的决策及其贯彻中"犯颠覆性"错误。更何况，我们建设中国特色社会主义，在长达百余年内，只能建设"初级阶段的社会主义"。这是"事实上不够格"②的社会主义。其主要表现有：一是我国目前在社会生产力的发展状况上"不够格"，还远没有创造出比资本主义发达国家"新的高得多的劳动生产率"，尚未造成使"资本主义可以被最终战胜"③的物质技术基础；二是我国这期间在社会生产关系上也"不够格"，还不宜实行完全和成熟的社会主义生产关系，即在社会主义初级阶段只能实行"公有制为主体、多种所有制经济共同发展"的基本经济制度，即应在毫不动摇地发展占"主体"地位的公有制经济的同时，也要毫不动摇地鼓励、支持、引导各种非公经济发展，繁荣社会主义市场经济。这就要求：我国在建设"初级阶段的社会主义"中，必须适当利用非社会主义的、乃至资本主义的某些因素，以利于发展中国特色社会主义事业。其中包括适当地利用私人资本和外来资本（如港、澳、台的资本和外国资本）的积极性，来搞活经济，并在对外经贸交往与竞争中，在有关的规则和惯例上还应同"国际接轨"，以利于发展国际经济合作，加速我国社会主义现代化进程。这是必要、正确和有益的。显然，这种"利用"和"被利用"，是一种常态。但重要的是，必须对其分寸、"底线"和"临界度"，要有预见、前瞻和成算，要做到心中有数、把握得住、拿捏得好，才有益于我国社会主义事业；否则就可能具有较大风险，甚至反而会被西方垄断资本所控制和算计，从而导致挫折、失误、曲折，乃至某种失败。我以为，习近平提倡"底线思维"、"强化底线思维"和要求固守"底线"，其根本的出发点和最大的社会背景，就是如此。

为了有助于当代中国共产党人特别是领导干部提高"底线思维能力"，增强"底线思维"的自觉性，就必须研究和把握确定其"底线"和规范"底线思维"的客观依据及其原则性。

第一，关于确定治国理政的"底线"及规范"底线思维"的历史依据和科学性原则。当代中国共产党人在治国理政中确定其必须固守的"底线"和规范"底线思维"之时，最为根本的历史依据，是要遵照历史唯物主义，认识当今世界，顺应历史潮流，尊重人类历史发展所固有的客观规律，走历史必由之路。

---

① 《邓小平文选》第3卷，人民出版社1993年版，第254、156、130页。
② 同上书，第252、225页。
③ 《列宁专题文集·论社会主义》，人民出版社2009年版，第151页。

因为，这体现了科学原则的客观要求和社会发展进步的必然趋势，体现了工人阶级及其共产党人的历史使命。邓小平说："马克思主义是科学。它运用历史唯物主义揭示了人类社会发展的规律。封建社会代替奴隶社会，资本主义代替封建主义，社会主义经历一个长过程发展后必然代替资本主义。这是社会历史发展不可逆转的总趋势，但道路是曲折的。"① 我认为，习近平要求当代中国共产党人在治国理政中必须提高"底线思维能力"和固守"底线"，从根本上说，就是要在改革开放和社会主义现代化建设中，防止犯"颠覆性的错误"，防止我国出现历史性的曲折和社会倒退。

第二，关于确定治国理政的"底线"及规范"底线思维"的国情依据和现实性原则。当代中国共产党人在治国理政中确定其必须固守的"底线"和规范"底线思维"之时，要遵循马克思列宁主义及其科学社会主义的基本观点、基本原理和基本原则，但同时必须同我国国情和时代特征相结合，而不能简单地照搬马列主义个别的词句和结论。马克思和恩格斯多次说过：《共产党宣言》中"这些原理的实际运用随时随地都要以当时的历史条件为转移"②。而邓小平所开创的"建设有中国特色的社会主义"事业本身，就是在"和平与发展"成为时代主题的条件下，"把马克思主义的普遍真理同我国的具体实际结合起来，走自己的道路"③ 的产物。所以，当代中国共产党人在治国理政中确定其必须固守的"底线"和规范"底线思维"之时，既要遵循科学社会主义的基本原则，又要依据我国社会主义初级阶段的基本国情，以及当今世界的历史条件，而使这两者在我国实践中达到具体和历史的统一。即当代中国共产党人在确定其"底线"和规范"底线思维"中的科学性原则必须同现实性原则结合，理性思维的主观逻辑必须反映社会实践发展的客观逻辑。

第三，关于确定治国理政的"底线"及规范"底线思维"的阶级依据和阶级性原则。当代中国共产党人在治国理政中确定其必须固守的"底线"和规范"底线思维"之时，必须坚持自己的党性原则。而这种党性原则，实际上，就是无产阶级的阶级性的集中体现，因为我们共产党是无产阶级政党。马克思和恩格斯在《共产党宣言》中回答"共产党人同全体无产者的关系是怎样的"问题时，指出："共产党人不是同其他工人政党相对立的特殊政党。他们没有任何同整个无产阶级的利益不同的利益。他们不提出任何特殊的原则，用以塑造无

———

① 《邓小平文选》第3卷，人民出版社1993年版，第382—383页。
② 《马克思恩格斯选集》第1卷，人民出版社1995年版，第10页。
③ 《邓小平文选》第3卷，人民出版社1993年版，第3页。

产阶级的运动。"① 中国共产党在领导全国各族人民建设"初级阶段的社会主义"中，尽管还不能立即地、全部地消灭生产资料私有制，消灭雇佣劳动，消灭剥削和消灭一切阶级，但这是为了打牢基础、站稳脚跟，为今后更好地前进，而在现阶段所必须作出适度的变通、让步与后退，即只是为了逐步达到、而决不是要放弃"共产主义革命就是同传统的所有制关系实行最彻底的决裂；毫不奇怪，它在自己的发展进程中要同传统的观念实行最彻底的决裂"② 这个长远目标，更不是背道而驰。站稳工人阶级立场，兼顾工人阶级和全体人民眼前利益与其长远利益和根本利益的内在统一，这是当代中国共产党人在治国理政中确定其必须固守的"底线"和规范"底线思维"的根本立足点和出发点。

第四，关于确定治国理政的"底线"及规范"底线思维"的法纪依据和法治性原则。当代中国共产党人在治国理政中确定其必须固守的"底线"和规范"底线思维"之时，必须有法纪依据和遵循社会主义法治原则。新时期，我国在总结实践探索经验的基础上，所逐步形成和不断完善以《中华人民共和国宪法》为核心的中国特色社会主义法律体系，是我国改革开放和现代化建设的法制保障，是全国人民一切思想和行动的基本规范，是维护社会稳定和法治秩序的行为准则。我国宪法和法律规范本身，就是人人必须遵守，党员领导干部尤其要带头遵守，而不容碰触的"法纪红线"、不容逾越的"法律底线"。对此，习近平强调说："各级领导干部要带头依法办事，带头遵守法律，对宪法和法律保持敬畏之心，牢固确立法律红线不能碰触、法律底线不能逾越的观念，不要去行使依法不该由自己行使的权力，也不要去干预依法自己不能干预的事情，更不能以言代法、以权压法、徇私枉法，做到法律面前不为私心所扰、不为人情所困、不为关系所累，不为利益所惑。不懂这个规矩，就不是合格的干部。"③ 同时，党员标准和干部标准要高于公民标准，即既要严守法律、又要遵守党章，除了固守"法律底线"，还要守住"党纪底线"和"法纪红线"。因此，习近平说："坚持高标准与守底线相结合。全面从严治党，必然要求依规治党与以德治党紧密结合。道德使人向善，是纪律的必要前提和基础；纪律用来惩恶，是道德的坚强后盾和保障。新修订的准则，紧扣'廉洁自律'这个主题，坚持正面倡导、重在立德，重申党的理想信念宗旨、优良传统作风……这是高标准，展现了共产党人高尚的道德追求；而新修订的条例，围绕着党纪戒

---

①　《马克思恩格斯选集》第1卷，人民出版社1995年版，第285页。

②　同上书，第293页。

③　中共中央纪律检查委员会、中共中央文献研究室编：《习近平关于严明党的纪律和规矩论述摘编》，中央文献出版社、中国方正出版社2016年版，第93—94页。

尺要求，开列'负面清单'、重在立规，划出了我们党组织和党员不可碰触的底线，这都是很清晰的。"①

二　当代中国共产党人"底线思维"的主要指向和基本维度

这里所说的"底线思维"的主要指向和基本维度，就是基于我们党确定治国理政的"底线"和规范"底线思维"的客观依据和基本原则，而在实际上所需要展开的"底线思维"的基本意蕴、实质内容和原则界限。

从总体看，中国共产党人在新时期治国理政的"底线思维"的主要指向和基本维度，就是要遵循邓小平在改革开放之初所提出的"坚持四项基本原则"，是在贯彻社会主义初级阶段的"以经济建设为中心"的基本路线中，同"坚持改革开放"紧密结合、不可或缺和不容分离的"两个基本点"之一。1979 年 3 月 30 日，邓小平在党的理论工作务虚会上，明确指出："中央认为，我们要在中国实现四个现代化，必须在思想政治上坚持四项基本原则。这是实现四个现代化的根本前提。这四项是：第一，必须坚持社会主义道路；第二，必须坚持无产阶级专政；第三，必须坚持共产党的领导；第四，必须坚持马列主义、毛泽东思想。"他要求："每个共产党员，更不必说每个党的思想理论工作者，决不允许在这个根本立场上有丝毫的动摇。如果动摇了这四项基本原则中的任何一项，那就动摇了整个社会主义事业，整个现代化建设事业。"②

在这里，尽管邓小平没有把"坚持四项基本原则"，称为我们共产党人在治国理政中必须始终坚守、不可逾越的根本"底线"，但实际上，其中已经包含着这样的内容和要求。从那时以来，鉴于在我国社会主义体制改革、发展市场经济中，有不少党员干部或者尽量少讲、甚至回避讲"四项基本原则"，或者虽然在口头上抽象肯定、但在行动上却实际否定"四项基本原则"的情况，早已不是偶然和个别的现象。因此，我们全党必须通过提倡"底线思维"——用以论证在一些重大问题上何为"底线"，以及如何固守这些"底线"的道理——使其在中国特色社会主义的经济、政治、文化和国际关系等维度上，把为"坚持四项基本原则"所必不可少的那些"底线"具体化，并使之成为一切共产党人，特别是领导干部不容碰触的"红线"、"警戒线"和"高压线"，乃至是"带电的高压线"，以期增强其在坚持和发展中国特色社会主义中固守"底线"的原则性、自觉性和坚定性。

---

① 中共中央纪律检查委员会、中共中央文献研究室编：《习近平关于严明党的纪律和规矩论述摘编》，中央文献出版社、中国方正出版社 2016 年版，第 65—66 页。

② 《邓小平文选》第 2 卷，人民出版社 1993 年版，第 164—165、173 页。

其一，就"底线思维"的经济维度而言，坚持和发展中国特色社会主义在现阶段的"底线"至少有三条。一是在实行法定的我国社会主义初级阶段基本经济制度之时，即在"坚持公有制为主体、多种所有制经济共同发展"，并使国有经济始终成为我国"国民经济中的主导力量"的改革和建设的实践中，要真正地"坚持公有制为主体"和不让搞"私有化"，就必须有一条明确的质与量相统一、逐步趋近而不是远离完全社会主义的标准，特别是要有起码的、不可逾越和再往后退的"底线"；二是我国现阶段在实行"鼓励一部分地区、一部分人先富裕起来"的政策之时，尽管这"是为了带动越来越多的人富裕起来，达到共同富裕的目的"①，但实际上，我国在贫富差距却出现了拉开的过快过大的情况下，必须"要有一些限制"，要固守一条"底线"，即决不容许走"我们的政策导致两极分化"和产生"新的资产阶级"的"邪路"②；三是我国的经济建设为了顺应经济全球化的发展趋势，当然要长期坚持、扩大和深化对外开放，大胆吸收和借鉴人类社会创造的一切文明成果，以加速我国现代化进程，但必须有一条不能逾越的"底线"，就是"必然要以自力更生为主"③，决不允许外国垄断资本及其跨国公司掌控社会主义中国的经济命脉，坚定而自觉地维护我国经济主权和经济安全。

对于守住这第三条经济"底线"，邓小平在主张我国"坚定不移地实行对外开放政策，在平等互利的基础上积极扩大对外交流"的同时，强调说："独立自主，自力更生，无论过去、现在和将来，都是我们的立足点。中国人民珍惜同其他国家和人民的友谊和合作，更加珍惜经过长期奋斗得来的独立自主的权利。任何外国不要指望中国做他们的附庸，不要指望中国会吞下损害我国利益的苦果。"这是因为，"像中国这样大的国家搞建设，不靠自己不行，主要靠自己，这叫做自力更生。但是，在坚持自力更生的基础上，还需要对外开放，吸收外国的资金和技术来帮助我们发展。"④ 理论和事实都表明：任何一个大国，尤其是一个发展中的社会主义大国，要由一个农业国发展为现代化的工业国，当然要对外开放，但只能以自力更生为主、争取外援为辅；仅靠"引进"、而不大力创新，永远不可能赶超发达国家。用金钱买不来现代化。所谓"造不如买、买不如租"的说法和做法，是错误而有害的。这对于社会主义中国来说，无异于与虎谋皮、难免受制于人。

---

① 《邓小平文选》第3卷，人民出版社1993年版，第142页。
② 同上书，第111、172页。
③ 《邓小平文选》第2卷，人民出版社1994年版，第257页。
④ 《邓小平文选》第3卷，人民出版社1993年版，第3、78—79页。

其实，更为根本的一条"底线"，是必须实际而真正地坚持中国特色社会主义经济制度。按照科学社会主义原理，一个社会主义国家（社会）及其经济基础的性质，是由基于生产力发展要求的公有制的社会经济结构所决定的。因此不建立、巩固和完善生产资料公有制及其按劳分配的生产关系，即社会主义经济的基础，就不是社会主义国家（社会）。据此，我国宪法规定：

"第六条　中华人民共和国的社会主义经济制度的基础是生产资料的社会主义公有制，即全民所有制和劳动群众集体所有制。社会主义公有制消灭人剥削人的制度，实行各尽所能、按劳分配的原则。

"国家在社会主义初级阶段，坚持公有制为主体、多种所有制经济共同发展的基本经济制度，坚持按劳分配为主体、多种分配方式并存的分配制度。"

"第七条　国有经济，即社会主义全民所有制经济，是国民经济中的主导力量。国家保障国有经济的巩固和发展。"①

这表明，我国在社会主义初级阶段，为适应生产力发展水平多层次的状况，所实行的"坚持公有制为主体、多种所有制经济共同发展的基本经济制度"，以及由它客观上决定的"坚持按劳分配为主体、多种分配形式并存的分配制度"，毫无疑问，都是正确和必要的。但必须指出，它相对于我国社会主义的根本经济制度的规定，即"中华人民共和国的社会主义经济制度的基础是生产资料的社会主义公有制，即全民所有制和劳动群众集体所有制。社会主义公有制消灭人剥削人的制度，实行各尽所能、按劳分配的原则"，是作了让步、打了折扣的。——即使真正坚持了包括"公有制为主体"在内的"社会主义初级阶段的基本经济制度"，因其还没有把完全地消灭私有制经济、消灭阶级差别、"消灭人剥削人"的现象，作为直接的实践目标，故而也只是基本上维持着国家（社会）的社会主义的方向和性质。可以说，公有制经济及其按劳分配一旦丧失其"主体"地位，那就没有中国特色社会主义。故此关键问题是："坚持公有制为主体"和"按劳分配为主体"必须名副其实，必须具有在其质上和量上相统一的明确的标准和不可逾越的"底线"；否则，就是一句空话、套话和口号。党中央权威文献提出和多次重申发展公有经济和非公经济中，要坚持两个"毫不动摇"；习近平多次强调国有企业在"全面深化改革"中，必须"做大做优做强"。然而，由于在坚持公有制的主体地位和发挥国有经济的主导作用的规定中，没有明确的、可验证的、实际的标准和"底线"，从而在经济改革中一再地被"西方新自由主义"的错误论调和荒唐主张所误导，以至于在短时间

---

①　中共中央文献研究室编：《改革开放三十年重要文献选编》（上），中央文献出版社 2008 年版，第 301 页。

内，当我国私有经济（也被称为"民营经济"）就迅猛地膨胀到"三分天下有其二"，使得公有制的"主体"地位非常脆弱、甚至岌岌可危的情况下，我国党政机关中某些掌握着改革操作实权的人物，还要按照世界银行对我国推行私有化"建议"，曲解和利用党中央关于"全面深化改革"、发展"混合经济"和强农惠农等正确决策，想要继续挤压国有企业的发展空间、推行金融自由化、放开私有金融业和变相搞农地私有化。可见，在我国经济体制改革中，确定"坚持公有制为主体"和"按劳分配为主体"的不可逾越的"底线"及其支撑它的"底线思维"，是事关中国特色社会主义前途命运的一件大事，我们全党切不可掉以轻心！

其二，就"底线思维"的政治维度而言，坚持和发展中国特色社会主义在现阶段的"底线"至少有五条。一是必须始终坚持我国工人阶级（经过共产党）领导的、以工农联盟为基础的人民民主专政的国体，在发展社会主义民主和法制之时，决不能放弃作为我国无产阶级专政之实现形式的人民民主专政，包括坚持共产党对军队的绝对领导，不搞"军队国家化"；二是必须始终坚持和不断完善人民代表大会的根本政治制度的政体，决不照搬西方"两院制"和"三权分立"的资产阶级国家的政体；三是必须始终坚持和不断完善共产党领导的多党合作和政治协商的基本政治制度，决不能照搬西方资产阶级的"多党制"；四是必须始终坚持和不断完善民族区域自治制度，维护国家统一和民族团结，反对民族分裂和地区分裂势力及其分裂活动，反对大汉族主义和地方民族主义；五是必须始终坚持和不断完善基层民主自治制度，引导基层群众依法自己管理自己、自己教育自己、自己提高和完善自己，劳动人民是社会的主体、国家的主人、历史发展的根本动力，坚持党的群众路线，不搞"精英政治"。

以上五项法定的政治制度及其不可逾越的政治"底线"，总合起来，就是我国社会主义的政治上层建筑。在唯物史观看来，经济是基础，政治是根源于和主导经济工作的生命线。故此，从政治维度上把握好"底线思维"的关键，需要我们既唯物又辩证地理解和对待政治与经济的内在而辩证关联。在建设"初级阶段的社会主义"及其改革开放中，我们党在政治上"守住底线"的根基，就是要始终依靠和服务于社会主义经济基础，要始终维护公有制的"主体"地位、发挥国有经济的"主导"作用。如果削弱、动摇和丧失了这种地位和作用，即经济基础的性质一旦变了，那么上层建筑势必会跟着变质，则其政治"底线"的崩溃，就是迟早的事情。在我们社会主义国家，能够避免这种悲剧的根本政治保障，必须切实加强共产党的建设，改进和坚强政治领导。坚持和发展中国特色社会主义关键在党。否则，就如邓小平所说："中国要出问题，还是出在共产党内部。"① 因此，我们党从政治维度上确定和固守"底线"的根本，是要根据中央和习近平总书记的要求，"全面从严治党"，坚持思想建党和制度治党的密切结合，严肃党内政治生活，坚决整治党内所存在的思想混乱、政治软弱、组织涣散、法纪废弛、作风腐化等突出问题，以理想、信念和党性教育为重点，认真学习、准确掌握和努力运用和创新马克思主义理论，抓好党的思想理论建设、政治建设、组织建设、作风建设和制度建设，真正增强党的执政能力和拒腐防变能力，永葆工人阶级政党的革命性、先进性、纯洁性，永葆无产阶级先锋队的政治本色，实践全心全意为人民服务的根本宗旨，把推进党的建设新的伟大工程落到实处。只有这样，我们党政干部队伍才能经受住来自国内外的各种压力和考验，抵制权力、金钱、美色的诱惑，做到牢记历史使命，依靠人民群众，使马克思主义"老祖宗不能丢"②、党不能变质、国不能变色，永远立于不败之地。

其三，就"底线思维"的思想文化维度而言，坚持和发展中国特色社会主义在现阶段的"底线"至少有五条。一是在建设中国特色社会主义文化（精神文明）——面向现代化、面向世界、面向未来的，民族的科学的大众的文化中，必须坚持"为人民服务、为社会主义服务"的方向、实行"百花齐放、百家争鸣"的方针，决不能使文化"全盘西化"。二是必须始终坚持马克思主义在意识形态领域的指导地位，实行党管意识形态的原则，不搞指导思想的"多元化"，反对淡化和"消解主流意识形态"等错误主张。三是在立足现实，建设中国特色社会主义文化时，坚持"古为今用"、"洋为中用"，既要继承和弘扬中华民族优秀的传统文化，又要借鉴和吸收外来文化的积极成分；同时既要反对食洋不化的"崇洋媚外"等奴化意识，又反对食古不化的"复古主义"等陈旧观念。四是我国在发展精神生产中，固然要支持公益性文化事业和鼓励文化产业的同时发展，但切忌搞完全的市场化和"一切向钱看"。目前，我国把许多文化单位和新闻舆论阵地，纷纷推向逐利性的文化市场做法，特别是使许多学校和"文化"企事业单位（如社交门户网站）为私有资本和外来垄断资本所掌控，不宜做这种有损文化主权和信息安全、与社会主义文化性质格格不入的蠢事。五是在群众性精神文化生活中，要弘扬爱国主义、集体主义、社会主义的主旋律，提倡多样化，以社会主义核心价值观引领社会思潮之时，既要有适度的包容性，又要分清是非、批评和抵制各种错误思想，力求使提倡共产主义

---

① 《邓小平文选》第 3 卷，人民出版社 1993 年版，第 380 页。
② 同上书，第 369 页。

的远大理想、确立中国特色社会主义的共同理想，践行职业道德、社会公德、家庭美德等多层次的思想道德教育，紧密结合起来，以形成多层次、各有遵循的思想道德"底线"。

毛泽东指出："一定的文化（当作观念形态的文化）是一定社会的政治和经济的反映，又给予伟大的影响和作用于一定的社会的政治和经济；而经济是基础，政治则是经济的集中的表现。"① 关于文化同经济、政治的唯物辩证关系的这种基本观点，适用于指导中国特色社会主义文化建设。中国特色社会主义文化，特别是以马克思主义为指导的社会主义主流意识形态，作为一种科学性与时代性、革命性与群众性相统一的无产阶级先进文化，体现了历史的必然性、代表着人类的未来，因而对中国特色社会主义经济建设、政治建设的巨大的能动反作用，是前所未有的。所以，它能够为我们党和人民的事业，提供精神支柱、智力支持和方向引领，从而往往会直接或间接地决定着我国社会主义的前途命运。

然而，现实的情况则不容乐观。一段时间以来，在对外开放和市场经济逐利性的环境中，在世界社会主义运动的"低潮综合征"影响下，淡化政治、淡化意识形态、淡化马克思主义，成为一种时髦；嘲笑崇高、倡言庸俗、贬损英雄、见利忘义、数典忘祖、崇洋媚外等市侩意识，大行其道；由于从反对"以阶级斗争为纲"这个不适用社会主义社会的口号，而滑向"阶级斗争熄灭论"的偏颇，使得马克思主义阶级观点和阶级分析方法，被主流媒体所回避和丢弃，致使很多人在一些原则问题上，往往是非不清、真假不辨、美丑不分，从而让历史虚无主义、民主社会主义、文化保守主义、西方新自由主义、实用主义和"民主宪政"、"公民社会"、"普世价值"等错误思潮和言论，此起彼伏、兴风作浪、误导舆论、危害社会。我们应以苏东剧变的教训，作为前车之鉴。因其党亡国败之直接和关键的原因，就是从赫鲁晓夫在苏共二十大上诋毁、抹黑、丑化自己党和国家的奋斗史开始，而演变到戈尔巴乔夫在党的思想政治路线上，公开地背叛马克思列宁主义所致。痛定思痛，才能避免这类悲剧在我国重演，我们共产党人在思想文化维度上"强化底线思维"、确定和固守"底线"，就尤为必要和紧迫。

其四，就"底线思维"的国际关系维度而言，坚持和发展中国特色社会主义在现阶段必须确立和固守相应的"底线"。我国在新时期实行"对外开放"的基本国策，高举和平、发展和合作大旗，始终奉行独立自主的和平外交政策，

---

① 《毛泽东选集》第 2 卷，人民出版社 1991 年版，第 663—664 页。

实行"不当头"、不结盟、永不称霸的国际发展战略，维护世界和平，积极发展睦邻友好关系，为我国社会主义现代化建设营造国际和平环境，以便引进必要的国外资金、技术、设备和智力，充分利用国内外两种资源、两个市场，积极参与经济全球化，在发展国际经贸合作、有序竞争和科技文化交流中，实现共同繁荣、合作共赢，以利于我国经济社会获得独立自主的持续发展。同时，遵循《联合国宪章》的基本宗旨及和平共处五项原则，我国在国际关系维度上，必须确立和固守以下四条"底线"：一是必须维护我国主权、安全、领土完整、国家统一和民族团结，我国的内政不许他国干涉、核心利益不容侵犯。二是我国人民同广大第三世界国家一样，所拥有的本国社会制度和发展道路的自主选择权，平等的生存权、发展权和共享世界资源的使用权，不得受到剥夺和歧视，反对一切霸权主义和强权政治。三是尊重世界各国民族文化和文明的多样性，在发展国际经济合作、人员往来、文化科技交流中，维护我国国防安全、经济安全、金融安全、政治安全、文化安全、信息安全、食品安全和生态安全等基本权利，反对西方"中心论"和话语霸权。四是我国坚持走和平发展道路，奉行防御性的国防政策，加强军队和国防现代化建设，目的是维护国家主权、社会安全、领土完整和人民的和平劳动，我国军队是维护世界和平的坚定力量，在制止外来可能的威胁和侵略时，坚持"人不犯我、我不犯人，人若犯我、我必犯人"和"有理有利有节"的原则立场。

我国这种外交政策、国际发展战略和涉外"底线"，是以对世界大局的清醒认识和准确把握作为前提的。自从东欧剧变、苏联解体，世界社会主义运动步入低潮以来，和平与发展成为当今时代的主题，世界多极化、经济全球化、社会信息化的大趋势不可阻挡。但是，"一超独大"的霸权主义和强权政治，搅得世界不得安宁；总体上和平发展，与此起彼伏的局部战争、区域性动荡，长期共存。我国在错综复杂的国际关系中实行对外开放，充分利用难得的发展机遇，迅速开展和扩大同包括美、德、日等发达国家在内的世界各国的经贸往来、国际分工、科技和文化交流，依托国际市场，已形成深度的国际的经济合作、竞争和共赢的依存关系。我国在走向世界、世界也离不开中国的同时，以美国为首的西方敌对势力，依恃其经济、科技、军事、信息实力和话语霸权，对我国加紧推行"和平演变"战略，企图以军事威胁、思想渗透和经济诱压，竭力阻滞我国和平崛起。近些年来，美国一方面利用"北约东扩"和策动"颜色革命"，挤压俄罗斯的战略空间；又利用"9·11"事件，在阿富汗和中东等地以"反恐战争"之名，行推行霸权之实。另一方面，美国在东亚，主要针对中国，鼓动日本右翼势力复活军国主义，不断强化美日、美韩等双边和多边军事同盟，并极尽挑拨离间、分化利诱之能事，企图拉拢澳大利亚、印度和东盟诸国，在我国东海和南海，带头挑衅、兴风作浪，为拼凑东方"小北约"，实施所谓"亚太再平衡战略"，以图围堵中国；美国在加紧对我国某些干部和知识分子进行思想政治渗透的同时，甚至直接豢养和支持"台独"、"藏独"、"疆独"、"港独"等分裂势力及其分裂活动，以及利用"民运"分子和"法轮功"分子等方式，千方百计地遏制、西化和分化中国，企图推翻共产党领导和社会主义国家政权，企图打断我国现代化进程。对此，邓小平曾经说："世界上希望我们好起来的人很多，想整我们的人也有的是。我们自己要保持警惕，放松不得。要维护我们独立自主、不信邪、不怕鬼的形象。我们绝不能示弱。你越怕，越示弱，人家劲头就越大。并不因为你软了人家就对你好一些，反倒是你软了人家看不起你。"① 故而，我们共产党人在对外开放中要固守涉外"底线"，总的看来，就是在坚持走和平发展道路中，"要保持警惕"，固守"底线"而"放松不得"，要始终维护我国"独立自主、不信邪、不怕鬼的形象"。

三 "底线思维"的主旨是坚持中国特色社会主义的发展方向

当代中国共产党人在多维度上"底线思维"的主要指向，归根到底，其主旨就是要始终维护党的工人阶级革命性、先进性、纯洁性和坚强领导，作为根本政治保证，以坚持中国特色社会主义的发展方向，直至共产主义社会最终实现。

中国特色社会主义，是科学社会主义基本原则在中国实践运用和创新发展的产物。党的十八大报告认为："建设中国特色社会主义，总依据是社会主义初级阶段，总布局是五位一体，总任务是实现社会主义现代化和中华民族伟大复兴。"② 习近平在新进中央委员、候补中央委员学习贯彻十八大精神研讨班上的讲话中，指出："中国特色社会主义是社会主义而不是其他什么主义，科学社会主义基本原则不能丢，丢了就不是社会主义。"③ 此后，他反复强调"各级党组织和全体党员在政治方向、政治立场、政治言论和政治行为方面必须遵守规矩"，"要严守组织纪律"和"要把牢政治方向"④。显然，这里说的"要把牢政治方向"，主要就是我国改革和发展的社会主义方向，而这同毛泽东思想、邓

---

① 《邓小平文选》第3卷，人民出版社1993年版，第319—320页。
② 中共中央文献研究室编：《十八大以来重要文献选编》（上），中央文献出版社2014年版，第10页。
③ 《习近平谈治国理政》，外文出版社2014年版，第22页。
④ 中共中央纪律检查委员会、中共中央文献研究室编：《习近平关于严明党的纪律和规矩论述摘编》，中央文献出版社、中国方正出版社2016年版，第13、25页。

小平理论的基本观点，是完全一致的。邓小平多次强调："在改革中坚持社会主义方向，这是一个很重要的问题。我们要实现工业、农业、国防和科技现代化，但在四个现代化前面有'社会主义'四个字，叫'社会主义四个现代化'。我们现在讲的对内搞活经济、对外开放是在坚持社会主义原则下展开的。"因为，"中国只有坚持搞社会主义才有出路，搞资本主义没有出路。"邓小平批评党内外受资产阶级自由化影响的那些人，"只讲现代化，忘了我们讲的现代化是社会主义现代化。"① 故而，我国在改革开放中是否坚持"社会主义方向"，是邓小平主张的四项基本原则同资产阶级自由化对立和斗争的焦点。邓小平在论及我国改革开放中"既有'左'的干扰，也有右的干扰"时，指出："资产阶级自由化""概括起来就是全盘西化，打着拥护开放、改革的旗帜，想把中国引导到搞资本主义。这种右的倾向不是真正拥护改革、开放政策，是要改变我们社会的性质。一旦中国全盘西化，搞资本主义，四个现代化肯定实现不了。中国要解决十亿人的贫困问题，十亿人的发展问题。如果搞资本主义，可能有少数人富裕起来，但大量的人会长期处于贫困状态，中国就会发生闹革命的问题。中国搞现代化，只能靠社会主义，不能靠资本主义。历史上有人想在中国搞资本主义，总是行不通。"② 因此，在改革中始终"坚持社会主义方向"，反对"把中国引导到资本主义"，是我们共产党人最根本、最主要的"底线"。

理论和事实都表明：思想上政治上的路线正确与否是决定一切的。邓小平说："正确的政治路线要靠正确的组织路线来保证。中国的事情能不能办好，社会主义和改革开放能不能坚持，经济能不能快一点发展起来，国家能不能长治久安，从一定意义上说，关键在人。"他进而强调说："帝国主义搞和平演变，把希望寄托在我们以后的几代人身上。……对这个问题要清醒，要注意培养人，要按照'革命化、年轻化、知识化、专业化'的标准，选拔德才兼备的人进班子。我们说党的基本路线要管一百年，要长治久安，就要靠这一条。真正关系到大局的是这个事。"③ 请注意！我国各级领导干部的"四化标准"，既要全面准确把握，更要突出首要的一条，即"革命化"。而现状却是：时兴"告别革命"，不讲"革命化"。而要使干部队伍"革命化"，就必须坚持用包括阶级观点、阶级分析方法在内的马克思主义的立场、观点、方法，来武装头脑，用以改造和树立无产阶级世界观、人生观和价值观。

鉴于当今世界总体上仍是阶级社会，而我国在社会主义初级阶段，也主要

---

① 《邓小平文选》第 3 卷，人民出版社 1993 年版，第 138、211—212、209 页。
② 同上书，第 229 页。
③ 同上书，第 380 页。

是为消灭私有制、消灭剥削、消灭一切阶级，在创造经济社会前提。在彻底完成无产阶级革命任务，依然任重道远的情况下，就从反对"以阶级斗争为纲"的偏颇，走向另一个极端，放弃阶级观点、不讲阶级分析，是片面和错误的，有违马克思主义。列宁说："阶级关系——这是一种根本的和主要的东西，没有它，也就没有马克思主义。"① 因此，马克思主义要求我们对每一个历史关头的阶级对比关系和具体特点作出经得起客观检验的最确切的分析。马克思主义者不要离开分析阶级关系的正确立场。为了认清阶级社会复杂的社会政治现象，"马克思主义提供了一条指导性的线索，使我们能在这种看来扑朔迷离、一团混乱的状态中发现规律性。这条线索就是阶级斗争理论"。② 应该说，马克思主义阶级观点和阶级分析方法，依然适用于认识当今还是阶级社会的总体世界的阶级关系；也适用于认识国内同一定范围内将长期存在的阶级斗争相关的社会现象。

如若我们共产党人不坚持和运用马克思主义阶级观点和阶级分析，那么面对总体上仍然是阶级社会的当今世界，就难以高瞻远瞩地准确把握我们时代的本质，难以预见世界历史演进的走势与曲折，难以洞悉世界政治风云变幻的真相和实质，难以分辨国际政治博弈中的是非曲直，难以识破和有效防范西方敌对势力西化和分化我国的种种图谋，难以发挥无产阶级领导的社会主义国家的制度性的优势，而制定和贯彻正确的外交路线、涉外政策和国际发展战略，甚至在国际政治和国际战略的较量上可能处于被动地位。

如若我们共产党人不坚持和运用马克思主义阶级观点和阶级分析，那么在中国社会主义初级阶段的革命、建设和改革中，就难以认准和实际解决依靠谁、团结谁和如何正视自己的对手等基本问题。这导致我国主流媒体上，会时常冒出诸如"以包容心对待'异质思维'"；欢呼"新《胡润百富榜》宣称，中国大陆十亿美元富豪人数今年首度超过美国，达596位，居全球第一"是"可信的"，称赞"富豪是经济引擎，也应是社会楷模"，断言"中国富豪在历史上从未成为治理国家的主力军"，但"随着中国富豪越来越多，有可能带来文化中心的某种移动"③ 等违背马克思主义基本观点的奇谈怪论。

如若我们共产党人不坚持和运用马克思主义阶级观点和阶级分析，那么对维护和巩固我们党的长期执政地位也是不利的。因为，只有以中国共产党作为中国工人阶级先锋队，代表工人阶级履行历史使命、行使执政党的事实和理论，

---

① 《列宁全集》第41卷，人民出版社1986年版，第92页。
② 《列宁全集》第26卷，人民出版社1988年版，第60页。
③ 见《人民日报》2014年4月28日、《环球时报》2015年10月17日。

才能从根本上揭示、论证和体现我们党成为领导中国社会主义事业的核心力量的客观必然性、历史正当性和政治合法性，从而理直气壮地坚持、完善和加强共产党的领导地位和执政地位。

故此，我们可以说，在一切阶级和阶级差别完全消灭之前，始终坚持和正确运用马克思主义阶级观点和阶级分析方法，是中国共产党人的重要的政治优势、理论制高点和必不可少的思想武器，是站稳党性立场，掌握和提高"底线思维能力"奥秘的钥匙。

略论文化建设中的传承与借鉴

陶德麟

【作者简介】陶德麟，武汉大学人文社会科学资深教授，该校马克思主义哲学博士点和国家重点学科创建人。曾先后任该校哲学系主任、研究生院院长、校长。此外，兼任国务院学位委员会哲学学科评议组召集人，全国博士后哲学评议组召集人，全国普通高校哲学教学指导委员会主任委员，国家社会科学基金哲学评议组副组长，中央实施马克思主义理论研究与创新工程编写组主要成员和首席专家，中国社会科学院马克思主义研究院顾问，教育部社会科学委员会委员和哲学学部召集人，教育部邓小平理论研究中心副主任，《中国大百科全书·哲学卷》总论及辩证唯物主义部分副主编，湖北省社会科学界联合会主席，美国依阿华大学亚太研究中心国际顾问等学术职务。1956 年在《哲学研究》发表论文批评苏联《简明哲学辞典》对"同一性"的错误解释，产生重要影响。此后十年在《红旗》《人民日报》《新建设》等报刊发表论文 30 余篇。1961 年李达受毛泽东面托主编《唯物辩证法大纲》，陶德麟为主要执笔人（1978 年由陶修订出版）。1978 年发表系列论文投入真理标准大讨论，其中《逻辑证明与真理标准》获国家教委首届人文社科优秀成果一等奖。1984 年被人事部首批评为国家级有突出贡献的中青年专家。重点研究马克思主义中国化时代化和大众化问题，力主马克思主义"说中国话"。出版《中国当代哲学问题探索》《哲学的现实与现实的哲学》《〈实践论〉浅释》等十余本著作，在

《求是》《中国社会科学》《红旗文稿》《哲学研究》《马克思主义研究》等刊发表《对马克思主义中国化研究中两个问题的理解》《关于马克思主义大众化问题》等论文多篇。其论著获中宣部"五个一工程"奖、教育部人文社会科学优秀成果一等奖、中国图书奖、湖北省人文社会科学优秀成果一等奖、日本创价大学最高荣誉奖等十余种奖项。被同行专家评价为"我国马克思主义研究领域最前沿的、最有影响的前辈学人之一"。2012 年入选《二十世纪中国知名科学家学术成就概览·哲学卷》。《光明日报》2013 年 11 月 21 日发表专文《陶德麟：笔有雷鸣道不孤》介绍了他的事迹。

　　文化建设是"五位一体"的中国特色社会主义事业的总体布局中的一个方面，关系弘扬中国精神，铸造凝心聚力的兴国之魂和强国之魄，至关重要。文化建设中的传承与借鉴，又是这一工作中必须正确认识和处理的一大问题。本文试图就这一问题提出个人的理解，就正于学术界同人。

　　为避免枝蔓，我想先说明两点：

　　（1）中外学术界对"文化"这一概念的理解多种多样，定义纷繁。外延可以宽到囊括人类创造的一切物质成果和精神成果，包括器物、制度、知识、信仰、风俗、习惯等等；也可以窄到专指精神过程及其成果。我以为不必去评论这些定义的是非，只要作者在论述中首尾一贯地坚持自己的定义，不自相矛盾，让人们懂得他说的是什么，有可能去评论他的思想，这就行了。不过，这些定义虽然歧异很多，还是至少有三点是共同的：第一，都把文化理解为人类活动的产物，而不是与人的活动无关的自然物。即使有时也指似乎与人类无关的自然物，实际上也是指经过人类的观察、体验并赋予了意义的自然物。说文化的内容是"人化"，文化的作用是"化人"，大体上还是有共识的。第二，即使是指物质的东西，无论是人造的还是自然的，人们关注的也不是这些物质事物的物理的化学的属性，而是体现在其中的精神内容。① 第三，尽管都把文化理解为与经济、政治、社会、生态不同的概念，但都没有把它们看成互斥的关系，更没有理解为逻辑上的上位概念与下位概念的关系。这就使得对文化概念持不同定义的学者和学派之间还是可能有实质性的讨论和交流。本文论及的文化是"小文化"，是专指精神生活过程及其成果。（2）本文探讨的仅仅是文化的共同性的问题，对不同文化门类的特殊规律没有分别论列。

---

　　① 联合国教科文组织《保护非物质文化遗产公约》规定的非物质文化遗产（intangible cultural heritage）都有物质载体，如工具、实物、工艺品和文化场所等等。

一　传承与借鉴的重要性

文化是人们在改造世界的实践过程中、首先是在谋取物质生活资料的实践过程中产生的，是人们生活条件的产物。其所以有这种产物，一是由于人类生活本身的需要。人类生活不是免于冻馁、吃饱穿暖就完事，也不只是追求物质享受的提高，还需要有精神生活，从原始人群到现代社会莫不如此。这是人类区别于其他动物的特征之一。二是由于文化对物质生活和经济政治活动等有巨大的交互作用。没有文化，社会成员就无法交流和共处，就不能延续和发展。没有人类社会固然不可能有文化，但没有文化也就没有人类社会。一句话，没有文化，人就不成其为人。

文化乍看起来似乎最"软"，其实最"硬"。这不是指钢铁或钻石的那种硬，而是指坚韧的生命力、广泛的覆盖力和强劲的渗透力。文化是维系人类共同体（包括民族和国家）的精神支柱，也就是人们通常说的灵魂。任何共同体的文化都会随着生活环境和社会制度的发展变化而发展变化，但总有大量的东西会积淀下来而形成相对稳定的特色。一个民族在世界上能不能留下足迹和留下什么样的足迹，能不能对人类有所贡献和有什么样的贡献，归根到底要看它的文化成就和文化特色。我们中华民族几千年来不知经历过多少艰难困苦和惊涛骇浪，然而我们的文化一直没有中断，而且还承先启后，发扬光大，历久弥新，在历史上留下了光辉的足迹，这有力地显示了文化的伟力。

文化是千姿百态的精神花朵，但归根到底都是人们生活条件和生活式样的创造性的反映。多种多样的文化实际上是两个过程共同作用的结果：一个是人们在既定的物质生活条件的基础上自发地生成的过程；另一个则是社会的强势群体（在阶级社会里就是统治阶级）为了维护自身利益而自觉地建构的过程。这两个过程虽然最终都受物质生活条件的制约，不能随心所欲地"创造"，但后一过程往往更具有影响力，更能在整个社会中起引导作用。历代的统治阶级都把建构主流文化作为维系统治、凝聚人心的生死攸关的大事，为的是使人们认同对他们有利的制度的合法性和合理性，安于和乐于在这种环境中生活。借用葛兰西的话来说，就是建立"文化霸权"（cultural hegemony，"霸权"也可以译为"领导权"）。他们有许多成功的经验。西方资产阶级就是以普遍性的形式建立自己的文化霸权的，到现在也还在全世界扩张这种霸权。这些历史的和现实的情况告诉我们，我们要建设中国特色社会主义，维护中国各族人民的利益，增进各族人民的福祉，也必须强调民族文化的自觉建设。

我们现在要建设的是当代中国需要的文化，是与世界潮流一致而又符合中国国情的文化，也就是中国特色社会主义的文化。建设这样的文化当然必须从中国实际出发，但对"实际"不应作狭隘的理解。要看到不仅现存的物质生活条件以及经济政治状况等等是实际，现存的文化本身也是实际，造成现存文化的历史也是实际。任何文化都不可能在"空地"上另起炉灶，而只能在已有文化的基地上建立。当年列宁在与"无产阶级文化派"争论时已经把道理说清楚了。文化传统并不是"明日黄花"，而是现实存在，它就是在我们民族的血管里流淌着的血液，就是每天在我们生活中起作用的实际。想绕过它、不理睬它，是不可能的。离开传承和借鉴而白手起家，文化建设就无异于空中楼阁。问题不在于文化建设要不要传承与借鉴，而在于传承什么与借鉴什么，怎样传承与借鉴。

二　关于中国传统文化

现在多数人讲的中国传统文化实际上是指五四运动以前的中国文化，也就是被当时的人们称为旧文化或封建文化的文化，即前资本主义的文化。这种理解在当时是合理的，现在就值得重新考虑了。马克思主义传入中国并经过近百年的中国化过程、形成了中国化的马克思主义以后，它已经成了中国自己的文化，理应纳入中国文化的概念之中了。不过为了讨论的方便，我在这里还是把这两种文化分开来说，还是沿用多数人约定俗成的概念，以中国传统文化专指马克思主义传入中国以前的中国文化，叫中华传统文化也可以。

中国传统文化是人类文明史上的奇葩，源远流长，博大精深，具有极伟大的凝聚力和极持久的生命力。先秦的夏商周和春秋战国时期的文化与古希腊的文化东西辉映。秦代以后、乃至在汉武帝"罢黜百家独尊儒术"以后，中华文化也仍然灿烂辉煌。在欧洲长达近千年经济文化相对停滞、以致被某些史学家称为"黑暗时期"的中世纪，中国却处在从南北朝到明朝中叶（中经隋、唐、宋、元各代）的社会高度繁荣时期（唐代的首都长安曾是全世界最大的城市）。即使在原来被视为夷狄的民族靠武力"入主中原"的时候，他们的文化也融入了原有的中华文化并为它增添了新的成分，这些民族本身也成了中华民族大家庭的成员。中国传统文化不仅没有中断或消亡，而且越来越繁荣丰富，深入人心，始终是中华民族的精神家园。这不能不说是奇迹。这个奇迹有力地表明了中国传统文化确实是中华民族的母体。中华民族脱离不了这个母体。外来文化要在中国立足，也必须尊重、适应乃至融入中国传统文化，否则不能得到中华民族的认同。以佛教为例，佛教自东汉传入中国后经历了漫长的中国化的过程。我国的许多学者都论述过这个过程。佛教要在中国生根落脚，争取地位，扩大影响，当然不能不与原有的中国传统文化竞争，首先是与儒家和道家竞争；但正因为要竞争，就不能不适应中国的土壤，改造自身，转换理论内容和社会功能，既保持自身独有的特点，又与中国传统文化的共同精神不相抵触，与儒、道互补。佛教在中国也曾多次遇到过"辟佛"的危机。辟佛者最"过硬"的理由就是指责它与中国传统文化、特别是儒家文化的根本宗旨不相容。而佛教为自身辩护的理由则是极力证明它不仅不违背中国传统文化，而且还能与中国传统文化互相发明，相得益彰。东晋的佛教领袖慧远给朝廷写的《沙门不敬王者论》就极力论证儒以治世、佛以治心的道理，他说："道法之与名教，如来之与尧孔，发致虽殊，潜相影响；出处诚异，终期则同。"即所谓"内外之道可合而明"，"虽不处王侯之位，固已协契皇极，在宥生民矣。是故内乖天属之重而不违其孝，外阙奉主之恭而不失其敬也。"中国的许多皇帝很尊重佛教，许多高僧，例如北齐的法常，陈隋之际的智顗，唐代的玄奘、神秀、慧忠、知玄，五代时后蜀的光业，吴越的德韶，南唐的文遂等，都曾时号"国师"，或者被敕封为"国师"；许多大儒也推崇佛学，出入佛老，就是由于这个原因。再以基督教为例，明朝万历年间意大利的耶稣会传教士利玛窦来中国传播基督教取得很大的成功，除了依靠近代科学技术知识博得人们的信任之外，还与他特别注意与中国传统文化的协调有关。他推崇中国文化，赞扬"中国的伟大乃是举世无双的"，"中国不仅是一个王国，中国其实就是一个世界。"他花费了大量精力学习汉语和中国的礼节习俗，不仅身穿中国儒士的服装，而且运用五经四书来解释基督教的教义，以中文写成了《二十五言》这样的著作。甚至连一些似乎无关紧要的细节他都非常注意，包括回避一些与儒家传统明显抵触的教义，把拉丁文"Deus"（英文 God）这个最关键的名词翻译成中国的《尚书》和《诗经》中就出现过的"上帝"。这是他至关重要的策略，也是他得到许多儒士公卿（如徐光启这样的翰林）的支持和皇帝的信任的原因。

　　但是，新的资本主义生产方式从欧洲开始发展起来并扩展到全世界之后，中国传统文化确实遇到了残酷的挑战。中国几千年的封建社会[①]抵挡不住资本帝国主义列强的血与火的冲击，接二连三地挨打，沦为半封建半殖民地。深重的灾难迫使中国人不得不前仆后继地救亡图存。当时先进的中国人千辛万苦地寻

---

　　① 有的学者认为"封建"一词的内涵在中国典籍中历来指周代封土建国、封爵建藩的制度，这种制度在秦始皇废封建、置郡县以后即已消失，秦汉以后至明清的地主社会并非本来意义的封建社会，也不同于欧洲中世纪的封土封臣、采邑领主制度的封建社会。此说见冯天瑜教授的《"封建"考论》（武汉大学出版社 2005 年版）。为行文方便，本文仍采取现在通行的含义。

找中国落后挨打的根源，由西方的"船坚炮利"想到他们科学技术的先进，再想到他们经济政治制度的先进，再想到他们文化的先进，终于把中国落后挨打的根本原因归结到了中国传统文化的落后。"国粹不能保国"似乎已是不争的事实。五四运动的实质是新文化运动。这场新文化运动是不可避免的，而且对中国确实起了起死回生的伟大作用。道理很明显：中国传统文化无论怎样博大精深，无论有多么灿烂辉煌的历史，毕竟是中国前资本主义社会的上层建筑，它的核心观念在新的历史条件下无法充当观察世界形势和中国命运的思想武器。现在有些人指责五四运动造成了中国文化"断裂"，遗祸至今，那是忘记了历史，或者曲解了历史。但是，那时的先进分子对旧文化的批判也不是没有缺点。毛泽东在充分肯定五四运动的伟大功绩的同时，也指出过"五四运动本身也是有缺点的。"他批评当时的许多领导人物使用的方法一般地还是形式主义的方法，没有历史唯物主义的评判精神，"所谓坏就是绝对的坏，一切皆坏；所谓好就是绝对的好，一切皆好。"① 他们往往把中国传统文化中的最明显的糟粕集中起来加以突出渲染，证明中国传统文化只是我们祖宗留下的"罪孽"，几乎一无是处。例如胡适就曾把"八股，小脚，太监，姨太太，五世同居的大家庭，贞节牌坊，地狱活现的监狱，廷杖，板子夹棍的法庭"等等挖苦为"我们所独有的宝贝"，甚至还殃及骈文、律诗，主张我们要"认错"，"知耻"，承认"百事不如人"。还有人对中医、中国戏曲，乃至汉字也大张挞伐，全盘否定。鲁迅对"国民性"的针砭是有很多非常深刻独到之处，但现在看来也不是很全面。对这种现象我们现在也要历史地看。他们是从中国传统文化里走过来并且深知传统文化的，他们有资格批评中国传统文化。他们的这些说法在当时甚至是故意矫枉过正的，有片面性也可以理解，我们不必苛求先贤。何况他们事实上也并未全盘抛弃中国传统文化。胡适写过中国第一部哲学史（虽然没有写完），他主张"研究问题，输入学理，整理国故，再造文明"。② 鲁迅写过《中国小说史略》，他写的诗是完全合乎格律的旧体诗，有的还是标准的律诗。他们当时的一些极端的说法后来也逐步改变了。胡适在1935年也表示他1929年发表的《中国今日的文化冲突》一文中全盘西化的说法不妥，应当改为"充分世界化"③。鲁迅则指出："我们从古以来，就有埋头苦干的人，有拼命硬干的人，有为民请命的人，有舍身求法的人，……虽是等于为帝王将相作家谱的所谓'正史'，也往往掩不住他们的光耀，这就是中国的脊梁。这一类的人们，就是

① 毛泽东：《反对党八股》，《毛泽东选集》第3卷，人民出版社1991年版，第831—832页。
② 参见胡适《充分世界化与全盘西化》，《胡适论学近著》第一集，山东人民出版社1998年版，第437页。
③ 同上。

现在也何尝少呢？他们有确信，不自欺；他们在前仆后继地战斗，不过一面总在被摧残，被抹杀，消灭于黑暗中，不能为大家所知道罢了。"① 至于毛泽东，则更明确地指出："今天的中国是历史的中国的一个发展；我们是马克思主义的历史主义者，我们不应当割断历史。从孔夫子到孙中山，我们应当给以总结，承继这一份珍贵的遗产。"② 这是大家都很熟悉的。切断了自己的传统文化的民族不可能创造属于自己的新文化，只能是无家可归的流浪儿。

我们说中国传统文化是中华民族的母体，与张之洞主张的"中学为体"的意思是不一样的。张之洞和当时的一批官员对"西学"的长处是有认识的，他们学习西方资本主义世界的科学技术、教育制度乃至政治制度中的某些实施方法可谓不遗余力，力图"为我所用"。但他们认为中国的封建制度及其意识形态这个"体"是万万不能动的。我们则清晰地意识到，几千年的中国传统文化毕竟是前资本主义社会的产物，其中有不少还是统治阶级有意识地精心建构的产物，有精华也有糟粕，并不全是优秀的成果。即使在当时是符合需要的东西，原封不动地搬到现在也未必仍然符合需要。世界上任何民族的文化其实也都如此，并非只有中国传统文化为然。承认这个事实丝毫无损于中国传统文化的光辉。正如我们热爱养育自己的母亲，并不需要把母亲看成毫无缺点的完人，连她实有的缺点也一起学来；也不会因为母亲有缺点就不承认与母亲的血缘关系；更不会因为我们没有继承母亲的缺点就成了数典忘祖的不肖之子。对中国传统文化的正确态度只能是根据现代世界的全局和中国的实际情况和需要，采取分析的态度，取其精华而去其糟粕，弘扬优秀的成分，摒弃腐朽的成分，也就是批判地继承。这丝毫没有"贬低"中国传统文化的价值，恰恰是充分发挥它的真价值的必由之路。

批判地继承为什么可能，需要从学理上澄清。一切文化现象，无论是以学理的形态或形象的形态出现的东西，无论是哲学、宗教、科学、文学艺术乃至风俗习惯等等，都是具体的。而具体的东西都是一般（普遍）与特殊的统一。因此是可能用抽象和舍象的方法把普遍的东西与特殊的东西从具体的东西中区别开来，剥离出来，分别加以处理的。这是思想史、文化史上常见的事实，正因为如此，人类思想史、文化史才可能既有变革性又有连续性，才可能形成文明发展的大道。如果不承认这一点，那就连马克思对黑格尔的批判继承也是不合理的了。否认批判地继承中国传统文化的可能性和必要性，必然导致全盘肯

---

① 鲁迅：《中国人失掉自信力了吗?》，《太白》半月刊，1934 年 10 月 20 日。后收入《且介亭杂文》。
② 毛泽东：《中国共产党在民族革命战争中的地位》，《毛泽东选集》第 2 卷，人民出版社 1991 年版，第 534 页。

定或全盘否定的错误结论。

　　这种情况在学术界是存在的。我以为有两种看法失之偏颇：（一）认为中国传统文化几乎囊括了人类一切最优秀的东西，天下之美无不在我，西方近代和现代的哪怕是最先进的思想，中国也早在古代就一应俱全了；一部《周易》就可以解释一切，中国古代的辩证法比马克思的唯物辩证法高明得多。有的人甚至认为峨冠博带和三跪九叩也是必须复兴的国粹，吸收外域文化一概是数典忘祖，捧着金饭碗讨饭。这是遗老心态。这种心态既不能促进中国文化本身的繁荣，更不能使中国文化在人类文明发展大道上产生影响，只能使中国文化在故步自封甚至抱残守缺中走向萎缩。这其实是比"中学为体"还要落后的国粹主义的中国现代版，或者叫新国粹主义。（二）认为中国传统文化全是过了时的老古董，而这个古董又是一个整体，不可能像用刀子分割物体那样区分"精华"和"糟粕"。脱离了整体的所谓"精华"其实已不是中国传统文化，至多不过是借用它的一些语词而已；现在还谈论弘扬中国传统文化的优秀成分有害无益，应该干脆抛弃这个口号。这种人对中国传统文化视同敝屣，毫无自信，骨子里有一种民族自卑感，在西方文化面前自惭形秽，总觉得自己皮色欠白，鼻梁欠高，头发欠黄，觉得过"洋节"也比过"土节""先进"，是国产货也要取个洋名字才显得"时髦"。这是"西崽"心态，其实是文化虚无主义的中国现代版，或者叫作新全盘西化主义。我认为这两种看法仍然是持续多年的对中国传统文化全盘肯定和全盘否定的两种倾向的重现。这两种看似截然相反的观点其实是两极相通的，都否定了批判继承的可能性和必要性，都是不可取的。

　　但是，批判继承的工作确实非常艰难。一是因为精华与糟粕的区分虽然可能，但实际做起来并不容易，从具体的命题中抽象出普遍的东西与特殊的东西确实不像以刀切物那样简单。例如中国的"民本"思想、"大同"思想、"和合"思想、"天人合一"思想、"中庸"思想、"和为贵"思想、"大丈夫"精神、"自强不息"精神、"己立立人己达达人"精神、"己所不欲勿施于人"精神、"修己以安百姓"精神、"杀身成仁舍生取义"精神等等，都是有特殊的阶级内容和时代内容的。如何保证剥离出来的东西确是在今天还有积极意义的真正的精华，就会遇到许多困难。何况对什么是精华和糟粕还有见仁见智的问题。例如"三纲五常"一般认为是糟粕，但仔细琢磨一下，"仁义礼智信"能说是糟粕吗？我们今天就不要讲"仁义礼智信"了吗？二是即使把精华与糟粕区分清楚了，也还有如何做出现代诠释的问题。既不能照搬原意，把古人的思想重复一遍，又不能过度诠释，把古人没有的东西硬安在古人身上，让古人穿上现代服装。克服这种艰难，正是我们的任务。

三　关于外域文化

吸收和借鉴外域文化是已经存在了几千年的事实。除了极端的国粹主义，在理论上也几乎没有不主张吸收和借鉴外域文化的。我国学者多年来对外域文化的研究和介绍也做了大量有成效的工作。但对如何吸收，如何借鉴，仍有不同的看法和做法。这正是需要探讨的问题。

1. 对吸收借鉴外域文化的重要性需要做更充分的估计，不必顾虑多端，缩手缩脚。中国是世界的一部分，吸收外域文化对建设中国特色社会主义文化来说不是可有可无的条件，而是必不可少的条件。从历史上看，中华文化本来就是现在中国境内多民族文化长期交融的产物，在以汉族文化为主体的很长的时期里，现在的许多少数民族地区也是当时的"外域"，然而这些文化与汉族文化在当时就有不断的交融，而且在历史的长河中与汉族的原有文化逐渐汇成了异彩纷呈而又有共同精神的中华文化。不仅如此，远在中国人还不知道什么是地球，还没有准确的世界地图的时候就有了与外国的文化交流。我们的汉唐盛世就是典型。这是中华文化繁荣发展的一个不可缺少的重要条件。凡是中国强盛的年代，就有魄力和眼光敢于和善于吸收和借鉴外域文化，不怕被别人"吃掉"。越是这样做，中国也越是强盛，中华文化也越是繁荣。与此相反，凡是国力比较衰弱的年代，就相对封闭，害怕外域文化的进入会"用夷变夏"，丧失了自己的传统。这时候的中华文化也就相对地停滞落后。近代资本主义发展起来以后，中国的统治者还基本上固守着闭关锁国的国策，愚昧地以"天朝"自居，结果是被列强的炮火打得国破家亡，危如累卵。这时先进的中国人才痛切地体悟到不吸取世界的先进文化就不能自立于世界民族之林，是要亡国的。也就是在这种觉醒的推动下中国人学习了西方文化中许多先进的东西，最后经过千辛万苦才"找"来了马克思主义这个救国救民的真理。现在的时代已经进入《共产党宣言》中所说的"世界史"的时代，世界已经是一个"地球村"，一切国家、地区、民族在政治上经济上文化上都不可能孤立地存在和发展，而只能在这个大潮中竞长争高。在文化领域也是如此。文化上的冲突固然客观存在而且往往非常激烈，但文化上的国际交流、民族交流、地区交流也同时客观存在，甚至冲突本身也蕴含着交流。看不到这种趋势，逆潮流而动，将不仅不能繁荣和发展自己的文化，而且还必然不能自保。任何文化都有民族性，同时也必然都有世界性，既不能脱离本民族的土壤，也不能自外于世界文明发展大道。我们的文化建设离不开中国化的马克思主义的指导，离不开中国传统文化的继承，同时也离不开对外域文化的吸收和借鉴。以拒斥外域的文化为"爱国"，恰恰不是爱国而是误国。历史的经验教训不可忘记。

2. 与对待中国传统文化一样，对外域文化的吸收借鉴必须有科学的分析，有我们自己的"坐标"。即使是西方发达国家的文化，无论它显得多么先进，在世界上有多么强势，也是在一定的具体条件下的产物，也有局限性，也是精华与糟粕并存，绝不是人人必须无条件地一体遵奉和全盘照搬的模范。即使在彼时彼地是好的东西，原封不动地搬到中国也未必就好，因为各国的具体情况有所不同。春秋时期的晏婴说："橘生淮南则为橘，生于淮北则为枳。叶徒相似，其实（指果实）味不同。所以然者何？水土异也。"[1] 他的话是有道理的。有人以为鲁迅主张的"拿来主义"就是不分青红皂白地把外国的东西都照搬过来，其实这是极大的误解。鲁迅的《拿来主义》这篇短文是1934年6月写的，那时他已学会了马克思主义的辩证法，对问题的分析是很精彩的。他以一个穷青年得了一所大宅子为譬喻，形象地说明了应该怎样"拿来"的道理。首先是要大胆地把宅子拿来，不要因为害怕它"染污了"自己而不敢进门（那是孱头）；也不要为了表示自己的清白而勃然大怒地放火把宅子烧掉（那是昏蛋）；更不能接受一切，欣欣然蹩进卧室大吸剩下的鸦片（那是废物）。正确的做法是分别处理：把鱼翅当萝卜白菜吃掉，把鸦片送到药房去治病，把烟枪和烟灯送一点进博物馆，其余的毁掉；让姨太太们各自走散。总之是要"运用脑髓，放出眼光，自己来拿"，要"占有，挑选"，"或使用，或存放，或毁灭"。这样，"主人是新主人，宅子也就会成为新宅子"。这才是鲁迅主张的"拿来主义"。我们现在对外域文化的"拿来"，也应该遵循这种以我为主、取我所需、为我所用的辩证分析的态度。对自然科学和技术的东西，可以见先进的就学。没有人会为了表示"爱国"，就用子丑寅卯和甲乙丙丁代替世界通行的数学符号，用油灯而不用电灯。但是学来之后也还要在此基础上自主创新，赶超别人。艺术的东西如音乐、舞蹈、绘画、建筑等等当然也可以与中国原有的好东西或并行不悖，或融汇交流。对具有强烈的意识形态性质的东西也不必望而生畏或望而生厌，要看到其中也有值得借鉴的成分，但是更应当细致地予以鉴别，站在我们的立场予以评论和取舍，而不能盲目崇拜，奉为圭臬，随声附和，唯马首是瞻。若以这种自卑心态对待外域文化，去"与国际接轨"，其结果就将如邯郸学步，丧失自我，不是把别人的好东西"拿来"，而是连自己的根基也被别人"拿去"了。

---

[1]　参见《晏子春秋·内篇杂下》。

3. 在对待各种外域文化的问题中，对当代西方文化的态度应当着重关注。这是因为它是在资本主义充分发展、现代化已经实现了多年的发达国家产生的东西，是经过"转型"而具有"后现代"特征的东西，比古典的和近代的西方文化更具有时代内容，更能反映当前世界的文化动向和当代西方人的精神和情趣，而且其中也确有合理的成分，有可以启发我们思考的东西，有特别值得研究的价值。但也正因为它们五光十色的新奇，就更容易引起人们无分析的崇拜。我认为应当看到两点：第一，晚出的东西是不是必定比早出的东西先进，对先行的东西的"颠覆""超越"是不是必定有更多的真善美？这本身就是一个需要具体分析的问题，没有根据做当然肯定的答案。第二，即使这些东西确比原有的东西先进，对中国来说也毕竟是外域的东西，它们产生于与中国不同的土壤，不同的"语境"，它们遇到的问题和对问题的回应和与我们的也大有差别，是否适宜于为我所用，如何为我所用，都还大成问题。正因为如此，我们就不能因为它们显得特别新奇而把它们视为当然先进、处处先进，而应当以当代中国人的立场来解读它们，以我们正在进行的中国特色社会主义实践来检验和评判它们，由中华民族的亿万群众来鉴别它们。在西方资本主义发达国家极力扩张他们的文化霸权的今天，我们还要有文化安全的意识，警惕在眼花缭乱中丧失了"自我"。我并不反对原汁原味地介绍现代西方文化。但对中国的文化人来说，仅仅这样做是不够的。更重要的工作是创造自己的文化，传承与借鉴都是为了创造。这种文化是我们民族特有的，又是世界共有的。如果只是拾人牙慧，食而不化，当运输员，办进口商品展销会，不能算有出息，对世界、对人类也没有什么贡献，人家也有理由看不起我们。中国人要对世界说中国话，要提供外国没有的东西，拿这样的东西去与国际"接轨"，为世界文化的总宝库增添新的财富。

四 关于马克思主义的指导

以千百万先烈的生命换来的斗争经验证明，正是马克思主义与中国实际相结合的道路把中国从灾难深重的半封建半殖民地变成了屹立于世界东方的伟大社会主义国家。马克思主义在中国有这么"灵验"，就因为它完成了思想史上最伟大的革命，第一次找到了人类社会历史这个"千古之谜"的"谜底"，为人们提供了正确的世界观和方法论，给了在暗夜中苦求出路的中国人民一盏指路明灯。今天中国的文化建设是中国特色社会主义建设的有机部分，必须坚持马克思主义的指导。离开了马克思主义的指导，中国的文化建设将如无舵之舟，不可能扬帆济海，实现我们的目的。如何坚持马克思主义的指导，我有几点看法：

1. 坚持马克思主义在文化领域的指导，与承认中国传统文化是中国文化的母体是统一的。这里的关键是马克思主义的中国化。马克思主义原本是产生于西方的理论，但它不是地域性的理论而是世界性的理论，它揭示的普遍真理也适用于中国。当然，这些普遍真理不可能对如何解决中国问题提供现成的具体答案，必须与中国实际正确地结合起来才能解决中国的问题。第一代中国的马克思主义者就懂得这个道理，所以他们确定了马克思主义的普遍真理与中国具体实际相结合的方针，开始了马克思主义中国化的事业。这个极其艰苦的事业一直进行了九十多年，在这个过程中也发生过很多失误，走过许多弯路，付出过许多代价，但毕竟取得了伟大的成功，"走"出了一条中国道路。这个过程恰恰没有离开中国文化的母体，而是在这个母体中进行的。在这个过程中锤炼出来的中国化的马克思主义也已经不是外来的东西，而是中国人在自己的土壤里创造的东西，它本身就是中国文化母体的新的有机部分，而且是最先进的部分。以与时俱进的中国化的马克思主义为指导思想，才能使这个母体在世界文化的百花园里更能展示健美的姿容，为人类文化的宝库增添异彩。

2. 坚持马克思主义在文化领域的指导，与肯定中国文化的多样性也是统一的。任何民族的文化都有处于指导地位的主流文化，同时也有多样的色彩。没有多样性也就无所谓指导地位。中国也不例外。现在的中国是由五十六个民族组成的大家庭，是有十三亿人口的大国，各个民族，地区、社会群体乃至个人的文化背景、文化要求、文化情趣等等都各有特点，又处在改革开放的新时期，文化产品和文化生活的内容和形式都必然有如百花园里的花朵，五彩缤纷，各具风格。这不仅是事实，而且正是文化繁荣的表现。单调的"清一色"则不仅不可能，而且不是好事。马克思主义的指导只能是在方向上引领，而决不能是包办代替。为文化的多样性提供广阔的空间，创造优良的条件，正是坚持马克思主义指导的题中应有之义，这与指导思想的多元化是截然不同的两回事，不能混为一谈。

3. 坚持马克思主义在文化领域的指导，要遵循文化发展的规律。文化发展的规律说到底就是精神生产的规律，精神世界的规律。文化的不同领域、不同门类有各自的特殊规律，不能混同；但也有共同的普遍规律，不能违背。这种普遍规律不止一条（例如精神生产与物质生产发展不平衡的规律等等），但我以为最应当注意的是不能以强制的办法解决精神世界的问题。人们对某种东西相信不相信，认可不认可，喜欢不喜欢，都只能通过自己的思考和体验，自己做主，别人不可能代庖。外力的强制可能造成婚姻，但不可能造成爱情。真善美的东西也只能靠说服、示范和引导，使人们自觉自愿地接受，而不能靠强制。靠强制来解决精神世界的问题，结果只能是适得其反，或者引起逆反心理，或者迫使人们说假话。

4. 坚持马克思主义在文化领域的指导，要加强和改善马克思主义的宣传教育。作为指导思想的马克思主义不能"边缘化"，不能被"架空"，而必须通过有成效的宣传教育落实到尽可能多的群众的心灵之中。不能把这与强制混为一谈。这里有必要对"灌输"的含义做些澄清。有人不加分析地把"灌输"完全当成了贬义词，我认为这是误解。灌输是把人们未知的东西教给人们的必要手段之一。实际上我们从呱呱坠地的时候起就在接受灌输。没有灌输，孩子们怎么会识字？怎么会懂得加减乘除？不看书，不听老师讲课，不接受"传道授业解惑"，怎么能在脑子里自发地产生历史学、物理学和化学的起码知识？怎么能掌握音乐绘画舞蹈的技术？"举一反三""闻一知十"也要教者有所"举"、受教者有所"闻"才有可能。马克思主义是精湛的科学理论，不经过灌输是不可能"掌握群众"的。列宁对此作过精辟的论证。① 反对灌输是人们的一个误区，就是把符合认识规律的灌输与那种不讲道理的硬灌（indoctrination）画了等号，又把灌输与启发看成互斥的两极。有人把教学上的"启发式"与"灌输式"看成互不相容的"模式"，似乎只能两者择一，也是由于这种误解。为什么不可以有富于启发性的灌输和以灌输为基础的启发呢？硬灌当然必须坚决反对，因为这是变相的强制和压服。但不应当连正确的灌输也反对。当然，即使是正确的灌输也要讲究方法。关键的一条是坚持马克思主义的中国化、时代化、大众化。那种脱离实践照本宣科的空话套话，艰深晦涩故作高深的洋腔洋调，只有论断没有论证的枯燥说教，是不可能为人们喜闻乐见，使人们信服的。只有下功夫探索并解决了这个问题，才能使马克思主义掌握群众，深入人心，得到越来越多的社会成员的认同。营造一种"随风潜入夜，润物细无声"的环境，发挥潜移默化的功效，也是必不可少的。

5. 坚持马克思主义在文化领域的指导，要对人们的文化要求把握合理的幅度。我们不能要求十三亿人民都是马克思主义者，也不能要求每个文化产品的内容都体现马克思主义。如果这样要求，反倒违背了实事求是的原则，违背马克思主义了。凡是有利于社会主义建设事业的繁荣发展、有利于国家富强民族振兴和人民幸福、有利于社会和谐的作品和行为，无论其世界观是马克思主义

---

① 1902 年 3 月，列宁在《怎么办？》一书中说："工人本来也不可能有社会民主主义的意识。这种意识只能从外面灌输进去。各国的历史都证明：工人阶级单靠自己的力量，只能形成工联主义的意识。"

还是非马克思主义，唯物主义还是唯心主义，世俗观念还是宗教信仰，都应当得到包容。以马克思主义为指导的社会主义核心价值体系是中国社会主义文化的灵魂，它应当既具有先进性，又具有广泛的包容性，让社会成员都能遵循，都能做到。只有这样，它才可能实际上成为凝心聚力的向导。我们当然应当力求文化作品的高雅，但也不必要求一切文化产品都十分高雅。通俗不等于低俗、庸俗和恶俗。人们的生活环境不同，文化水平不同，趣味爱好不同，文化需要也不同。我们要有"阳阿薤露"和"阳春白雪"，也要有"下里巴人"。① 我们的文化产品和文化活动应当各有个性，色彩斑斓，姿态横生，生机盎然，这才叫"百花齐放，百家争鸣"。但是，真善美与假恶丑的区别是不能抹杀、不能颠倒的，弘扬真善美、抵制假恶丑的原则是不能放弃的。这是"底线"。现在有人鼓吹"反叛主流"，"消解崇高"，把崇高的东西一概说成假大空，说毫不利己专门利人是虚假的口号，而自私自利损人利己才是人的真实本性。这些人动辄"恶搞"，把是非、善恶、美丑故意颠倒过来，歪曲历史，歪曲现实，把本应作为楷模的历史和现实中的优秀人物拿来"解构"、"颠覆"、糟蹋、丑化，作为侮辱嘲弄的对象，甚至自我作践，不以为耻，反以为荣，美其名曰这种文化那种文化。有的人把宝贵的优秀作品改编成恶俗的文化垃圾，或者从中"解读"出鄙俗不堪的"深意"。这种"创作"还居然上网、出版，成了一种时髦。这种烂泥污水毒化了人们的心灵，玷污了我们的精神家园，超越了"底线"。当然，十三亿人口的大国，有一些"嗜痂成癖"的人和"逐臭之夫"也不足为怪。但对这种现象不能熟视无睹，听其泛滥。这不是说要用行政命令的方法予以禁止，而是说要用批评的方法予以揭露。在文化问题上讲宽容是必要的。文化建设是精神世界的建设，要让专家和群众、创造者和享受者都有纵横驰骋的广阔空间，所以要讲宽容。但宽容不等于无原则的放纵，不等于不能批评。不许批评倒是对真善美的不宽容，也是对批评本身的不宽容了。只要通过准确细致的批评，让人们认识了这些东西的假丑恶，对它们掩鼻而过，它们也就成不了气候，造成不了多大的危害了。

6. 文化的繁荣发展离不开创新。但对创新要有正确的理解。第一，不是弄出一种前所未见的东西就一定是创新。不能让假恶丑的东西打着"创新"的旗号招摇过市，也不能鼓励那种并无实质内容的廉价的"创新"（例如把生造一个稀奇古怪的名词、弄出一个耸人听闻的说法叫作"创新"之类）。第二，不

---

① "下里"和"巴人"是战国时期楚国多数人喜欢的歌曲。虽不很高雅，但并不是恶俗的东西。见《楚辞·宋玉对楚王问》。

一定要把已有的东西"颠覆"了才是创新。根本性的变革和一点一滴的改进如果确有高明之处，都可以是创新。第三，不同领域（科学、文艺等等）的创新有各自的特点和规律，不要一锅煮，一刀切。

7. 在我国社会主义市场经济条件下，文化产品的生产和传播越来越离不开市场，市场越来越成为扩大文化消费、满足文化需求的重要途径。当前正在进行的文化体制改革是完全必要的。但是，把这种体制改革简单地理解为产业化、市场化却是误解或曲解。市场对文化的发展有巨大的作用，但发展文化不能完全依靠市场，更不能被市场牵着鼻子走，而必须始终把社会效益放在首位，促进社会效益和经济效益有机统一，努力做到两个效益双丰收。[①] 文化产品是"体"和"魂"的统一，不可能"魂不附体"，也不可能"有体无魂"，问题在于以什么样的"体"附什么样的"魂"。现在已经出现了所谓文化搭台、经济唱戏的说法和做法，实际上把赚钱放在高于一切的地位，而不顾文化产品的精神内容和社会影响。有的地方甚至耗费巨资把低俗的东西、伪造的"古迹"也冠以"文化"的美名招徕生意，谋取利润，还自诩为"创新"。这种不良的现象应该制止。

---

① 参见云杉《文化自觉 文化自信 文化自强——对繁荣发展中国特色社会主义文化的思考》，《红旗文稿》2010 年第 17 期。

正确对待中国传统文化之我见

梅荣政

【作者简介】梅荣政，武汉大学马克思主义学院二级教授，博士生导师。曾任武汉大学邓小平理论研究中心副主任、政治与行政学院常务副院长，马克思主义理论与思想政治教育国家重点学科带头人，马克思主义理论一级学科带头人；教育部高校思想政治理论课教学指导委员会委员，教育部邓小平理论中心特邀研究员。现任中国社会科学院马克思主义研究院特聘研究员、中国高校马克思主义研究学会副会长，中央马克思主义理论研究和建设工程马克思主义发展史课题组首席专家、"马克思恩格斯列宁历史理论经典著作导读"课题组主要成员，国家重大委托项目《马克思主义大辞典》编委会常务副主编。曾出访俄罗斯、德国、比利时、日本、美国等国进行学术交流。专业方向：马克思主义发展史、马克思主义基本原理、马克思主义中国化。主要学术成果：主持完成国家社会科学基金重大项目、重大委托项目研究多项。专著有《中国特色社会主义基本问题研究》《马克思主义发展史》《马克思主义中国化史》《用马克思主义引领社会思潮》等20多部；在《求是》《人民日报》《马克思主义研究》《政治学研究》等报刊发表论文320余篇。曾获教育部高等学校科学研究优秀成果人文社会科学一等奖1项、二等奖1项、三等奖2项；中国社会科学院二等奖1项、湖北省人民政府社会科学优秀成果一等奖1项、二等奖1项；获中国图书奖、图书奖提名奖各1项。

中华文化（文明）是我国人民在长期实践中创造、培育和形成的。它由三个主要部分：在 5000 多年文明发展中孕育的中华优秀传统文化，在党和人民伟大斗争中孕育的革命文化和社会主义先进文化，构成一个博大精深的整体。它积淀着中华民族最深层的精神追求，代表着中华民族独特的精神标识，滋养着中华民族生生不息、团结奋进、不断发展壮大。它作为一种伟大的、不竭的民族精神力量把我国 56 个民族、13 亿多人紧紧凝聚在一起。中华文化（文明）中的每一个组成部分，其形成、发展和价值，都可以著成若干卷辉煌史诗。本文就正确对待中国传统文化谈些粗浅意见。

一　宏伟瑰丽　贡献卓著

在世界文明史上，任何民族的文化都有其不可替代的、有别于其他民族的文化特殊性和独创性。它集中体现了这个民族生产方式、生活方式、思维方式、话语系统、情感方式、价值体系、传统、信仰等等。中华民族是世界上最古老、最伟大的民族之一，具有悠久的历史和优秀的文化。早在 100 多万年之前，就有被称为"元谋人"的猿人在中国大地上生息繁衍。在后来漫长的文明发展中，中华民族历经沧桑，以其辛勤劳作、卓越智慧、不断开拓，在人类文明史上创造了辉煌灿烂的中华传统文化，积累起丰富而巨大的知识宇宙，宏伟瑰丽。如编成于春秋时代的《诗经》，春秋时期吴国孙武著的《孙子兵法》、楚国学者老聃撰写的《道德经》、鲁国学者孔丘留下的修身治国言论集《论语》，战国时期甘德、石申的《甘石星经》，还有《黄帝内经》、屈原的《离骚》，两汉时期的重要农书《氾胜之书》、数学著作《周髀算经》、历法《太阳历》，张仲景著的《伤寒论》和《全医药略》、司马迁的《史记》、王充的《论衡》，三国时期刘徽著的《九章算术注》、贾思勰的《齐民要术》、范缜的《神灭论》，唐朝刘知几的《史通》、杜佑的《通典》、光耀千古的唐诗，永垂不朽的约两万首宋词，毕昇的活字印刷术、沈括的《梦溪笔谈》，元朝的戏曲，特别是关汉卿的《窦娥冤》和王实甫的《西厢记》，元朝王祯的《农书》，明朝李时珍的《本草纲目》、宋应星的《天工开物》、徐光启的《农政全书》、罗贯中的《三国演义》、施耐庵的《水浒传》、吴承恩的《西游记》、汤显祖的《牡丹亭》，清朝前期曹雪芹的《红楼梦》等等。概括中华民族创造的传统物质文明和精神文明，以古代世界重要的科技发明来说，约有一半出自中国。战国时期修建的都江堰、郑国渠，秦朝修建的西起临洮（今甘肃岷县）东至辽东的长城，隋朝修建的沟通南北水上交通的大运河等，均为人类文明发展史上的千古绝唱！以先人创造的学术思想说，习总书记在哲学社会科学工作座谈会上讲话中概括道："中华文明历史悠久，从先秦子学、两汉经学、魏晋玄学，到隋唐佛学、儒释道合流、宋明理学，经历了数个学术思想繁荣时期。在漫漫历史长河中，中华民族产生了儒、释、道、墨、名、法、阴阳、农、杂、兵等各家学说，涌现了老子、孔子、庄子、孟子、荀子、韩非子、董仲舒、王充、何晏、王弼、韩愈、周敦颐、程颢、程颐、朱熹、陆九渊、王守仁、李贽、黄宗羲、顾炎武、王夫之、康有为、梁启超、孙中山、鲁迅等一大批思想大家，留下了浩如烟海的文化遗产。中国古代大量鸿篇巨制中包含着丰富的哲学社会科学内容、治国理政智慧，为古人认识世界、改造世界提供了重要依据，也为中华文明提供了重要内容，为人类文明作出了重大贡献。"[1] 我们是马克思主义的历史主义者，今天在建设社会主义先进文化的伟大创造中，当以莫大的民族自豪感，从全球化时代维护各民族文化的平等权利，文明对话，反对文化霸权主义，捍卫世界文明多样性的高度，充分认识中华传统文化的宏伟瑰丽，充分认识弘扬中华优秀传统文化对全球文化发展的卓著贡献。

二 民族精神 文化支撑

中华民族在 5000 多年的文明发展中，创造的博大精深的思想文化，为人类文明进步作出了不可磨灭的贡献，也培育了中华民族的灵魂神智和崇高的价值追求。中华民族安身立命的文化在民族的历史记忆中传承，其基本精神有巨大的历史和现实价值。

1. 熔铸中华民族精神的文化基础

文化，对于一个民族来说恰似其血脉和灵魂。它凝聚着这个民族对整个世界及其生命的历史认知和现实感受，积淀着这个民族在历史进程中形成并日益丰富起来的思想意识、精神追求和行为规范。熔铸在一个民族血脉之中的深厚的文化传统和强烈的文化认同，始终是其民族心理和民族性格的构成要素，是民族生存发展和国家繁荣振兴的力量源泉。它记录着一个国家和民族的历史兴衰，更深刻地制约和影响着人们索取未来的现实生活。博大精深的中国传统文化，孕育了中华民族著称于世，自立于世界民族之林的伟大民族精神，是形成和发展中华民族的卓越智慧和非凡创造性的力量源泉。如党的十六大报告所说："文化的力量，深深熔铸在民族的生命力、创造力和凝聚力中。"反过来说也是一样：民族的生命力、创造力和凝聚力，乃至民族自尊心、自信心、自豪感正是中华民族文化的内核。如中国传统文化中的整体主义思想，在中国古代社会

---

[1] 习近平：《在哲学社会科学工作座谈会上的讲话》（2016 年 5 月 17 日），人民出版社 2016 年版，第 4—5 页。

的长期发展中，一切传统美德都围绕着它展开。《诗经》中提出的"夙夜在公"，贾谊《治安策》中提出的"国而忘家，公而忘私"，强调的都是为整体献身的精神。受这种整体主义精神的哺育，"范仲淹提倡'先天下之忧而忧，后天下之乐而乐'；文天祥认为'人生自古谁无死，留取丹心照汗青'；顾炎武提出'天下兴亡，匹夫有责'；颜元力求'富天下，治天下，安天下'；林则徐主张'苟利国家生死以，岂因祸福避趋之'"等等，都显示出为国家、为民族、为整体的责任担当和英勇献身精神。中国传统道德也正是从国家利益和整体利益的原则出发，在个人对他人、对社会的关系上，强调先人后己，助人为乐；个人对社会尽责，为他人、为社会、为人群无私奉献的自觉性。中国传统文化中的整体主义思想，应当说是中国伦理道德传统区别于西方伦理道德传统的一个重要特点和优点①。又如儒学所强调的一些精神：积极进取，自强不息的奋斗精神；博施爱人，厚德载物的宽容精神；威武不屈，舍身成仁的献身精神；革故鼎新，与时俱进的变革精神等等，皆为中华民族以爱国主义为核心的团结统一，爱好和平，勤劳勇敢，自强不息的伟大民族精神的塑造奠立了厚实的基础，是中华人民壮丽史诗中光彩夺目的篇章。

2. 建设社会主义先进文化的民族文化根基

中国传统文化的基本精神，作为中国传统文化精华的体现，是中国传统文化不断得到自我发展、历久弥新的血脉。世人所知，古老的巴比伦文化、古埃及文化、印度文化、古希腊罗马文化都曾辉煌一时，深刻影响过世界众多民族的文化，但它们在发展进程中，或发生断裂，或遭到外来文化的肢解未能延续，而中华文化却在与外来文化长期交流中，始终奔流不息，绵延不绝，世代相传。而今成为建设社会主义先进文化的民族文化根基。

古往今来，作为民族文化根基的中国传统文化，其基本精神究竟应该做出怎样概括？学者们意见不一。有的将其归纳为天人合一，以人为本，以和为贵等基本观念。认为人本观点是中国文化优秀传统的核心。充分肯定人的价值，称人的价值主要在于它具有道德的自觉性，即人格的尊严和社会责任心。认为人生理想的最高原则是"和"；有的将其归纳为自强不息的奋斗精神，为维护国家民族利益不惜牺牲生命的爱国主义精神；有的将其概括为爱国主义传统，注重和谐的传统，求真务实的传统，以及自强不息，厚德载物，重民、爱民的民本主义传统；有的学者从经济发展的角度，将之概括为"以仁义为基础的义与利的选择"；有的学者从道德教育角度将之概括为"重视教育精神"，"强调

---

① 参见罗国杰主编《中国传统道德普及本》，编者的话，中国经济出版社1997年版，第5—6页。

气节"，"注重人的道德完善，强调道德教育"等等。

这些不同的概括见仁见智，各有千秋，没有原则的分歧，仅反映出不同学者占有的史料，研究的视野，关注的重点、把握的深浅度等等的不同。相比较而言，以下对中国传统文化基本精神的概括，似乎在学界有更多的共识。这就是：

"自强不息"的精神。这种精神对中华民族性格和文化心理的形成曾起了积极的作用，在当前的现代化建设中，这种精神仍是我们艰苦奋斗、奋发图强的精神支柱。

融合外来文化的开放精神。中华文化具有注重学习、吸收和消化外来文化，使各种思想融会贯通，相互补充，兼容并举的博大胸怀。这种精神，对我们今天在改革开放形势下，学习外国先进文化有借鉴意义。

群体意识。中华民族历来具有重视统一、和谐，反对分裂，注重发挥群体智慧与力量的传统，提倡"天下一家"，主张以安定和谐的原则来处理国家、民族、社会、个人之间的关系。这种传统对多民族国家的形成和巩固，对中华民族凝聚力和群体意识，集体主义精神的形成无疑起了一定的作用。

对人的重视。重视人是中国传统文化的一大特征。《管子》中含有丰富的人本思想，道家对人的生命十分关怀，儒家注重人的理想、人的道德修养、人的认识能力的提高、人格的完美实现等。

尊师重友的传统。这种传统对保存和传递民族文化，发展民族智慧，提高社会文明程度都有重要意义。

高度的社会责任感和奉献精神。中国传统文化有一种以天下为己任，"先天下之忧而忧，后天下之乐而乐"的社会责任感及"鞠躬尽瘁，死而后已"，"舍生取义"的奉献精神[①]。

对中国传统文化基本精神作出这几条概括是否全面准确，有待学界争鸣。但作为中国传统文化基本精神本身，无疑是建设社会主义先进文化的民族性根基。我国漫漫历史长河中各个重要学术思想繁荣时期，如炎黄文化初立、西周易学诞生、春秋战国百家争鸣、西汉经学兴盛、魏晋南北朝玄学流行、隋唐儒释道并立、宋明理学发展等所产生的各家学说，所涌现大批思想大家，所留下的大量鸿篇巨制中，包含着丰富的治国理政的政治智慧和思想精华，成为社会主义核心价值观的丰富思想资源，而社会主义核心价值观正是当今中国有效整

---

① 任青、史革新：《"如何正确对待中国传统文化"学术座谈会综述》，《高校理论战线》1991 年第 1 期，第 78 页。

合社会意识，确保社会系统正常运转、社会秩序得到有效维护的灵魂，是推进国家治理体系和治理能力现代化强有力的文化支撑。社会主义核心价值观所起到的凝魂聚气、强基固本作用，在一定意义上说，正是中国传统文化基本精神合乎规律发展所起到的民族根基的作用表现。

3. "两个历史必然"的内在动力

中国历史文化遗产是"两个历史必然"（当代中国走适合自己特点的发展道路、我们对中国特色社会主义自信）的内在动力。关于前者，每个国家和民族独有的历史传统、文化积淀、基本国情，作为一种民族文化总体力量的汇聚，必定会深刻影响其民族走向、社会发展道路的走向，并使其获得内在动力，民族特色。中国独特的文化传统，独特的历史命运，独特的基本国情，在五千年文明历史演变中熔成的不朽思想文化总汇，成为凝聚中华人民之心和推动中国社会历史进步的磅礴力量，必定彰显中国发展道路的特色。历史上的中国，与古老的巴比伦文化、古埃及文化、印度文化、古希腊罗马文化不同，中华文化历经多次王朝兴衰、制度更替和内忧外患干扰不仅未能分解和消亡，而且总是生生不息，薪火相传，历久弥新；现今的中国，优秀传统文化的提升、转化，融入科学的马克思主义思想理论之中，所形成的独有的思想文化体系，它深刻作用于中国社会历史发展的道路，彰显出走中国特色社会主义道路的历史必然性。关于后者，中国特色社会主义深深植根于中华文化沃土之中，而中华优秀传统文化是中华民族最突出的优势，最深厚的文化软实力。它不能不激起中华民族子孙的无比自豪、自信！不仅如此，文化软实力的积淀、创造会随着时代、实践、科学的发展按几何级数增加，业已创造了伟大中华文明的中华民族具有非凡创造力，一定能够继续拓展和走好适合中国国情的发展道路，在沿着中国特色社会主义道路，实现中华民族伟大复兴中国梦的过程中，创造出中华文化新的辉煌。基于这样深厚的历史渊源和广泛现实基础，理所当然，我们对中国特色社会主义充满自信。

三　转化发展　古为今用

有专家指出："任何传统文化，只有时代化才能真正为今人所用，才能具有不竭活力。否则，只能是一堆故纸、束之高阁，一派陈词、无人问津。中华传统文化之所以历数千年风尘浸湿而不败，经几十个朝代变迁而不弃，关键是中华民族不断赋予传统文化以新的内涵。特别是近代以来，中国共产党人尊重传统文化，运用传统文化、发展传统文化，不断推进传统文化时代化，使中国传统文化老而不衰，陈而不腐，依然活力充沛，为社会的发展进步贡献宝贵的力量。"① 笔者以为，这段很有见地的论断提出的问题是，对待历史文化特别是先人传承下来的道德规范，要坚持正确的方针。这就是：要以中国共产党坚守的马克思主义观为指导，以对当代中国社会成员树立正确的世界观、人生观、价值观有益还是无益为准则，通过科学分析，有鉴别地加以对待，有扬弃地予以继承。绝不搞厚古薄今，更不搞颂古非今。"努力实现中华传统美德的创造性转化、创新性发展"②，以做到古为今用、推陈出新。

为此，必须在马克思主义指导下，坚持运用历史辩证法，力避形而上学，废止孤立、静止的中国传统文化研究。倡导立足中国古典经典文献，面对现实生活，从传统文化与中国化马克思主义产生的历史前提上，传统文化与社会主义先进文化产生的历史前提上，对中国传统文化宝库进行发掘，找到体现时代精神和创造精神的民族珍宝；反对原封不动地照搬，倡导紧靠传统又突破传统，重视结合新的实践和时代的要求，结合人民群众精神文化生活的实际需要，对历史文化遗产中的精华进行改造、提炼、加工、创新，把它变成现时代人民自己的东西。这项科学研究，概括起来说，就是要分清糟粕与精华，去其糟粕，取其精华；分清优秀与腐朽，留存优秀，剔除腐朽；分清粗伪与精真，去粗取精、去伪存真。

什么是传统文化中的糟粕、腐朽、粗伪？首先是针对它的整个思想体系而言。无论是整个中国传统文化的思想体系，还是易学、儒学、道学、佛学、经学、玄学、理学等具体思想文化形态，从整个思想体系上说都是反映中国两千余年未曾变动的农业经济组织，反映中国大家族制度表层构造，建立在小农经济基础上的血缘关系等级制度上的，是以历史唯心主义为根本理论基础的。其次是指它的一些封建的、迷信的、愚昧的、与现时代社会发展相冲突的思想道德观点，如君为臣纲、父为子纲、夫为妻纲；君要臣死不敢不死、父叫子亡不敢不亡，等等。再次，是一些落后的不良习俗、风尚。必须把这些东西从传统文化中剥离出来，加以剔除。

什么是传统文化中的精华、优秀、精真？概括地说，就是中华传统文化中能够与当代中国社会进步相适应、与社会主义先进文化要求相协调，于今、于民有用有利的传统思想和美德。如开拓创新、以民为本、崇德弘道、法德相继、协和天下等思想观念，它创于炎黄文化初立时期，后一直浸润、蕴含于易学、儒学、道学、佛学、经学、玄学、理学等思想文化形态之中，其内容日益丰富，

① 徐光春：《马克思主义中国化与中华传统文化时代化》，《贵州师范大学学报》2017 年第 1 期。
② 《习近平谈治国理政》，外文出版社 2014 年版，第 160 页。

形式日臻完美，可谓精华。又如仁义道德，它贯穿于易学、儒学、道学、佛学、经学、玄学、理学等思想文化之中，其具体内涵、形式随时代的变化发展而变化发展，亦可谓中华传统文化中的真髓。这些思想精华，有助于我们今天加强爱国主义、集体主义、社会主义教育，引导人民树立和坚持正确的历史观、民族观、国家观、文化观，增强做中国人的骨气和底气；有助于加强全社会的思想道德建设，坚持马克思主义道德观、社会主义道德观，激发人们形成善良的道德意愿、道德情感，培育正确的道德判断和道德责任，提高道德实践能力尤其是自觉践行能力；有助于引导人们向往和追求讲道德、尊道德、守道德的生活，形成向上的力量、向善的力量，能够让 13 亿人的每一分子成为传播中华美德、中华文化的主体。这些传统文化中的思想精华，是中华民族面对世界文化的激荡，能够站稳脚跟的文化根基。

当然，对传统文化中的思想精华也不能照搬照套，对它的吸取，要坚持以下几点：第一，要通过对传统文化资源的系统梳理，把那些收藏在禁宫里的文物中、陈列在广阔大地上的遗产中、书写在古籍里的文字中的精华、优秀、精真，得到发现，以便它们"活起来"。

第二，要认真学习研究，掌握其历史渊源、发展脉络、基本走向、独特创造、价值理念、民族特色，使之得到真正理解，以便为人"用起来"。

第三，要进行创造性转化、创新性发展。要把中国传统文化中那些维系中华民族生生不息、团结统一的优良思想（如讲仁义、倡忠勇、敬孝悌、重民本、守诚信、崇正义、尚合和、求大同等）、宏大抱负（如"修身、齐家、治国、平天下"）、壮烈情怀（如"先天下之忧而忧、后天下之乐而乐"）、国家利益至上的精神（如"苟利国家生死以，岂因祸福避趋之"）、不辱使命的责任感（如"为天地立心，为生民立命，为往圣继绝学，为万世开太平"），置于中国特色社会主义理论体系、话语体系下，加以深度挖掘，改造陈旧的表现形式，创造出人民喜闻乐见、易于接受的新话语、新范畴，予以精准阐发，使其潜在的生命力得到激活，并根据时代、人民实践、构建中国特色社会主义哲学社会科学的需要，赋予新的时代内涵，使其对内成为涵养、支撑社会主义核心价值观，繁荣社会主义先进文化的重要源泉；对外成为同世界各国人民进行平等友好交流，传播中国文化的重要优势。一言以蔽之，使中国传统文化一直传承下来，传播开去。

第四，要排除错误思潮的干扰。因为中国传统文化中"既有民主性的精华，又有封建性的糟粕；既有积极、进步、革新的一面，又有消极、保守、落后的一面。而且在有些情况下，精华与糟粕又互相结合，良莠混杂，瑕瑜

互见"①。所以整理中华传统文化工作，是一项巨大而浩繁的科学工程，要防止
两种错误思潮的干扰：一是历史虚无主义的干扰。这种错误思潮把中国几千年
封建时代的文化等同于封建主义的东西加以抛弃，忽视其中的许多珍贵品。我
们当十分清醒，即是封建时代的文化中也有人民的东西，有不封建的东西。就
是封建的东西亦应当进行具体分析，注意区别封建主义发生、发展和灭亡时期
的文化。封建主义发展的时期不同，对社会历史发展的作用亦不同。总之对封
建主义的文化应当批判地加以利用。列宁说过："马克思主义这一革命无产阶级
的思想体系赢得了世界历史性的意义，是因为它并没有抛弃资产阶级时代最宝
贵的成就，相反却吸收和改造了两千多年来人类思想和文化发展中一切有价值
的东西。"② 二是复古倒退思潮的干扰。这种错误思潮主张对传统文化全盘继
承，甚至把腐朽当神奇，颂古非今，蔑视革命文化和社会主义先进文化。"儒化
当代中国论"、革命造成传统文化"断裂论"，就是这种错误思潮的典型。错误
思潮对弘扬中国优秀传统文化危害很大，又涉及复杂的问题，需用专文来评论。
这里提及，意在说明对中国传统文化的研究、传播不是与意识形态领域的斗争
无关系的。

① 参见罗国杰主编《中国传统道德普及本》（编者的话），中国经济出版社 1997 年版，第 4 页。
② 《列宁选集》第 4 卷，人民出版社 1995 年版，第 299 页。

马克思恩格斯关于原始社会历史的理论及其启示

沙健孙

【作者简介】沙健孙，教授。曾任北京大学副校长、校学术委员会副主任，中共中央党史研究室副主任、室务委员会召集人。是中共第十三届、十四届中央候补委员，第九届全国政协委员。现任马克思主义理论研究和建设工程《中国近现代史纲要》课题组、《马克思主义史学经典著作导读》课题组首席专家。撰有《中国新民主主义革命概论》《毛泽东思想通论》《二十世纪中国的历史道路——兼评若干社会思潮》《中国共产党历史若干重大问题研究》《沙健孙自选集》等。主持编写《中国近现代史纲要》《马克思恩格斯列宁历史理论经典著作导读》及《中国共产党史稿（五卷本）》等。散文《难忘的启蒙》入选《小学语文》课本第 12 册。

一 "随同人，我们进入了历史"

全部人类历史的第一个前提无疑是有生命的个人的存在。任何历史记载都应当从这些自然基础以及它们在历史进程中由于人们的活动而发生的变更出发。①

人是从哪里来的？是上帝创造的？或者是女娲抟土而成的？这个长期以来令人困惑的关于人类自身来源的问题，直到近代才得到了科学的说明。1809年，拉马克在《动物哲学》一书中断定人类起源于类人猿。1859年，达尔文在

---

① 参见《马克思恩格斯文集》第 1 卷，人民出版社 2009 年版，第 519 页。

《物种起源》一书中揭示了生物从低级到高级进化的理论。1863 年，赫胥黎在《人类在自然界的位置》一书中论述了人猿同祖的学说。1871 年，达尔文在《人类起源与性的选择》一书中指明了人是从已经灭绝的古猿进化而来的。[①]

不过，达尔文等并没有回答古猿怎么变成人的问题。

恩格斯在《劳动在从猿到人转变过程中的作用》一文中对此作出了回答。人本身是自然界的产物。恩格斯在论述人类形成过程时指出：首先是攀树的猿群，即"成群地生活在树上"的古代类人猿；而后是"正在生成中的人"；再后是"完全形成的人"，即已经能够制造工具的生物。[②]

劳动在从猿到人转变过程中起着决定性的作用。正是通过劳动，人才从动物中分离出来。人是由分化产生的。"经过多少万年的努力，手脚的分化，直立行走，最后终于确定下来，于是人和猿区别开来，于是奠定了分音节的语言的发展和人脑的巨大发展的基础，这种发展使人和猿之间的鸿沟从此不可逾越了。手的专业化意味着工具的出现，而工具意味着人所特有的活动，意味着人对自然界进行改造的反作用，意味着生产。"[③]

从利用天然工具，如石块和木棒，到将石块和木棒制作成自己需要的形状，经过了漫长时期的劳动经验的积累。马克思曾从肯定的意义上引证过富兰克林给人下的定义，即人是制造工具的动物。[④] 恩格斯则明确地指出，人类社会区别于猿群的特征"是劳动"，而"劳动是从制造工具开始的"。[⑤]

火的使用，从利用天然火到学会人工取火，对人的最终形成、发展具有重要的意义。"摩擦生火第一次使人支配了一种自然力，从而最终把人同动物界分开。"[⑥] 由于使用火，鱼类和猎物以及可用于烧烤的淀粉质的根和块茎等成为人的食物。熟食缩短人的消化过程，有助于促进大脑和身体其他部分的发展。火还可以用来驱逐猛兽，增强人们的自卫能力。它还使人们能够抵御寒冷，从而扩大人们的活动范围。人的生存不再受气候和地域的严格限制了。

总之，人"把自己和动物区别开来的第一个历史行动不在于他们有思想，而在于他们开始生产自己的生活资料"[⑦]。因为"动物所能做到的最多是采集，

---

① 刘文鹏、王兴运、刘家和、毛昭晰、廖学盛：《外国历史常识（古代部分）》，中国青年出版社 1987 年版，第 18—20 页。

② 《马克思恩格斯文集》第 9 卷，人民出版社 2009 年版，第 550—554 页。

③ 同上书，第 421 页。

④ 《马克思恩格斯文集》第 5 卷，人民出版社 2009 年版，第 210 页。

⑤ 《马克思恩格斯文集》第 9 卷，人民出版社 2009 年版，第 555 页。

⑥ 同上书，第 121 页。

⑦ 《马克思恩格斯文集》第 1 卷，人民出版社 2009 年版，第 519 页。

而人则从事生产"①。"动物仅仅利用外部自然界,简单地通过自身的存在在自然界中引起变化;而人则通过他所作出的改变来使自然界为自己的目的服务,来支配自然界。这便是人同其他动物的最终的本质的差别,而造成这一差别的又是劳动。"② 所以,"劳动是整个人类生活的第一个基本条件,而且达到这样的程度,以致我们在某种意义上不得不说:劳动创造了人本身"③。

世界上许多地方的考古发掘,包括对古人类化石与生产工具的发掘,对达尔文关于人是从古猿进化而来的论断和恩格斯关于劳动在从猿到人演化过程中作用的论断,提供了证明。

就中国而言,远在距今 800 万年,腊玛古猿禄丰种就已经繁衍生息在云贵高原之上,开始了从猿到人的进化过程。我国境内已知最早的人类是巫山人,距今 204 万—201 万年,他们已经使用打制石器。距今 170 万年的元谋人,除使用粗糙的石器外,已知用火。距今 71 万—23 万年的北京人,过着采集和狩猎的生活,不仅懂得用火,而且还能保存火种。距今约 1.8 万年的山顶洞人,仍使用打制石器,但已掌握磨光和钻孔技术,并已会人工取火。所以,中国是远古人类起源的一个重要地区。④

人类的历史是人类自身和人类社会发展的历史。"随同人,我们进入了历史。"⑤

原始时代距今十分遥远。当时还没有发明文字,没有文字记载的历史。所以,要弄清楚原始时代人类的历史是十分困难的。我们研究原始社会历史的主要依据是:第一,对远古人类文化遗存进行的考古发掘。第二,通过民族学、人类学的研究,从某些"残存"的"落后的蒙昧人"的生活,追溯远古人类的某种生存状态。这种"落后的蒙昧人"曾被恩格斯称为"社会的化石"。⑥ 第三,从历史文献与民间文学中关于远古的传说,推断原始人类的某些踪迹。⑦ 将这几个方面的材料进行综合和对照,我们已经能够对原始社会的基本轮廓和发展线索作出大体的描述和论证。

美国民族学家亨利·摩尔根于 1877 年发表《古代社会》一书。他通过研究印第安人和世界其他地方的部落及希腊、罗马等的古代民族史,揭示了氏族的

① 《马克思恩格斯文集》第 9 卷,人民出版社 2009 年版,第 548 页。
② 同上书,第 559 页。
③ 同上书,第 550 页。
④ 《简明中国历史读本》,中国社会科学出版社 2012 年版,第 20—22 页。
⑤ 《马克思恩格斯文集》第 9 卷,人民出版社 2009 年版,第 421 页。
⑥ 《马克思恩格斯文集》第 4 卷,人民出版社 2009 年版,第 42 页。
⑦ 《古代世界史》,日知译,苏联国立莫斯科教育出版局 1952 年版,第 4—5 页。

本质和氏族制度存在的普遍性，证明母系制先于父系制，说明氏族制度发展的结果必然产生自身的对立物——政治社会即国家。该书的副题即为"人类从蒙昧时代经过野蛮时代到文明时代的发展过程的研究"。恩格斯认为："关于人类原始史，直到 1877 年，摩尔根才给我们提供了理解这一历史的钥匙。"① 他"以他自己的方式，重新发现了 40 年前马克思所发现的唯物主义历史观"。② 他为原始历史找到了一个新的基础。"这样就在原始历史的研究方面开始了一个新时代。"③

马克思曾经在 1881 年至 1882 年期间，研究过《古代社会》一书，并对该书作了详细的摘要和写了批语。在此基础上，恩格斯利用摩尔根的材料又补充了自己掌握的材料，写成了《家庭、私有制和国家的起源》这部关于原始社会历史的重要著作。

我国学者认为，"重建中国古史的远古时代是当代考古学者的重大使命"。④ 20 世纪初，中国学者就曾萌发过要为恩格斯的《家庭、私有制和国家的起源》一书书写续篇的宏愿。有的学者认为，随着考古工作的深入开展，我们将会有可能写出"确实称得上是恩格斯《起源》一书的中国续篇"⑤。

二　从原始群到原始公社

1. "人类的原始状态即所谓石器时代"

生产是人类生存和发展的先决条件。一切人类生存的第一个前提，一切历史的第一个前提，就是："人们为了能够'创造历史'，必须能够生活。但是为了生活，首先就需要吃喝住穿以及其他一些东西。因此第一个历史活动就是生产满足这些需要的资料，即生产物质生活本身，而且，这是人们从几千年前直到今天单是为了维持生活就必须每日每时从事的历史活动，是一切历史的基本条件。"⑥

生产是从人类制造工具开始的。"人类的原始状态即所谓石器时代"⑦。原始时代的人类首先利用石器同自然界作斗争，以求得生存和发展。石器时代包括旧石器时代和新石器时代。旧石器时代的特点是使用打制石器，新石器时代

① 《马克思恩格斯文集》第 9 卷，人民出版社 2009 年版，第 12 页。
② 《马克思恩格斯文集》第 4 卷，人民出版社 2009 年版，第 15 页。
③ 同上书，第 28 页。
④ 白寿彝总主编：《中国通史》第 2 卷，上海人民出版社 1994 年版，第 1—2 页。
⑤ 同上书，第 20 页。
⑥ 《马克思恩格斯文集》第 1 卷，人民出版社 2009 年版，第 531 页。
⑦ 《马克思恩格斯文集》第 9 卷，人民出版社 2009 年版，第 94 页。

的特点是使用磨制石器。马克思说过，一般说来，劳动过程只要稍有一点发展，就已经需要经过加工的劳动资料。在太古人的洞穴中，我们就发现了石制工具和石制武器。在人类历史的初期，除了经过加工的石块、木头、骨头和贝壳外，被驯服的，也就是被劳动改变的、被饲养的动物，也曾作为劳动资料起着主要的作用。①

已知最早的石器发现于埃塞俄比亚的奥莫地区，距今约 250 万年。

史前的文化阶段，按照摩尔根确立的系统，包括蒙昧时代和野蛮时代。它们又可分别区分为低级、中级、高级三个阶段。

人类在蒙昧时代的高级阶段以前，属于旧石器时代。旧石器时代占人类历史的绝大部分时间，它开始于二三百万年前，一直延续到 1.5 万年前。这个时期几乎占了整个人类历史的 99.6% 或 99.7% 以上的时间。② 蒙昧时代的高级阶段，进入了新石器时代。它开始于弓箭的发明，终结于发明制陶术之前。"弓箭对于蒙昧时代，正如铁剑对于野蛮时代和火器对于文明时代一样，乃是决定性的武器。"③ 弓箭的使用，使打猎的范围扩大，效率提高。以弓箭狩猎，还使个人有了行猎的可能。蒙昧时代是以获取现成的天然产物为主的时期；人工产品主要是用作获取天然产物的辅助工具。人们主要从事采集和狩猎。

野蛮时代开始于制陶术的发明。有了陶器，人类增加了熟食的方法，便利了饮用水的储存和运送，使人类比较能够定居下来，从事农业生产。④ 这个时代，是学会畜牧和农耕的时期，是学会靠人的活动来增加天然产物生产的方法的时期。野蛮时代包括新石器时代、青铜时代、铁剑和铁犁铁斧时代，结束于文字的出现。大约在公元前三四千年代，在埃及、西亚等地发明了铜器，进入铜石并用时代。到了公元前二三千年代，西亚、南亚、埃及等地发明和使用了青铜器。已发现的铁的熔铸与加工的最初遗迹，约在公元前 14 世纪。到公元前一千年代前后，西亚、北非和欧洲基本上进入铁器时代。⑤

铁器的发明和使用，意义重大。恩格斯认为，田野农业，"如果没有铁斧和铁锹，也不可能大规模进行"。⑥ 一般说来，是这样。世界上许多地区由大规模从锄耕农业向犁耕农业的过渡，是人们在掌握了铁器工业的基础上才实现的。

---

① 《马克思恩格斯文集》第 5 卷，人民出版社 2009 年版，第 210 页。
② 齐世荣总主编：《世界史（古代卷）》，高等教育出版社 2006 年版，第 11 页。
③ 《马克思恩格斯文集》第 4 卷，人民出版社 2009 年版，第 34 页。
④ 王玉哲：《中华远古史》，上海人民出版社 2000 年版，第 69 页。
⑤ 刘文鹏、王兴运、刘家和、毛昭晰、廖学盛：《外国历史常识（古代部分）》，中国青年出版社 1987 年版，第 3 页。
⑥ 《马克思恩格斯文集》第 4 卷，人民出版社 2009 年版，第 37 页。

不过，也不尽然。"在有些民族中，由于某些自然条件的关系，还在他们发现铁的加工方法之前，这种过渡已可能完成了。例如，尼罗河流域的居民，由于采用了人工灌溉与利用了极坚固的黑檀木犁头的关系，还在青铜发现以前，就已经达到欧洲居民只有在发明了铁器以后才能达到的那种劳动生产率。因此尼罗河流域的居民，与古代两河流域的居民一样，甚至还在铜器时代就过渡到了阶级社会。在另一些情形下，大畜群的畜牧业的发展，同样促使一些才掌握了青铜技术的部落过渡到了阶级社会，在赫梯人和亚洲其他某些民族方面便有这样的情形"①。

马克思说过："劳动资料不仅是人类劳动力发展的测量器，而且是劳动借以进行的社会关系的指示器。"因此，劳动资料的遗骸，对于判断已经消亡的经济的社会形态具有重要的意义。②这个原理在根本上是正确的。不过，对此不能从绝对的意义上加以理解，不能把劳动资料局限地理解为仅仅是指残存的劳动工具。如上所述，由于其他条件的不同，一些地区的原始社会在金石并用时代就解体了，有的要到青铜时代，有的则要到铁器时代。③

2. 人类社会的原始状态："共产制共同体"

"随着完全形成的人的出现又增添了新的因素——社会"④。社会是什么呢？"是人们交互活动的产物"⑤。

恩格斯说过："社会本能是从猿进化到人的最重要的杠杆之一。最初的人想必是群居的。"⑥因为人是一切动物中最爱群居的动物。我们的猿类祖先就"是一种群居的动物"。⑦因为单独的个人力量有限，不依靠群体，就无法生存。"为了在发展过程中脱离动物状态，实现自然界中的最伟大的进步，还需要一种因素：以群的联合力量和集体行动来弥补个体自卫能力的不足"⑧。

人类社会最古的形态是怎样的，它在原始时代又经历过哪些变化？

马克思在《摩尔根〈古代社会〉一书摘要》中曾经写道，"最古是：过着杂交的原始群的生活"；写到过原始群状态的自行解体，"发展出氏族和家庭"

---

① 《古代世界史》，日知译，苏联国立莫斯科教育出版局 1952 年版，第 38 页。
② 《马克思恩格斯文集》第 5 卷，人民出版社 2009 年版，第 210 页。
③ 刘文鹏、王兴运、刘家和、毛昭晰、廖学盛：《外国历史常识（古代部分）》，中国青年出版社 1987 年版，第 60 页。
④ 《马克思恩格斯文集》第 9 卷，人民出版社 2009 年版，第 554 页。
⑤ 《马克思恩格斯文集》第 10 卷，人民出版社 2009 年版，第 42 页。
⑥ 同上书，第 413 页。
⑦ 《马克思恩格斯文集》第 9 卷，人民出版社 2009 年版，第 553 页。
⑧ 《马克思恩格斯文集》第 4 卷，人民出版社 2009 年版，第 45 页。

的问题。① 列宁在1913年12月给高尔基的信中，把原始社会分为"原始人群和原始公社"两个连续的阶段。②

不过，对于原始社会历史的分期，史学界存在着不同的理解。

关于原始群：一种意见认为，它是指从猿到人过渡阶段"正在生成中的人"的群体；另一种意见认为，它是指包括直立人在内的真正人类社会的群体。笔者倾向于后一种解读，因为"正在生成中的人"的群体，还不是"完全形成的人"的群体，还不能构成真正的人类社会。关于原始公社：一种意见认为，它是指原始氏族公社的阶段；另一种意见认为，它是指包括血缘家庭公社和氏族公社在内的阶段。笔者倾向于后一种解读，因为这样的解读才能覆盖整个原始公社的历史。③

这就是说，原始社会可分为原始群和原始公社两个阶段；原始公社又包括血缘家庭公社和氏族公社两个阶段。

（1）关于原始群

人们对于自己生活于其下的社会制度，是不可能不受限制地任意加以确定的。

恩格斯指出，根据唯物主义观点，历史中的决定性因素，归根结底是直接生活的生产和再生产。但是，生产本身又有两种。一方面是生活资料即食物、衣服、住房以及为此所必需的工具的生产；另一方面是人自身的生产，即种的繁衍。"一定历史时代和一定地区内的人们生活于其下的社会制度，受着两种生产的制约：一方面受劳动的发展阶段的制约，另一方面受家庭的发展阶段的制约。劳动越不发展，劳动产品的数量，从而社会的财富越受限制，社会制度就越在较大程度上受血族关系的支配。"④

在原始时代，由于生产力水平极其低下，可供支配的劳动产品极其有限，不可能形成规模较大的社会组织。"亲属关系在一切蒙昧民族和野蛮民族的社会制度中起着决定作用"⑤。

马克思在《摩尔根〈古代社会〉一书摘要》中写道，"最古是：过着杂交的原始群的生活；没有家庭；在这里只有母权能够起某种作用"⑥。在《马·柯瓦列夫斯基〈公社土地公有制，其解体的原因、进程和结果〉（第一册，1879

---

① 《马克思恩格斯全集》第45卷，人民出版社1985年版，第337页。
② 《列宁全集》第35卷，人民出版社1963年版，第111页。
③ 《中国大百科全书·民族》，中国大百科全书出版社1986年版，第514—517页。
④ 《马克思恩格斯文集》第4卷，人民出版社2009年版，第16页。
⑤ 同上书，第40页。
⑥ 《马克思恩格斯全集》第45卷，人民出版社1985年版，第337—338页。

年莫斯科版）一书摘要》中，他也曾经记载："人类社会的原始群状态，没有婚姻和家庭；他们之间的关系是：共同生活和相同的营生（如战争、狩猎、捕鱼）；另一方面，则是母亲及其亲生子女之间的骨肉关系。"[1]

原始群时期，"这是人类的童年"。人还住在自己最初居住的地方，即住在热带或亚热带的森林中。他们至少部分地住在树上，只有这样才可以说明，为什么他们在大猛兽中间还能生存。他们以果实、坚果、根作为食物；分音节清晰的语言的产生是这一时期的主要成就。[2]

人类是否经历过杂乱的性关系的社会阶段？原始群的时期，是不是就是人类实行杂乱的性关系的时期？对于这个问题，今天，我们已经不可能找到直接的证据。恩格斯认为，"同从动物状态向人类状态的过渡相适应的杂乱的性关系的时期"是存在过的。"不仅兄弟和姊妹起初曾经是夫妇，而且父母和子女之间的性关系今日在许多民族中也还是允许的。"[3] 有的学者也确认，"原始群内实行杂乱的性交关系"[4]。

不过，有的学者对此抱有存疑的态度。理由是："在大多数非人灵长类群体中，母猿和子猿间从不交配。这意味着人类诞生之初的性关系也可能已有所限制，无限制的杂交的可能性并不大。"[5] 这是一个有待于进一步探讨的问题。

原始群时期，应该相当于蒙昧时代的初级阶段。它可能存在于旧石器时代的早期（250万—270万年至20万—30万年）的靠前的阶段。

（2）关于血缘家庭

历史上发生的男女之间的关系，起源于人们的现实生活条件。[6] 与这种现实的生活条件及其变化相适应，男女之间的关系经历了一系列的变化。在原始时代，与这种变化相适应，人类社会也经历了相应的变化。

从杂乱的性关系的原始状态中，发展出来的第一个阶段的家庭是血缘家庭。[7] 马克思的《摩尔根〈古代社会〉一书摘要》在"血缘家庭"一章中写道："一旦原始群为了生存必须分成较小的集团，它就从杂交转变为血缘家庭。""血缘家庭是第一个'有组织的社会形式'。"[8]

---

① 《马克思恩格斯全集》第45卷，人民出版社1985年版，第207页。
② 《马克思恩格斯文集》第4卷，人民出版社2009年版，第33页。
③ 同上书，第46页。
④ 刘文鹏、王兴运、刘家和、毛昭晰、廖学盛：《外国历史常识（古代部分）》，中国青年出版社1987年版，第45页。
⑤ 齐世荣总主编：《世界史（古代卷）》，高等教育出版社2006年版，第13页。
⑥ 《马克思恩格斯文集》第4卷，人民出版社2009年版，第43页。
⑦ 同上书，第47页。
⑧ 《马克思恩格斯全集》第45卷，人民出版社1985年版，第348页。

在血缘家庭时期，婚姻是按照辈分来划分的：在家庭范围以内的所有祖父和祖母，都互为夫妻；他们的子女，即父亲和母亲，也是如此；后者的子女，构成第三个夫妻的圈子……。在这里，仅仅排斥祖先和子孙、双亲和子女之间互为夫妻的权利和义务。① 这是血缘家庭与实行杂交的原始群的不同之处，也是人类在家庭组织上的第一个进步。

血缘家庭在人类远古时代的存在，是摩尔根推断出来的。他根据夏威夷人的亲属称谓，认为他们先前曾存在过这种婚姻状态。这种兄弟姐妹互为夫妻的婚姻制度在世界上许多民族的神话传说中都留下了自己的痕迹。我国《后汉书》中曾记载南蛮的兄弟姐妹 12 人"自相夫妻"的故事。（见《后汉书》卷八十六南蛮西南夷列传第七十六）②

血缘家庭是一个公社。在血缘家庭内部，实行共同劳动，平均分配。当时所实行的，是"原始共产制的共同的家户经济"③。

有的学者推断："它是一个小集团，人数不可能很多，每个集团大约二十五人到五十人。"除了本集团的人以外，一个人可能一辈子也看不到别的人。④ 据记载：在欧洲人到达澳洲以前，澳洲人约以四十人为一群生活着，游荡于一定的区域之内，此地区为该集团的"给养区"，禁止任何"外人"进入。⑤

血缘家庭大约存在于旧石器时代的早期（250 万—270 万年至 20 万—30 万年）的原始群时期之后的阶段、中期（20 万—30 万年至 4.5 万年）。

（3）关于氏族

血缘家庭排除了父母与子女之间相互的性关系，如果说这是家庭组织上的第一个进步，那么，它的第二个进步就在于对于姐妹和兄弟也排除了这种关系。⑥ 首先，可能是排除同胞兄弟姐妹之间的婚姻；其后，旁系兄弟姐妹之间的婚姻也被禁止。这样，从血缘家庭就发展出了普那鲁亚家庭。

普那鲁亚，为夏威夷语的音译，原意为"亲密的朋友"或"亲密的伙伴"⑦。普那鲁亚家庭的特点是，若干同胞的、旁系的或血统较远的一群姐妹，与其他集团的一群男子互相集体通婚，丈夫们互称为普那鲁亚；同样的，若干

---

① 《马克思恩格斯文集》第 4 卷，人民出版社 2009 年版，第 47—48 页。
② 刘文鹏、王兴运、刘家和、毛昭晰、廖学盛：《外国历史常识（古代部分）》，中国青年出版社 1987 年版，第 48 页。
③ 《马克思恩格斯文集》第 4 卷，人民出版社 2009 年版，第 50 页。
④ 刘文鹏、王兴运、刘家和、毛昭晰、廖学盛：《外国历史常识（古代部分）》，中国青年出版社 1987 年版，第 48 页。
⑤ 《古代世界史》，日知译，苏联国立莫斯科教育出版局 1952 年版，第 17 页。
⑥ 《马克思恩格斯文集》第 4 卷，人民出版社 2009 年版，第 49 页。
⑦ 同上书，第 57 页。

同胞的、旁系的或血统较远的一群兄弟，与其他集团的一群女子互相集体通婚，妻子们也互称为普那鲁亚。由这种婚姻关系产生的家庭形式，称为普那鲁亚家庭。① 这"是群婚发展的最高阶段"。群婚盛行于蒙昧时代。②

从血缘家庭进步到普那鲁亚家庭，按照摩尔根的说法，这是"自然选择原则在发生作用的最好说明"③。所谓自然选择，"即缓慢变异借以实现的形式"④。有的研究者还指出了发生这种变化的另一类原因，这就是：由于在人类社会里，婚姻不复为生物的现象，而成为社会的制度，人们最初之所以禁止经济集团内部的婚姻关系，系为抑制破坏该集团之劳动团结的本能冲动。⑤

由于当事者的年龄比较接近，排除兄弟姐妹之间的性关系，比排除父母与子女之间的性关系，要"困难得多"⑥。从南部非洲人类学的资料来看，早期人类迈出禁止兄弟姐妹之间性关系和婚配这一步，很不容易。"在南部非洲的科伊人（西方更通常的称法是霍屯督人）中，从遥远的过去遗留下来的禁止兄弟姐妹之间性关系和婚配的矫枉过正的习俗，常令外人感到可笑：兄弟和姐妹之间需严守礼节，避免接触，甚至防止他们单独在一起或直接说话。"⑦ 尽管如此，这种转变还是逐步实现了。

氏族制度，在绝大多数情况下，都是从普那鲁亚家庭中发展起来的。⑧ 这是因为，原先的血缘家庭，经过若干世代，由于规模扩大，不能不发生分裂。而分裂出来的不同的亲属集团，即转化为不同的坚固和确定的女系血缘亲属集团。由于排斥兄弟姐妹之间的婚姻，女系亲属集团内部的成员不能通婚，只能同另一女系亲属集团的成员通婚。这样，原先的血缘家庭就转化为氏族。这就是说，"氏族不仅是必然地，而且简直是自然而然地从普那鲁亚家庭发展起来的"⑨。

一个氏族的成员必须同另一个氏族的成员才能通婚。这种互相通婚的氏族就构成早期的部落。这就是说，氏族和部落应该是同时发生的。⑩ 氏族，实行外婚制。这有利于强健人们的体质；部落内部，实行内婚制。这有利于巩固部落内部的团结。

---

① 《中国大百科全书·民族》，中国大百科全书出版社 1986 年版，第 366 页。
② 《马克思恩格斯文集》第 4 卷，人民出版社 2009 年版，第 64 页。
③ 同上书，第 49 页。
④ 《马克思恩格斯文集》第 9 卷，人民出版社 2009 年版，第 348 页。
⑤ 《古代世界史》，日知译，苏联国立莫斯科教育出版局 1952 年版，第 18 页。
⑥ 《马克思恩格斯文集》第 4 卷，人民出版社 2009 年版，第 49 页。
⑦ 何芳川、宁骚主编：《非洲通史·古代卷》，华东师范大学出版社 1990 年版，第 47 页。
⑧ 《马克思恩格斯文集》第 4 卷，人民出版社 2009 年版，第 52 页。
⑨ 同上书，第 53—54 页。
⑩ 刘文鹏、王兴运、刘家和、毛昭晰、廖学盛：《外国历史常识（古代部分）》，中国青年出版社 1987 年版，第 50 页。

氏族曾经是构成"大多数野蛮民族的社会制度的基础"[①]。比如,在澳洲的土著居民中,就实行过群婚制,那里的部落分作两个或四个互相通婚的集团。俄国民意党人史唯尔保 19 世纪末在流放远东时,曾经发现了尼夫赫人的群婚制。[②] 我国仰韶文化遗址中发现的男女分区埋葬的现象,也应是当时人们实行族外群婚这种情况的反映。[③]

氏族的任何成员都不得在氏族内部通婚。这是氏族的根本规则,维系氏族的纽带。摩尔根由于发现了这个简单的事实,就第一次揭示了氏族的本质。[④] 这样就为认识原始社会的历史提供了钥匙,奠定了基础。氏族在蒙昧时代中级阶段产生,在高级阶段继续发展起来,到了野蛮时代低级阶段,它便达到了全盛时期。它在野蛮时代的高级阶段遭到破坏。而随着文明时代的到来,又把它完全消灭。[⑤]

史学界一般认为,氏族萌发于旧石器时代中期,完全形成于旧石器时代的晚期(4.5 万年至 1.5 万年),[⑥] 一直延续到新石器时代、金属器时代。

氏族是一个"共产制共同体"[⑦],是人们生产和生活的单位,所以一个氏族就是一个氏族公社。氏族公社的历史分为两个阶段,即母系氏族公社时期和父系氏族公社时期。

母系氏族。在共产制家户经济中,大多数或全体妇女都属于同一氏族,而男子则来自不同的氏族,这种共产制家户经济是原始时代普遍流行的妇女占统治地位的客观基础。[⑧] 由于实行族外群婚制,"民知其母、不知其父"。而只要存在着群婚,世系就只能按母亲方面来确定,因此也只承认母系。妇女受到人们普遍的尊敬,这同她们在经济和社会生活中所处的地位也有关系。在旧石器时代晚期,妇女从事采集。她们采集的获取,比较稳定。她们还承担着家务劳动和教养子女的责任。而男子则从事狩猎活动,而狩猎的获取并不稳定。[⑨]

母系氏族的存在,是有证据的。埃及的新石器时代文化遗存,"从发掘的女人墓一般比男人墓稍大些,并放置涂有红色的女人小雕像来看,可能反映了崇

---

①《马克思恩格斯文集》第 4 卷,人民出版社 2009 年版,第 49 页。

②《古代世界史》,日知译,苏联国立莫斯科教育出版局 1952 年版,第 18—19 页。

③《马克思恩格斯文集》第 10 卷,人民出版社 2009 年版,第 61 页。

④《马克思恩格斯文集》第 4 卷,人民出版社 2009 年版,第 100 页。

⑤ 同上书,第 177 页。

⑥ 齐世荣总主编:《世界史(古代卷)》,高等教育出版社 2006 年版,第 14 页。

⑦《马克思恩格斯文集》第 4 卷,人民出版社 2009 年版,第 193 页。

⑧ 同上书,第 60 页。

⑨ 王玉哲:《中华远古史》,上海人民出版社 2000 年版,第 74 页。

拜女性的母系氏族社会的面貌，但社会成员似无明显的社会差别。"① 民族学、人类学的研究表明，母系制在世界许多地方存在过。19 世纪以前的印度喀拉拉邦的纳亚尔人，阿萨姆的卡西人和加罗人，以及 16 世纪北美大多数的印第安部落，都按母系制组成。② 恩格斯说过：在欧洲人发现美洲的时候，全北美洲的印第安人都是按照母权制组成的氏族。仅在某几个部落，氏族已经按父权制组成了。③

中国的古籍中也有这方面的记述。如《吕氏春秋·恃君》中说，"昔太古尝无君矣，其民聚生群处，知母不知父"。《庄子·盗跖》中也讲过，太古时代"民知其母，不知其父"。中国有的学者还对姓的性质进行过研究，指出"姓是出自同一祖先的团体"，"姓有母系的痕迹（如多从女）"，"姓为不能自相通婚的团体"等等，"这可以使我们理解到'姓'大概是氏族制度的残余"④。

在母系制时期，在氏族内部，分工是纯粹自然产生的，它只存在于两性之间。家户经济是共产制的，包括几个往往是许多个家庭。凡是共同制作和使用的东西，都是共同财产。男女分别是自己所制造的和所使用的工具的所有者。⑤ 恩格斯指出："有两个自发产生的事实，支配着一切或者几乎一切民族的古代历史：民族按亲属关系的划分和土地公有制。"⑥ "这里没有统治和奴役存在的余地"⑦。

从中国仰韶文化（公元前七千年至公元前五千年）的半坡和姜寨遗址中发现，当时储藏产品的地窖密集地分布在房屋外，形成窖群。这说明劳动果实没有归私人占有，而是集体储藏，共同利用。死者的随葬品绝大多数为生活用具，没有显著的差别。⑧ 民族学的调查表明，印第安人的"家户经济是由一组家庭按照共产制共同经营的，土地是全部落的财产，仅有小小的园圃归家户经济暂时使用"⑨。

在母系氏族公社的晚期，家庭形式有了新的变化，从群婚制发展出了对偶婚制。对偶制家庭由一对配偶结合而成，即一个男子和一个女子共同生活。男女双方仍分别属于各自的氏族，没有形成独立的家庭经济。双方各自居住在自

---

① 何芳川、宁骚主编：《非洲通史·古代卷》，华东师范大学出版社 1990 年版，第 37 页。
② 《中国大百科全书·民族》，中国大百科全书出版社 1986 年版，第 339 页。
③ 《马克思恩格斯文集》第 4 卷，人民出版社 2009 年版，第 103 页。
④ 王玉哲：《中华远古史》，上海人民出版社 2000 年版，第 80 页。
⑤ 《马克思恩格斯文集》第 4 卷，人民出版社 2009 年版，第 178 页。
⑥ 《马克思恩格斯全集》第 19 卷，人民出版社 1963 年版，第 353 页。
⑦ 《马克思恩格斯文集》第 4 卷，人民出版社 2009 年版，第 178 页。
⑧ 王玉哲：《中华远古史》，上海人民出版社 2000 年版，第 72—73 页。
⑨ 《马克思恩格斯文集》第 4 卷，人民出版社 2009 年版，第 111 页。

己母亲的氏族，起初通常由丈夫到妻子家中过夫妻生活（望门居）；后来丈夫迁到妻子家中居住（从妻居）。所生子女归于女方。这种婚姻关系并不牢固，很容易由任何一方解除。

对偶制家庭产生于蒙昧时代和野蛮时代交替的时期，大部分是在蒙昧时代高级阶段，有些地方刚刚达到野蛮时代的低级阶段。这是野蛮时代所特有的家庭形式。① 由于人口的增加和氏族的扩大，由于亲属之间婚姻禁规日益错综复杂，群婚就越来越不可能，这样，"群婚就被对偶制家庭排挤了"②。这种过渡，"主要是由妇女所完成"的，因为随着群婚失去森林原始的素朴性质，必然使妇女感到屈辱和压抑，因而他们必然地要求取得暂时地或长久地保持贞操的权利。③

从群婚制发展为对偶婚制，是家庭组织上的又一个进步。没有血缘亲属关系的氏族之间的婚姻，生育出在体质上和智力上都更强健的人种。自然选择的积极效果更加显示出来。至此，"自然选择已经通过日益缩小婚姻共同体的范围而完成了自己的使命"④。这个过渡，改变了以往"民知其母，不知其父"的情况，从一个方面为其后父系氏族和专偶制家庭的产生准备了条件。马克思指出："父权的萌芽是与对偶制家庭一同产生的，随着新家庭日益具有专偶婚制的性质而发展起来。"⑤

父系氏族。父系氏族制是继母系氏族制之后产生的社会制度。其存在时间相当于新石器时代晚期至金石并用时代。父系氏族制代替母系氏族制，与男女在生产中所处地位的变化有直接的关系。

弓箭的发明和使用，使个人行猎成为可能，并且使猎获有了保证。于是狩猎成为常规的生产部门，原始的狩猎发展成了畜牧业，畜牧业与农业开始实行分离。与此同时，随着农具的改进和畜力的利用，农业由锄耕农业逐步过渡到犁耕农业。锄耕农业要靠几十个人的集体力量，犁耕农业使小规模的乃至个体化的生产成为可能。这种新兴的农业和畜牧业，使男子从事的劳动日益占据主要地位，而妇女所从事的家务和其他生产活动下降到次要的、附属的地位。这是父系氏族制之所以代替母系氏族制的关键。

生产力的发展，开发出前所未有的财富，引出了新的财富归谁所有的问题。

---

① 《马克思恩格斯文集》第 4 卷，人民出版社 2009 年版，第 64 页。
② 同上书，第 58 页。
③ 同上书，第 64 页。
④ 同上书，第 64—65 页。
⑤ 《马克思恩格斯全集》第 45 卷，人民出版社 1985 年版，第 366 页。

这是父系氏族制代替母系氏族制的重要的动因。恩格斯以旧大陆家畜的驯养和畜群的繁殖为例，指出这些财富"最初无疑是归氏族所有。然而，对畜群的私有制，一定是很早就已经发展起来了"。但是，按照母权制，男子的子女是不能继承自己的父亲的，因为他们不属于父亲的氏族，而属于母亲的氏族。这就是说，"随着财富的增加，财富便一方面使丈夫在家庭中占据比妻子更重要的地位；另一方面，又产生了利用这个增强了的地位来废除传统的继承制度使之有利于子女的原动力"。"因此，必须废除母权制，而它也就被废除了。"实行这个转变，其实并不困难，具体地说，就是规定：以后男性成员的子女应该留在本氏族内，而女性成员的子女应该离开本氏族，转到他们父亲的氏族中去。"这样就废除了按女系计算世系的办法和母系的继承权，确立了按男系计算世系的办法和父系的继承权"。马克思认为，"这看来是一个十分自然的过渡"①。

由于母权制的倾覆、父权制的实行，对偶婚制逐步过渡到了专偶制即一夫一妻制。专偶制家庭是在野蛮时代的中级阶段和高级阶段交替的时期从对偶制家庭中产生的，它的最后胜利乃是文明时代开始的标志之一。②

中国的考古发掘，提供了有关这种变化的若干证明。比如，山东宁堡头龙山文化遗址和山东大汶口文化遗址的墓葬中，女子多随葬纺轮，男子多随葬农具。这说明了男耕女织的分工和男子在农业劳动中的主要地位。山东大汶口文化遗址的八座墓葬中有4座为男女成年人合葬。男子居墓穴正中，女子则在扩出的长方形坑内，随葬品也多偏置于男性一侧。这显示了男子在家庭中的主要地位。③

随着父权制的确立，母系氏族就让位于父系氏族。父系氏族由若干家长制家庭公社组成。土地归氏族所有，耕地定期分配给家长制家庭公社使用，森林、牧场等仍由氏族共用。恩格斯认为，这种"实行土地的共同占有和共同耕作的家长制家庭公社"，"是实行个体耕作以及起初是定期的而后是永久的分配耕地和草地的农村公社或马尔克公社从中发展起来的过渡阶段"④。

从母系氏族制向父系氏族制的转变，是"人类所经历过的最深刻的革命之一"。与此同时，恩格斯又指出："母权制被推翻，乃是女性的具有世界历史意义的失败。"⑤

①　《马克思恩格斯文集》第4卷，人民出版社2009年版，第65—68页。
②　同上书，第73页。
③　王玉哲：《中华远古史》，上海人民出版社2000年版，第92—93页。
④　《马克思恩格斯文集》第4卷，人民出版社2009年版，第72页。
⑤　同上书，第67—68页。

三　私有制和阶级的产生与氏族制度的解体

1. 私有制的产生

原始时代，人们在"共产制共同体"内生活。恩格斯指出：在进入文明时代即阶级社会之前，"先前的一切社会发展阶段上的生产在本质上是共同的生产，同时，消费也是在较大或较小的共产制共同体内部直接分配产品。生产的这种共同性是在极狭小的范围内实现的，但是它随身带来的是生产者对自己的生产过程和产品的支配"①。土地公有制"真正是全部历史的出发点"②。由于生活资料极其有限，没有任何剩余产品，所以不可能产生人剥削人的现象。这种原始共产制的共同的家户经济，毫无例外地一直盛行到野蛮时代中级阶段的后期。③

氏族是继血缘家庭之后原始社会的基本组织和生产单位。在这里，第一，没有强制和压迫性质的权力机构，除了舆论以外，它没有任何强制手段。社会组织是自然生成的，组织结构仅仅由氏族、胞族、部落、部落联盟这样的简单机构组成，它们代表着不同的血缘集团，各自管理着自己内部的事务。在血缘组织内部，这些组织机构代表全体氏族成员的意愿，执行人民大会的决议。第二，氏族成员之间的关系主要是血缘关系，再加上外界自然的压力，"自尊心、公正、刚强和勇敢"是社会风尚的主流，即使发生一些争端和纠纷，也"都由当事人的全体即氏族或部落来解决，或者由各个氏族相互解决；血族复仇仅仅当做一种极端的、很少应用的威胁手段"。第三，由于氏族事务是大家共同的事情，所以，在氏族制度内部，还没有权利和义务的分别；参与公共事务、实行血族复仇或为此接受赎罪，究竟是权利还是义务这种问题，对氏族成员来说是不存在的。④

氏族制度的伟大，但同时也是它的局限，就在于这里没有统治和奴役存在的余地。⑤ 因为当时人们之所以不能不在氏族制度下共同生产、共同消费，之所以没有统治和奴役关系存在的可能性，是由当时生产力水平极其低下、没有剩余产品这种情况决定的。马克思说："这种原始类型的合作生产或集体生产显然是单个人的力量太小的结果，而不是生产资料社会化的结果。"⑥ 但是，生产力

① 《马克思恩格斯文集》第 4 卷，人民出版社 2009 年版，第 193 页。
② 《马克思恩格斯文集》第 9 卷，人民出版社 2009 年版，第 271 页。
③ 参见《马克思恩格斯文集》第 4 卷，人民出版社 2009 年版，第 50 页。
④ 《马克思恩格斯列宁历史理论经典著作导读》，人民出版社 2012 年版，第 358—359 页。
⑤ 参见《马克思恩格斯文集》第 4 卷，人民出版社 2009 年版，第 178 页。
⑥ 《马克思恩格斯文集》第 3 卷，人民出版社 2009 年版，第 573—574 页。

总是要向前发展的，而随着生产力发展到一定高度，人们开始有了剩余产品，私有制和阶级、统治和奴役关系就不可避免地会产生出来，而"没有统治和奴役存在的余地"的氏族制度，也就注定要走向解体和灭亡。

恩格斯认为："在相当早的生产发展阶段上，人的劳动力就能够供应大大超过维持生产者生存所需要的产品了，这个发展阶段，基本上就是产生分工和个人之间的交换的那个阶段。"① 这就为私有制和阶级的产生创造了必要的前提。

按照恩格斯的分析，第一次社会大分工是游牧部落从其余野蛮人群中分离出来，畜牧业与原始农业开始分离。第二次社会大分工是手工业和农业的分工。第三次社会大分工是产生了一个不从事生产而只从事商品交换的商人阶级，使商业同生产部门分离。不过，这已经是发生在文明时代之初的事情了。

随着分工和交换的发展，私有制和阶级逐步地形成和发展起来。因为"分工和私有制是相等的表达方式，对同一件事情，一个是就活动而言，另一个是就活动的产品而言"②。"私有制是阶级矛盾的根源和破坏古代公社的杠杆。"③

氏族制度存在的"前提是生产极不发展"④。"私有财产的形成，到处都是由于生产关系和交换关系发生变化，都是为了提高生产和促进交换"⑤。

如前所述，随着生产工具和生产技术的改进，几十个人在一起共同劳动，已经不再是生产上的必需，而由小家庭进行的个体生产开始成为可能。与生产的家庭经营相联系，各个家庭开始有了或多或少的财产的积累。"无论在古代或现代民族中，真正的私有制只是随着动产的出现才开始的。"⑥ 比如，对畜群的私有制。由于各个家庭的劳动力强弱多寡、生产技能的高低和其他生产条件的优劣不同，它们之间的财产差别开始发展起来。"各个家庭家长之间的财产差别，炸毁了各地迄今一直保持着的旧的共产制家庭公社；同时也炸毁了为这种公社而实行的土地的共同耕作。耕地起初是暂时地，后来便永久地分配给各个家庭使用，它向完全的私有财产的过渡，是逐渐进行的"。"个体家庭开始成为社会的经济单位"。这样，在古代的氏族制度中就出现了一个裂口：个体家庭已经成为一种力量，并且以威胁的姿态起来与氏族对抗了。⑦ 原先适用于"生产

① 《马克思恩格斯文集》第4卷，人民出版社2009年版，第195页。
② 《马克思恩格斯文集》第1卷，人民出版社2009年版，第536页。
③ 《马克思恩格斯文集》第10卷，人民出版社2009年版，第515页。
④ 《马克思恩格斯文集》第4卷，人民出版社2009年版，第112页。
⑤ 《马克思恩格斯文集》第9卷，人民出版社2009年版，第169页。
⑥ 《马克思恩格斯文集》第1卷，人民出版社2009年版，第583页。
⑦ 《马克思恩格斯文集》第4卷，人民出版社2009年版，第182—183页。

极不发达"条件下的土地公有制，经过或长或短的中间阶段之后，逐渐变成了私有制。①

中国的考古发掘，提供了社会逐渐发生贫富分化的证据。比如，仰韶文化（公元前七千年至公元前五千年）早期的姜寨聚落的公共墓地，各个墓葬的随葬品不多，差别不大，说明当时的社会还未发生贫富分化。距今六千年至五千年的聚落遗址的情况就不同了。山东大汶口遗址的一些大墓墓穴规模宏大，随葬品精美、丰富，而一些小墓墓穴仅容一具尸骨，随葬品极少甚至根本没有，说明当时的社会已经发生贫富分化。而陶寺遗址发现的一千多座墓葬，可划分为大型墓、中型墓、小型墓三大类七八种等级，说明从公元前两千年开始，"陶寺社会已形成金字塔式的等级结构和阶级关系"②。

2. 统治关系和奴役关系的形成及其途径

私有制导致阶级的产生。

首先，私有制使氏族内部成员发生贫富分化，逐步形成阶级的对立。恩格斯指出，"财产的集中是一个规律"，它"是私有制所固有的"③。土地私有，使财富迅速地积聚和集中到一个人数很少的集团手中。小块耕作，造成了财产多寡和社会地位高下的不平等。

古代自然形成的公社同外界的交往，进一步促使它们内部产生财产上的差别。④个体交换的发展，进一步破坏着原始的经济平等和社会平等。⑤"在公社内部，原始的自发的分工被交换排挤得越多，公社各个社员的财产状况就越不平等，旧的土地公有制就被埋葬得越深，公社就迅速地瓦解为小农的乡村"⑥。这样，氏族内部成员中的富人和穷人的分化和对立就发展起来了。

正是私有制的产生和发展，造成了氏族内部成员在分配上出现了差别。"随着分配上的差别的出现，也出现了阶级差别。社会分为享有特权的和受歧视的阶级，剥削的和被剥削的阶级，统治的和被统治的阶级"⑦。

其次，与私有制的产生相联系，奴隶制产生和发展了起来。由于随着生产力的发展，人的劳动力能够生产出超过维持劳动力所必需的产品，即剩余产品，这就使吸收新的劳动力成为必要和可能的事情。新的劳动力首先是由战争提供

---

① 参见《马克思恩格斯文集》第 9 卷，人民出版社 2009 年版，第 145 页。
② 《简明中国历史读本》，中国社会科学出版社 2012 年版，第 31 页。
③ 《马克思恩格斯文集》第 1 卷，人民出版社 2009 年版，第 83 页。
④ 参见《马克思恩格斯文集》第 9 卷，人民出版社 2009 年版，第 155 页。
⑤ 参见《马克思恩格斯文集》第 3 卷，人民出版社 2009 年版，第 586 页。
⑥ 《马克思恩格斯文集》第 9 卷，人民出版社 2009 年版，第 169 页。
⑦ 同上书，第 155 页。

的。战争中的俘虏不再被杀掉甚至被吃掉，而是变成了奴隶。其后，原先氏族成员中的穷人，由于种种原因，如不能偿还债务，也变成了奴隶（债务奴隶）。

为了能使用奴隶，必须掌握两种东西：第一，奴隶劳动所需的工具和对象；第二，维持奴隶困苦生活所需的资料。因此，先要在生产上达到一定的阶段，并在分配上的不平等达到一定的程度，奴隶制才会成为可能。这也就是说，奴隶制的出现是同私有制的产生和发展直接关联着的。奴役者"必须拥有一定的超过平均水平的财产"①。

第一次社会大分工，在使劳动生产率提高，从而使财富增加并且使生产领域扩大的同时，"在既定的总的历史条件下，必然地带来了奴隶制"②。在第二次社会大分工之后，在前一阶段上刚刚产生并且是零散现象的奴隶制，现在成为社会制度的一个根本的组成部分；奴隶们不再是简单的助手了；他们被成批地赶到田野和工场去劳动。第三次社会大分工的社会意义在于，阶级形成不再是直接与生产相联系，新出现的商人阶级根本不从事生产但完全夺取了生产领导权，成为不可缺少的中间剥削人。这样就使前二次社会大分工已经开始的奴隶制生产方式最终确立起来，使奴隶的强制成为整个社会的基础。

恩格斯指出，统治关系和奴役关系"是通过两种途径产生的"③。除了上面所讲的那种阶级形成过程之外，还有另一种阶级形成过程。这就是，原先的社会公仆逐步变成了社会主人。

在原始社会的公社中，一开始就存在着一定的公共利益，维护这种利益的工作虽然是在全体的监督之下，却不能不由个别成员来担当。由个别成员担当的社会职能逐渐产生对社会的"独立化"的倾向，以致在一定的条件下，这种独立化"逐渐上升为对社会的统治"，起先的公仆有时"逐步变为主人"④。诚然政治统治到处都是以执行某种社会职能为基础，而且政治统治只有在它执行了它的这种社会职能时才能维持下去。但是，为了维持执行这种社会职能的机构，它必然向全体居民征收赋税。这些公职人员开始脱离体力劳动，并且垄断了精神劳动。他们竭力把社会赋予的权力作利己的运用，使自己在拥有权力的同时，拥有越来越多的财富。这样，他们就逐渐成了高踞于社会之上的统治者，成了统治阶级的核心和支柱。

什么是阶级？"所谓阶级，就是这样一些大的集团，这些集团在历史上一定

① 《马克思恩格斯文集》第9卷，人民出版社2009年版，第168—169页。
② 《马克思恩格斯文集》第4卷，人民出版社2009年版，第180页。
③ 《马克思恩格斯文集》第9卷，人民出版社2009年版，第186页。
④ 同上书，第186—187页。

的社会生产体系中所处的地位不同，同生产资料的关系（这种关系大部分是在法律上明文规定了的）不同，在社会劳动组织中所起的作用不同，因而取得归自己支配的那份社会财富的方式和多寡也不同。所谓阶级，就是这样一些集团，由于它们在一定社会经济结构中所处的地位不同，其中一个集团能够占有另一个集团的劳动。"① 阶级是生产发展到一定阶段的产物，是分工及其发展的必然后果。

分工的规律就是阶级划分的基础。② "分工只是从物质劳动和精神劳动分离的时候起才真正成为分工。"分工使精神活动和物质活动、享受和劳动、生产和消费由不同的个人来分担这种情况不仅成为可能，而且成为现实。③ 由此，"劳心者治人，劳力者治于人"，就成为原始社会解体以后的一种世界性的历史现象。

3. 氏族制度的解体和国家的起源

氏族制度在往后的发展中之所以遭到破坏并走向解体，是由于随着生产力的发展和私有制的产生，社会经济生活条件发生了根本性的改变。

氏族原本是共产制共同体。"氏族制度是从那种没有任何内部对立的社会中生长出来的，而且只适合于这种社会。"④ 但是，随着个体化劳动和个体家庭的发展，家长制家庭逐渐成为整个社会的经济单位。随着分工和交换的发展，不同的家庭拥有的财产有了差别。"同一氏族内部的财产差别把利益的一致变成氏族成员之间的对抗"（马克思语）。新的社会经济生活条件导致社会"分裂为自由民和奴隶，进行剥削的富人和被剥削的穷人"。⑤ 在社会分裂为阶级、社会内部的利益尖锐对立的情况下，维持原先的共产制共同体，并继续由全体氏族成员按照民主、平等的原则参与并决定公共事务，已经在事实上变得不可能。恩格斯曾经以雅典氏族的破坏为例，说明公社"只有在其成员间的财产差别很小的条件下，它才可能存在。这种差别一旦扩大，它的某些成员一旦成为其他较富有的成员的债务奴隶，它就不能再存在下去了"。⑥ 这是氏族制度遭到破坏并走向解体的根本原因。

氏族是"由血缘关系形成和联结起来的"。氏族制度的前提，是一个氏族

① 《列宁专题文集·论社会主义》，人民出版社2009年版，第145页。
② 参见《马克思恩格斯文集》第3卷，人民出版社2009年版，第562页。
③ 参见《马克思恩格斯文集》第1卷，人民出版社2009年版，第534—535页。
④ 《马克思恩格斯文集》第4卷，人民出版社2009年版，第188页。
⑤ 同上书，第184、188页。
⑥ 《马克思恩格斯文集》第10卷，人民出版社2009年版，第664页。

或部落的成员共同生活在纯粹由他们居住的同一地区。① 但是，随着分工和交换的发展，氏族或部落的成员按血缘关系居住同一地区的情况，已不复存在。在同一个地区中，不再是氏族或部落的成员共同生活，而是不同氏族或部落的成员杂居在一起；其居民也不再主要是有血缘关系的亲属、具有平等地位的人，而是包括了奴隶主和奴隶、被保护民和外地人。每一个社会团体都是由属于极不相同的氏族、胞族和部落的人们组成的。这就是说，氏族制度存在的前提已经不存在了，它已经不可能像过去那样，承担起管理社会公共事务的任务。这是氏族制度遭到破坏并走向解体的一个重要的原因。

这就是说，"氏族制度已经过时了。它被分工及其后果即社会之分裂为阶级所炸毁"。于是，它就被国家所代替。②

恩格斯认为：国家和旧的氏族组织不同的地方，第一，是它按地区来划分它的国民。而氏族是"由血缘关系形成和联结起来的"。第二，是公共权力的设立。构成这种权力的，不仅有武装的人，而且还有物质的附属物，如监狱和其他强制措施，这些东西是以前的氏族社会所没有的。③ 这后一点区别，具有根本性的意义。因为"国家的本质特征，是和人民大众分离的公共权力"。④

国家不是从来就有的。它是"由分工决定的阶级的基础上产生的"。"其中一个阶级统治着其他一切阶级"。⑤

在氏族制度下，不存在脱离居民、凌驾于居民之上的特殊的公共权力。随着社会"分裂为自由民和奴隶，进行剥削的富人和被剥削的穷人"，他们之间的对立日益尖锐化。压迫者、剥削者是少数，他们不依靠脱离居民、凌驾于居民之上的特殊的公共权力，采取强制手段，就无法对多数人实行压迫和剥削；被压迫者、被剥削者是多数，如果他们的自由不受到强力的限制，就必然会运用一切可能的手段来进行反抗。这样，正如恩格斯所指出的，"为了使这些对立面，这些经济利益互相冲突的阶级，不致在无谓的斗争中把自己和社会消灭，就需要有一种表面上凌驾于社会之上的力量，这种力量应当缓和冲突，把冲突保持在'秩序'的范围以内；这种从社会中产生但又自居于社会之上并且日益同社会相异化的力量，就是国家"⑥。这里所说的国家要保持的"秩序"，并不是社会全体成员之间的和谐共处，而是压迫阶级统治被压迫阶级的"秩序"，

---

① 参见《马克思恩格斯文集》第4卷，人民出版社2009年版，第187—189页。
② 同上书，第188页。
③ 同上书，第189—190页。
④ 同上书，第135页。
⑤ 《马克思恩格斯文集》第1卷，人民出版社2009年版，第536页。
⑥ 《马克思恩格斯文集》第4卷，人民出版社2009年版，第188—189页。

保持这种"秩序"的目的正是为了使这种压迫固定化；而这里所说的国家要"缓和冲突"，并不是要根本否定少数人对多数人的压迫，其实际含义主要是剥夺被压迫阶级用来推翻压迫者的一定的斗争手段和斗争方式。

正是适应阶级社会形成和阶级斗争发展的这种历史情况，"整个氏族制度就转化为自己的对立物：它从一个自由处理自己事务的部落组织转变为掠夺和压迫邻近部落的组织，而它的各机关也相应地从人民意志的工具转变为独立的、压迫和统治自己的人民的机关了"。[①] 所以，国家，这是阶级矛盾不可调和的产物和表现；国家的存在本身，恰恰表明了阶级矛盾的不可调和。

由于国家是从控制阶级对立的需要中产生的，由于它又是在这些阶级的冲突中产生的，所以，它照例是最强大的、在经济上占统治地位的阶级的国家。[②]尽管国家在表面上是凌驾于社会之上的力量，但它既不是中立的，更不是属于全体居民的。国家运用强力工具，是为了维护当时的社会秩序，这种社会秩序在根本上是有利于在经济上占统治地位的那个阶级的，所以从本质上讲，它只能是在经济上占统治地位的那个阶级的国家。

人们通常把国家的形成作为人类进入文明时代的最重要的标志。各地区的情况不尽一致。公元前四千年代中叶，埃及出现了"州"形式的奴隶制小国家。公元前三千年代，两河流域出现了一些城市国家。[③] 中国、印度和欧洲的爱琴海地区约在公元前两千五百年至公元前两千年进入文明时代。中南美洲约在公元前一千年左右进入文明时代。[④]

四　历史的启示

马克思、恩格斯关于原始社会的理论，有一个形成和发展的过程。他们在1848年发表的《共产党宣言》中曾说："至今一切社会的历史都是阶级斗争的历史。"[⑤] 从《共产党宣言》1883年德文版序言开始，恩格斯对它进行了修改。在1888年英文版序言中，这一思想被表述为"人类的全部历史（从土地公有的原始氏族社会解体以来）都是阶级斗争的历史"。[⑥]

马克思、恩格斯关于原始社会的理论，揭示了原始时代历史发展的基本轮

---

① 《马克思恩格斯文集》第4卷，人民出版社2009年版，第184页。
② 同上书，第191页。
③ 刘文鹏、王兴运、刘家和、毛昭晰、廖学盛：《外国历史常识（古代部分）》，中国青年出版社1987年版，第167页。
④ 齐世荣总主编：《世界史（古代卷）》，高等教育出版社2006年版，第20页。
⑤ 《马克思恩格斯文集》第2卷，人民出版社2009年版，第31页。
⑥ 同上书，第14页。

廓和主要线索，进一步论证和丰富、发展了他们创立的唯物主义历史观。

历史是一部生动的、富有教育意义的教科书。古人说过，"所贵乎史者，述往以为来者师也"。马克思、恩格斯关于原始社会的理论，对于我们科学地认识人类社会的发展规律、思考人类社会未来的发展道路、确立和坚持正确的理想信念，都提供了许多有益的启示。

1. 私有制和社会的阶级划分，是一种历史现象

私有制不是一向就有的。① 在原始社会，人类在"共产制共同体"中生活。恩格斯认为，远古时代的共有制，"必定是原始的、来源于动物界的"。无论何时何地，我们都找不到一个例子能证明，共有制是作为派生现象从最初的个人占有发展起来的。②

在占人类历史的绝大部分的时期，不存在私有制，没有社会的阶级划分，没有统治关系和奴役关系。人们共同劳动，平等分配。与此相适应，人们由于依存于"自然形成的共同体的脐带"，而形成了集体的观念。"部落、氏族及其制度，都是神圣而不可侵犯的，都是自然所赋予的最高权力，个人在感情、思想和行动上始终是无条件服从的。"③

私有制和社会的阶级划分，是一种历史现象。它们在一定的历史条件下产生，也将在一定的历史条件下归于消灭。

正因为如此，那种认为私有制是永恒的、自私是亘古不变的"人的本性"等的观点，是把社会发展某个特定阶段的情况绝对化、普遍化，根本不符合人类历史发展的实际。用这种偏狭的认识，来否定共产主义的崇高理想，来为诱使社会主义国家实行"私有化"进行论证，是完全站不住脚的，是十分有害的。

2. 私有制和社会的阶级划分以生产的不足为基础，将被生产力的充分发展所消灭

在原始社会，人类所以在"共产制共同体"中生活，是与生产力的极不发达的情况相适应的。恩格斯说过，"人们最初怎样脱离动物界（就狭义而言），他们就怎样进入历史：他们还是半动物，是野蛮的，在自然力量面前还无能为力，还不认识他们自己的力量；所以他们像动物一样贫困，而且生产能力也未必比动物强"④。列宁也说过："原始人完全被生存的困难，同自然斗争的困难

---

① 参见《马克思恩格斯文集》第1卷，人民出版社2009年版，第684页。
② 参见《马克思恩格斯全集》第35卷，人民出版社1971年版，第448页。
③ 《马克思恩格斯文集》第4卷，人民出版社2009年版，第112—113页。
④ 《马克思恩格斯文集》第9卷，人民出版社2009年版，第186页。

所压倒"。所以,"过去从来没有过什么黄金时代。"①

应当看到:对一定的时期、一定的社会条件,社会的阶级划分"是具有某种历史理由的"。因为这"是以前生产不大发展的必然结果。只要社会总劳动所提供的产品除了满足社会全体成员最起码的生活需要以外只有少量剩余,就是说,只要劳动还占去社会大多数成员的全部或几乎全部时间,这个社会就必然划分为阶级。在这个被迫专门从事劳动的大多数人之旁,形成了一个脱离直接生产劳动的阶级,它掌管社会的共同事务:劳动管理、国家事务、司法、科学、艺术等等"。② 这是一种历史性的进步。

与此同时,还应当看到:阶级的"划分是以生产的不足为基础的,它将被现代生产力的充分发展所消灭"。"社会阶级的消灭是以生产高度发展的阶段为前提的,在这个阶段上,某一特殊的社会阶级对生产资料和产品的占有,从而对政治统治、教育垄断和精神领导地位的占有,不仅成为多余的,而在经济上、政治上和精神上成为发展的障碍"。③ 这就是说,为了消灭社会的阶级划分,必须进行长期的斗争,必须经历一系列将环境和人都改变过来的过程,而实现这种改变必须具备的物质条件,就是生产的"高度发展"。

正因为如此,列宁说过:"无产阶级取得国家政权以后,它的最主要最根本的需要就是增加产品数量,大大提高社会生产力。"④ 因为"劳动生产率,归根到底是使新社会制度取得胜利的最重要最主要的东西"。⑤ "我们既然热心于共产主义事业,就必须首先热心于发展我们的生产力"。⑥ 我们之所以要建立、坚持和发展社会主义制度,重要的就是为了解放和发展社会生产力。建设社会主义,必须以经济建设为中心,推进经济的发展和社会的全面进步,道理就在这里。

3. 建设社会主义,必须走共同富裕的道路

原始社会的历史表明,"私有制是阶级矛盾的根源"⑦。正是私有制的产生和发展,造成氏族内部成员在分配上出现差别,形成"进行剥削的富人和被剥削的穷人"的对立。这是阶级产生和发展的两个基本途径之一。

中国经过新民主主义革命,已经建立了工人阶级领导的人民民主政权。与

① 《列宁全集》第 5 卷,人民出版社 1986 年版,第 80 页。
② 《马克思恩格斯文集》第 3 卷,人民出版社 2009 年版,第 562—563 页。
③ 同上书,第 563 页。
④ 《列宁专题文集·论社会主义》,人民出版社 2009 年版,第 301 页。
⑤ 同上书,第 151 页。
⑥ 《中共中央文件选集(1949 年 10 月——1966 年 5 月)》第 29 册,人民出版社 2013 年版,第 305 页。
⑦ 《马克思恩格斯文集》第 10 卷,人民出版社 2009 年版,第 515 页。

以往少数人压迫多数人的剥削阶级的国家不同，它的建立，开辟了广大人民当家作主的时代。经过社会主义改造，又确立了公有制的主体地位，进入了社会主义初级阶段。这是伟大的历史性的进步。我们必须沿着社会主义道路继续向前发展，而决不能倒退到以剧烈的阶级对抗为基础的旧制度的框架里去。

正因为如此，一个公有制占主体，一个共同富裕，这是我们所必须坚持的社会主义的根本原则。只有坚持这两个根本原则，我们才能有效地遏制两极分化，防止社会倒退，促进社会和谐，保持政治稳定，实现健康、快速的发展。

4. 建设社会主义，必须防止社会公仆蜕变为社会主人

原始社会的历史表明，掌握公共权力的人，在一定的条件下，由社会的"公仆"蜕变为社会的"主人"，这是阶级产生和发展的两个基本途径之一。

巴黎公社是人类历史上第一个无产阶级政权。有鉴于原始社会的历史所提供的有关经验，马克思十分注意研究巴黎公社采取何种措施来防止社会的"公仆"蜕变为社会的"主人"这个问题，并且在《法兰西内战》一书中对此作出了总结。列宁说过，工人在夺取政权以后，为了防止在新机构中任职的人变成官僚，应"立即采取马克思和恩格斯详细分析过的措施：（1）不但选举产生，而且随时可以撤换；（2）薪金不得高于工人的工资；（3）立刻转到使所有的人都来执行监督和监察的职能，使所有的人暂时都变成'官僚'，因而使任何人都不能成为'官僚'"。[①]

正因为如此，为了保持人民政权的本质属性，我们必须根据上述巴黎公社原则的精神，坚持人民的主体地位、充分发扬人民民主；使党和政府的干部保持同人民群众的密切联系，反对享有特权、反对以权谋私和贪污腐败现象；并且从各个方面使他们受到监督和监察。

5. 社会主义是妇女解放的必由之路

在远古时代，大家都是平等、自由的，包括妇女在内。由于在生产和家庭中起着重要的作用，妇女在社会上享有崇高的地位。但是，随着母权制的倾覆，"丈夫在家中也掌握了权柄，而妻子则被贬低，被奴役，变成丈夫淫欲的奴隶，变成单纯的生孩子的工具了"。[②]

妇女受压迫的根源在于私有制和社会阶级划分的形成。倍倍尔指出："和私有财产确立的同时，妇女也就成了男子的隶属"。[③] "私有制占统治地位就注定

---

①　《列宁专题文集·论社会主义》，人民出版社 2009 年版，第 395 页。

②　《马克思恩格斯文集》第 4 卷，人民出版社 2009 年版，第 68 页。

③　奥古斯特·倍倍尔：《妇女与社会主义》，中央编译出版社 1995 年版，第 34 页。

了妇女遭受男人压迫。此后随之而来的是轻视，甚至蔑视的时代"。①

正因为如此，妇女问题是整个社会问题的一部分，它是不可能孤立地得到解决的。既然妇女受压迫的根源在于私有制和社会的阶级划分，那么，只有以废除私有制和社会阶级划分为目标的社会主义运动，才能为妇女的彻底解放指明根本的出路。恩格斯说过："只有在废除了资本对男女双方的剥削并把私人的家务劳动变成一种公共的行业以后，男女的真正平等才能实现。"② 由于一切社会的从属和被压迫是起因于被压迫的经济的从属，所以，妇女解放的第一个先决条件就是一切女性重新回到公共事业中去。③

妇女解放的程度，是衡量普遍解放的天然尺度。傅立叶的这个论断，受到过马克思、恩格斯的赞赏。历史已经证明并将进一步证明，社会主义是妇女解放的必由之路。只有以解放全人类为目的的社会主义的最终胜利，才能导致妇女的彻底解放。妇女在全人类中占了半数。妇女的彻底解放，她们的积极性、创造性的充分发挥，将为人类社会的发展，提供极其广大的力量，开辟无限光明的前景。

摩尔根在《古代社会》一书中说过："自从文明时代开始以来所经过的时间，只是人类已经经历过的生存时间的一小部分，只是人类将要经历的生存时间的一小部分。"历史"将揭开社会的下一个更高的阶段"。"这将是古代氏族的自由、平等和博爱的复活，但却是在更高级形式上的复活。"④ 这个论断被恩格斯写在了《家庭、私有制和国家的起源》的末尾，成为这部著作的结束语。

人类的社会形态是一个逐步演进的过程。共产主义者把实现共产主义作为自己的社会理想和奋斗目标，是以对人类社会发展规律的科学认识、对未来社会的科学预见为依据的。

---

① 奥古斯特·倍倍尔：《妇女与社会主义》，中央编译出版社 1995 年版，第 25 页。
② 《马克思恩格斯文集》第 10 卷，人民出版社 2009 年版，第 536 页。
③ 参见《马克思恩格斯文集》第 4 卷，人民出版社 2009 年版，第 88 页。
④ 同上书，第 198 页。

深刻认识当代资本主义的本质

汝 信

【作者简介】汝信，曾先后任中国社会科学院副院长、兼任哲学所所长，国务院学位委员会副主任等职务。现任中国社会科学院学部委员、咨询委员会顾问。在国内外学术机构中曾担任的主要职务有：中华全国美学学会会长、中国政治学会会长以及国际哲学与人文科学理事会副主席、东德科学院外籍院士、韩国启明大学名誉哲学博士等。主要从事西方哲学史特别是德国古典哲学、美学的研究。主要著作有《黑格尔范畴论批判》（与姜丕之合著）、《西方美学史论丛》《西方美学史论丛续编》《西方的哲学和美学》《美的找寻》《看哪，克尔凯郭尔这个人》《西方美学史》等。此外还出版了多部译著，并主编《西方著名哲学家评传》（10卷）、《世界文明大系》（12卷）和《当代韩国》（季刊）等。

近几年西方经济出现大问题，发生了金融海啸，我们有重新学习《资本论》《帝国主义论》的必要，重读这两本书可以获得新的认识。西方金融危机始于美国次贷危机，目前已经演变成为经济危机。下一步如果继续发展，可能演变成为资本主义制度的全面危机，包括经济、政治、文化、思想各方面的危机。目前危机尚未见底，我们要观察它的发展。

一 西方金融危机是一件坏事，但从另一面看又是一件好事

说这次西方金融危机是坏事的理由很明显，危机使整个世界经济受到极大影响，包括我国的经济发展也受到冲击，造成许多没有预见到的困难，需要积

极地采取措施来应对。但从另一面看，它又是一件好事。因为危机使人们头脑清醒了，进一步认清当代资本主义的本质，更坚定了我们走中国特色社会主义道路的信念，并相应地调整前进的步伐。

前一段时间，不仅是在国外，在国内也经常听到一种论调，说《资本论》讲的是 19 世纪的资本主义，《帝国主义论》只适用于 19 世纪第一次世界大战以前的资本主义。好像这两部书已经过时了，当代资本主义已经克服了过去的毛病，恢复了青春，在有些人头脑中资本主义社会已经变成了"理想天堂"。前几年，美国日裔学者福山提出一种理论叫作"历史终结论"，认为资本主义的自由市场已经最后战胜了社会主义。这次危机好就好在它彻底粉碎了这种幻想，使人们重新回到现实，认真思考究竟什么是资本主义。本来这个问题在马列那里早就解决了，马克思讲得很清楚，列宁讲得也很清楚。只是有些人已经忘记马克思、列宁的话，对这个问题又糊涂起来，以致分辨不清是非。所以，今天重提学习《资本论》和《帝国主义论》，就是为了弄清什么是资本主义。

马克思、列宁去世以来，世界形势发生了极大的变化，当代资本主义和过去资本主义相比，已经发生了很大的变化。但是资本主义经过半个多世纪的变化其本质到底变了没有，这次危机好就好在它充分证明资本主义的本质并没有改变，万变不离其宗。

《资本论》中讲得很清楚，资本主义生产的根本目的和动机是追求资本价值的无限增殖，是通过榨取剩余价值来追求利润的最大化。这一点正是决定资本主义生产的本质的东西。马克思在《资本论》中指出："资本家只是作为资本的人格化才受到尊敬，作为这样一种人，他同货币储藏者一样具有绝对的致富欲。但是，在货币储藏者那里，这只表现为个人的狂热，在资本家那里，却表现为社会机构的作用，而资本家不过是这个社会机构的一个主动轮罢了。"这就说明，资本家只不过是资本的人格化。资本为了追求利润从来不择手段，《资本论》中有一段话非常有名，是马克思引用当时一位作者的："资本害怕没有利润或者利润太少就像自然界害怕真空一样。一旦有适当的利润，资本就胆大起来。如果有 10% 的利润它就保证被到处使用；有 20% 的利润，它就活跃起来；有 50% 的利润，它就铤而走险；为了 100% 的利润，它就敢践踏一切人间法律；有 300% 的利润，它就敢犯任何罪行，甚至冒着绞首的危险。"所以说，监管是需要的，但在资本主义社会里，要监管的是资本无限追求利润的贪欲，而在资本主义制度下是不可能做到真正有力监管的。因此，马克思讲"资本来到世间，从头到脚，每个毛孔都滴着血和肮脏的东西"。我们现在重新学习《资本论》，就是要认清资本主义的本质。

马克思主义作为一门科学，是建立在对资本的本质作科学分析基础上的。如果说过去早期的资本主义是用比较拙劣、粗暴、野蛮的手段来获得最大的利润，那么现在用的手段很隐蔽，从表面上看比较文明，如金融衍生品这种令广大群众感到莫测高深的东西就是高科技的产物，实际上它们的本质是一样的，不过是一种手段的翻新。奥巴马用两个词来形容华尔街"傲慢"和"贪婪"，一个是傲慢无理、胆大妄为，一个是唯利是图、贪得无厌，这即是资本的本质。

分析导致这次西方经济危机的原因。一方面，当然要追究各方面的问题，如监管问题等。这在技术层面讲非常重要；另一方面，要从更深层次来看如何监管。在资本主义制度下，最多就是监管一些真正"出格"的行为，而对资本主义追求利润的狂热是不可能进行有效监管的，否则就不是资本主义了。监管不可能改变资本主义的本质，这次危机就是资本主义本质的大暴露。

之所以说这次危机是好事，就是因为它揭穿了一些人宣扬的"人民资本主义""福利资本主义"的鬼话。资本主义的目的只是追求利润的最大化，从来没有把人民的福利作为目的来追求。其实，在资本主义社会中也有一些经济学家和有识之士；如凯恩斯早就承认资本主义本身靠"市场"这个"看不见的手"并不能够解决充分就业和财富及收入的公平分配问题。因此，凯恩斯要采取一些办法来补救，当然他是在资本主义允许的范围之内采取一些措施。所以，企图要靠"看不见的手"创造人民的福利，达到共同富裕，完全是幻想，是不可能的。应该说资本主义市场经济对刺激经济，提高生产力，调配资源方面起了很大的作用，有些东西值得我们借鉴、学习和利用。但是，对市场这个"看不见的手"我们应该利用它为社会主义服务，而决不可盲目崇拜。

前一段时间听到一些论调，有些人说市场经济就是市场经济，无所谓资本主义和社会主义。经历这次危机后，大家都应该对这个问题有更清醒的认识，不要把资本主义的市场看作是灵丹妙药，好像它可以包治百病，盲目迷信"看不见的手"是要吃大亏的。所以，还是应当回到邓小平同志的说法，计划也好、市场也好，都是手段而已。我们千万不要把这种手段看成是追求的目的。

二 学习《帝国主义论》，深刻认识现代资本主义

在马克思以后真正深刻地研究现代资本主义的人，应该说就是列宁了。列宁在《帝国主义论》中全面系统地研究了资本主义从 19 世纪到 20 世纪初的新发展、新情况，阐明了从资本主义到帝国主义时代的基本特征及其进一步发展的历史趋势。当然，列宁写《帝国主义论》到现在已过了一百年，我再三地阅读列宁这本书，感到其中有许多见解虽然当时的情况跟现在的情况已经发生变

化，但书中的很多真知灼见并没有过时，因为列宁抓住了现代资本主义的本质东西。翻开这本书，其中有些话就像针对当前发生的经济危机讲的，比如《帝国主义论》中指出："资本主义已经发展到这样的程度，即商品生产虽然依旧'占统治地位'，依旧被看作是全部经济的基础，但是它实际上已经被破坏了，大部分利润都被那些干金融勾当的'天才'拿去了。这种金融勾当和欺骗行为的基础就是生产社会化，但是人类所达到这种社会化的巨大进步，却造福于……投机者。"列宁在书里讲到了垄断、银行和金融资本的作用，讲到资本输出和垄断资本集团对世界市场的分割和争夺。正是根据对现代资本主义的这些科学的具体的分析，列宁得出了帝国主义是垄断的资本主义、帝国主义是寄生的或腐朽性的资本主义、帝国主义是垂死的资本主义的结论。这个结论在近年来颇具争议性，我们不断听到另外一种言论，认为列宁的说法或者是过头了，或者是过时了。所谓资本主义腐而不朽、将永世长存的说法，是前些年经常有人讲的，不仅是在国外，就是国内有些同志也对列宁的结论产生了怀疑。

我认为，列宁的这个结论是根据科学分析得出的，同时它也是一种价值判断。承认当代资本主义是不是寄生是不是腐朽，一是要根据科学分析的客观事实，二是要根据价值的判断。关键看站在什么立场上说话。就拿这次危机的成因来讲，现在很多经济学家指出，无节制的消费、缺乏监管等是造成危机的罪魁祸首。对这个问题到底怎么看？靠别人的廉价劳动来养活自己，寅吃卯粮，维持高标准的消费，利用经济霸权手段来搞金融勾当，所谓"空手套白狼"，不劳而获，大量地在世界市场上捞钱；当广大人民在经济危机下受苦受难，排队等待失业救济的时候，那些干金融勾当的"精英"却照样瓜分高额的红利，过着奢靡的生活（连奥巴马都看不下去，斥之为"无耻"）。在某些人看起来也许这不算腐朽，不算寄生，而是天然合理合法，手段高明，是金融手段的新成就。而从马克思主义观点来看，这就是典型的寄生、典型的腐朽。这种生活方式是不值得羡慕，不值得推崇的。

三　对世界社会主义运动的看法

关于这次危机和世界社会主义运动的关系，马克思、列宁都明确指出：资本主义在历史上虽然起过巨大的进步作用，但是它只不过是一种过渡的社会形态，必然要让位于更高级的社会主义社会。对此，我深信不疑。这次危机粉碎了有些人认为资本主义永远不朽的神话，这是一件好事。这次危机是不是标志着整个资本主义制度没落的开始，是值得我们关注社会主义运动的人研究的问题。

从世界历史的角度看，一种社会制度的衰亡和退出历史舞台，往往是一个漫长和痛苦曲折的过程。前些时候，我一直在研究罗马帝国的衰亡史。罗马帝国的衰亡从强大的帝国到最后的灭亡经历了几百年时间，中间有不断的反复、起伏、曲折。资本主义制度作为历史上存在的一个重要的社会形态，当然不会轻易退出历史舞台，特别是像美国这样的超级大国经过这样的危机不会一下子倒下去，这是可以肯定的。但是，经过这次危机是不是整个资本主义制度开始走下坡路，是值得我们观察的问题，当然，另一种可能是，经过资本主义社会的自身调整会得到一定程度的复苏，不能排除这种可能。但我认为可以大胆地做出这么一个判断，即资本主义在第二次世界大战后短暂的繁荣发展：特别是前些年妄图独霸世界的这种势头是否应该说已经结束了，或者说现代资本主义发展的黄金时期已经过去了。

我们研究社会主义运动，目前面临的一个很大的问题是，在资本主义世界现在缺乏能够替代资本主义的社会力量。目前很多客观条件有利于社会主义运动的重新振兴，社会主义运动在前些年受到重大挫折后现在面临着一个最好的发展机遇。但是，在主观条件方面，无论从思想理论上还是组织上，据我了解的情况和看到的材料，现在都还是欠缺的，没有准备好。国际共产主义运动仍处于低潮，还没有从 20 世纪 90 年代的重创中恢复过来。现在西方社会里面反资本主义的社会力量是存在的，但是并没有在马克思主义的指导下重新组合起来。所以，也可能社会主义运动重新复兴的难得机遇会丧失，这是一件令人非常惋惜、非常担心的事情。

马克思对阶级和阶级斗争理论的新贡献

——《马克思致约瑟夫·魏德迈(1852 年 3 月 5 日)》和 列宁《国家与革命》第二章第 3 节研读

田心铭

【作者简介】田心铭,曾任北京大学教授,教育部高等学校社会科学发展研究中心主任、研究员,《高校理论战线》杂志总编辑。曾获国家授予的"有突出贡献中青年专家"称号。主要从事马克思主义哲学、中国化马克思主义、马克思主义理论与思想政治教育等学科的教学、研究工作及社

科杂志编辑工作。主要兼职有:国家社会科学规划哲学学科评审组副组长,中国历史唯物主义学会副会长,高校马克思主义研究会顾问,教育部普通高中思想政治课程标准实验教材编写指导委员会主任。发表论文 200 多篇。主要代表作有:《认识的反思》《反腐败论》《当代大学生哲学思潮》等。

　　阶级斗争理论是马克思主义科学世界观的重要组成部分。马克思、恩格斯和列宁的著作中有大量关于阶级和阶级斗争的论述。马克思在 1852 年 3 月 5 日致约瑟夫·魏德迈的信中,用三句话简明地概括了自己对阶级和阶级斗争理论的新贡献。列宁在《国家与革命》第二章第 3 节中,对马克思的论断做了阐述和发挥。按照习近平总书记关于学习马克思主义要"读原著、学原文、悟原理"① 的要求,把这两篇著作联系起来认真研读,对于深入理解马克思主义阶级斗争理论的实质、建构中国化马克思主义话语体系、反对历史虚无主义等错

---

① 习近平:《在全国党校工作会议上的讲话》(2015 年 12 月 11 日),《求是》2016 年第 9 期。

误思潮，都具有重要意义。

一　马克思在 1852 年的概括和列宁在 1918 年的阐述

约瑟夫·魏德迈（1818—1866）是德国和美国的工人运动活动家。他是马克思和恩格斯的朋友，共产主义者同盟的盟员，1851 年流亡美国。马克思的名著《路易·波拿巴的雾月十八日》就是应他的请求写作并由他在美国出版的。马克思 1852 年 3 月写这封信时，魏德迈正在美国同否认阶级斗争和阶级存在的卡尔·海因岑（1809—1880）展开论战。马克思在信中支持魏德迈的观点，称赞他"驳斥海因岑的文章写得很好"，"写得既泼辣又细腻"，"称得上是名副其实的论战"①。他向魏德迈提供了许多意见和相关材料，批驳了海因岑等人否认阶级和阶级斗争的观点。他说，"你可以利用上述意见中你认为有用的东西。"② 就是在这里，马克思对阶级和阶级斗争问题做出了一段经典性的表述：

"至于讲到我，无论是发现现代社会中有阶级存在或发现各阶级间的斗争，都不是我的功劳。在我以前很久，资产阶级历史编纂学家就已经叙述过阶级斗争的历史发展，资产阶级经济学家也已经对各个阶级作过经济上的分析。我所加上的新内容就是证明了下列几点：（1）**阶级的存在**仅仅同**生产发展的一定历史阶段**相联系；（2）阶级斗争必然导致**无产阶级专政**；（3）这个专政不过是达到**消灭一切阶级**和进入**无阶级社会**的过渡。"③

列宁对马克思这一段论述极为重视。列宁的《国家与革命》写作于 1917 年二月革命与十月革命之间的 8—9 月。十月革命后，《国家与革命》1919 年出第二版时（第二版后记写于 1918 年 12 月），列宁在第二章中以"1852 年马克思对问题的提法"为题增加了第 3 节。这是该书第二版与第一版唯一的不同之处。列宁在这一节中说，马克思 1852 年 3 月 5 日给魏德迈的信中有一段"精彩的论述"。他在摘录了上述马克思这段话后指出："在这一段话里，马克思极其鲜明地表达了两点：第一，他的学说同先进的和最渊博的资产阶级思想家的学说之间的主要的和根本的区别；第二，他的国家学说的实质。"④ 接下来列宁对此作了深入阐述。

中文版的《马克思恩格斯选集》第 4 卷和《马克思恩格斯文集》第 10 卷

---

① 《马克思恩格斯全集》第 28 卷，人民出版社 1973 年版，第 504 页。

② 同上书，第 509 页。

③ 《马克思恩格斯文集》第 10 卷，人民出版社 2009 年版，第 106 页。也见于人民出版社 1973 年出版的《马克思恩格斯全集》第 28 卷第 509 页、人民出版社 2009 年出版的《列宁专题文集·论马克思主义》第 203—204 页，其中的中文译文略有不同。

④ 《列宁专题文集·论马克思主义》，人民出版社 2009 年版，第 206 页。

收入的《马克思致约瑟夫·魏德迈（1852年3月5日）》都是该信的摘录，其全部文字就是上述列宁在《国家与革命》中引用过的这段话。本文以下主要讨论马克思的这段话和列宁对它的阐述。

二　马克思为什么强调阶级和阶级斗争是资产阶级学者在他以前发现的？

为什么马克思要指出资产阶级学者在他之前就已经"发现现代社会中有阶级存在"、"发现各阶级间的斗争"？这是因为，客观上是否存在阶级和阶级斗争，是研究阶级斗争必须首先回答的问题。如果根本不存在什么阶级和阶级斗争，那么所有相关理论就都成了无稽之谈。魏德迈与海因岑的论战所面对的正是这样的问题。马克思在信中称海因岑这类人是"不仅否认阶级斗争，甚至否认阶级存在的无知的**蠢才**"①。马克思向魏德迈建议："我要是处在你的地位，我就要向民主派先生们指出，他们最好是先熟悉一下资产者的著作本身。"② 因为"资产者的著作本身"中有大量关于阶级和阶级斗争的论述，这是对社会现实的一种反映，因而是对阶级斗争客观存在的有力证明，是对海因岑的有力驳斥。

马克思指出："要弄清过去的'阶级的历史'，就应当譬如说研究一下梯叶里、基佐、约翰·威德等人的历史著作"③。梯叶里、基佐都是法国的历史学家。继马克思之后，恩格斯、列宁以及普列汉诺夫都曾指出，这些资产阶级历史学家已经叙述过阶级斗争的历史发展。普列汉诺夫在他的名著《论一元论历史观之发展》的第二章"复辟时代的法国历史家"中阐述了基佐、梯叶里等人的历史著作中关于阶级斗争的观点。基佐在他的《法国史概论》中说："为着理解政治制度，应该研究社会中的不同的阶层及其相互关系。为着理解这些不同的社会阶层，应该知道土地关系的性质。"④ 他用这个观点把法国最初两个皇朝的历史描写为社会不同阶层斗争的历史。梯叶里在其《英国革命述评》中把英国革命的历史描写为资产阶级与贵族的斗争。普列汉诺夫引用了梯叶里的论述，并指出："奥·梯叶里从社会各阶级的'**现实的利益**'的观点上去观察宗教教派和政党的斗争并热情地同情第三等级反对贵族的斗争。"⑤

李嘉图是最著名的资产阶级古典政治经济学家。马克思在致魏德迈的信中

① 《马克思恩格斯全集》第28卷，人民出版社1973年版，第509页。
② 同上书，第507页。
③ 同上书，第507—508页。
④ 转引自普列汉诺夫《论一元论历史观之发展》，生活·读书·新知三联书店1961年版，第16页。
⑤ 同上书，第21页。

指出，只要打开李嘉图的那本巨著《政治经济学和赋税原理》，在第一页上就可以看到他的序言开头的几句话："土地产品——通过劳动、机器和资本联合运用而从地面上得到的一切产品——在社会的**三个阶级**之间，也就是在土地所有者、耕种土地所必需的基金或资本的所有者和以自己的劳动耕种土地的工人之间进行分配"①。这表明，李嘉图把土地所有者、资本所有者和工人看作资本主义社会经济关系中的三个阶级。

马克思的论断是以丰富的思想史资料为依据的。他以此证明：阶级和阶级斗争不是由他而是由资产阶级学者在他之前发现的。邓小平把马克思这段话解读为："马克思说过，阶级斗争学说不是他的发明。"② 这是非常深刻、透彻的理解。"发现"和"发明"都是人的意识活动。不同的是，"发明"是创造出此前并不存在的事物；"发现"是揭示出此前已经存在的事物。阶级斗争不是马克思的"发明"，而是被"发现"的。虽然阶级斗争的概念是由于马克思主义的传播才广为人知，但阶级斗争其实是由资产阶级先发现的。这就从一个侧面证明：阶级和阶级斗争是不以人的意志为转移的客观存在。资产阶级的后辈子孙们否认阶级和阶级斗争的存在，只能表明他们自己是"无知的蠢才"。

为什么资产阶级学者能够发现阶级斗争呢？因为自从采用机器大工业以来，随着资本主义的发展，阶级对立简单化了。正如后来恩格斯在《路德维希·费尔巴哈和德国古典哲学的终结》中所指出，"当时关系已经非常简化，只有故意闭起眼睛的人才看不见"，土地贵族、资产阶级、工人阶级"这三大阶级的斗争和它们的利益冲突是现代历史的动力"③。

马克思和恩格斯 1848 年在《共产党宣言》中第一次代表共产党人"向全世界公开说明自己的观点"④，就是从揭示阶级和阶级斗争的客观存在破题的。《宣言》第一章的标题是"资产者和无产者"，第一句话是（从原始土地公有制解体以来）"至今一切社会的历史都是阶级斗争的历史"⑤。马克思主义的发展史和它的理论逻辑都表明，否认阶级和阶级斗争的客观存在，就是从根本上否认和颠覆马克思主义。正因为如此，马克思重视魏德迈和海因岑关于阶级斗争的论战，并在信中运用思想史的资料论证了阶级和阶级斗争的客观存在。

在人们的认识活动中，发现某一事物存在与揭示它的本质并不是一回事。

---

① 《马克思恩格斯全集》第 28 卷，人民出版社 1973 年版，第 508 页。
② 《邓小平文选》第 3 卷，人民出版社 1993 年版，第 379 页。
③ 《马克思恩格斯文集》第 4 卷，人民出版社 2009 年版，第 304、305 页。
④ 《马克思恩格斯文集》第 2 卷，人民出版社 2009 年版，第 30 页。
⑤ 同上书，第 31 页。

资产阶级学者发现了阶级和阶级斗争，这是他们的功劳，但并不意味着他们已经创立了科学的阶级斗争理论。资产阶级的阶级斗争学说有其历史的和阶级的局限性。例如，李嘉图虽然通过分析工资、利润和地租三者的对立关系揭示了工人阶级、资产阶级、土地贵族三个阶级在经济利益上的对立，但是他的以分配论为核心的理论体系未能真正揭示出由生产资料所有制决定的阶级关系的实质，而且他把三个阶级的对立看作是自然形成的关系，而不是看作资本主义这一特定历史阶段的阶级结构。他所代表的是正在同封建残余势力斗争的产业资产阶级的利益。马克思在致魏德迈的信中，在肯定李嘉图的功劳的同时，又明确指出：他是"资产阶级的最典型的代表者和无产阶级的最顽强的反对者"①。

虽然梯叶里、基佐、李嘉图等人的学说是如列宁所说的"先进的和最渊博的资产阶级思想家的学说"，但是马克思的阶级斗争理论与它们相比，在科学性、阶级性上都有本质区别。马克思明确概括了由他创立的阶级斗争理论的三个基本观点。这三点同时也就是马克思主义的阶级斗争理论与资产阶级思想家的学说之间"主要的和根本的区别"之所在。以下我们就来讨论马克思是如何证明这三个基本观点的。

三 "阶级的存在仅仅同生产发展的一定历史阶段相联系"

马克思这一论断从人类物质资料生产的发展来考察阶级的存在，指明了观察阶级问题的根本方法，得出了阶级的存在具有历史性、暂时性的结论。"生产"和"一定历史阶段"是理解这一论断的两个关键词。

历史唯物主义是马克思主义一生的两个伟大发现之一，阶级斗争理论是历史唯物主义体系中的重要组成部分，我们只有将其置于这个体系之中才能获得对它的科学理解。历史唯物主义的一个根本观点是："物质生活的生产方式制约着整个社会生活、政治生活和精神生活的过程。"② 马克思主义始终是联系生产的发展，通过对生产力与生产关系之间矛盾运动的分析来观察阶级问题的。这是我们研究阶级斗争问题的根本方法论原则。如果离开生产去讲阶级和阶级斗争，就离开了唯物史观。

在标志着历史唯物主义成熟的《德意志意识形态》中，马克思和恩格斯已经指出："这种历史观就在于：从直接生活的物质生产出发阐述现实的生产过程，把同这种生产方式相联系的、它所产生的交往形式即各个不同阶段上的市

---

① 《马克思恩格斯全集》第 28 卷，人民出版社 1973 年版，第 508 页。
② 《马克思恩格斯文集》第 2 卷，人民出版社 2009 年版，第 591 页。

民社会理解为整个历史的基础。"① 这里所说的"交往形式"、"市民社会",就是后来历史唯物主义范畴体系中的"生产关系"、"经济基础"。按照这样的历史观,他们分析了资产阶级和无产阶级是如何随着生产的发展而形成的,并在不久后发表的《共产党宣言》中做出了明确概括:"现代资产阶级本身是一个长期发展过程的产物,是生产方式和交换方式的一系列变革的产物。"② "随着资产阶级即资本的发展,无产阶级即现代工人阶级也在同一程度上得到发展"③。1859 年,当马克思创立新的政治经济学体系的重要标志性成果《政治经济学批判·第一分册》出版时,他在序言中对自己在 40 年代得到并且"一经得到就用于指导我的研究工作的总的结果"④,即唯物史观做出了简要表述。在这800 余字的经典性论述中,马克思用自己创立的生产力和生产关系、经济基础和上层建筑、生产方式、社会存在和社会意识、社会革命、社会形态等一系列科学范畴揭示了"人们在自己生活的社会生产中发生的"社会关系,揭示了社会发展的客观规律,得出了关于资产阶级社会中阶级斗争的重要结论:"资产阶级的生产关系是社会生产过程的最后一个对抗形式","人类社会的史前时期就以这种社会形态而告终。"⑤ 马克思在 1852 年写下的"阶级的存在仅仅同生产发展的一定历史阶段相联系",无论就历史发展或理论逻辑而言,都应该放到他40 年代就已形成的这一科学思想体系之中去解读。

马克思的这一基本观点后来得到了进一步的丰富和发展。马克思在《资本论》中阐明了资本主义的生产方式和阶级结构在生产和交换的发展中形成、发展的历史和规律。恩格斯在《反杜林论》中批判了杜林宣扬的"本原的东西必须从直接的政治暴力中去寻找"⑥ 的"暴力论"。在《家庭、私有制和国家的起源》中,恩格斯运用翔实的资料论述了基于一定历史阶段上生产、分工、交换的发展而发生的原始公社制瓦解、私有制和阶级产生的历史。在《路德维希·费尔巴哈和德国古典哲学的终结》中,恩格斯透彻地阐明了资产阶级和无产阶级"这两大阶级的起源和发展是由于纯粹经济的原因";一切争取解放的阶级斗争"归根到底都是围绕着**经济**解放进行的"⑦。1918 年列宁在《伟大的创举》中用一个简明的定义揭示了阶级的实质:"所谓阶级,就是这样一些大的集团,

① 《马克思恩格斯文集》第 1 卷,人民出版社 2009 年版,第 544 页。
② 《马克思恩格斯文集》第 2 卷,人民出版社 2009 年版,第 33 页。
③ 同上书,第 38 页。
④ 同上书,第 591 页。
⑤ 同上书,第 592 页。
⑥ 《马克思恩格斯文集》第 9 卷,人民出版社 2009 年版,第 165 页。
⑦ 《马克思恩格斯文集》第 4 卷,人民出版社 2009 年版,第 305、306 页。

这些集团在历史上一定的社会生产体系中所处的地位不同，同生产资料的关系（这种关系大部分是在法律上明文规定了的）不同，在社会劳动组织中所起的作用不同，因而取得归自己支配的那份社会财富的方式和多寡也不同。"他概括说："所谓阶级，就是这样一些集团，由于它们在一定社会经济结构中所处的地位不同，其中一个集团能够占有另一个集团的劳动。"[1] 列宁从生产关系的三个方面具体说明阶级就是在"一定社会生产体系"中处于不同地位而形成的不同"集团"，这样就阐明了阶级的存在究竟是怎样"同生产发展的一定历史阶段相联系"的，使马克思的科学论断得到了进一步的展开和证明。

马克思论断中的"一定历史阶段"，表明阶级不是存在于生产发展的"一切"历史阶段，指明了阶级存在的历史性、暂时性。马克思特别批评了把资产阶级社会永恒化的观点。他在这封信中说：海因岑这类人"认为资产阶级赖以进行统治的社会条件是历史的最后产物，是历史的极限；他们只不过是资产阶级的奴才。这些蠢才越不懂得资产阶级制度本身的伟大和暂时存在的必然性，他们的那副奴才相就越令人作呕"。[2] 这里指出了，资产阶级制度是历史发展中必然的"暂时存在"的阶段，把资产阶级社会当作历史的终结，不仅是无知，而且是充当"资产阶级的奴才"。

阶级的存在仅仅同生产发展的一定历史阶段相联系，意味着人类历史将来会达到消灭一切阶级、进入无阶级社会，对此马克思做出了明确论断；另一方面，这是否意味着在马克思看来，阶级不是从来就有的，而是生产发展到一定历史阶段才产生的呢？对这个问题需要做全面的分析。

我们知道，1847年写作、1848年发表的《共产党宣言》中说："至今一切社会的历史都是阶级斗争的历史。"[3] 后来在《宣言》1888年英文版序言中，恩格斯对此做了重要修改，表述为："人类的全部历史（从土地公有的原始氏族社会解体以来）都是阶级斗争的历史。"[4] 对于这一修改，恩格斯加了一个注释作了说明，其中说："在1847年，社会的史前史、成文史以前的社会组织，几乎还没有人知道。"[5] 1877年路易斯·亨利·摩尔根的《古代社会》出版，1880—1881年马克思写了对这本书的摘要和批语，1884年恩格斯根据摩尔根的成果和马克思的批语写作了《家庭、私有制和国家的起源》，科学地阐述了原

---

① 《列宁专题文集·论社会主义》，人民出版社2009年版，第145页。
② 《马克思恩格斯全集》第28卷，人民出版社1973年版，第509页。
③ 《马克思恩格斯文集》第2卷，人民出版社2009年版，第31页。
④ 同上书，第14页。
⑤ 同上书，第31页。

始社会的历史和家庭、私有制、阶级、国家的起源，此后才有了《宣言》1888年英文版序言中的修改。而在此之前，一直到马克思和恩格斯合写《宣言》1882年俄文版序言时，还没有做这样的修改。由此看来，到1852年马克思给魏德迈写信时，人类进入阶级社会之前的历史和社会组织"几乎还没有人知道"，马克思和恩格斯也误以为"至今一切社会的历史"都是阶级斗争历史，所以从马克思主义的发展史来考察，不能认为这时马克思的论断已经明确包含了阶级是在生产发展到一定历史阶段才产生的思想。不过这并不妨碍我们今天可以用它来表达阶级是在历史上产生、在历史上消灭的思想，因为随着马克思主义的发展，这一命题作为唯物史观的基本原理已经明确地包含了这样的思想。

还应该看到，即使是在了解原始社会这段人类的史前史之前，马克思也是联系社会生产，用历史的、发展的眼光去看阶级问题的，因为这是他在19世纪40年代就已经得到的基本方法。我们研读《德意志意识形态》不难看到这一点。写作于40年代的《德意志意识形态》论述了随着生产力和分工的发展而形成的几种所有制形式中的阶级关系。"第一种所有制形式是部落所有制。""这种所有制与生产的不发达阶段相适应"，存在着"潜在于家庭中的奴隶制"。"第二种所有制形式是古典古代的公社所有制和国家所有制"。这时分工已经比较发达，随着私有制的发展，"公民和奴隶之间的阶级关系已经充分发展"①。这时作者虽然还没有认识到人类有一段完全无阶级的原始社会，以为在最初的所有制形式中就已经有"奴隶"和"潜在于家庭中的奴隶制"，但是他们认为，奴隶制在成为社会的基本制度之前有一个从"潜在"到"充分发展"的过程，这是随着生产和分工的发展而发展的过程。在人类发现原始社会的历史之前，这是一种难能可贵的真知灼见，显示了唯物史观的洞察力。

四　"阶级斗争必然导致无产阶级专政"

这是马克思研究阶级斗争的历史、总结1848年革命经验得出的重要结论。

人类进入文明时代后，经历了奴隶制社会、封建社会，发展到了资本主义社会。马克思和恩格斯在《共产党宣言》中阐述了从奴隶制社会到资本主义社会的阶级斗争的历史。资本主义社会阶级斗争发展的前景又将是怎样的呢？《宣言》中说："我们循序探讨了现存社会内部或多或少隐蔽着的国内战争，直到这个战争爆发为公开的革命，无产阶级用暴力推翻资产阶级而建立自己的统

---

① 《马克思恩格斯文集》第1卷，人民出版社2009年版，第521页。

治。"① 这就是说，阶级斗争发展的结果，将是爆发推翻资产阶级统治的无产阶级革命，建立无产阶级自己的统治。《宣言》强调："资产阶级的灭亡和无产阶级的胜利是同样不可避免的。"②《宣言》中还说："工人革命的第一步就是使无产阶级上升为统治阶级，争得民主。""无产阶级将利用自己的政治统治，一步一步地夺取资产阶级的全部资本，把一切生产工具集中在国家即组织成为统治阶级的无产阶级手里"③。"国家"作为"组织成为统治阶级的无产阶级"，就是无产阶级的国家，也就是马克思后来所说的"无产阶级专政"。列宁指出，在《宣言》的以上论述中，"我们看到马克思主义在国家问题上一个最卓越最重要的思想即'无产阶级专政'……这个思想的表述"④。列宁认为，"国家即组织成为统治阶级的无产阶级"，这是"给国家下的一个非常引人注意的定义"⑤。

可见《宣言》已经提出了无产阶级专政的思想。不过这些思想当时还没有凝聚为"无产阶级专政"这个概念。《宣言》是在欧洲 1848 年革命前夜发表的。后来在总结这场革命的经验时，马克思提出了"无产阶级专政"的概念。

在法国，1848 年的二月革命推翻了代表金融贵族利益的七月王朝。工人阶级在这场革命中发挥了巨大作用，但革命后资产阶级共和派掌握了政权，临时政府的成员绝大多数是资产阶级的代表。工人阶级和资产阶级的矛盾发展起来，巴黎工人在资产阶级逼迫下发动了六月起义，与 20 万政府军浴血奋战，遭到失败，1 万多人被杀。马克思在 1849 年至 1850 年写了一系列文章分析法国 1848 年的二月革命、六月起义，总结实践经验。这就是后来汇集成书的《1848 年至 1850 年的法兰西阶级斗争》。"工人阶级专政""无产阶级的阶级专政"就是在这本著作中提出来的。为什么正是在此时形成这样的理论呢？这是对现实阶级斗争的反映。马克思在论述六月起义时指出："这是分裂现代社会的两个阶级之间的第一次大规模的战斗。这是保存还是消灭**资产阶级**制度的斗争。"⑥ 二月革命后法国无产阶级的遭遇表明，"它要在资产阶级共和国**范围内**稍微改善一下自己的处境只是一种**空想**"。这种空想只要企图实现，就会成为罪行。于是，原先无产阶级想要强迫二月革命后建立的资产阶级共和国予以满足的那些要求，"就由一个大胆的革命战斗口号取而代之，这个口号就是：**推翻资产阶级！工人阶**

---

① 《马克思恩格斯文集》第 2 卷，人民出版社 2009 年版，第 43 页。
② 同上。
③ 同上书，第 52 页。
④ 《列宁专题文集·论马克思主义》，人民出版社 2009 年版，第 196 页。
⑤ 同上。
⑥ 《马克思恩格斯文集》第 2 卷，人民出版社 2009 年版，第 101 页。黑体是引者所加。

级专政！"① 阶级斗争的发展使无产阶级抛弃了那种幻想消除革命斗争的空论的社会主义，"日益团结在**革命的社会主义**周围"，"这种社会主义就是宣布不断革命，就是无产阶级的**阶级专政**"②。

可见，当马克思 1852 年给魏德迈写信时，他已经通过对历史的研究和对实践的总结"证明了""阶级斗争必然导致无产阶级专政"。

1871 年，马克思又经历了一场革命：巴黎公社革命。他在《法兰西内战》中总结巴黎公社革命的经验，得出一个重要结论："工人阶级不能简单地掌握现成的国家机器，并运用它来达到自己的目的。"③ 列宁指出："马克思的意思是说工人阶级应当**打碎**、**摧毁**'现成的国家机器'，而不只是简单地夺取这个机器。"④ 马克思这一论断进一步回答了阶级斗争将如何导致无产阶级专政的问题。他和恩格斯把巴黎公社已经证明的这一结论写进了《共产党宣言》1872 年德文版序言。马克思还仔细分析公社实行的普选制和撤换制、普通工人工资制、兼管行政和立法等重要举措，根据巴黎无产阶级的实践创新总结出公社的原则，勾画出了无产阶级专政的轮廓。他说："公社的真正秘密就在于：它实质上是工人阶级的政府，是生产者阶级同占有者阶级斗争的产物，是终于发现的可以使劳动在经济上获得解放的政治形式。"⑤ 马克思 1852 年信中表达的无产阶级专政思想，通过巴黎公社革命中实践创新和理论创新的良性互动又向前推进了一大步。

五　"这个专政不过是达到消灭一切阶级和进入无阶级社会的过渡"

这一论断表达了两个重要思想。一是指出了**"消灭一切阶级"**这一人类社会发展的远景；二是指出了无产阶级专政的历史地位，强调过渡到无阶级社会必须经过无产阶级专政。

《共产党宣言》已经指出，"国家即组织成为统治阶级的无产阶级"将把一切生产工具集中在自己手里，并且尽可能地增加生产力的总量；将要变革全部生产方式，同传统的所有制关系实行最彻底的决裂，也同传统的观念实行最彻底的决裂；人对人的剥削一消灭，民族对民族的剥削就会随之消灭，民族内部的阶级对立一消失，民族之间的敌对关系就会随之消失；当阶级差别消失的时

---

① 《马克思恩格斯文集》第 2 卷，人民出版社 2009 年版，第 103、104 页。黑体是引者所加。
② 同上书，第 166 页。黑体是引者所加。
③ 《马克思恩格斯文集》第 3 卷，人民出版社 2009 年版，第 151 页。
④ 《列宁专题文集·论马克思主义》，人民出版社 2009 年版，第 210 页。黑体是引者所加。
⑤ 《马克思恩格斯文集》第 3 卷，人民出版社 2009 年版，第 158 页。

候，公共权力就失去政治性质，不再是一个阶级用以压迫另一个阶级的有组织的暴力；无产阶级消灭了阶级对立、阶级本身的存在的条件，也就消灭了它自己这个阶级的统治。《宣言》得出结论："代替那存在着阶级和阶级对立的资产阶级旧社会的，将是这样一个联合体，在那里，每个人的自由发展是一切人的自由发展的条件。"① 这个自由人联合体，就是消灭了一切阶级的无阶级社会。

只有依靠"国家即组织成为统治阶级的无产阶级"才能实现社会变革、生产发展、观念更新、民族平等、阶级消灭，即只有经过无产阶级专政才能过渡到无阶级社会，这样的思想已经相当明确地包含在《宣言》第二章关于共产党人的纲领的论述之中。

经过《宣言》发表后 1848 年革命的实践检验和理论总结，马克思在《1848年至 1850 年的法兰西阶级斗争》中对社会主义将要达到的消灭阶级的远景和无产阶级专政在其中的作用做出了明确、透彻的表述："这种社会主义就是**宣布不断革命**，就是无产阶级的**阶级专政**，这种专政是达到**消灭一切阶级差别**，达到消灭这些差别所由产生的一切生产关系，达到消灭和这些生产关系相适应的一切社会关系，达到改变由这些社会关系产生出来的一切观念的必然的过渡阶段。"②

不难看出，1852 年马克思致魏德迈的信中所说的他证明了的第三个基本观点，就是对他此前已经得出的上述思想的概括和简要表述。

二十多年后的 1875 年，马克思在《哥达纲领批判》中对未来社会发展和无产阶级专政问题做了更加深入的阐述。这时的马克思，已经完成了他的政治经济学巨著《资本论》的第一卷（1867 年出版），已经做出了对 1871 年巴黎公社革命经验的总结，已经在同巴枯宁无政府主义的斗争中对国家问题做了进一步的阐述。马克思对"哥达纲领"的批注，是直接向德国工人党的领导人阐述党的纲领。他明确地把将要从资本主义社会产生出来的共产主义社会区分为两个阶段，即"共产主义社会第一阶段"和"共产主义社会高级阶段"，分别做了阐述。

关于共产主义社会高级阶段，马克思指出："迫使个人奴隶般地服从分工的情形已经消失，从而脑力劳动和体力劳动的对立也随之消失"；"劳动已经不仅仅是谋生的手段，而且本身成了生活的第一需要"；"随着个人的全面发展，他们的生产力也增长起来，而集体财富的一切源泉都充分涌流"；那时将完全超出

---

① 《马克思恩格斯文集》第 2 卷，人民出版社 2009 年版，第 53 页。
② 同上书，第 166 页。黑体是引者所加。

资产阶级权利的狭隘眼界，社会将"在自己的旗帜上写上：各尽所能，按需分配！"① 这就是马克思所预见的消灭一切阶级、进入无阶级社会后的社会的基本特征，这就是作为共产党人最高理想的共产主义社会。

马克思着重论述了共产主义社会的第一阶段。他指出，这是经过长期阵痛刚刚从资本主义社会产生出来的社会，不可避免地在经济、道德和精神方面都还带着它脱胎出来的那个旧社会的痕迹。他批判了"哥达纲领"滥用"自由国家"、"现代国家"，"既不谈无产阶级的革命专政，也不谈未来共产主义社会的国家制度"的错误，明确指出："在资本主义社会和共产主义社会之间，有一个从前者变为后者的革命转变时期。同这个时期相适应的也有一个政治上的过渡时期，这个时期的国家只能是无产阶级的革命专政。"② 这样，马克思1852年致魏德迈信中提出的通过无产阶级专政消灭阶级、向无阶级社会过渡的观点，得到了更加深入和详细的阐述。马克思要求在党的纲领中体现出这些基本观点。

六 "只有承认阶级斗争、同时也承认无产阶级专政的人才是马克思主义者"

列宁在1918年写作了《国家与革命》第二章第3节，同此前1917年写作该书其他部分的时间相比，间隔不过一年左右，但却隔着一个划时代的历史变革：十月革命。人类历史上出现了第一个无产阶级的国家。列宁有了领导无产阶级专政的实践经验。另一方面，十月革命后，第二国际机会主义的领袖考茨基在1918年以"无产阶级专政"为书名出版小册子，号召同布尔什维克作斗争，攻击俄国十月革命，反对无产阶级专政。列宁在1918年11月写了《无产阶级革命和叛徒考茨基》一书，批驳考茨基。列宁在《国家与革命》第二章第3节中说："考茨基的小册子《无产阶级专政》，就是口头上假意承认马克思主义而实际上市侩似地歪曲马克思主义和卑鄙地背弃马克思主义的典型。"③ 针对考茨基的观点，列宁着重论述了阶级斗争与无产阶级专政的关系。《国家与革命》这一节的基本思想集中表达于一个著名论断中："只有承认阶级斗争、同时也承认无产阶级专政的人，才是马克思主义者。"④

列宁指出，认为"马克思学说中的主要之点是阶级斗争"，这种常见的说法是不正确的。按照这样的观点，往往会把马克思主义歪曲、篡改为资产阶级

---

① 《马克思恩格斯文集》第3卷，人民出版社2009年版，第435—436页。
② 同上书，第444、445页。
③ 《列宁专题文集·论马克思主义》，人民出版社2009年版，第206—207页。
④ 同上书，第206页。

可以接受的东西。阶级斗争学说不是由马克思、而是由资产阶级创立的这个事实表明，阶级斗争学说"一般说来是资产阶级可以接受的"。所谓"一般说来"，就是"不超出资产阶级思想和资产阶级政治的范围"。这个范围是什么呢？就是只承认阶级斗争而不承认无产阶级专政。把马克思主义局限于阶级斗争学说而不承认无产阶级专政，就是"歪曲马克思主义，把马克思主义变为资产阶级可以接受的东西"。通过这样的分析，列宁得出了只有承认阶级斗争、同时也承认无产阶级专政的人才是马克思主义者的结论。他强调："马克思主义者同平庸的小资产者（以及大资产者）之间的最深刻的区别就在这里。必须用这块试金石来检验是否真正理解和承认马克思主义。"①

考茨基的《无产阶级专政》就是歪曲马克思主义、背叛无产阶级专政的代表作。考茨基以轻蔑的态度谈论马克思《哥达纲领批判》中关于资本主义社会和共产主义社会之间过渡时期的国家只能是无产阶级专政的论断，他说：布尔什维克"凑巧记起了1875年马克思有一次在信中用过的无产阶级专政这个词儿"。列宁严肃地指出："把马克思总结他全部革命学说的这段著名论断称为'一个词'，甚至称为一个'词儿'，这简直是侮辱马克思主义，完全是背弃马克思主义。"②

联系马克思致魏德迈的信来理解列宁关于"承认阶级斗争、同时也承认无产阶级专政"的思想，可以看到其中包含了两个要点。其一，承认"阶级斗争必然导致无产阶级专政"。在夺取政权之前，无产阶级的革命斗争应该以打碎旧的国家机器、建立无产阶级专政为目标，而不能限制在不破坏资本主义根本制度和国家政权这一资产阶级可以接受的范围内。不能用改良代替革命，充当资本主义病床前的医生和护士。其二，承认无产阶级专政是"达到消灭一切阶级和进入无阶级社会的过渡"。也就是说，在无产阶级夺取政权之后，必须坚持无产阶级专政，直到消灭阶级、进入无阶级社会。

列宁着重强调的是后一个方面。在十月革命之前，除了短暂的巴黎公社革命72天的宝贵经验外，马克思主义关于无产阶级专政的论述，包括列宁在《国家与革命》第一版中的论述，主要是通过对资本主义的社会矛盾和阶级斗争的研究做出的理论预见。十月革命用实践检验了阶级斗争必然导致无产阶级专政的理论。十月革命后，列宁有了一年来领导布尔什维克党和无产阶级执掌国家政权的经验。所以这时列宁的论述有了新的实践基础，不再是理论上的预见，

---

① 《列宁专题文集·论马克思主义》，人民出版社2009年版，第206页。
② 列宁：《无产阶级革命和叛徒考茨基》，《列宁选集》第3卷，人民出版社1995年版，第591—592页。

而是对现实实践经验的总结。布尔什维克党已经"夺回了俄国",现在要"管理俄国"。列宁在实践中感受到,资产阶级在俄国虽然已经被击败,但是还没有被彻底摧毁。他们在组织能力上和知识上的优势不可能一下子被剥夺掉,在一个相当长的期间,必然试图推翻他们所仇视的平民政权。而且,"任何大革命,尤其是社会主义革命,即令不发生外部战争,也决不会不经过内部战争即内战"。由于这些原因,从资本主义向社会主义过渡,"必须有专政"①。所以列宁强调指出,无产阶级专政"不仅对推翻了资产阶级的无产阶级是必要的,而且对介于资本主义和'无阶级社会'即共产主义社会之间的整整一个历史时期都是必要的,——只有懂得这一点的人,才算掌握了马克思国家学说的实质"。②

中国共产党把马克思列宁主义的无产阶级专政理论同中国具体实际相结合,创立了人民民主专政的理论。1949 年,毛泽东总结建党 28 年来的经验,在《论人民民主专政》中勾画出了新的国家政权的蓝图。他说,人民民主专政,"这就是我们的公式,这就是我们的主要经验,这就是我们的主要纲领"③。中华人民共和国的诞生,把人民民主专政的理论变成了现实。《中华人民共和国宪法》在第一条中明确规定了我国的国体:"中华人民共和国是工人阶级领导的、以工农联盟为基础的人民民主专政的社会主义国家。"在我国改革开放新的历史时期,邓小平提出了包括"坚持无产阶级专政"在内的"坚持四项基本原则"。邓小平多次引证马克思致魏德迈信中的论述来强调坚持无产阶级专政,他说:"马克思说,阶级斗争不是他的发现,他的理论最实质的一条就是无产阶级专政。"④ 邓小平强调:"依靠无产阶级专政保卫社会主义制度,这是马克思主义的一个基本观点。"⑤

列宁说:"从资本主义向共产主义过渡,当然不能不产生非常丰富和多样的政治形式,但本质必然是一样的:都是无产阶级专政。"⑥ 人民民主专政就是无产阶级专政的中国化形式。

七　坚持马克思主义的阶级观点和阶级分析方法

我国在 1956 年基本完成了生产资料所有制的社会主义改造,建立了社会主义制度,这标志着剥削阶级作为阶级已经消灭。后来在探索社会主义建设道路

---

① 《列宁选集》第 3 卷,人民出版社 1995 年版,第 496 页。
② 《列宁专题文集·论马克思主义》,人民出版社 2009 年版,第 207 页。
③ 《毛泽东选集》第 4 卷,人民出版社 1991 年版,第 1480 页。
④ 《邓小平文选》第 3 卷,人民出版社 1993 年版,第 364—365 页;另参见第 379 页。
⑤ 同上书,第 379 页。
⑥ 《列宁专题文集·论马克思主义》,人民出版社 2009 年版,第 207 页。

的过程中发生过阶级斗争扩大化的错误，1978年党的十一届三中全会纠正了错误，把工作重点转移到社会主义现代化建设上来。在当代中国，是否应该坚持马克思列宁主义关于阶级和阶级斗争的理论？这是一个重要的现实问题。

正确认识和处理这个问题的首要前提，是对客观实际做出全面、准确的估量。《中华人民共和国宪法》在序言中指出："在我国，剥削阶级作为阶级已经消灭，但是阶级斗争还将在一定范围内长期存在。"《中国共产党章程》指出："由于国内的因素和国际的影响，阶级斗争还在一定范围内长期存在，在某种条件下还有可能激化，但已经不是主要矛盾。"宪法和党章做出的基本估量是符合客观实际的。这是我们正确认识和处理阶级斗争问题的基本依据。按照这一基本估量，必须看到两个方面。一方面，剥削阶级作为阶级已经消灭，阶级斗争已经不是主要矛盾，所以必须坚持以经济建设为中心，反对把阶级斗争扩大化。另一方面，阶级斗争还在一定范围内长期存在，在某种条件下还有可能激化，所以马克思主义的阶级和阶级斗争理论必须坚持，并从我国实际出发来运用它。邓小平说："社会主义社会中的阶级斗争是一个客观存在，不应该缩小，也不应该夸大。实践证明，无论缩小或者夸大，两者都要犯严重的错误。"① 这是对历史经验的全面总结。

把马克思主义的阶级斗争理论同中国的具体实际相结合，把它当作方法论来运用，也就是要坚持和正确运用阶级分析的方法。

所谓阶级分析方法，就是用马克思主义的阶级观点分析社会历史、社会现象的方法。在我国社会主义初级阶段坚持阶级分析方法，不是预先设定一切社会矛盾都是阶级斗争的表现，给一切社会现象都贴上阶级的标签。把具有阶级性的现象和不具有阶级性的现象区分开来，分清一种社会矛盾是否具有阶级斗争的性质，这是阶级分析方法的题中应有之义。人的认识与客观实际相符合，是辩证唯物主义和历史唯物主义世界观最基本的要求。坚持阶级分析方法，是为了如实揭示客观对象自身固有的阶级性，或确认它不具有阶级性，而不是将某种主观看法强加于客观对象。

社会主义制度诞生至今不过百年，而几千年来的文明史都是阶级斗争的历史；中国和少数国家走上了社会主义道路，而当代世界大多数国家并没有走出文明在阶级对抗中进步的时代；我国通过所有制改造消灭了作为阶级的剥削阶级，但远没有达到消灭一切阶级、进入无阶级社会。因此，历史的和现实的、国际的和国内的条件决定了，马克思主义的阶级观点没有过时，阶级分析的方

---

① 《邓小平文选》第2卷，人民出版社1994年版，第182页。

法不能丢。

邓小平指出："有人说，剥削阶级作为阶级消灭了，怎么还会有阶级斗争？现在我们看到，这两方面都是客观事实。目前我们同各种反革命分子、严重破坏分子、严重犯罪分子、严重犯罪集团的斗争，虽然不都是阶级斗争，但是包含阶级斗争。"① 这一论述具有方法论的指导意义。由于剥削阶级作为阶级已经消灭和阶级斗争还在一定范围内存在"这两方面都是客观事实"，所以现实存在的一些社会矛盾"不都是阶级斗争，但是包含阶级斗争"。

坚持和发展中国特色社会主义，集中代表了全中国人民的根本利益。社会主义初级阶段一定范围内的阶级斗争，集中表现为坚持还是否定中国特色社会主义的斗争。斗争的实质是，坚持还是否定我国的社会主义制度、中国共产党的领导、马克思主义的指导和人民民主专政的国家政权。这一斗争经常地、大量地表现为意识形态领域的斗争。意识形态领域的斗争不都是阶级斗争，但是包含阶级斗争。因此，阶级观点和阶级分析方法，仍然是我们观察和处理意识形态问题、反对错误思潮的有力武器。

习近平总书记提出，意识形态工作是党的一项极端重要的工作。他坚持马克思主义政治立场、阶级立场，进行阶级分析。他批评有的人"不知不觉成了西方资本主义意识形态的吹鼓手"；强调不能"用西方资本主义价值体系来剪裁我们的实践，用西方资本主义评价体系来衡量我国发展"；明确指出："国内外各种敌对势力，总是企图让我们党改旗易帜、改名换姓，其要害就是企图让我们丢掉对马克思主义的信仰，丢掉对社会主义、共产主义的信念。"② 十八大以来，党中央多次强调要警惕和批判有人鼓吹的西方"宪政民主"、新自由主义、"普世价值"、历史虚无主义等错误思潮。习近平总书记深入批判了历史虚无主义。他强调指出："古人说：'灭人之国，必先去其史。'国内外敌对势力往往就是拿中国革命史、新中国历史来做文章，竭尽攻击、丑化、污蔑之能事，根本目的就是要搞乱人心，煽动推翻中国共产党的领导和我国社会主义制度。"他指出，苏联解体、苏共垮台，"一个重要原因就是意识形态领域的斗争十分激烈，全面否定苏联历史、苏共历史，否定列宁，否定斯大林，搞历史虚无主义，思想搞乱了"③。这些论述告诉我们，如何评价历史是一个重大的现实问题。因此，反对历史虚无主义的意识形态斗争，不能不说是一种现实存在的阶级斗争。

习近平总书记多次指出，人民民主专政是我们的"国体"。他说："中国实

① 《邓小平文选》第 2 卷，人民出版社 1994 年版，第 253 页。
② 习近平：《在全国党校工作会议上的讲话》（2015 年 12 月 11 日），《求是》2016 年第 9 期。
③ 《十八大以来重要文献选编》（上），中央文献出版社 2014 年版，第 113 页。

行工人阶级领导的、以工农联盟为基础的人民民主专政的国体。"① 《中华人民共和国宪法》关于我国国体的规定，党章关于"中国共产党是中国工人阶级先锋队"的规定，都是建立在马克思主义阶级和阶级斗争理论的基础之上的，都是用这一理论的话语体系来表达的。只要我们党和国家的根本性质没有改变，宪法和党章的规定没有过时，马克思主义的阶级观点和阶级分析方法也就没有过时。

---

① 习近平：《在庆祝全国人民代表大会成立 60 周年大会上的讲话》（2014 年 9 月 5 日），《光明日报》2014 年 9 月 6 日。

西方"重新发现"马克思述评

吴易风

【作者简介】吴易风，中国人民大学一级教授，获全国模范教师、资深翻译家等称号，兼任中华外国经济学说研究会前会长和现名誉会长、全国马克思主义经济学说史学会副会长、中央马克思主义研究和建设工程重点教材西方经济学课题组首席专家，几所科研院所特邀研究员和十几所大学特聘教授。曾获国家级教学成果奖一等奖、中华优秀出版物图书奖、"三个一百"原创图书出版工程奖、全国高等学校哲学社会科学优秀研究成果一等奖、吴玉章优秀科研奖、北京市优秀社会科学研究成果一等奖、中国人民大学优秀科研成果一等奖等。研究领域为西方经济学、外国经济思想史，对马克思主义经济理论和现实经济问题也有所研究。著有《吴易风文集》10卷，主编、合编专著、论文集、教材等28部，翻译、主译、校译5部。曾主持的课题项目有"十一五"国家重点图书出版规划项目、国家社会科学基金重点项目、国家社会科学基金重大项目。

近几年，国外许多媒体报道：西方"重新发现"马克思，西方重现"马克思热"，马克思在西方重新"走红"，马克思"幽灵"再次在西方"游荡"，"马克思又回来了"。西方"重新发现"马克思，这是当前令世人十分瞩目的重要现象。西方为什么会在当前"重新发现"马克思？西方社会各界人士"重新发现"马克思有哪些表现？西方学者"重新发现"了马克思的哪些重要理论？西方"重新发现"马克思对我们有何启示？尝试研究并回答这些问题是本文的目的所在。

一　西方"重新发现"马克思的背景

从 2007 年夏季开始，西方许多国家先后陷入严重的危机之中，到 2013 年夏季，这场危机已经持续了 6 年。在资本主义经济史和危机史上，如此漫长的严重危机是不多见的。这场危机不只是金融危机和经济危机，也不只是欧洲主权债务危机和美国"财政悬崖"，而是 21 世纪第一次资本主义市场经济系统性危机。这场危机包括经济危机、社会危机、政治危机、意识形态危机以及已经持续多年的生态和环境危机。这些危机相互交织，互相影响，成为资本主义市场经济的系统性危机。在这场系统性危机中，具有决定性作用的是经济危机。经济危机引起了社会危机、政治危机、意识形态危机，而社会危机、政治危机等又反过来加深经济危机。西方学者除了普遍注意到金融危机、经济危机和债务危机之外，一些学者对危机的认识还有自己的独到视角，他们有的注意到社会危机，有的注意到政治危机，有的注意到意识形态危机，有的注意到生态和环境危机。在多种危机关系问题上，有少数西方学者甚至意识到这场危机是"系统性风险"或"系统性危机"；但是，他们存在共同的局限，就像伦敦经济政治学院等一批教授于 2009 年 7 月 25 日联名向英国女王伊丽莎白二世上书所陈述的那样，"都没有将系统性风险视作一个整体"[①]。

这场资本主义市场经济系统性危机，实质上是资本主义制度的整体性危机，是包括经济制度和政治制度在内的资本主义制度的全面危机，也就是资本主义总危机。

正是在这一特殊历史背景下，西方"重新发现"了马克思。

1. 经济危机

21 世纪第一次资本主义市场经济系统性危机起源于美国。美国媒体、政要、商界和学界起初只认为发生了金融危机。当危机从虚拟经济进入实体经济后，一些西方学者认识到金融危机已经发展为经济危机。美国研究经济周期的权威机构国民经济研究局（NBER）正式承认，美国发生了"经济衰退"。该研究局所说的"经济衰退"一语就是指经济危机。美国总统奥巴马不仅用了"经济衰退"一语，而且在有的场合也用了"经济危机"一语。

考虑到这场危机的严重性，西方学者有的说这场经济危机是"历史上最类似大萧条的"经济衰退；有的称这场危机为"大衰退"，以区别于普通的经济衰退；有的甚至认为这不只是"大衰退"，而是"大萧条"——西方所说的

---

① 丁木：《经济学界的集体反思》，《中国社会科学报》2009 年 12 月 29 日。

"萧条"是经济危机中的大危机,"大萧条"是特大的经济危机。

2007 年夏季,美国房利美和房地美两大金融公司陷入危机,标志着美国次贷危机爆发。次贷危机的全称是次级信用住房抵押贷款危机。房利美和房地美是美国次级信用抵押贷款证券市场两家规模最大的金融公司,二者的业务量占美国抵押贷款总量的一半以上。这两家"大得不能倒"的金融公司陷入困境,引爆了全美次贷危机。次贷危机迅速向各种信贷领域蔓延,发展为包括房贷危机、车贷危机、信用卡危机、学生贷款危机、银行与企业间贷款危机、银行间拆借危机等全面的信贷危机。

美国信贷危机又迅速发展为包括投资银行危机和商业银行危机在内的银行危机。在美国五大投资银行中排名第四的雷曼兄弟因持有大量次贷证券和其他证券化资产在次贷危机中蒙受巨额亏损,于 2008 年 9 月 15 日宣布破产。这标志着美国投资银行危机爆发,也标志着美国金融危机爆发。在银行危机中,美国被依法关闭的银行总数迅速上升,从 2007 年的 3 家上升为 2010 年的 100 多家。美国的次贷危机、信贷危机和银行危机等构成了系统性金融危机。

美国从虚拟经济开始的危机很快进入实体经济。虚拟经济是以各种有价证券(股票、证券、金融衍生品等)形式存在的虚拟资本在交易和流通等运动过程中所形成的经济;实体经济是以商品和劳务形式存在的在生产、交换、分配、消费的运动过程中所形成的经济。美国实体经济的三大支柱产业是建筑业、汽车制造业、钢铁工业。在金融危机的猛烈冲击下,实体经济中的这些产业很快陷入严重的生产过剩危机。这三大支柱产业的生产过剩危机又导致各自的上游企业和下游企业的危机。经济链各环相互影响和相互作用的结果,使整个实体经济陷入危机。实体经济的危机反过来又加剧了虚拟经济领域的危机。

源于美国的金融危机和经济危机很快蔓延到欧洲和其他地区的发达国家,又很快蔓延到许多发展中国家,发展成为国际金融危机和经济危机。

在欧盟国家和欧元区国家,经济领域的系统性危机除了表现为金融危机和经济危机,还突出地表现为主权债务危机。主权债务危机是以国家主权为担保的公共债务危机。在欧洲,首先爆发主权债务危机的是希腊。在美国危机蔓延到欧洲之前,希腊曾经有过连续十多年的较快经济增长。美国危机蔓延到欧洲时,希腊在 2009 年陷入金融危机和经济危机,紧接着爆发主权债务危机。希腊主权债务危机迅速蔓延到许多欧洲国家,在两年多时间内,爱尔兰、葡萄牙、西班牙和意大利相继爆发主权债务危机。在主权债务危机问题上,国际舆论注意力较多地集中在欧洲。实际上,美国和日本的主权债务风险十分严重。美国主权债务风险和"财政悬崖"风险是美国资本主义市场经济系统性危机不可分割的重要组成部分。日本是全世界发达国家中政府债务负担最重的国家。

陷入系统性危机的西方国家经济形势恶化，失业率急剧上升，包括薪金、养老金和社会福利在内的居民收入大幅度减少，人民生活水平显著下降，到期债务数额和债务累积规模巨大，财政赤字率超高，主权信用评级遭到降低，社会矛盾激化。

资本主义市场经济系统性危机给西方国家带来了严重的经济倒退。按照英国《经济学家》周刊设立的衡量标准，在这次受危机影响最严重的国家中，英国倒退了 8 年，美国倒退了 10 年，希腊倒退了 12 年以上，爱尔兰、意大利、葡萄牙和西班牙倒退了 7 年或更多。①

2. 社会危机

现在西方学界、政界以及国际组织中，有人看出这场危机不仅是经济领域的危机，而且还有社会危机和政治危机。

挪威《晚邮报》2012 年 5 月 16 日报道，挪威首相斯德尔滕贝格接受采访时说，目前欧洲债务危机已转变为社会和政治危机。国际货币基金组织国际货币与金融委员会主任尚达曼说，这场危机不仅仅是银行和公共部门的财务危机，也是社会和政治危机。②

陷入金融危机、经济危机和主权债务危机重灾区的一些西方国家政府，为了争取救助以缓解危机，被迫实行经济紧缩政策。紧缩政策导致失业增加，居民收入和生活水平下降。走投无路的受害者被迫奋起反抗，连续不断地爆发大规模抗议活动，举行大规模游行示威和大规模罢工，多次出现暴力冲突。西方社会处于动荡之中。

西方政界许多人都知道，社会动荡的重要原因之一是高失业率，特别是青年一代的高失业率。很能说明这一点的是 2012 年 1 月 29 日在布鲁塞尔召开的欧盟领导人非正式峰会。这次峰会的主题不是欧元问题或救助主权债务危机重灾区问题，而是增长和就业问题，特别是青年就业问题。据欧盟委员会 2012 年 1 月《欧盟就业和社会状况报告》的数据，欧盟 27 个成员国 2011 年第四季度平均失业率高达 9.8%，同年 11 月欧盟青年平均失业率高达 22.3%，西班牙和希腊等国青年平均失业率更高，已接近或超过 50%。欧盟委员会主席巴罗佐会前发表声明，要求欧盟国家采取特别措施增加青年就业。他说："决不能接受欧

① 《经济学家》周刊（英国）2012 年 2 月 23 日。
② 《金融危机深层次影响不断显现》，中国新闻网，2013 年 5 月 1 日。

盟近 1/4 的年轻人失业。"欧洲理事会主席范龙佩说：目前欧洲失业人数已达到 2300 万人。

陷入重灾区的西方国家社会危机重重。这里重点考察希腊大骚乱、英国伦敦骚乱和全国大罢工、美国"占领华尔街"运动来了解资本主义市场经济系统性危机中的社会危机。

希腊是欧洲主权债务危机最深重的国家之一。为了获得"三驾马车"——欧盟委员会、欧洲中央银行和国际货币基金组织——的救助贷款，希腊政府被迫多次采取紧缩政策：裁员、减薪、降低养老金、推迟退休年龄、削减公共投资和公共支出、增税、国有企业私有化、缩简政府机构和裁减公务员等。紧缩措施迫使大批工人、教师、学生、医生、护士、退休人员以至公务员等多次走上街头抗议。游行群众与警察多次发生冲突，暴力示威持续蔓延，出现社会骚乱。较为典型的一次大骚乱发生在 2012 年 2 月 13 日，当天希腊议会承诺实施"二战"以来最严厉的紧缩政策。这时，议会大厦外"整个国家都在燃烧"，10 万民众走上街头，抗议议会承诺实施紧缩政策。蒙面人纵火和抢劫案发生多起，抗议者与防暴警察发生严重冲突。雅典多座历史性建筑被付之一炬，暴力示威从雅典街头向全国扩散。西方媒体称，欧洲就是一个火药桶，而希腊则是一个点燃的导火索。

英国伦敦骚乱和全国大罢工是英国社会危机中两大事件。伦敦骚乱的直接原因是英国下层阶级抗议大量失业和政府削减社会福利。2011 年 8 月 6 日，伦敦发生群体骚乱。示威者与警察发生冲突，多人被捕。伦敦骚乱迅速蔓延到伯明翰、利物浦、利兹、布里斯托等城市，再蔓延到曼彻斯特、索尔福德、诺丁汉等城市。英国《每日电讯报》报道并分析说："伦敦骚乱：下层阶级爆发了。导致伦敦骚乱者产生的原因是一个正在衰落的国家，以及完全忽视这群人的冷漠的政治阶层。"[1]

不同政治观点的评论家对伦敦骚乱持不同的论断。对此，加拿大多伦多大学教授理查德·佛罗里达说："伦敦骚乱促使右翼评论家指责流氓行为，而左翼评论家则指出这是对英国经济不稳定及财政削减计划的失望。"他尝试用阶级观点分析伦敦骚乱，说："伦敦的骚乱不只是关于年轻人、种族甚至民族，而是关于阶级以及阶级之间对立的加剧。这股力量不是伦敦独有，也在全球许多大城市都发挥作用。"[2]

---

① 雷蒙德·邦约：《大西洋月刊》（美国）网站，2011 年 8 月 9 日。
② 《海峡时报》（新加坡）网站，2011 年 8 月 19 日。

伦敦骚乱之后不久，英国政府关于延长退休年龄、提高员工每月缴纳养老金数额、降低最终养老金收入水平的"改革计划"又激怒了英国广大工人和民众，引发了一场30多年来最大规模的工会罢工。参加大罢工的不只是工人和民众，就连公务员、警察、移民边检人员、监狱管理人员、大学教师等也加入了大罢工。英国全国24小时大罢工于2011年11月30日爆发，"200万民众上街保福利　1000场示威遍布全英伦'世纪大罢工'扫荡英国"——这是《环球时报》2011年12月1日报道此次大罢工所用的醒目标题。大罢工时，城市交通瘫痪，学校关门，医院停转，垃圾无人清理，街区被示威者占领。

除了希腊和英国，欧洲发生大规模群众游行示威、大罢工、社会骚乱的国家很多。其中规模较大的有2009年1月29日在法国约200个地区爆发的250万工人大罢工。美国《华尔街日报》2012年7月25日引述世界贸易组织总干事拉米的话说，欧洲局势"艰难、非常艰难、非常艰难、非常艰难"。

"群体骚乱：今天是英国，明天会是美国吗？"这是美国《大西洋月刊》网站2011年8月9日发表的雷蒙德·邦纳的文章就伦敦骚乱时提出的预警性问题。文章说："尽管眼下的经济危机中心在欧元区，但连续几届的英国政府却合力孵化了贫穷、不平等和不人道的社会状况，而金融动荡又让这种状况雪上加霜。……伴随着人祸的还有市场失败（又译市场失灵）。……经济危机和人祸是恶性循环。"邦纳看到美国与英国患有相同病症："这里描述的（英国）不也正是今天的美国吗——贫富差距加大，失业，以及失望的下层阶级？"邦纳以提问形式所暗示的预言一个多月后便成为美国"占领华尔街"运动的现实。

美国空前规模的"占领华尔街"运动于2011年9月17日在纽约爆发。这一运动是美国社会各种矛盾尖锐化的结果。媒体所称的"思想灵感"和"行动灵感"对运动参加者有启示作用。

关于"思想灵感"。人们注意到美国著名经济学家、诺贝尔经济学奖得主约瑟夫·斯蒂格利茨的"1%"和美国著名社会活动家戴维·德格劳的"99%"。斯蒂格利茨在2011年5月《名利场》杂志撰文抨击美国金字塔社会塔尖上的"1%"，指出美国现状是"1%的人拥有，1%的人统治，1%的人享受"。德格劳在2010年撰文讨论美国危机根源时说，99%的美国人形成共同阵线要求改革，现在是时候了。

斯蒂格利茨的"1%"，德格劳的"99%"，成了"占领华尔街"运动参加者的"思想灵感"。占领者们在运动中团结最大多数，把反对的矛头指向极少数。"我们是99%"，"反对1%"成了运动最耀眼的、最能动员群众的示威标语和口号。媒体还注意到"占领华尔街"运动与加拿大《反消费主义》杂志

（Adbustersde，又译《消费克星》杂志）的思想联系。有报道说，"该杂志主编卡利·拉森强调，美国1%的富人享受着巨额分红、税收减免，而其余99%的人承受失业、丧失房产等巨大压力，灰暗的未来令他们出来抗议。"① 不过，媒体总是说，"占领华尔街"运动"实际并无具体领导者。来自匿名者的积极行动分子鼓励该组织的成员参与这个活动，从而使得该运动得以壮大"。

关于"行动灵感"，媒体注意到，"行动灵感来自2011年发生的阿拉伯之春，尤其是发生在2011年埃及革命期间的开罗塔利尔广场周围的集会与示威运动"。美国"占领华尔街"运动模仿"阿拉伯之春"的提法，称自己的行动是"美国之秋"。

美国"占领华尔街"运动是美国社会危机的突出表现。"占领华尔街"运动最具震撼力、凝聚力和影响力的口号是："我们是99%，反对1%。""占领华尔街"活动开始于2011年9月17日，背景是源于美国并迅速蔓延全球的金融危机和经济危机，导火索是美国的高失业率。运动爆发地是纽约曼哈顿，祖科蒂公园成为示威者的"大本营"。示威者试图"占领"华尔街。在现场的记者当天报道说，就像"9·11"当天的情形，金融区处处路口都有警车，持枪的警察警惕地盯着示威者及来往路人。运动参加者主要是失业者、找不到工作的大学毕业生和社会青年。运动期间，一些导演、明星和其他社会名人也来现场助阵。

占领者诉求很多，从解决青年失业、降低大学学费，到支持工会组织、加强对医疗保险和社会保障制度的保护、增加富人和公司税收，再到禁毒、反对转基因食品等，应有尽有。但是，在对华尔街无止境的贪婪、金融危机和经济危机暴露的弊端和造成的灾难、政府和监管机构的放纵和失职表示强烈不满方面，占领者的诉求相当一致。他们通过自办网和报纸（《被占领的华尔街日报》）、标语、口号等多种方式反对金融巨头和大公司的贪婪，反对社会不平等，抗议金融资本与政治权利相勾结。

美国新闻评论网站 Pajamas Media 写道，这是示威者的"愤怒日"，可能意味着在美国点燃一场"反对资本主义的革命"。美国自由企业保卫中心执行副总裁阿诺德忧心忡忡地警告说，"美国的极端分子正计划数百个同时的暴力起义，试图推翻我们的资本主义制度，制造马克思主义式的革命"。②

"占领华尔街"运动迅速向美国各地蔓延，"占领旧金山""占领芝加哥"

---

① 王恬等：《美国1%最富者到底是谁》，《环球网》2011年10月17日。
② 《环球时报》2011年9月19日。

"占领洛杉矶""占领西雅图""占领波士顿"等运动一个接一个地爆发。到 2011 年 10 月上旬，"占领华尔街"运动已经蔓延到美国 1083 个城市。运动的网站是"一起占领（occupy together）"。①

大多数示威活动是和平进行的，但仍不时发生示威者与警察冲突，先后多人被捕。最大规模的逮捕发生在 2011 年 10 月 3 日，占领布鲁克林大桥的 700 多名抗议者被纽约警方逮捕。

2011 年 11 月 15 日，美国纽约警方在凌晨展开突击行动，对"占领华尔街"活动的大本营曼哈顿祖科蒂公园进行彻底清场，"占领华尔街"运动抗议者首次被强制驱逐。在清场过程中，约 200 名抗议者被警方逮捕。

美国"占领华尔街"运动在全球范围内产生了巨大影响。据法新社报道，共有 82 个国家的 951 个城市爆发示威，这是全球占领运动最大的力量展示。②

美国政要对"占领华尔街"运动所持态度存在很大差异。共和党总统参选人罗姆尼谴责占领者挑起"阶级冲突"，众议院共和党领袖埃里克·坎托指责占领者"挑动美国人反对美国人"，说他们是"暴徒"。③然而奥巴马承认，"占领华尔街"运动显示民众对美国金融体系存在的普遍不满。美国副总统乔·拜登承认，不断蔓延的"抗议华尔街"运动表明，美国民众对日益恶化的经济不平等状况感到愤怒。拜登在华盛顿创意论坛中说："这场抗议运动的核心是什么？核心是与美国民众的协议已经破裂。美国民众认为这个系统不公平。"④

3. 政治危机

西方学界、商界、政界都有人认识到，在这场系统性危机中政治危机占有重要地位。

法国《回声报》2011 年 10 月 7 日发表该报子刊《焦点》月刊总编埃里克·勒布歇《世界危机首先是西方政治危机》一文说："金融危机演变成了经济危机，而经济危机又引发了债务危机，债务危机又导致了政治危机。"该文既说明西方政治危机的源头，又强调西方政治危机的突出地位。

美国战略预测公司总裁乔治·弗里德曼对危机的实质提出自己的见解："当前，蔓延全球的经济危机其实质是一场政治经济危机。"他分别论述了美国和欧洲的政治危机。关于美国的政治危机，弗里德曼认为，在美国，"操控华尔街的金融精英……因为私利几乎违反了信托行业的所有准则，将社会和道义上的责

---

① 《环球时报》2011 年 10 月 10 日。
② 《环球时报》2011 年 10 月 17 日。
③ 《环球时报》2011 年 10 月 9 日。
④ 《洛杉矶时报》网站（美国）2011 年 10 月 6 日；中国新闻网，2011 年 10 月 7 日。

任统统抛之脑后，这背后隐匿着巨大的政治危机"。关于欧洲的政治危机，弗里德曼认为，"欧洲正面临两场因经济原因而起的政治危机——人们普遍认为欧洲的政治精英和金融精英根本是一丘之貉；另一场危机则完全是典型的欧洲危机——欧洲的部分国家已经开始互不信任，很可能演化为一场欧盟的生存危机"。弗里德曼强调："政治危机的后果是最可怕的。"①

　　如前所说，像挪威首相斯德尔滕贝格这样的西方政要和国际货币基金组织国际货币与金融委员会主任尚达曼这样的国际组织高官都认识到西方已经发生了政治危机。

　　连续数年的金融危机、经济危机和主权债务危机，以及由此引发的愈演愈烈的社会动荡，严重困扰西方国家政府，导致这些国家发生政治危机。此次西方政治危机主要表现形式是政府危机。不少西方国家政府被西方媒体所说的"倒台病毒"传染，一个接一个地倒下。

　　在西方政治危机中，第一个倒下的是比利时首相伊夫·莱特姆。他被西方媒体称为西方政治危机的"第一个受害者"。2008 年，源于美国的金融危机和经济危机蔓延到希腊时，莱特姆向比利时国王阿尔贝二世提交辞呈，辞去首相职务。2009 年，由于新首相范龙佩出任欧盟主席，莱特姆才意外地重任比利时首相。比利时政坛混乱，党派纷争激化。莱特姆于 2010 年 4 月 22 日又向比利时国王阿尔贝二世提交辞呈，到 2011 年 4 月 22 日，比利时整整一年处于"无政府状态"。在此期间，比利时国王阿尔贝二世前后 6 次任命负责组阁事务的 7 位协调人，均以失败告终。这是历时最长的政治危机，创造了吉尼斯世界纪录。比利时人说，"人们都不希望创造这个耻辱的纪录"。对党派纷争感到厌倦的两万多人走上布鲁塞尔街头，举行"耻辱"大游行，呼吁各政党领袖尽快进行坦诚对话，组成联合政府，早日结束政治危机。

　　在西方政治危机中第二个倒下的是冰岛保守派吉尔·哈尔德政府。美国雷曼兄弟公司 2008 年 9 月 15 日破产，几天之后冰岛爆发金融危机。同年 10 月，冰岛全国 3 家最大的银行宣告破产，冰岛接着陷入经济危机。民众对政府十分不满，哈尔德政府于 2009 年 1 月 26 日被迫宣布辞职。哈尔德本人受到指控，他是因金融危机和经济危机遭到起诉的唯一西方政要。

　　继欧元区成员国比利时和欧盟成员国冰岛之后，受到金融危机、经济危机和主权债务危机强烈冲击的欧洲政坛局势不稳，欧元区成员国和欧盟成员国政府倒台事件频繁发生。

---

　　① 人民网，2011 年 12 月 28 日。

在欧元区成员国中，继比利时政治危机之后，爱尔兰、葡萄牙、希腊、意大利、西班牙也都陷入政治危机。2011年3月，爱尔兰总理布莱恩·考恩下台；2011年3月，葡萄牙总理若泽·苏格拉底政府下台；2011年11月9日，希腊总理乔治·帕潘德里政府倒台；2011年11月12日，意大利民众涌上罗马街头，高呼口号，要求西尔维奥·贝卢斯科尼下台，同日贝卢斯科尼被迫辞去意大利总理职务。贝卢斯科尼政府倒台的次日，意大利经济学家马里奥·蒙蒂被任命为总理。2012年12月21日，被称为"灭火队员"的、上台才一年多的蒙蒂政府辞职。2011年11月20日，西班牙议会选举，结果是执政党西班牙工人社会党遭到惨败，西班牙首相萨帕特罗下台。荷兰是继上述欧洲五国之后陷入政治危机的第六个欧元区国家。2012年4月23日，荷兰首相马克·吕特递交内阁辞呈，政府下台。2012年5月15日，法国总统尼古拉·萨科奇下台，黯然搬出爱丽舍宫。

在欧盟成员国中，继冰岛政治危机之后，英国发生政治危机。工党在议会选举中败北，英国首相戈登·布朗下台。其他一些欧盟成员国，特别是东欧的欧盟成员国，也先后爆发了政治危机。

在欧洲政治危机中，右翼势力在欧洲政坛抬头，这是值得注意的新动向。

欧元区成员国的政治危机导致欧元区能否继续存在的信心危机，"欧元区解体"的预测不时出现。同样，欧元区危机和欧盟成员国政治危机也导致欧盟能否继续存在的信心危机，"欧盟解体"的预测也不时出现。

美国政治危机与欧洲国家政治危机的表现形式有所不同。在经济危机和社会危机的强烈冲击下，美国政治精英和金融精英相互依存关系被充分暴露，"占领华尔街"运动对金融资本与政治权力相互勾结表示强烈抗议和极度不满，恶性竞争的两党政治导致国会分裂，分裂的国会险些导致美国从"财政悬崖"边缘坠崖，险些导致主权债务违约，受到各方强烈谴责的美国金融危机罪魁祸首完全不受任何法律制裁，政治精英想方设法给金融精英控制的金融体系大量注资，并默许金融精英继续掌控金融体系。这一切使美国政治民主陷入难以为继的困境。

4. 意识形态危机

这里讨论的意识形态危机不是指全面的意识形态危机，而是特指新自由主义这种意识形态危机。新自由主义危机既包括作为意识形态的新自由主义危机，也包括根据新自由主义理论构建的资本主义自由市场经济体制的危机。现在重点讨论前者，后者在本文讨论经济危机时已有过论述。

美国《外交政策》（双月刊）2009年5/6月号发表两篇涉及意识形态危

机的文章：一篇是加拿大约克大学教授利奥·帕尼奇的文章，另一篇是美国进步行动基金中心研究员马特·伊格雷斯亚的文章。帕尼奇说：西方再现马克思热和《资本论》销售热"标志着此次危机范围之广、破坏力之大，已使全球资本主义及其卫道士陷入意识形态的恐慌。新自由主义正统派学说的信仰已经发生了内爆"。很明显，帕尼奇所说的"意识形态的恐慌"和"新自由主义正统派学说的信仰已经发生了内爆"是同一回事。也就是说，帕尼奇所说的意识形态恐慌就是新自由主义危机。伊格雷斯亚说，"这是一个向马克思的意识形态学习的时代"。这一提法表明他实际上感觉到资本主义的意识形态已经陷入危机。

美国经济学家约瑟夫·斯蒂格利茨在这场危机中提出了"意识形态危机"。他说，意识形态危机是指"由自由市场意识形态导致的危机"。斯蒂格利茨2011年7月6日在世界报业辛迪加网站发表《西方资本主义的意识形态危机》一文，指出："几年前，一种强大的意识形态——对无拘无束的自由市场的信仰——几乎将世界经济推入万劫不复的深渊。"他认为，从里根在20世纪80年代初出任美国总统到2007年危机爆发，是自由市场意识形态的全盛时期，"目前由自由市场意识形态导致的危机还在继续，远未结束"。可见，斯蒂格利茨所说的意识形态是指自由市场意识形态，是指新自由主义的意识形态。他所说的意识形态危机是自由市场意识形态危机，也就是新自由主义危机或自由市场原教旨主义危机。斯蒂格利茨划分了自由市场意识形态全盛时期和自由市场意识形态危机时期。在美国，自由市场意识形态全盛时期是20世纪80年代初里根出任总统到2007年危机爆发，自由市场意识形态危机时期从2007年开始，现在还在继续。

斯蒂格利茨论意识形态危机的文章发表后，意识形态危机即新自由主义危机成为西方许多人的共识。西方报刊和网站出现了不少批判新自由主义的报道、访谈和文章，异口同声地谴责新自由主义及其严重后果。

在西方学界，意识形态危机、意识形态恐慌、新自由主义正统派学说信仰危机、新自由资本主义危机、市场原教旨主义危机、自由市场原教旨主义危机、自由市场极端主义危机、自由市场资本主义危机、自由放任主义危机、美国倡导的自由资本主义市场经济危机等多种用语同时并存，实际上都是指新自由主义危机。

西班牙《起义报》2012年1月15日报道，法国经济学家热拉尔·迪梅尼尔接受采访时说："当前的危机不是简单的金融危机，而是新自由主义这一不可持续的社会秩序的危机。这场危机迟早会以某种形式爆发，但它在2007—2008

年以一种特殊的方式在美国爆发了。"迪梅尼尔在这里把这场危机看作新自由主义的社会秩序危机。

西班牙《先锋报》记者拉斐尔·波奇 2013 年 12 月 27 日在西班牙《起义报》发文说："今天伴随着全球变暖危机以及前所未有的新自由资本主义危机，整个世界都处于危机之中。"在这里，波奇认为，除了生态危机，导致全球危机的是"新自由资本主义危机"。英国历史学家埃·霍布斯鲍姆指出"所谓市场可以解决一切问题的市场万能论"是一种宗教信仰，而没有现实性。他说："过去数十年里，人们以为市场可以解决一切问题，这在我看来更像是一种宗教信仰而缺乏现实性。马克思早就曾警告过，以剥削为本的资本主义终将自我摧毁。"① 霍布斯鲍姆说："'市场原教旨主义'已经失败。""自本次危机爆发以来，人们谈论更多的还是《资本论》的作者马克思，因为马克思理论的中心就是批判和解析资本主义。"霍布斯鲍姆不仅认为市场原教旨主义已经失败，而且认为是市场原教旨主义的失败导致马克思的回归。

英国学者迈克·约翰逊认为，美国倡导的自由市场资本主义肯定会被抛弃。他说："西方出现对资本主义的不满情绪，说明资本主义确实出了很多问题……面对经济危机下的种种不确定性，唯一可以肯定的是，美国倡导的自由市场资本主义势必会被人们抛弃。"②

美国作者安迪·斯特恩认为，自由市场原教旨主义者正在被丢弃进历史的垃圾箱。他说："曾在 20 世纪辉煌一时的自由市场原教旨主义，正被丢进 21 世纪的灰烬中。在各个国家都应当成为经济团队时，'美国队'的成绩单惨不能睹。这将激励美国领导人反思，而非总是沉溺于已千疮百孔的自由市场极端主义。"

美国斯坦福大学教授弗朗西斯·福山原来是"历史终结论"的主要鼓吹者，断言历史终结于资本主义。然而，在本次危机中，福山的观点出现了戏剧性的变化。他认为，美国式资本主义已经跌下神坛，自由主义市场或新自由主义模式将受到审判。美国《外交》双月刊 2011 年 3/4 月号刊载南希·伯索尔和弗朗西斯·福山的文章《后"华盛顿共识"——危机之后的发展》，该文认为，自由主义市场模式即新自由主义模式将受到审判："如果说这场金融危机让一些发展模式受到审判的话，那就是自由主义市场或新自由主义模式。"作者对美国式资本主义的前途作了估计："这场危机凸显了资本主义制度内在的不稳定性，面对失业威胁的民众期望政府能够提供一定社会保障。美国式的资本主义即使

① 《东方早报》2008 年 10 月 31 日。
② 《环球时报》2012 年 1 月 30 日。

没有完全丧失信誉，最起码也不再占据主导地位。"作者批评美国一些机构仍在对美国式资本主义抱有幻想，指出国家干预经济的理念将得到提升。关于市场失灵和国家干预的关系，伯索尔和福山提出了新的预言："很多美国机构认为，经济增长面临的威胁更多来自政府的无能和腐败，而不是市场失灵。鉴于美国式资本主义已经跌下神坛，这种看法有可能开始转变。这场危机和一些国家对其作出的有效反应很可能提升一种理念，即发展中国家称职的官员能够高效率地处理国家对生产部门的干预。"① 这一预言的核心内容是，美国经济增长面临的威胁是市场失灵，随着美国式资本主义跌下神坛，发展中国家高效率地干预经济的理念很可能提升。

甚至在西方商界，也有人谴责英国和美国的新自由主义。大投资家乔治·绍罗什在接见彭博社采访时说，"目前正在经历大萧条以来最严重的危机，这要归咎于 20 世纪 80 年代英国的撒切尔夫人和美国的里根总统所信奉并推行的自由放任主义。撒切尔夫人和里根都以为市场具备自行调节机制"②。

5. 生态和环境危机

这里讨论的生态和环境危机是指生态平衡严重破坏和人类生存环境严重恶化所形成的危机。资本主义生产方式，是生态和环境危机的根源。对利润的无止境的追求，是盲目和过度生产活动的第一推动力。而盲目和过度的生产活动，使自然史上长期形成的生态系统和相对稳定的生态结构遭到严重破坏，使人类生存和发展的环境严重恶化。

生态和环境恶化有种种表现：空气污染、水资源污染和短缺、土壤侵蚀和土地沙漠化、气候异常、森林面积大量减少、草原退化、水土流失、天然湿地干涸、生物多样性锐减和环境质量恶化，等等。

自 18 世纪英国工业革命以来，资本主义国家的生态和环境日渐恶化，公害不断。美国 1934 年 5 月席卷大部分国土、刮走 3 亿多吨肥沃土壤的黑色风暴事件，英国 1952 年伦敦雾霾造成 1.2 万人死亡事件，日本 1956 年水俣病事件等，都是闻名世界的资本主义社会生态和环境危机的重大公害事件。

在西方发达国家起主导作用的全球化过程中，经济危机、生态和环境危机也被全球化。西方发达国家以邻为壑，不仅向发展中国家转嫁经济危机，而且推行生态殖民主义，向发展中国家转嫁生态和环境危机。掠夺发展中国家的物质资源，向发展中国家倾倒废弃物，将制造污染源的企业迁移到发展中国家等，

---

① ［美］南希·伯索尔、弗朗西斯·福山：《后"华盛顿共识"——危机之后的发展》，载《金融危机后发展方面的新思想》，（美国）《外交》2011 年第 2 期。

② 《泰晤士报》网站（英国）2008 年 4 月 3 日。

是发达国家常用的手段。其目的是改善西方发达国家的生态和环境，把污染带给发展中国家，让巨额利润流回西方发达国家。就发展中国家自身而言，不可持续的发展模式也是加剧本国生态和环境危机的重要因素。

在德国生物学家恩斯特·海克尔于 1866 年首次提出生态学概念以来，西方国家出现了研究生态学的不同学派，各派对于生态危机的根源和摆脱生态危机的出路持有不同观点。西方生态学马克思主义不仅研究自然存在的生态体系内的关系，而且根据马克思、恩格斯关于人和自然关系的理论从新的视角对生态问题进行创新性研究。西方生态学马克思主义立足于马克思主义的资本主义危机理论，认为西方国家的生态危机的根源主要在于资本主义生产方式，而摆脱生态危机的出路在于改变资本主义制度，实现生态社会主义。

美国学者詹姆斯·奥康纳在推进生态学马克思主义时，研究了生态危机与经济危机的关系问题。他认为，资本主义积累导致一定程度的生态危机，由生态危机可能会引发经济危机，同时生态危机所导致的环境运动有可能会加重经济危机的程度。

生态和环境危机是西方"重新发现"马克思的一些学者注意研究的系统性危机中的重要组成部分。他们有的从"目前生态环境的理解认识方面"重新认识马克思，有的从"社会与自然的关系危机"方面重新认识马克思，有的从马克思"对环境问题的预测"方面重新认识马克思。本文第三部分"西方学者'重新发现'马克思的重要理论"将对此进行具体论述。

以上分别考察了西方国家在 21 世纪初爆发的经济危机、社会危机、政治危机、意识形态危机以及生态和环境危机，这些危机相互交织，互相影响，成为资本主义市场经济的系统性危机。在这场系统性危机中，具有决定性作用的是经济危机。经济危机引起了社会危机、政治危机、意识形态危机，而社会危机、政治危机等又反过来加深经济危机。

由上述可见，西方学者除了普遍注意到金融危机、经济危机和债务危机之外，一些学者对危机的认识还有自己的独到视角，他们有的注意到社会危机，有的注意到政治危机，有的注意到意识形态危机，有的注意到生态和环境危机。在多种危机关系问题上，有少数西方学者甚至意识到这场危机是"系统性风险"或"系统性危机"；但是，他们存在共同的局限，就像伦敦经济政治学院等一批教授于 2009 年 7 月 25 日联名向英国女王伊丽莎白二世上书所陈述的那样，"都没有将系统性风险视作一个整体"①。

---

① 丁木：《经济学界的集体反思》，《中国社会科学报》2009 年 12 月 29 日。

这场资本主义市场经济系统性危机，实质上是资本主义制度的整体性危机，是包括经济制度和政治制度在内的资本主义制度的全面危机，也就是资本主义总危机。

二　西方多界别人士"重新发现"马克思

在 21 世纪第一次资本主义市场经济系统性危机中，"重新发现"马克思的情况在西方许多界别人士中都程度不同地有所表现。

1. 西方读者"重新发现"马克思：《资本论》和《共产党宣言》再度畅销

金融危机和经济危机爆发后，西方许多读者都在深思危机的根源。但是，在新自由主义经济学和原凯恩斯主义或新凯恩斯主义经济学中都找不到答案，更找不到符合现实的正确答案。这样，他们很自然地把目光转向马克思，并且在马克思的著作中确实找到了正确答案。在这种情况下，马克思主义著作，特别是马克思的《资本论》、马克思和恩格斯的《共产党宣言》在西方再度热销，国内外媒体连篇累牍的相关报道和评议引起人们的极大兴趣。

自从源于美国的金融危机蔓延到欧洲以来，英国各界对"伟大的思想家马克思"的兴趣倍增，《共产党宣言》《资本论》等名篇大作颇为盛行。

英国《泰晤士报》2008 年 10 月 20 日报道说，金融危机使西方人突然重视马克思的《资本论》，《资本论》开始热销。德国一家出版社经理对记者说："马克思再一次成为了时髦。我们又有了对这场金融危机感到恼火的新一代读者，他们认识到新自由主义最终证明是一个虚假的梦。"

英国《卫报》专栏作家斯图尔特·杰弗里斯 2012 年 7 月 4 日发表《为什么马克思主义再次兴起？》一文说："人们重新对马克思和马克思主义思想感兴趣。马克思最杰出的政治经济学著作《资本论》的销量自 2008 年以来一直激增，《共产党宣言》和《政治经济学批判大纲》也是如此。它们的销量增加正值英国工人救助银行，以使这个衰败的体系保持运转，让富人安享优裕的生活，却使我们大家债台高筑，工作朝不保夕，或者境况更为糟糕。"

英国《每日邮报》2008 年 10 月 16 日报道：当前，"共产主义理论奠基人卡尔·马克思的著作在民主德国地区重新成为畅销书，而这一切都要'归功'于眼下这场席卷全球的金融危机。"该报记者采访德国民众时得到回答："我们当年在学校里都读过《资本论》中关于资本主义恐怖景象的描述，现在看来事实的确如此，马克思的说法可谓一针见血。"

德国柏林卡尔·迪茨出版社经理在接受《环球时报》记者采访时说："马克思又回来了。"他们出版的《资本论》最近再度成为畅销书，销量是 1990 年的 100 倍。① 《光明日报》记者也报道了这家出版社经理的谈话：马克思的《资本论》重新热起来，反映了社会当前所面临的状况，"社会遇到的问题越多，就会有更多的人试图从马克思的著作中寻找答案"②。

德国《新德意志报》发表专栏文章解读西方当前出现阅读《资本论》热的缘由："有那么多的思想家，为什么要对马克思感兴趣？是因为他的著作。2008年的金融危机带来了阅读马克思《资本论》的热潮。其原因也许在于马克思对资本主义的运作模式和资本主义社会的分析是符合现实的。"③

法国《非洲亚洲》期刊 2010 年 9 月号《马克思在进攻》一文论及马克思著作热销情况时说："马克思回来了，马克思著作研讨会越来越多，书店里摆满了再版的马克思著作，尤其是最重要的《资本论》。"该文还说：马克思和恩格斯"在《共产党宣言》中几乎完美地描述了资本主义全球化、只懂得追求利润最大化的金融资本的统治者、获利者依赖全球几亿被剥削者的剩余劳动而生活的体制的矛盾激化。在发达国家，人们再次小声地称呼这些被剥削者为'无产阶级'"。

美国《外交政策》双月刊 2009 年 5/6 月号发表的加拿大约克大学教授利奥·帕尼奇题为《十足现代的马克思》一文说："经济危机再度掀起了人们对卡尔·马克思的兴趣。《资本论》在全球的销量一路飙升（仅德国一个出版商在 2008 年就售出了上万册，而前一年仅售出百余本），这标志着此次危机范围之广、破坏力之大，已使全球资本主义及其卫道士陷入意识形态的恐慌。"

丹麦学者李彤在《〈共产党宣言〉预见到了今天》一文中说："从任何角度而言，《共产党宣言》对今天资本主义发展和全球性扩张分析的正确性甚至比在 1848 年它问世时更为显著。"④

2. 西方青年"重新发现"马克思：大学生自觉组织学习和研讨《资本论》

20 世纪 70 年代末 80 年代初，在西方大学中，凯恩斯主义经济学的主流地位被新自由主义经济学所取代。在美国"占领华尔街"运动兴起后，美国名校哈佛大学发生了学生退课事件，许多学生集体退掉一位名教授原本叫座的西方主流经济学课程。学生发表公开信说明了退课理由：这位名师教学倾向保守，教出的弟子很多成了金融界决策者或银行家，这些人是造成社会不平等和诱发

---

①　《环球时报》2008 年 10 月 23 日。
②　《光明日报》2008 年 11 月 11 日。
③　《人民日报》2013 年 3 月 18 日。
④　《环球时报》2012 年 8 月 24 日。

金融危机的"罪魁祸首"。①

与不愿听西方主流经济学课程特别是不愿意听新自由主义经济学课程的情况形成鲜明对照，西方国家一些大学的学生积极开展"重新发现马克思"活动，自觉组织学习和研讨马克思《资本论》。对此，加拿大约克大学客座教授马尔切洛·穆斯托在《马克思——伟人回归》一文中论述了英语国家的有关情况。该文说："在英语国家，关于马克思思想的研讨会和大学课程重新流行起来。"②

"一个幽灵正在德国的大学里徘徊"——这是德国《明镜》在线一篇文章模仿《共产党宣言》的话语对洪堡大学、弗赖堡大学开展"重新发现马克思"活动情况的描述。由学生组织发起，这些大学举行"重新发现马克思活动"开幕式，阶梯教室和大课教室座无虚席。在该项活动中，德国至少有31所大学以学习小组、讨论会等形式组织学习马克思《资本论》。③

严重的危机使西方年轻一代读者产生了阅读《资本论》的热情。德文版《资本论》出版者说，现在《资本论》的主要读者是青年学生，因为这次金融危机的大爆发告诉青年一代，新自由主义的诺言并没有实现。④德国一位研究者说，金融危机持续使人们想到了马克思经典著作中对资本主义进行的分析，课堂上讲授的新自由主义已不再是什么"金科玉律"。⑤柏林自由大学教授埃尔玛·阿尔特法特说："马克思和马克思主义研究在很多大学又趋于流行，大学生头脑不再只被新自由主义所占据。"⑥

德国不来梅大学教授赫伯特·奥秉格尔认为，马克思的学说将来有可能回归那些由新自由主义的"主流"理论把持的大学阶梯教室。他还说，应该让学生了解一些对于资本主义批判性的观点，而马克思对资本主义的批判是其中最重要的。⑦

现在我们把注意的目光从美欧转到东亚。在日本，《青年们，读马克思吧》是内田树和石川康宏两位教授以通信形式撰写的通俗读物，深受日本青年读者的欢迎，在很短时间内销售量达到30万本。其他几种马克思入门读物也在日本

① 《环球时报》2011年11月9日。
② 《日本时报》网站，2012年7月19日。
③ 《光明日报》2008年11月11日。
④ 新华网，2008年10月17日。
⑤ 《光明日报》2008年11月11日。
⑥ 《马克思提供批判分析的"跳跃点"》，《人民日报》2013年1月31日。
⑦ 《光明日报》2008年11月11日。

书店上架，日本还推出了《资本论》的漫画版。^① 在韩国，《资本论》译者、东亚大学教授姜信俊 2011 年在釜山为普通听众多次开设资本专题讲座。2012 年，他在首尔举办《资本论》特别讲座，150 个座位的大教室济济一堂，前来听讲的主要是青年学生。姜信俊说："2008 年爆发美国大恐慌后，没有一名社会学者和经济学者对全球经济衰退给出答案。在重新讨论恐慌后整个体系时，人们发现马克思的理论依然有效。"^② 在韩国，解释马克思《资本论》的通俗读物，深受年轻人的欢迎。^③ 其中译自日文的《青年们，读马克思吧》第一版一个月内就销售一空。^④

3. 西方"重新发现"马克思：学术界恢复出版《马克思恩格斯全集（历史考证版第 2 版）》

20 世纪 20 年代初，俄共中央马恩研究院开始编辑和出版《马克思恩格斯全集（历史考证版）》，这一版本通常被称为《马克思恩格斯全集（历史考证版第 1 版，MEGA1）》。但只出了 14 卷，便由于复杂原因而中断。

20 世纪 60 年代，莫斯科马列研究院与柏林马列研究院合作，重新编辑和出版《马克思恩格斯全集》历史考证版。这一新版本通常被称为《马克思恩格斯全集（历史考证版第 2 版，MEGA2）》。但是，苏东剧变和苏联解体使这一历史考证版第 2 版的编辑出版工作受到致命影响。

现在，在西方"重新发现"马克思的活动中，国际上各界人士的奔走和呼吁使历史考证版第 2 版的编辑和出版工作得以延续。对此，加拿大约克大学客座教授马尔切洛·穆斯托 2012 年 7 月 19 日在《日本时报》网站发表《马克思——伟人回归》一文说："伴随这种重新发现（马克思）而来的是，学术界恢复出版《马克思恩格斯全集（历史考证版第 2 版）》。这个新的德语版分成 4 部分：（1）作品和文章；（2）《资本论》及其所有的准备文稿；（3）信件；（4）摘要笔记。在计划出版的 114 卷当中，目前已出版 58 卷。"《马克思恩格斯全集（历史考证版第 2 版）》在马克思主义经典著作各种版本中最具学术权威性，最为完整地收录了马克思恩格斯的全部著述和这些著述的各种文本，并配备翔实的相关资料。这对在国际范围内深入和全面研究马克思主义具有极为重要的意义。

4. 西方公众"重新发现"马克思：英国热烈庆祝马克思图书馆创立 75

---

① 《环球时报》2012 年 1 月 10 日。
② 《朝鲜日报》网站，2012 年 1 月 9 日。
③ 同上。
④ 《环球时报》2012 年 1 月 10 日。

周年。

2008 年 12 月 10 日是位于英国伦敦市中心克拉肯韦尔格林大街的马克思纪念图书馆创立 75 周年纪念日，很多专家学者、青年学生和工会领袖汇集在马克思纪念图书馆，举行盛大庆祝活动。

伦敦大学教授戴维·麦克莱伦在会上致辞说："马克思主义理论对资本主义做出了最为有力和深刻的分析。"马克思纪念图书馆馆长约翰·卡洛在纪念会上说："马克思主义是行动的指南，今天在此举行'马克思纪念图书馆'成立 75 周年活动，就是为了纪念马克思观察世界和改造世界的方法。即使是现在，马克思主义理论在帮助人们理解和解决金融危机上也有很重要的现实指导意义。"英国庆祝"马克思纪念图书馆"成立 75 周年活动引起全球媒体关注。《光明日报》记者报道说，这是近两个月来欧洲国家掀起重读马克思著作的热潮之后，马克思及其学说再次受到西方世界的追捧和青睐。①

《环球时报》报道并评论说，"如此热情对待马克思的场面相当罕见，令媒体惊叹。舆论认为在当前国际金融危机不断加深、实体经济危机初露端倪的情况下，西方'重新发现'马克思的激情耐人寻味，令人思绪万千"。②

5. 西方"重新发现"马克思：纪录片《马克思和阶级斗争》在电视台播出，《资本论》将被拍成电影，马克思走进音乐剧《归来》

在西方"重新发现"马克思的活动中，西方国家的广播、电视、电影、音乐剧等以多种形式向广大听众和观众再现马克思的思想和形象。

英国广播 2 台 2008 年 5 月初的早间专题节目向听众讲解马克思针对贪婪的银行家所撰写的文章，主持人特里·韦根说："现在，我们可以从马克思那里学到很多东西。"③

德国电视 2 台 2011 年 2 月在黄金时段播出了一部名为《马克思和阶级斗争》的 10 集纪录片。这部纪录片称，"没有一个德国人对世界的影响能超过马克思"。有学者认为，马克思对社会不公正问题的深刻分析，现在仍有很强的现实意义。和马克思有关的一切被重新关注，"马克思似乎回归德国人的生活了"。④

马克思的科学巨著《资本论》在西方"重新发现"马克思的活动中受到电影界的高度重视。据报道："眼下，德国新电影之父阿历山大·克鲁格正准备将

① 《光明日报》2008 年 12 月 15 日。
② 《环球时报》2008 年 10 月 23 日。
③ 《中国青年报》2009 年 5 月 5 日。
④ 《环球时报》2011 年 2 月 23 日。

《资本论》拍成电影。"①

　　生活在伦敦的德国流行音乐歌手托比亚斯·金策尔在这场危机中被马克思激发起创作灵感,创作了音乐剧《归来》。金策尔对记者说:"人们重新对马克思产生了兴趣,是我创作这部音乐剧的第一推动力。音乐剧要首先抓住人们的兴趣。"据报道,该剧已经制作完成并开始排练,准备在德国首演。②

　　6. 西方"重新发现"马克思:马克思塑像重新树立,"马克思城"、"马克思大街"、"马克思广场"重新挂牌

　　在西方"重新发现"马克思的活动中,引起人们高度关注的一项重要事件是马克思塑像重返莱比锡大学校园,马克思许多塑像重新树立在一些城市的中心区。

　　人们记忆中的矗立在德国莱比锡大学校园的高14米、重33吨的马克思巨大塑像在流离失所多年后,于2008年10月下旬重返校园。人们赞叹说,马克思回来了,马克思重新回到了欧洲人民大众的记忆中。

　　德国东部的开姆尼茨是马克思和恩格斯生前多次去过的一个工业城市。在开姆尼茨市中心,人们现在又看到那座高13米、重达40吨的马克思巨型雕塑,雕塑的基座上仍然是清晰可见的用4种语言镌刻的"全世界无产者联合起来!"马克思巨型雕像现在重新成为开姆尼茨的重要标志。

　　除了莱比锡大学校园和开姆尼茨市中心重新树立起马克思的巨型雕像,在德国的许多城市的中心地带也重新树立起马克思雕像。

　　在"马克思复兴"时期,开姆尼茨曾于1953年被命名为"马克思城"。苏东剧变、苏联解体后,"马克思城"的标牌被摘除,旧名"开姆尼茨"被恢复。现在,在危机深重的2010年,开姆尼茨又重新被命名为"马克思城",1953年的那一块"马克思城"标牌又重新挂起。

　　在20世纪50年代,德国除了开姆尼茨被命名为"马克思城",还有不少城市的大街和广场被命名为"马克思大街"、"马克思广场"。但是在苏东剧变、苏联解体后,不仅"马克思城"的标牌被摘下,而且"马克思大街"、"马克思广场"等名称也被禁用。

　　在当前这场危机中,开姆尼茨"马克思城"的标牌重新挂起,许多城市的"马克思大街"、"马克思广场"等名称也都得到了恢复,"马克思"被认为是这些大街和广场的"金字招牌"。据德国媒体报道,德国目前有550条大街以马克

① 《东方早报》2008年10月31日。
② 《人民日报》2013年4月14日。

思命名，以马克思的战友恩格斯命名的大街和广场也有 243 个。其中，柏林东边的"卡尔·马克思大街"长达 2.3 公里，被认为是"欧洲最长的纪念碑"。很多影片在这里拍摄和取景。

另据报道，在马克思广场举行婚礼目前成为青年人的一种时尚。记者描述了在柏林马克思—恩格斯广场看到的情景：一对对青年身穿白色婚礼服，在老学者的主持下宣誓结为终身伴侣，然后朗诵马克思著作中的名言。

7. 西方"重新发现"马克思：马克思成为西方报刊的封面人物，马克思受到西方媒体的推崇

在以往一个时期内，马克思肖像曾与西方报刊无缘。但是，在当前这场危机中，马克思重新受到西方不少报刊的青睐，成了这些报刊的封面人物。

据报道，德国《法兰克福评论》最近在头版整版刊出马克思的巨幅肖像。该报配合马克思肖像发表文章说，全球自由市场资本主义梦想正在破灭，而马克思对不受约束的资本主义的批判正在得到证实。[①] 另据报道，马克思肖像登上了《泰晤士报》的封面。2009 年 5/6 月号的美国《外交政策》杂志发表了有马克思画像的封面文章。[②]

尤其引人注意的是，过去经常批评马克思和马克思主义的一些西方媒体，在当前危机中一反常态地在显著位置刊登马克思肖像。法国刊物《非洲亚洲》2010 年 9 月号介绍了英、美、法等国家的这类报刊刊登马克思肖像的情况："现在，报刊头条上频繁出现马克思的浓密大胡子，其中包括英国《金融时报》、美国《时代》周刊、法国《问题》周刊等长期以来批评马克思及其思想的媒体。"一向认为"马克思已经过时了"的德国《图片报》，2010 年 9 月 18 日也发表标题为《马克思真的说对了》的文章。

美国外交政策聚焦研究计划网站 2012 年 1 月 31 日发表题为《下一个马克思》一文，作者为美国政策研究所外交政策聚焦研究计划负责人约翰·费弗。该文说："我们在等待一位现代马克思，他可以拿出对现有经济正统观念的尖锐批评意见和变革计划……新方案将把经济学和环保主义融合在一起，从根本上改变这两个学科的方向。……如果下一位马克思正在某个地方奋笔疾书，未来可能会出现迥然不同的经济体制。"

《日本时报》网站 2012 年 7 月 19 日发表加拿大约克大学客座教授马尔切洛·穆斯托题为《马克思——伟人回归》一文说："如果一名作家永恒的青春

---

① 《环球时报》2008 年 10 月 23 日。

② 《中国青年报》2009 年 5 月 5 日。

包括他不断激发新想法的能力，那么可以说卡尔·马克思无疑依然年轻。……他的理论再次成为时下备受关注的话题——在许多方面，它们的流行速度令人惊讶。……许多国家的民众再度写到和谈到马克思。……许许多多的报纸、杂志和广播电视台专门介绍马克思对资本的分析和他观察 1857 年的危机即有史以来第一场国家金融危机时为《纽约论坛报》撰写的文章。"

英国布里斯托大学教授特里尔·卡弗说，2008 年国际金融危机全面爆发并引发经济衰退后，作为世界重要金融中心之一的英国越来越重视马克思思想。很多著名的新闻栏目以及主流报刊开始向普通观众和读者阐述马克思的基本经济理论。

8. 西方"重新发现"马克思：马克思名字和画像出现在民众游行队伍的标语牌上

在这场危机中，西方国家发生了许多起大规模游行示威。十分引人注目的是，马克思名字和画像出现在民众游行队伍的标语牌上。

法国《非洲亚洲》月刊 2010 年 9 月号《马克思在进攻》一文说，在美国，"在危机肆虐之时，人们在华尔街前举起标语：'马克思说对了！'"

在美国"占领华尔街"运动中，出现了推荐马克思《资本论》通俗读物的彩色标语牌，标语牌上书名是《马克思〈资本论〉入门》（MARX'S DAS CAPITAL FOR BEGINNERS），并配有马克思巨幅画像。在"占领华尔街"运动参加者高举的标语牌上，有多条写着"阶级斗争"。

美国《科学与社会》杂志主编、纽约城市大学名誉教授大卫·莱伯曼对《人民日报》记者说，今天的"华尔街占领者"对马克思主义能够提供的东西更感兴趣。[1]

美国"占领华尔街"运动影响了欧洲，德国民众也打出"占领法兰克福"等旗号纷纷走向街头，举行反对资本主义制度的示威。游行队伍举着各种标语，其中十分显眼的是"读读马克思吧！""我们是那 99% 的大众"。[2]

9. 西方"重新发现"马克思：马克思故居博物馆成为欧洲最热旅游圣地

当西方"重新发现"马克思时，马克思家乡特里尔的游客急剧增多，马克思故居博物馆成为欧洲最热旅游圣地。该馆馆长彼崔克斯·波维尔说，近来的危机使"世界重新燃起了对他（马克思）的关注"[3]。

2008 年，来自世界各地的参观马克思博物馆的游客在 10 月末就已经达到 4

---

① 《人民日报》2013 年 3 月 18 日。
② ［美］《国际先驱导报》2012 年 2 月 13 日。
③ 《东方早报》2008 年 10 月 31 日。

万人，其中中国游客大约有 1.2 万人。为了满足中国游客的需求，马克思博物馆增设了中文路标，并提供中文讲解器。各国游客对马克思的生平、著作和影响抱有浓厚的兴趣，并在留言簿上留言。两个月内在博物馆留言簿上留言的有来自 50 多个国家和地区的游客。①

有报道说，参观者千里迢迢地从许多国家来特里尔，都亲耳"聆听"这位资本主义"最伟大的批判家"是如何分析经济危机的。②

英国《泰晤士报》报道，马克思故居博物馆馆长说："我记不清听到人们这样讲了多少次：'这个人（马克思）是对的。'"③

英国伦敦马克思墓的拜谒者人数也比往年增多，其中大部分是青年人。马克思墓纪念碑上方是马克思塑像，墓碑镌刻着伟人语录，顶端是"全世界无产者，联合起来！"底端是"哲学家们只是用不同的方式解释世界，问题在于改变世界。"马克思墓园的工作人员对《人民日报》记者说："这座墓园的参观者主要是为拜谒马克思而来，最多时每天有超过 600 人入园参观。……马克思墓前几乎总是有鲜花，那代表着他对人类作出了值得尊敬的贡献！"马克思墓拜谒者说，马克思是一位时代的伟人。④

10. 西方"重新发现"马克思：商界、宗教界、政界人士阅读或评论马克思

在西方"重新"发现马克思期间，西方商界、宗教界和政界也都有所表现。

关于西方商界人士"重新发现"马克思有报道说，在西方商界，"连银行家和经理们也开始读《资本论》，试图理解他们对我们干的那些事"。⑤ 他们"干的那些事"指什么？这项报道没有具体说明，或许就是金融危机以来经常受到广泛谴责的金融家贪婪、高管的高额薪酬和奖金、制造金融泡沫和引发金融危机的责任等那些事。还有报道说，经济界的亿万富翁对西方"重新发现"马克思颇为害怕。例如，《非洲亚洲》月刊 2010 年 9 月号《马克思在进攻》一文提到法国拉加代尔总裁阿诺·拉加代尔的话："人们几乎要喊出来：'马克思，回来吧！'这些人疯了！"肯定不是这些人疯了，而很可能是这位亿万富翁被他自己的"人们几乎要喊出来：马克思，回来吧！"这一预感吓疯了。

---

① ［美］《国际先驱导报》2012 年 2 月 13 日。
② 《中国青年报》2009 年 5 月 5 日。
③ 《环球时报》2008 年 10 月 23 日。
④ 《人民日报》2013 年 3 月 18 日。
⑤ 《新华网》2008 年 10 月 1 日。

　　关于西方宗教界人士"重新发现"马克思，法新社 2008 年 9 月 25 日自伦敦报道说："英国圣公会领袖今天谴责股市投机者是从不受约束的资本主义中获利的'银行抢劫犯'，并导致了全球金融危机。""坎特伯雷大主教罗恩·威廉斯呼吁加强对金融业的监管，并且表示共产主义之父卡尔·马克思的部分观点是正确的。"宗教领袖承认无神论者和共产主义之父马克思的"部分观点是正确的"，给马克思以部分正面评价，这可谓难得，也许是广大教徒在危机中的情绪和思想使然。

　　关于西方政治界人士"重新发现"马克思有报道说，德国时任财政部长施泰因布吕克在金融危机中评论马克思说："马克思的一部分思想真的不错。"①给马克思部分正面评价，这在西方政要中尚属少见。对此，德国《汉堡晚报》评介说，马克思的魅力真是无穷无尽，就连财政部长施泰因布吕克也开始阅读《资本论》。还有报道说，在法国，马克思的追捧者中不乏名声显赫的大人物，就连法国总统萨科齐也在手捧《资本论》，并让人照相。柏林自由大学教授埃尔玛·阿尔特法特在《马克思提供批判分析的"跳跃点"》一文中也论及萨科齐和施泰因布吕克。关于萨科齐，他说："2008 年雷曼兄弟破产后，法国前总统萨科齐有意让人拍下他在读《资本论》的照片。"关于施泰因布吕克，他说："德国当时的财政部长施泰因布吕克也认为，'部分马克思思想十分有益'。"阿尔特法特的这篇文章还论及德国前联邦宪法法官恩斯特—沃尔夫冈·博肯福德在危机中对马克思的评价：鉴于现代资本主义的"非人性特征"，"马克思预言的现实意义无从躲避"。②

　　有的媒体说萨科齐在刻苦钻研《资本论》。这种说法未免言过其实。根据萨科齐一贯的政治表现，人们很难相信他真的会刻苦钻研马克思《资本论》。至于捧着《资本论》照相，那不过是作秀，为的是争取"重新发现"马克思的民众的选票，提高对自己的支持率。

　　与法国时任总统萨科齐捧着马克思《资本论》有意让人照相的报道相比，更令人忍俊不禁的也许莫过于美国前总统奥巴马被人扣上"马克思主义总统"政治帽子的报道。法新社 2013 年 3 月 16 日自马里兰州奥克森山报道，美国保守派政治行动会议年会在华盛顿附近举行，吸引了共和党极端保守派 3000 人参加，会议开始为下次大选"造星"并积蓄能量。这次会议"围剿"奥巴马，说奥巴马内心信仰"马克思主义"。会议上散发的材料称奥巴马是一位"马克思

①　《环球时报》2008 年 10 月 23 日。
②　《人民日报》2013 年 1 月 31 日。

主义"总统,理由是"他(奥巴马)大量运用马克思主义的阶级斗争言论,为的是让美国人民闹分裂和对立"。在美国,奥巴马被扣上"马克思主义"总统和"搞阶级斗争"的政治帽子。这一奇怪现象的实质是美国右翼政治势力对民众"重新发现"马克思深感惶恐不安的一种扭曲表现。

三　西方学者"重新发现"马克思的重要理论

美国和欧洲相继深陷资本主义市场经济系统性危机时,西方学者在检视他们自己的相关理论的同时,不少人把目光转向马克思的相关理论。这时,他们"重新发现"马克思的许多重要理论。西方学者的这些发现对于他们认识资本主义危机的根源、分析资本主义的现状和前途、认清新自由主义的危害等具有重要意义。

1. 马克思思想"照亮了当代社会","马克思是我们的同时代人",现时代"是一个向马克思学习的时代"

在当前这场系统性危机之前,有的西方学者曾经预测:马克思理论与当前时代的相关性将被重新发现。这一预测已被当今的现实所证实。

西方一些学者在危机中"重新发现"马克思,认为现在应当学习马克思。他们充分强调马克思理论在现今的时代性、现实性和实践性,并用相近的话语惊人地宣告:"马克思还活着","马克思是我们当中的一员","马克思仍是我们的同时代人"。

德国柏林自由大学教授埃尔玛·阿尔特法特在《马克思提供批判分析的"跳跃点"》一文中说:这场危机爆发时,"马克思主义理论被再度发现",人们在危机中找到的马克思主义这一指导理论,"可以增进对资本主义运作方式的理解,它能消除自我蒙昧,并助力政治实践"。文章作者借用德国一名政要的话说:"马克思预言的现实意义无从躲避。"[①]

美国进步行动基金中心研究员马特·伊格雷斯亚在美国《外交政策》2009年5/6月号发表《这才是一个回到马克思的时代》一文说:"这是一个向马克思的意识形态学习的时代,没有其他的时代能与之相比。"[②]

德国哲学家汉斯·海因茨·霍尔茨 2008 年 5 月 7 日在德国《青年世界报》发表文章说:"马克思还活着,因为他的理论今天依旧适用,其思想对我们的鼓舞并未停顿。马克思是我们当中的一员,为我们照亮了当代社会,指明了未来

---

① 《人民日报》2013 年 1 月 31 日。
② 《社会科学报》2009 年 6 月 11 日。

的道路。"

法国学者丹尼尔·本萨义德的访谈录在英刊《国际观点》2010 年 10 月号发表。他高度评价马克思的遗产的时代价值，宣布"马克思仍是我们的同时代人"①。

加拿大约克大学客座教授马尔切洛·穆斯托发表《马克思——伟人回归》一文，突出地强调马克思理论在当今的现实意义，认为"重新发现"马克思是"伟人回归"，是"站在马克思这样的巨人肩上展望未来"。穆斯托说："他（马克思）的分析其实比以往任何时候都更贴近现实。……马克思的理念远比他那个时代更具有现实意义。……如今，站在马克思这样的巨人肩上展望未来的新能力是个积极动向。"②

以上几位学者关于马克思理论的时代性、现实性和实践性的评价在当今西方学界颇有代表性。在本次危机之前，在西方这类文章少见；现在，在一些西方国家报刊上类似的文章明显增多。

2. "马克思的全部思想都仍然有生命力"，"依然是当今世界的真理"

前面说过，西方政界和宗教界人士有极少数在当前危机中对马克思部分思想和观点给予肯定。与此不同，西方学界中对马克思部分思想和观点给予肯定评价的则为数不少，而且有的西方学者在当前危机中对马克思的全部学说都给予积极评价。这些学者有力地摒弃了形形色色的马克思主义"过时论"，充分肯定了马克思主义的真理性和生命力。

这里我们首先看看英国几位学者在马克思逝世 130 周年前夕接受《人民日报》记者采访时对马克思和马克思主义的评价。

英国伦敦大学教授约翰·哈特尼克强调马克思的学说是当今世界的真理，他说："在马克思逝世 130 年后，他的学说依然是当今世界的真理。马克思尖锐深刻的思辨仍然激励着我们去探究。"哈特尼克还强调深入学习马克思著作的重要性，他说："马克思的著作对于任何有志上下求索、辨析当前经济乱局危机的学人都是必读宝典。……他的著作常读常新，仍将成为今后几代人的指路明灯。"③

英国布里斯托大学教授特里尔·卡弗着重指出，今天英国越来越重视马克思思想，他说："2008 年国际金融危机全面爆发并引发经济衰退后，作为世界重要金融中心之一的英国越来越重视马克思思想。很多著名的新闻栏目以及主

---

① 《国外理论动态》2011 年第 6 期。

② 《日本时报》网站 2012 年 7 月 19 日。

③ 《人民日报》2013 年 3 月 18 日。

流报刊开始向普通观众和读者阐述马克思的基本经济理论，英国的民众也从中了解和吸收了很多重要观点……。英国的学生此前一直受到这样的教育，即资本主义是先进而且经世致用的制度。马克思对资本主义的批判学说……让当代英国年轻人感到耳目一新。"①

英国伦敦大学客座教授戴维·麦克莱伦用现实检验马克思理论之后，叹服马克思的远见卓识。他说："马克思的学说对当今世界的重要性在于他对资本主义的剖析。目前西方发生的经济危机更证明了马克思在其著作中对资本主义制度的解析，尤其是关于信用及虚拟资本产生的阐述，比以往任何时候都更切合实际。他对西方政治经济演变过程中的经济基础论述尤为重要。目前学术界对马克思理论的关注重新活跃，马克思关于消费不足、信用泡沫以及对环境问题的预测，再次证明了他的远见卓识。"②

以上是英国几位学者今天对马克思的高度评价。美国作家克里斯托弗·希钦斯在《大西洋月刊》2009年4月号发表的《卡尔·马克思的复仇》一文，强力推荐英国作家弗朗西斯·惠恩的《〈资本论〉解析》一书的结论："马克思有可能成为21世纪最有影响力的思想家。"

应当提到的是，英国学者纳森·沃尔夫和法国学者雅克·德里达等在这场危机之前就发现马克思全部思想和理论遗产都仍然具有旺盛的生命力和巨大的影响力。沃尔夫在《当今为什么还要研读马克思》一书中说："马克思的全部思想都仍然有生命力。马克思的每一主要思想都仍然非常值得研究。……无论从理论还是从实践方面来看，马克思的影响都是无法估量的，没有至少是对马克思思想的粗线条的评价，我们将根本无法把握当今世界，以及当今思想界的许多方面。光这一点就足以证明应当对马克思的思想予以密切关注。"③ 德里达在《马克思的幽灵》一书中说："不去阅读而且反复阅读和讨论马克思……，将永远都是一个错误……不能没有马克思，没有对马克思的记忆，没有马克思的遗产，也就没有将来：无论如何得有某个马克思，得有他的才华，至少得有他的某种精神。"④

还值得留意的是，当西方世界马克思主义研究处于低潮时，美国主流经济学家中竟然有人看出马克思主义思想和理念仍然充满活力。这在当时是比较罕见的。例如，斯蒂格利茨1994年在美国出版的《社会主义向何处去》一书中

---

① 《人民日报》2013年3月18日。

② 同上。

③ 纳森·沃尔夫：《为什么今天还要研读马克思》，高等教育出版社2006年版，第73页。

④ 雅克·德里达：《马克思的幽灵》，中国人民大学出版社1999年版，第21页。

说："即使在今天，……马克思主义思想和理念不仅在第三世界，在其他地区仍然充满活力。"①

3. 马克思"哲学、史学、经济学和政治学体系"是现在和未来的"精神支架"，马克思的方法"已经成为我们时代的方法"

西方学者"重新发现"马克思的一个重要方面是：马克思留给后人的不是一种遗产，而是多种遗产。马克思的巨大贡献是在 19 世纪完成了哲学、史学、经济学和政治学的强力综合。马克思的这一综合的理论体系不仅在当时，而且在现在和未来，都构成时代"精神框架"的一部分。

法国学者丹尼尔·本萨义德的访谈录《马克思主义，理论：昨天和今天》在英刊《国际观点》2010 年 10 月号发表。他认为，"马克思主义不是一种遗产，而是多种遗产"。本萨义德强调马克思的多种遗产现在仍然具有时代价值。②

戴维·麦克莱伦在《马克思的遗产》中说："马克思的社会理论是 19 世纪最令人印象深刻的智识成果之一，它实现了历史学、哲学、社会学和经济学的强力综合。当萨特称马克思主义为'我们时代的哲学'时，他知道，马克思的许多观点得以形成的方法……已经成为我们时代的方法。在某种意义上，我们都是马克思主义者。"③ 麦克莱伦还说："由于我们关于历史和社会的很多观点是和马克思的幽灵进行对话的结果，这些理论已经成为 20 世纪以及未来精神支架的一部分。"④

4. 马克思的剩余价值学说重新得到确认，剥削概念成为当代关于分配公平辩论中的用语

西方主流经济学界曾经长期流行"资本主义无剥削论"，一些西方主流经济学家甚至公开攻击马克思的剩余价值论。

美国经济学家、耶鲁大学教授约翰·罗默 1982 年的《剥削和阶级的一般理论》一书被认为是"分析的马克思主义"的代表作之一，在西方国家发生过较大影响。但是，必须注意，罗默的剥削理论根本不同于马克思的剥削理论。马克思的剥削理论以劳动价值论和剩余价值论为基础，而罗默的剥削理论则根据西方经济学理论和方法对马克思的剥削理论做了修正。英国伦敦大学客座教授戴维·麦克莱伦在《马克思的遗产》中注意到，在罗默此书出版后，"剥削概

① 斯蒂格利茨：《社会主义向何处去》，吉林出版社 1998 年版，第 2 页。
② 丹尼尔·本萨义德：《马克思主义，理论：昨天和今天》，《国外理论动态》2011 年第 6 期。
③ 戴维·麦克莱伦：《马克思的遗产》，《中国社会科学报》2013 年 3 月 6 日。
④ 麦克莱伦：《马克思传》第 4 版，中国人民大学出版社 2008 年版，第 439—440 页。

念已成为当代关于分配公平辩论中的用语"。①

　　与罗默不同，在当前危机发生之前，有少数西方学者就已经认识到马克思建立在劳动价值论基础上的剩余价值论是科学的理论。英国学者理查德·斯凯思比较通俗地解释了马克思建立在劳动价值论上的剩余价值论，批判了西方经济学家否定剩余价值和剥削的错误观点。斯凯思根据马克思的观点认为，"劳动是价值的源泉，……劳动者在创造价值的过程中一定受到了剥削"。斯凯思明确地认识到，"资本主义企业的特定目标就是市场和实现剩余价值，利润动机和资本积累的需求体现了这一目标"。② 斯凯思批评了西方为资本主义剥削辩护的学者关于"不可能存在对剩余价值的剥削"的断言，坚持认为"社会阶级和阶级关系仍然是现代资本主义社会的相关特征。……我们认为任何一种职业的人都不可避免地属于一定的阶级"。③ 斯凯思进一步论证说，阶级"在理解现在的资本主义社会的结构时它仍然是一个很重要的概念。……没有阶级关系资本主义生产方式就不能存在，反过来亦是如此。没有阶级关系和资本主义生产关系就不能生产出剩余价值。相应地，资本主义也就不能扩大再生产。没有存在于剥削结构中、作为生产资料的资本和劳动，资本积累就无法实现"。④

　　在当前危机中，西方一些学者重新肯定和确认马克思的劳动价值论和剩余价值论。

　　德国学者埃尔玛·阿尔特法特对马克思经济学方法论中的二重性分析，包括商品二重性、劳动二重性、生产过程二重性的分析作了肯定的评价，这实际上就肯定了马克思分析和论证劳动价值论和剩余价值论的科学方法。他说："马克思找到了批判分析的'跳跃点'：商品使用价值与交换价值的双重属性、具体劳动与抽象劳动的双重属性、原材料和能源转移与价值转移的同时性。"⑤

　　俄罗斯科学院研究员亚历山大·韦贝尔高度评价马克思的剥削理论，认为马克思对资本主义剥削的解释应该受到极大的尊敬。他指出："连马克思的敌人卡尔·波普尔都不得不承认这一点。"韦贝尔说，"马克思解释剥削现象的努力理应受到极大的尊敬，马克思十分准确地描述了他那个时代可怕的经济状况，他对资本主义无法无天的地狱表示不满，这是完全正确的。"⑥

　　英国学者特里·伊格尔顿用马克思的剩余价值论来解释阶级斗争，提出了

①　戴维·麦克莱伦：《马克思的遗产》，《中国社会科学报》2013 年 3 月 6 日。
②　理查德·斯凯思：《阶级》，吉林人民出版社 2005 年版，第 21 页。
③　同上书，第 27 页。
④　同上书，第 92 页。
⑤　埃尔玛·阿尔特法特：《马克思提供批判分析的"跳跃点"》，《人民日报》2013 年 1 月 31 日。
⑥　亚历山大·韦贝尔：《马克思的预言是正确的》，《马克思主义文摘》2013 年第 5 期。

一个颇有特色的论断："阶级斗争从本质上来说将是争夺剩余价值的斗争。"①

5. 马克思的垄断和竞争理论是解释当今"垄断金融资本体系——新帝国主义的基础"的依据

英国学者理查德·斯凯思的《阶级》一书用当今西方的社会现实状况证明了马克思的垄断和竞争理论的正确性。他说："资本主义生产模式中固有的竞争过程引起了高度的垄断，公众熟知的极少数公司在总产出和总就业量中占据很高的比率。"在西方国家，垄断加强的过程受到政府的极大支持。②

美国学者约翰·贝拉米·福斯特、罗伯特·麦克切斯尼、贾米尔·约恩纳联名发表《21 世纪资本主义的垄断和竞争》一文，阐述了马克思的竞争和垄断理论，并根据马克思的这一理论研究了现代资本主义经济竞争和垄断的实际状况。西方有一种流行观点，认为现代资本主义的发展加强了竞争。与此相反，福斯特、麦克切斯尼、约恩纳的文章证明，不是竞争而是垄断得到空前的加强，垄断资本主义已经发展为构成当今新帝国主义基础的"垄断金融资本体系"。文章写道："垄断在近几十年中一直在前所未有地得到加强。……过去 1/4 世纪见证的是垄断资本主义演化成为一个更加普遍化和全球化的垄断金融资本体系，这是当今发达资本主义经济体的经济制度的核心，是当今新帝国主义的基础，并且是世界经济日益加深的不稳定的关键原因。"③

6. 马克思的金融危机和经济危机理论"有助于抓住危机的根源"

在严重的金融危机和经济危机中，被危机严重困扰的西方学界以至各界人士对过去和现在流行于西方的主流经济学极度失望，因为这些经济学没有提供任何可以解释当前危机的理论。西方学者以及西方多界别人士在当前危机中"重新发现"马克思，首先是发现了马克思的金融危机和经济危机理论。

英国《独立报》2009 年 5 月发表文章，认为马克思对资本主义危机有预见性。文章说："马克思 150 年前就预言到了这轮危机，马克思成了人们重新热议的人物。"④

日本神奈川大学教授的场昭弘在《经济学人》周刊 2012 年 3 月 6 日一期发表《马克思确实指出了当今自由主义经济的弊端》一文，认为马克思的理论对研究当前世界经济危机是有用的。的场昭弘说："如果理解了他（马克思）留

---

① 特里·伊格尔顿：《马克思为什么是对的》，新星出版社 2011 年版，第 48 页。
② 理查德·斯凯思：《阶级》，吉林人民出版社 2005 年版，第 85 页。
③ 约翰·贝拉米·福斯特、罗伯特·麦克切斯尼、贾米尔·约恩纳：《21 世纪资本主义的垄断和竞争》，《每月评论》2011 年第 4 期。
④ 经济观察网，2009 年 5 月 7 日。

下的学说，就能够明白其过人之处。在研究当今世界经济不景气的相关问题时，马克思的理论是有用的。"

法国学者丹尼尔·本萨义德认为，马克思的理论有助于抓住危机的根源。他说："马克思在当今社会的重要性在于他的《资本论》及其政治经济学的批判。……马克思的批判有助于理解其背后的逻辑，即世界范围的生产和资本的加速积累。它有助于我们抓住危机的根源。"①

德国学者埃尔玛·阿尔特法特也认为，马克思的理论有助于分析当前的金融危机和经济危机。他说："人们在这种情形下重新学习和讨论《资本论》，是因为它为当下的具体分析提供有益的理论支持。……马克思主义理论体系有助于分析当下的金融危机和经济危机、现实积累与金融市场的关系。"②

美国经济学家鲁比尼认为，骚乱与示威是资本主义周期性危机所引发，现在的危机是 20 世纪 30 年代"大萧条"后全球经济最严重的危机，为金融失调和分配严重不均所致。这并非新问题，马克思 100 多年前就已经预测到。③ 鲁比尼甚至认为，现时全球金融危机证明马克思对资本主义的批判是正确的。马克思的理论认为，资本主义存在内部矛盾，对经济构成压力，甚至导致出现周期性危机。鲁比尼承认，"马克思是对的"④。

俄罗斯学者亚历山大·韦贝尔认为，当前危机证实了马克思的预言。他说："2008 年爆发的全球危机证实了马克思的预言，即金融投机、金融信贷泡沫的膨胀、'虚拟资本'都是相当危险的。"⑤

美国学者大卫·莱伯曼认为，当前的严重危机使人们重新发现马克思。他尝试根据马克思解释当前危机的根源。莱伯曼说："自 2008 年国际金融危机以及资本主义世界出现'大萧条'以来，对马克思的浓厚兴趣在世界重新出现。……危机使得人们近年来首次将对资本主义两大问题——资本主义对经济稳定性的影响及资本主义对财富和权力的分配模式——的理解融为一体。占领华尔街运动提出，社会上 1% 的人掌握了经济和政治权利导致绝大多数人的生活发生危机（失业及住房、医疗保险、教育、老人保健等方面的问题），是危机的根源所在。"⑥

美国《外交政策》双月刊 2009 年 5/6 月号发表加拿大学者利奥·帕尼奇的

---

① 丹尼尔·本萨义德：《马克思主义，理论：昨天和今天》，《国外理论动态》2011 年第 6 期。
② 埃尔玛·阿尔特法特：《马克思提供批判分析的"跳跃点"》，《人民日报》2013 年 1 月 31 日。
③ 《环球时报》2011 年 10 月 17 日。
④ 《联合早报》网讯（中国香港）2011 年 8 月 15 日。
⑤ 《马克思主义文摘》2013 年第 5 期。
⑥ 《人民日报》2013 年 3 月 18 日。

《十足现代的马克思》一文，为马克思代拟了对当前危机的分析和说明。实际上，这是帕尼奇本人根据马克思的危机原理对本轮危机提出的独立见解。帕尼奇说："如果看到现在的经济衰退，马克思一定愿意阐述资本主义固有缺陷引发当前危机的原理。他会明白债券化和金融衍生品等金融领域的现代发展是如何使市场扩散全球经济一体化风险的。……无疑，马克思会认为这次危机是个完美的事例，说明资本主义是'一个魔法师，但无力再控制自己唤出了的魔鬼'。"

英国学者克里斯·哈曼在其著作《僵尸资本主义：全球危机和马克思的相关理论》中指出，虽然危机的表现形式是源于金融部门的危机，但这仅仅是资本主义制度的外表归因。哈曼根据马克思的理论指出，当前危机的主要原因是资本主义制度自身的基本矛盾无法克服生产社会化与私有制的对立。①

7. 马克思的阶级和阶级斗争理论仍处于"绝对核心地位"

西方国家曾经流行现代资本主义社会"无阶级论"和"无阶级斗争论"。现在，这种理论连美国主流经济学家克鲁格曼也表示不能同意。他说："美国社会不平等，既表现为财富分配不平等，又表现为收入分配不平等。财富越来越集中于少数特权阶层手中，收入也越来越集中于少数特权阶层手中。社会底层占有的财富和收入在下降。"克鲁格曼认为，美国不平等的增长体现为"寡头政治的崛起"，现在的美国"更趋向阶级化"。克鲁格曼批判"无阶级论"时指出："美国社会无阶级的说法是一种神话，是已经被现实揭穿了的神话。"②

英国学者理查德·斯凯思在这次危机发生之前就认为，"社会阶级和阶级关系仍然是现代资本主义社会的相关特征。……我们认为任何一种职业的人都不可避免地属于一定的阶级"。③

在这次危机中，不少西方学者都证明西方社会客观存在阶级和阶级斗争，马克思的阶级和阶级斗争理论仍处于"绝对核心地位"。

英国青年学者欧文·琼斯于 2011 年出版的论述当前阶级斗争的《工人阶级的妖魔化》，成为政治畅销书，作者也因此而出名。英国《卫报》专栏作家斯图尔特·杰弗里斯 2012 年 7 月 4 日在该报发表题为《为什么马克思主义再次兴起》一文，赞赏琼斯这本书的成功，前提是人们重新对阶级斗争产生了兴趣，这是马克思和恩格斯对工业社会分析的基石。文章援引琼斯本人的话说："这本书要是在 4 年前写的，就会被人们斥之为 20 世纪 60 年代的阶级概念。但是，

---

① 《光明日报》2012 年 2 月 6 日。
② 《世界社会主义研究》2012 年 12 月 27 日。
③ 理查德·斯凯思：《阶级》，吉林人民出版社 2005 年版，第 27 页。

阶级斗争又回到了我们的现实当中，因为这场经济危机对人们产生了不同的影响。”

英国学者特里·伊格尔顿指出："阶级斗争的观点仍处于马克思主义的绝对核心地位。"① 伊格尔顿提出了自己研究马克思的重要心得："马克思思想的独特之处在于他将阶级斗争和生产方式这两个概念结合在一起，从而创造了全新的历史观。"②

美国《时代》周刊网站 2013 年 3 月 25 日发表该刊记者的文章，题目是《马克思的复仇：阶级斗争如何塑造世界》。该文说："当前日益扩大的不平等所产生的后果却正如马克思所预言：阶级斗争又回来了。"

法国学者丹尼尔·本萨义德对当代劳资关系和阶级斗争国际化提出了自己的观点："劳资关系仍然是当代社会的核心关系"，而"阶级斗争的国际化确实是国际主义作为被压迫阶级对市场驱动的全球化回应的物质基础"。③

西班牙《国家报》2012 年 2 月 21 日发表安德列斯·奥尔特加题为《阶级斗争的回归》一文。该文说，在当前，"阶级斗争思想在西方回归。这不仅是新马克思主义分析家，甚至绍罗什等金融家和社会学家都对西方社会正在发生的问题发出了警告。关于阶级斗争、冲突或战争的说法再次成为分析热点"。

如前所述，特里·伊格尔顿用马克思的剩余价值论来解释阶级斗争，提出了一个颇有特色的新论点："阶级斗争从本质上来说将是争夺剩余价值的斗争。"④ 伊格尔顿的这一提法以通俗易懂的形式启发西方社会的工人群众和广大劳动者认识、践行和对待阶级斗争和剩余价值的关系。

在美国"占领华尔街"运动中，占领者们手持的标语牌上有多条关于阶级斗争的标语，其中突出的是"只有阶级斗争"、"赢得阶级斗争"，等等。《纽约时报》2011 年 10 月 9 日的社论对"占领华尔街"运动中的"我们是 99%"和"反对 1%"的口号做了解读："当抗议者说他们代表 99% 的美国人时，他们是指当今美国社会财富集中的极度不平等。"

占领者们关于阶级斗争的标语口号使美国右翼政要深感恐怖，他们害怕阶级斗争理论与群众运动实践相结合。有的右翼政要攻击政治竞争对手奥巴马，说他在搞"阶级斗争"。根据报道，奥巴马对美国社会财富集中的极度不平等状况不无忧虑。但是，说他在搞"阶级斗争"则是无稽之谈。对右翼政要的进

---

① 特里·伊格尔顿：《马克思为什么是对的》，新星出版社 2011 年版，第 37 页。
② 同上书，第 41 页。
③ 丹尼尔·本萨义德：《马克思主义，理论：昨天和今天》，《国外理论动态》2011 年第 6 期。
④ 特里·伊格尔顿：《马克思为什么是对的》，新星出版社 2011 年版，第 48 页。

攻奥巴马回应说："站在峰顶上的富人变得越来越富，而太多的家庭却积累了越来越多的债务。这不是阶级斗争，而是国家福利问题。"

美国右翼势力对美国"重新发现"马克思的阶级和阶级斗争理论的恐惧感在《外交政策》2009年5/6月号发表的詹姆斯·格拉斯曼的文章中得到明显反映。该文说："美国已经完全接受了马克思的术语，而这一点正是应该遭到批判的。例如，马克思将历史看做是阶级（集中在无产阶级和资产阶级）斗争的历史。……从美国生活中清除掉马克思影响的第一步就是停止使用'阶级'的术语来描述任何事情。"①

8. 马克思关于生态和环境观"让当代年轻人感到耳目一新"

生态和环境危机是资本主义危机的一个组成部分。从20世纪30年代"大萧条"以来，西方学者在生态和环境危机研究方面取得了一定成果，生态马克思主义的形成和发展在这些成果中独树一帜。人与自然的关系问题是马克思主义关于生态和环境思想的核心问题。马克思和恩格斯早就研究了以无限追逐利润为目的的资本主义生产的发展对自然和环境所产生的破坏性影响，指出人类在用理想社会取代资本主义社会后可以通过科学技术和生产力的发展合理地控制自然和改造自然，实现人与自然的和谐。

在当前这场危机中，西方一些学者在研究生态和环境时"重新发现"马克思，对马克思和恩格斯的相关学说的认识在深化。

英国布里斯托大学教授特里尔·卡弗说："马克思对资本主义的批判学说无论在对人类历史的阐述和对目前生态环境的理解认识方面，都让当代英国年轻人感到耳目一新。"②

德国柏林自由大学教授埃尔玛·阿尔特法特说："马克思主义理论体系……也使得分析社会与自然的关系危机成为可能。这种危机表现为能源和气候危机，表现为物种多样性和耕地的消失。在人与自然的'新陈代谢'中，人在实现自我的同时有可能给环境造成巨大破坏。"③

英国伦敦大学客座教授戴维·麦克莱伦认为，西方"重新发现"马克思的几大预测其中之一是"重新发现"马克思对环境问题的预测。麦克莱伦说："目前学术界对马克思理论的关注重新活跃，马克思关于消费不足、信用泡沫以及对环境问题的预测，再次证明了他的远见卓识。"④

---

① ［美］《外交政策》2009年第5/6月号；《社会科学报》2009年6月11日。
② 《人民日报》2013年3月18日。
③ 《人民日报》2013年7月31日。
④ 《人民日报》2013年3月18日。

美国外交政策聚焦研究计划网站 2012 年 1 月 31 日发表题为《下一个马克思》一文，作者为美国政策研究所外交政策聚焦研究计划负责人约翰·费弗。该文说："我们在等待一位现代马克思，他可以拿出对现有经济正统观念的尖锐批评意见和变革计划……新方案将把经济学和环保主义融合在一起，从根本上改变这两个学科的方向。……如果下一位马克思正在某个地方奋笔疾书，未来可能会出现迥然不同的经济体制。"

9. "马克思是对的"，"以剥削为本的资本主义终将自我摧毁"

英国学者艾瑞克·霍布斯鲍姆指出，马克思早就曾警告过，以剥削为本的资本主义终将自我摧毁。[①]

美国经济学家鲁比尼因预言了当前这场危机而闻名。他从当前国际金融危机的现实出发，承认马克思是对的。据《香港明报》报道：鲁比尼指出，现时全球金融危机证明马克思对资本主义的批判是正确的。他说："马克思是对的，资本主义到了某些时候会自我摧毁。"[②]

法国《论坛报》2011 年 3 月 21 日发表对法国学者保罗·若里翁的专访，原文提要是："柏林墙倒塌 20 年后，保罗·若里翁发表了资本主义的悼词。在其新著《垂死的资本主义》一书中，他分析了资本主义即将死亡的原因"。他说："资本主义的衰落是确定无疑的，因为它已经走向崩溃。"若里翁赞同马克思，他说："世界随危机而改变。这一点上我赞同马克思，他是第一个预言了资本主义将终结的近代经济学家。"

美国《时代》周刊网站 2013 年 3 月 25 日发表该刊记者题为《马克思的复仇：阶级斗争如何塑造世界》一文说："全球经济陷入漫长危机，世界各地的工薪阶层承受着失业、债务和收入迟滞的重负，马克思对资本主义的犀利批判——即这套制度天生不公，有自我毁灭的倾向——无法轻易摒弃。"

"以剥削为本的资本主义终将自我摧毁"，意味着资本主义为自己培养了掘墓人，而不是说资本主义会自行灭亡，会自行退出历史舞台。

10. 马克思关于资本主义制度必将为新的社会制度所取代的理论是正确的

柏林墙倒塌、苏东剧变和苏联解体在西方国家曾被欢呼为"历史的终结"。美国约翰·霍普金斯大学教授弗朗西斯·福山 1989 年在美国期刊《国家利益》发表《历史的终结》一文，1992 年又将《历史的终结》扩展为《历史的终结和最后的人》一书，系统宣传"历史终结论"。他的基本观点是，柏林墙倒塌、

---

① 《东方早报》2008 年 10 月 31 日。

② 《联合早报》网讯（中国香港）2011 年 8 月 15 日。

苏东剧变和苏联解体标志着"共产主义的终结",人类历史的发展只有一条道路,这就是资本主义市场经济和资本主义民主政治的道路。也就是说,他断言资本主义市场经济和资本主义民主政治是人类社会的最终形式,是人类历史的终结。在当前这场危机爆发之前,福山的"历史终结论"在西方国家曾经广为流传。

但是,21 世纪第一次资本主义市场经济系统性危机宣判了福山"历史终结论"的终结。不少西方学者出来以事实为根据严肃批判"历史终结论"。后来就连福山本人也不得不承认"历史终结论"的错误。

原本宣扬"历史终结论"的福山在这场危机中竟然也在"等待一位现代马克思"。美国外交政策聚焦研究计划网站 2012 年 1 月 31 日发表题为《下一个马克思》一文,引证福山的观点:"我们在等待一位现代马克思,他可以拿出对现有经济正统观念的尖锐批评意见和变革计划。"[①] 福山在等待的这位"现代马克思"面临两大现实问题:一是要对现有资本主义经济的"正统观念"提出"尖锐批评意见";一是要对现有资本主义经济提出"变革计划"。这表明福山看到他自己的"正统观念"已经破灭,也看到西方主流派的"正统观念"完全崩盘,因而唯一希望是"等待一位现代马克思"。

在这场危机中,西方各种政治和社会力量都在寻求资本主义社会的新出路。

在危机中,"资本主义"一词在西方名誉扫地,就连站在资本主义社会金字塔塔尖上的"1% 的人"也怕用"资本主义"一词。西方学者戴维·布鲁克斯在 2011 年 12 月 14 日发表于西班牙《起义报》的《"资本主义"的终结》一文中说:"'1% 的人'建议避免用'资本主义'这个字眼。"

严重的危机推动西方社会各界人士去寻找不同于资本主义的新模式。这里先考察一下达沃斯世界经济论坛和巴西利亚世界社会论坛对新模式的讨论。

2012 年 1 月 25 日在瑞士达沃斯开幕的第 42 届达沃斯世界经济论坛提出了"塑造新模式"的会议主题,寻找未来世界经济发展新模式成为此次论坛讨论的焦点。论坛主席施瓦布说,"经济危机凸显资本主义制度亟待改革。"[②] 他警告说,"试图使用过时的制度解决现实问题,只能使世界陷入新一轮危机。"[③]但是,有 100 多个国家 2600 名代表与会的达沃斯论坛众说纷纭,诉求各异,不可能对"塑造新模式"的主题达成一致。

与达沃斯论坛同一天在巴西开幕的世界社会论坛,是与达沃斯世界经济论

---

① [美]《国际先驱导报》2012 年 2 月 13 日。

② 《光明日报》2012 年 1 月 28 日。

③ 《光明日报》2012 年 1 月 29 日。

坛唱对台戏的世界社会论坛。据法新社巴西利亚 2012 年 1 月 25 日报道，参加世界社会论坛的有数万名反资本主义斗士，他们试图寻找另一种新的发展模式。论坛协调员坎迪多·格勒博夫斯基说："本论坛的成立目的就是要挑战在达沃斯开会的那些新自由主义者的傲慢。我们曾明确表示，我们想要另一个世界。现在，我们必须铺设道路——其他可供选择的道路。"世界社会论坛在反新自由主义方面达成共识，但在试图寻找另一种发展模式方面，形成共识也难。

在危机中，有的西方学者试图依据马克思来理解危机并设计社会新模式。

英国学者戴维·麦克莱伦试图从马克思观点区分当前目标和最终目标，他在《马克思的遗产》一书中认为，从马克思的观点看，市场社会主义可能是目前能达到的最好状态，但作为最终目标却是不成熟的。

西方学者科琳娜·蒙塞尔 2010 年 9 月发表于法国《非洲亚洲》月刊的《马克思在进攻》一文说："所有证据显示，人们需要马克思来理解当前的危机，并设计一种模式，这种模式最终如一些人所愿实现乌托邦，或如另一些人所认为的，必须终结剥削以创造一个更美好的世界。"该文把西方各种政治和社会力量对资本主义社会新出路的寻求简单归结为两种："实现乌托邦"和"必须终结剥削以创造一个更美好的世界"。"实现乌托邦"——蒙赛尔在这里没有说明是何种乌托邦，须知不同社会群体心目中的理想国很不相同。"必须终结剥削以创造一个更美好的世界"——这就意味着必须用消灭剥削的理想社会来取代人剥削人的资本主义社会。

西方左翼学者有人明确提出要"夺取政权"，"要用社会主义来推翻资本主义"，"要重新提倡共产主义"。例如，法国丹尼尔·本萨义德主张："今天的任务是为了改变世界而夺取政权。"[①] 美国学者大卫·科兹明确表示：我希望下一次的抗议活动要用社会主义来推翻资本主义。法国学者阿兰·巴迪乌明确主张"重新提倡共产主义"。他说："现在，'共产主义'一词的消失只是便宜了既有秩序的支持者，也就是当前危机大片中的演员们。我们要重新提倡共产主义，并使它更为明晰。这种明晰也是它一直以来的特征，就好像马克思在创立共产主义理论时说过的，共产主义用最激进的方式打破了传统观念，提出了社会中每个人的自由发展是所有人自由发展的条件。"[②]

四　西方"重新发现"马克思的启示

深入研究和认真思考西方"重新发现"马克思，会给人们很多重要启示。

---

① 丹尼尔·本萨义德：《马克思主义，理论：昨天和今天》，《国外理论动态》2011 年第 6 期。
② ［法］《世界报》2008 年 10 月 17 日。

1. 西方"重新发现"马克思不是偶然的，而是认知过程中的规律性现象

20 世纪 30 年代"大萧条"震撼了整个资本主义世界，西方主流学派经济自由主义深陷危机，失去信众。凯恩斯在严厉批评当时的主流经济学和主流派经济学家时承认："（西方）经济学家今天是世界上一群最无能的科学工作者。"①

在 20 世纪 30 年代"大萧条"的背景下，西方"发现"马克思。美国经济史学家福克纳说："人们又恢复了对社会主义和共产主义的兴趣。……许多事业受到萧条障碍的人，都转向'科学社会主义'之父去获得鼓舞。"② 西方主流经济学无法解释 30 年代"大萧条"，试图找到正确答案的一些西方学者，尤其是大学生，很自然地去阅读马克思。美国经济学家玛乔里·谢泼德·特纳回忆说："马克思主义在 30 年代剑桥大学的学生中是尽人皆知的。……马克思主义成为可供选择的经济学之一，……有人开始思考马克思主义者考虑到的问题。"③ 正是在那次"大萧条"期间，一些西方学者，特别是青年学者，认真阅读了马克思的《资本论》和其他经典著作。在"大萧条"结束后，以凯恩斯为代表的国家干预主义经济学成为西方新的主流经济学。在"大萧条"中对马克思有所了解的一些西方学者尽管也有人给凯恩斯某种积极评价，但从不像一些反马克思主义的凯恩斯门徒那样攻击马克思，而是继续对马克思做出比较客观的评价，并以自己对马克思的态度去影响青年学子。

第二次世界大战后的一个时期，西方曾经出现"马克思复兴"。但是在苏东剧变、苏联解体后，西方虽然仍有人在继续研究马克思，可是从总体上看"马克思主义过时论"甚嚣尘上，西方对马克思的研究转入低潮时期，马克思著作被束之高阁。

当前西方"重新发现"马克思，是西方历史上认知马克思的规律性现象在 21 世纪第一次资本主义市场经济系统性危机背景下的再现。危机深重的现实，宣告西方主流经济学新自由主义的破产。西方政府在危机中采取的系列救助政策效果不佳的现实，表明西方国家干预主义也不灵。这时，西方有识之士自然转向马克思，他们发现了马克思的理论的科学性和在当代的适用性。

2. 西方"重新发现"马克思，再次证明马克思主义是科学的、正确的，具有强大的生命力

如前所说，在西方国家，不少人现在面对资本主义系统性危机，通过学习马克思著作和独立思考，不同程度地认识到"马克思的全部思想都仍然有生命

① 琼·罗宾逊：《凯恩斯以后》，商务印书馆 1985 年版，第 16 页。
② 福克纳：《美国经济史》下卷，商务印书馆 1989 年版，第 373—374 页。
③ 玛乔里·谢泼德·特纳：《琼·罗宾逊与两个剑桥之争》，江西人民出版社 1991 年版，第 85 页。

力"，"依然是当今世界的真理"，马克思的方法"已经成为我们时代的方法"。在资本主义意识形态居统治地位的西方国家，这些探索者对马克思和马克思主义的认识现在达到这样的高度，难能可贵。

西方社会出现的这种思想进步发人猛醒。可以促使我们国内某些受"马克思主义过时论"影响的人端正认识，重新思考问题。至于极少数"不信马列信风水"、"不信马列信鬼神"的人，已经完全失去科学信仰和政治信仰，则另当别论。

在我国，马克思主义在意识形态领域居于指导地位，是全党和全国人民的共同思想基础和行动指南。历史和现实反复证明，西方"重新发现"马克思也再次证明，马克思揭示的是客观真理，马克思主义是科学的、正确的，因而始终具有强大的生命力。我们当前的重大任务是要巩固马克思主义在意识形态领域的指导地位，巩固全党全国人民的共同思想基础。

3. 西方"重新发现"马克思，有利于推动学习马克思主义经典著作

在"重新发现"马克思的活动中，对马克思做出高度评价的西方学者除了少数是经过历史考验的马克思主义者，更多的是受到马克思主义影响的西方非主流学者，还有的甚至是主流派学者。他们在这场资本主义市场经济系统性危机中在承认马克思的正确性方面形成了汇合点。

在这场危机中，有的西方学者明确提出现时代是一个向马克思学习的时代，提倡学习马克思。这一倡议将会有力推动西方有志者学习马克思的著作。在资本主义社会中，学习马克思著作一般是自发的、分散的，如果左翼组织、工会组织、学生会组织等担当起领导和组织志愿参加者们学习马克思著作的活动，成效就会更为显著。德国的马克思夜校、学生会学习小组和研讨会，就是学习马克思主义著作的很好的组织形式。

在我国，学习马克思主义经典著作是意识形态领域的重要工作，是精神文明建设的重要内容。坚定马克思主义信仰，坚定共产主义信仰，巩固马克思主义在意识形态领域的指导地位，巩固全党全国人民的共同思想基础，必然要求学好马克思主义经典著作，系统掌握马克思主义基本理论，必然要求学会用马克思主义立场、观点、方法来认识、说明和回答国内和国际各种重大问题。

在我国，社会主义制度有利于广泛开展学习马克思主义经典著作的活动。个人和集体可以自觉地、有计划地进行学习，全党和全国可以自觉地、有计划地进行学习。在社会主义社会，学习马克思主义经典著作完全可以有组织、有领导地进行，做到经常化和制度化。

4. 西方大学生自觉阅读《资本论》，我国有关专业青年学子更应学好《资

本论》

在这场资本主义系统性危机中，西方国家追求真理的大学生在自觉学习和研讨马克思《资本论》方面表现积极。如前所说，在英语国家，关于马克思思想的研讨会和大学课程重新流行起来；在德国，至少有31所大学以学习小组、讨论会等形式组织学习马克思《资本论》；在日本，号召青年读马克思著作的读物深受日本青年读者欢迎，销售量很大；在韩国，《资本论》特别讲座很吸引青年听众，150个座位的大教室座无虚席。

西方大学生自觉阅读《资本论》，我国有关专业青年学子更应学好《资本论》。但是，前一段时间的情况并不尽如人意。一些高校按照社会科学教学"国际化"的要求，一味地膨胀西方经济学各相关学科课程门数和教学时数，强调纯英语教学并相应地用英语原版教材，马克思主义理论研究和建设工程西方经济学教材被弃而不用，致使一些青年学子食洋不化。原本开设《资本论》的院校，在社会科学教学改革刮"国际化"风时，《资本论》课程被撤销，《资本论》教研组或研究中心被解散，授课老师被改行去教西方经济学。这样的社会科学"国际化"显然偏离了正确方向，应迅速加以纠正。青年是社会的未来，青年学子是未来的社会栋梁，必须高度重视对青年学生的马克思主义教育，高度重视对相关专业学生的《资本论》学习，提高他们学习马克思主义经典著作的自觉性、积极性和主动性。没有受过系统的马克思主义理论教育，不读马克思主义经典著作，不读《资本论》，青年学子就无法识别西方经济学的阶级性、意识形态和价值判断，就无法对西方经济学作出符合实际的评析，就无法正确借鉴西方经济学。如此培养人才，后果堪忧。

5. 西方"重新发现"马克思，我们应重新思考社会科学研究"国际化"的提法

社会科学与自然科学的重要不同之处，就在于前者具有鲜明的阶级性，具有明显的意识形态成分。在当前西方"重新发现"马克思时，有的西方学者清楚地认识到马克思的"哲学、史学、经济学和政治学体系"根本不同于西方这些学科的体系。

在经济学领域内，马克思主义经济学和西方经济学的根本区别尤为突出。

现代西方最著名的经济学家凯恩斯早就毫不讳言地宣称："如果当真要追求阶级利益，那我就得追求属于我自己那个阶级的利益……在阶级斗争中会发现，我是站在有教养的资产阶级一边的。"①

---

① 凯恩斯：《劝说集》，商务印书馆1962年版，第245页。

美国经济学家、诺贝尔经济学奖获得者索罗也无所顾忌地承认："社会科学家和其他人一样，也具有阶级利益、意识形态的倾向以及一切种类的价值判断。但是，所有的社会科学的研究，和材料力学或化学分子结构的研究不同，都与上述的（阶级）利益、意识形态和价值判断有关。不论社会科学家的意愿如何，不论他是否觉察到这一切，甚至他力图回避它们，他对研究主题的选择，他提出的问题，他没有提出的问题，他的分析框架，他使用的语言，很可能在某种程度上反映了他的（阶级）利益、意识形态和价值判断。"①

问题是，我们现在有一些人忘记了社会科学不同于自然科学的上述特点。他们在要求自然科学研究国际化的同时，也要求社会科学研究"国际化"。一些院校在推行社会科学研究"国际化"时，要求社会科学论文"国际发表"，要求社会科学国际交流"请进来，走出去"。

在发表社会科学论文方面，一些院校片面强调"国际发表"。现在，我国自然科学研究方面的成果在国际知名刊物上每年发表的论文数量相当可观，而社会科学研究方面的论文在国际知名刊物上发表的数量极少，原因就在于索罗说的社会科学的"阶级利益、意识形态的倾向以及一切种类的价值判断"。以经济学论文为例，要想在美英等西方国家主流经济学期刊发表，论文作者必须根本放弃马克思主义的立场、观点、方法，必须全面接受西方经济学的立场、观点、方法，还必须对西方经济学某一理论问题做出重要的"改进"、"推进"、"完善"或"发展"，这才具有"国际发表"的可能性。相反，如果是一篇以马克思主义为指导的、理论与实践密切结合的、很有创意的经济学论文，要想在西方主流经济学期刊上发表，可能性微乎其微。2013年3月22日发生在美国的"名言事件"很能说明问题。美国教育部国家教育统计中心网站"名人名言"专栏出现了毛泽东"对自己，'学而不厌'；对人家，'诲人不倦'"的语录，立刻遭到围攻。美国教育部因此受到严厉谴责："美国教育部已经被完全渗透了。"美国教育部有关方面不得不出来认错，毛泽东的这一名言立即被撤下，代之以"今日无名言"几个字。这就像旧中国某些报纸通不过官方新闻检查而被迫"开天窗"一样。"学而不厌，诲人不倦"本是孔子的名言，没有多少意识形态成分。毛泽东在"学而不厌"前面加上"对自己"，在"诲人不倦"前面加上"对别人"，同样没有什么意识形态成分。可就是这样的名言，在美国也要被禁止，否则就是"被完全渗透了"。被什么"渗透"了？这当然是要说

① 索罗：《经济学中的科学和意识形态》，载克伦道尔、埃考斯编《当代经济论文集》，利特尔·布朗公司1972年版，第11页。

"被马克思主义渗透了"、"被毛泽东思想渗透了"、"被共产主义的意识形态渗透了"。由此可见，在我们这里被一些人忽视的社会科学阶级性和意识形态问题，在美国则被重视到不只是登峰造极，而是到了极端荒唐的地步。

相反，西方意识形态现在正通过多种形式和途径对我国进行渗透，其中有不少是被"请进来"的。教育界知道，被我国"请进来"讲学的西方社会科学领域的专家、教授数量很多，而我国社会科学领域的专家、教授"走出去"的虽不说没有，但为数极少。逆差太大，极不平衡。出版界也知道，在社会科学著作方面，我国买了西方很多版权，相反，我国社会科学著作被西方买去的版权真可谓是凤毛麟角。也是逆差太大，极不平衡。建议我国有关领导部门深入调研高校社会科学教学和研究"国际化"中存在的问题，及时纠正推行社会科学教学和研究"国际化"方面的误导性措施。

社会科学研究"国际化"的要求已经影响到国内社会科学论文写作和发表的导向。这里仍以经济学论文为例。数学方法本是经济学研究一种有用方法，使用得当，经济学理论内容和数学形式恰当结合，可以产生更好的效果。但是，西方这些年出现经济学数学化趋势，越来越追求经济学论文的数学形式，而不注意论文的内容是否符合实际。这种倾向也影响到我们国内。一篇经济学论文没有数学模型，或者没有方程式，没有统计图表，便被认为没有"科技含量"，因而就被认为没有学术价值，这就没有可能为注重"科技含量"的期刊所采用。结果导致一些论文片面追求数学形式，不加分析地搬用西方的"定理"或"模型"，代入本国的数据。现在英国有成千的经济学数学模型，美国有上万的经济学数学模型，照抄照搬者可以由此演绎出成千上万篇"科技含量"高的论文。但是，应当知道，西方成千上万的经济模型没有一个预测到这场严重的危机；相反，倒是美国一位经济学家没用数学模型而是采用历史与现实比较的方法预测到危机即将发生。耶鲁大学教授罗伯特·席勒说，人们对专业经济学家不信任，批评他们"脱离现实而依赖模型"，这些经济学数学模型"可能大错特错"。席勒尖锐地指出："金融危机给了那些信奉科学手法因而过度自信的经济学家一个响亮的耳光，不仅仅是因为专家们未能预测危机，更是因为他们所做的模型中，有些甚至推算这场大灾难不可能发生。"①

6. 西方"重新发现"马克思，有助于深化对新自由主义的批判

20世纪70年代末80年代初，以"撒切尔主义"和"里根经济学"为代表的英国和美国的新自由主义，以及后来以"华盛顿共识"标榜的、推向世界的

---

①《商业周刊》（中国台湾）2011年2月20日。

新自由主义，取代国家干预主义成为西方国家居主流地位的理论和政策。英国《金融时报》2009年4月30日发表吉迪恩·拉赫曼的文章，追溯了撒切尔政府在英国推行的新自由主义政策："包括私有化、去监管化、减税、取消汇率管制、打击工会力量，以及颂扬财富创造而非财富再分配。"美国《外交》双月刊2011年3/4月号刊载南希·伯索尔和弗朗西斯·福山的文章，把里根政府推行的新自由主义政策概括为"小政府、取消管制、私有制和低税收"。美国经济学家约翰·威廉森1989年在《华盛顿共识》一文中提出的新自由主义经济政策包括实行紧缩政策、削减公共福利开支、降低边际税率、金融自由化、利率市场化、汇率市场化、贸易自由化、开放市场、外资自由流动、国有企业私有化、保护私人产权、去监管化等。"华盛顿共识"被称为"新自由主义的政策宣言"。美国学者诺姆·乔姆斯基在《新自由主义和全球秩序》一书中承认，"华盛顿共识指的是以市场经济为导向的一系列理论，由美国政府及其控制的国际经济组织所制定，并由它们通过各种方式实施"。①

现在，西方学者宣告：撒切尔主义时代已经结束，里根经济学已经失败，"华盛顿共识"受到了挑战。

在西方"重新发现"马克思的过程中，西方学者对新自由主义的批判向纵深发展，提出许多颇有深度的见解和判断。如前所述，西方学界有人尖锐地指出，以为市场可以解决一切问题的新自由主义更像是一种宗教信仰而缺乏现实性。有人宣告，新自由主义发展模式将受到审判，美国式资本主义已经跌下神坛。有人预言，美国倡导的自由市场资本主义势必会被人们抛弃。有人十分肯定地宣示，在20世纪辉煌一时的自由市场原教旨主义正在被丢进21世纪的灰烬中。

7. 西方在"重新发现"马克思活动中探索资本主义的"出路"，更坚定我们建设社会主义市场经济的信心和坚定我们的共产主义信仰

"改革"一词现在经常出现在西方媒体上。在这场严重的危机中，西方各阶层人士都认为资本主义需要而且必须改革。但是，资本主义改革的目标是什么？不同阶级和阶层的利益诉求各异，因而对改革目标问题的回答迥然不同。这在西方各国国内如此，在世界论坛上也是如此。

美国学界和政界现在都有人认为"美国模式"逐渐走向衰落，"中国模式"正在兴起。美国前副财长罗杰·奥尔特曼说，这场经济危机使得"美国模式"陷入困境。美国外交学会研究员乔舒亚·柯兰齐克发表《为什么"中国模式"

---

① 诺姆·乔姆斯基：《新自由主义和全球秩序》，江苏人民出版社2000年版。

不会消失》一文，认为"中国的经济增长模式……表现出令人印象深刻的适应能力"，正在"挑战西方'正统'模式"。① 另一种说法是，"北京共识"看来正在"损害""华盛顿共识"并迅速流行起来。持这一说法的是最初提出"华盛顿共识"的美国经济学家约翰·威廉森，而"北京共识"的最初提出者美国学者乔舒亚·库珀·雷默则试图对中国经济的发展作出较为积极的解释。

在世界经济论坛和世界社会论坛上，发展模式问题都成为会议的主题。

第42届达沃斯世界经济论坛于2012年1月25—29日在瑞士达沃斯举行，会议主题是"塑造新模式"。论坛主席施瓦布警告说："试图使用过时的制度解决现实问题，只能使世界陷入新一轮危机。"他提出："经济危机凸显资本主义制度亟待改革。"② 寻找未来世界经济发展新模式成为与会人士争论的焦点，由于各国各界与会人士立场和观点分歧，争论无果而终。

与达沃斯世界经济论坛唱对台戏的世界社会论坛同期在巴西阿雷格里港举行。出席这一论坛的有几万名反资本主义斗士。在反对资本主义制度这一主题上，与会人士意见一致。然而在用什么新模式取代资本主义模式这一问题上，也没有达成共识。

西方国家目前的两种"发展模式"或两种"共识"之争，实质是关于现存生产关系适应和不适应生产力状况的问题。关于当代资本主义生产关系和生产力之间适应和不适应的状况，毛泽东说：资本主义的生产关系，就资本主义社会本身来说，现在还能使生产力得到一定发展。但是，同社会主义制度比较起来，就很不优越，而且日益走向没落和完结。

在西方"重新发现"马克思的人士中，有的认为"市场社会主义"可能是目前能达到的最好状态，但不是"最终目标"；有的主张"要用社会主义来推翻资本主义"；有的提出"要重新提倡共产主义"。

西方国家和国际论坛各界别人士和许多有识之士对资本主义"出路"的探索，从不同方面给我们以启示，使我们更坚定建设社会主义市场经济的信心，更坚定共产主义的信仰。

市场经济具有自发性和盲目性。如果市场经济与资本主义制度相结合，也就是说，如果是资本主义市场经济，就不可避免地发生经济危机，直至发生系统性危机。如果市场经济与社会主义制度相结合，也就是说，如果是社会主义市场经济，就有可能避免经济危机，避免系统性危机。根本原因在于生产资料

---

① 新华网，2013年3月29日。
② 《光明日报》2012年1月28日。

所有制的性质。生产资料公有制是社会主义的基本经济制度。公有制为主体，多种所有制共同发展，是我国社会主义初级阶段的一项基本经济制度。只要保持公有制的主体地位，就可以避免两极分化，就可以坚持按劳分配为主体，多种分配方式并存。只要保持公有制的主体地位，就可以实现市场调节和政府调节的适当结合，避免无政府状态的破坏性后果。毛泽东说的对："资本主义的危机，是由于它的所有制性质决定的，而不是价值规律决定的。在社会主义社会里，所以没有危机及其'毁灭性后果'，这也不是由于我们掌握了价值规律，而是由于社会主义的所有制、社会主义的经济规律、全国有计划地进行生产和分配，没有竞争和无政府状态等。"[1] 社会主义市场经济是适应社会主义初级阶段生产力发展的要求的。当然，对于以马克思主义为指导的社会主义国家来说，最终目标是共产主义。

---

[1]　毛泽东：《读社会主义政治经济学批注和谈话》，中华人民共和国国史学会 1998 年版，第 497—498 页。

政治经济学篇

我国社会主义市场经济理论是重大创新

——兼论习近平关于社会主义市场经济的基本思想

程恩富

【作者简介】程恩富，中国社会科学院首批学部委员、学部主席团成员兼马克思主义研究学部主任、经济社会发展研究中心主任、教授、博士生导师；国家马克思主义理论研究和建设工程首席专家。第十一届、十二届全国人大代表。曾在中央政治局集体学习会上讲课，近年多次出席中央领导召开的座谈会，上报的内参获得多位中央领导的批示。担任世界政治经济学学会会长、中华外国经济学说研究会会长和全国经济规律研究会会长；是俄罗斯彼得堡大学、上海财经大学等 10 多所国内外高校的荣誉或客座教授；主编的 5 种重要学术期刊在中国和英国出版。主要从事中外政治经济学的研究和教学工作。在中、美、俄、日、越等海内外报刊发表 500 多篇文章，独著和合编 30 多本著作，在国际马克思主义知识界的影响日渐扩大，被中、日等媒体称为"中国最有创见的马克思主义经济学家之一"。

2015 年 11 月 23 日，中共中央政治局就马克思主义政治经济学基本原理和方法论进行第二十八次集体学习。中共中央总书记习近平在会上阐述了马克思主义政治经济学的重要意义和发展创新等问题，其中提到中国社会主义经济理论的一个重要创新，便是社会主义市场经济理论（2016 年 5 月 17 日，习近平总书记在主持召开哲学社会科学工作座谈会讲话再次强调了社会主义市场经济理论与实践）。可以说，这是当代中国政治经济学和社会主义经济理论的基石和核心，其他有关中国特色社会主义的经济理论均以此为中心来构建和创新的，因而必须深化认识和认同。

　　社会主义与市场经济的有机结合，是中国特色社会主义的重大理论和伟大实践。相比资本主义市场经济理论和实践，它不仅在理论上能站得住，而且在实践上能行得好。纵观 20 世纪初以来的经济思想发展史，关于社会主义与市场经济之间关系的探讨不断深化和细化，成为现代社会主义政治经济学和中国特色社会主义政治经济学的第一重大问题。本文首先回顾和简析西方"市场社会主义"思想史，然后阐述我国社会主义市场经济理论是重大创新，最后诠释习近平关于社会主义市场经济的若干基本思想。

一　西方"市场社会主义"思想史简析

　　市场与社会主义的内在关联，一直是西方比较经济理论的研究重点。分析这一学说的演变，有助于汲取西方的科学思想，丰富中国社会主义市场经济理论。

　　西方"市场社会主义"的思想是在实践和争鸣中不断深化的。早在社会主义国家尚未出现的 1908 年，意大利巴罗内就针对荷兰皮尔逊的观点，论证只要对资源、偏好和生产函数有足够的知识及求解方程的能力，中央机构模拟市场职能，便可以实现"帕累托最优"，从而为社会主义经济计算奠定了数学和逻辑的方法论基础。接着，1929 年美国泰勒推进了遭奥地利米瑟斯批评的巴罗内观点，指出国家在决定公民的货币收入和依据成本定价的前提下，可用"试错法"即根据商品供求状况来校正价格，达到资源的合理配置。值得称赞的是，1938 年波兰兰格发表《社会主义经济理论》，在批驳米瑟斯的论点中进一步发展了泰勒的观点，认为社会主义没有狭义价格即市场价格，只有广义价格即均衡价格，才是经济计算的工具，而确定均衡价格可以运用"试错法"来解决，并不需要去求解千百万个方程组。兰格把社会主义定义为：为了使社会福利最大化而以自觉的方式进行决策的社会，提出最理想的资源配置方法，是在物品分配中以市场价格为基础，对不同地区劳动力分配中以自由劳动力市场为基础，根据消费品市场和劳动力市场原则，社会主义社会的国家决定生产什么和生产多少。引人注目的是，1934 年勒纳在反驳道布对狄根森的批评时说由于对经济计算的要求，价格和市场不再被认为是资产阶级的概念，而被认为能够至少像资本主义交换经济中一样地利用这些手段，而且能够利用得更好。他强调，自由的价格制度与科学社会主义的按需分配精神是符合的，社会主义需要市场和自由价格制度，并在 1944 年《统制经济学》一书中再次阐发了这些原理。可见，在 20 世纪 30 年代，以泰勒为代表，已经较明确地提出"市场社会主义"

的内涵。①

战后，随着南斯拉夫市场化改革和资本主义国家经济体制调整的兴起，许多西方比较经济学家正式提出和论证"市场社会主义"的概念。其一，在《社会主义经济组织选择的研究》（1967）的专著中，美国沃德已经常使用"市场社会主义"的词汇。其二，美国格鲁奇在《比较经济制度》（1977）一书中清晰地指出，尽管南斯拉夫的市场社会主义是公有制占统治地位，美国的私人资本主义是私有制占统治地位，但它们仍有可能按大体相同的方式运行，并称南斯拉夫的经济为"社会主义市场经济"。其三，1980年美国格雷戈里和斯图尔特在《比较经济制度学》的著作里写道：市场社会主义是一种以生产要素公有制为特征的经济制度；决策权是分散的，由市场机制加以协调；采用物质刺激和精神鼓励的手段促使参与者去实现目标。他们认为，兰格模型是市场社会主义的理论基础，其现实变体是合作的或自治的经济。其四，在《可行的社会主义经济学》（1983）一书中，英国诺夫提出的"可行的社会主义经济"模式，实质上是一种没有大私有制和有较强宏观调控的"市场社会主义"模式。其五，1985年美国博恩斯坦在《比较经济体制》的教科书中作了这样的概述：市场社会主义试图把下述社会主义原则中的前两项和第三项结合起来：（1）集体所有制，（2）收入分配中有限的不平等，（3）利用市场和价格分配资源和产品。其六，在20世纪80年代形成了英国的市场社会主义流派，其代表人物埃斯特林和格兰德声称"要将市场与社会主义'联姻'在一起。我们希望证明市场是能够用来实现社会主义的目的的"。其七，美国《新帕尔格雷夫经济学大辞典》（1987）的定义如下：市场社会主义是一种经济体制的理论概念（或模式），在这种经济体制中，生产资料公有或集体所有，而资源配置则遵循市场（包括产品市场、劳动市场和资本市场）规律。

进入20世纪90年代以来，西方市场社会主义理论不因原苏东国家解体而消亡，反而出现了新的发展势头。美国加州大学戴维斯分院罗默和伯克利分院巴德汉分别在《社会主义的未来》（1994）和《市场社会主义》（1993）的著作中阐述了市场社会主义的新构想。他们认为，市场社会主义就是把社会主义公有制与市场机制结合起来，创造一种既有经济效益，又使全体公民享有更多社会平等的经济制度。在这种制度下，投资构成纳入计划，而产出构成、价格和劳动力均不纳入计划；国家运用5—20种利率来指导投资；借鉴日本经验，实行公司互相控股以促使贯彻利润最大化原则；公司利润在纳税后以"社会红

① 参见荣敬本、刘吉瑞《比较经济学》，辽宁人民出版社1990年版。

利"的形式在所有成年公民中平等分配。

这里，可对西方"市场社会主义"理论作几点简评：首先，这一理论形成的发展轨迹是：计划模拟市场的纯粹社会主义（巴罗内等）→计划部分模拟市场的半市场社会主义（兰格等）→有较强国家调控的市场社会主义（诺夫和罗默等）。其次，计划社会主义在理论模型和经济计算方面确实是可行的，但由于现存生产力所决定的人的管理素质不适应计划社会主义，因而现阶段只能实行国家主导型市场社会主义。再次，在 30—90 年代赞同社会主义的西方学者中，不少人主张在生产要素公有制的基础上实现有较强国家调控的市场经济体制，或者将"市场社会主义"作为一种可行的经济模式而部分地加以肯定，这是人类科学思维的进步。最后，包含发展大私有制经济在内的中国社会主义市场经济体制，是市场社会主义的一种模式，需要在实践中不断改进和完善。中国推行的市场社会主义，实质上应是一种"法人社会主义"和"劳动社会主义"。这是综合某些西方学者思想精华的科学结论。

二　我国社会主义市场经济理论是重大创新

2016 年 11 月 23 日，中共中央政治局就马克思主义政治经济学基本原理和方法论进行第二十八次集体学习。中共中央总书记习近平在会上阐述了马克思主义政治经济学的重要意义和发展创新等问题，其中提到中国社会主义经济理论的一个重要创新，便是社会主义市场经济理论。可以说，这是当代中国政治经济学和社会主义经济理论的基石和核心，其他有关中国特色社会主义的经济理论均以此为中心来构建和创新的，因而必须深化认识和认同。

社会主义与市场经济的有机结合，是中国特色社会主义的重大理论和伟大实践。相比资本主义市场经济理论和实践，它不仅在理论上能站得住，而且在实践上也能行得好。

第一，中国社会主义市场经济理论具有系统的创新性。早在 1979 年改革之初，邓小平就提出"社会主义也可以搞市场经济"①。在建立社会主义市场经济体制初期，江泽民便强调"社会主义市场经济体制是同社会主义基本制度结合在一起的"②，"我们搞的是社会主义市场经济，'社会主义'这几个字是不能没有的，这并非多余，并非'画蛇添足'，而恰恰相反，这是'画龙点睛'"③。在总结 30 年改革开放的经验时，胡锦涛阐明了"必须把坚持社会主义基本制度

---

① 《邓小平文选》第 2 卷，人民出版社 1994 年版，第 236 页。
② 《江泽民文选》第 1 卷，人民出版社 2006 年版，第 227 页。
③ 《江泽民论有中国特色社会主义（专题摘编）》，中央文献出版社 2002 年版，第 69 页。

同发展市场经济结合起来，发挥社会主义制度优越性和市场配置资源的有效性"①。针对混淆市场经济的不同经济社会性质和类型的误解，习近平明确指出："建立在社会主义公有制基础之上，就是社会主义市场经济，建立在资本主义私有制基础之上，就是资本主义市场经济。"② 从党的十四大报告提出建立社会主义市场经济体制，到党的十八大提出加快完善社会主义市场经济体制，再到党的十八届三中全会提出全面深化社会主义市场经济改革的方向和举措，我国社会主义市场经济理论已逐渐显示出全面的创新性。它是以社会主义初级阶段国情和理论为前提，在产权、分配、调节、开放等体制机制方面，在区域发展、新型农村、城镇布局、生态环境、民生改善、人口计划、教科文卫体等发展建设方面，均形成不断发展的较为系统的理论，在人类经济理论发展史上有着独特的创新地位。

第二，中国社会主义市场经济理论具有学理的科学性。在中国实行社会主义市场经济体制之前，无论是社会主义国家，还是资本主义国家，也不管是马克思主义学者，还是资产阶级学者，普遍都把市场经济等同于资本主义，把计划经济等同于社会主义，认为市场经济同资本主义结合是天然的最佳结合，社会主义不能搞市场经济。但是，随着我国社会主义市场经济的发展，中外绝大多数马克思主义学者已改变了这一传统观点，而国外资产阶级学者和政治家仍然固守这一教条。在苏联东欧国家剧变后，匈牙利经济学家科尔奈宣称市场经济或市场化只能与私有化相结合。这在学理上是不能成立的，其现代政治经济学的道理很简单。因为产权的私人所有制、合作所有制、集体所有制、国家所有制，说的是生产资料或生产要素在法律上的最终归属，而市场经济或市场化说的是经济如何运行，主要是生产什么、生产多少、如何定价的问题，要由各类性质不同的经济主体或企业自行决策。也就是说，前者涉及生产要素的公有与私有问题，而后者涉及经济运行或经济调节的市场与计划（政府或国家）问题。倘若使用"资源配置"一词，那也是前者指资源由私人企业，还是集体企业或国有企业来配置，而后者指资源是由企业，还是由政府来配置，即"资源配置"包括产权配置和调节（运行）配置两个不同层面的含义。因此，公有制或社会主义既可以与计划经济结合，也可以与市场经济结合；私有制或资本主义既可以与市场经济结合，也可以程度不同地采用计划或政府调节的方式。如法国等被西方学界称之为计划资本主义，越南和白俄罗斯被称之为社会主义取

---

① 《胡锦涛文选》第 3 卷，人民出版社 2016 年版，第 161 页。
② 习近平：《中国农村市场化建设研究》，人民出版社 2001 年版，第 30 页。

向的市场经济（市场社会主义），便是这个逻辑。连西方产权学派的创始人科斯都只能承认，以往只有资本主义与市场经济结合的经验，至于社会主义能否与市场经济结合，目前不能被证伪。日本经济学院士伊藤诚曾专门从学理上论证，得出中国把市场经济与社会主义结合起来，是行得通的，其关键在于要消除新自由主义观念和政策的影响。

第三，中国社会主义市场经济理论具有实践的可行性。一种理论行不行，不仅要接受理论逻辑的检验，而且要接受客观实践的检验。法国年鉴学派代表人物布罗代尔考察数百年的市场经济发展史得出，资本主义初期与市场经济是非常矛盾的。而世界体系论的主要创始人沃勒斯坦则一贯强调，资本主义与市场经济是不相容的。其实，应该这样准确地表达，市场经济所要求的企业和个人的自由选择、自由决策和公平竞争，在资本主义私有垄断寡头控制下，均难以充分实现，或者说市场经济所要求的自由性和公平性，与资本的私有性和寡头性内含严重的矛盾性和冲突性的层面。其实践凸显为私有制主体型市场经济往往存在贫富对立、高失业率、金融经济危机、对外掠夺等。因此，西方不少非马克思主义的著名经济学家，如美国加尔布雷斯早就揭露美国等资本主义市场经济内含垄断型大公司剥削中小企业的"二元体系"对抗性，因而倡导"新社会主义"，并支持法国和英国等青年师生十年前开展的批判资本主义市场经济理论即西方主流经济学的"经济学国际改革运动"；法国皮凯蒂在近年出版的《21世纪资本论》世界畅销书，用数百年的大数据揭露资本主义市场经济是财富和收入分配极不公平的"世袭资本主义"。可见，被西方实践检验表明的资本主义市场经济理论（西方微观经济学和宏观经济学）并不怎么行，存在无法克服的逻辑和应用弊端。与此相反，社会主义市场经济理论作为人类思想史上的崭新学说，已被中国30多年的实践所证实，其国家整体发展绩效和经济公平都比资本主义市场经济状况好得多，这也被国际舆论中广泛使用的中国道路、中国模式、中国经验、中国奇迹等赞扬性话语所肯定。我国搞社会主义市场经济的成功实践表明，不仅社会主义可以搞市场经济，而且社会主义市场经济优越于资本主义市场经济。国内有学者认为，从政治经济学发展的视角看，中国特色社会主义的具体实践，完全可以创建出社会主义的一种新形态，即与中国社会主义初级阶段相适应的民生社会主义。目前这一新形态在我国完全具备了理论抽象的实践条件。① 诚然，作为新生事物，目前我国市场经济实践中确实存在不少问题，其中有些是经验不足所致，有些是依法治国和依法治市不严所致，

---

① 文魁：《民生社会主义论纲——中国特色社会主义实践的政治经济学思考》，《管理学刊》2016年第6期。

有些则是受西方不良理论和政策误导所致，亟须在不断提升社会主义市场经济的道路自信、理论自信和制度自信的氛围中，通过全面深化改革和从严依法治国，积极提高国家治理体系和治理能力，从而进一步实现经济理论、政策、体制、机制和实践各方面的中国式创新来圆满解决。要言之，社会主义比资本主义更适合市场经济，因而中国社会主义市场经济理论比资本主义市场经济理论更行，中国现代政治经济学比西方现代西方经济学更科学。

第四，社会主义市场经济理论具有深厚的理论渊源。如前文所述，从20世纪30年代英国经济学家勒纳提出社会主义能够更好地利用市场手段开始，一直到20世纪90年代以来，西方市场社会主义理论不因原苏东国家解体而消亡，反而出现了新的发展势头，均认为市场社会主义就是把社会主义公有制与市场机制结合起来，创造一种既有经济效益，又使全体公民享有更多社会平等的经济制度。中国特色社会主义市场经济理论的构建，不仅没有脱离，而且是建立在马克思主义经济学理论的基础之上的。改革开放以来的中国马克思主义经济学，虽然借鉴了中外市场经济思想，但总体上是坚持以马克思主义及其中国化经济思想为指导的。[①] 以社会主义基本经济制度为前提的社会主义市场经济理论，可以克服完全以私有制为主导的市场经济的内在缺陷，能够为中国经济的可持续发展奠定坚实的理论基础。

三　习近平关于社会主义市场经济的若干基本思想

党的十八大以来，习近平围绕社会主义市场经济理论和现实问题发表了一系列重要讲话，是当代中国社会主义市场经济理论的最新发展，具有重大意义。限于篇幅，这里主要阐述习近平关于进一步完善社会主义市场经济的基本经济制度、基本分配制度、基本调节制度、自主开放型经济制度的主要思想。

1. 关于完善社会主义初级阶段基本经济制度的思想

习近平说："坚持和完善公有制为主体、多种所有制经济共同发展的基本经济制度，关系巩固和发展中国特色社会主义制度的重要支柱。"[②] 对于全面深化改革期的经济发展来说，坚持公有制的主体地位和作用尤为必要。通过巩固公有制经济主体地位坚持改革性质，通过完善公有制实现形式深化改革，两者都体现了公有主体型产权制度对于我国经济发展的重要意义。这一发展思想，有利于消除改革过程中"国有企业私有化、土地私有化、金融自由化"的新自由

[①] 胡乐明：《论发展马克思主义经济学：若干取向、基本原则与未来方向》，《海派经济学》2016年第1期。

[②] 习近平：《关于〈中共中央关于全面深化改革若干重大问题的决定〉的说明》，《人民日报》2013年11月16日。

主义干扰和负面影响。

——完善基本经济制度的总体思路。把握习近平完善社会主义基本经济制度的思想，必须首先把握其总体思路。总体思路主要有两条：一是强调坚持两个"毫不动摇"；二是必须深化改革。前者体现了"战略定力"，后者则需要"问题意识"，都具有极为重要的现实针对性。两个"毫不动摇"最初是在党的十六大提出的，但是，随着社会经济发展，现阶段坚持两个"毫不动摇"也碰到了一些严峻挑战。对此，习近平明确提出，"国有企业不仅不能削弱，还要加强"[①]；强调"把国有企业做强做优做大，不断增强国有经济活力、控制力、影响力、抗风险能力"[②]；"国有企业是壮大国家综合实力、保障人民共同利益的重要力量，必须理直气壮做强做优做大，不断增强活力、影响力、抗风险能力"[③]；强调"公有制主体地位不能动摇，国有经济主导作用不能动摇，这是保证我国各族人民共享发展成果的制度性保证，也是巩固党的执政地位、坚持我国社会主义制度的重要保证"。[④]

——重点发展公有资本控股的混合所有制。积极发展混合所有制，是十八届三中全会的一个重要部署，是习近平经济思想的重要内容。"混合所有制经济"是党的十五大第一次提出的概念，后来又经过党的十五届四中全会和党的十七大的重要发展。新一届党中央和习近平则将积极发展混合所有制思想推向一个新高度。在混合所有制经济的定位上，提出了两个根本性论断：一是首次肯定它是我国基本经济制度的重要实现形式；二是提出它成为新形势下坚持公有制主体地位，增强国有经济活力、控制力、影响力的有效途径和必然选择。两大论断对于坚持公有制主体地位前提下，各种所有制经济平等竞争合作、共同获得发展机会，奠定了强有力的思想认识基础。在参股经济成分的地位与作用上，强调发展公有资本控股为主，也鼓励发展非公有资本控股的混合所有制企业。其中，习近平特别提到要吸取过去国企改革经验和教训，不能在一片改革声浪中把国有资产变成谋取暴利的机会。这将确保混合所有制真正成为公有主体型基本经济制度的重要实现形式。

因此，我国的基本经济制度将是，在全社会上是以公有制经济为主体、多

---

① 缪毅容、谈燕："三年多没去上海了，看到大家，很亲切"——习近平总书记参加上海代表团审议侧记，《解放日报》2014 年 3 月 6 日第 2 版。

② 参见《凤凰财经》2016 年 7 月 5 日。

③ 《习近平对国有企业改革作出重要指示 强调理直气壮做强做优做大国有企业 尽快在国企改革重要领域和关键环节取得新成效》，《人民日报》2016 年 7 月 5 日第 1 版。

④ 习近平：《立足我国国情和我国发展实践，发展当代中国马克思主义政治经济学》，新华社电讯 2015 年 11 月 24 日。

种所有制经济混合发展，在微观上以公有资本控股为主的混合所有制经济大大发展，并适当发展非公资本控股的混合所有制经济，使之成为基本经济制度的重要实现形式，这就是"基本经济制度"的科学内涵。

2. 关于完善社会主义初级阶段基本分配制度的思想

党的十八大报告指出：要"完善按劳分配为主体、多种分配方式并存的分配制度"。2012 年 11 月，在中共十八届中央政治局常委与中外记者见面会上，习近平强调："我们的责任，就是要团结带领全党全国各族人民，继续解放思想，坚持改革开放，不断解放和发展社会生产力，努力解决群众的生活生产困难，坚定不移走共同富裕的道路。"①

——坚持按劳分配主体型制度的必然性。分配是社会再生产的一个环节。生产对分配起着重要的决定作用，分配反过来对生产起着重要的反作用。只有科学贯彻按劳分配主体型基本制度，才能实现效率与公平的统一。实行按劳分配主体型基本分配制度，是我国生产资料所有制结构决定的。公有制的主体地位决定了按劳分配在分配领域的主体地位。而按照资本、土地、技术等生产要素贡献分配的实质，是按照这些要素的产权关系进行分配，是表象与实质的对立统一。

——初次分配改革思想。所谓初次分配，就是在生产经营活动中企业作为主体的分配。结合国外和国内现状来看，初次分配都是人们利益关系的根本。它一般占居民收入的 80%—90%，再分配只占居民收入的 10%—20%（如美国为 12.5%）。注重初次分配领域的深化改革，是习近平分配体制改革思想的突出特点，核心是形成合理有序的收入分配格局。为此，第一，着重保护劳动所得，提高劳动报酬在初次分配中的比重。怎样实现着重保护劳动所得和提高劳动报酬在初次分配中的比重？十八届三中全会以来新一届中央和习近平提出了具体的政策主张。概括起来是四条基本路径：提出要健全工资决定和正常增长机制；提出要完善最低工资和工资支付保障制度；适当减少国有企业管理层的薪水；四是继续推进和完善企业工资集体协商制度。第二，健全资本、知识、技术、管理等由要素市场决定的报酬机制。第三，改革机关事业单位工资和津贴补贴制度，完善艰苦边远地区津贴增长机制。这有利于实现非物质生产部门的劳动收入增长与社会经济增长同步，优化收入分配的区域格局，促进全社会共享发展成果。

——广义再分配思想。所谓再分配，就是政府通过税收、转移支付等手段

---

① 习近平：《人民对美好生活的向往就是我们的奋斗目标》，《人民日报》2012 年 11 月 16 日。

的分配，以调节初次分配中所没有解决的不公平问题。习近平再分配思想的特点是：既注重运用税收、转移支付等经济手段，又注重运用社会保障这种重要的再分配形式；既注重发挥政府作用，也注重发挥社会力量的再分配作用；既注重一般物品的再分配，也注重建立公共资源出让的收益合理共享，从而大大拓宽了再分配领域的视界，丰富了政策主张。第一，加大和完善社会保障，实行托底社会政策。第二，加大和完善税收、价格、转移支付等多种手段加大再分配。第三，加大发挥社会力量的作用，积极推行社会慈善事业和社会捐助。

——规范收入分配秩序。要规范收入分配秩序，完善收入分配调控体制机制和政策体系，建立个人收入和财产信息系统，保护合法收入，调节过高收入，清理规范隐性收入，取缔非法收入，增加低收入者收入，扩大中等收入者比重，努力缩小城乡、区域、行业收入分配差距。其中，建立个人收入和财产信息系统、清理规范隐形收入、努力缩小城乡、区域、行业收入差距，都是工作重点。只有这样，才能更好地解决共同富裕这个渐成"中心课题"的重大难题，更好体现社会主义的本质。

3. 社会主义初级阶段基本调节制度的思想

习近平在2013年"两会"的讲话中强调"两个更"：更加尊重市场规律，更好发挥政府作用。在十八届三中全会上，他更进一步强调要使市场在资源配置中起决定性作用和更好发挥政府作用，同时指出："我国实行的是社会主义市场经济体制，我们仍然要坚持发挥我国社会主义制度的优越性、发挥党和政府的积极作用。市场在资源配置中起决定性作用，并不是起全部作用。"①

——双重调节的科学内涵。十八届三中全会提出了"市场决定"和更好发挥政府作用。从总体上它是强调市场与政府的双重调节，只不过市场与政府的作用和职能是不同的。一是在宏微观的不同层次上，中国特色社会主义"市场决定性作用论"强调国家的宏观调控和微观规制共同矫正某些"市场决定性作用"。二是在"市场决定"的资源范围上，正确含义是市场对一般资源的短期配置与政府对地产资源和基础设施等特殊资源的直接配置、与不少一般资源的长期配置相结合。三是在教育、文化、医疗卫生等非物质资源配置中，政府的主导性作用应与市场的重要作用相结合。

——构建完善的市场体系。怎样实现"市场决定"和更好发挥政府作用呢？根据习近平的相关论述和十八届三中全会的决定，主要的路径有两条：构

---

① 习近平：《关于〈中共中央关于全面深化改革若干重大问题的决定〉的说明》，《人民日报》2013年11月16日。

建完善的市场体系和完善政府职能。习近平曾明确指出，"建设统一开放、竞争有序的市场体系，是使市场在资源配置中起决定性作用的基础。""必须加快形成企业自主经营、公平竞争，消费者自由选择、自主消费，商品和要素自由流动、平等交换的现代市场体系，着力清除市场壁垒，提高资源配置效率和公平性。"[①] 可见，应将构建完善的市场体系放在基础性地位。概括起来，习近平关于构建完善市场体系的思想主要包括：第一，完善要素市场体系。第二，建立公平开放透明的市场规则。第三，完善主要由市场决定价格的机制。

——更好发挥政府作用。在新一届中央政治局第十五次集体学习会上，习近平强调："在市场作用和政府作用的问题上，要讲辩证法、两点论，'看不见的手'和'看得见的手'都要用好。""既不能用市场在资源配置中的决定性作用取代甚至否定政府作用，也不能用更好发挥政府作用取代甚至否定使市场在资源配置中起决定性作用。"[②] 怎么能够将"更好发挥政府作用"理解为由"市场决定"呢？片面强调简放政权亦不对。它应是一个健全宏观调控体系、全面正确履行政府职能、优化政府组织结构的系统工程。核心是建设民主高效的法治政府和为人民服务型政府，要以人民为中心，体现人民主体性。

简言之，今后需要将市场决定性作用和更好发挥政府作用看作一个有机整体。既要用市场调节的优良功能去抑制"国家调节失灵"，又要用国家调节的优良功能来纠正"市场调节失灵"，从而形成高功能市场与高功能政府、高效市场与高效政府的"双高"或"双强"格局。显然，由于我国社会主义市场经济是建立在公有制为主体、国有制为主导、多种所有制共同发展的基础之上的，包括人大、政府在内的整个国家从法律、经济、行政和伦理等多方面的调节力度和广度，必然略大于资本主义市场经济下的调节能力，从而可以显示出中国特色社会主义市场经济的优势和高绩效。

4. 关于完善社会主义初级阶段自主开放型制度的思想

在世界新格局和新形势下，进一步扩大开放，既面临机遇，也要应对挑战。2013 年 1 月，习近平在中央政治局第三次集体学习时强调，我们要坚持从我国实际出发，坚定不移走自己的路，同时要树立世界眼光，更好把国内发展与对外开放统一起来，把中国发展与世界发展联系起来，把中国人民利益同各国人民共同利益结合起来，走和平发展道路，但决不能放弃我们的正当权益，决不牺牲国家核心利益。在扩大开放中坚持开放的自主性，构建自主开放型经济新

① 《中共中央关于全面深化改革若干重大问题的决定》，《人民日报》2013 年 11 月 16 日。

② 习近平：《正确发挥市场作用和政府作用　推动经济社会持续健康发展》，《人民日报》2014 年 5 月 28 日。

体制，决定着我国参与国际竞争的前途和命运。

——构建自主开放型经济新体制的总体思路。结合历史、国情与世情变化，我国必须加快构建自主开放型经济新体制。这是习近平和新一届中央全面提高开放型经济水平的总纲领。其总体思路主要体现在：第一，关于主要目标，就是要"实现更大范围、更宽领域、更深层次上全面提高开放型经济水平"①。第二，关于自主型开放经济新体制的基本路径。第三，关于推进重心，就是要对外开放要着眼于人，着力于人。

——构建自主开放型经济新体制的战略举措。怎样实现引进来和走出去更好结合？怎样更好统筹国内外两种资源和两个市场？怎样培育竞争新优势？解决这些问题必须要有综合性战略抓手。一是加快实施自由贸易区战略。二是深入推进沿边开放战略。中央已作出加快发展"东南国际经济开放圈"、"西南国际经济开放圈"和"东北国际经济开放圈"等建设。2013 年 9 月，习近平总书记在访问哈萨克斯坦时，提出要与中亚国家共建"丝绸之路经济带"战略构想。10 月，在访问印度尼西亚时又提出要与东南亚国家共建"海上丝绸之路"的战略构想。三是加强对外援助，充分展现出我国负责任的大国形象。

——提升对外开放水平必须处理好的几对关系。一是独立自主与合作共赢的关系。独立自主的关键是坚持中国特色社会主义道路。2013 年 3 月，习近平在莫斯科国际关系学院的演讲中也指出："'鞋子合不合脚，自己穿了才知道'。一个国家的发展道路合不合适，只有这个国家的人民才最有发言权。"② 当今世界，和平、发展、合作、共赢成为时代潮流，各国相互联系、相互依存的程度空前加深，但一些国家霸权主义、强权政治、冷战思维、各种渗透依然存在，强调独立自主仍然有重要的现实性。没有独立自主，也就谈不上合作共赢，因为"最终发展起来也不过成为一个附庸国"。③ 二是正确统筹自力更生与扩大开放、扩大内需和利用国际市场的关系。在世界主要经济体持续滑坡，国际市场疲软，外需不足的情况下，中国经济高速增长也只能主要依靠扩大内需和供给侧结构性改革来支撑，这应当成为我国全面提升开放型经济水平的重要政策方向。三是正确处理相互尊重与聚同化异的辩证关系。由于各国历史文化传统、社会制度、意识形态和经济发展水平不同，客观上存在各种分歧和摩擦。四是正确处理国际交往中"义""利"关系。2014 年 7 月，习近平在出访韩国时明

① 习近平：《中国经济保持持续健康发展　中国将提高开放型经济水平》，《人民日报》2013 年 4 月 9 日。
② 习近平：《顺应时代前进潮流　促进世界和平发展——在莫斯科国际关系学院的演讲》，《人民日报》（海外版）2013 年 3 月 25 日。
③ 《邓小平文选》第 3 卷，人民出版社 1993 年版，第 311 页。

确提出:"在国际合作中,我们要注重利,更要注重义。""只有义利兼顾才能义利兼得,只有义利平衡才能义利共赢。"① 这些思想也都大大地丰富了构建开放型国际经济新体系的内涵。

要言之,习近平关于自主高水平开放的基本思想是,"要坚持对外开放基本国策,善于统筹国内国际两个大局,利用好国际国内两个市场、两种资源,发展更高层次的开放型经济,积极参与全球经济治理,同时坚决维护我国发展利益,积极防范各种风险,确保国家经济安全"②。

① 习近平:《共创中韩合作未来　同襄亚洲振兴繁荣——在韩国国立首尔大学的演讲》,《人民日报》2014年7月5日。
② 习近平:《立足我国国情和我国发展实践　发展当代中国马克思主义政治经济学》,新华社电讯2015年11月24日。

开拓当代中国马克思主义政治经济学的新境界

顾海良

【作者简介】顾海良，教授，经济学、教育学博士生导师，全国人大常委会教科文卫委员会委员，教育部社会科学委员会副主任委员，中央马克思主义理论研究和建设工程咨询委员、首席专家，北京大学中国道路与中国化马克思主义协同创新中心主任。曾任中国人民大学马列所所长、国务院学位委员会办公室副主任，教育部社会科学与思想政治工作司司长，武汉大学党委书记、校长，教育部党组成员、国家教育行政学院院长。主要学术兼职有全国马克思主义经济学说史学会会长、中国《资本论》研究会副会长。主要著述有《马克思经济思想的当代视界》《20世纪国外马克思主义经济思想史》《马克思主义发展史》《百年论争——20世纪西方学者马克思经济学研究述要》等。

2014年7月，习近平在主持召开经济形势专家座谈会时指出："各级党委和政府要学好用好政治经济学，自觉认识和更好遵循经济发展规律，不断提高推进改革开放、领导经济社会发展、提高经济社会发展质量和效益的能力和水平。"① 2015年11月，在主持以"马克思主义政治经济基本原理与方法论"为主题的中共中央政治局第二十八次集体学习时，习近平强调："要立足我国国情

---

① 《习近平主持召开经济形势专家座谈会强调　更好认识和遵循经济发展规律　推动我国经济持续健康发展》，《人民日报》2014年7月9日。

和我国发展实践，揭示新特点新规律，提炼和总结我国经济发展实践的规律性成果，把实践经验上升为系统化的经济学说，不断开拓当代中国马克思主义政治经济学新境界。"① 2015 年 12 月，中央经济工作会议再次提出："要坚持中国特色社会主义政治经济学的重大原则，坚持解放和发展社会生产力，坚持社会主义市场经济改革方向，使市场在资源配置中起决定性作用，是深化经济体制改革的主线。"② 从"学好用好政治经济学"到发展"系统化的经济学说"，再到"坚持中国特色社会主义政治经济学的重大原则"，这一系列论述，体现了习近平关于马克思主义政治经济学是坚持和发展马克思主义"必修课"、要为马克思主义政治经济学新发展贡献"中国智慧"的重要思想，也阐明了当代中国马克思主义政治经济学发展的新要求和新任务。

一　当代中国马克思主义政治经济学与政治经济学基本原理的新研究

当代中国马克思主义政治经济学是马克思主义政治经济学基本原理与中国具体实际相结合的结果。这里讲到的马克思主义政治经济学基本原理，在与当代中国具体实际的结合中，也就是说在中国经济改革实践的具体运用中，发生着两个重要的变化：一是在如何科学对待问题上的变化；二是在如何丰富发展问题上的变化。

在"科学对待"上，对我们原来理解的马克思主义政治经济学原理，提出了"四个分清楚"的要求，"四个分清楚"是指分清哪些是必须长期坚持的马克思主义基本原理，哪些是需要结合新的实际加以丰富发展的理论判断，哪些是必须破除的对马克思主义的教条式的理解，哪些是必须澄清的附加在马克思主义名下的错误观点。与马克思主义政治经济学基本原理相关，中央马克思主义理论研究和建设工程设立的"马克思主义经典著作基本观点研究课题组"，对"经典作家关于政治经济学一般原理的基本观点"和"经典作家关于劳动价值理论和剩余价值理论的基本观点""经典作家关于所有制和分配理论"，以及相关的"经典作家关于经济文化落后国家发展道路的基本观点""经典作家关于农业和农民问题的基本观点"和"经典作家关于全球化和时代问题的基本观点"等作了专题研究，在"科学对待"马克思主义政治经济学原理上取得突出成效。

"经典作家关于政治经济学一般原理的基本观点"课题组在研究中提出：

---

① 《习近平在中共中央政治局第二十八次集体学习时强调立足我国国情和我国发展实践发展当代中国马克思主义政治经济学》，《人民日报》2015 年 11 月 25 日。

② 《中央经济工作会议在北京举行》，《人民日报》2015 年 12 月 22 日。

分清哪些是需要长期坚持的基本原理，能够为解决社会主义经济建设过程中的现实问题和进一步发展马克思主义政治经济学奠定坚实的理论基础；分清哪些是必须结合新的实际加以丰富和发展的理论判断，能够为真正实现马克思主义政治经济学与时俱进的内在品质确定正确的方向，有助于增强马克思主义政治经济学的活力和吸引力；破除教条式的理解有助于在马克思主义政治经济学研究中真正实现解放思想，为发展和创新马克思主义政治经济学提供广阔的空间；澄清附加在马克思主义名下的错误观点有助于在与错误理论作斗争的过程中坚定马克思主义政治经济学的立场、观点和方法，真正做到坚持和发展马克思主义政治经济学。

用科学的方法去研究马克思主义基本原理，要求我们在历史、理论和社会经济关系现实变化的结合中，探寻马克思主义政治经济学及其基本原理的科学性和时代意义。对历史而言，我们要根据经典作家所处的历史背景和历史条件，以及他们面临的历史任务去理解他们的政治经济学思想。对理论而言，我们要按照马克思主义经典作家的思想发展的内在逻辑来理解他们的思想（这实际上是一个思想的历史问题）。从理论的本质属性看，我们要认识马克思主义经典作家的理论体系开放和发展的本质。就现实而言，它既包括对"历史的现实"的理解，也包括对社会主义国家建设面临的实际任务的理解。我们要努力去理解和把握社会主义建设实践中为解决新的实际任务而产生的一系列新的理论观点和理论判断。要随着现实的变化、实践的展开、研究的深入而不断对马克思主义政治经济学作出创新和发展，丰富和发展当代马克思主义政治经济学。

在"丰富发展"上，对马克思主义政治经济学基本原理理解的视域更为宽广。在马克思主义政治经济学的基本原理，主要如经济的社会形态发展理论、商品经济一般规律和资本主义商品经济理论、劳动价值理论、剩余价值理论、资本积累和资本主义历史趋势理论、资本循环和资本周转理论、社会资本再生产理论、平均利润和生产价格理论、垄断资本主义理论、资本主义经济危机理论、未来社会发展和社会主义经济特征理论等方面，在中国社会主义经济的新的实践中都得到广泛的运用和多方面的丰富发展。在"丰富发展"上，还特别表现在对马克思恩格斯提出的原来不为我们所知的一系列重要经济思想的深入研究和运用，给中国特色社会主义经济学以新的理论滋养，彰显了马克思主义政治经济学的时代特色。

生产力理论是马克思主义理论体系的基石，也是马克思主义政治经济学最基本的范畴。1978 年 3 月，邓小平提道："科学技术是生产力，这是马克思主义历来的观点。早在一百多年以前，马克思就说过：机器生产的发展要求自觉地应用自然科学。并且指出：'生产力中也包括科学'。"① 这里提到的"科学技术是生产力"的观点，见于马克思《1857—1858 年经济学手稿》。马克思这一长期被湮没的理论观点，在中国经济改革的现实中得到显著运用，由此而形成中国政治经济学中一系列重要的理论观点。

经济的社会形态理论是马克思主义政治经济学的基本原理。改革开放以来，在中国特色社会主义政治经济学发展中，不仅对为我们所熟知的"五大形态"的经济社会演进理论，有着广泛的研究和运用，而且还对我们所不熟知的"三大形式"的经济社会演进理论作出了新的研究和运用。马克思在《1857—1858 年经济学手稿》中提出的人的发展的"三大形式"理论认为，在社会经济关系演进中，由于"社会条件"的变化，作为生产主体的人的发展，以"人的依赖关系"为第一大形式的特征。这时，人的生产能力只是在狭窄的范围内和孤立的地点上发展着，人只是直接从自然界再生产自己。以物的依赖性为基础的人的独立性的形成，是第二大形式的特征。一方面生产中人的一切固定的依赖关系已经解体；另一方面毫不相干的个人之间的互相的全面的依赖，构成人们之间的社会联系，而这一联系的纽带就是普遍发展起来的产品交换关系，从而"人的社会关系转化为物的社会关系；人的能力转化为物的能力"。正是在这种普遍的社会物质交换关系中，才形成了人们之间的"全面的关系、多方面的需要以及全面的能力的体系"。第三大形式就是以自由个性发展为特征的。这一社会形态中的"自由个性"，具有两方面的规定性：一是个人的全面的发展；二是人们共同的社会生产能力成为他们共同的社会财富。② 人的发展的"三大形式"理论，为社会主义市场经济体制的提出作了理论铺垫，为以人的发展为主体的发展理念提供了思想方法和基本思路。

在对马克思恩格斯关于社会主义社会发展理论的新的探索中，发掘了恩格斯关于"所谓'社会主义社会'不是一种一成不变的东西，而应当和任何其他社会制度一样，把它看成是经常变化和改革的社会"③ 理论的深刻内涵。丰富了马克思恩格斯晚年关于"跨越卡夫丁峡谷"的思想。马克思认为，对于经济落后国家来说，"正因为它和资本主义生产是同时存在的东西，所以它能够不经受资本主义生产的可怕的波折而占有它的一切积极的成果"④。像商品经济、股份资本、金融资本、虚拟资本等这样一些"积极的成果"，为中国特色社会主

① 《邓小平文选》第 2 卷，人民出版社 1994 年版，第 87 页。
② 参见《马克思恩格斯全集》第 30 卷，人民出版社 1995 年版，第 107—108 页。
③ 《马克思恩格斯文集》第 10 卷，人民出版社 2009 年版，第 588 页。
④ 《马克思恩格斯文集》第 3 卷，人民出版社 2009 年版，第 571 页。

义经济理论和实践所"占有"。

　　资本主义社会发展理论是马克思主义政治经济学的最为重要的理论。在对当代资本主义社会发展理论的理解中，一方面深刻把握《共产党宣言》提出的"两个最彻底的决裂"的观点，即"共产主义革命就是同传统的所有制关系实行最彻底的决裂；毫不奇怪，它在自己的发展进程中要同传统的观念实行最彻底的决裂"。①另一方面也深刻理解《〈政治经济学批判〉序言》中提出的"两个决不会"的观点，即"无论哪一个社会形态，在它所能容纳的全部生产力发挥出来以前，是决不会灭亡的；而新的更高的生产关系，在它的物质存在条件在旧社会的胎胞里成熟以前，是决不会出现的"②。对这两个理论判断作出全面的、辩证的理解，极大地拓展了马克思恩格斯关于资本主义社会发展理论的视野，既利于我们把握马克思主义政治经济学关于社会主义生产方式必然取代资本主义生产方式的历史总趋势，也利于我们理解社会主义与资本主义长期并存的时代总格局。这种并存，既有两种社会经济制度之间的合作与交流，也有它们之间的矛盾和冲突，从而使我们能够更为全面地从和平与发展的时代主题中，理解当代资本主义社会发展的特征及其历史趋势，处理好经济全球化背景下国际经济关系发展的一系列重大问题。

　　人与自然的和谐协调发展理论，是马克思主义政治经济学重要理论原理。恩格斯指出，"我们不要过分陶醉于我们人类对自然界的胜利。对于每一次这样的胜利，自然界都对我们进行报复"。他特别提出，"我们每走一步都要记住：我们决不像征服者统治异族人那样支配自然界，决不像站在自然界之外的人似的去支配自然界——相反，我们连同我们的肉、血和头脑都是属于自然界和存在于自然界之中的；我们对自然界的整个支配作用，就在于我们比其他一切生物强，能够认识和正确运用自然规律"③。深感于此，更能理解"要构筑尊崇自然、绿色发展的生态体系。人类可以利用自然、改造自然，但归根结底是自然的一部分，必须呵护自然，不能凌驾于自然之上。我们要解决好工业文明带来的矛盾，以人与自然和谐相处为目标，实现世界的可持续发展和人的全面发展"④的道理。中国特色社会主义政治经济学关于生态文明的理论，赋予马克思恩格斯这些重要思想以新的理论活力。

　　对马克思主义政治经济学基本原理和主要理论的这些新的研究和运用说明，

---

①　《马克思恩格斯文集》第 2 卷，人民出版社 2009 年版，第 52 页。
②　同上书，第 592 页。
③　《马克思恩格斯文集》第 9 卷，人民出版社 2009 年版，第 559、560 页。
④　《习近平：携手构建合作共赢新伙伴　同心打造人类命运共同体》，《人民日报》2015 年 9 月 29 日。

中国政治经济学在把马克思主义基本原理运用于当代中国与世界实际时，也在正本清源，厘清和深化对马克思主义政治经济学基本原理的理解；也在拓展视野，丰富并赋予马克思主义政治经济学基本原理以新的时代内涵。

二　当代中国的经济事实是中国马克思主义政治经济学形成和发展的根据

马克思主义政治经济学从来就主张"从**当前的**国民经济的事实出发"①，即从实际的和现实的经济关系和经济问题出发。当代中国马克思主义政治经济学的建设和发展，深刻地立足于我国国情和我国社会主义经济改革的实践，是对这一实践中形成的规律性成果的揭示和提炼，是对这一实践中积累的经验和理性认识的升华。

实践是理论的源泉。三十多年筚路蓝缕、艰辛探索，为中国马克思主义的"系统化的经济学说"奠定了重要基础，形成了具有中国特色社会主义政治经济学的一系列重要理论观点。社会主义初级阶段是当代中国最重要的国情，也是最基本的经济形式和经济事实。1981 年 6 月，党的十一届六中全会通过的《关于建国以来党的若干历史问题的决议》，在总结新中国成立以来我们党在认识社会主义发展阶段问题上的经验教训时指出："我们的社会主义制度还是处于初级的阶段"，它"由比较不完善到比较完善，必然要经历一个长久的过程。"翌年 9 月，党的十二大的政治报告在谈到我国社会主义社会所处的发展阶段时，第一次明确的把物质文明不发达作为社会主义初级阶段的基本特征，肯定我国的社会主义"还处在初级发展阶段"。社会主义初级阶段的重要判断，为党的十二届三中全会通过的《关于经济体制改革的决定》提出"公有制基础上的有计划的商品经济"、"商品经济的充分发展是社会主义经济发展的不可逾越的阶段"等富有中国特色社会主义政治经济学的理论创新奠定了坚实的基础。

党的十五大指出："我们讲一切从实际出发，最大的实际就是中国现在处于并将长时期处于社会主义初级阶段。我们讲要搞清楚'什么是社会主义、怎样建设社会主义'，就必须搞清楚什么是初级阶段的社会主义，在初级阶段怎样建设社会主义。十一届三中全会前我们在建设社会主义中出现失误的根本原因之一，就在于提出的一些任务和政策超越了社会主义初级阶段。近二十年改革开放和现代化建设取得成功的根本原因之一，就是克服了那些超越阶段的错误观念和政策，又抵制了抛弃社会主义基本制度的错误主张。"② 社会主义初级阶段

---

① 《马克思恩格斯文集》第 1 卷，人民出版社 2009 年版，第 156 页。黑体是引者所加。
② 《中国共产党第十五次代表大会文件汇编》，人民出版社 1997 年版，第 14 页。

理论是中国特色社会主义理论体系的基石，是分析、判断一切其他问题的出发点和基本依据，是提出其他一切思想、观点和理论的基本前提。

中国的"系统化的经济学说"，就是以社会主义初级阶段背景的中国道路探索为实践基础，就是以社会主义初级阶段的经济关系及其相联系的经济制度和经济体制为对象的。中国特色社会主义政治经济学"系统化"的内在规定就在于，它是以社会主义初级阶段经济关系本质研究为前提，以社会主义初级阶段基本经济制度和经济体制探索为主题，以社会主义经济制度和市场经济体制结合、发展和完善研究为主线，以此形成中国社会主义初级阶段经济关系的总体理论。

以社会主义初级阶段经济关系为研究对象的中国特色社会主义政治经济学，是对马克思和恩格斯关于政治经济学对象理论的拓展和当代运用。对政治经济学对象的理解，在马克思主义经典作家那里，实际上有两种基本观点：一是马克思在《资本论》第一卷中提出的对象的典型性的或者说是一般性的观点；二是恩格斯在《反杜林论》中提出的对象的非典型性或者说是特殊性的观点。

在《资本论》第一卷中，马克思对资本主义经济关系的研究，主要以英国资本主义发展为"例证"的。这是因为，英国是当时资本主义经济最发达、最典型的国家，英国的无产阶级和资产阶级的阶级斗争也最为尖锐，通过对英国资本主义经济关系的分析，能够透彻理解资本主义经济运动规律，深刻揭示资本主义经济现象和经济过程的内在的、本质的必然的联系，认识资本主义经济关系发展的必然趋势。"工业较发达的国家向工业较不发达的国家所显示的，只是后者未来的景象"①，所以对英国发达资本主义经济关系研究的理论结论，对于包括德国、法国在内的其他资本主义国家都具有普遍的意义。唯有现实的典型性，才有理论上的典型性；唯有理论上的典型性，才有现实中的普遍性。对象的典型性，是由马克思《资本论》研究的任务决定的。

值得我们注意的是，马克思晚年对《资本论》的对象及其特点作出新的思考。马克思晚年曾经提道："极为相似的事变发生在不同的历史环境中就引起了完全不同的结果，如果把这些演变中的每一个都分别加以研究，然后再把它们加以比较，我们就会很容易地找到理解这种现象的钥匙"。② 他对那些把《资本论》第一卷的一些重要论断当作"万能钥匙"的观点很不以为然，认为"一定要把我关于西欧资本主义起源的历史概述彻底变成一般发展道路的历史哲学理

---

① 《马克思恩格斯文集》第5卷，人民出版社2009年版，第8页。
② 《马克思恩格斯文集》第3卷，人民出版社2009年版，第466—467页。

论，一切民族，不管它们所处的历史环境如何，都注定要走这条道路……但是我要请他原谅。（他这样做，会给我过多的荣誉，同时也会给我过多的侮辱。）"① 因此，"使用一般历史哲学理论这一把万能钥匙，那是永远达不到这种目的的，这种历史哲学理论的最大长处就在于它是超历史的"。② 显然，马克思并不认为他对英国资本主义经济关系研究得出的典型性或者说一般性的结论，直接适合于其他任何国家和地方。

马克思晚年的这些新的思考，对恩格斯肯定产生了重要影响。在《反杜林论》中，恩格斯对马克思的这一新的思考作出呼应，提出了政治经济学对象的特殊性的观点。恩格斯认为："人们在生产和交换时所处的条件，各个国家各不相同，而在每一个国家里，各个世代又各不相同。因此，政治经济学不可能对一切国家和一切历史时代都是一样的。"恩格斯还举例说明："火地岛的居民没有达到进行大规模生产和世界贸易的程度，也没有到达出现票据投机或交易所破产的程度。谁要想把火地岛的政治经济学和现代英国的政治经济学置于同一规律之下，那么，除了最陈腐的老生常谈以外，他显然不能揭示出任何东西。"③ 经济学对象的特殊性，决定了经济学国别特色的必然性。

中国特色社会主义经济学的对象，强调的是中国的特殊国情和处于社会主义初级阶段经济关系的特殊性质。显然，中国特色社会主义经济学是以社会主义发展道路的多样性为前提的，是以发展中的社会主义经济关系为对象的。这就是说，中国特色社会主义经济学的对象，是对马克思和恩格斯对经济学对象探索的新的发展。

邓小平敏锐地把握了社会主义初级阶段这一中国特色社会主义政治经济学"系统化"的显著特征。1984 年，邓小平在提到党的十二届三中全会通过的《中共中央关于经济体制改革的决定》时认为，"社会主义经济是公有制基础上的有计划的商品经济"，这是适合于当时中国经济体制改革实际的"新话"，这些"新话"给人以"写出了一个政治经济学的初稿"的印象，这是"马克思主义基本原理和中国社会主义实践相结合的政治经济学"。邓小平认为，"过去我们不可能写出这样的文件……写出来，也很不容易通过，会被看作'异端'。我们用自己的实践回答了新情况下出现的一些新问题"。④

由"异端"转为"正宗"，包含了当代中国马克思主义政治经济学对既有

① 《马克思恩格斯文集》第 3 卷，人民出版社 2009 年版，第 466 页。
② 同上书，第 467 页。
③ 《马克思恩格斯文集》第 9 卷，人民出版社 2009 年版，第 153 页。
④ 《邓小平文选》第 3 卷，人民出版社 1993 年版，第 83、91 页。

的传统理论观点的重大突破。正是在"社会主义经济是公有制基础上的有计划的商品经济"的基础上，中国特色社会主义政治经济学"初稿"不断书写出新的篇章。党的十四大提出社会主义市场经济体制改革的目标模式，党的十五大提出"使市场在国家宏观调控下对资源配置起基础性作用"，党的十六大提出"在更大程度上发挥市场在资源配置中的基础性作用"，党的十七大提出"从制度上更好发挥市场在资源配置中的基础性作用"，党的十八大提出"更大程度更广范围发挥市场在资源配置中的基础性作用"，直到党的十八届三中全会提出"使市场在资源配置上起决定性作用和更好发挥政府作用"。理论是以实践探索为依据而得以发展、完善，实践也以理论创新为指导而得以深化、前行。

以经济体制改革的实践为依据，中国政治经济学形成了市场经济体制必然要与一定的社会基本经济制度"结合起来"的创新性理论。这一"结合起来"的中国话语的意蕴就在于："我国实行的是社会主义市场经济体制，我们仍然要坚持发挥我国社会主义制度的优越性、发挥党和政府的积极作用。"① 提出处理好政府和市场关系，实际上就是要处理好在资源配置中市场起决定性作用还是政府起决定性作用这个问题。同时，使市场在资源配置中起决定性作用，并不是排斥政府的作用，而是要认识发展社会主义市场经济，既要发挥市场作用，也要发挥政府作用，使市场作用和政府作用这"两手"各司其职又协调互助、相得益彰。显然，从理论上对政府和市场关系的进一步定位，是以中国经济改革实践为依据的，也是对这一实践经验的理性提升，是当代中国马克思主义政治经济学的重要呈现。

中国特色社会主义政治经济学的这些方面的理论成就，是以中国经济事实和实际为背景和基础的，说的是中国的事情，直面的是中国的问题，提出的是办好中国的事情、解决好中国问题的理论和对策，因而形成的也是适合于中国社会主义初级阶段国情和时代特点的当代中国马克思主义政治经济学。

三　当代中国马克思主义政治经济学的话语特色和学术范式

恩格斯在评价马克思《资本论》的科学成就时曾指出："一门科学提出的每一种新见解都包含这门科学的术语的革命。"② 马克思十分看重《资本论》中"术语的革命"的科学价值。1868 年 1 月，《资本论》第一卷德文第一版出版后不久，马克思给恩格斯的信中就谈到《资本论》的"三个崭新的因素"，这就

---

① 《十八大以来重要文献选编》（上），中央文献出版社 2014 年版，第 500 页。
② 《马克思恩格斯文集》第 5 卷，人民出版社 2009 年版，第 32 页。

是："（1）过去的一切经济学一开始就把表现为地租、利润、利息等固定形式的剩余价值特殊部分当做已知的东西来加以研究，与此相反，我首先研究剩余价值的一般形式，在这种形式中所有这一切都还没有区分开来，可以说还处于融合状态中。（2）经济学家毫无例外地都忽略了这样一个简单的事实：既然商品是二重物——使用价值和交换价值，那么，体现在商品中的劳动也必然具有二重性，而像斯密、李嘉图等人那样只是单纯地分析劳动本身，就必然处处都碰到不能解释的现象。实际上，对问题的批判性理解的全部秘密就在于此。（3）工资第一次被描写为隐藏在它后面的一种关系的不合理的表现形式，这一点通过工资的两种形式即计时工资和计件工资得到了确切的说明。"① 剩余价值、劳动二重性和工资这三个"崭新的因素"，集中体现了马克思在政治经济学上的"术语的革命"。在马克思经济学中，有原创新性的"术语的革命"，如劳动二重性、剩余价值、不变资本和可变资本等，还有更多的是批判继承性的"术语的革命"，如交换价值、货币、资本等，是对当时政治经济学流行的术语的扬弃。对"术语的革命"在科学发展史上的意义，库恩在《科学革命的结构》有过类似的说法。他认为，"科学革命就是科学家据以观察世界的概念网络的变更"，"接受新范式，常常需要重新定义相应的科学"，"界定正当问题、概念和解释的标准一旦发生变化，整个学科都会随之变化"。② 中国特色的"系统化的经济学说"的发展，最显著的就在于"术语的革命"、在于中国话语的阐释上。

　　"各个人借以进行生产的社会关系，即社会生产关系，是随着物质生产资料、生产力的变化和发展而变化和改变的。"③ 这是马克思提出的贯通于唯物史观和政治经济学的基本原理。改革开放之初，邓小平就提出"科学技术是生产力，这是马克思主义历来的观点"④，提出"社会主义的首要任务是发展生产力，逐步提高人民的物质和文化生活水平"⑤，后来又提出"应该把解放生产力和发展生产力两个讲全了"⑥ 的思想。"讲全"生产力，是对马克思主义政治经济学关于生产力和生产关系矛盾运动基本原理的科学把握和运用。在党的十六大，江泽民把"必须高度重视解放和发展生产力"，确立为中国共产党"执政兴国"的要义。在党的十八大，胡锦涛把"必须解放和发展社会生产力"，确立为夺取中国特色社会主义新胜利必须牢牢把握的"基本要求"。

---

① 参见《马克思恩格斯文集》第 10 卷，人民出版社 2009 年版，第 275—276 页。

② 库恩：《科学革命的结构》，北京大学出版社 2012 年版，第 88、91 页。

③ 《马克思恩格斯文集》第 1 卷，人民出版社 2009 年版，第 724 页。

④ 《邓小平文选》第 2 卷，人民出版社 1994 年版，第 87 页。

⑤ 《邓小平文选》第 3 卷，人民出版社 1993 年版，第 116 页。

⑥ 同上书，第 370 页。

党的十八大以后，习近平提出，"物质生产是社会历史发展的决定性因素"①，解放生产力是为了发展生产力，要在解放生产力中全面持续协调地发展生产力。他提出"解放和激发科技作为第一生产力所蕴藏的巨大潜能"②，对科学技术转化为现实生产力的当代意义作出新的论断。在推进生态文明建设中，他提出"牢固树立保护生态环境就是保护生产力、改善生态环境就是发展生产力的理念"③。"保护生产力"和"发展生产力"，成为谋划生态文明建设的理论基础和实践指向。在提出在新常态经济中，他强调"努力提高创新驱动发展能力、提高产业竞争力、提高经济增长质量和效益，实现我国社会生产力水平总体跃升"④。"实现社会生产力水平总体跃升"，或如 2015 年 12 月中央经济工作会议之前重述的"推动社会生产力水平整体跃升"⑤，是对经济新常态辩证认识和全面谋划的新的概括。

从"讲全"生产力到"社会生产力水平总体跃升"，刻画了中国经济改革实践发展的基本脉络，是对生产力范畴的"术语的革命"。在解放和发展生产力的"术语的革命"及其中国话语的阐释中，清楚了社会主义社会的主要矛盾是人民日益增长的物质文化需要同落后的社会生产之间的矛盾，提升了社会主义初级阶段经济特征的把握和基本纲领的认识；深化了对社会主义本质的新概括，确立了实现共同富裕这一社会主义的基本目标和根本价值取向；搞清了以经济建设为中心的党在社会主义初级阶段基本路线的理论，确立了以实现社会主义现代化为根本目标的经济发展战略及其相应的战略规划和战略步骤；厘清了社会主义初级阶段生产力布局和经济关系多样性现状的认识，形成了社会主义初级阶段所有制结构和分配体制基本格局的理论；提升了对经济增长和发展关系的认识视野，形成了经济发展方式的转型的基本思路；拓展了对外开放的认识视界，形成了经济全球化背景下国际经济关系认识的新观点等等。

解放生产力和发展生产力是中国特色社会主义政治经济学的最具标识性的"术语的革命"，也是对马克思主义政治经济学基本思想的当代运用和创新。1859 年，马克思在《〈政治经济学批判〉导言》一开始就提出，作为政治经济

① 《习近平在中共中央政治局第十一次集体学习时强调　推动全党学习和掌握历史唯物主义更好认识规律更加能动地推进工作》，《人民日报》2013 年 12 月 5 日。
② 习近平：《在中国科学院第十七次院士大会、中国工程院第十二次院士大会上的讲话》，《人民日报》2014 年 6 月 10 日。
③ 《习近平在中共中央政治局第六次集体学习时强调　坚持节约资源和保护环境基本国策　努力走向社会主义生态文明新时代》，《人民日报》2013 年 5 月 25 日。
④ 《就当前经济形势和下半年经济工作　中共中央召开党外人士座谈会　习近平主持并发表重要讲话》，《人民日报》2014 年 7 月 30 日。
⑤ 《征求对经济工作的意见和建议　中共中央召开党外人士座谈会》，《人民日报》2015 年 12 月 15 日。

学"对象"的"首先是物质生产";显然,"一切生产阶段所共有的、被思维当做一般规定而确定下来的规定,是存在的,但是所谓一切生产的一般条件,不过是这些抽象要素,用这些要素不可能理解任何一个现实的历史的生产阶段"。① 因此,作为政治经济学出发点的,就是具有一定的社会的和历史的规定性的生产形式。

1867 年,在《资本论》第一卷德文第一版中,马克思提出:"我要在本书研究的,是资本主义生产方式以及和它相适应的生产关系和交换关系。到现在为止,这种生产方式的典型地点是英国。"② 对这里提到的"生产方式"的理解,是准确把握马克思论述政治经济学对象基本观点的关键所在。我们应该注意到,马克思在校订和修改《资本论》第一卷法文版时,对上述表述作了一个微小的修改,提出"我要在本书研究的,是资本主义生产方式以及和它相适应的生产关系和交换关系。英国是这种生产的典型地点"③。马克思把《资本论》德文版中提到的英国的"生产方式"改为英国的"生产"。这一微小的修改说明,马克思这里使用的"生产方式"与"生产"有着同等的意义,是从生产的结合方式或者生产的社会存在方式意义上理解生产方式的。马克思对这一"生产"意义的论述就是:"不论生产的社会的形式如何,劳动者和生产资料始终是生产的因素。但是,二者在彼此分离的情况下只在可能性上是生产因素。凡要进行生产,它们就必须结合起来。实行这种结合的特殊方式和方法,使社会结构区分为各个不同的经济时期。在当前考察的场合,自由工人和他的生产资料的分离,是既定的出发点,并且我们已经看到,二者在资本家手中是怎样和在什么条件下结合起来的——就是作为他的资本的生产的存在方式结合起来的。"④ 显然,以劳动者和生产资料为"因素"的社会形式,在一般意义上,就是生产力的存在形式或运动方式;在特殊意义上,就是与一定的所有制关系相联系的劳动者和生产资料的一定的结合形式或存在形式。劳动者和生产资料以雇佣劳动和资本的结合形成的特殊的生产方式,构成资本主义特有的生产力的存在形式或运动方式。

在《资本论》第一卷法文版中,马克思在论及资本构成时曾经指出:"一定的预积累(我们以后再研究它的起源)就成了现代工业,即我们称之为特殊的资本主义的生产方式或严格意义的资本主义生产的社会结合和技术工艺的整

① 《马克思恩格斯文集》第 8 卷,人民出版社 2009 年版,第 5、12 页。
② 《马克思恩格斯文集》第 5 卷,人民出版社 2009 年版,第 8 页。
③ 《资本论》(根据作者修订的法文版第 1 卷翻译),中国社会科学出版社 1983 年版,第 2 页。
④ 《马克思恩格斯文集》第 6 卷,人民出版社 2009 年版,第 44 页。

体的起点。"① 这就说明，马克思的"生产方式"不是单纯的"生产的技术方式"，而是在技术发展的过程中社会组织变化所表现出来的整体状态，也就是说，"生产方式"是社会生产力的运动。因此，马克思的"生产方式"可以理解为：由物质生产力推动，并反映物质生产力变化的社会整合的生产力，也就是处于物质生产力与生产关系之间的生产力运动的社会形式。解放生产力和发展生产力体现的就是马克思在《资本论》中"生产方式"的意蕴，也是基于"生产方式"意蕴的"术语的革命"。

在中国政治经济学"系统化的经济学说"中，形成了诸如社会主义初级阶段、社会主义主要矛盾、经济体制改革、社会主义本质、"三个有利于"、家庭联产承包责任制、先富和共富、社会主义市场经济、国有经济、民营经济、小康社会、经济新常态、发展理念、对外开放等属于原创新性的"术语的革命"，还有更多的属于批判继承性的"术语的革命"。这些自然成为中国政治经济学"系统化的经济学说"的"崭新的因素"，成为当代马克思主义政治经济学中国话语和学术范式的显著标识。

四　当代中国马克思主义政治经济学对国外经济学说的对待方式

怎样科学地对待国外各种经济学说和经济思潮，是当代中国马克思主义政治经济学发展长久以来探索并坚持处理好、对待好的问题。对于与马克思主义政治经济学"异样"、"异质"的经济学理论和思潮，中国政治经济学在发展中逐渐形成交流、交融和交锋等多种对待方式，既重于吸收和借鉴各种经济学理论的菁华之处，又善于摒弃和批判其糟粕之处。改革开放以来的中国政治经济学发展的实际证明，对于外国的各种经济学说，不应当妄自菲薄，将其视为"信条"而顶礼膜拜，也不应当妄自尊大，将其说得一无是处，拒绝加以研究和借鉴。这也是马克思政治经济学形成和发展中的基本方法和主要原则。

1857 年，马克思在《巴师夏和凯里》手稿中认为，李嘉图和西斯蒙第之后的政治经济学发展，除了作为"例外"的巴师夏和凯里"堕落的最新经济学"外，从理论上和方法上还可以析分出四种倾向：一是以约翰·穆勒的《政治经济学原理及其对社会哲学的某些应用》为代表的"折中主义的、混合主义的纲要"；二是以图克的《价格史》为代表的"对个别领域的较为深入的分析"，如在流通领域研究中某些"新发现"；三是以论述自由贸易和保护关税政策的著作为代表，"为了更加广泛的公众和为了实际解决当前的问题而重复过去经济学

---

① 《资本论》（根据作者修订的法文版第 1 卷翻译），中国社会科学出版社 1983 年版，第 662 页。

上的争论"；四是"有倾向性地把古典学派发挥到极端"的著述，尽管这是一些"模仿者的著作，老调重弹"、"缺乏鲜明而有力的阐述"，但"形式较完善，占有的材料较广泛，叙述醒目，通俗易懂，内容概括，注重细节的研究"①。这四种理论倾向瑕瑜互见，难免辞义芜鄙，反映了那一时代政治经济学理论和流派跌宕不定的发展态势。马克思主张，对具体的经济学家和经济思潮应该作出不同"著作和性格的比较研究"，应该作出不同国家的"政治经济学之间的民族对比的起源性叙述"②。

马克思主义政治经济学不仅在其形成过程中而且在其发展和完善过程中，从来不拒绝吸收和借鉴西方主流经济学及其他各种经济学和流派有意义和有价值的理论观点，也从来不抹杀其中存在的学术价值。在《资本论》第一卷对"剩余价值率的各种公式"的论述中，马克思在提到洛贝尔图斯《给冯·基尔希曼的第三封信：驳李嘉图的地租学说，并论证新地租的理论》著作时提到，"该著作提出的地租理论虽然是错误的，但它看出了资本主义生产的本质"③。恩格斯后来特别提道，"从这里可以看出，只要马克思在前人那里看到任何真正的进步和任何正确的新思想，他总是对他们作出善意的评价"④。在对约翰·穆勒《政治经济学原理》一书关于资本积累观点分析时，马克思也提道："为了避免误解，我说明一下，像约·斯·穆勒这类人由于他们的陈旧的经济学教条和他们的现代倾向发生矛盾，固然应当受到谴责，但是，如果把他们和庸俗经济学的一帮辩护士混为一谈，也是很不公平的。"⑤

当代国外各种经济学和经济思潮，在研究和探索资本主义经济运行问题时，对其中诸如市场对资源配置作用、市场调节和市场机制作用、市场失灵和宏观经济不稳定、对微观经济和宏观经济的政府调节，以及微观经济和宏观经济政策实施等方面，阐明和积累了一些新的知识和学术观点；在对经济全球化背景下国际贸易、国际投资和国际金融等方面探索中，形成和提出了多方面的不乏有实际意义的知识和积极的理论成果。就像马克思评价的那样，其中同样有"对个别领域的较为深入的研究"、"有些新发现的领域"、"材料更丰富"的成就，同样应该"看到任何真正的进步和任何正确的新思想"，并"对他们作出善意的评价"。这些基本方法和主要原则，也是当代中国马克思主义政治经济学

---

① 参见《马克思恩格斯全集》第 30 卷，人民出版社 1995 年版，第 3—4 页。
② 《马克思恩格斯全集》第 31 卷，人民出版社 1998 年第 2 版，第 445 页注①。
③ 《马克思恩格斯文集》第 5 卷，人民出版社 2009 年版，第 608 页注⑰。
④ 同上。
⑤ 同上书，第 705 页注㊕。

发展的题中之意。

马克思主义政治经济学公开宣称，"经济学研究的不是物，而是人和人之间的关系，归根到底是阶级和阶级之间的关系"[①]，明言政治经济学中"涉及的人，只是经济范畴的人格化，是一定的阶级关系和利益的承担者"[②]。马克思主义政治经济学的这一基本观点，其实也为国外其他许多经济学家所认可，英国经济学家琼·罗宾逊就认为，各经济学流派对其"进行观察的道德和政治观点，往往同所提出的问题甚至同所使用的方法那么不可分割地纠缠在一起"，如马歇尔新古典学派提出的"效用""均衡""生产要素"和"等待的报酬"等概念，体现的就是新古典学派"基本思想"的重要变化，它们"把重要论证集中在个人地位，它的判断标准是依据个人主义来确定的"，进而"把注意力转向交换，并把效用概念作为商品相对价格理论的基础。于是收入的阶级根源被丢弃到一边，而把市场相遇的各个个人作为经济分析的根据"[③]。在中国政治经济学发展中，对于国外各种经济学和经济思潮中反映其代表的社会经济关系和经济制度本质的理论观点，特别是对于像新自由主义这样的垄断资本主义意识形态的经济思潮，绝对不能"食洋不化"、照搬照抄，不能任其滋蔓，必须加以鉴别，明辨是非。

五　当代中国马克思主义政治经济学在决胜全面建成小康社会进程中的升华

习近平在主持学习时强调："学习马克思主义政治经济学，是为了更好指导我国经济发展实践，既要坚持其基本原理和方法论，更要同我国经济发展实际相结合，不断形成新的理论成果。"[④] 党的十八大以来，按照贯彻实施"四个全面"战略布局的要求，以实现全面建成小康社会为战略目标，在理解和把握当代中国经济关系的趋势性变化和阶段性特征、理解和把握当代国际经济关系变化的特点和趋向中，驾驭新常态经济，继续保持经济持续平稳发展，中国政治经济学的"系统化的经济学说"得到新的发展。

"问题是时代的声音，人心是最大的政治。推进党和国家各项工作，必须坚持问题导向，倾听人民呼声。"[⑤] 坚持问题导向，聚焦突出问题和明显短板，倾

---

① 《马克思恩格斯文集》第2卷，人民出版社2009年版，第604页。
② 《马克思恩格斯文集》第5卷，人民出版社2009年版，第10页。
③ J. 罗宾逊、J. 伊特韦尔：《现代经济学导论》，商务印书馆1982年版，第46页。
④ 《习近平在中共中央政治局第二十八次集体学习时强调　立足我国国情和我国发展实践　发展当代中国马克思主义政治经济学》，《人民日报》2015年11月25日。
⑤ 习近平：《在全国政协新年茶话会上的讲话》，《人民日报》2015年1月1日。

听人民呼声、回应人民群众诉求和期盼、让人民群众有更多获得感，成了当代中国马克思主义政治经济学的根本立场。如习近平所概括的："要坚持以人民为中心的发展思想，这是马克思主义政治经济学的根本立场。要坚持把增进人民福祉、促进人的全面发展、朝着共同富裕方向稳步前进作为经济发展的出发点和落脚点，部署经济工作、制定经济政策、推动经济发展都要牢牢坚持这个根本立场。"①

创新、协调、绿色、开放、共享的新发展理念，不仅坚持问题导向，坚持人民为中心的根本立场，而且在"问题倒逼"中形成牢牢坚持人民中心的发展战略和根本举措，形成协同发力的总体发展理念。创新是引领发展的第一动力。马克思认为，"随着一旦已经发生的、表现为工艺革命的生产力革命，还实现着生产关系的革命"。② 以生产力发展和科学技术革命为根本牵引力的创新理念，既强调了科学技术作为社会生产力要素的根本驱动力量，而且强调了这种驱动力量对经济运行、经济体制乃至经济制度变迁的根本推动力量。创新置于发展理念之首位，强调创新在培育发展新动力，形成促进创新的体制框架，塑造更多依靠创新驱动、更多发挥先发优势的引领型发展等方面的意义。特别是在深入实施创新驱动发展战略中，要拓展视野、开阔创新领域，增强自主创新能力，推动科技创新、产业创新、企业创新、市场创新、产品创新、业态创新、管理创新等，加快形成以创新为主要引领和支撑的经济体系和发展模式。要积极营造有利于创新的政策环境和制度环境。人才是创新的根基，创新驱动实质上是人才驱动，谁拥有一流的创新人才谁就拥有了科技创新的优势和主导权。

协调是持续健康发展的内在要求。协调在于把握中国特色社会主义事业总体布局，正确处理发展中的重大关系，重点促进城乡区域协调发展，促进经济社会协调发展，促进新型工业化、信息化、城镇化、农业现代化同步发展，在增强国家硬实力的同时注重提升国家软实力，不断增强发展整体性。要采取有力措施促进区域协调发展、城乡协调发展，加快欠发达地区发展，积极推进城乡发展一体化和城乡基本公共服务均等化。坚持工业反哺农业、城市支持农村，健全城乡发展一体化体制机制，推进城乡要素平等交换、合理配置和基本公共服务均等化，还要注重推动物质文明和精神文明协调发展，推动经济建设和国防建设融合发展。

绿色是永续发展的必要条件。恩格斯在回溯人类久远的历史发展时指出：

---

① 《习近平在中共中央政治局第二十八次集体学习时强调 立足我国国情和我国发展实践 发展当代中国马克思主义政治经济学》，《人民日报》2015 年 11 月 25 日。
② 《马克思恩格斯全集》第 47 卷，人民出版社 1979 年版，第 473 页。

"我们每走一步都要记住：我们决不像征服者统治异族人那样支配自然界，决不像站在自然界之外的人似的去支配自然界——相反，我们连同我们的肉、血和头脑都是属于自然界和存在于自然界之中的；我们对自然界的整个支配作用，就在于我们比其他一切生物强，能够认识和正确运用自然规律。"① 绿色是人民对美好生活追求的重要体现，要坚持节约资源和保护环境的基本国策，坚持可持续发展，坚定走生产发展、生活富裕、生态良好的文明发展道路，加快建设资源节约型、环境友好型社会，形成人与自然和谐发展现代化建设新格局，推进美丽中国建设，并为全球生态安全作出中国贡献。2015 年 9 月，习近平在第 70 届联合国大会上作的题为《携手构建合作共赢新伙伴　同心打造人类命运共同体》的演讲中指出："要构筑尊崇自然、绿色发展的生态体系。人类可以利用自然、改造自然，但归根结底是自然的一部分，必须呵护自然，不能凌驾于自然之上。我们要解决好工业文明带来的矛盾，以人与自然和谐相处为目标，实现世界的可持续发展和人的全面发展。"② 绿色作为中国发展理念的内涵，是对世纪之交中国生态文明建设实践经验的总结和理论探索的凝练，奠定了当代中国马克思政治经济学生态经济理论的坚实基础。

开放是国家繁荣发展的必由之路。经济全球化、社会信息化极大解放和发展了社会生产力，既创造了前所未有的发展机遇，也带来了需要认真对待的新威胁新挑战。中国开放发展的基本理念就是："在经济全球化时代，各国要打开大门搞建设，促进生产要素在全球范围更加自由便捷地流动。各国要共同维护多边贸易体制，构建开放型经济，实现共商、共建、共享。要尊重彼此的发展选择，相互借鉴发展经验，让不同发展道路交汇在成功的彼岸，让发展成果为各国人民共享。"③ 开放在于顺应我国经济深度融入世界经济的趋势，奉行互利共赢的开放战略，坚持内外需协调、进出口平衡、引进来和走出去并重、引资和引技引智并举，发展更高层次的开放型经济，积极参与全球经济治理和公共产品供给，提高我国在全球经济治理中的制度性话语权，构建广泛的利益共同体。要发挥好试验区辐射带动作用，着眼国际高标准贸易和投资规则，使制度创新成为推动发展的强大动力。扩大对外开放要同实施"一带一路"等国家重大战略紧密衔接起来，同国内改革发展衔接起来。开放理念强调开创对外开放新格局，丰富对外开放内涵，提高对外开放水平，形成深度融合的互利合作的

① 《马克思恩格斯文集》第 9 卷，人民出版社 2009 年版，第 560 页。
② 习近平：《携手构建合作共赢新伙伴　同心打造人类命运共同体——在第七十届联合国大会一般性辩论时的讲话》，《人民日报》2015 年 9 月 29 日。
③ 习近平：《谋共同永续发展　做合作共赢伙伴》，《人民日报》2015 年 9 月 27 日。

开放新格局等观点，是对中国改革开放理论的新的概括。

共享是中国特色社会主义的本质要求。习近平强调："广大人民群众共享改革发展成果，是社会主义的本质要求，是我们党坚持全心全意为人民服务根本宗旨的重要体现。我们追求的发展是造福人民的发展，我们追求的富裕是全体人民共同富裕。改革发展搞得成功不成功，最终的判断标准是人民是不是共同享受到了改革发展成果。"① 共享在于坚持发展为了人民、发展依靠人民、发展成果由人民共享，作出更有效的制度安排，使全体人民在共建共享发展中有更多获得感，增强发展动力，增进人民团结，朝着共同富裕方向稳步前进。共享要坚持经济发展以保障和改善民生为出发点和落脚点，全面解决好人民群众关心的教育、就业、收入、社保、医疗卫生、食品安全等问题，让改革发展成果更多、更公平、更实在地惠及广大人民群众。要按照精准扶贫、精准脱贫要求，确保在既定时间节点打赢扶贫开发攻坚战。

新发展理念是对新中国成立以来特别是改革开放以来中国政治经济学的理论总结，是对"实现怎么样的发展、怎样发展"这一重大战略问题的新的回答，是近三年来全面建成小康社会进程中获得的感性认识的升华。习近平指出："要坚持新的发展理念，创新、协调、绿色、开放、共享的发展理念是对我们在推动经济发展中获得的感性认识的升华，是对我们推动经济发展实践的理论总结，要坚持用新的发展理念来引领和推动我国经济发展，不断破解经济发展难题，开创经济发展新局面。"②

当代中国马克思主义政治经济学坚持根本立场和发展理念，在建设和发展"有系统的经济学说"上作了多方面的拓展。

一是坚持和完善社会主义基本经济制度，毫不动摇巩固和发展公有制经济，毫不动摇鼓励、支持、引导非公有制经济发展，推动各种所有制取长补短、相互促进、共同发展，同时公有制主体地位不能动摇，国有经济主导作用不能动摇，这是保证我国各族人民共享发展成果的制度性保证，也是巩固党的执政地位、坚持我国社会主义制度的重要保证。

二是坚持和完善社会主义基本分配制度，努力推动居民收入增长和经济增长同步、劳动报酬提高和劳动生产率提高同步，不断健全体制机制和具体政策，调整国民收入分配格局，持续增加城乡居民收入，不断缩小收入差距。要使发展成果更多更公平惠及全体人民，使我们的社会朝着共同富裕的方向稳步前进。

---

① 《习近平在中共中央政治局第二十八次集体学习时强调　立足我国国情和我国发展实践　发展当代中国马克思主义政治经济学》，《人民日报》2015 年 11 月 25 日。

② 同上。

三是发展社会主义市场经济、使市场在资源配置中起决定性作用和更好发挥政府作用的理论，要坚持社会主义市场经济改革方向，坚持辩证法、两点论，继续在社会主义基本制度与市场经济的结合上下功夫，"看不见的手"和"看得见的手"都要用好，把两方面优势都发挥好。

四是关于我国经济发展进入新常态的理论。认识新常态，适应新常态，引领新常态，是当前和今后一个时期我国经济发展的大逻辑，对于推动经济持续健康发展，具有重大而深远的意义。在新常态下，我国发展的环境、条件、任务、要求等都发生了新的变化。新常态也创造了新的战略机遇，提供了新飞跃的要素、条件、方法和环境。积极推进各个领域的改革，切实完成转方式、调结构的历史任务，实现经济增长保持中高速、产业迈向中高端。

五是关于推动新型工业化、信息化、城镇化、农业现代化相互协调的理论。坚持走中国特色新型"四化"道路，推动信息化和工业化深入融合、工业化和城镇化良性互动、城镇化和农业现代化相互协调、"四化"同步发展的方向。推进城乡发展一体化，是工业化、城镇化、农业现代化发展到一定阶段的必然要求，是国家现代化的重要标志。实现全面建成小康社会的目标，我国工业化基本实现、信息化水平大幅提升、城镇化质量明显提高、农业现代化和社会主义新农村建设成效显著。

六是要坚持对外开放基本国策，善于统筹国内国际两个大局，利用好国际国内两个市场、两种资源，实行更加积极主动的开放战略，发展更高层次的开放型经济，以开放的最大优势谋求中国经济社会的更大发展空间。构建更有活力的开放型经济体系，积极参与全球经济治理，同时坚决维护我国发展利益，积极防范各种风险，提高抵御国际经济风险的能力，确保国家经济安全。

习近平认为，"马克思主义政治经济学是马克思主义的重要组成部分，也是我们坚持和发展马克思主义的必修课"[①]。决胜全面建成小康社会的经济发展进程波澜壮阔，蕴藏着中国"系统化的经济学说"创新的难得的历史机遇，要在新的实践中揭示新的特点，讲出"老祖宗"没有讲过的"新话"，开拓当代中国马克思主义经济学的新境界，为马克思主义政治经济学创新发展贡献"中国智慧"。

[①] 《习近平在中共中央政治局第二十八次集体学习时强调　立足我国国情和我国发展实践　发展当代中国马克思主义政治经济学》，《人民日报》2015 年 11 月 25 日。

构建马克思主义政治经济学的新思维

洪远朋

【作者简介】洪远朋，曾任复旦大学经济学院院长、博士生导师、经济学院学位委员会主席。现任复旦大学泛海书院院长、中国社会科学院马克思主义研究院特聘研究员、全国综合大学《资本论》研究会名誉会长等职务。1989 年荣获全国普通高校优秀教学成果国家级特等奖，1990 年被评为国家具有突出贡献的中青年专家，2012 年荣获上海市第十一届哲学社会科学学术贡献奖，2015 年荣获世界马克思经济学奖。主要研究领域有：《资本论》、社会主义经济理论、中外经济理论比较研究、经济利益理论与实践。主编、参编著作 80 多本，发表文章约 300 篇，曾多次获国家级、省部级教学和研究成果奖。主持《我国经济利益关系演变研究》等十多项国家和省部级课题研究。

　　怎样构建与时俱进的马克思主义政治经济学，是我们研究政治经济学十分关注与十分重要的一个问题。讨论中有许多很好的见解，经过多年的学习与研究，笔者也有一些想法，概括为"新思维"，将从十个方面探索如何构建马克思主义政治经济学，以抛砖引玉。

一　给马克思主义政治经济学定位

　　要建立马克思主义政治经济学的体系，首先必须弄清马克思主义政治经济学的地位，从而回答给马克思主义政治经济学的定位问题。

1. 从学科来说，马克思主义政治经济学是经济学的三级学科：一级是经济学，二级是理论经济学。理论经济学是经济学的二级学科，政治经济学是理论经济学的分支。因此，马克思主义政治经济学是经济学的三级学科。

理论经济学是相对于应用经济学的。经济学按其研究领域和适用范围的不同，可分为理论经济学和应用经济学。理论经济学是研究经济学中的一般理论问题，揭示经济活动一般规律的科学。资产阶级经济学和无产阶级经济学，都使用理论经济学这一概念。长期以来，人们往往把政治经济学和理论经济学当作同义语，这只能说是狭义的理论经济学。广义的理论经济学除政治经济学外，还应包括生产力经济学、比较经济学、世界经济学、经济理论史，等等。

所以，政治经济学不等于理论经济学，更不等于经济学，因此，不能把理论经济学的任务，特别是整个经济学的任务，都压到政治经济学身上。

2. 从阶级属性来说，政治经济学要涉及各个阶级的经济利益，所以不同的阶级为了维护本阶级的利益，都有自己的经济学。当今世界主要有两大阶级，所以，从阶级属性来划分，政治经济学主要有资产阶级政治经济学和无产阶级政治经济学。

马克思主义经济学就是无产阶级经济学，是为无产阶级利益服务，也就是为大多数人利益服务的经济理论。资产阶级经济学，是为资产阶级利益服务，也就是为少数人利益服务的经济理论。所以，经济理论的两大思想体系，严格说应该是无产阶级政治经济学和资产阶级政治经济学，或者说是劳动的经济学和资本的经济学。现在，已经习惯把无产阶级经济学称为马克思主义经济学或政治经济学，把资产阶级经济学称为西方经济学，只好约定俗成。

因此，马克思主义政治经济学和西方经济学是两种有本质区别的经济理论体系。

3. 从马克思主义的组成来说，无产阶级政治经济学是马克思主义的三个组成部分之一，是马克思主义的主要内容，是无产阶级制定纲领、路线、方针和政策的理论基础，是引导工人阶级和劳动人民推翻资本主义、建设社会主义的强大思想武器，也是其他经济学科的理论基础。

政治经济学在马克思主义理论宝库中占有很重要的地位。恩格斯说过：无产阶级政党的"全部理论内容是从研究政治经济学产生的"[①]。列宁也说过："……现代社会生活中最重要的问题都同经济学问题有最直接的关系"，"历史

---

① 《马克思恩格斯选集》第 2 卷，人民出版社 1972 年版，第 116 页。

上和现实中的各种最紧要的问题，都是同经济问题密切联系着的，这些问题的根源就在社会的生产关系中。"①

列宁还曾经指出，马克思的经济学说是马克思主义的主要内容，并说，"马克思的经济学说就是马克思理论最深刻、最全面、最详细的证明和运用"②。政治经济学之所以在马克思主义理论体系中具有如此重要的地位，就是由于它是研究生产关系、阐明社会经济发展规律的科学，它深刻地反映了马克思主义理论的实质，对于人们正确地认识世界和改造世界有着极其重要的意义。

马克思主义三个组成部分之间有着密切的联系，学习政治经济学有助于我们更好地学习马克思主义哲学和科学社会主义理论。因此，为了全面地系统地掌握和理解马克思主义，提高我们的马克思主义理论水平，就必须学习政治经济学。当前，认真学习政治经济学，对提高马克思主义理论水平，认清历史发展趋势，建设具有中国特色的社会主义，促进社会主义经济的全面发展，都具有重大的现实意义。

二　以商品（形式）——劳动（实质）为出发点

马克思主义政治经济学体系的建立，也需要一个能反映社会生产关系本质和发展趋势的合乎逻辑的出发点。那么，这个出发点是什么呢？只要比较深入地思考一下，如果不是停留在现象或形式上，而是从本质和实际内容来考察，我们就会发现，马克思分析资本主义生产关系是从商品开始，这是从现象或形式来说的。商品的最大特点是有价值，而价值是由劳动创造的。所以，从商品开始，从实际内容或从实质来说，是从劳动开始的。马克思在给恩格斯的一封信中曾经说过，"经济学家们毫无例外地都忽略了这样一个简单的事实，既然商品有二重性——使用价值和交换价值，那末，体现在商品中的劳动也必然具有二重性。……实际上，这就是批判地理解问题的全部秘密"③。马克思还曾经把资产阶级政治经济学称为资本的经济学，把工人阶级的政治经济学称为劳动的政治经济学。④

所以，如果抛开资本主义的形式，马克思主义政治经济学应该是以劳动为起点的。在资本主义社会，人与人之间交换劳动的关系被物的外壳所掩盖。分析资本主义生产关系从形式来说，是从商品这个物开始的。社会主义社会仍然

---

① 《列宁全集》第4卷，人民出版社1958年版，第33、36页。
② 《列宁选集》第2卷，人民出版社1972年版，第588页。
③ 《马克思恩格斯〈资本论〉书信集》，人民出版社1976年版，第250页。
④ 参见《马克思恩格斯全集》第16卷，人民出版社1964年版，第11—12页。

是商品经济，因此，分析社会主义生产关系仍然是形式上从商品开始而实际上是从劳动开始的。

这是因为：第一，劳动是政治经济学最简单最一般的范畴，是政治经济学的枢纽。马克思说过："商品中包含的劳动的这种二重性，是首先由我批判地证明了的。这一点是理解政治经济学的枢纽。"[①] 马克思的《资本论》正是从劳动或者说从劳动二重性出发，建立了它的科学体系。政治经济学也只有从劳动出发才能建立起科学的体系。

第二，劳动是社会客观存在的最本质的要素，它是社会最本质关系的体现。社会生产关系本质上是人们等量劳动的交换关系。因此，马克思主义政治经济学应该从劳动这个社会最本质的要素出发。

三　以广义生产关系为对象

关于马克思主义政治经济学的研究对象，国内经济学界一直争议较大。一种意见认为，马克思主义政治经济学的研究对象，应该是生产关系。但是，这种观点也有区别：有的认为，只能是生产关系；有的认为，严格意义或狭义的说是生产关系，要联系生产力和上层建筑；有的认为，在理论经济学和综合经济学还未建立以前，政治经济学的研究对象仍然是生产关系，但可以暂时扩大研究范围，包括生产力和上层建筑等等。

笔者认为，马克思主义政治经济学的研究对象严格说来是生产关系，但是广义生产关系。

从横的方面来说，生产关系应该包括四个方面：生产、交换、分配、消费，是研究直接生产过程中的关系，交换过程中的关系，分配过程中的关系，消费过程中的关系。生产过程作为不断反复的过程，就是社会再生产。社会再生产是生产、交换、分配、消费的统一。生产（指直接生产）表现为起点，消费表现为终点，交换和分配是中间环节。四个环节不可分割地联结在一起。因此，政治经济学研究的生产关系，实际上应该包括人们在直接生产过程中的关系、交换过程中的关系、分配过程中的关系和消费过程中的关系。

从纵的方面来说，政治经济学不是研究一种生产关系，而是研究人类社会各种生产关系。

马克思主义政治经济学是研究生产关系的科学，但是，它不是研究抽象的生产关系，而是研究历史发展一定阶段上的生产关系。而且，它不是只固定研

---

① 《马克思恩格斯全集》第 23 卷，人民出版社 1972 年版，第 55 页。

究某一种生产关系，而是研究人类社会发展各个不同发展阶段上的生产关系。恩格斯说过："政治经济学本质上是一门历史的科学。"[①] 人类社会历史发展到今天，已经经历了五种基本的生产关系。第一，原始公社的生产关系；第二，奴隶制的生产关系；第三，封建制的生产关系；第四，资本主义的生产关系；第五，社会主义的生产关系。

马克思以前的政治经济学，只是研究资本主义的生产关系，恩格斯把这种只研究资本主义生产关系的政治经济学称为狭义政治经济学。马克思主义的政治经济学不仅研究资本主义生产关系，而且研究人类社会各种生产关系及其发展规律。所以，马克思主义政治经济学是一门广义的政治经济学。

四　以经济利益为中心

每一门科学，每一门社会科学，都有个核心问题。马克思主义政治经济学当然也有一个核心问题。关于政治经济学的核心说法很多，我们经过研究认为，政治经济学的核心是经济利益，是研究生产、交换、分配和消费过程中经济利益问题的科学。其基本见解如下：

1. 一切经济学的核心是经济利益。无论是马克思主义经济学（或无产阶级经济学）还是西方经济学（或资产阶级经济学），虽然各种说法不同，实质上都是以经济利益为核心的。马克思主义经济学公开声明是为无产阶级的利益服务的，是以谋求无产阶级（即大多数人）利益为目的的经济理论体系。毛泽东说过，"马克思列宁主义的基本原则，就是要使群众认识自己的利益，并且团结起来，为自己的利益而奋斗"[②]。西方经济学对经济学的核心虽有多种说法，但是实质上是以谋求资产阶级（即少数人）利益为目的的经济理论体系。康芒斯说过，"自从经济学的研究开始和哲学、神学或者自然科学分开，研究者采取的观点决定于当时认为最为突出的冲突以及研究者对冲突的各种利益的表态"[③]。

2. 一切经济活动的核心是经济利益。经济活动包括生产、流通、分配和消费，马克思说过，"人们奋斗所争取的一切，都同他们的利益有关"[④]。人们从事生产实际上是创造经济利益，流通实际上是交换经济利益，分配实际上是分享经济利益，消费实际上是实现经济利益。人们从事各种经济活动，实际上都是企图以最少的耗费，取得最大的经济利益。

---

① 《马克思恩格斯选集》第3卷，人民出版社1972年版，第186页。
② 《毛泽东选集》第4卷，人民出版社1966年版，第1261页。
③ 康芒斯：《制度经济学》（上册），商务印书馆1962年版，第134页。
④ 《马克思恩格斯全集》第1卷，人民出版社1960年版，第82页。

3. 一切经济关系的核心是经济利益。在各种社会关系中，首要的就是利益关系，各种经济关系实质上就是经济利益关系。恩格斯说："每一既定社会的经济关系首先表现为利益。"① 例如，现实中的国家企业和个人之间的关系，实际上就是三者的经济利益关系。中央与地方之间的经济关系，其核心是经济利益关系；国家与国家之间的关系核心也是经济利益。

我们认为，把经济利益作为经济理论体系的中心，对于推动马克思主义政治经济学的研究和发展是有益的。

五   以生产关系四环节为框架的新体系

我国编写的政治经济学在体系上受原苏联政治经济学教科书的影响很大。现在，许多同志都在创立新的政治经济学体系，以取代传统的由资本主义部分和社会主义部分两大块构成的政治经济学旧体系。

这些新体系很有创意，也很有启发。但是，都不是根据政治经济学的研究对象——生产关系为框架建立的体系。而新的政治经济学体系应该以生产关系为框架，由下列几部分组成：

第一部分，生产关系的更迭和内部变革。以马克思主义的生产力与生产关系矛盾运动的基本原理为基础，吸收西方新制度经济学的合理成分，运用现代经济学分析工具，以经济利益为核心和出发点，以生产力发展从而优化资源配置为中介目标，对历史上生产关系内部变迁的机制及生产关系更迭的机制进行描述。当某种制度的运行成本过高且阻滞了生产力发展时，该制度内部就可能发生体制创新；当体制创新均无法促进生产力发展、降低运行成本时，就会发生经济制度创新或更迭。而生产、交换、分配、消费每一个环节的运行机制和效率均将影响整个经济社会的生产力水平及其发展状况，也将影响该经济制度的运行成本。因此，要详细揭示生产关系更迭及内部变革的机制，必须从生产、交换、分配、消费四个方面展开论述。

第二部分，生产过程。第一，描述生产过程的基本要素，生产要素的不同组织方式决定了不同的生产组织并构成不同经济制度的基础。第二，以分工为起点，描述历史上分工和技术进步怎样导致了生产力的发展和生产组织形式从氏族、家庭、手工作坊，机器大工业到现代企业制度的更迭，以及这一系列更迭过程怎样促进了经济制度运行费用的节约和效率的提高，从而怎样促进了经济制度的变革和演进。第三，对生产过程本身进行描述，揭示生

---

① 《马克思恩格斯选集》第 3 卷，人民出版社 1995 年版，第 209 页。

产过程中的经济关系，在不同制度背景下主要是资本主义生产关系和社会主义生产关系下的特点、表现形式及其经济实质。第四，分析社会主义中国的生产过程。

第三部分，交换过程。首先，分析分工水平怎样决定交换和市场的规模，并进而决定经济形态和社会经济制度的，揭示市场体系怎样随着分工和生产的发展而逐步形成的以及市场体系的逐步完善对经济制度的变迁的影响。其次，描述市场机制的运作机制，分析市场机制在资本主义社会和社会主义社会的具体形态及配置资源的效率以及它的优缺点。最后，描述市场机制的制度环境以及政府干预市场运行的必要性和规则。

第四部分，分配过程。首先，分析生产力水平怎样决定历史上分配方式的更迭，并探讨各种分配方式存在的前提和制度背景。其次，探讨在资本主义生产关系和社会主义生产关系下分配方式怎样影响公平和效率。最后，探讨分配方式的公平程度和效率程度怎样影响生产力发展并引起经济制度更迭和变革。

第五部分，消费过程。首先，分析生产力水平是怎样决定消费的性质、水平和结构的，特别是资本主义生产关系和社会主义生产关系下在消费性质、水平和结构上的差异。其次，分析消费水平和结构怎样引起需求、投资、生产等水平和结构的变化。最后，分析消费对社会经济制度变迁的作用。

第六部分，政治经济学发展史。首先，介绍马克思以前的政治经济学的产生和演变过程。其次，描述马克思主义政治经济学的发展历程。再次，综述"边际革命"以来西方政治经济学的演变史。最后，叙述社会主义政治经济学的发展史。

六　以唯物辩证法为基础同时吸收新方法

建立政治经济学，有一个正确的方法是非常重要的。马克思主义的基本方法是唯物辩证法，政治经济学也应该遵循这一基本方法。

政治经济学首先应该运用矛盾分析法。政治经济学是阐明和揭示社会经济运动规律的科学。但是，只有在社会的矛盾运动中，才能揭示社会经济运动的规律。其次，政治经济学要从运动过程中研究社会生产关系。社会生产关系本身并不是始终不变，它也是一个不断运动、发展、变化的过程。那种把社会看成是一成不变的观点是错误的。再次，政治经济学也应该运用抽象法。根据抽象法，政治经济学的研究过程以及叙述也应该首先从具体到抽象，然后再由抽象到具体。最后，政治经济学既要注重质的分析，也要重视量的分析。为此，政治经济学也应该运用数学方法。马克思说过：一种科学只有在成功地运用数学时，才算达到了真正完善的地步。①

任何一个经济学新体系的诞生，都是以方法论的创新性为基础的，可以说，没有方法论的创新，就不会有新的经济学体系的创立。要不是均衡概念和边际分析法的引入，就不会有现代微观经济学的出现；要不是非均衡概念和总量分析法的引入，就不会有宏观经济学的创立。

经济学研究方法的创新是非常困难的，是经济学创新最艰难的一步，需要我们不断地探索和积累。这就要求中国经济学人必须树立强烈的责任感，推广科学研究精神，淡化人为的门派之争。只有这样，经济理论工作者才能为中国经济学的未来，尽一份微薄力量。

七　正确对待马克思主义经济理论：一要坚持，二要澄清，三要发展

1. 马克思的经济理论是马克思主义的主要内容，必须坚持

马克思揭示的人类社会普遍适用的经济理论，关于生产力、生产关系、流通、分配、消费的一般论述，任何社会都适用，社会主义也适用，必须坚持。特别是马克思指示的生产关系必须适合生产力发展的人类社会规律。人类社会历经原始社会、奴隶社会、封建社会、资本主义社会、社会主义社会，而且必将向它的高级阶段——共产主义过渡的理论，揭示了共产主义一定会来到的历史必然性，必须坚持。

马克思揭示的一切商品经济都适用的经济理论，例如，关于商品内在因素的理论，关于价值、货币、市场、信用、竞争的理论，也适合社会主义市场经济，必须坚持。特别是批判地继承了古典政治经济学的劳动价值论，吸取了其中的科学成分，去除了其中的庸俗成分，建立的科学的劳动价值论，为解剖资本主义生产方式奠定了基础，为马克思主义政治经济学奠定了理论基础，必须坚持。

马克思揭示的资本主义产生、发展、灭亡的规律，为无产阶级指明了社会主义必然胜利的前进方向，必须坚持。特别是马克思在劳动价值论基础上创立的完整的剩余价值理论，阐明的剩余价值规律是资本主义基本规律的论述，完成了政治经济学的伟大革命，必须坚持。

马克思对社会主义社会的科学预见，例如，社会主义必须高度发展生产力，社会主义实行生产资料公有制，实行按劳分配，社会主义必须不断改革，社会

① 保尔·拉法格：《回忆马克思恩格斯》，人民出版社1973年版，第7页。

主义必然向共产主义发展等等，必须坚持。

2. 对马克思主义经济理论的某些误解和讹传，必须加以澄清

我们应该完整地准确地学习和掌握马克思主义的经济理论，并且正确地加以运用，来指导社会主义建设。如果把马克思主义经济理论理解得不全面不准确，甚至把误解加以讹传，误解必须消除，讹传必须澄清。例如，马克思和恩格斯都认为无产阶级社会主义革命的道路有两种可能：暴力革命和和平过渡，是正传；暴力是唯一道路或和平过渡是唯一道路，则是讹传。生产力三因素是：劳动力、劳动资料、劳动对象；三源泉是：劳动力、科学力、自然力，这是正传，生产力二因素论是讹传。生产关系是生产、流通、分配、消费四环节是正传；生产关系三方面：所有制、相互关系、分配是讹传。积累是扩大再生产的主要源泉是正传，积累是扩大再生产的唯一源泉是讹传；生产资料较快增长规律是正传，生产资料优先增长是讹传；资本主义社会内部有可能产生社会主义经济因素是正传，资本主义社会内部不可能产生社会主义经济因素是讹传；生产力决定生产关系、经济基础决定上层建设是正传，生产关系决定生产力、上层建设决定经济基础是讹传；社会主义的根本任务是发展生产力是正传，社会主义的根本任务是阶级斗争是讹传；社会主义实行按劳分配是正传，社会主义按要素分配是讹传；等等。这些都要拨乱反正，正本清源。

由上可见，马克思主义经济理论，有一些曾经被曲解和讹传，给社会主义建设造成了损失，现在必须加以澄清。

3. 马克思主义经济理论必须与社会主义实际相结合，加以发展

马克思主义经济理论的主要著作——《资本论》的发表距今已有100多年，马克思不是算命先生，他没有社会主义建设的实践，因而当然不可能解答社会主义经济建设中的所有问题。因此，建立社会主义经济理论，还必须从社会主义经济建设的现实出发，运用马克思主义原理，发现新问题，研究新情况，总结新经验，来丰富和发展马克思主义政治经济学。

中国共产党人运用马克思主义基本原理结合中国实际，在丰富和发展马克思主义政治经济学方面作出了重大贡献。例如，社会主义初级阶段论，中国特色社会主义经济理论，社会主义的根本任务是发展生产力、社会主义应以经济建设为中心，社会主义市场经济体制，以公有制为主体多种所有制共同发展的基本经济制度，按劳分配为主体多种分配方式并存的分配制度，新型工业化道路，科学发展观，等等。这些新理论、新发展必须在马克思主义政治经济学中充分反映。

八　正确对待西方经济理论：一要学习，二要批判，三要吸取

1. 在社会主义经济建设中要借鉴和吸取西方经济理论，首先要学习和了解，"知己知彼"才能"百战百胜"。但是，在学习和了解西方经济理论的时候，要把原意、来龙去脉搞清楚，不能一知半解。

2. 西方经济理论从总体来说不是科学的经济理论，还要批判，这是因为：第一，西方经济理论总的说来是为资产阶级利益服务的，为维护资本主义剥削制度，为资本家获取最大限度的利润服务的，具有很大的阶级局限性。第二，西方经济理论往往只在经济现象上兜圈子，不敢深入到经济的基础和实质，停留于表面。第三，西方经济理论常常以经济发展的某一种因素，扩大为整个经济发展的唯一因素，具有很大的片面性。第四，西方经济理论比较重视经济发展的主观因素、心理因素，回避或不重视经济发展的客观因素，具有很大的主观性。

西方经济理论对社会主义经济发展和经济改革仍有一些借鉴作用，我们应该吸取其中某些合理成分。由于社会主义经济是作为资本主义经济的对立物出现的，而西方经济学是为资本主义制度辩护和出谋划策的，因此，西方经济学的整个理论体系，不能机械地搬到社会主义经济学中来。但是，资本主义商品经济和社会主义商品经济都是社会化大生产，都必须遵循商品经济的一般规律。因此，我们必须承认当代西方经济学中有不少内容可供我们参考和借鉴。

但是，在社会主义经济建设中，借鉴和吸取西方经济理论的合理成分，必须与我国国情相结合，洋为中用。西方经济学不能照搬，具体的经济政策也不能照搬。我国社会主义建设的实践证明，搞马克思主义的教条主义不行，搞凯恩斯主义、新自由主义的教条主义更不行。

九　对待中国古代经济思想：一要挖掘，二要继承，三要扬弃

建设马克思主义政治经济学，现在不少人对洋为中用很重视，这当然也是必要的。但是，谈经济思想，不是斯密的"国富论"，就是凯恩斯的"通论"，或者是萨缪尔森的"经济学"，就不妥当了。不重视古为今用，对我国古代经济思想采取民族虚无主义的态度是不可取的。中国有 5000 多年的历史，中国古代众多思想家的知识和理论博大精深，在传统文化诸领域中都留下了宝贵论著，可供我们借鉴。在经济理论方面也有不少遗产值得我们挖掘、继承和弘扬。继承和弘扬中国古代经济思想，还要扬弃，吸取精华，舍弃糟粕。中国古代经济思想有其精华部分应该继承，也有糟粕部分应该舍弃。

在研究中国古代经济思想中还值得注意的是，中国有 2000 多年的封建统治，不能把那些封建性的糟粕当作精华来继承。在社会主义市场经济建设中肃清封建残余的影响是一个重要任务；中国有几千年的自然经济，自给自足、墨守成规的小农思想也不能当作精华来继承。社会主义市场经济的发展，必须破除自然经济观，这也是一个很重要的任务。

十　中国版的马克思主义政治经济学必须有"中国特色"

政治经济学作为一门研究社会经济活动的科学，必须结合本国的实际来展开，要有自己的特色。政治经济学是对经济现象和经济活动规律的揭示，总是与不同国家社会实践活动紧密联系在一起的，脱离现实背景的政治经济学不可能具有生命力。斯密的《国富论》是对英国资本主义上升时期社会经济实践活动的概括；萨谬尔森的《经济学》是对美国现代资本主义各种经济活动和经济现象的概括；中国特色马克思主义政治经济学也必须植根于当代中国现实经济背景之中，对当代中国社会主义实践进行概括。问题是，"中国特色"特在哪里？

第一，从生产力来看，我国生产力有了很大发展，但总的来说，还是比较落后，既落后于发达资本主义国家，又具有多层次的生产力。（1）我国的生产总量以 GDP 表示已是世界前列，是前 3 名，但人均 GDP 仍居于世界后列，是 100 名之后。（2）在工业交通部门有不少现代化的大生产，但是有 13 亿多人口，8 亿多人口在农村，基本上是手工劳动和半机械化生产。（3）一部分经济相当发达的东部地区，同广大不发达地区和贫困地区同时存在。（4）少量具有世界先进水平的科学技术（如载人飞船），同普遍的科学技术水平不高同时存在。

第二，从生产关系来看，我国社会主义经济制度虽已建立，但仍不成熟。我国社会现在已经是社会主义社会，但是尚处在社会主义的初级阶段。我国是在原来半封建、半殖民地经济文化落后的基础上搞社会主义的。我们要建立的社会主义，不是空想的社会主义，也不是马克思原来设想的理想的社会主义（单一的公有制、计划经济、按劳分配）；不是斯大林式的僵化社会主义，也不是"四人帮"的贫穷愚昧的社会主义，而是以马克思主义为指导的科学的社会主义、现实的社会主义、初级阶段的社会主义、符合中国国情的社会主义，总之，是中国特色的社会主义。中国特色社会主义的主要经济特征：（1）公有制为主体、多种所有制经济共同发展的基本经济制度；（2）社会主义市场经济体制；（3）按劳分配为主体、多种分配方式并存的分配制度。

第三，从上层建筑来看，我国实行以马克思主义为指导的中国共产党领导下的人民民主专政的社会主义制度。要四个坚持：坚持马克思主义、坚持中国共产党的领导、坚持人民民主专政、坚持社会主义。坚持马克思主义是当代马克思主义，即坚持马克思列宁主义、毛泽东思想和中国特色社会主义理论。

　　中国是世界上历史最悠久的国家之一，具有光辉灿烂的文化，也即具有独特的文化背景。而欧美文化是以个人主义为主的文化，其文化规范着重强调个人自由、个人利益；而我国几千年的历史形成了强调集体主义的文化背景，强调服从国家利益，强调勤劳节俭。另外，儒家思想对我国文化也有深远的影响。

马克思主义政治经济学的
对象与生产力的关系

卫兴华

【作者简介】卫兴华，中国人民大学荣誉一级教授。历任中国人民大学经济学系主任、《中国人民大学学报》总编辑、校学术委员会副主任、校学位委员会委员和理论经济学分会主席等职；曾任国务院学位委员会第三届经济学科评议组成员、全国哲学社会科学经济学科规划小组成员、中国《资本论》研究会副会长、全国综合大学《资本论》研究会会长、中央马克思主义理论研究与建设工程课题组主要成员。现任中国社会科学院马克思主义研究院特聘研究员、北京市中国特色社会主义理论研究中心学术顾问、当代中国马克思主义政治经济学创新智库顾问委员会委员等职。主要研究方向是马克思主义政治经济学和中国特色社会主义政治经济学。卫兴华教授被学界称作"杰出的马克思主义经济学家""中国《资本论》研究权威"。曾获省部级和国际奖 20 多项，其中包括孙冶方经济科学奖第一、二届论文奖、世界政治经济学学会马克思经济学奖、第四届吴玉章人文社会科学终身成就奖等。在《中国社会科学》《经济研究》《经济学动态》《人民日报》《光明日报》等各类报刊发表文章近 1000 篇，出版学术著作（含主编、合著）40 多部。

一　问题的提出

马克思主义政治经济学既包括马克思主义经典作家的政治经济学，也包括中国特色社会主义政治经济学，也就是当代中国马克思主义政治经济学。后者是前者的继承和发展，是源和流的关系，马克思主义的科学社会主义也为创建中国特色社会主义政治经济学提供了理论基础。现在需要讨论的是政治经济学的对象与生产力关系问题，需要弄清马克思政治经济学的研究对象与中国特色社会主义政治经济学研究对象的共同点与不同点。两者的研究对象是否包括生产力，特别是后者的研究对象是否应重视研究生产力，是学界关注的一个重要的理论和实践问题，有必要进行深入探讨和研究。这里先从马克思主义政治经济学的研究对象谈起。

马克思主义政治经济学教材中，讲政治经济学的对象一般讲研究生产关系，揭示经济发展规律。但不同的教材中对作为研究对象的生产关系，又有不同的表述。有的根据马克思《政治经济学批判导言》中关于生产、交换、分配、消费的论述，认为应研究这四方面的生产关系，或称马克思主义再生产四环节的生产关系。有的教材中，以斯大林的《苏联社会主义经济问题》中关于政治经济学对象的说明为依据，研究生产关系的三方面：1. 生产资料的所有制形式；2. 由此产生的各个社会集团在生产中的地位及它们的相互关系，或如马克思所说的"互相交换其活动"；3. 完全以它们为转移的分配方式。斯大林在世时，苏联和我国的有关教材中，都以此准绳作为政治经济学的研究对象，斯大林逝世后，学界产生了不同意见。有的继续肯定斯大林的观点，有的认为斯大林的观点不符合马克思、恩格斯的有关政治经济学对象的论述，主张以再生产四环节的生产关系为对象。

在论述政治经济学的对象问题时，会碰到一个问题，马克思主义认为，生产力决定生产关系，因此不能脱离开生产力孤立地研究生产关系，于是会加上一句话：政治经济学是联系生产力研究生产关系的。有的还讲联系上层建筑研究生产关系。因为上层建筑对新生产关系的产生和发展或对旧生产关系的保护会起重要作用。也有少数学者提出另一种意见，他们认为政治经济学的对象应该研究生产力，还引证马克思的某些论述作为依据。例如，马克思在《政治经济学批判导言》中论述生产、交换、分配和消费的相互关系时，曾提出"摆在面前的对象，首先是物质生产"①。据此认为，这就是讲政治经济学的对象是物质生产，而物质生产包括生产力和生产关系，因此首先要研究生产力。我们知道，政治经济学的对象和《资本论》的研究对象是一致的，学界多年来还争论《资本论》的研究对象问题，主要是涉及《资本论》中作为研究对象的资本主义生产方式是什么。原文是"我在本书研究的是资本主义生产方式以及和它相适应的生产关系和交换关系"，有的学者认为这里讲的"资本主义生产方式"

---

① 《马克思恩格斯文集》第 8 卷，人民出版社 2009 年版，第 5 页。

就是生产力，有的说是生产力含义上的劳动方式。因为根据简单推理：生产力决定生产关系，生产关系与一定的生产力相适应。因此生产关系与之相适应的资本主义生产方式只能是生产力。

还可以提出这样的问题，在马恩的著作中论述资本主义生产关系时，不是往往同时论述了生产力发展状况吗？例如，在《共产党宣言》中既揭示了资本主义生产关系即资产阶级与无产阶级的剥削与被剥削的阶级对立关系，也论述了资产阶级怎样推动生产力的高度发展。在《资本论》第一卷第三章阐述资本主义价值增殖过程时，首先论述了劳动过程。这说明，如果撇开生产关系，劳动过程就是人与自然之间的物质变换过程，也就是发展生产力的过程。并指出劳动过程的简单要素是劳动、劳动对象和劳动资料，并分别对其进行了分析与说明。讲劳动过程的要素就是讲生产的要素或生产力的要素。之所以称其为"简单要素"，是因为随着生产力的发展，会加入新的生产要素。在马克思的著作中，还进一步分析了作为生产力要素的分工协作、科学技术、管理劳动、自然力等诸要素。在《资本论》第一卷第十一至十三章，讲资本主义发展的三个阶段即"协作、分工和工场手工业、机器大工业"时，对资本主义发展三个阶段的生产力状况用了不少篇幅进行论述，将生产力的发展与资本主义生产关系的发展紧密联系进行研究。在《协作》一章中，就论述了在没有分工的简单协作怎样推进了生产力的发展，协作就会形成劳动的社会生产力。"结合工作日的特殊生产力都是社会的劳动生产力或社会劳动的生产力，这种生产力是由协作本身产生的"①。在《分工和工场手工业》一章中，马克思又论述了工场手工业中的分工协作怎样形成了新的生产力。"工场手工业分工通过手工业活动的分解，劳动工具的专门化，局部工人的形成以及局部工人在一个总机构中的分组和结合……这样就同时发展了新的、社会的劳动生产力"②。在《机器大工业》一章中，详尽地论述了机器发展的过程和机器的结构组成，连工作机运转的速度都作了描述：如果"工作机工具的规模已定，那么产品的数量就取决于工作机作业的速度。例如，取决于纱锭的转速或蒸汽锤每分钟锤击的次数。某些大蒸汽锤每分钟可锤 70 次；赖德的专利锻造机，用小蒸汽锤锻造纱锭，每分钟可锤 700 次"③。

根据以上所引论述，是否可以认为，马克思研究资本主义的政治经济学，既研究了资本主义生产关系，也研究了决定资本主义生产关系的生产力呢？

---

① 马克思：《资本论》第 1 卷，人民出版社 2004 年版，第 382 页。
② 同上书，第 421—422 页。
③ 同上书，第 447 页。

如果说研究资本主义的政治经济学的对象，是否包括生产力对当前我国的理论研究来说，更多属于学理性的问题，那么，中国特色社会主义政治经济学的研究对象是否包括生产力，就是一个具有重要理论意义和实践意义的问题。社会主义的根本任务是发展生产力，根本目的是消灭剥削、消除两极分化，逐步达到共同富裕。邓小平将此归纳为社会主义本质。其实，马恩列斯都早在自己的论著中提出过这样的观点。他们都强调在社会主义制度下，要快速发展生产力，以满足人民的物质文化需要，实现共同富裕。既然快速发展生产力是社会主义的本质要求，那么，中国特色社会主义政治经济学或当代中国马克思主义政治经济学既要研究生产关系，又应研究生产力，是否应是题中应有之义呢？有的学者已经明确提出，生产力也是中国特色社会主义政治经济学的研究对象，对此是否可以认同呢？

对以上多方面的问题，需要做出有理论根据和符合实际的回答。

二　马克思研究资本主义的政治经济学对象，只是生产关系还是包括生产力

马克思明确指出，关于资本主义政治经济学的研究对象是生产关系。

作为政治经济学研究对象的生产关系究竟包括什么内容？生产关系有狭义广义之分。狭义的生产关系是指直接生产过程中的关系；广义的生产关系还包括交换关系和分配关系等。从《资本论》的研究对象看，生产关系不限于再生产四环节的关系，还包括资本主义经济制度形成前的资本原始积累；生产资料转化为资本和劳动成为商品，从而资本和雇佣劳动关系以及资本主义所有制的形成。这都属于资本直接生产过程前的关系，即狭义生产关系产生前的生产关系。《资本论》还研究了资本主义积累的历史趋势，阐明了资本主义私有制将被社会主义公有制取代的历史必然性。这也超出了再生产四环节的内容。因此，将马克思主义政治经济学局限于斯大林的生产关系三方面或《导言》中讲的四环节关系，都不符合马克思的原意。四环节的关系不是马克思先提出的，马克思是为了纠正前人对四环节关系的"肤浅看法"而进行科学分析的。马克思不赞同按照这四环节的逻辑关系建立政治经济学理论体系。

有的学者认为，马克思的政治经济学的对象包括生产力。这种观点大都出于对马克思某些论述的误解和错解。有的学者错解马克思《政治经济学批判》导言中的一句话："摆在面前的对象，首先是物质生产。"认为这里就是讲政治经济学的对象是物质生产，其当然包括生产力。应正确解读马克思的这句话的本意。马克思在《导言》中，分析了"生产、消费、分配、交换（流通）"的

相互关系。首先分析了生产，即物质生产。因此，摆在面前的分析对象，首先是物质生产，其次是分析"生产与分配、交换与消费的一般关系"。这是指再生产四环节中，物质生产应居于分析的首位，根本不是讲政治经济学的对象问题。而且这里首先分析生产时，也是重在分析生产的社会生产关系，一开始就这样讲："在社会中进行生产的个人，——因而，这些个人的一定社会性质的生产，当然是出发点。"[①]强调生产是在社会中进行的，也就是在社会关系中进行的，因而具有一定的社会性质，并批评了斯密和李嘉图作为分析出发点的生产是孤立的猎人和渔夫，那是"鲁滨逊一类的故事"，"一切生产都是个人在一定社会形式中并借这种社会形式而进行的对自然的占有"[②]。马克思还进一步指出：生产总是在一定特殊部门进行的，"如农业、畜牧业、制造业等……可是，政治经济学不是工艺学"[③]，也就是说，政治经济学不研究比如农业中怎样育种施肥；畜牧业中怎样养牛养羊；制造业中怎样采矿炼钢。也就是讲，政治经济学不研究作为劳动与自然关系的生产力，那是工艺学的任务。

有人引证《资本论》中的话，"我在本书研究的是资本主义生产方式以及和它相适应的生产关系和交换关系"，断言这里讲的资本主义生产方式就是生产力。有的将其解读为生产力含义上的劳动方式，这同样是错解。其实，只要从总体上把握《资本论》的有关论述，问题自然就会迎刃而解，因为在《资本论》中已经讲清楚了这个问题，为节省篇幅，这里只将马克思论著中三处有关说明进行论证。

第一，马克思不仅在《资本论》第一卷序言中讲到要研究"资本主义生产方式"及与之相适应的资本主义生产关系，在其他地方也讲过。例如，在《资本论》第三卷第五十一章《分配关系和生产关系》中，对决定生产关系的资本主义生产方式提出了更为明确和详尽的说明。原文是："对资本主义生产方式的科学分析却证明：资本主义生产方式是一种特殊的、具有独特历史规定性的生产方式；它和任何其他一定的生产方式一样，把社会生产力及其发展形式的一个既定的阶段作为自己的历史条件，而这个条件……是新的生产方式由以产生的既定基础；同这种独特的、历史地规定的生产方式相适应的生产关系……具有一种独特的、历史的和暂时的性质；最后，分配关系本质上和这些生产关系是同一的，是生产关系的反面。"[④]把这段话用程式表示出来，就是：一定发展

---

① 《马克思恩格斯文集》第 8 卷，人民出版社 2009 年版，第 5 页。
② 同上书，第 5、11 页。
③ 同上书，第 9 页。
④ 《马克思恩格斯文集》第 7 卷，人民出版社 2009 年版，第 994 页。

阶段的社会生产力——资本主义生产方式——生产关系——分配关系。显然可以看出，决定资本主义生产关系的"资本主义生产方式"，是由一定历史发展阶段的社会生产力决定的。因此它排除了生产力的解读。由此可以断定，作为《资本论》研究对象的资本主义生产方式，不是生产力或生产力含义上的劳动方式，《资本论》的研究对象不包括生产力。

第二，资本主义生产关系与之相适应的"资本主义生产方式"究竟是什么呢？马克思也在多处做了说明。就在《分配关系和生产关系》一章中在上引的同一处地方指出"资本和雇佣劳动的关系决定着这种生产方式的全部性质"①。换句话说，这里讲的资本主义生产方式是由资本和雇佣劳动关系决定其性质的生产方式。

在《资本论》第 2 卷中也讲了这个问题："凡要进行生产，它们（劳动者和生产资料这两种因素）就必须结合起来，实行这种结合的特殊方式和方法，使社会结构区分为各个不同的经济时期。在当前考察的场合，自由工人和他的生产资料的分离，是既定的出发点，并且我们已经看到，二者在资本家手中是怎样和在什么条件下结合起来的。"② 这段话说明了两点：首先，生产资料和劳动的结合的特殊方式，决定着不同的社会制度和经济时期；其次，《资本论》第一卷中已经说明，资本主义制度下生产资料和劳动者的结合，采取资本与雇佣劳动相结合的方式。这种结合方式的条件是"自由工人"与生产资料的分离，是资本统治雇佣劳动。

第三，《资本论》第一卷第四章讲货币转化为资本，劳动力转化为商品，正是讲资本与雇佣劳动的形成及其相结合的方式。在马克思的著作中，劳动力成为商品，就形成雇佣劳动。资本和雇佣劳动的关系，就形成"资本和雇佣劳动的社会"③。第四章论述了作为资本主义生产过程的前提和决定条件的资本与雇佣劳动相结合的方式，然后才进入第五章《劳动过程与价值增殖过程》即资本直接生产过程，才会有直接生产过程中的资本主义生产关系以及与这种生产关系相适应的交换关系和分配关系。

由以上分析可以看出：作为《资本论》研究对象的资本主义生产方式不是什么生产力或劳动方式，而是资本与雇佣劳动相结合的方式，这种方式与生产资料所有制结合在一起，成为资本主义生产关系体系决定性基础。

在马、恩、列的著作中，一再讲马克思资本主义政治经济学对象是生产关

① 《马克思恩格斯文集》第 7 卷，人民出版社 2009 年版，第 994 页。
② 马克思：《资本论》第 2 卷，人民出版社 2004 年版，第 44 页。
③ 《马克思恩格斯全集》第 46 卷（下），人民出版社 1980 年版，第 383 页。

系。如马克思指出："政治经济学所研究的是财富的特殊社会形式"①，恩格斯指出："政治经济学是现代资产阶级社会的理论分析，因此它以发达的资产阶级关系为前提"，也就是说，政治经济学是对发达的资本主义生产关系的理论分析，进一步又指出："经济学所研究的不是物，而是人和人之间的关系。"② 列宁也认为，"政治经济学决不是研究'生产'，而是研究人们在生产上的社会关系"③。由此可见，断言马克思研究资本主义的对象包括生产力，是不符合马列主义经典作家的原义的。

如前所述，马克思研究资本主义生产关系时，又同时用了大量文字论述了资本主义生产力发展的状况。但这是对既有生产力状况的概述，并且是服从于对资本主义生产关系的研究的。例如，研究价值，需要先讲述作为价值物质承担者的使用价值。研究剩余价值生产即价值增殖过程，需要先讲述劳动的一般过程和生产的简单要素。研究资本主义发展的三个阶段，重在研究随着生产力的发展，资本与雇佣劳动关系怎样由劳动对资本的形式隶属发展为实质隶属。

为什么马克思研究资本主义经济时而不研究生产力呢？这与他研究的任务有关。其一，政治经济学是社会科学，不是工艺学，不是自然科学，不会研究生产的技术层面；其二，马克思资本主义政治经济学的任务是要揭示资产阶级剥削无产阶级的本质关系，揭示资本主义产生、发展、成熟与终将被社会主义取代的历史规律，给无产阶级提供革命斗争的理论武器。因此，他既没有必要建议资产阶级去着力于发展生产力，更没有任务去为资产阶级出谋划策，提出怎样更好更快地发展生产力的建议。

马克思政治经济学研究生产关系，是要突破和批判前人的研究，提出系统的、科学的创新性理论。他先出版了《政治经济学批判》一书，《资本论》的副标题也是"政治经济学批判"，批判其错误理论，汲取其科学观点。在马克思看来，"研究"就要创新，有新的发现。他对生产力的论述，主要是对既有生产力状况的解说，他并没有给自己提出突破前人成就、在生产力研究上有所创新和发现的意愿。他的任务也不在这里。因此他认为自己的政治经济学的对象不包括生产力。

但是，也应说明，马克思、恩格斯在论述生产力发展问题时，对适用于一切社会的生产力诸要素的发展和利用问题，特别是科学的发明和运用于生产的重大意义；要节约利用资源的必要性；违反自然规律发展生产力要受到自然规

---

① 《马克思恩格斯全集》第 46 卷（下），人民出版社 1980 年版，第 383 页。
② 《马克思恩格斯选集》第 2 卷，人民出版社 1995 年版，第 36、44 页。
③ 《列宁选集》第 1 卷，人民出版社 1995 年版，第 188 页。

律的惩罚；提出外延的扩大再生产和内涵的扩大再生产；粗放型生产和集约型生产；折旧基金怎样用于扩大资本积累；两大部类按比例发展的公式；生产关系一定要适合生产力发展状况的规律等，都有科学的分析。这方面理论观点完全适用于中国特色社会主义政治经济学，但由于这方面的分析，不属于生产力的技术层面，而是涉及发展生产力的社会层面，因而也不好据此简单说，马克思的政治经济学对象也包括生产力。

三　中国特色社会主义政治经济学要不要重视研究生产关系？要不要研究生产力？

社会主义政治经济学或中国特色社会主义政治经济学的对象是什么？当然不能不研究生产关系，应当承认，学界对中国特色社会主义生产关系的研究还很不够，也重视不够。还存在许多盲点和误区，存在是非不清甚至是非颠倒的混乱现象。例如，宣传"国退民进"是经济体制改革的方向；有人否定我国国有经济是社会主义经济，主张私有经济是"人民社会主义"；混淆"社会主义经济制度"与"社会主义初级阶段的基本经济制度"，无视我国宪法中将二者作为不同的概念加以并列说明；混淆"社会主义经济"与"社会主义市场经济"，将"非公有制经济是社会主义经济的重要组成部分"混淆为是"社会主义经济的组成部分"；混淆"社会主义公有制的形式"与"公有制的实现形式"，当中央文件提出"股份制是社会主义公有制的重要实现形式"时，有不少学者将其错解为以前将国有经济和集体经济作为社会主义公有制的实现形式，现在改为将股份制作为公有制的实现形式了。以后不再有"姓资""姓社"的区别了；有人把生产力决定论宣传为"唯生产力论"，把"生产力标准"，鼓吹为"唯生产力标准"，反对再讲社会主义生产关系标准，无视马克思主义和邓小平对"唯生产力论"的批判；有人蓄意贬损国有经济，私有化思潮泛滥多年。学界对怎样扭转我国公有制为主体被侵蚀的状况缺少应有的重视和研究。

在改革实践中，我国取得了巨大成就，人民生活水平有较大提高。但是，众所周知，在一段时期中，发展生产力和社会主义生产关系的天平向生产力倾斜。邓小平强调的消灭剥削、消除两极分化，逐步达到共同富裕的社会主义生产关系，没有得到同等的重视。出现了收入差距的严重扩大趋势，形成贫富分化格局，改革与发展的成果没有惠及广大人民。一方面，拥有几十亿、几百亿、几千亿的富豪逐年增加，富豪总量只少于头号资本主义大国美国；另一方面，还有几千万的贫困人口，亟待解决温饱、医疗等问题。在国企改革过程中，还曾出现内外勾结、盗窃国有资产导致化公为私、大量国有资产流失的状况。可见创建和发展中国特色社会主义政治经济学，决不能忽视对生产关系的研究，而且要总结经验教训，弄清是非得失，澄清理论与实践的盲区与误区，根据党中央特别是十八大以来的指导思想，凝聚正能量，致力于中国特色社会主义生产关系发展与完善。

但是也应明确：发展和创新马克思主义政治经济学，也应包括研究对象的发展与创新。研究资本主义的政治经济学的任务与研究中国特色社会主义政治经济学的任务根本不同，前者是革命的任务，后者是建设的任务。既然"社会主义的根本任务是发展生产力"，社会主义的本质规定包括解放生产力和发展生产力，那么自然的逻辑推理就是：社会主义政治经济学或中国特色社会主义政治经济学不能不研究生产力。而且有的学者已经肯定地提出了这个问题，这确实是一个重要的理论和实际问题，值得进行很好的深入研究。

改革开放前的政治经济学教材，无论讲资本主义或社会主义，都把研究对象统一规定为生产关系，讲社会主义经济制度的特点，主要讲社会主义公有制、按劳分配、计划经济、劳动人民成为主人，不讲快速发展生产力。究其原因，有以下几点：首先，对生产力概念的界定比较狭窄，国内学者曾有生产力二要素与三要素之争。斯大林曾提出生产力二要素论，即劳动力和生产工具。也有学者主张三要素论，即劳动力、劳动资料和劳动对象。在"文革"中，提出科学是生产力都受到批判，浑然不知这本是马克思强调的生产力因素。这样就容易将生产力只理解为劳动力运用生产工具或生产资料改造自然物质产品，只是人与自然界的一种关系，从而是工艺学的研究任务。如果仅仅从技术层面或从人与自然界的关系来讲生产力，政治经济学的对象自然也就不包括生产力了。其次，过去讲社会主义的经济特点，不讲快速发展生产力，因为有个容易令人们认同的理由：任何社会都发展生产力，任何新社会制度都比旧制度更快地发展生产力。因此，判断社会制度性质的标准不是生产力，而是生产关系，这样讲似乎有道理，但恰恰是一个似是而非的逻辑。正确的逻辑应当是：既然肯定任何新社会制度的生产力都会高于旧制度，那么，社会主义新制度的生产力也应高于旧制度，新中国的生产力高于解放前旧社会制度的发展，但又远远落后于发达资本主义国家的生产力，这就要求我们更快地发展生产力。先在发展速度上超越发达国家，然后赶上并进一步在生产力的绝对水平上也超越它们。

马克思主义经典作家不会去建议资产阶级快速发展生产力，只是描述资本主义怎样把生产力发展到一个新的高度。但是他们在研究资本主义的过程中，提出取代资本主义的未来新社会制度，即社会主义制度，要在生产资料公有制基础上快速发展生产力，而且他们是指发达资本主义国家取得社会主义革命胜利后的事情。我国是在生产力落后的基础上建立社会主义的，因此快速发展生产力更是一个迫切的任务。马克思主义经典作家关于社会主义要快速发展生产力的思想，应是创建中国特色社会主义政治经济学的指导思想。这是涉及社会主义兴衰成败的问题。为什么要搞社会主义？其根本目的是要劳动人民摆脱受剥削受压迫的旧制度，通过快速发展生产力，要使"所有劳动者过最美好、最幸福的生活"①。在《共产党宣言》中就明确提出：无产阶级取得政权后，要把生产资料掌握在国家手中，尽快增加生产力的总量，以提高工人阶级的生活水平。

由于社会主义政治经济学或中国特色社会主义政治经济学任务与马克思研究资本主义的政治经济学的任务不同，就必然会引致研究对象的差别。中国特色社会主义政治经济学的对象是否要研究生产力？最好不要笼统地全面肯定或否定，应首先界定生产力的内涵。生产力的内涵是多层次的，如果从技术层次即工艺学的层次讲生产力，例如怎样提高水稻的亩产量，怎样炼出优质的钢铁，那就既不是马克思研究资本主义的政治经济学的对象，也不是中国特色社会主义政治经济学的研究对象。应该承认，生产力具有两个层面：一个是技术层面，一个是社会层面。例如分工协作，马克思把它作为社会生产力的要素，但它同时具有社会关系属性。这种社会关系属性是中性的，不具有特定的社会生产关系性质。再如，统筹兼顾、全面协调可持续发展，就是属于发展生产力的社会层面。

我们认为，中国特色社会主义政治经济学的研究对象，既要系统和深入研究中国特色社会主义生产关系，也要从理论上研究怎样更快更好地发展社会生产力，需要从两方面研究生产力。一方面要研究怎样更好地利用和发挥生产力诸要素的作用，比如怎样搞好企业内部的分工协作，以及不同企业和不同相关部门的分工协作；怎样更好地利用自然力，如水力、风力、太阳能和自然资源等；怎样提高劳动者的文化知识和技术水平；怎样提高企业的管理水平，怎样重视科技的发明与创新，并将其运用于生产过程等。这方面的研究，存在社会科学与自然科学的交叉。如怎样利用自然力，怎样科技创新。自然科学要从科技方面进行研究，政治经济学是从经济理论方面进行研究。

研究中国特色社会主义怎样更快更好地发展生产力，一个重要方面，是从社会层面进行研究。比如怎样通过改革不适应生产力发展的旧体制，推动生产力的发展。中央提出科学发展观，即以人为本、统筹兼顾、全面协调可持续发

---

① 《列宁选集》第 3 卷，人民出版社 1995 年版，第 546 页。

展，就是用新的经济发展理论指导生产力的发展。我国在经济实践中，要转变经济增长方式和发展方式，由粗放型增长转变为集约型增长。特别是十八大以来，中央提出一系列经济发展的新的指导思想。例如，提出经济发展新常态，就是要在生产力发展的新阶段，应对经济发展下行的新情况，提高发展的质量和效益，提高经济发展和供给的档次。通过供给侧结构性改革，提供结构性有效供给，以满足国内消费结构变化的需要和出口结构变化的需要。这些方面实际上是发展生产力的体制安排。

习近平同志对我国经济增长和发展问题，提出了一系列的指导思想，这些指导思想都是怎样更好更快地发展生产力的问题。他指出要"强化创新驱动，实现经济持续健康发展"，"增长必须是实实在在和没有水分的增长，是有效益、有质量、可持续的增长"①。他重视发展生产中的生态文明建设，在中共中央政治局第六次集体学习时强调指出："牢固树立保护生态环境就是保护生产力，改善生态环境就是发展生产力的理念。"党的十八届五中全会又提出全新的发展理念："创新、协调、绿色、开放、共享"。也可以说，这为中国特色社会主义政治经济学研究怎样更好更快发展生产力，提供了新的理论指导。就是说，我国发展生产力是创新发展、协调发展、绿色发展、开放发展、共享发展，体现了以人民为中心的发展思想，发展的成果要惠及广大人民。上述有关发展生产力的一切方面，都应纳入中国特色社会主义的研究对象。

中国特色社会主义研究怎样更好更快地发展生产力，是为了实现社会主义生产关系所要求的消灭剥削、消除两极分化、逐步达到共同富裕。马克思指出：私有制和阶级的存在既是生产力发展的结果，又是生产力发展不够高的结果。一方面，在生产力极端低下的情况下，没有剩余产品，不可能出现以私有制为基础的阶级剥削。另一方面，消灭私有制和阶级差别的存在，需要生产力发展到很高的程度。这一原理对我国是适用的。另外，共同富裕是社会主义的根本原则，也要以生产力的高度发展为条件。同时，也应注意，不能脱离开中国特色社会主义生产关系的发展与完善，片面强调生产力的发展。不要忘记，快速发展生产力和共同富裕是马克思主义经典作家关于社会主义的本质规定，也是邓小平提出的社会主义本质的内容。中国特色社会主义政治经济学的研究任务，应是将发展生产力与发展中国特色社会主义生产关系统一起来。

---

① 《习近平谈治国理政》，外文出版社 2014 年版，第 112 页。

政治经济学研究对象确定为生产关系对指导经济发展的重大实践意义

胡 钧

【作者简介】胡钧，中国人民大学经济学院教授、博士生导师，中国人民大学荣誉一级教授，中国社会科学院马克思主义研究院特邀研究员。突出成果是《关于全民所有制内部商品价值形式问题》一文，这篇论文受到党和理论界极大重视，发表在 1959 年 6 月党中央理论刊物《红旗》杂志上。撰写的论文和著作多次获奖，如《公有制与商品经济兼容问题的思索》《社会主义市场经济体制下的计划与市场》分别获中国人民大学 1991 年和 1997 年优秀科研成果论文奖，代表作《中国社会主义市场经济研究》获 2000 年中国图书奖二等奖和北京市 2001 年社会科学研究成果优秀奖。其他著作有《胡钧自选集》《马克思主义政治经济学与现代西方经济学》《创新发展与科学扬弃》等。

习近平总书记指出学习马克思主义政治经济学是为了更好指导我国经济发展实践，提出开拓当代中国马克思主义政治经济学新境界，为准确把握和贯彻这一思想，正确理解历史唯物主义中生产力与生产关系的辩证运动关系对坚定确定政治经济学的研究对象是生产关系和它对经济发展实践的重大指导意义有直接关系。

一　历史唯物主义关于生产力和生产关系的辩证运动原理

马克思指出他的政治经济学是在唯物主义历史观的指导下的研究成果。所以理解历史唯物主义基本理论是理解马克思主义政治经济学的前提。历史唯物主义是关于人类社会历史发展一般规律的科学体系，人类为了生存和发展，就必须通过物质生产来满足自身对物质资料的需要。生产工具的先进程度和人们在生产过程中以怎样的关系组织起来进行生产，是物质资料丰富程度和人们生活富足程度的决定力量。人类社会发展归根结底是由生产方式、由生产力与生产关系的发展决定的。列宁指出：《资本论》的问世"历史唯物主义已不再是什么假设，而是经过科学检验的理论"[1]。为把握这一规律，必须对生产力与生产关系这一对历史唯物主义的基本范畴有正确的理解。这方面在我国哲学和政治经济学理论界都还存在着不同的认识，影响着对客观规律的理解。

什么是生产力？斯大林在《论辩证唯物主义和历史唯物主义》这篇论文中为生产力这一概念作如下的规定："用来生产物质资料的**生产工具**，以及有一定的**生产经验**和**劳动技能**来使用生产工具、实现物质资料生产的**人**，——所有这些因素共同构成社会的**生产力**。"[2] 生产工具的科技含量和数量以及劳动者的认知水平和技能的高低标志着一个社会的生产力的发展程度。生产力的这个定义是科学的，但我国哲学和政治经济学学界长期以来却抛弃了这个定义，而是采取了20世纪50年代中国人民大学出版社出版的一本哲学教材《辩证唯物主义和历史唯物主义原理》给生产力下的这样的定义：《生产力是人们改造、征服自然的能力》。这个定义一直占据着至今所有我国哲学和政治经济学各类文献的园地。但生产力这个定义表述是错误的。它不是历史唯物主义学科中与生产关系相对应的生产力的定义，而是经济学中劳动生产力的定义。人们把"生产力"与"劳动生产力"这两个内涵完全不同的概念混同了。

如果查一下外国相关文献，就可看出，与生产关系的变动相关的"生产力"与"劳动生产力"是两个完全不同的名词和具有不同含义。前者是指具体物质要素，后者是指人的能力；前者是实体名词，后者是一个抽象名词；前者只能用复数，后者没有复数，只能用单数。把二者混同是由中国的文字特点造成的。这两个概念中的"力"实际上包含两种不同的内容，但却用同一个名词表现。混同这二者这种错误在外国学者中是绝不会发生的。如果我们把生产关

① 《列宁选集》第1卷，人民出版社1995年版，第13页。
② 《斯大林选集》（下），人民出版社1979年版，第442页。

系一定要适合生产力的性质中生产力解释成劳动生产力，那就会成为一大笑话。

在物质生产力中，人是生产的主体，是生产过程的发动者和执行者，是生产力中最重要的因素。但人不能单个生存，只有结成一定的联系和关系才能生存和从事生产和创造，也就是说只有处在一定的生产关系中的个人才能推动生产力的发展。因此，生产力的发展是不可能离开人的活动而发展，因而也是不可能离开生产关系自动发展，它只能依靠适应它的生产关系来推动发展。

生产关系是物质生产的另一方面。"生产的另一个方面，生产方式的另一个方面，就是人们在生产过程中的相互关系，即人们的生产关系。"① 人们在生产过程中社会关系从现实发展看，是有历史阶段性的，不同的物质生产发展阶段，生产关系性质也不相同。

人在物质生产中的生产关系包括两个方面：一是生产技术关系，例如：分工、协作、车间班组间、企业里管理者与一线劳动者之间的技术关系、国民经济中生产部门间的比例关系和产业结构等。这类关系由生产中的技术状况决定，不因生产资料所有制形式的变更而改变。二是社会生产关系，例如，生产资料所有者与劳动者之间的关系。生产过程中的技术关系属于生产力的范畴，一般说这不是政治经济学的主要研究对象，我们要研究的主要是社会生产关系。

社会生产关系的内涵包含三方面内容：一是生产资料的所有制形式。二是在生产过程中结成的人与人之间的活动交换关系，即人们在生产中的社会职能和地位。三是劳动产品的分配方式。在生产关系的三个方面中，生产资料的所有制形式是起决定作用的，它的性质决定了其他两方面的性质。

生产力与生产关系二者的辩证运动关系，是历史唯物主义理论中的核心问题，也是政治经济学研究对象确定的关键问题。人类历史的发展实践证明，生产力的发展是自然规律过程，不受人的主观意识所支配。例如生产工具由石器到铜器到铁器的发展，动力装置由蒸汽机到电力到核动力的发展。生产力的发展状况决定生产关系的类型，有什么样的生产力就会产生什么样的生产关系。但生产关系并不是一个消极被动的因素，它对生产力合规律的发展能否实现以及生产力的进一步发展是否顺利起决定性作用。对生产关系对生产力发展究竟起怎样的作用，过去理论界有不太相同的表述，一般是用作用与反作用的说法表示：当生产关系符合生产力发展的要求时，可以促进生产力的发展，当不符合时会阻碍生产力的发展。这样说法是否符合二者辩证运动的实际呢？是否恰当呢？如果从实际出发去探讨，可以看到这种表达并不太准确，二者的发展关

① 《斯大林选集》（下），人民出版社 1979 年版，第 442 页。

系实际是这样的：生产力决定生产关系类型，适合生产力发展的社会生产关系是生产力进一步强大发展的最有决定性的因素。

为了说明这个问题，我们用资本主义制度的产生和发展实际过程来对生产力与生产关系的辩证运动作一个实证分析。封建社会末期，个体、家庭式分散劳动占统治地位，这种个体劳动方式生产率低下，已不符合当时社会需要增长的迫切要求。要使生产力更快发展，生产更大量产品，就必须按照生产力发展的规律，从原来个体劳动向劳动过程社会化发展，在集体劳动过程中发挥协作和分工的优势，进一步解放个体劳动被压制的劳动力的潜力，以便大力提高劳动的生产力。很明显，把分散的个体劳动集合起来聚在一个房檐下使劳动过程社会化，是生产力得以发展的决定性前提。怎样才能把工人聚集起来实行分工协作呢？适应这一要求就要求必须建立一种新的社会生产关系，在当时的生产力水平条件下，唯一可能的方法就是建立起资本主义生产关系。

这就是少数垄断占有了大量货币财富的人通过购置生产资料和劳动者的劳动力，把他们聚集在一起，建立一定规模的企业。资本家将工人组织在一定的工作场所进行协作和分工式劳作，提高劳动生产力。正是这种生产资料资本主义私人占有的生产关系，符合了当时生产力发展的要求，保证了个体劳动到社会化劳动过程转变的这一客观规律得以实现，从而保证了社会生产力进一步强大发展。马克思充分肯定了资本主义生产关系对生产力进一步强大发展的决定性作用，他说，资产阶级在它不到一百年的阶级统治中所创造的生产力，比过去一切世代创造的全部生产力还要多，还要大。

由此看来，生产力发展状况决定了生产关系的性质，有什么样的生产力，就要求有什么样的生产关系。同时，生产关系又反过来对生产力合乎规律的强大发展起着决定性作用。在这个意义上，可以说资本主义生产关系创造了企业内部分工这种新生产力，马克思说："工场手工业分工却完全是资本主义生产方式的独特创造。"① 在当时如果没有资本主义生产关系的建立，个体劳动到集体劳动这种技术关系的转变就不可能实现，生产力不可能得到快速发展。可见，历史发展实践表明，仅用作用反作用关系来表述不能表达出生产关系对生产力强大发展的决定性作用、是生产力发展的主要推动者这样的二者本质关系。

二　社会生产关系对生产力强大发展起决定性作用的现实在理论上的表现

英国古典政治经济学体系的创立者亚当·斯密，他的著作《国富论》代表

① 马克思：《资本论》第 1 卷，人民出版社 2004 年版，第 416 页。

着政治经济学学科体系的建成，他声称该著作的写作目的是富国裕民，大力增加国民财富。但纵观全书，该著作主要研究内容是社会生产关系。为什么他著书的目的是迅速增大国民财富，而其研究内容却锁定在社会生产关系上呢？它的思维逻辑是这样的：他清楚地认识到财富是劳动创造的，这是一个简单的事实。因此，要更快增加国民财富，就要提高劳动的生产力。怎么能使劳动生产力极大地提高呢？那就要在社会化的劳动过程中实行协作、分工："劳动生产力上最大的改良，以及在任何处指导劳动或应用劳动时所用的熟练技巧和判断力的大部分，都是分工的结果。"① 通过统一分工劳作代替分散个体劳动，形成的合作和竞争的关系极大地提高了生产效率。亚当·斯密在《国富论》中揭示了建立资本主义生产关系对发展企业内部分工这种新生产力的决定性作用，在此基础上全面展示了包括生产关系、分配关系、交换关系、消费关系，以及工业、商业、借贷、农业各个领域的整个资本主义生产关系体系，并揭示了每一方面对生产力的推动作用。斯密确认建立和发展资本主义生产关系是推动社会生产力快速发展和国民财富极大增长的决定性因素，所以他虽不是自觉地但却是本能地把自己著作的研究对象锁定在资本主义生产关系上，他也因此成为经济科学方面的一位伟大思想家。马克思也肯定这一点说：李嘉图和其他政治经济学家的兴趣仅仅在于理解资本主义生产关系，并把它说成是生产的绝对形式。

古典政治经济学对资本主义生产关系的研究尽管受到他们的资产阶级阶级局限性和认识能力的限制，存在着严重的缺陷，但他们开辟了从社会生产关系整体研究并阐明推动经济发展各项规律的新境界。政治经济学正是作为如何发挥生产关系作用来推动社会生产力和国民财富更快增长的一门科学而诞生的。

马克思的政治经济学的经典著作《资本论》批判地继承了古典政治经济学家的科学成就，吸收了他们把资本主义生产关系看作是当代推动社会生产力发展具有决定性力量的科学思想，运用辩证法批判了他们把资本主义看作是永恒的生产方式的形而上学历史观，完成了马克思主义的唯物主义历史观的创立，并在这一方法论的指导下，创建了马克思主义政治经济学。《资本论》正是站在无产阶级的立场上运用历史唯物主义的方法来研究资本主义生产关系的，"我要在本书研究的，是资本主义生产方式以及和它相适应的生产关系和交换关系"。

《资本论》对资本主义关系的分析，包括两个方面，一方面从正面阐述资本主义生产方式怎样促进生产的发展和财富的增长，揭示它的发展规律。这方

---

① 亚当·斯密：《国富论》（上），译林出版社 2014 年版，第 1 页。

面内容主要是为了阐明资本主义是历史发展中的一个必经阶段，使人们理解它，因为只有理解它才能有效地对付它，避免陷入空想社会主义者们那样简单地把它当作坏东西抛弃掉。另一方面就是从反面，揭示它的历史暂时性、过渡性，对之进行社会主义批判。《资本论》的内容不单是为阐明资本主义制度必然灭亡，必将为社会主义所代替，它还包含对资本主义生产方式的正面阐述中显示出的一定的生产关系对生产力发展的决定性作用这一指导思想，这是一个极重要的方法论，它向我们指明，为推动国家经济发展实践，应着力在探寻建立怎样的生产关系上下功夫，以推动社会主义社会财富的更快增长，达到国富民强、共同富裕的最终目的。这应当是对推动经济发展实践最有决定意义的举措。《资本论》的上述内容也为我们指出了发展中国化马克思主义政治经济学的根本途径。因此，现在马克思主义政治经济学关于研究对象的讨论不是一个蛰伏于书斋的字面上的纯学术争论，而是一个对指导我国经济发展具有决定性重要实践意义的应引起高度重视的问题。

习近平总书记在中共中央政治局第二十八次集体学习会上的讲话指出，学习马克思主义政治经济学是为了更好指导我国经济发展实践。我们学习马克思主义政治经济学的根本任务就是找到适合当前生产力发展的生产关系，根本实践意义就是为我国经济发展选择正确的道路提供理论依据，树立道路自信！

三　社会主义经济建设实践一再证明适应生产力水平的生产关系是生产力强大发展的主要推动者

人类历史实践证明，当建立起适应生产力的生产关系时，它就成为生产力进一步强大发展的主要推动者。人类历史上第一个社会主义国家——苏联，它的成功经验与失败教训向我们充分证实了这一观点。

苏联在建国初期创造性地发展了马克思主义，将马克思主义理论同战后苏联贫乏和落后的生产力现实状况相结合，充分发挥了社会主义公有制的优越性和集中主要力量办大事的优势，推动了生产力的快速发展，取得了世界瞩目的成就。但苏联由于缺乏经验和对马克思主义理论采取的教条主义态度，把马克思对未来新社会基本关系的论述当成现成的可以照搬的固定模式来理解，而不是理解为它只不过是需要经过一系列过渡阶段才能达到的目标，因而实际工作中存在着严重的缺陷。这表现在不顾生产力还比较落后的现实，实行单一的公有制，完全否定了发挥私有经济在发展生产力中的作用，束缚了生产力的发展；在经济管理上又单一地用行政指令把国民经济统得过死、单一集权的计划经济体制、排斥市场的调节作用，这一切使得当时的社会生产关系与生产力发展水平不相适应，严重危害了生产力的发展，导致后来的失败。

上述说明，社会主义所有制关系在经济发展中的决定性作用。没有公有制占支配地位，不可能取得这样巨大的成就。马克思主义政治经济学的根本任务，就是随着生产力的发展及时提出调整社会生产关系的适当形式，以推动经济建设持续、快速、健康发展。

我国社会主义经济建设和经济体制改革实践取得了巨大的成就同样证明选择适当的生产关系是生产力强大发展的主要推动力。习近平总书记在庆祝中国共产党建党95周年大会上强调："在95年波澜壮阔的历史进程中，中国共产党紧紧依靠人民……为中华民族作出了伟大历史贡献……使具有60多年历史的新中国建设取得举世瞩目的成就，中国这个世界上最大的发展中国家在短短30多年里摆脱贫困并跃升为世界第二大经济体，彻底摆脱被开除球籍的危险，创造了人类社会发展史上惊天动地的发展奇迹，使中华民族焕发出新的蓬勃生机。"[1]

我国的建设之所以成功，最主要的原因是遵循了马克思关于生产力和生产关系的辩证规律，建立了社会主义基本制度，发挥了社会主义公有制的巨大优越性。特别是由于吸取国际国内社会主义制度发展的经验教训，为了更好地发挥社会主义制度的优越性，提出了建立中国特色社会主义的基本方向，将经济体制改革当作经济建设的首要任务。经济体制改革实际上就是调整生产关系，改变不适应生产力发展的生产关系结构，建立适应生产力发展的生产关系体系。从改革开放以来我国经济发展的历程来看，生产力每一阶段的快速发展都归功于生产关系的及时调整。

新中国成立初期，我国生产力还极为落后，并且经济被战争破坏严重，但我国毕竟已有一定的社会化大生产和相当规模的工人阶级队伍，政府为适应当时的生产力发展状况，建立起大规模的以公有制为基础的国有经济和国有企业，这大大促进了我国经济的快速发展。虽然随后出现了所有制结构过于单一、完全排斥私有经济，束缚了社会生产力的发展，但总体来说，我国的国民经济建设还是为以后的社会主义经济建设提供了坚实的经济基础和物资保障。改革开放开创了我国历史的新纪元，我国在总结了苏联和我们自己的经验教训基础上，进行全面经济体制改革，进入了经济腾飞的新时代。在此过程中，党和国家依据生产力发展状况对所有制结构、分配制度、市场经济体制等构成生产关系体系的要素都进行了改革，并取得了很大的成就。

---

① 《庆祝中国共产党建党95周年大会在京隆重举行》，《人民日报》2016年7月2日。

　　所有制结构改革取得了巨大成就。改革开放以来，政府依据我国生产力发展状况，建立起了以公有制经济为主体，鼓励、支持和引导非公有制经济共同发展的所有制结构。国有经济的巩固和发展是我国基本经济制度和所有制结构中最有决定作用的力量，是社会主义制度优越性的根本所在。国有经济是我国国民经济发展的顶梁柱，是社会生产力发展的主导力量，其影响力不断扩大，对推动生产力的增长起到了巨大的推动作用。所有制改革的成功还表现在对国有企业的改革、农业体制的改革和鼓励支持非公有经济大力发展等方面。

　　进行国有企业改革。2002 年党的十六大对国有资产管理体制进行了重大改革，对国有企业推行"松绑""放权""承包"等扩大企业自主经营权的改革措施，改变旧有的国营企业与政府之间的"父子关系"，通过政企分开、建立现代企业制度，创造了社会主义公有制新的实现形式，极大提高了国企经营的积极性、灵活性、创新意识和竞争活力，提高了国企在市场中的主导地位和影响力。2012 年，国有企业上榜《财富》世界 500 强的数量由 2003 年的 6 家增至 54 家。2003—2011 年，全国国有企业上缴税金从 8361.6 亿元增长到 3.45 万亿元，年均增长 19.4%。截至 2011 年底，全国国有企业拥有自主知识产权专利 21.4 万项，其中中央企业 13.7 万项。大型国有企业取得了载人航天、绕月探测、深海钻井平台、深潜探测等一大批具有自主知识产权和国际先进水平的成果，成为我国科技创新的典范。[①]

　　进行农业体制改革。政府为了解决温饱问题，提高农业生产力，废除了"一大二公"的人民公社制度，这是生产资料所有制关系的一次重大改革。改革中实行了家庭联产承包责任制，使土地的所有权和使用权分离，农民可以自主安排农业生产，打破了"平均主义大锅饭"，农民的积极性被真正调动起来。据估计，在包产到户、包干到户的 1979—1984 年间，农业产值增长的 42.23% 中，家庭承包制改革带来的增长份额为 19.8%，贡献率为 46.89%。[②] 1979—1986 年，农业总产值从 1397 亿元增长到 4013 亿元，平均每年涨幅 14.15%，大大高于 1952—1979 年间的 2.7% 的年平均涨幅。[③] 推动了农业生产力的快速发展，成为我国农业发展的最好时期。

　　分配制度改革取得成效。改革中改变了之前"平均主义大锅饭"，"干和不干一个样，干多干少一个样"的分配方式，肯定了劳动在财富创造中的主要能

　　① 王勇：《国务院关于国有企业改革与发展工作情况的报告》，中国人大网，http://www.npc.gov.cn/huiyi/ztbg/gwygygyqyggyfzgzqkdbg/2012—10/26/content_1741236.htm。
　　② 林毅夫：《制度、技术与中国农业发展》，上海三联书店 1994 年版。
　　③ 干春晖：《中国经济体制改革 30 年》，上海财经大学出版社 2008 年版。

动作用，调动了劳动者的积极性和创造性。以多种分配形式为补充，肯定了除劳动者按付出的劳动获得收入外，还有一些主要依靠把他们的资产投入经济发展中，以他们的财产参加生产，获得相应收入。从这方面看，对生产的发展也是作出了贡献的。因此，国家为鼓励投资积极性，也支持经营者以投入的资本参加分配，承认他们收入的合理性和合法性。这同样促进了共同富裕的社会主义社会根本任务的实现，提高了我国生产力发展水平。

市场经济体制改革成功进行。为了适应所有制形式和分配制度的改革，交换关系也必须相应作出重要的改革。改革开放前，我国在实行高度集中的计划经济体制下，忽视了市场在配置资源中的重要作用，使生产力发展受阻。在这种情况下，政府提出了社会主义也可以搞市场经济。我国进行了经济体制改革，并提出要保证在社会主义性质的前提下发展市场经济，发挥好政府在其中的统驭和引导作用。这是我国在经济建设中将马克思主义和中国发展过程中的具体实践相结合的一项重大举措。在市场机制的作用下，经济增添了生机和活力，提高了经营者的积极性和创造性，资源配置效率进一步提高，产品日益丰富，极大地推动了生产力的全面、健康发展。

1997 年 12 月，国务院发展研究中心在《当前国民经济运行的新特点及政策》中指出："短缺经济在大多数领域基本结束，……八十年代呈'瓶颈'状态的能源、原材料、交通通讯等基础产业和基础设施近几年已有很大缓解；……总体上看，竞争性领域短缺经济已基本结束。"[1] 1987—2012 年我国 GDP 平均涨幅保持在 10% 左右，国内生产总值由 1978 年的 3645 亿元增长到 2015 年的 676708 亿元。[2] 人均 GDP 在 2000 年达到了 854 美元，比 1978 年翻了两番多，2015 年达到 8016 美元[3]，比 2000 年增长将近 9 倍，我国人民的生活水平实现了从温饱到小康的历史性跨越。这充分说明，经济体制改革，改革生产关系，扫除生产力发展中的障碍，对经济发展具有巨大的推动作用。

上述都是我国生产关系的改革和因此取得的巨大成就，这是我们党充分重视社会生产关系在推动社会生产力的发展上起到的强大推动作用，进而用它来指导我们经济发展实践的结果。马克思主义政治经济学与其他经济类学科的区别就在于它是研究建立怎样的生产关系能够对经济进一步地健康快速发展起决定性作用。如果否定了马克思主义政治经济学研究对象是生产关系，就等于取

---

① 《中华人民共和国年鉴》，1998 年版，第 426 页。
② ［金融市场与投资］［财经热点讨论］中国 2015 年 GDP 增速 "破 7"，同比增长 6.9% 创 25 年来新低，经管之家网，http://bbs.pinggu.org/thread—4184555—1—1.html。
③ 聚焦 2015 年度经济数据：GDP 增 6.9%，凤凰财经网，http://finance.ifeng.com/special/2015ndjjsj/。

消了它对经济发展的重大作用，使对经济发展的研究局限于经济运行机制或应用经济学方面，这是捡了芝麻，丢了西瓜，削弱了政治经济学应发挥的更有决定意义的作用。这对指导我国经济发展的工作会造成极大损害。

四 马克思主义政治经济学为我国在经济发展新常态下提供理论依据、树立道路自信

马克思主义政治经济学把社会生产关系作为研究对象，对正确认识和处理我国当前的新常态各种经济关系具有巨大的现实指导意义。

自 2013 年以来，我国经济由高速增长换挡步入中高速增长的"新常态"，步入经济增速换挡期、结构调整阵痛期、前期刺激政策消化期的"三期叠加"阶段，处于转型最艰难也是最关键的时期。党和政府更需要树立社会主义道路自信，坚定不移地以马克思主义政治经济学作为指导我国经济发展的理论依据。那么，明确马克思主义政治经济学的研究对象——生产关系这一重要理论，并正确理解和运用生产关系在生产力发展中的推进作用来指导我国当前的新常态经济发展，对中国人民树立道路自信、认清发展方向、增加发展凝聚力起到决定性的作用。依据上述理论和我国当前生产力发展现状，我们应该从以下几个重要方面入手通过经济体制改革调整生产关系，推动经济持续健康发展。

毫不动摇坚持我国基本经济制度，推动各种所有制经济健康发展。首先要毫不动摇地坚持公有制的主体地位。我国公有制为主体的根本体现是国有经济占据主导地位。习近平总书记在主持 2015 年 11 月 23 日中共中央政治局第二十八次集体学习时强调，要坚持和完善社会主义基本经济制度，毫不动摇巩固和发展公有制经济，毫不动摇鼓励、支持、引导非公有制经济发展，推动各种所有制取长补短、相互促进、共同发展，同时公有制主体地位不能动摇，国有经济主导作用不能动摇，这是保证我国各族人民共享发展成果的制度性保证，也是巩固党的执政地位、坚持我国社会主义制度的重要保证。[①]

国有企业的职责在于帮助政府协调和统驭好国民经济的发展，推动社会生产力强劲增大和带动其他所有制经济健康、高效地增长。社会主义国家生产的根本目的是最大限度地满足社会成员的物质文化生活需要，国有经济由于适合社会化大生产的要求，可以遵照集中主要力量办大事的优越性，从而成为经济发展主导力量和支柱。习近平总书记在 2016 年 7 月 4 日全国国有企业改革座谈

---

① 《习近平在中共中央政治局第二十八次集体学习时强调 立足我国国情和我国发展实践 发展当代中国马克思主义政治经济学》，《人民日报》2015 年 11 月 25 日。

会上强调："国有企业是壮大国家综合实力、保障人民共同利益的重要力量，必须理直气壮做强做优做大，不断增强活力、影响力、抗风险能力，实现国有资产保值增值。"

为了更好发挥国有经济对整体国民经济的主导作用，巩固国有经济的影响力，在"十三五"期间，国有企业改革作为一项重要的任务开展。国企改革要通过充分发挥政府对国有经济的调节职能，保证国民经济有计划、按比例地协调发展；使国有经济向关键行业和领域集中，加强国有企业的控制力度；将国企由粗放型的增长逐渐转变为集约型增长，发挥其在创新、参与国际竞争、国防安保、医疗文卫方面的积极主导引领作用；建立现代企业制度，改革国企员工的薪酬制度和监管力度，提高国企运营效率。国企的改革和努力贯彻国家规划、计划都属于生产关系的调整，这保证了国民经济按比例协调发展。生产关系这里发挥着决定生产力进一步发展的重要作用。

为把国有企业做强、做优、做大，应关注推动国有中央企业结构调整和重组，使布局结构不断优化，规模实力显著增强，尽力提升发展质量，对关系国家安全、国民经济命脉的重要行业和关键领域、主要承担国家重大专项任务的央企，要保持国有资本的控股地位，以保证结构调整和重组能切实服务于供给侧结构改革提出的"三去一降一补"五大重点任务顺利实现。

在公有制经济为主体的前提下，要毫不动摇地坚持鼓励和支持私营经济的发展。我国生产力还很落后，生产资料特别是先进的生产资料、科学技术还很少，国家还不可能把所有的劳动能力吸引到生产过程中来。为了解放生产力，必然要求调动社会上的一切力量，增加私人资本投入，扩大就业，把劳动力吸收到创造财富的活动中。所以鼓励私营经济，大力发展、动员一切社会资本投入生产，是解放生产力的重要方面，这是社会生产关系一定要适合生产力发展规律的要求。坚定不移地鼓励、支持、引导非公有制经济的发展是中国特色社会主义经济的一个重要方面，实际发展证实它的发展对我国保持快速持续发展起着极为重要的作用。习近平总书记在 2016 年 3 月 4 日参加全国政协十二届四次会议民建、工商联界委员组会时指出："坚持公有制为主体，多种所有制经济共同发展的基本经济制度，是中国共产党确立的一项大政方针，是中国特色社会主义制度的重要组成部分。"①

在我国"新常态经济"和"三期叠加"的重要战略转型期，针对非公有制

---

① 习近平：《毫不动摇坚持我国基本经济制度，推动各种所有制经济健康发展》，《人民日报》2016 年 3 月 9 日。

经济重点解决好的问题包括通过降低金融机构对中小企业的融资成本和门槛；鼓励民营企业合法做大、做强，提高其信誉、品质和社会认可度；充分发挥政府的服务功能，简政放权，切实可行地扶持中小企业的发展；提高对非公有经济人士的人文关怀和道德培养，提高他们为社会主义事业做贡献和服务社会的感恩意识、意志品质和道德情操；完善市场的管理和监督法律法规，为市场主体提供有法可依、有法必依、执法必严、违法必究的竞争环境！

当前深化农村综合改革成为经济体制改革极重要方面，包括农村集体产权制度、农业经营制度等。随着社会生产力的发展，工业化、城镇化深入推进，农业农村面临新的挑战，需要生产关系的进一步调整，在把土地所有权和承包经营权分开的基础上，为进一步发展规模经营实行合理的土地流转，又把承包权和经营权分开，形成所有权、承包权和经营权三权分置。要求创造新的农业经营体制。既要尊重和保障农户生产经营的主体地位，提高农户规模集约经营水平，又要关注生产关系具体形式的选择，如联户经营、专业大户、家庭农场、农民新型合作组织等，以激发农业农村活力，实现农业现代化。

推进供给侧结构性改革。近10年来，中国经济出现了严重的结构性产能过剩问题。钢铁、煤炭、平板玻璃、水泥、电解铝、船舶、光伏、风电和石化等产业过剩现象尤为严重。国际货币基金组织的报告显示，2014年我国产能利用率仅有60%。[1] 2015年，我国钢铁产能利用率不足67%；煤制油产能利用率低至47.5%；汽车产能利用率更是降至50%。[2] 产能过剩不仅造成企业销售困难、利润下降、再生产资金无法保障、机器设备开工不足、工人下岗、甚至破产，还会造成社会资源浪费，物质资源不能被有效和充分利用，人力资源也无法充分利用到真正创造有效价值的部门，严重阻碍了国民经济的发展。

面对严重的结构性产能过剩，党中央推出了供给侧结构性改革，这一政策是适应和引领经济发展新常态的重大创新。去年中央财经领导小组第十一次会议习近平总书记首提"着力加强供给侧结构性改革"，今年中共中央政治局第三十次集体学习时总书记将这项改革形容为"十三五"时期的一个发展战略重点，是"衣领子""牛鼻子"。当然，在实践中同样不能放松对需求侧波动的关注，要相应扩大总需求、改善民生、发展社会事业，保证生产与需要之间的正当比例。

---

[1] 《中国的过剩产能：IMF报告显示中国产能利用跌至60%》，http://www.dianrong.com/caifu/234991.html，2015年10月15日。

[2] 赵婷婷：《日媒：2015年中国汽车产能利用率仅50%》，http://www.pcauto.com.cn/news/636/6367530.html，2016年5月11日。

做好供给侧结构性改革的实质就是改革生产领域的各个领域比例关系，去产能、补短板。首要任务就是更好地发挥国有经济的主导作用，深化国企改革，发挥好政府的调控作用，让国有企业主导国民经济按比例协调发展。其次要处理好政府与市场的关系，以及中央政府与地方政府的关系，改革中央政府规划和地方政府近期目标不一致、信息不对称、做决策时政府对市场需求没有充分了解等导致产能过剩的主要问题。

处理好政府与市场的关系。经济体制改革的关键是政府和市场关系改革，这也是当前生产关系调整的一个重要方面。党的十八大提出："深化改革是加快转变经济发展方式的关键。经济体制改革的核心问题是处理好政府和市场的关系，必须更加尊重市场规律，更好发挥政府作用。"[①] 党的十八届三中全会指出："经济体制改革是全面深化改革的重点，核心问题是处理好政府和市场的关系，使市场在资源配置中起决定性作用和更好发挥政府作用。"[②]

当前，政府与市场的关系还处理得不够好，一个重要原因是没有弄清楚二者的基本关系，不理解在社会主义条件下二者哪一个是矛盾的主要方面，哪个是矛盾的次要方面。我国经济发展出现了很多问题，例如，一些部门严重的产能过剩、产业结构失调、环境污染和生态破坏等。而这些现象的产生主要与市场盲目性有关，特别是地方政府成为市场主体，利用他们控制的资源，强化了市场的自发性、盲目性的力量。在这种条件下，市场这只"看不见的手"解决不了上述问题，反而会因单个厂商逐利行为使矛盾进一步恶化。这时，政府这只"看得见的手"显得尤为关键。政府职能应该主要定位在强化党中央总揽一切和发挥核心领导作用，控制大的方面的资源配置方向。如习近平总书记所指出的，更好地驾驭市场经济。政府要发挥积极作用，采取经济调节、市场监管、社会管理和公共服务等措施，纠正市场本身缺陷，为国民经济健康发展创造良好环境。

结　语

本文根据历史唯物主义关于生产力与生产关系辩证运动规律、生产力决定生产关系和生产关系对生产力进一步强大发展起决定性作用的基本原理，阐明了马克思主义政治经济学把社会生产关系作为研究对象和主要内容这一观点的

---

① 《十八大报告（全文）》，http：//www. xj. xinhuanet. com/2012—11/19/c_ 113722546_ 4，2012 年 11 月 19 日。

② 《中国共产党十八届三中全会公报发布（全文）》，http：//news. xinhuanet. com/house/tj/2013—11—14/c_ 118121513. htm，2013 年 11 月 14 日。

科学性和它的重要实践意义。习近平同志指出，坚持和发展中国特色社会主义政治经济学，要以马克思主义政治经济学为指导。为贯彻这一思想，首要的就应该是牢牢把握政治经济学把社会生产关系作为主要研究对象，把努力集中在揭示和确立适合生产力水平的生产关系，发挥它推动生产力快速发展的作用。就建立中国特色社会主义政治经济学来说，在马克思主义政治经济学指导下立足中国国情深刻总结本国的经济发展实践经验具有决定意义。有的人认为当前国家是以经济建设为中心，政治经济学应把研究对象改变为以生产力的研究为核心内容，看起来这更重视生产力的发展，但这类观点却忽视了对生产力发展起主要推动者作用的生产关系的研究，这当然不正确，这等于阉割了马克思主义政治经济学的灵魂。这种错误观点付诸实践，必将使习近平同志提出的"学习马克思主义政治经济学是为了更好指导我国经济发展实践"这一要求落空，更不可能构建起中国化马克思主义政治经济学。

现代政治经济学理论体系多样化
创新的原则和思路

程恩富

【作者简介】程恩富，中国社会科学院首批学部委员、学部主席团成员兼马克思主义研究学部主任、经济社会发展研究中心主任、教授、博士生导师；国家马克思主义理论研究和建设工程首席专家。第十一届、十二届全国人大代表。曾在中央政治局集体学习会上讲课，近年多次出席中央领导召开的座谈会，上报的内参获得多位中央领导的批示。担任世界政治经济学学会会长、中华外国经济学说研究会会长和全国经济规律研究会会长；是俄罗斯彼得堡大学、上海财经大学等10多所国内外高校的荣誉或客座教授；主编的5种重要学术期刊在中国和英国出版。主要从事中外政治经济学的研究和教学工作。在中、美、俄、日、越等海内外报刊发表500多篇文章，独著和合编30多本著作，在国际马克思主义知识界的影响日渐扩大，被中日等媒体称为"中国最有创见的马克思主义经济学家之一"。

改革以来，我国的政治经济学及其理论体系，提炼和总结经济改革开放的丰富经验与世界经济的新变化，为坚持和发展马克思主义经济理论，作出了重要贡献，呈现出多样化格局。然而，多样化的政治经济学体系各有长处与短处，需要在科学评析的基础上继续完善和开拓创新。限于篇幅，这里不专门分析中国特色社会主义政治经济学体系，但有些逻辑是通用的。

一　现有政治经济学主要体系简评

经过 30 多年的探索和发展，我国出版的数十种政治经济学教材中有以下几种主要理论体系。

——两部分政治经济学体系。在改革初期，把政治经济学分成资本主义部分和社会主义部分，是主流理论体系。这种体系的优点在于社会主义经济理论可以充分阐述，缺点在于两部分的结构和概念是不对称的。时常对于同一分析对象，使用不同的概念进行分析。如资本主义部分使用扩大再生产概念，社会主义部分使用经济增长概念等等。

——三篇政治经济学体系。受当时南斯拉夫等东欧国家政治经济学的影响，先设政治经济学的一般原理篇，集中阐述基本范畴、原理和观点，再设资本主义经济、社会主义经济两篇。它运用从抽象到具体的方法，有一定的逻辑性，但后两篇内容的构成逻辑和方法是不自洽的，依然存在资本主义经济和社会主义经济两部分阐述的弊端。

——四篇政治经济学体系。借鉴原苏联东欧国家政治经济学和西方经济学的理论体系，主要由商品经济、经济制度、经济运行、经济发展这四篇构成体系。它把商品、货币、社会生产一般的内容独立成首篇，在后三篇中再分别论述资本主义和社会主义的不同经济制度、经济运行特点和经济发展模式。这只解决了首篇分析的市场经济和社会生产一般概念的对称问题，而其他三篇仍然是先后分资本主义和社会主义两部来论述。此外，另一种四篇政治经济学体系，是按照商品和货币、资本主义经济、社会主义经济、经济全球化与对外开放来排序的。这两种四篇政治经济学体系有一定科学逻辑，但经济的制度、运行和发展等内容是相对交叉的，且对外开放均是资本主义和社会主义经济内含的，完全分割叙述并不完美。

——六篇政治经济学体系。这是综合政治经济学和西方经济学来设计的体系，主要分为社会生产过程、社会经济制度、微观经济运行、社会经济发展、宏观经济运行、国际经济关系共六部分。其优点是吸收了西方经济学的某些成分，但并非是按照一种有逻辑的科学方法论来构建，分块拼盘明显。

二　创新政治经济学体系的原则与思路

为了进一步完善和创新 21 世纪政治经济学的多样化理论体系，使其尽量符合科学化、时代化和中国化的内在要求，应确立若干学术原则和思路。

第一，应科学汲取西方经济学体系的某些精神而不宜简单地混合型模仿。

西方主流经济学体系一般分为微观经济、宏观经济与国际经济三大块，这是其经济思想发展的结果。19 世纪末，马歇尔综合前人研究后形成的经济学体系只是微观经济学，在 20 世纪 30 年代大危机的冲击下部分破产，以凯恩斯主义为基础的宏观经济学体系应运而生，再加上日益成熟的国际贸易理论和国际金融理论，从而构成了微观经济、宏观经济和国际经济三大块的主流理论体系。这一体系的内容是存在严重缺陷的。比如，科斯批评其属于缺乏产权、制度和交易费用等内容的"黑板经济学"，形式主义盛行；加尔布雷斯支持法国青年学者批评主流经济学过度数学化而缺少对现实问题分析的等内容①；哈佛大学数十名学生认为主流经济学为资本主义社会"问题多多、效率极低的经济不公平制度辩护，它给其他课程不是打下坚实的基础，而是提出了一些被扭曲的观点"②。这些内容缺陷与体系缺陷密切相关，因为西方主流经济学体系的形成缺乏科学方法论的支撑。如消费等不少同一问题是割裂在微观经济与宏观经济两部分来论述的。针对机械地分为上述三大块体系的弊端，斯蒂格利茨《经济学》等不少教科书便舍弃了它，而是时常交叉设章节进行三大块的论述。不过，这些略有差异的新体系依然缺乏按照某种科学方法来叙述，甚至造成更不合逻辑的混乱。譬如，在萨缪尔森《经济学》教科书微观经济学编中论述供给、需求和产品市场之后，又设应用微观经济学编，论述政府税收和支出、效率与公平、国际贸易，甚至还设有会计学这一目③。显然，政府收支属于宏观经济问题，国际贸易属于国际经济问题。因此，倘若现代政治经济学体系只是在原有体系结构上加上微观经济和宏观经济部分，形成各种混合型理论体系，显然也缺乏方法论的逻辑。我们应科学汲取西方经济学体系的精神，即政治经济学必须包括微观经济和宏观经济的有关内容，而非简单地在体系结构上进行混合型模仿。

第二，应综合马克思的两种政治经济学体系而不宜互相排斥。1859 年，马克思在《政治经济学批判》第一分册的《序言》中第一次宣布了"六册计划"，写道："我考察资产阶级经济制度是按照以下的次序：资本、土地所有制、雇佣劳动；国家、对外贸易、世界市场。在前三项下，我研究现代资产阶级社会分成的三大阶级的经济生活条件；其他三项的相互联系是一目了然的。"④ 不过，由于研究时间不够和形成了新的思路，马克思后来计划写作四卷体系结构的

---

① 详见贾根良《中国经济学发展的西方主流化遭遇重大质疑》，《南开经济研究》2003 年第 2 期。
② 引自朱富强《哈佛学生为何罢曼昆的课?》，《社会观察》2011 年第 11 期。
③ 参见萨缪尔森、诺德豪斯《经济学》第 19 版，商务印书馆 2014 年版，第 156—160、349—422 页。
④ 《马克思恩格斯全集》第 13 卷，人民出版社 1962 年版，第 7 页。

《资本论》，并重新组合前三册的"资本、土地所有制、雇佣劳动"为"资本的直接生产过程、资本的流通过程、资本主义生产的总过程"。目前，我们可以科学综合马克思关于政治经济学六册体系和《资本论》四卷体系的计划，再加上列宁《帝国主义是资本主义的最高阶段》的思路，彻底摒弃资本主义与社会主义两分法的框架，重新设计一部研究现代市场经济的政治经济学完整体系。其体系结构应按照逻辑作如下考虑：除了导论阐述政治经济学的产生与发展、对象与范围、任务与方法、性质与意义，以及尾论阐述经济制度一般原理、资本主义和社会主义经济制度的异同、共存、竞争和发展趋势之外，可以分篇阐述直接生产过程、流通过程、生产的总过程、国家经济过程和国际经济过程。其中，前三个经济过程重点体现《资本论》关于市场经济的叙述方法，后两个经济过程重点体现"六册体系"中后三分册的叙述方法。然后，各篇章节均按照范畴一般与范畴特殊的分析法来阐述。例如：在叙述工资时，先讲工资的一般含义，再讲资本主义工资的本质，接着讲社会主义工资的本质；在叙述市场经济时，先讲市场经济共性，再分别讲市场经济的资本主义和社会主义特性。

第三，应按照不同的方法论分别构建不同的政治经济学体系而不宜单一化。马克思设想政治经济学六册体系结构的方法是"个别生产要素分析→国家经济整体分析→国际经济关系分析"，也就是先阐述作为资本主义的核心概念即"资本"，再阐述作为第二生产要素和生产关系的"土地所有制"，然后阐述作为被资本和土地所有制支配的"雇佣劳动"，从而完成对资产阶级、土地所有者阶级和雇佣劳动阶级这三大阶级的经济生活条件和经济关系的分析；接着阐述作为资产阶级整体的国家经济行为、对外贸易和世界市场，揭示国家和国际的经济活动规律和经济关系。与此不同，《资本论》前三卷的体系是采用黑格尔"正—反—合"圆圈的圆圈叙述方法，即先阐述作为核心内圈的"资本的直接生产过程"，中心是分析剩余价值的生产；然后阐述包含内圈的"资本的流通过程"第二圈，中心是分析剩余价值的流通；最后阐述包含生产和流通在内的"资本主义生产的总过程"外圈，中心是分析剩余价值的分配。此外，马克思在《〈政治经济学批判〉导言》中精辟地分析了生产、交换、分配和消费的各自作用及其相互关系，没有否定从社会生产和再生产这四个环节和领域来叙述政治经济学体系，并且《资本论》前三卷理论体系就是先后叙述前三个环节的，而消费理论是分散在各卷之中的。可见，如果分别采用马克思依据不同的叙述方法而形成或涉及的政治经济学体系，那也有上述三种。

现在深一步探讨，倘若要与现代西方经济学进行体系上的学术对话，合理借用物理学和西方经济学体系的方法，并用马克思主义方法论精神总体指导和超越该理论体系的话，我们还可以创新出另一种现代政治经济学体系，即依序叙述"渺观经济→微观经济→中观经济→宏观经济→宇观经济"。其中，在渺观经济中，重点阐述劳动与生产一般、个体经济行为和经济活动中的人性；在微观经济中，重点阐述家庭的分工、生产、收入与财富、消费、储蓄与投资、人口，阐述企业的分工、生产、分配，阐述市场的形式与结构体系、地位与作用、要素市场均衡与产品市场均衡、市场与国家关系、国家微观规制；在中观经济中，重点阐述产业的发展、运动、组织、分工、结构和多产业关系，阐述区域经济的分工、组织、一体化、要素流动、贸易关系、均衡与非均衡增长；在宏观经济中，重点阐述国民收入决定与核算、产品市场和货币市场的一般均衡、总需求与总供给的关系和模型、失业与通货膨胀、经济增长和周期、宏观经济调节；在宇观经济中，重点阐述国际的分工、生产、贸易、金融、资源与财富分配、生产价格与价值规律、竞争与垄断、全球化与区域化、经济发展不平衡、经济体系、经济调节与秩序。简言之，以中外市场经济为研究范围的现代政治经济学体系创新应科学地多样化，实现理论体系的优势互补与共生，多学派地丰富和繁荣该学科。

第四，应尽快构建广义政治经济学体系而不宜只完善市场经济的政治经济学。我国唯一规范的广义政治经济学体系是许涤新在新中国成立初期完成的。他以三卷本形式阐述前资本主义经济制度、资本主义经济制度和社会主义经济制度。而自从恩格斯提出应建立广义政治经济学以来，尤其是在最近几十年，中外关于原始社会、奴隶社会和封建社会的经济史料已经非常丰富，完全可以通过去粗取精、去伪存真、由此及彼、由表及里的科学抽象，提炼其主要经济范畴，揭示其经济关系和发展规律，分别构建统一规范的原始社会、奴隶社会和封建社会的政治经济学而非一般的经济史学，以便最终创立历史与逻辑相吻合的广义政治经济学新体系。

有舆论以我国社会主义市场经济体制尚未成熟为由，认为不能或不应构建包含社会主义市场经济在内的政治经济学体系，这属于缺乏辩证法的误论。因为与19世纪后期以来的资本主义发展而言，《资本论》以及形成更早的资产阶级古典和庸俗政治经济学体系，均是在18世纪和19世纪中叶的自由资本主义条件下创立的，尽管在体系、方法和原理方面有重要差别。可见，只要一个社会的经济制度和经济关系基本定型或相对成熟，便可以创立科学反映和揭示该社会经济形态的政治经济学体系。人所共认，任何一个社会的经济制度和经济关系都会不断发展和持续演化，直至过渡为另一种社会经济形态为止。资本主义和社会主义社会的经济改革发展将始终存在，我们不可能坐等到共产主义社会再来创立政治经济学体系。至于有舆论认为西方经济学是经济领域的普世价值观，中国特色社会主义市场经济迟早会剧变为资本主义市场经济，以此否定构建 21 世纪马克思主义政治经济学体系和中国特色社会主义政治经济学体系，这属于一厢情愿的谬论了。

第五，应完整构建方法和原理分层递增的政治经济学体系而不宜专题化。与西方经济学教材分为初级、中级和高级不同，现存政治经济学教材几乎都没有按照方法和原理上的深浅来分层递增①，硕士生和博士生的政治经济学教材和教学均是专题研究，这就极不规范，亟须开拓创新。以方法为例，在初级政治经济学教材中，大体只需马克思使用过的唯物辩证法和初等数学，而在中级和高级政治经济学教材中，就应循序增添高等数学、系统论、控制论、心理学、法学、社会学、政治学、美学等某些叙述方法。再以分析领域和相应原理为例，在初级政治经济学教材中，大体只需界定在马克思论述过的物质生产领域及相应的经济原理，而在中级和高级政治经济学教材中，就应循序增添文化、科技、卫生等重要领域及相应的经济原理。还可以某一经济原理为例，从生产力的一般含义界定扩展到生产力的体系结构理论，从生产资料和消费资料两部类再生产实现的公式扩展到非物质生产部类、环境部类、军工部类以及开放条件下的实现公式和投入产出模型，从垄断资本主义的性质和特征分析扩展到多种世界体系分析，从经济危机的一般阐述扩展到短中长三种经济周期理论，从单纯的国际经济学观点扩展到国际政治经济学观点，从土地和地租的一般介绍扩展到整个"三农"理论，从中国社会主义市场经济体制分析扩展到白俄罗斯社会主义取向的市场经济体制分析，并循序增添对城镇化、城乡一体化、经济区域化和时间经济等重要理论。

第六，应严密构建起始范畴和主线理论逻辑自洽的政治经济学体系而不宜随意化。单纯研究某一社会经济制度的理论体系称之为狭义政治经济学，研究一切社会经济制度的理论体系称之为广义政治经济学，我们把同时研究资本主义和社会主义社会经济制度的理论体系，暂且称之为中义政治经济学。以现代市场经济为研究范围的中义政治经济学起始范畴是什么？既然资本主义和多数社会主义国家均实行市场经济体制，那么，作为把包含一切矛盾胚芽的商品作为始点范畴，依然是贯穿对立统一的矛盾分析法的最佳安排，而把所有制或劳动等这类复杂概念当作叙述始点并不妥当。遵循马克思关于剩余劳动的思维，

---

① 只有程恩富、马艳、冯金华、余斌共同主编和出版的《现代政治经济学新编》《中级现代政治经济学》《高级现代政治经济学》是按照方法和原理的深浅来阐发的。

剩余劳动理论可作为广义政治经济学的主线（红线）理论，但市场经济中的剩余劳动一般要转化为剩余价值，因而剩余价值理论应是中义政治经济学的主线。不过，私人资本获取私人剩余价值，集体资本获取集体剩余价值、合作资本获取合作剩余价值，国家资本获取国家剩余价值。以往那种把资本和剩余价值视为资本主义私有制特有概念，而又把剩余价值转化的利润和工资视为各种所有制的共同概念，在逻辑上是无法自圆其说的。我们必须在逻辑自洽的理论创新中把资本、剩余价值、利润、地租等主要概念先泛化或中性化，然后再阐明其不同的所有制赋予其不同的性质，否则，必然导致体系内部的表述紊乱。

与此相关的是生产目的的理论创新问题。资本主义私有制直接和最终的生产目的是最大限度地获取私人剩余价值或私人利润，生产使用价值是为生产私人剩余价值或私人利润服务的。社会主义市场经济条件下的公有制具有双重生产目的，其中，纯粹商业性企业直接的生产目的是追求最大限度的公有剩余价值，而非商业性企业直接的生产目的，是为了最大限度地满足全体人民的物质和文化需要（含生态环境的需要），但所有公有制企业的最终生产目的，都是为了最大限度地满足全体人民的物质和文化需要，并服从于国家出于整体和全局利益的调控，生产新价值和公有剩余价值是为生产使用价值服务的，因而体现了人民主体性和民生导向性的社会主义生产特性。因此，尽管社会主义国家比资本主义国家的非商业性国有企业要多，但毕竟占社会绝大多数的还是商业性的公有企业和私有企业，其通行的是表现特点有异的剩余价值规律。如此看来，剩余价值理论可以作为中义政治经济学的理论主线，从而解决理论体系内在基本逻辑一致性的难题。

《资本论》"崭新的因素"与
马克思经济学"术语的革命"

顾海良

【作者简介】顾海良，教授，经济学、教育学博士生导师，全国人大常委会教科文卫委员会委员，教育部社会科学委员会副主任委员，中央马克思主义理论研究和建设工程咨询委员、首席专家，北京大学中国道路与中国化马克思主义协同创新中心主任。曾任中国人民大学马列所所长、国务院学位委员会办公室副主任，教育部社会科学与思想政治工作司司长，武汉大学党委书记、校长，教育部党组成员、国家教育行政学院院长。主要学术兼职有全国马克思主义经济学说史学会会长、中国《资本论》研究会副会长。主要著述有《马克思经济思想的当代视界》《20世纪国外马克思主义经济思想史》《马克思主义发展史》《百年论争——20世纪西方学者马克思经济学研究述要》等。

1868年1月，在《资本论》第一卷德文第一版出版后不久，马克思提出了剩余价值、劳动二重性和工资范畴是《资本论》第一卷中三个"崭新的因素"的观点。1886年，在为《资本论》第一卷英译本写的"英文版序言"中，恩格斯提出了马克思经济学"术语的革命"的问题，对《资本论》中剩余价值等范畴在"术语的革命"中的地位和意义作了阐释。从"崭新的因素"到"术语的革命"，揭示了马克思政治经济学的基本特征和思想特色，从多方面展示了《资本论》的理论内涵和学术意蕴。

一　《资本论》"崭新的因素"与马克思政治经济学的基本特征和思想特色

《资本论》第一卷的"崭新的因素",是1868年1月马克思在给恩格斯的信中首先提出来的,这时离1867年9月《资本论》第一卷德文第一版出版不到半年。马克思提出的三个"崭新的因素"就是:"(1)过去的一切经济学一开始就把表现为地租、利润、利息等固定形式的剩余价值特殊部分当做已知的东西来加以研究,与此相反,我首先研究剩余价值的一般形式,在这种形式中所有这一切都还没有区分开来,可以说还处于融合状态中。(2)经济学家们毫无例外地都忽略了这样一个简单的事实:既然商品是二重物——使用价值和交换价值,那么,体现在商品中的劳动也必然具有二重性,而像斯密、李嘉图等人那样只是单纯地分析劳动本身,就必然处处都碰到不能解释的现象。实际上,对问题的批判性理解的全部秘密就在于此。(3)工资第一次被描写为隐藏在它后面的一种关系的不合理的表现形式,这一点通过工资的两种形式即计时工资和计件工资得到了确切的说明。"① 剩余价值、劳动二重性和工资这三个"崭新的因素",是《资本论》第一卷中三个主要的范畴,也是恩格斯后来称作的马克思经济学"术语的革命"的典型范畴。

在《资本论》第一卷中,剩余价值、劳动二重性和工资范畴作为"崭新的因素",集中体现了马克思实现的政治经济学科学革命的基本特征和思想特色,是马克思经济思想发展的重要标识,也是当代马克思主义政治经济学发展的基本遵循。

一是马克思实现的政治经济学科学革命的主旨所在。剩余价值作为这三个"崭新的因素"的首要范畴,是马克思政治经济学的核心范畴,也是马克思经济学区别于当时其他经济学流派的根本标志之一,剩余价值理论则是马克思一生科学研究的两个伟大的发现之一。

马克思自1843年开始研究政治经济学,直到撰写《1857—1858年经济学手稿》,历经15年的科学探索,才首次提出剩余价值范畴。在《1857—1858年经济学手稿》的"资本章"中,马克思认为,从资本价值的简单保存过程来看,商品价值只相当于商品的生产费用,即"产品的价值=原料的价值+劳动工具已被消耗的部分的、即已转移到产品上的、扬弃了其原来形式的那一部分的价值+劳动的价值。或者说,产品的价格等于它的生产费用,也就是=在生

---

① 《马克思恩格斯文集》第10卷,人民出版社2009年版,第275—276页。

产过程中消费掉的各商品的价格总和"①。这里所说的"生产费用"，指的是商品生产中消耗的资本的价值部分，它并不包括利息和利润，因而不能把这种生产费用理解为商品价值总和，否则"剩余价值就会是纯粹名义上的、虚拟的、假定的东西，是一句空话。"② 这是马克思首次在政治经济学意义上使用"剩余价值"术语。从资本价值的增殖过程来看，马克思强调："在资本方面表现为剩余价值的东西，正好在工人方面表现为超过他作为工人的需要，即超过他维持生命力的直接需要的剩余劳动。"③ 尽管马克思这时在对商品价值理解上使用的还是"生产费用"这类李嘉图学派的用语，但剩余价值范畴的提出，已经使马克思有足够的理论自信认为："我已经推翻了迄今存在的全部利润学说。"④

在《1861—1863 年经济学手稿》中，马克思从经济思想史的视角对剩余价值范畴的意义作了阐释。他认为："所有经济学家都犯了一个错误：他们不是纯粹地就剩余价值本身，而是在利润和地租这些特殊形式上来考察剩余价值。由此会产生哪些必然的理论谬误，这将在第三章中得到更充分的揭示，那里要分析剩余价值作为利润所采取的完全转化了的形式。"⑤ 这里讲的"第三章"，指的是马克思当时计划撰写的《资本一般》第三部分"资本和利润"，马克思在这一部分打算论述"利润率和剩余价值""资本和利润""资本各个部分的均等利润""利息和利润"⑥ 等内容。剩余价值范畴就是贯穿于《资本论》理论逻辑的主题。《资本论》在对资本主义生产过程和流通过程的阐释中首先研究剩余价值，在剩余价值一般形式中，利润、利息、地租这一切具体形式还没有区分开来，还处于融合状态；在《资本论》对总过程的各种形式的阐释中，再对剩余价值转化为利润、利润转化为平均利润，以及商业利润、利息、地租等展开论述。

恩格斯认为，剩余价值范畴的提出，使得马克思与他之前的经济学家们之间的关系发生了根本性的变化，就像化学革命中拉瓦锡与普利斯特列和舍勒的关系一样，马克思正是在前人认为已经有答案的地方，发现了问题所在，实现了经济学的科学革命。恩格斯的评价是："这里的问题不是在于要简单地确认一种经济事实，也不是在于这种事实与永恒公平和真正道德相冲突，而是在于这样一种事实，这种事实必定要使全部经济学发生革命，并且把理解全部资本主

① 《马克思恩格斯全集》第 30 卷，人民出版社 1995 年版，第 272 页。
② 同上书，第 275 页。
③ 同上书，第 286 页。
④ 《马克思恩格斯文集》第 10 卷，人民出版社 2009 年版，第 143 页。
⑤ 《马克思恩格斯全集》第 33 卷，人民出版社 2004 年版，第 7 页。
⑥ 《马克思恩格斯全集》第 31 卷，人民出版社 1998 年版，第 592 页。

义生产的钥匙交给那个知道怎样使用它的人。根据这种事实，他研究了全部既有的经济范畴，正像拉瓦锡根据氧气研究了燃素说化学的各种既有的范畴一样。"① 这就是恩格斯认为的剩余价值"术语的革命"，在马克思实现的经济学科学革命中的理论力量和魅力所在。

二是马克思经济学体系的"枢纽"或主线所在。劳动二重性之所以成为政治经济学的"枢纽"，就在于马克思经济学中"对问题的批判性理解的全部秘密就在于此"。劳动二重性不仅是完整的经济范畴，对于《资本论》第一卷中商品二因素、劳动力商品、劳动过程和价值增殖过程、剩余价值生产形式及其本质、劳动对资本的形式从属和实际从属、工资的本质、资本积累过程和趋势等理论的理解，都有着重要的意义，起着"枢纽"的作用。同时，劳动二重性也是马克思对政治经济学方法的特征及其内涵的概述，是构成《资本论》体系的主线和方法论的要义。

在《资本论》第一卷德文第一版中，马克思指出："进一步考察表明，商品中包含的劳动也具有二重性。这一点首先是由我批判地阐明了的，这是理解政治经济学的枢纽。"② 马克思认为他在1859年出版的《政治经济学批判》第一分册中对劳动二重性"首先"作了阐释。马克思指出："要理解交换价值由劳动时间决定，必须把握住下列几个主要观点：劳动化为简单的、可以说是无质的劳动；生产交换价值因而生产商品的劳动借以成为社会劳动的特有方式；最后，以使用价值为结果的劳动和以交换价值为结果的劳动之间的区别。"③ 这些观点构成劳动二重性范畴和术语的精粹。

马克思这里讲的"首先"，是就马克思在公开出版著述中"首先"提出而言的。从马克思经济思想发展来看，在这之前的《1857—1858年经济学手稿》的"货币章"中，马克思在对商品内在矛盾的分析中，已经提出商品具有"二重存在"形式的观点。这里的"二重存在"，是指商品作为"自然存在"和作为"纯经济存在"的"二重存在"形式，"在纯经济存在中，商品是生产关系的单纯符号，字母，是它自身价值的单纯符号。"④ 在这一手稿"资本章"对资本的劳动过程和价值增殖过程的分析中，马克思指出："在价值之前出现的、作为出发点的劳动过程——这种劳动过程，由于它的抽象性、纯粹的物质性，同样是一切生产形式所共有的——又在资本内部表现为在资本的物质内部进行的

① 《马克思恩格斯文集》第6卷，人民出版社2009年版，第21页。
② 马克思：《资本论》（根据第一卷德文第一版翻译），经济科学出版社1987年版，第15页。
③ 《马克思恩格斯全集》第31卷，人民出版社1998年版，第422页。
④ 《马克思恩格斯全集》第30卷，人民出版社1995年版，第90页。

过程、构成资本内容的过程。"① 劳动的"二重存在"形式是理解劳动过程的"共有"性和资本增殖的特殊性的理论上和方法论上的主线。

在 1873 年出版的《资本论》第一卷德文第二版中，马克思对劳动二重性作了更为详细的说明。马克思提出："商品中包含的劳动的这种二重性，是首先由我批判地证明的。这一点是理解政治经济学的枢纽，因此，在这里要较详细地加以说明。"② 据此，《资本论》第一卷德文第二版增列了"体现在商品中的劳动的二重性"的分节标题，劳动二重性作为《资本论》体系的主线更为清晰地得到呈现。

三是马克思经济学思想特色的根本所在。这三个"崭新的因素"凸显了马克思经济学的根本性质。在这三个"崭新的因素"中，工资范畴与剩余价值和劳动二重性范畴不同，工资作为经济学术语，是马克思对当时流行于政治经济学各流派中已有术语的批判性借鉴，但马克思赋予工资范畴以"崭新"的含义，彰显了马克思经济学的思想特色。

马克思在政治经济学研究之初，就对工资范畴作出多方面的研究，这些研究的显著特点在于：工资范畴与马克思关于异化劳动、雇佣劳动，以及劳动和资本的阶级关系的分析连接在一起；工资范畴与马克思劳动价值论的发展和创新紧密地联系在一起，工资本质的揭示是马克思劳动价值论科学革命的结果，劳动价值论科学革命的实现是以工资范畴这一"崭新的因素"确立为标志的。在 1847 年发表的《哲学的贫困》中，马克思对蒲鲁东工资理论作了批判。蒲鲁东认为，工人工资的普遍提高必将引起生活必需品价格的普遍上涨，工人同盟组织的以争取提高工资而进行的罢工斗争，结果除了"加剧贫困以外，不会有别的结果"③。在对蒲鲁东这一谬误的批判中，马克思指出："普遍提高工资就会使利润普遍降低，而商品的市场价格却不会有任何变化。"④ 工人工资的提高是资本利润的减少，工人阶级最初以提高工资而联合起来形成的"同盟"，"总是具有双重目的：消灭工人之间的竞争，以便同心协力地同资本家竞争"⑤。在这一过程中，以工人阶级的"同盟"为标志的"联合"斗争，使工人阶级"形成一个自为的阶级。他们所维护的利益变成阶级的利益。而阶级同阶级的斗争就是政治斗争"⑥。马克思确立了工资范畴中蕴含的科学社会主义的基本立场。

---

① 《马克思恩格斯全集》第 30 卷，人民出版社 1995 年版，第 263 页。
② 《马克思恩格斯文集》第 5 卷，人民出版社 2009 年版，第 54—55 页。
③ 蒲鲁东：《贫困的哲学》上卷，商务印书馆 2010 年版，第 143—144 页。
④ 《马克思恩格斯文集》第 1 卷，人民出版社 2009 年版，第 649 页。
⑤ 同上书，第 654 页。
⑥ 同上。

在《资本论》第一卷中，马克思认为：那种把工资看作是"劳动力价值和价格"的"用语"的观点，"是直接地、自发地、作为流行的思维形式再现出来的"，其结果必然"陷入了无法解决的混乱和矛盾中，同时为庸俗经济学的在原则上只忠于假象的浅薄性提供了牢固的活动基础"①；而工资是劳动力价值或价格的转化形式的观点，却"只有科学才能揭示出来"，在这一方面，"古典政治经济学几乎接触到事物的真实状况，但是没有自觉地把它表述出来。只要古典政治经济学附着在资产阶级的皮上，它就不可能做到这一点"②。马克思"站在工人的立场上"③，第一次揭示了的工资本质，揭示了经济学流行的工资范畴背后隐藏的经济关系和阶级关系的本质。

二　恩格斯关于马克思政治经济学"术语的革命"论述的基本思想

"一门科学提出的每一种新见解都包含这门科学的术语的革命。"④ 这是1886 年恩格斯在《资本论》第一卷"英文版序言"对马克思经济学的科学革命意义作出的评价。对"术语的革命"在科学发展史上的意义，托马斯·库恩认可，他所说的"科学革命"指的就是"某些科学术语发生意义变革的事件"⑤；他认为，"科学革命就是科学家据以观察世界的概念网络的变更"，"接受新范式，常常需要重新定义相应的科学"，"界定正当问题、概念和解释的标准一旦发生变化，整个学科都会随之变化"⑥。

在对马克思经济学"术语的革命"基本特征的理解上，恩格斯强调了两个基本观点：一是"术语的革命"中方法论上的整体观。恩格斯认为，当时流行的政治经济学"通常满足于照搬工商业生活上的术语并运用这些术语，完全看不到这样做会使自己局限于这些术语所表达的观念的狭小范围"。例如，古典政治经济学就"从来没有超出通常关于利润和地租的概念，从来没有把产品中这个无酬部分（马克思称它为剩余产品），就其总和即当做一个整体来研究过，因此，也从来没有对它的起源和性质，对制约着它的价值的以后分配的那些规律有一个清楚的理解"⑦。马克思的"术语的革命"，是基于唯物史观整体方法论的学术成就。

---

① 《马克思恩格斯文集》第 5 卷，人民出版社 2009 年版，第 621、617 页。
② 同上书，第 621—622 页。
③ 同上书，第 620 页。
④ 同上书，第 32 页。
⑤ 库恩：《必要的张力》，福建人民出版社 1981 年版，第 xiv 页。
⑥ 库恩：《科学革命的结构》，北京大学出版社 2012 年版，第 88、91 页。
⑦ 《马克思恩格斯文集》第 5 卷，人民出版社 2009 年版，第 33 页。

　　恩格斯的这一论述，高度契合马克思关于政治经济学整体方法论的要义。整体方法论是以唯物史观为基础的。1847 年，唯物史观创立后不久，马克思在《哲学的贫困》中就从"整体"意义上，对政治经济学方法论作了阐释。马克思指出："每一个社会中的生产关系都形成一个统一的整体。"① 这一"整体"的基本规定就在于："社会关系和生产力密切相连。随着新生产力的获得，人们改变自己的生产方式，随着生产方式即谋生的方式的改变，人们也就会改变自己的一切社会关系。"② 马克思提出政治经济学整体方法论的意义就在于："谁用政治经济学的范畴构筑某种意识形态体系的大厦，谁就是把社会体系的各个环节割裂开来，就是把社会的各个环节变成同等数量的依次出现的单个社会。其实，单凭运动、顺序和时间的唯一逻辑公式怎能向我们说明一切关系在其中同时存在而又互相依存的社会机体呢？"③ 社会经济关系的整体性是理解和把握经济范畴、原理、思想的内在要求。基于方法论上的整体观，马克思对剩余价值以及工资、劳动二重性的规律有了"一个清楚的理解"，对资本主义经济关系这一"同时存在而又互相依存的社会机体"也有了"一个清楚的理解"。

　　在《1857—1858 年经济学手稿》中，马克思对这一整体方法论作了更为深刻的论述，突出了这三个"崭新的因素"的内在联系和整体规定性。在对剩余价值生产和流通问题的论述中，马克思指出："剩余价值只能在与必要劳动的关系上来测定。利润只是剩余价值的第二级的、派生的和变形的形式，只是资产阶级的形式，在这个形式中，剩余价值起源的痕迹消失了。"对这一逻辑关系和主题的理解，与工资和劳动二重性的"崭新的因素"的理解是联系在一起的：一方面，剩余价值和工资是必要劳动和剩余劳动的资本主义经济的"社会机体"中本质关系，因为"在既定的生产条件下由资本生产出来的唯一价值，是由新劳动量追加的价值。但是，这种价值是由再生产出工资（资本以工资形式进行的预付）的必要劳动和剩余劳动（因而是超出必要劳动的剩余价值）构成的"；另一方面，劳动二重性是从整体上理解这一本质关系的"枢纽"，因为"材料和机器上的预付只是从一种形式转变成另一种形式。工具也和原料一样，转变成产品，它的损耗同时也就是产品形式的创造"，但它们"决不会使产品的价值有所增加。它们的价值是以前的生产的结果，而不是它们在其中充当工具和材料的当前的生产的结果。"④ 这三个"崭新的因素"构成的整体理论，是

① 《马克思恩格斯文集》第 1 卷，人民出版社 2009 年版，第 603 页。

② 同上书，第 602 页。

③ 同上书，第 603—604 页。

④ 《马克思恩格斯全集》第 30 卷，人民出版社 1995 年版，第 598—599 页。

马克思政治经济学整体方法论的集中体现，也是马克思认为的《资本论》第一卷三个"崭新的因素"整体性的内在根据和必然逻辑。

二是"术语的革命"中的社会历史观。恩格斯认为，在经济学术语的使用中，社会历史观起着重要的作用，因而"把现代资本主义生产只看做是人类经济史上一个暂时阶段的理论所使用的术语，和把这种生产形式看做是永恒的、最终的阶段的那些作者所惯用的术语，必然是不同的"①。马克思"术语的革命"中坚守的社会历史观，也是以唯物史观为基础，是唯物史观在政治经济学方法论中的延伸。

恩格斯的这一论述，同马克思在政治经济学研究中彰显的社会历史观的要义高度契合。在《哲学的贫困》对蒲鲁东政治经济学方法的批判中，马克思已经认识到："人们按照自己的物质生产率建立相应的社会关系，正是这些人又按照自己的社会关系创造了相应的原理、观念和范畴"；"经济范畴只不过是生产的社会关系的理论表现，即其抽象"，因而"这些观念、范畴也同它们所表现的关系一样，不是永恒的。它们是历史的、暂时的产物"②。1865 年，在《资本论》第一卷德文第一版最后成稿时，马克思再次提到，蒲鲁东政治经济学方法的错误在于，"不是把经济范畴看做历史的、与物质生产的一定发展阶段相适应的生产关系的理论表现，而是荒谬地把它看做预先存在的、永恒的观念"，这就使得他"通过这种迂回的道路又回到资产阶级经济学的立场上去"③。

在《〈政治经济学批判〉导言》中，马克思认为，古典政治经济学在内的各种经济学流派和思潮，都把"单个的孤立的猎人和渔夫"作为出发点，实质上是经济学的一种"虚构"、一种"假象"。这种"虚构"和"假象"产生的根源就在于抹杀了"物质生产"的社会性质和历史性质。如果把这一类"只是大大小小的鲁滨逊一类故事所造成的美学上的假象"当作"国民经济的事实"，作为政治经济学的出发点，实在是"缺乏想象力"④。其实，不仅马克思那时的"最新的经济学"因袭了这种"虚构"和"假象"，而且这之后流行于西方的各种"最新的经济学"，同样一再地渲染这种"虚构"和"假象"，一再地将这种"错觉"当作经济学理论的出发点。回溯经济思想史上各种"最新的经济学"的这种"虚构"和"假象"，确实应了马克思所说的，"再没有比这类想入非非

---

① 《马克思恩格斯文集》第 5 卷，人民出版社 2009 年版，第 33 页。
② 《马克思恩格斯文集》第 1 卷，人民出版社 2009 年版，第 602、603 页。
③ 《马克思恩格斯文集》第 3 卷，人民出版社 2009 年版，第 19 页。
④ 《马克思恩格斯全集》第 30 卷，人民出版社 1995 年版，第 22 页。

的陈词滥调更加枯燥乏味的了"①。

在对"术语的革命"的社会历史观方法的理解中，恩格斯还强调了"经济史"在政治经济学理论阐释中的重要意义。恩格斯指出，在资产阶级政治经济学那里，经济史上的"重大的、本质不同的时期"往往"被抹杀了"。例如，在古典政治经济学那里，通过在把农业和手工业之外的"一切产业"，都归结为制造业"这个术语"的办法，使得"以手工分工为基础的真正工场手工业时期和以使用机器为基础的现代工业时期的区别，就被抹杀了"②。恩格斯对经济史研究意义的强调，是对"术语的革命"中社会历史观方法的深化。

经济史是政治经济学理论阐释的重要组成部分，也是实现"术语的革命"的重要内容。马克思在对政治经济学对象的探讨中曾经认为，生产不仅仅表现为一定特殊生产部门中的活动，而且"始终是一定的社会体即社会的主体在或广或窄的由各生产部门组成的总体中活动着"，即都是在一定社会的生产体系或产业部门组成的"总体"中活动着的。这里提到的具体的特殊生产部门和生产"总体"的关系，更多涉及的就是经济史问题。马克思认为，关于这些问题的"科学的叙述对现实运动的关系，也还不是这里所要说的"③。经济史作为把握社会经济关系的历史逻辑的探索，是马克思经济学理论逻辑中"所要说的"内容，在《资本论》第一卷中，经济史成为马克思经济学理论逻辑探索"所要说的"内容，特别是在对剩余价值和工资这两个"崭新的因素"的阐释中，经济史的研究成为重要内容，也成为"术语的革命"中社会历史观方法论运用的重要体现。

在《资本论》第一卷中，经济史的研究主要集中在三个问题上：一是在工作日问题阐释中，对"争取正常工作日的斗争"的经济史研究；二是在相对剩余价值问题阐释中，对工场手工业时期到机器大工业时期发展的经济史研究；三是在资本积累过程问题阐释中，对原始积累的经济史研究。对经济史的这些研究，与剩余价值和工资这两个"崭新的因素"的阐释直接关联，是对这两个"崭新的因素"的历史逻辑的阐释。

绝对剩余价值生产同工作日的长度直接相关。马克思在《资本论》第一卷中对"争取正常工作日的斗争"的经济史研究，就是在对绝对剩余价值生产问题阐释中作出的。在《资本论》第一卷德文第一版第三章"绝对剩余价值的生产"中，马克思列出第三节"工作日"对此作出专门研究。在《资本论》第一

---

① 《马克思恩格斯全集》第30卷，人民出版社1995年版，第26页。
② 《马克思恩格斯文集》第5卷，人民出版社2009年版，第33页。
③ 《马克思恩格斯全集》第30卷，人民出版社1995年版，第27页。

卷德文第二版，"绝对剩余价值的生产"改作第三篇。在第三篇第八章"工作日"中，马克思把"争取正常工作日的斗争"划分为两大经济史阶段，即"14世纪中叶至17世纪末叶关于延长工作日的强制性法律"和"对劳动时间的强制的法律限制。1833—1864年英国的工厂立法"。马克思认为："在资本主义生产的历史上，工作日的正常化过程表现为规定工作日界限的斗争，这是全体资本家即资本家阶级和全体工人即工人阶级之间的斗争。"①

恩格斯在对"术语的革命"方法中，提到资产阶级经济学对"以手工分工为基础的真正工场手工业时期和以使用机器为基础的现代工业时期的区别"的"抹杀"的局限性，凸显了《资本论》第一卷对这两个时期发展及其区别研究的重要意义。在《资本论》第一卷德文第一版中，对这两个时期的经济史研究属于第四章"相对剩余价值的生产"的内容。在《资本论》第一卷德文第二版中，第四章改作第四篇，原来第四章的四节也改作第四篇的四章，即第十章"相对剩余价值的概念"、第十一章"协作"、第十二章"分工和工场手工业"和第十三章"机器和大工业"。在第十章对相对剩余价值阐释时，马克思就指出，"对于由必要劳动转化为剩余劳动而生产剩余价值来说，资本占有历史上遗留下来的或者说现存形态的劳动过程，并且只延长它的持续时间，就绝对不够了。它必须变革劳动过程的技术条件和社会条件，从而变革生产方式本身，以提高劳动生产力，通过提高劳动生产力来降低劳动力的价值，从而缩短再生产劳动力价值所必要的工作日部分"②。从"历史上遗留下来的"劳动过程到"变革生产方式"的研究，着力点是劳动过程的技术条件和社会条件、生产方式和劳动生产力本身的变革问题等等，这些构成这一时期的经济史研究的重要内容。

从争取正常工作日斗争和工场手工业到机器大工业两个时期的经济史研究，揭示了剩余价值理论的历史逻辑，也是对剩余价值这一"术语的革命"的经济史实的证明。马克思认为："绝对剩余价值的生产只同工作日的长度有关；相对剩余价值的生产使劳动的技术过程和社会组织发生彻底的革命。因此，相对剩余价值的生产以特殊的资本主义的生产方式为前提；这种生产方式连同它的方法、手段和条件本身，最初是在劳动在形式上从属于资本的基础上自发地产生和发展的。劳动对资本的这种形式上的从属，又让位于劳动对资本的实际上的从属。"③ 从工场手工业时期到机器大工业时期的经济史研究，刻画了绝对剩余价值生产方式向相对剩余价值生产方式转变的历史逻辑，也揭示了剩余价值这

---

① 《马克思恩格斯文集》第5卷，人民出版社2009年版，第272页。
② 同上书，第366页。
③ 同上书，第583页。

一"术语的革命"的经济史的基本依据。

三　马克思经济学"术语的革命"的主要形式及其方法论意义

恩格斯对马克思经济学"术语的革命"的整体方法论和社会历史观的阐述，准确地把握了马克思经济学理论体系和学术话语体系的核心观点，也形成了理解马克思经济学"术语的革命"的本质及其形式的方法论遵循。

剩余价值、劳动二重性和工资作为马克思经济学"术语的革命"的显著标识，是马克思经济学的新概念、新范畴、新表述，是马克思经济学理论体系和学术话语体系的根本方法和基本立场的表达。按照这三个范畴的术语词语来源，马克思"术语的革命"可以分为两类：一类是马克思原始创新性的"术语的革命"，如劳动二重性、剩余价值，在《资本论》第一卷中还有资本总公式、劳动力商品、不变资本和可变资本等术语；另一类是批判借鉴性的"术语的革命"，如工资，在《资本论》第一卷中还有资本、交换价值、货币等术语，这一类术语是对当时已有的经济学范畴中合理的因素和成分的批判性借鉴，其中包含对术语内涵的根本性的变革。如在《1857—1858 年经济学手稿》中，马克思在对资本术语的批判性借鉴中提出："准确地阐明资本概念是必要的，因为它是现代经济学的基本概念，正如资本本身——它的抽象反映就是它的概念——是资产阶级社会的基础一样。明确地弄清关系的基本前提，就必然会得出资产阶级生产的一切矛盾，以及这种关系超出它本身的那个界限。"[①] 马克思准确地把握了对经济学中流行的资本范畴作出"术语的革命"的着力点和关键点。

马克思"术语的革命"的这两种类型不是截然分开的。在《资本论》中，马克思往往通过术语的比较研究，阐明原始创新性术语的意义，以及同批判借鉴性术语的关系。与剩余价值这一原始创新性术语相对应，马克思还提出了不变资本和可变资本这样的原始创新性术语。马克思认为："资本的这两个组成部分，从劳动过程的角度看，是作为客观因素和主观因素，作为生产资料和劳动力相区别的；从价值增殖过程的角度看，则是作为不变资本和可变资本相区别的。"[②] 不变资本和可变资本术语是劳动二重性术语在剩余价值理论阐释中的拓展，也是对剩余价值来源及其本质阐释的展开。在对资本流通理论的阐释中，马克思在批判地借鉴固定资本和流动资本术语中，同不变资本和可变资本术语作了比较研究，特别是从经济思想史上对"两种有机构成"及其经济学意义作

---

① 《马克思恩格斯全集》第 30 卷，人民出版社 1995 年版，第 293 页。
② 《马克思恩格斯文集》第 5 卷，人民出版社 2009 年版，第 243 页。

了详尽考察。马克思对重农学派特别是对魁奈关于固定资本和流动资本范畴的理解给予高度评价,认为"在魁奈那里,固定资本和流动资本的区别表现为'原预付'和'年预付'。他正确地把这种区别说成是生产资本即并入直接生产过程的资本内部的区别"①。在经济思想史上,"斯密把'原预付'和'年预付'换成'固定资本'和'流动资本',进步之处在于'资本'这个名词,他使资本这个概念普遍化,摆脱了重农学派特别注意把它应用于'农业'领域这种情况;退步之处在于把'固定'和'流动'理解为决定性的区别,并且坚持不变"②。在对固定资本和流动资本的理解上,斯密的"唯一进步"是把"范畴普遍化",在其他方面"是远远落在魁奈后面的"③。斯密的失误在于,"把重农学派在阐明生产资本的区别和它们对周转的影响时所依据的那个基础抛弃了",即把"生产资本和处于流通领域的资本(商品资本和货币资本),同固定资本和流动资本根本混同起来"④。斯密的这一"完全错误的解释",导致对资本的两种构成理论的"完全错误的解释"。马克思指出:"由于可变资本和不变资本流动部分在周转中具有同一形式,它们在价值增殖过程和剩余价值形成上的本质区别就被掩盖起来,因而资本主义生产的全部秘密就更加隐蔽了。在流动资本这个共同的名称下,这个本质区别被抹杀了。"从经济思想史来看,"以后的经济学走得更远,它认定,作为本质的东西和唯一的区别的,不是可变资本和不变资本的对立,而是固定资本和流动资本的对立"⑤。马克思在说明不变资本和可变资本的"术语的革命"意义的同时,也阐明了对固定资本和流动资本的批判借鉴的根本点,以及对固定资本和流动资本所实现的"术语的革命"的关键点。在创新性地提出不变资本和可变资本术语后,马克思并没有否定原有的固定资本和流动资本术语的合理性,而是对其作出适合于马克思经济学的解释,并赋予其马克思经济学的新理解和新蕴意。

在《资本论》第一卷中,马克思的"术语的革命",更多地呈现在批判借鉴性术语上。工资作为《资本论》第一卷中三个"崭新的因素"之一,集中体现了马克思在批判借鉴性术语上实现的"术语的革命"的意义。

工资是马克思开始政治经济学研究时就给予高度关注的范畴。在《1844 年经济学哲学手稿》的"笔记本Ⅰ"中,马克思从第Ⅰ页起分作三栏,对亚当·

① 《马克思恩格斯文集》第 6 卷,人民出版社 2009 年版,第 211 页。
② 同上书,第 401 页。
③ 同上书,第 212 页。
④ 同上书,第 213、215 页。
⑤ 同上书,第 223 页。

斯密《国富论》中关于工资、利润和地租的论述并行地进行摘录、评价和比较研究。在"笔记本Ⅰ"的第Ⅰ页到第ⅩⅤ页对工资范畴的阐述中，马克思主要引述了斯密《国富论》中的基本观点，同时也引述了威·舒尔茨《生产运动·从历史统计学方面论国家和社会的一种新科学的基础的建立》（1843）中工资与劳动时间关系的论述、机器大工业发展中女工和童工的命运问题，康·贝魁尔《社会经济和政治经济的新理论，或关于社会组织的探讨》（1842）、查·劳顿《人口和生计问题的解决办法，以书信形式向医生提出》（1842）和欧·比雷《论英法工人阶级的贫困》（1840）关于富裕人口和贫困人口分化状况问题等有关论述。以斯密《国富论》为主线的经济思想史的探索，与对同时代经济学家理论研究的结合，成为马克思开始工资理论及其"术语的革命"探索的重要特征。

　　"工资决定于资本家和工人之间的敌对的斗争。"[1] 这是马克思在《1844年经济学哲学手稿》"笔记本Ⅰ"第Ⅰ页对工资理论探讨时写下的第一句话，也成为马克思对工资的政治经济学研究的核心观点。1847年12月，马克思在布鲁塞尔德意志工人协会发表的《雇佣劳动与资本》的演讲中，提出的"第一个问题"就是："什么是工资？它是怎样决定的？"[2] 以此为切入点，马克思对工资理论作了深刻阐释，形成了劳动力商品理论的有决定性意义的观点。1891年《雇佣劳动与资本》再版之际，恩格斯对马克思在《雇佣劳动与资本》演讲中的劳动力商品理论和工资理论作了肯定，为了同马克思后来的"新的观点一致起来"，作了一些"完全符合"马克思本意的"必要的修改和补充"[3]。恩格斯指出："我所作的全部修改，都归结为一点。在原稿上是，工人为取得工资向资本家出卖自己的劳动，在现在这一版本中则是出卖自己的劳动力。关于这点修改，我应当作一个解释。向工人们解释，是为了使他们知道，这里并不是单纯的咬文嚼字，而是牵涉到全部政治经济学中一个极重要的问题。向资产者们解释，是为了使他们确信，没有受过教育的工人要比我们那些高傲的'有教养的人'高明得多，因为工人对最艰深的经济学论述也很容易理解，而'有教养的人'对这种复杂的问题却终身也解决不了。"[4] 其实，马克思关于《雇佣劳动与资本》的演讲，最重要的就是向工人们讲清工资的本质，约·魏德迈抄录的马

①　《马克思恩格斯文集》第1卷，人民出版社2009年版，第115页。
②　同上书，第712页。
③　同上书，第702页。
④　同上。

克思这一演讲手稿的标题就是"工资"①。

1847 年 12 月底，马克思在关于"工资"的手稿中，对《雇佣劳动与资本》多方面的补充性论述。"工资"手稿分作"［A］""［B］补充""［C］"三部分。"［A］"部分是对《雇佣劳动与资本》中"已经阐明"的问题作出的七个方面的概括。"［C］"部分是对要进一步探讨的八个问题的说明，这八个问题包括：生产力的提高对工资的影响问题；工人和企业主之间的竞争问题；工人彼此之间的竞争问题；工资的波动问题；最低工资问题；改善生活状况建议问题；工人联合会问题；雇佣劳动的积极方面问题。这些问题的提出，实际上就是《资本论》第一卷实现的工资范畴的"术语的革命"的重要开端。值得注意的是"［B］补充"部分，这里的"补充"分作九节，分节标题是九位经济学家的名字，他们分别是阿特金森、卡莱尔、麦克库洛赫、约翰·威德、拜比吉、安德鲁·尤尔、罗西、舍尔比利埃和布雷。"［B］补充"部分对这九位经济学家关于工资观点的评价，尽管详略不一，有的只列出一个名词，如在"Ⅴ. 拜比吉"标题下，只提到"Trucksystem"（"实物工资制"）一词。但是，马克思在这里所作"补充"的目的却十分清楚，就是通过对这些经济学家关于工资观点的批判性借鉴，进一步完善工资理论，为实现工资范畴的"术语的革命"奠立坚实的经济学理论和经济思想史的基础。

在"［B］补充"部分，马克思首先提到的是英国经济学家威廉·阿特金森在《政治经济学原理》（1840）中收录的英国经济学家约翰·包林的一段论述，马克思从中提出"分工的变化和更加细密对确定工资的影响"的问题，提出在工资问题论述中"关于人口论再谈几句"②的设想；在对英国经济学家约翰·威德《中等阶级和工人阶级的历史》（1835）一书有关工资问题论述的摘录中，马克思注意到"机器和分工以更低廉的劳动代替高价的劳动"③的问题；在摘录英国经济学家安德鲁·尤尔《工厂哲学和工业经济》（1836）的有关论述中，马克思指出"现代工业的普遍原则"就是"以童工代替成年工，以非熟练工人代替熟练工人，以女工代替男工"的问题，以及"工资平均化"是"现代工业的主要特征"④的问题；在摘录瑞士经济学家安都昂·埃利泽·舍尔比利埃《富人或穷人》（1840）的有关论述中，马克思提出"在谈到工资的降低或提高

① 参见《马克思恩格斯全集》第 6 卷，人民出版社 1961 年版，第 753 页。
② 同上书，第 636 页。
③ 同上书，第 638 页。
④ 同上书，第 639 页。

的时候，永远也不应该忽视整个世界市场和各个国家工人的状况"[①] 的问题等等。

"工资"手稿涉及的这些经济学家，都是马克思同时代的经济学家，他们对工资问题的理解更多地与工资理论的现实问题有关。从亚当·斯密古典政治经济学工资理论的研究，到同时代经济学家关于工资的现实问题的探讨，都成为马克思实现工资范畴"术语的革命"中批判借鉴的研究资料，也成为《资本论》中工资范畴这一"崭新的因素"形成的批判借鉴的思想资源。

马克思经济学"术语的革命"中的这两种形式——原始创新性的和批判借鉴性的两种形式，不仅揭示了《资本论》第一卷三个"崭新的因素"所包含的"术语的革命"的深刻意蕴，厘清了马克思在《资本论》中实现的更为广泛的"术语的革命"的思想来源和基本过程，而且也为当代马克思主义政治经济学的"术语的革命"和中国特色社会主义政治经济学体系发展提供理论上的和方法论上的重要启示。

---

① 《马克思恩格斯全集》第 6 卷，人民出版社 1961 年版，第 640 页。

政治经济学"术语革命"或话语革命

——兼论"社会主义调节经济"新话语体系

颜鹏飞

【作者简介】颜鹏飞，武汉大学二级教授、经济思想史研究所所长，长江大学特聘教授，《经济思想史评论》主编，政府特殊津贴专家。兼任中国社会科学院马克思主义研究院特聘研究员、中华外国经济学说研究会副会长、全国马克思主义经济学史研究会副会长、中国经济发展研究会副会长。美国密执安大学（1991）、德国特里尔大学（1998）和伦敦城市大学高访学者（1999）。主要从事西方经济学流派、马克思主义经济学说、保险史等领域的教学研究和博士生指导工作。主持马克思主义理论研究和建设工程、教育部哲学社会科学研究重大课题攻关项目、国家社科基金重大项目，以及福特基金项目、中国—欧盟合作项目。迄今出版或合作出版学术著作 20 余部，在《中国社会科学》《经济研究》《马克思主义研究》《国外社会科学》《管理世界》等刊物上发表论文百余篇。

中国经济改革和发展已经到了一个新的阶段，即中国初级阶段的经济总体不同于以往的单一的计划经济体或者市场经济体，已经是一个以公有制为主体、多种所有制成分和若干调节要素并存的多元化的复杂的经济系统。马克思主义经济理论发展也到了一个新的发展时期，即从以苏学东渐、西学东渐为标志的引进阶段，转向以建构中国化马克思主义经济学、占领话语权制高点为特征的

"术语革命"和创新阶段。

一　政治经济学需要术语革命

政治经济学领域的术语革命或者话语革命包含着两层含义：一是从属型含义，即对老话语的改造或者推陈出新；二是创造型含义即提出新的话语。但是，中国经济学界在某种程度上患上了"失语病征"即"学术失语"和"集体失语征"，以至于在经济学许多领域甚至在实业界和部分主流媒体言必称西方经济学。当前中国学界热衷的话语、规则、观念、标准等大多是西方的，"影子主义"和"影子模式"（例如新自由主义、新凯恩斯主义、新重商主义）很有市场，出现了马克思主义经济学弱势化和西方经济学强势化现象。而中国本土仍具文化活力与生命力的学术话语、语言、资源、概念、范畴、表述、思维方式、思想文化等则被有意或无意地遗忘与抛弃，民族学术正逐渐被西方学术或者普世价值所侵蚀甚至取代，最终很有可能引致软实力匮乏、文化安全和颜色革命等问题。因此，开展中国经济学的"术语革命"，构建凸显中国特色、中国气派、中国风格的具有鲜明的时代性、科学性、民族性、开放性和大众性的话语语汇、知识概念和话语规则及其学术话语体系很有必要。

，中国已经成为世界上第二大经济综合体。作为其上层建筑组成部分的话语权，理所应当在世界学术界占有一席之地。应该大力克服中国特色社会主义经济学话语体系建设存在的滞后，以及马克思主义经济学边缘化和西方经济学泛化问题。我们有这个理论自信、理论自觉和理论自为，在"三千年未有之大变局"中以重构学术话语体系的方式再建民族主体性。这已经成为经济学术界义不容辞的历史性任务。

中国特色的马克思主义经济学的话语体系有什么特征？首先，进入转型阶段的中国政治经济学体系具有中国本土化文化根基、价值支撑和话语，应该是民生本位的经济学话语体系。秦汉以来一直把经济学视为经邦济世、强国富民之学，充分体现其厚生、惠民的人文主义、人本本位和主体本位思想。这是明显地区别于丧失道德制高点、以物本本位和利润取向为标志的西方"经济人本位"话语体系。其次，中国特色的马克思主义经济学的话语体系应该是具有马克思主义遗传基因、元素和话语的话语体系。这是明显地区别于反映资本主义意识形态的西方市场本位的话语体系。再次，吸收和借鉴 400 多年来西方资本主义国家搞市场调节经济、80 多年来社会主义国家搞计划调节经济以及中国改革开放的成败得失，推出"社会主义调节经济"这一新话语，有其历史必然性和现实合理性。从社会主义市场经济话语体系到社会主义调节经济话语体系，这是在"社会主义市场经济"话语基础之上的深化、升华和发展。

事物就是过程，就是关系，就是在于运动。调节就是推动事物演变这一主题应有之本义。社会主义调节经济也就是多元化（诸多调节因素）一体（纳入作为总体的社会主义调节经济体系）经济。顾名思义，推动生产力—生产关系运动和经济发展的调节要素，以及与此相关的制度、体制、机制、途径、发展模式和政策选择等，是社会主义调节经济所着重考察的对象。社会主义调节经济话语体系的精髓，就是在洞悉"生产力（生产资料）的概念和生产关系的概念的辩证法"也即主观辩证法逻辑运动（这也是马克思主义政治经济学的研究对象和研究宗旨）的基础上审时度势，在有效调节生产力—生产关系的客观辩证法运动过程中，在诸种纷繁复杂的调节要素交叉作用过程中，寻找推动中国经济社会可持续健康发展的"合力"①。

多元化的调节要素包括：（1）就抽象层次若干关系的调节而言，生产力系统诸因素可以区分为"生产力的永恒因素"（自然条件、社会条件、活劳动、生产资料等）以及领先因素或主导因素（科学、管理、信息等）；生产关系系统诸因素可以区分为原生态生产关系，以及"派生的、转移来的、非原生的生产关系"、"第二级的和第三级的东西"②，生产方式、交换方式、发展方式、经济制度、经济体制、产权、分工、管理、股份制等，可以列入领先的生产力因素和非原生的生产关系行列；三是生产力—中介范畴—生产关系、上层建筑—经济基础之间的关系。（2）调节机制层次，涉及第一配置（市场机制）；第二配置（计划机制）；第三配置（伦理道德、习俗、权力寻租设租、裙带关系）。（3）调节主体层次，涉及企业、国家、非政府组织（例如工会、慈善机构、智库），以及社会、个人、家庭之间的调节问题。（4）其调节范围则把微观规制、中观协调、宏观调控、社会政策安排、国家经济关系排序等，揽括其中。（5）就保障和支撑意义而言，调节经济也是区别于权力调节的法治经济，不能忽视法治对于调节经济的保驾护航作用。

二　"社会主义调节经济"的基本特征

"社会主义调节经济"新话语体系应该具有三个基本特征。

1. 具有马克思主义遗传基因、元素和话语

人们往往忘记，马克思在人类思想史上第一次提出比较系统的社会经济调

---

①《马克思恩格斯全集》第 46 卷（上册），人民出版社 1979 年版，第 47 页。《马克思恩格斯选集》第 4 卷，人民出版社 1995 年版，第 695—697 页。

②《马克思恩格斯全集》第 46 卷（上册），人民出版社 1979 年版，第 47 页。

节理论，而凯恩斯等人提出类似思想要晚一个甲子。调节经济的一级本质是社会总劳动时间的分配和调节，并且适用于一切社会经济形态。它的二级本质是，社会总劳动时间的分配和调节规律，在各个具体的社会经济形态中具有不同的表现形式[1]。马克思指出："实际上，没有一种社会形态能够阻止社会所支配的劳动时间以这种或那种方式调节生产"，"这种按一定比例分配社会劳动的必要性，决不可能被社会生产的一定形式所取消，而可能改变的只是它的表现方式，这是不言而喻的。自然规律是根本不能取消的。在不同的历史条件下能够发生变化的，只是这些规律借以实现的形式"[2]。

马克思还以此剖析了三种社会经济形态的调节规律。一是以"农村家长制生产"为特征的自然经济形态："家庭内的分工和家庭各个成员的劳动时间，是由性别年龄上的差异以及随季节而改变的劳动的自然条件来调节的"[3]；二是在商品经济形态，生产商品的"社会必要劳动时间作为起调节作用的自然规律强制地为自己开辟道路"[4]；三是"自由人联合体"即产品经济形态，"劳动时间的社会的有计划的分配，调节着各种劳动职能同各种需要的适当的比例"。一方面，"社会化的人，联合起来的生产者，将合理地调节他们和自然之间的物质变换，把它置于他们的共同控制之下，而不让它作为盲目的力量来统治自己；靠消耗最小的力量，在最无愧于和最适合于他们的人类本性的条件下来进行这种物质变换"[5]；另一方面，"他们的社会关系作为他们自己的共同的关系，也是服从于他们自己的共同的控制的"[6]，人们也就成了自己社会结合的主人。

市场调节在马克思调节经济理论中居于重要地位。马克思在早期是以英国作为研究典型。在他看来，资本主义之后的未来社会尽管不存在商品经济，但是，"价值决定仍会在下述意义上起支配作用：劳动时间的调节和社会劳动在各类不同生产之间的分配"[7]。尤其在晚年，马克思以俄国、印度和中国等非西方发达资本主义国家，即东方社会作为考察对象，提出了另外一条东方社会发展

---

[1]　马克思在 1861—1863 年经济学手稿《剩余价值理论》中第一次系统阐述了社会总劳动时间的分配及其调节机制的问题。马克思指出：在一个单位商品上花费的劳动时间不超过社会必要劳动时间，即不超过生产这个商品平均所需要的时间，这是资本主义的结果，而且资本主义生产在不断降低这个必要劳动时间的最低值。当然，这是以资本主义生产必须在不断扩大的规模上进行为前提的。马克思提问："必要劳动时间究竟按怎样的量在不同的生产领域中分配？"他回答说："竞争不断地调节这种分配，正象它不断地打乱这种分配一样。"参见《马克思恩格斯全集》第 26 卷第 1 册，人民出版社 1972 年版，第 234—235 页。

[2]　《马克思恩格斯文集》第 10 卷，人民出版社 2009 年版，第 276、289 页。

[3]　马克思：《资本论》第 1 卷，人民出版社 1975 年版，第 95 页。

[4]　同上书，第 92 页。

[5]　马克思：《资本论》第 3 卷，人民出版社 1975 年版，第 926—927 页。

[6]　《马克思恩格斯全集》第 46 卷（上册），人民出版社 1979 年版，第 108 页。

[7]　马克思：《资本论》第 3 卷，人民出版社 1975 年版，第 963 页。

中国家跨越"卡夫丁峡谷"的发展道路，就是利用市场关系或市场机制来发展社会主义生产力总量。此外，马克思对于市场经济的二重性，即在一定历史条件下促进生产力发展，以及伴随而来的"李嘉图定律"陷阱（社会生产力发展和社会的进步是以牺牲某些阶级或阶层的利益为代价，这一论断被英国古典经济学家李嘉图称之为绝对合理的必然规律），尤其是商品拜物教、货币拜物教和社会不公平、不公正等资本主义异化做了科学的剖析。

2. 具有中国本土化文化根基、价值支撑和话语

秦汉以来，一直把经济学视为经邦济世、强国富民之学，即所谓"以人为本"，"凡治国之道，必先富民"，或者把"民生"视为"吾将上下而求索"的问题。这充分体现其厚生、惠民和彰显民生本位的特征，具有原始的朴素的鲜明的人文主义、人本主义、主体本位色彩，既推行重农抑商政策，也崇尚"轻重之术"。轻重之术就是包括"管氏之轻重，李悝之平籴，耿寿昌之常平"在内的平抑物价和调节经济之术①。把国家调节和市场调节融为一体，是中国对于经济学的重大贡献。此外，被誉为"群经之首，大道之源"的《易经》蕴藏着"天人合一"的系统观、和合思维、人本理念和朴素的辩证方法。这是社会主义调节话语体系的本土化理论渊源。

3. 基于马克思总体性方法论（或者"总体性"原则、"整体性"研究方法、政治经济学话语体系构建学说）和社会或历史发展的"合力"理论②

马克思很重视"总体"这一术语，现代经济就是由生产、分配、交换和消费各个环节构成的"总体""统一体"和"有机整体"③，是一个复杂的非线性的协调工程。必须从整体、总和、体系、方法论和发展观上把握社会主义调节经济理论，把包括市场调节和政府调节在内的诸种调节要素作为其内生变量而纳入作为总体的社会主义调节经济体系。以往，在制定具体的经济发展战略和政策时，往往无形中陷入西方经济学的"概念陷阱"，而且关于"中国模式""中国道路"的分析也往往是在西方经济学范式的框架内进行的，以至于无形中导致马克思主义经济学话语体系的边缘化。毛泽东的《论十大关系》和党的十七大提出的"十个结合"，是正确处理和调节各种关系、跳出西方范式或者话语体系陷阱的范例。

---

① 中国历史上平抑物价的调节之术。例如，汉武帝时，桑弘羊推行平准政策："大农诸官尽笼天下之货物，贵则卖之，贱则买之。……万物不得腾跃，故抑天下之物。"（见《管子·国蓄》）西汉宣帝五凤四年"（耿）寿昌遂令边郡皆筑仓，以谷贱时增其贾而籴，以利农，谷贵时减贾而粜，名曰常平仓。便民之"。（见《汉书·食货志》）这是看不见的手（市场供求关系决定商品价格）和看得见的手（大农诸官尽笼天下之货物）相结合的典范。

② 《马克思恩格斯选集》第4卷，人民出版社1995年版，第695—697页。

③ 《马克思恩格斯文集》第8卷，人民出版社2009年版，第22、23页。

总而言之，社会主义调节经济是一体（以公有制经济为主体）多元化混合调节（把看不见的手、看得见的手和"第三只手"等纳入总体调节和协调框架）经济体系。它有利于厘正各个调节方式，尤其政府调节和市场调节的边界和活动区间，有利于谨防市场或者政府的"错位"、"越位"、"缺位"或者"在其位而不谋其政"，也即"尸位素餐"[①]；它有利于杜绝两个异化即政府异化和市场异化，或者两个失灵、两个缺陷，使其回归本位即政府本位和市场本位。它既区别于计划经济话语，避免重返传统社会主义经济学话语体系，也不套用或者照搬市场经济话语，避免被强行纳入当代西方经济学话语体系；既不同于西方兼容理论，尤其市场社会主义思潮，也不同于法国调节学派理论。它把市场调节、计划调节或者国家调节以及诸多调节因素作为其内生变量，纳入作为总体的社会主义调节经济体系，并且是在社会主义公有制为主体的经济框架内运行。其目的在于重铸以本土化的学术话语为标志的社会主义调节经济话语体系，开启"后西方经济学话语时代"之门。

三　破解社会主义调节经济的三大难题

政治经济学的术语革命，当务之急是破解社会主义调节经济三大难题。

第一，着重寻找政府调节和市场调节之间边界厘定、变动和修正的规律，是这一新话语体系的重中之重。政府调节和市场调节之间的关系是一种对立统一的辩证关系。完全由政府调节，就会走向计划经济；完全由市场调节，就会走向市场原教旨主义或者新自由主义经济。应该尽全力寻找和剖析经济发展全过程中平衡各种关系的契合点、调节点或者制约经济发展的合力，适时调整相关政策，不断地纠正市场缺陷和市场异化，或者政府缺陷和政府异化，也即错位、越位、缺位现象，有针对性地处理不同阶段遇到的不同性质的问题。例如，习总书记根据改革开放中出现的新问题新情况，提出了一个新的理论概括：核心问题是处理好政府和市场的关系，使市场在资源配置中起决定性作用，更好发挥政府作用。一方面，市场在资源配置方面起决定性作用，既不能用市场在资源配置中的决定性作用取代甚至否定政府作用，也不能用更好地发挥政府作用取代甚至否定使市场在资源配置中起决定性作用。另一方面，在如何更好发挥政府作用方面，搞好政府自身建设是重中之重。这是一篇大文章。应该坚持法治国家、法治政府、法治社会一体建设，实现科学立法、严格执法、公正司法、全民守法，促进国家治理体系和治理能力现代化，力图清除滋生权力寻

---

① 语出东汉班固《汉书·朱云传》："今朝廷大臣，上不能匡主，下亡以益民，皆尸位素餐。"

租—设租也即权力调节或配置资源的土壤。

第二，要真正区分私人产品、公共产品（包括基础教育、环境保护、科学研究等）和准公共产品（包括高等教育、文化卫生、基础设施等社会公益事业）。凡是供给和服务涉及住、行、信息对称、司法公正、社会治安、环境保护，尤其医疗保险、义务教育、社会保障等都属于广义的公共品范畴。实践证明：医疗卫生领域的市场化改革是失败的，教育领域的市场化和产业化试验问题丛生，社会保障覆盖面有限，房地产的泡沫化，成为破坏社会和谐的重灾区。因此，要真正弄清楚哪些行业可以市场化，哪些是处在市场和政府接合部的行业，哪些是要通过国家产业政策扶持乃至需要运用国家力量实现跨越式发展的战略产业。另外，还要正确处理具有发散型、开放型及风险型特征的市场改革与带有集中及凝聚型倾向的政府改革之间的关系。目前政府自身的治理严重滞后，政府还掌管着大量本来应该交由市场配置的资源。

第三，如何着重从理论上阐释先进的社会主义公有制社会形式与市场经济的相互融合和调节问题，并由此构建一种话语逻辑体系，这是构建社会主义调节经济话语体系的难点和创新之处。私有制与市场经济这两者关系的调节、兼容和相互融合，曾经呼唤出巨大的生产力和资本主义物质文明，公有制社会形式与市场经济这两者关系的调节、兼容和相互融合，必将在更高一级程度上创造出前所未有的灿烂和辉煌。

可以断言，在新的历史条件下，在处于转型期的中国这一学习大国，学习和传承马克思调节经济理论、总体方法论和中国文化传统，必然转化成为巨大的学习红利，从而释放促进中国社会主义初级阶段调节经济发展的正能量和物质力量。

政府和市场关系的核心是资源配置问题

刘国光

【作者简介】刘国光，中国社会科学院学部委员，中国社会科学院原副院长。曾任孙冶方经济科学基金会名誉理事长、理事及其评奖委员会名誉主任委员，中国城市发展研究会名誉理事长，兼任北京大学、南京大学、浙江大学、东北财经大学、上海财经大学等大学教授，国务院学位委员会委员、国务院三峡工程审查委员会委员、中国城市发展研究会理事长、中国生态经济学会会长、中国石油化工股份有限公司独立董事、全国社会保障基金会理事会理事等职。曾获得波兰科学院外国院士、俄罗斯科学院荣誉博士，首届中国经济学杰出贡献奖、首届世界马克思经济学奖等国内外荣誉。多年来，参加和领导过中国经济发展、宏观经济管理、经济体制改革等方面重大课题的研究、论证和咨询，是当前中国最著名和最有影响的经济学家之一。

党的十八届三中全会通过的《中共中央关于全面深化改革若干重大问题的决定》（以下简称《决定》）指出："经济体制改革是全面深化改革的重点，核心问题是处理好政府和市场的关系，使市场在资源配置中起决定性作用和更好发挥政府作用。"[①] 政府和市场是两种基本的资源配置手段，在社会主义

---

① 《中共中央关于全面深化改革若干重大问题的决定》，《人民日报》2013年11月16日。

市场经济中两者有机结合、相辅相成。政府和市场的关系也是多种多样的，如市场管理关系、宏观调控关系、财政税收关系等，其中最核心的是资源配置问题。

一

资源是指一国或一定地区内拥有的物力、财力、人力等各种物质要素的总称。分为自然资源和社会资源两大类。前者如阳光、空气、水、土地、森林、草原、动物、矿藏等；后者包括人力资源、信息资源以及经过劳动加工创造的各种物质财富。马克思在《资本论》中说：劳动和土地，是财富两个原始的形成要素。[1] 马克思的定义，既指出了自然资源的客观存在，又把人（包括劳动力和技术）的因素视为财富的另一不可或缺的来源。劳动时间包括活劳动时间和物化劳动时间，都是资源的抽象。活劳动意味着人力资源，物化劳动意味着物质资源。可见，资源的来源及组成，不仅是自然资源，而且包括人类劳动的社会、经济、技术等因素，包括人力、人才、智力（信息、知识）等资源。据此，所谓资源指的是一切可被人类开发和利用的物质、能量和信息的总称，它广泛地存在于自然界和人类社会中，是一种自然存在物或能够给人类带来财富的财富。或者说，资源就是指自然界和人类社会中一种可以用以创造物质财富和精神财富的具有一定量的积累的客观存在形态，如土地资源、矿产资源、森林资源、海洋资源、石油资源、人力资源、信息资源等。

资源配置本来是西方经济学中的概念，认为资源配置是经济社会为达到最优或最适度的境界而对其资源（包括生产要素和产品）在各部门或个体之间或者各种用途之间的配置。许多西方经济学教科书都开宗明义地将资源配置作为其学科的研究对象，研究的目的是优化资源配置，以达到收益最大化。在西方经济学家看来，在一个特定时间，资源的数量和质量会发生变化。但它们是有限的，是具有稀缺性的。稀缺性是西方经济学中的一个重要概念。法国经济学家瓦尔拉斯把经济物品定义为一切具有稀缺性的物品，英国经济学家罗宾斯用人的多种目的和实现目的的资料和手段的稀缺来定义经济学。相对于人类社会的无穷欲望而言，经济物品或生产这些物品所需要的资源就是不足的，这就是经济物品或生产这些物品所需要的资源的稀缺性。这种稀缺的相对性存在于人类社会的一切时期，因而经济学就被认为是解决这种稀缺资源的优化配置和利

---

① 参见《马克思恩格斯全集》第23卷，人民出版社1972年版，第663页。

用的一门科学。

在西方经济学中，资源优化配置是通过市场均衡来实现的。市场上需求和供给之间的变动都要通过价格和数量来反映，这里存在着一种通过价格反映供求变动来进行资源分配的制度——均衡价格。均衡价格理论是从供给与需求相平衡来论证价格决定，从而实现资源配置的理论。资源配置正是通过供给与需求价格的变动来实现的，供给与需求平衡，资源得到合理配置。

在西方经济学理论中，市场机制对资源配置起着主要作用，市场经济通过一系列的价格和市场活动，无意识地协调着人们的经济活动。市场机制充分发挥作用的前提是"完全竞争"的存在。市场机制只有在完全竞争的驱动下，通过价格制度才能促使资源的投入产出达到一种有效的配置。强调市场机制在资源配置中的功能与作用，是古典经济学的一条主线。即使如此，以亚当·斯密为代表的古典经济学体系中，他们还分析了"看不见的手"发挥作用所需要的社会法律制度，认为政府在构建市场经济的制度基础和弥补市场失灵方面具有不可忽视的作用①。在这里应当指出，政府的作用不能仅仅局限于此，最重要的是经济职能。政府在经济建设中担负着重要的职能，主要是进行经济调节、市场监管、社会管理和公共服务，以促进社会经济发展，提高生产力水平和人民生活水平。

马克思没有直接对资源配置作出具体的定义，但从他的著作来看，他所理解的资源配置，最基本的含义是按一定比例分配社会总劳动量。马克思在《致路·库格曼（1868 年 7 月 11 日）》中指出："小孩子同样知道，要想得到和各种不同的需要量相适应的产品量，就要付出各种不同的和一定量的社会总劳动量。这种按一定比例分配社会劳动的必要性，决不可能被社会生产的一定形式所取消，而可能改变的只是它的表现方式，这是不言而喻的。自然规律是根本不能取消的。在不同的历史条件下能够发生变化的，只是这些规律借以实现的形式。"② 马克思在这里所说的社会总劳动，不仅指活劳动，而且还包括物化劳动，即通过活劳动加工的自然资源。马克思认为："劳动并不是它所生产的使用价值即物质财富的唯一源泉。"③ 从马克思主义经济学的完整体系看，社会总劳动量是社会在一定时期内所能支配的物化劳动和活劳动的总和与抽象，因而社会总劳动的分配也包括物化劳动的分配的思想。

---

① ［英］亚当·斯密：《国民财富的性质与原因的研究》（下册），郭大力、王亚男译，商务印书馆 1999 年版，第 252—253 页。

② 《马克思恩格斯选集》第 4 卷，人民出版社 1995 年版，第 580 页。

③ 《马克思恩格斯全集》第 23 卷，人民出版社 1972 年版，第 57 页。

　　值得注意的是，马克思所说的社会在一定时期可以用来分配的总劳动量，是暗含着"稀缺性"的，因为既然是要"按一定比例分配社会劳动"，并且依据"根本不能取消"的"自然规律"，本身就表明社会总劳动量是"稀缺"的。正因为如此，马克思多次强调"社会劳动时间可分别用在各个特殊生产领域的份额的这个数量界限"①，并且认为这个数量界限决定着社会"不仅在每个商品上只使用必要的劳动时间，而且在社会总劳动时间中，也只把必要的比例量使用在不同类的商品上"②。同时，马克思也多次论述资源"稀缺"的含义，他说："一种东西要成为交换对象，具有交换价值，就必须是每个人不通过交换就不能得到的，必须不是以这种最初的形式即作为共同财富的形式而出现的。稀有性就这一点来说是交换价值的要素。"③　就是说，凡是以商品形式出现在市场上的资源都是稀缺资源，资源产品化和商品化程度反映了资源的稀缺程度。

　　西方经济学中的资源配置理论强调资源的稀缺性，资源的优化配置是通过市场均衡来实现的。但是，西方经济学理论只停留在社会生产的一般层次上，即只是从物质资料生产和社会化商品生产的层次上研究资源配置问题。而马克思主义经济学的资源配置理论则以社会生产方式变更的历史观为基础，认为按一定比例分配社会总劳动资源的必要性，不可能被社会生产的一定方式所取消，随着不同历史条件下社会生产方式的转变，而改变其借以实现的形式。这就为不同社会经济关系下的不同资源配置实现形式，奠定了理论前提，体现了资源配置方式研究和社会生产方式研究的统一。

二

　　资源配置的关键，是把有限的资源配置到社会需要的众多领域、部门、企业、产品和劳务生产上去，而且使资源得到有效配置，达到消费者、企业和社会利益的最好、最大的满足，这也是社会经济运行的核心问题。在社会化商品经济社会中，资源配置可以有两种基本手段，即市场和计划，相应地也就有两条经济规律在发挥作用。两种手段的配置，取决于所有制关系。在一般以私有制为主体的市场经济条件下，市场在资源配置中起决定性作用，实质上是以价值规律为主的各种经济规律共同作用来配置，具体通过市场机制的功能来实现。即使如此，西方学者也未完全否认政府包括资源配置在内的经济职能。他们勾画了自由放任的制度边界，指出政府要做守夜人并对市场进行必要的监管，容

----

① 《马克思恩格斯文集》第 7 卷，人民出版社 2009 年版，第 717 页。
② 同上书，第 716 页。
③ 《马克思恩格斯全集》第 46 卷（上），人民出版社 1979 年版，第 124 页。

许财税收支对经济的调节，兴建必要的公共工程等。在以公有制为主体的社会主义市场经济条件下，除了价值规律在资源配置中发挥作用外，有计划按比例分配的规律也要发挥作用。在这种情况下，政府包括资源配置在内的经济职能的重要性更是无可置疑了。

对于价值规律，马克思指出："商品的价值规律决定社会在它所支配的全部劳动时间中能够用多少时间去生产每一种特殊商品。"① 这表明，在商品经济条件下按一定比例分配社会总劳动的"自然规律"是以价值规律为实现形式的。价值规律通过对价格运动的支配，造成了商品生产者在每一产业部门内部的竞争和在各个产业部门之间的竞争。只有通过"商品价格的波动"，商品按照"社会必要劳动时间"决定的价值进行交换才能成为现实②。价值规律还从两个方面对社会总劳动的配置起调节作用，一是调节着个别企业内部的资源配置方向；二是调节着整个社会内部的资源配置比例。由此可见，价值规律对社会资源配置的调节作用同时具有双重功能，即不仅决定了社会总劳动时间在各个产业部门之间的分配比例，使各产业部门用于每一类商品生产上的劳动总量不超过必要的限度，而且也规定了决定单个商品价值量的社会必要劳动时间的量的界限，是由哪一类（最好、中等或最差）的生产条件来左右③。价格机制是价值规律实现其作用的内在机制，价格的变动引起供给和需求、生产和消费的变动，从而引起社会资源流向发生变化，实现对资源的合理配置。

在社会主义建设初期，关于是否利用价值规律为经济建设服务的问题，是经济学界争论最大、时间最长的问题。在社会主义初级阶段，只要存在商品生产和商品交换，就不可能否定价值规律的作用。在 20 世纪 60 年代，毛泽东在《读苏联〈政治经济学教科书〉的谈话》中反复研究社会主义条件下的商品生产和价值规律的作用，对轻视和消灭商品经济的倾向进行了批评，强调"商品生产不能与资本主义混为一谈"，认为生产资料也是商品，价值法则"是一个伟大的学校，只有利用它，才有可能教会我们的几千万干部和几万万人民，才有可能建设我们的社会主义和共产主义"④。毛泽东强调："现在要利用商品生产、商品交换和价值法则，作为有用的工具，为社会主义服务。"⑤ 这就突破了传统意义上的认识误区。

---

① 《马克思恩格斯文集》第 5 卷，人民出版社 2009 年版，第 412 页。
② 《马克思恩格斯全集》第 21 卷，人民出版社 1965 年版，第 215 页。
③ 宋宁：《论马克思的资源配置理论框架》，《经济研究参考》1993 年第 1 期。
④ 《毛泽东文集》第 8 卷，人民出版社 1999 年版，第 34 页。
⑤ 《毛泽东文集》第 7 卷，人民出版社 1999 年版，第 435 页。

对于有计划按比例分配的规律，可以按两个层次来说明：一是按比例分配；二是有计划分配。前面所讲马克思在提出按一定比例分配社会劳动的必要性，是就社会化生产一般来说的，而不问社会生产的形式如何。但马克思提出劳动时间的有计划分配，却是针对"共同的社会生产"，即以公有制为基础的生产方式来说的。马克思说："时间的节约，以及劳动时间在不同的生产部门之间有计划的分配，在共同生产的基础上仍然是首要的经济规律。这甚至在更加高得多的程度上成为规律。"① "按比例"与"有计划"不是一个层次。"按比例"适合于"社会生产一般"，而"有计划"则仅适合于"共同生产"，即"以公有制为基础的社会生产"。如果社会生产是以私有制为基础，能够以自发的价值规律来实现按比例分配社会资源，无须也不可能有计划地分配社会劳动；如果社会生产是以公有制为基础，则有计划的分配不仅成为可能，也成为社会的必要。

现在的社会主义初级阶段是公有制和私有制两种所有制并存的历史阶段，所以两种资源配置规律（市场价值规律和有计划按比例分配规律）并存，都要发挥作用。两种规律的优缺点，都需要辩证地看待。

价值规律对资源配置发挥作用，在一定时期、一定程度上能够达到资源的优化配置，能够自发地调节社会劳动在各生产部门之间的分配，适应供求关系的变化，刺激商品生产者技术的改进和劳动生产率的提高，促使商品生产者在竞争中优胜劣汰。但是，价值规律也具有自发性、盲目性和滞后性的缺点，它对经济总量的平衡、宏观经济结构的调整、生态平衡和环境保护等的调节显得无能为力，它的自发作用容易造成经济失衡和出现盲目性，从而导致资源的浪费，它还会引起贫富差距的扩大和出现两极分化等现象，从而导致经济周期性波动、经济停滞乃至经济危机。在以私有制为主体的资本主义市场经济中，资产阶级企图通过不触动所有制关系的宏观调控、生产关系的某些局部调整来减缓波动或经济危机，但没有合理运用有计划按比例分配的规律，这就不能从根本上消除经济危机。

有计划按比例分配规律，能够合理地分配社会劳动，使社会劳动分配比例适应社会对商品需求的比例；能够促进国民经济各部门、社会生产各环节、各个地区之间经济协调发展；能够与价值规律互相形成一种合力，共同对有效地节约社会资源发挥作用，促进社会劳动的有效利用和社会资源的节约；能够促进经济健康增长，增加就业，稳定物价，保持国际收支平衡。但是，如果有计划按比例分配规律运用不当，主观的计划调控行为与客观按比例要

---

① 《马克思恩格斯文集》第 8 卷，人民出版社 2009 年版，第 67 页。

求不适应，就容易产生统得过死、瞎指挥和官僚主义，还有可能造成经济缺乏活力，降低经济运行效率等。这是过去苏联和中国实行的传统计划经济曾发生的缺陷。在以公有制为主体的社会主义市场经济中，政府必须且能够借助公有制经济通过正确运用有计划按比例分配的规律，采取强有力的宏观计划调控手段，从根本上消除经济危机，熨平、矫正价值规律调节的自发性、盲目性、滞后性，防止传统计划经济体制曾经有过的缺陷，从而保证国民经济的健康发展。这是社会主义市场经济的优越性。换句话说，凯恩斯解决不了的问题，马克思能够解决。

在社会主义市场经济体制下，这两个规律综合运用得当，能够发挥出各自的优点，避免各自的缺点，这样就能够促进国民经济持续、快速、健康发展。市场价值规律和有计划按比例分配规律之间的关系，现实上表现为市场自发运行和政府自觉调控之间的关系。

有计划按比例发展就是人们自觉安排的持续、稳定、协调发展，它不等同于传统的行政指令性的计划经济，更不是某些人士贬称的"命令经济"。"有计划"不等于行政命令，主要是通过指导性、战略性、预测性的计划，用以从宏观上引导国家资源的配置和国民经济的发展，当然，也包括某些必要的指令性指标，并不排除国家计划的问责功能。改革开放后，我们革除传统计划经济的弊病，适应初级阶段的国情，建立了社会主义市场经济体制，尊重市场价值规律，但是不能丢掉公有制下有计划按比例的经济规律。在社会主义初级阶段，社会主义经济容纳市场经济，成为社会主义的市场经济，而不是什么纯粹的市场经济，或者其他性质的市场经济。这样的社会主义市场经济就不能只受一个市场价值规律的支配，而必须在市场价值规律起作用的同时，受"有计划按比例发展规律"的支配。所以，《决定》所说的"市场决定资源配置是市场经济的一般规律"，单就市场经济来说，是绝对正确的；下面接着说"健全社会主义市场经济体制必须遵循这条规律"，也是对的，但是说得不够完整。因为社会主义市场经济要遵守的不仅是市场价值规律，这不是社会主义市场经济唯一的规律。以公有制为基础的社会主义市场经济还要首先遵守有计划按比例发展规律。这就是为什么在社会主义市场经济中，计划和市场、政府和市场、自觉的调节和自发的调节、"看得见的手"和"看不见的手"都要在资源配置中发挥重要作用的理论根据。正如习近平所说："使市场在资源配置中起决定性作用和更好发挥政府作用，二者是有机统一的，不是相互否定的，不能把二者割裂开来、对立起来，既不能用市场在资源配置中的决定性作用取代甚至否定政府作用，也不能用更好发挥政府作用取代甚至否定使市场在资源配置中起决定性作用。"①

三

习近平强调："在市场作用和政府作用的问题上，要讲辩证法、两点论，'看不见的手'和'看得见的手'都要用好，努力形成市场作用和政府作用有机统一、相互补充、相互协调、相互促进的格局，推动经济社会持续健康发展。"② 市场作用这只看不见的手和政府作用这只看得见的手都要用好，核心的问题是在资源配置上两者都要用好。在资源配置上，市场这只手主要是通过价值规律的运行和价格机制的运作来实现的；而政府作用这只手则主要通过有计划按比例规律的运行和宏观计划调控机制的运作来实现。既然在资源配置中是双重调节作用，而不是单纯的"市场决定"，那么在资源配置的调节中，市场这只手和政府或计划这只手，怎么分工？我们认为，按照资源配置的微观层次和宏观层次，划分市场与政府或计划的功能，大体上是可以的。

在宏观层次，为保持经济总量的基本平衡，抑制通货膨胀，促进经济结构的优化，实现国民经济持续、快速、健康发展，政府应当发挥主要作用，使经济活动遵循价值规律和有计划按比例分配规律的要求，适应供求关系的变化，促进生产和需求的及时协调，从而达到资源的优化配置。政府发挥作用的主要手段是以计划为导向的宏观调控，而宏观计划调控的主要目标为经济持续稳定增长、比例协调、充分就业、价格水平基本稳定和国际收支基本平衡。离开了政府的宏观计划调控，国民经济持续、协调、健康发展的宏观目标是不可能实现的。

在微观层次，参与市场交易活动的主体，有企业、家庭（含劳动者个人）、机构（含政府、社会组织），其中最主要的是居于市场交易中心的企业。作为市场主体的企业，以独立的商品生产者和经营者的身份，面对市场，围绕市场，依托市场，调配购入各种生产要素，组织生产，供应各种产品服务，在市场竞争的"舞台"上纵横驰骋。在此场合，资源配置似应由市场起决定性作用，政府只应起辅助监管作用。但是，微观经济活动中对宏观产生重大影响（如供需总量平衡、部门地区比例、自然资源和环境保护、社会资源的公平分配以及涉及国家安全、民生福利等）的资源配置问题，政府要加强计划调控和管理，不

---

① 《习近平在中共中央政治局第十五次集体学习时强调　正确发挥市场作用和政府作用　推动经济社会持续健康发展》，《人民日报》2014 年 5 月 28 日。

② 同上。

能让市场这只"看不见的手"盲目操纵，自发"决定"。此时，政府的辅助作用便会转化为决定性作用，运用行政、法制、经济等手段进行调节，以最终实现资源的优化配置。

微观经济活动主体企业的分类，参照中共中央、国务院于 2015 年 9 月印发的《关于深化国有企业改革的指导意见》，我国企业也可以大致分为商业类和公益类两类企业①。商业类企业具有营利性质，又可分为竞争性的企业和垄断性的企业。竞争性的企业参与市场竞争，市场在这些企业的交易行为和资源配置中起决定性作用，要减少政府对其经济活动的直接干预，把政府不该管的事交给市场，让市场在所有能够发挥作用的领域都充分发挥作用，推动资源配置实现效益最大化。

在市场经济条件下，竞争必然导向垄断，而企业的垄断性行为，一般必然涉及社会公众利益甚至国家的战略利益，不能不由政府出面进行管理和调节。这里要顺便指出，我国某些学者不仅要求国有经济完全退出竞争领域，他们还要求国有经济退出关系国民经济命脉的重要行业和关键领域。他们经常把国有经济在这些领域的优势地位冠以"垄断行业""垄断企业"，不分青红皂白地攻击国有企业利用政府行政权力进行垄断。应当明确，在有关国家安全和经济命脉的战略性部门及自然垄断产业，问题的关键不在于有没有垄断，而在于谁来控制。一般说来，这些特殊部门和行业，由公有制企业经营要比由私有制企业经营能更好地体现国家的战略利益和社会公众利益。当然也不排除在某些场合吸收私人资本参股，实行混合经营。

公益类的企业，具有非营利性质，如水利、环境和公共设施管理业，居民服务和其他服务业，教育，卫生、社会保障和社会福利业，文化、体育和娱乐业等等，属于非营利性行业，不以盈利为目的，这类企业也要实行独立的经济核算，为发展公益事业保本增殖，但有些也要依靠国家或社会补贴，不能完全按照市场竞争的原则来经营，也就不能完全依靠市场起决定作用了。这些行业和整个宏观层次的资源配置，主要依靠政府的调控，而市场起辅助作用。要发挥国家发展规划、计划、产业政策的导向作用，综合运用法律手段和经济手段，加强科学规划、政策指导和信息发布，并通过技术、环境、能耗标准及科技创新等手段规范市场准入。这就有利于解决习近平总书记所说的"教育、就业、社会保障、医疗、住房、生态环境、食品药品安全、安全生产、社会治安、执

---

① 中共中央 国务院印发《关于深化国有企业改革的指导意见》，《人民日报》2015 年 9 月 14 日。

法司法等关系群众切身利益的问题较多"① 的问题。

总的来说,资源配置有宏观、微观不同层次,还有许多不同类别企业的资源配置。在资源配置的微观层次,即多种资源在各个市场主体(企业、机构、家庭、个人)之间的配置,市场价值规律可以通过供求变动和竞争机制促进效率,发挥非常重要的作用,也可以说是"决定性"的作用。但是在资源配置的宏观层次,如供求总量的综合平衡、部门地区的比例结构、自然资源和环境的保护、社会资源(财产、收入)的公平分配等方面,以及涉及国家社会安全、民生福利(住房、教育、医疗)等公益性领域的资源配置,就不能都依靠市场来调节,更不用说"决定"了。市场机制在这些宏观层次和重要领域存在很多缺陷和不足,需要国家干预、政府管理、计划调节来矫正、约束和补充市场的行为,用"看得见的手"来弥补"看不见的手"的缺陷。

---

① 习近平:《关于〈中共中央关于全面深化改革若干重大问题的决定〉的说明》,《人民日报》2013年11月16日。

澄清对马克思再生产理论的认识误区

卫兴华

【作者简介】卫兴华，中国人民大学荣誉一级教授。历任中国人民大学经济学系主任、《中国人民大学学报》总编辑、校学术委员会副主任、校学位委员会委员和理论经济学分会主席等职；曾任国务院学位委员会第三届经济学科评议组成员、全国哲学社会科学经济学科规划小组成员、中国《资本论》研究会副会长、全国综合大学《资本论》研究会会长、中央马克思主义理论研究与建设工程课题组主要成员。现任中国社会科学院马克思主义研究院特聘研究员、北京市中国特色社会主义理论研究中心学术顾问、当代中国马克思主义政治经济学创新智库顾问委员会委员等职。主要研究方向是马克思主义政治经济学和中国特色社会主义政治经济学。卫兴华教授被学界称作"杰出的马克思主义经济学家""中国《资本论》研究权威"。曾获省部级和国际奖20多项，其中包括孙冶方经济科学奖第一、二届论文奖、世界政治经济学学会马克思经济学奖、第四届吴玉章人文社会科学终身成就奖等。在《中国社会科学》《经济研究》《经济学动态》《人民日报》《光明日报》等各类报刊发表文章近1000篇，出版学术著作（含主编、合著）40多部。

创建和发展中国特色社会主义政治经济学，是以马克思的政治经济学为其首要理论思想来源的。中国特色社会主义政治经济学是对马克思主义政治经济学的继承与创新。它既要根据时代的变化和中国改革与发展的实践，与时俱进地致力于马克思主义政治经济学的发展与创新，又需要系统准确地理解与把握马克思主义经典作家阐述的经济学基本原理和方法。然而，纵观当前学界的理论研究，这两方面都既有成就，又存在欠缺。

马克思的政治经济学博大精深，对马克思主义经典作家经济学的学习与研究，贵在学好用好，学好才能用好。如果学错或学歪了，不但不能正确地指导实践，还会形成对实践的误导。本文就学界研读马克思再生产理论存在的三个认识误区，进行辨析。一是对内涵扩大再生产和外延扩大再生产范畴普遍存在的认识误区。二是将外延型和内涵型的扩大再生产同粗放型和集约型的生产混同。三是对马克思这一重要观点的解读杂乱不清——所使用资本和所消费资本之差额的增大，成为决定积累规模的因素。本文从马克思有关论著的整体性和系统性上，按其深层次的原本理论思想，进行梳理和辨析，以消除认识误区，回归其真谛。

目前，我国进入经济发展的新常态，需要应对经济下行压力，加快转变发展方式，进行供给侧结构性改革，提高产品供给的质量和效益。其中，尤其要努力增加合理有效投资，更好地发挥投资对经济增长的关键作用，全面激发制造业投资活力，增强制造业核心竞争力。准确把握马克思再生产理论，对于实现上述任务具有重要的指导意义。

一　内涵扩大再生产和外延扩大再生产的认识误区

社会主义的根本任务是发展生产力。发展生产力就需要扩大生产规模和不断提高劳动生产率。这就涉及马克思在《资本论》中提出的扩大再生产的两种方式：内涵扩大再生产和外延扩大再生产。长期以来，在政治经济学的教学与研究中，包括有关的教材与辞典，一般把内涵扩大再生产解读为利用新的技术设备提高生产效率；而把外延扩大再生产解读为在原有的生产技术水平上扩大生产规模，不存在新科技的应用和效率的提高。这样的解读被说成是马克思的观点和原理。然而，这实际上是对马克思原意的误解和错解。为了说明这种误解和错解的普遍性，有必要引证一些具有权威性的论著与辞典中的解读，以探明究竟。

20世纪80年代初，鉴于我国以往一段时期发展中出现"左"的失误，全国组织学习《资本论》第二卷，重点为马克思关于再生产的理论。配合这次学习，中央有关部门组织几位经济学家撰写了《学习马克思关于再生产的理论》一书，由人民出版社和中国社会科学出版社于1980年出版，作为全国学习读本。书中关于内涵扩大再生产和外延扩大再生产的解读，被当作马克思的观点宣讲，产生了广泛影响。该书提出："所谓外延的扩大再生产，是指单纯依靠增加生产要素的投入数量，即增人、增资、增设备、增原料、扩大生产场所来扩大生产规模，这里没有生产技术的进步，没有生产要素质量的变化，没有社会生产效率的提高。所谓内涵的扩大再生产，是指生产的规模的扩大，是依靠生产技术的进步，依靠生产要素质量的改善，依靠提高活劳动和生产资料的效率取得的。"① 从这种解读中可以看出，所谓外延扩大再生产就是单纯依靠增加投入来扩大生产规模，不提高生产效率，是原有水平的重复建设。而所谓内涵扩大再生产，则不提增加投入，似乎只在原有投入条件下，提高技术水平和生产效率来扩大生产规模。在以后出版的各种论著和重要辞典中，都重复这种解读，只是在文字表述上有所差别而已。例如，由山东人民出版社于 1988 年出版的《〈资本论〉辞典》中是这样解读的：外延扩大再生产是指"在生产技术和生产要素的质量和劳动生产率不变的条件下，单纯依靠增加生产要素的数量……增加投资，增加设备，增加原材料和劳动力，并扩大生产场所而实现的扩大再生产"②。内涵扩大再生产是"依靠生产技术进步，改善生产要素的质量，提高生产要素的利用率来实现的扩大再生产"③，也没有提到投入的增加。再如，1987年吉林大学出版社出版的《马克思主义辞典》中这样讲：内涵扩大再生产是"依靠提高生产资料的效率和劳动效率而扩大生产规模"，外延和内涵两种扩大再生产的"区分不在于有没有积累，有没有追加投资，而在于这个积累是用于单纯地增加生产条件的数量，还是用于提高生产条件的素质和效率。前者是外延的扩大再生产，后者是内涵的扩大再生产"④。还有其他多本论著和经济学辞典的解读雷同，就不一一引证了。

内涵与外延两种扩大再生产的方式，是马克思在《资本论》中提出的新概念。为了准确地把握其本意，需要弄清下面几个问题。

第一，扩大再生产，无论是内涵的还是外延的，都需要有新的资本投入。即使通过技术改造、利用新的技术设施，搞内涵扩大再生产，也需要有一定的资本投入。

第二，增加资本投入，扩大生产，主要靠资本积累，即剩余价值资本化。预付资本额增大即增加新的资本投入，可以扩大生产，但本文不能认同曾经流行的提法——以为"积累是扩大再生产的唯一源泉"。无论从马克思的原意看，还是从经济发展的实际情况看，固定资本的折旧费，也可用于扩大生产。

第三，马克思在《资本论》第二卷中，有两处论述了内涵与外延的扩大再

① 《学习马克思关于再生产的理论》，人民出版社、中国社会科学出版社 1980 年版，第 285、286 页。
② 宋涛主编：《〈资本论〉辞典》，山东人民出版社 1988 年版，第 604 页。
③ 同上。
④ 许征帆主编：《马克思主义辞典》，吉林大学出版社 1987 年版，第 155 页。

生产问题。一处是阐述，不通过剩余价值资本化的积累，而是利用固定资本的折旧费投入原企业，进行扩大再生产。另一处是阐述，扩大再生产需将积累的资本或用于建设新工厂，或用于扩大原企业的规模。只有将这两处的论述联系起来理解，才能准确把握马克思关于这个问题的本意。但在有关论著和辞典中，一般只根据前一处的论述，即利用固定资本的折旧费扩大企业生产规模，而做出内涵与外延扩大生产相区别的论断。而且对这一处论述的解读也存在纰漏。

第四，需要将马克思这一关于固定资本折旧的论述，与企业扩大再生产的实际情况联系起来解读。请仔细阅读马克思在《资本论》第二卷阐述资本周转所讲的一段话："固定资本价值中这个转化为货币的部分，可以用来扩大企业，或改良机器以提高机器效率。这样，经过一段或长或短的时间，就有了再生产，并且从社会的观点看，是规模扩大的再生产。如果生产场所扩大了，就是在外延上扩大；如果生产资料效率提高了，就是在内涵上扩大。"① 有必要说明"如果生产场所扩大了，就是在外延上扩大"这句话的含义。这里马克思并没有说，生产场所扩大排斥效率的提高。从企业的实际发展情况看，无论靠资本积累增加投入，或是靠折旧费的投入，二者既可以简单扩大厂房或车间，增加同类机器设备，以扩大生产规模，而未伴随效率的提高；又可以在扩大场所的同时，增添先进的机器设备，利用新的技术，提高生产效率，实现再生产的扩大。也就是说，外延扩大生产，并不必然排斥效率的提高。如果企业新投入的资本，不用于扩大场所，也不用于增加机器设备，在此既定情况下，就只能用于企业内部的技术改造与革新，用技术含量高的新机器设备置换部分已经折旧完了的旧机器设备。这就是一个企业内部利用折旧费投入所进行的内涵扩大再生产。从一个企业看，外延扩大再生产不一定排除新机器设备的利用和效率的提高。如果条件变化了，内涵扩大再生产也可以在技术设备和效率不变的情况下实现。比如，原来企业的工人劳动实行两班制轮换，在工作场所不扩大、机器设备不变的情况下，现在改成劳动三班制，生产资料（原材料等）和工人增加了，但技术和效率并未提高。

第五，不能忽略《资本论》第二卷第二篇"资本周转"的有关论述。在其中的第 17 章"剩余价值的流通"中，马克思写道："积累，剩余价值转化为资本，按其实际内容来说，就是规模扩大的再生产过程，而不论这种扩大是从外延方面表现为在旧工厂之外添设新工厂，还是从内涵方面表现为扩充原有的生

---

① 《马克思恩格斯文集》第 6 卷，人民出版社 2009 年版，第 192 页。

产规模。"① 这里论述的是，用积累的资本进行扩大再生产，并且不再是仅从一个企业内部考察生产的扩大，而是既从企业内部考察，又从企业外部建立新工厂考察。事实上，无论资本主义国家或社会主义国家，进行扩大再生产有两点是共同的。其一，利用折旧基金的扩大再生产，一般只在企业内部进行。由于折旧基金比积累的资本在量上相对较小，难以建立新的工厂，只能用于在原企业扩大场所、增加机器设备，或是对整个企业进行技术改造，提高资本效率。在扩大生产场所、增添少量机器设备的场合，并不排除改用技术水平提高了的先进机器设备。其二，从社会角度来看的企业发展和扩大，可以根据资本积累的规模，或是用于扩大原企业的生产，或是扩建新的工厂。扩大原企业就属于内涵型；扩建新企业就属于外延型。这里不涉及以有无技术和效率的提高为标准，划分内涵型和外延型扩大再生产的问题。从实际经济发展情况来看，进行扩大再生产，无论采取扩大原有企业的方式，或是新建企业的方式，既可以只是原有技术水平和机器设备的扩大，又可以是伴随着先进机器设备的增加或更新，它们的技术和效率也提高了。从社会生产力、科技水平不断提高的发展规律来说，建立新工厂也好，扩大原企业也好，新的资本投入都会力求采用当时技术水平较高的机器设备。

马克思主义的经济理论，必须既符合经济发展实际，又能指导实际。我国经济新常态下正在进行的供给侧结构性改革，以科技创新为驱动，重在提高生产的质量与效率，提高所供给产品的质量和效能，既要减少和消除产能过剩的重复建设，又要创建高新技术产业。无论搞内涵扩大再生产或外延扩大再生产，都需要遵循上述马克思相关论述的原则。如果错误地认为，外延扩大再生产无论是建立新企业，还是扩大原企业工作场所、增添新的机器设备，都没有新科技的运用和效率的提高，以此指导实践，必然碰壁，且与经济增长方式的转变相悖。这显然不符合我国经济发展的实际。这种错误的认识能作为供给侧结构性改革的指导思想，发挥投资对经济增长的关键作用吗？

二　错将"外延""内涵"与"粗放""集约"等同

长期以来，我国学界认为"外延"与"粗放"同义，"内涵"与"集约"同义。基于这种误解，前些年中央提出我国经济增长方式要由粗放型转向集约型时，有些学者认为，这也就是我国的经济发展要由外延型转向内涵型。这种推理既不符合马克思主义理论的本意，也不符合中国社会经济发展的实际。

---

① 《马克思恩格斯文集》第6卷，人民出版社2009年版，第355页。

由于这种误解出自有影响乃至权威性的论著和辞典，因而有必要引证其中的一些有关讲解，以辨明究竟。在上述《学习马克思的再生产理论》读本中，人们读到这样的宣讲："所谓内涵的扩大再生产，有时也把它叫做集约的扩大再生产。而把外延的扩大再生产叫做粗放的扩大再生产。"[1] 也就是说，这是同一内容的两种称谓。内涵的扩大再生产等于集约的扩大再生产；外延的扩大再生产等于粗放的扩大再生产。在上述《〈资本论〉辞典》中有这样的解释：内涵的扩大再生产"是一种向生产的深度发展，向集约的方向发展的扩大再生产，因此有时也称之为'集约的扩大再生产'"[2]；外延的扩大再生产"是以生产的广度发展为特征的，因此又称之为'粗放的扩大再生产'"[3]。由凤凰出版社和江苏人民出版社于2004年出版的《现代经济辞典》，设有"集约扩大再生产"词条，其被解释为"可视同内涵扩大再生产"[4]；另有"粗放扩大再生产"条目，被解释为"可视同外延扩大再生产"[5]。总之，众口一词，几乎找不到不同解读的论著。

学界之所以把"外延"与"粗放"、"内涵"与"集约"这两对概念等同起来，追根溯源，主要有两方面的原因。一是在外文如德文和英文中，"粗放"与"外延"是同一单词（extensive），"集约"与"内涵"也是同一单词（intensive），据此将其含义等同。但是，无论是中文还是外文，一字多义或一词多义的解读都很多。马克思用德文写的著作，把这两对概念的不同含义是区分清楚了的。逻辑学关于概念"外延"与"内涵"的定义，不能置换成经济学概念的"粗放"和"集约"。二是由于把马克思外延与内涵的扩大再生产理论解释得不准确，它们就容易被理解为与"粗放"和"集约"是同义的。

如上所述，错误的解读把外延扩大再生产视为没有技术进步和效率提高的重复建设，而把内涵扩大再生产视为必然是依靠提高技术水平和生产效率来扩大生产规模。目前讲到粗放型生产，一般是指高投入、高消耗、低产出、低质量、低效益；而讲到集约型生产，则必然是低投入、低消耗、高产出、高质量、高效益。于是，很容易既将"粗放"同错解的"外延"混同起来，又把"集约"与错解的"内涵"混同起来。在误读的前提下，讲外延型生产，就以为只是扩大生产规模，没有技术进步和效率的提高，因而也是粗放型生产；讲内涵

---

① 《学习马克思关于再生产的理论》，人民出版社、中国社会科学出版社1980年版，第285页。
② 宋涛主编：《〈资本论〉辞典》，山东人民出版社1988年版，第431页。
③ 同上书，第604页。
④ 刘树成：《现代经济辞典》，凤凰出版社、江苏人民出版社2004年版，第482页。
⑤ 同上书，第149页。

型生产，就以为只是以技术和效率的提高增加产出，因而也是集约型生产。

关于对外延与内涵的普遍误解与错解在前面已做了说明。现在还需要弄清集约与粗放的本意及其内涵的发展。集约与粗放最初涉及农业经营的两种方式。粗放经营意味着扩大耕地面积以增加产量，集约经营意味着在同一块土地上增加投入、提高单位面积产量。马克思说过："所谓集约化耕作，无非是指资本集中在同一块土地上，而不是分散在若干毗连的土地上。"① 至于追加投资的效率高低，原来并无固定关联。集约和粗放作为一种经营方式，其概念在李嘉图的著作中也提到过，但与马克思的观点不完全一致。根据马克思的论述，最初在农业中的粗放经营并非现在人们所一般理解的、效益低下的"广种薄收"；集约经营也并非一定是精耕细作，提高了原有土地单位面积产量和效率。对农业生产中的集约经营和粗放经营的概念及其含义，要有历史的和整体的考察与把握。当一个国家或地区存在大量未被占有并待开垦的土地时，可以通过扩大耕地面积增加产出，这便是粗放经营。新开垦的土地既可能是中等地、劣等地，也可能是优等地。这也是马克思符合历史实际情况的观点。如果新耕作的土地比较肥沃，收益自然会提高，这就是高效率的粗放型经营。而李嘉图认为，农业发展是由优等地向劣等地发展，其间要等到优等地和中等地都被占用完了，才向劣等地发展。马克思则认为，即使新耕作的土地不是优等地，但这种土地"至少已在土壤表层积累了许多易溶解的植物养料，以致无须施用肥料，甚至只须粗放耕作，也能长期获得收成"②。扩大这种土地耕种面积成本低，是广种多收。即使单位面积产量不很高，但因成本低，剩余产品率会提高。马克思说："一个家庭可以粗放耕作比如说100英亩。每英亩的产量虽然不大，但100英亩将提供相当多的剩余产品。"③ 从人类发展的历史看，由粗放经营转向集约经营，是每个国家都会经历的。在土地可耕地尚未被完全开垦时，粗放经营比较显著；当耕地被充分开发、完全被占用后，就自然需要重视集约经营，提高单位土地面积的产量。在科学技术水平不变的条件下，加倍投入资本通常无法获得加倍或更高的收入。现在讲集约经营，是通过科技创新、管理创新提高单位面积产量，既重视产量，更重视效率与效益。

不仅如此，当一个国家或地区的可耕地全部被占用和耕作时，无法继续扩大耕地面积，人们会在原不宜耕作的山林地带等开荒造田，甚至毁林造田。这种广种薄收的粗放型经营，自然是低技术、低效益的。当代随着生产力发展和

① 《马克思恩格斯文集》第7卷，人民出版社2009年版，第760页。
② 同上书，第756页。
③ 同上。

科技不断创新，发达国家的农业生产致力于应用现代化科技设备，大幅提高农业劳动生产率。这是新的集约经营方式。集约经营概念的内涵也随之发展了。随着经济发展，农业粗放和集约的经营方式被扩展和应用到其他生产部门，尤其是工业部门。我国提出转变增长方式，由粗放型增长方式转变为集约型增长方式，主要是就工业部门来讲的。即优化资源配置，重视科技创新，降低成本，提高质量和效率。由于把被误解的"内涵"与现代意义上的"集约"等同起来，把被误解的"外延"与当前讲的"粗放"等同起来，中央提出的增长方式由粗放型向集约型的转变，就错解为由外延型增长向内涵型增长的转变。应当再次明确，马克思阐述的外延扩大再生产，绝不意味着一定无技术进步、效率提高的所谓粗放型扩大再生产。其实，外延扩大再生产，无论扩大原企业的生产或新建企业，既可以采用原有的技术设备，又可以采用更先进的技术设备以提高效率。外延扩大再生产可以与集约经营统一起来，内涵扩大再生产也能与粗放经营统一起来。

例如，多年前新建的上海宝钢，是外延扩大再生产，但它是利用当时先进的技术设备，绝非粗放型经营。再如，我国不断新建和扩大的高铁里程，这也是应用最先进技术的外延扩大再生产，与粗放经营无关。从实践上看，主张由外延扩大再生产转向内涵扩大再生产是悖理的。统计资料显示，我国每年都有大量新增企业，截至2016年7月，全国各类市场主体已达8078.8万户，特别是企业数量仍然呈逐月上升的势头，仅2016年前六个月平均每天新登记的企业就高达一万四千户。这种外延扩大再生产能否定或限制吗？我们反对低水平重复建设，提倡老企业挖潜改造、提高效率。但这绝不意味着，应排斥外延扩大再生产，不要增加新的各类企业。我国当前实施创新驱动发展战略，无论内涵扩大再生产还是外延扩大再生产，都要增加资本投入，着力于科技创新、制度创新、管理创新，以提高质量与效率，同时遏制产能过剩行业的重复建设。我国积极兴建的高新技术产业，既是外延扩大生产又是集约经营，是两者的内在结合。

再回到农业生产上来。不应简单地将提高亩产量视作集约经营，而是要计算投入产出比，计算效率、效益的高低。改革开放前，曾有过追求"亩产千斤"的热潮。有的地方靠大量投入达到千斤指标，但效益和实惠下降，甚至亏损，出现了"高产穷社""高产穷队"，越高产越穷的不正常现象。同样，工业生产也不能以产量论英雄，应重在降低成本，提高质量、效率与效益，提高科技含量，提高劳动生产率。这才谈得上集约型生产。

在一定条件下，"粗放"和"外延"、"集约"和"内涵"，又有各自的相合之处。就农业生产来说，如搞毁林开荒，在贫瘠的土地上扩大耕种面积，是外延扩大再生产，也是粗放经营。而精耕细作、采用新技术，提高单位土地面积产量，是内涵扩大再生产与集约经营的统一。但不同概念依然具有各自的内涵，并不等同。

三　所用资本与所费资本之差增大作用积累的理解盲区

马克思在《资本论》第一卷第七篇"资本的积累过程"第 22 章"剩余价值转化为资本"中阐述扩大再生产问题时，提出了决定资本积累量的几个因素，其中一个因素是"所使用的资本与所消费的资本之差额的增大"。这个差额的增大怎样会成为扩大资本积累的因素呢？对这个问题的解读，国内外的专家学者们一直模糊不清。

马克思是这样阐述的："随着资本的增长，所使用的资本和所消费的资本之间的差额也在增大。……劳动资料在或长或短的一个时期里，在不断反复进行的生产过程中，用自己的整体执行职能……而它们本身却是逐渐损耗的……也就是一部分一部分地把自己的价值转移到产品中去。……它们越是整个地被使用而只是部分地被消费，那么，它们就越是像我们在上面说过的自然力如水、蒸汽、空气、电力等等那样，提供无偿的服务。被活劳动抓住并赋予生命的过去劳动的这种无偿服务，会随着积累规模的扩大而积累起来。"[①] 所使用的资本是指投入生产的机器设备厂房等全部固定资本。所消费的资本，是指根据固定资本的使用年限和磨损状况逐年转移到新产品中的价值部分，也就是折旧基金。有的学者曾将所消费的资本解读为，扣除价值转移部分后尚存的固定资本价值部分，这显然是误读。[②]

为分析问题方便起见，这里只以作为固定资本主要部分的机器来进行考察。假定开办新工厂，投入 10 台机器，每台机器 10 万元，共 100 万元，机器的寿命期为 10 年。每年转移到新产品中的价值共 10 万元。即所使用的资本为 100 万元，第一年消费的资本为 10 万元，下一年，机器的价值又转移 10 万元，依此类推。假定生产 6 年后，价值转移 60 万元。这时所使用的资本和所消费的资本差距为 40 万元。只利用 40 万元价值的 10 台机器，继续发挥着原值 100 万元机器的功能。机器的原价值逐年转移，但其使用价值即机器的功能并不随着其价值转移的程度而减弱。这与无偿地使用自然力一样。而且，预付资本额越大，

---

① 《马克思恩格斯文集》第 5 卷，人民出版社 2009 年版，第 701—702 页。
② 洪文达：《资本积累与无产阶级贫困化》，华东人民出版社 1954 年版，第 21 页。

所使用资本和所消费资本的差额就越大。如果机器为 20 台，总价值为 200 万元，每年转移价值为 20 万元，6 年后，价值转移共计 120 万元，与所使用资本的差额为 80 万元。即折旧后总价值只剩 80 万元的 20 台机器，发挥着原值 200 万元机器的功能。

问题只讲到这里是不够的。"差额的增大"怎样会成为决定资本积累扩大的因素呢？无代价地利用自然力，能成为决定资本积累扩大的因素吗？由于马克思在这里没有具体和明确地说明这一问题，给后人在理解上形成了难点。

中外有些政治经济学教材乃至《资本论》导读、解读之类的著作，讲到资本积累问题，竟对《资本论》上述所讲的、决定资本积累扩大的因素只字未提。有的虽然提到了，但仅重复《资本论》的原话，没有任何说明。当考茨基还是马克思主义者时，其所写的《马克思的经济学说》[①] 一书虽然讲到了决定资本积累的因素，但对"差额增大"这一因素完全避开不提。因为他没有弄清马克思的原意。有的著作用自己的语言解释《资本论》的有关论述，但依然没有回答需解释的问题。

我国一位受尊敬的《资本论》翻译家和研究者，在其 1957 年由中共中央高级党校出版的《关于马克思的〈资本论〉》一书中，讲解了所使用资本与所消费资本差额增大的关系。但差额的增大怎样扩大积累，作者虽做出了自己的回答，但显然不中肯綮。他说："这个差额愈大，即固定资本消耗得愈少，产品价值或价格中用来补偿资本耗费的部分也就愈少。其结果或是产品变得低廉。"[②] 然后他又讲：由于商品变得低廉，资本家一方面可以减少其消费基金，增大积累基金；另一方面会降低劳动力的价值，增加剩余价值，扩大积累规模。其实，固定资本价值转移多少与商品价格的高低无关。这里所讲的预付资本额的增大，是从单个企业来考察的。因此，"差额的增大"影响不了整个社会商品的价格，更降低不了劳动力的价值。

固定资本的价值转移，实际上涉及折旧费怎样利用的问题。马克思对工厂管理怎样具体处理固定资本的折旧费，原先并不熟知，需请教恩格斯。1862 年 8 月 20 日马克思写信给恩格斯："你是实践家，有一点必定知道得很清楚，这就是假定某个企业在开业时，它的机器价值等于一万二千英镑，这些机器平均使用十二年，如果每年投到商品上一千英镑，那么机器的价值在十二年内就得到补偿。亚当·斯密以及他的追随者都这样说，但是事实上这只是一个平均数，

---

① 考茨基：《马克思的经济学说》，区维译，三联书店出版社 1958 年版。
② 郭大力：《关于马克思的〈资本论〉》，中共中央高级党校出版社 1957 年版，第 129 页。

能使用十二年的机器，和有十年生命或有十年役力一匹马相似，虽然这匹马在十年以后要用新马来替换，但是如果说这匹马每年要死去 1/10，这在事实上毕竟是不对的。……机器在第二年比第一年运转得更好。无论如何，在这十二年中，总不是每年都要以实物形式替换机器的 1/12 吧？预定每年用来补偿机器 1/12 的基金将怎样办呢？这笔基金实际上不就是用于扩大再生产的，同收入转化为资本的一切情况无关的积累基金吗？"①

1862 年 9 月 9 日，恩格斯回信给马克思说："关于机器损耗……虽然我确信，在这个问题上你走入了歧途。要知道，损耗期并不是一切机器都相同的。但这个问题等我回来以后再详谈。"② 然而恩格斯把回复拖延了。过了几年，到 1867 年 8 月 24 日，马克思写信给恩格斯再次提出这一问题。"我在好几年前曾写信告诉你，在我看来积累基金就是这样形成的，因为资本家在用流回的货币补偿固定资本以前，在这期间已经使用了这种流回的货币。你曾经在一封信中有些粗略地表示反对这种看法。后来我发现，麦克库洛赫把这种折旧基金说成是积累基金。我确信麦克库洛赫决不会想出什么正确的东西来，所以就把这件事丢开了。……你作为一个厂主一定会知道，在必须以实物形式去补偿固定资本以前，你们是怎样处理那些为补偿固定资本而流回的货币的。你一定要回答我这个问题（不谈理论，纯粹谈实际）。"③ 1867 年 8 月 26 日，恩格斯初步回答了马克思的问题，并且承诺改天将做出详细回答，并将附上计算表。他表示要询问几个工厂主，看处理办法是否具有一般性。"问题在于：在机器的最初费用为 1000 英镑的情况下，第一年扣除 100 英镑，按照惯例，第二年是扣除 1000 英镑的 10% 呢，还是扣除 900 英镑的 10%，依此类推。我们用的是后一种办法……这使计算变得非常复杂。"④ 第二天即 8 月 27 日，恩格斯用较长的篇幅并列了两个计算表，回答了马克思。因恩格斯的图表计算复杂，篇幅又长，这里不便引证。可以肯定的是，马克思早已从理论上考虑到，固定资本转移的价值即折旧基金可以用作积累基金，只是对怎样具体处理不知详情。他最先向恩格斯的询问，没有得到认同和正面回答。再加上马克思看到作为庸俗经济学家的麦克库洛赫，也把折旧基金作为积累基金，心中以为"狗嘴里长不出象牙来"，便放下了这一观点。但马克思毕竟还得弄清楚这一问题，最终通过恩格斯的调查研究，用具体事例给予了解释。这证明马克思原有的理论推断是符合实际的。但《资本论》第一卷出版时，对折旧基金怎样转化为积

---

① 《马克思恩格斯〈资本论〉书信集》，人民出版社 1976 年版，第 168—169 页。
② 同上书，第 169 页。
③ 《马克思恩格斯文集》第 10 卷，人民出版社 2009 年版，第 269—270 页。
④ 同上书，第 270 页。

累基金还未得到具体材料的佐证，所以马克思只做了抽象的说明。而在《资本论》第二卷中，马克思明确指出，折旧基金成为积累基金，可以用于内涵扩大再生产或外延扩大再生产。

马克思写道："虽然固定资本，如上所述，继续以实物形式在生产过程中发生作用，但它的价值的一部分，按照平均损耗，已经和产品一起进入流通，转化为货币，成为货币准备金的要素，以便在资本需要以实物形式进行再生产时来补偿资本。固定资本价值中这个转化为货币的部分，可以用来扩大企业，或改良机器以提高机器效率……从社会的观点看，是规模扩大的再生产。……这种规模扩大的再生产，不是由积累——剩余价值转化为资本——引起的，而是由从固定资本的本体分出来、以货币形式和它分离的价值再转化为追加的或效率更大的同一种固定资本而引起的。"① 资本规模越大，所使用资本和所消费资本的差额越大，会有更大的折旧基金用于积累。

在前例中，假定某企业有 10 台机器，共计 100 万元。可使用 10 年，每年折旧 1/10，即 10 万元。现在从次年折旧起，每年用 10 万元折旧费增添一台新机器。因为新增机器也要折旧，愈往后折旧费就越高于 10 万元，可增加更多的机器，扩大生产。如果机器扩大为 20 台，共计 200 万元。依然使用 10 年，所使用资本与所消费资本的差额扩大了。原来所使用资本为 100 万元，每年消费 10 万元。现在所使用资本为 200 万元，每年消费 20 万元，差额扩大了一倍，折旧费也增大了一倍，可以有加倍的折旧基金用于积累基金。

可见，所用资本和所费资本差额的增大这一因素，在马克思所指出的决定积累规模的诸因素中，并不是无足轻重的，它对积累规模的扩大有着巨大的作用。正因为如此，马克思和恩格斯才在许多地方，多次地论述到这一问题。

总之，解读马克思的著作，学好其理论真谛，必须从整体性和系统性上把握其完整的科学理论观点，还必须联系社会经济发展的实际，显示其理论的科学性。对马克思的再生产理论，既要准确把握其真意，用以指导我国经济发展，又要根据我国经济发展的实践进程，由表及里地进行理论发展与创新。我国提出科学发展观，着力于创新驱动发展，践行创新、协调、绿色、开放、共享的发展新理念。其中，投资尤其是固定资本更新的升级换代，是必须牢牢抓住的关键环节。澄清对马克思再生产理论的认识误区，把握和运用马克思的再生产理论，对于中国特色社会主义政治经济学的理论系统化和供给侧结构性改革实践的深入，都有重要的现实意义。

---

① 《马克思恩格斯选集》第 2 卷，人民出版社 2012 年版，第 352 页。

试论优化资源配置的"三元机制"

——学习习近平同志论述的感悟

杨承训

【作者简介】 杨承训，河南财经政法大学河南经济伦理研究中心资深教授、中原经济区"三化"协调发展河南省协同创新中心顾问，博士生导师，国家级有突出贡献的专家，中共中央马克思主义理论研究与建设工程"中国特色社会主义政治经济学读本编写组"首席专家，河南省经济学会会长。长期从事马克思主义政治经济学、中国特色社会主义经济理论、产业经济学、科技经济学等领域的研究。撰写专著 14 部，在《中国社会科学》《经济研究》等刊物发表论文近千篇，主持完成国家重点社科规划课题 8 项。获国家级优秀成果奖 5 项、省级奖等 30 多项。专著《市场经济理论典鉴》1999 年获我国经济学最高奖——孙冶方优秀论著奖。2009 年出版的《中国特色社会主义经济学》，获省级优秀成果一等奖。

习近平同志在提出"发挥市场在资源配置中的决定作用和更好地发挥政府作用"之后，又在网络安全和信息工作会议上提出利用网络信息流"促进资源配置优化"①。综合理解，就是在利用"两只手"配置资源的同时，还应利用信息流进一步优化。这是一个具有时代特征的创新思维。因为"优化"是资源配置的灵魂，"错配"则是资源配置的致命伤。深化感悟，实现优化资源配置，

---

① 《人民日报》2016 年 4 月 26 日。

应当综合利用市场、政府、科技三要素，建立完备的"三元机制"，最大限度地避免资源错配。这是一个由倒逼到自觉的演进过程。

一　优化"两只手"必须谨防资源错配

习近平同志精辟地指出："发展是遵循经济客观规律的科学发展，遵循自然规律的可持续发展。"① 遵循这两大规律发展，应当是优化资源配置的最高标准。然而，以往的资源配置及宏观调控只讲经济规律，不讲自然规律，只强调经济效益，不讲生态等综合效益，最终受到大自然的报复，导致全人类尤其是我国面临严重的生态危机和资源短缺。事实上，从恩格斯写《自然辩证法》开始，就一直探索在新制度下如何实现两大规律辩证统一的理论和途径。现在是应该猛醒的时候了，必须研究在资源配置、宏观调控中要不要和怎样遵循自然规律的重大问题。鉴此，必须勇于冲破原有经济学的思维定式，尤其是西方教条，按照恩格斯的要求，领会习近平同志的系统思维，运用社会主义的制度优势，把自然科学（尤其是科学技术）自觉引入资源配置、宏观调控系统。

经济学的原理告诉我们，资源配置是生产要素组合及其组合体运行的方式与过程。市场经济是以市场为主要动力配置资源的经济，其灵魂在于优化，提高经济效率和生态效益。优化的对立面是资源错配（不符合市场长远发展趋势、科技进步要求，生态环境优化等，造成资源浪费、效率低下、事故频发乃至经济危机）。而对优化的认识、提升，正是随着不断错配的倒逼机制演进的。最初的认识，资源配置仅靠市场"一只手"（亚当·斯密），虽然逐渐优化，但危机不断发生。20 世纪 30 年代世界经济大危机倒逼之后，形成了市场加政府"两只手"的实践（罗斯福新政）和理论（凯恩斯），一时有了奏效，但仍然以新形式的大小错配现象缠身西方世界，小危机屡屡发生，大危机（2008—2012）造成经济长期乏力。

社会主义市场经济配置资源要依靠市场和政府"两只手"。如何运用得好？有一个探索过程。前三十年主要是计划经济体制，带来经济僵化的弊端。在转入社会主义市场经济体制后，也有一个客观上的倒逼到主观认识不断深化的演进。在多年的实践经验基础上，习近平同志作了进一步升华，即提出发挥市场在资源配置中的决定性作用和更好地发挥政府作用。处理好政府和市场的关系是经济体制改革的核心问题。党的十四大提出建立社会主义市场经济体制的改革目标后，对政府和市场的关系，我们一直在根据实践拓展和认识深化寻找新

---

① 《人民日报》2014 年 7 月 9 日。

的科学定位。党的十五大提出"使市场在国家宏观调控下对资源配置起基础性作用",党的十六大提出"在更大程度上发挥市场在资源配置中的基础性作用",党的十七大提出"从制度上更好发挥市场在资源配置中的基础性作用",党的十八大提出"更大程度更广范围发挥市场在资源配置中的基础性作用"。党的十八届三中全会把市场在资源配置中的"基础性作用"修改为"决定性作用",这是我们党对中国特色社会主义建设规律认识的一个新突破,标志着社会主义市场经济发展进入了一个新阶段。这个重要判断有利于在全党全社会树立关于政府和市场关系的正确观念,有利于转变经济发展方式,有利于转变政府职能,有利于抑制消极腐败现象。其要点在于:

1. 切实发挥市场在资源配置中的决定性作用

市场决定资源配置是市场经济的一般规律,市场经济本质上就是市场决定资源配置的经济。理论和实践都证明,市场配置资源是最有效率的形式。这也是尊重客观经济规律,市场经济的一系列机制的合力能够合理地分配、优选、淘汰、组合各种生产要素,形成更有效率的生产、流通、消费的配置结构。资源配置机制就是价值规律、供求规律、价格规律的交互作用,以价格为主要信号,经营者积极寻找更有效益的方式,使各种要素能够最佳组合,避免人们主观计划带来的盲目性投资和不计成本的行为。市场配置资源与计划配置资源相比较,更具有客观性,以追求高效为目标,避免僵化、停滞、封闭和大规模的社会浪费及产业结构的畸形化(计划的盲目性会造成更严重的浪费),也有利于促进人民生活的多样化,促进生产和消费连接,有利于实现社会再生产的良性循环。所以,市场发挥决定性的资源配置作用,更能推动生产力的发展和新陈代谢。必须不失时机地加大改革力度,坚持社会主义市场经济改革方向,在思想上更加尊重市场决定资源配置这一市场经济的一般规律,在行动上大幅度减少政府对资源的直接配置,推动资源配置依据市场规则、市场价格、市场竞争实现效益最大化和效率最优化,让企业和个人有更多活力和更大空间去发展经济、创造财富。健全现代市场体系,加快财税体制改革,加快金融体制改革,为优化资源配置、维护市场统一、促进社会公平提供制度保障。适应经济全球化新形势,加快培育参与和引领国际经济合作竞争新优势,加快实施自由贸易区战略,以开放促改革,构建开放型经济新体制。

2. 要更好发挥政府作用

市场在资源配置中起决定性作用,并不是起全部作用,不是说政府就无所作为,而是必须坚持有所为、有所不为,着力提高宏观调控和科学管理的水平。更好发挥政府作用,不是要更多发挥政府作用,而是要在保证市场发挥决定性作用的前提下，管好那些市场管不了或管不好的事情。我国实行的是社会主义市场经济体制，仍然要坚持发挥社会主义制度的优越性、发挥党和政府的积极作用。科学的宏观调控，有效的政府治理，是发挥社会主义市场经济体制优势的内在要求。政府的职责和作用主要是保持宏观经济稳定，加强和优化公共服务，保障公平竞争，加强市场监管，维护市场秩序，推动可持续发展。

3. 要划清政府和市场的边界，政府要尊重市场经济规律

凡属市场能发挥作用的，政府要简政放权，要松绑支持，不要去干预；凡属市场不能有效发挥作用的，政府应当主动补位，该管的要坚决管，管到位，管出水平，避免出问题。要善于运用负面清单管理模式，实行市场准入负面清单制度，只告诉市场主体不能做什么，至于能做什么，该做什么，由市场主体根据市场变化作出判断。要找准市场功能和政府行为的最佳结合点，切实把市场和政府的优势都充分发挥出来，更好地体现社会主义市场经济体制的特色和优势，努力形成市场作用和政府作用有机统一、相互补充、相互协调、相互促进的格局。简言之，政府功能是三个字："放、管、服"（放开、管理、服务），主要配置公共资源和宏观经济。

然而，还必须强调问题导向。需要注意的是，资源配置机制是整体协调机制的根基。人们常将资源配置视为微观层次的机制，这是不全面的。当然，作为经营实体，生产要素组合成企业主要在微观（西方经济学称为厂商），但还有宏观上的生产力布局，包括长足发展的产业和产业群、区域中的产业组团、区域间和城市间的协调组合、国家政策优惠和财政支持产业及其区域分布等等。在客观上还有一些地区交通、气候、地质、历史传统（如技艺人才的传统）形成的区域特殊优势，如特产等。这就有个用计划"协调配置生产力"（恩格斯）的问题，这要靠宏观经济力的配置功效，特别是在社会主义市场经济条件下，宏观调控与协调不可削弱。至于环境保护、生态建设，更是微观资源配置所不能解决的。从各国科技创新的不平衡发展看，也必须宏观微观相协调，尤其是集中力量办大事必须主要靠宏观经济统领，国家的综合国力迅速增强，需要宏观资源配置。从许多国家的历史教训看，资源错配的现象屡屡发生，导致重大事故、经济陷阱、秩序紊乱等，严重者则形成经济危机和多年衰退。所以，优化资源配置是个根本性的机制。我国有诸多事故发生，不少企业寿命短促和效率低下，宏观上出现不平衡、不协调、不可持续现象，产能过剩、库存过多、"杠杆"负担过重，产品质量低下等。实质上也是错配问题。

实践还表明，要防止资源配置中的错配是一个重大课题。现代经济生活中，资源配置必须防止两种陷阱。一种是市场陷阱（或称"贪利陷阱"），另一种陷

阱，由于长官意志决策失误，导致自己进入"死胡同"，造成浪费、积压、事故、效率低下等，即"长官陷阱"（或称"政绩陷阱"）。要避免这两种资源错配陷阱，必须引入科学技术参谋、引领，特别是运用信息预测，探析市场走势、价格虚实变换、技术创新竞争影响，由表及里、去伪存真，克服短期性、局部性、表面性、盲动性，使得"两只手"加上"电脑"（科技），促进资源配置优化。

二　资源配置优化需要引入科技—信息元素

从科技创新特别是信息技术进步视阈考量，习近平同志又指出："要着力推动互联网和实体经济深度融合发展，以信息流带动技术流、资金流、人才流、物资流，促进资源配置优化，促进全要素生产率提升，为推动创新发展、转变经济发展方式、调整经济结构发挥积极作用。"① 这里特别需要注意的是，习近平同志突出资源配置的强调"优化"二字。网络信息之所以能够"促进资源配置优化"，就在于它同实体经济结合后，协助市场、政府"两只手"以信息流带动技术流、资金流、人才流、物资流，促进全要素生产率提升，并能创新发展、转变发展方式、调整产业结构。处在经营第一线的企业家敏锐地认知，这是"实现资源配置模式再优化"（马化腾）。正如习近平同志所说："移动互联网、智能终端、大数据、云计算、高端芯片等新一代信息技术发展将带动众多产业变革和创新。"②

上述这些"流"实际上就是"资源配置"运动。也就是"网络＋X"公式的内涵。

第一，沟通信息流。利用信息联络广、速度快、数据多的优势，搜寻和传播国内与世界各地各类市场信息，了解供需状况和趋势，再通过比较处理，可以透析价格信号的表面、虚幻、暂时现象，能够克服信息不对称的假象和种种投机陷阱，揭示真实的供求关系，防止误导，正确实施资源配置。以网络利用海量信息模拟各类市场，探寻需求趋势，可能预测潜在的市场空间及变化规律，便于克服企业经常出现的短浅眼光和短期行为，预定各类长远性超前的改进方案，防止由市场短中期的繁盛的暂时现象导致盲目产能过剩、结构僵化，形成有更强应变能力及时转换机制，使企业具有新陈代谢的柔性和强势。中信重工就积累了丰富的经验。

① 《人民日报》2016年4月26日。
② 《习近平关于科技创新论述摘编》，中央文献出版社2016年版，第75页。

第二，带动技术流。网络通过大数据处理，及时掌握科学技术创新状况与发展趋势，充分发挥科技创新的"第一动力"功效，经过数据处理，选择最快最优的技术产出新型的占领和引领市场的产品，既能防止技术滞后，又可防止其他企业仿造、伪造等恶性竞争，确保产品不落后，还可及时创造推出新产品。正如习近平同志所指出的："如果实现了通过互联网平台汇集社会资源、集合社会力量、推动合作创新，形成人机共融的制造模式，那将使全球技术要素和市场要素配置方式发生深刻变化，将给产业形态、产业结构、产业组织方式带来深刻影响。"① 网信带动"技术流"、推广先进科技、促进科技转化，推进企业多能化，模拟新的运作系统，创新各类设备，使工艺升级（如使用各种机器人、自动控制机床、无人驾驭运输工具、物联网等），既节约人力，又可操纵危险作业；还可强化中心与各层次控制监督系统，提高资源利用效率，实现更高层次节约，提高劳动生产率，实现"中国制造 2025"（与德国的工业 4.0 相当）。沈阳机床厂就是利用智能化升级转型的。

第三，带动人才流。网络可以沟通企业之间的联系，带动资金流、人才流，集聚促进企业之间的联合、重组，构建新的产业链、新的业态，在资金上能够互补互济、及时供应，在技术上促进集成创新，在人才上形成群贤毕至、组建新的团队，在经营上造就更适合现代市场趋势和提升、便利消费的新组织形式，在社会分工上更深化、更广阔，进而扩展市场容量，提升供给侧结构优化。

第四，带动物质流。通过网络发现和创造新的资源，如"网络＋新能源"、"网络＋新材料"，并可探地下、地上、空中、海洋可能蕴藏的新资源，将来还可进一步以"网络＋航空技术"发现利用宇宙中的资源，以冲破资源稀缺的约束，不断拓宽发掘、利用资源的空间，最终解决资源枯竭的人类难题。并且使得存量物资（包括能源）科学合理地发挥作用，科学合理地扩大增量。

第五，促进全要素生产率提升。从宏观上说网络化提高政府监管能力，推进服务系统化，有利于微观资源配置优化，改善经济运行环境，宏观上有利于生产布局合理和区域间协调合作，更有效地克服各种不协调和破坏市场秩序的乱象，使得社会主义市场经济体制稳健、有序、高效运行。从微观上说，可以提高微观经济体内外各生产要素的协调发力，高效发挥系统应用的作用，促进产业链的构建和延伸。

第六，促进绿色发展。运用网络能够观测生态状况和污染源头，探寻优化生态的方案和发展循环经济。这是"绿色"资源配置的基本要求。由于污染损

---

① 《习近平关于科技创新论述摘编》，中央文献出版社 2016 年版，第 75 页。

害生态的面广又较为隐蔽，必须通过网络等信息工具（包括卫生）探查生态受损的地域、源头，加以严密无缝的监督治理。企业内实现绿色生产、绿色服务也必须运用网络和智能技术发现问题，实现智能化管理。循环经济是经济的方向，发展各层级的循环经济就需要网络监控和调整期各个环节的运行、互动和优化。

统揽上述功能，网络可以从各个方面实现习近平总书记提出的以"优化"为灵魂创新资源配置模式。它助力"两只手"机制，更能有利于市场在配置资源中起决定作用和更好地发挥政府作用。网络信息系统则扮演的是雷达、电脑、"参谋长"的高效创新角色。这个理念适用于整个科技的功能。

习近平指出，继农业革命、工业革命之后，信息革命则增强了人类脑力，带来生产力又一次质的飞跃。概括地说，网信或信息化科技的核心就在于"智"："智信"就是信息的采集、传输、储存高度发展；"智慧"就是信息的运算、组合可产生超级智慧；"智能"就是 AI（人工智能技术），例如机器人、无人机、无人驾驶汽车、物联网等。

进一步深化认识，为什么有了市场和政府的"两只手"不只是引入信息，还要引进科技嵌入资源配置、宏观调控系统，为什么？是为了使"两只手"更好地耦合并能充分发挥科技的引领支撑作用。理论上说，"两只手"应该能够无缝对接，有的学者提出划分政府与市场的边界，实际上是加减法，但客观上总是对接不好。习近平同志曾指出：在经济运行中，"要处理好活力和有序的关系，社会发展需要充满活力，但这种活力又必须是有序活动的。死水一潭不行，暗流汹涌也不行"[①]。问题就出在这里，长期存在着一放就乱、一管就死的反复恶性循环现象。这需要反过头来再从市场、政府各自的优缺点中去寻找。

人们熟知，"无形的手"或者"看不见的手"，来自古典经济学家亚当·斯密的《国富论》，指市场自发调节。市场功能是充满活力的，在微观层次上发挥它对资源配置的决定性作用，能够充分调动各个层次的积极性，不断释放活力。这正是价值规律、供求规律、竞争规律形成的合力，在一定程度上表现了生产社会化规律的作用。因为市场是交换关系的总和（交换方式），它把社会分工联结起来，成为生产社会化的一种表现形式，从而成为消费需求与生产供给之间沟通的直接渠道。它以劳动者的私人劳动利益为互相交换的基础，以社会劳动量价值表现使用价值，价值又以货币形式表现为价格，进而也体现消费者的直接利益。在这个平台上形成上述经济规律的交叉运行系统。故而市场是

---

① 《人民日报》2014 年 1 月 1 日。

社会化发达到一定程度的自然形式，能够以利益为动力配置资源，在竞争中不断释放巨大活力。然而，这种资源配置以个体追逐利益为动力，必然带有自发性、盲目性，容易造成"暗流汹涌"。在价格稳定（价格均衡的理想状态）时，按价格信号配置资源有可能实现个体利益最大化和社会综合效益最大化的统一，但这种理想状态是少见的。因为价格信号往往带有短期性、波动性、存伪性（信息不对称）、滞后性，又经常出现对资源配置中的误导，如产能过剩、产品过剩，价格暴涨暴跌，乃至出现周期性经济危机。由于追求个体利润最大化，也易于产生种种过度竞争、囤积居奇、制造假冒伪劣产品、扭曲市场关系，乃至分生出"第三只手"（恶邪势力），加剧两极分化，其恶性膨胀更形成垄断势力。有一些领域则不是市场所能配置的资源，如生态环境、公共产品、关系国家安全、基础研究、"劣性产业"（烟草、毒品、淫赌等）的产业等。加上国际市场波动的影响，特别是西方大垄断势力的恶作，更突出市场经济的缺陷。对于单靠市场"一只无形的手"配置资源的观点，恩格斯曾做了深刻的批判。他说："资产阶级的社会科学，即古典政治经济学，主要只研究人以生产和交换为取向的行为所产生的直接预期的社会影响。""各个资本家都是为了直接的利润而从事生产和交换的地方，他们首先考虑的只能是最近的最直接的结果。"造成对自然环境的破坏（举了很多事例），"可是后来人们又感到惊讶的是：人们为取得上述成果而作出的行为所产生的较远的影响，竟完全是另外一回事，在大多数情况下甚至是完全相反的"①。这就是不遵循自然规律的恶果。所以只讲经济规律，不讲自然规律是不行的。

应当用什么样的手段弥补、矫正市场这只"无形的手"的缺陷呢？一般认为，就是政府调控，后称"有形的手"或"看得见的手"。应当说，政府是把握整体的，在发展方向上起主导作用，是宏观调控的主体，尤其是在社会主义制度下，政府在方向问题上始终起决定作用，这一点不能怀疑。然而，实践是复杂的，由于我国长期受计划经济的影响，"长官意志"的习惯势力难以短期内克服，尤其是"一把手"一言堂的习气很深，一些部门、地方不尊重市场经济规律，政府职能越位、错位、缺位现象屡屡发生，致使不能充分发挥市场优势。加之社会主义市场经济建立时间较短，还缺乏管理、驾驭市场的实践经验，在一些方面市场秩序比较乱，乃至一些官员急于求成的心态与市场信号的短暂性、波动性结合起来，受市场冲动，出现许多违反客观经济规律的短期行为，如产能过剩、结构扭曲就是突出的表象。如有的地方急于推进城镇化、大拆大

---

① 《马克思恩格斯选集》第 4 卷，人民出版社 1995 年版，第 386 页。

建，折腾得厉害，而一些低素质居民为赚政府的钱盖十分简陋的楼房，密密麻麻，动辄群体上访，也不利于维稳。更甚者，有的官员甚至受金钱拜物教的腐蚀，滋长腐败之风。这表明，如果政府不能适应市场经济规律、自然及经济规律，其缺陷仍不能有效克服。正如习近平同志所说："提出使市场在配置资源中起决定性作用，其实就是贯彻了问题导向"，"减少政府对资源的直接配置，减少政府对微观经济活动的直接干预"。应当看到，这个问题还在解决中。关键是提高两种配置方式及其结合的质量。单靠政府克服市场缺陷，有时看不清楚，抓不到点子上，有的因决策失误反倒助长了市场缺陷，其中生态环境的破坏就特别明显；即便是企业简单地跟着价格信号走，也会进入盲区造成微观决策失误，很容易长时间停留在粗放经营的低水平上，使经济转型升级更加艰难，有的轰然破产。由此可见，不管哪只手的资源配置还缺少科学技术引领、指导，宏观与微观的决策者还缺乏科学素质和科技信息导向。这样就使得两者的结合难以无缝对接，畸轻畸重时常发生。所以，"两只手"协同必须共同加上一个重要元素，就是恩格斯所强调的自然科学，即科学技术的引领功能，补上这个信息灵通、多智多谋的"参谋长"作中介角色，能经常正确地出主意、看风向、评议定夺。这就是症结所在。

从演化的视域考量，这正是市场经济完善进入新的历史阶段。恩格斯曾指出，市场运行缺少的是"神经器官"。大体上说，市场经济可分为四个发展阶段：一是完全无"神经器官"的阶段（简单商品经济）；二是有简单"神经器官"而无大脑中枢的阶段，即有资本主义市场经济形成简单宏观调控的阶段；三是开始具有神经中枢的阶段（发达资本主义市场经济）；四是有大脑又有电脑、雷达、监控器的阶段，即"两只手"加科技智能的三元功能阶段，可被视为社会主义市场经济治理体系和治理能力现代化阶段。科技好比"神经器官"的延长，它可以弥补单纯靠人的自然"神经器官"的局限，而又加上人工智能和深远探测工具，使"两只手"更好地耦合，可形象地称作"两手一脑"。

远程社会主义市场经济在运用"三元机制"上的三种优势：（1）制度优势，克服资本主义的基本矛盾，充分调动各方积极性；（2）体制优势，既能集中力量办大事，又能发挥市场活力，使之协调运转；（3）后发优势，可借用发达国家的一些成功经验（包括雏形阶段的经验）。在它们的"串联式"发展老路上我们要走出"并联式"发展新路，发挥先发优势，能够在几十年内跨过几百年的若干阶段。

三   把握时代特点   借鉴国际经验

市场经济和高科技（信息）结合，是现代市场经济的显著特征。马克思曾说："劳动生产力是随着科学和技术的不断进步而不断发展的。"① 这就是说，科技引领主导经济发展规律越来越显示更加巨大的作用。早在 20 世纪七八十年代，邓小平就预言："下一个世纪是高科技发展的世纪。"② "现代科学技术正在经历着一场伟大的革命。"进入 21 世纪，世界已步入"科技经济"时代、生态经济时代，这个时代市场经济已经出现崭新的国际竞争的新态势、新手段。

21 世纪，人类历史面临着一个大的转折，科技经济时代拉开了序幕，人们常说"知识经济"，因"知识"涵盖的内容太泛，应该确切地称"科技经济时代"，可以说，21 世纪就是科技经济社会。这是新时代的最基本特征。习近平同志多次分析了这种新的态势：从全球范围看，科学技术越来越成为推动经济社会发展的主要力量，创新驱动是大势所趋。新一轮科技革命和产业变革正在孕育兴起，一些重要科学问题和关键核心技术已经呈现出革命性突破的先兆，带动了关键技术交叉融合、群体跃进，变革突破的正能量不断积累。即将出现的新一轮科技革命和产业变革与我国加快转变经济发展方式形成历史性交汇，为我们实施创新驱动发展战略提供了难得的重大机遇。

现在国际市场的竞争，已经不是单个产品的竞争，而是产业链的竞争，实质是科技水平的竞争。20 世纪八九十年代邓小平就洞察了国际竞争这一趋势。他说："世界市场也很紧，不容易竞争。"③ "在科学技术方面，中国要有一席之地。"要有自己的拳头名牌产品，"否则就要受人欺负"④。无论是经济竞争还是综合国力的竞争，最基本的武器就是先进的科学技术，谁掌握了它，谁就占据了竞争的制高点。对此，我们应当有忧患意识和危机意识。

如果分析以美国为核心的西方国家的资源配置手段，那就会看到，它们已经有重大调整。表面上它们对外宣传的是新自由主义市场万能论，但自己对重要的资源则实施高度垄断控制，主要垄断四种东西：高端科学技术、金融（特别是垄断国际货币）、战略资源（石油、粮食等）、军工和军事力量（成为世界最大的军火商）。它们的一个大圈套是，表面上它们主张市场公平、自由，让其他国家都依靠市场配置资源、开展平等竞争，但当别国在市场上尽力占领一些

---

① 《马克思恩格斯全集》第 23 卷，人民出版社 1972 年版，第 664 页。

② 《邓小平文选》第 3 卷，人民出版社 1993 年版，第 279 页。

③ 《邓小平年谱》（下），中央文献出版社 2004 年版，第 1335 页。

④ 同上书，第 1336 页。

阵地后，蓦然回首，原来市场的制高点仍然牢牢控制在它们手里，利润的大头被拿走。于是别国不得不再追赶，到头来一直处于落后状态。美国一直巩固和增强在经济、政治、军事、技术上的霸权地位。而霸权的经济核心是垄断，垄断的要害在于以自身独有的绝对优势扭曲市场，"自由化市场经济"或"经济市场化"实际上是耍人、坑人的圈套。明白了这一点，就得认真研究美国的资源配置方式的变化。美国对高科技的垄断控制主要有以下五个方面。

第一，以高端技术引领新兴产业，对核心技术实行严密垄断。以美国为代表集中财力、物力发展高端科学技术，其研发投入占 GDP 3% 上下，加上军事技术占 GDP 5% 左右，其绝对值占世界研发投入总量近一半。建立许多重要研发基地和全世界最先进的硅谷，吸取全世界高级人才，高等教育也是世界上最发达的。粗略结算，第二次世界大战后的高端技术西方国家控制 80%，其中美国 60% 以上、一系列重大发明和由其支撑的新型产业基本上是由美国为首的发达国家创造和控制的。为垄断先进核心技术，它们实行最严格的国家控制，美国以保证国家安全为由不准出售或者只出售其表层部分，核心技术则由它掌握，以便控制国外的新兴产业。

第二，以信息技术武装现代金融，控制其他国家的金融机构。现代金融一大特色是同现代技术相结合。用最先进的科学技术为金融插上翅膀，以大银行作为载体，把持整个国家和世界的金融产业网络，已经主要不用现金开支，而以现代信息技术为依托控制虚拟货币流通和建立虚拟银行，不仅随时控制全球行情，而且控制各国的银行和资本市场。20 世纪 80 年代是银行业全球化经营和扩张的开始并且是扩张速度比较快的 10 年。世界各大银行都致力于在世界各大洲、各个国家设立办事处、代表处和分行，建立海外附属银行以及附属的金融机构，或者是在海外与其他银行组成合资银行或者国际银行集团。和 1970 年相比，1985 年世界主要发达国家的外资银行数量都出现了比较快的增长。其中美国银行由 50 家增加到 783 家，英国银行由 95 家增加到 336 家，德国银行由 77 家增加到 287 家，日本银行由 38 家增加到 112 家，世界银行业全球性布局的局面已经形成。

第三，运用信息探测经济态势，开展大量的经济情报工作为经济开路。第二次世界大战之后，西方国家及时把军事情报扩展转变为经济情报，大批军事情报人员转而从事经济情报，国家层面和许多大企业纷纷建立经济情报组织，20 世纪八九十年代美国、日本、瑞典、澳大利亚等国陆续建立经济情报协会，开展全面的经济情报搜集。诸如为了降低投资风险、提高竞争力，决策者事前了解产品所在领域行情特性、项目市场容量、市场竞争各方面情况、相关技术水平和特性，以大量信息资料为基础进行过滤分析，再决定怎样决策。日本战后经济腾飞就是建立在开展充分的情报基础之上，著名的六大商社、伊藤忠、三井、丸红、住友和日商岩井，在全世界有150多个办事处、一万多名雇员，建立起强大的信息网络，将大量信息24小时不停地传往总部，然后经分析后实施决策。中央情报局前雇员斯诺登披露美国利用先进的网络技术不断搜罗各国的政治、军事、经济情报，几乎无孔不入，建立网络霸权。有的千方百计盗窃经济情报（如欧美正式决定对中国光伏产品双反指控，就开展了大量经济情报搜集），以信息及信息技术为投资、经商的重要引擎。

第四，建立多种智库机构，为资源配置决策服务。智库是以各类专家组成的为国家、企业决策提供咨询建议的专业团队。据有关机构统计，至2013年全世界比较活跃的智库已有6826家。美国智库已由二战前的布鲁斯学会、胡佛研究所20多家智库增至1828家，占世界智库的24.8%，而且质量相当高。智库有两种版本：西方的智库公司和东亚的"官办智库"。美国主要是后一种形式，如著名的兰德公司、大西洋理事会，曾为美国政府提供了重要的智力咨询。有人说：二战后美国政府推行的重大战略背后，都有智库的影子。其中为国家和企业发展决策提供咨询报告占相当大的一部分，尤其是跟踪科技发展提供经营方略和投资决策的成为资源配置的重要依据和引信。有的专家提出，在科技飞速发展的时代，为在竞争中占领先机，必须利用多学科专家的智慧，出谋划策，规避和化解风险。像资源十分贫乏的以色列，就是靠专家和专家委员会提供重要信息和参谋意见，克服了资源环境约束的瓶颈，开拓了创新利用资源的新方式（如沙漠农业、海水淡化及以高端技术支撑的新兴产业）。日本综合研究所提出的"综合安全保障战略"，使其顺利度过石油危机，韩国开发研究院等数十家智库机构，为本国实现工业化、现代化出谋划策。

第五，以高科技引领和装备军事工业和武装力量并用军工的先进科技推动产业发展。

上述资源配置方式的变化表明，美国等西方国家先以垄断新兴技术抢占国际市场的良机。但是，美国经济的虚拟化及其造成的国际金融危机，使之整体走向衰变，活力缺失。我国应当抓住这一机遇，在它刚刚雏形时期发挥社会主义优势，开展弯道超越，抢占竞争先机。

我们应该明白，科学技术参与并实现优化资源配置，对于国际竞争重要，是因为它能开发、利用新的资源，运用更有效的工具提高生产率，节约成本，创造出质量更高、最符合生态和健康需求的新产品和业态，占领一系列国际市场，并能运用搜获情报，探知世界各个角落，乃至识别和防范各种虚假信息、扩大"信息不对称"的陷阱。我们必须从根本上发挥新技术在当代竞争中的决定作用。

全面地看,生产要素组合及其产品在市场中竞争地位居于不同的层次:以高端科技引领市场,以先进科技占领市场,以一般科技巩固市场,以较低技术维持市场,使落后科技退出市场。习近平同志讲得好:"当今世界,科技创新已经成为提高综合国力的关键支撑,成为社会生产方式和生活方式变革进步的强大引领,谁牵住了科技创新这个牛鼻子,谁走好了科技创新这步先手棋,谁就能占领先机、赢得优势。要牢牢把握科技进步大方向,瞄准世界科技前沿领域和顶尖水平,力争在基础科技领域有大的创新,在关键核心技术领域取得大的突破。"① 国际国内市场竞争的焦点在于科技水平的高低。充分发挥市场在配置资源中的决定性作用,决不是仅看"一步棋",而是像高棋手那样至少看"三步棋",有很高能配置全盘资源的棋艺。而市场对资源的配置缺点之一是短期效应,价格信号带有暂时性、存伪性(信息不对称);科技的作用则可以弥补市场配置的这一缺陷,能够预测未来、去伪存真、抢占先机。所以它与市场配置资源并不是互相排斥的,而是辩证统一,进一步提升了市场配置资源的"决定性作用"。同时,科技元素也增强了"正确发挥政府作用",提供大量实存和预测信息,更能提高准确性、前瞻性、系统性,使之更加科学化。

比如,在国际竞争、增强综合国力中,我们应当抓住机遇,打破正在喧嚷的"生态霸权",充分利用科技创新引领,建成生态文明强国。但是,单靠市场和政府"两只手"是不够的,必须善于利用科技的引领作用。由于科技的长足进步,人们获得并深化了对于资源和生态的新认知,看清了人类正面临(传统)资源匮乏和生态恶化的严峻形势,提出了"可持续发展"理念,特别是设计了新"3R"(即减量化、无害化、资源化)原则指导下的"循环经济",为我国"两型"建设展示了广阔道路和良好前景。典型例子是"农—沼—农"循环,即把农牧业残料及废物(如粪尿等)经微生物沼化生产出甲烷(沼气)做能源、保留氮、磷、钾有益元素的沼液沼渣做农田肥料,不仅变废为宝而且杜绝了污染。面对环境污染对人类和我国的严峻挑战,我国应当成为生态强国、循环经济强国,挽救人类的生态危机。

与此相应,我们还可以依靠科技夯实和扩展国家综合国力的基础产业——发展高端生态化农业。大农业,包括作物栽培、动物饲养、林业、海洋农业及相关的加工业等,由于其基础性、公共性等特点,与其他多数产业不同,它是

---

① 《人民日报》2014年5月25日。

不消耗或极少消耗"非再生资源"的"自生性"产业，必须因循生态生产力规律，在现代科技的引领和支撑下，把所有现代化手段（包括机械化、信息化、标准化、水利化等等）融入生态生产力之中，构建生态循环大农业，即高端生态农业，进而带动社会经济整体进入生态优化的境遇。兴办高端农业的问题全世界都没有真正解决好。对于我国这样一个占世界 1/5 人口的大国来说显得极为重要，发展农业的根本出路是依靠科技走现代化生态之路。我国应当成为高端生态农业的世界样板，以赐福于全人类。

进一步说，高科技也是政治、经济、军事、文化竞争的有力武器，是当今国际安全的根本保证。近几年军备竞赛日趋激烈，先进军事技术竞争正成为维护霸权和反对霸权的斗争焦点。我们必须掌握以高科技为支撑的撒手锏。这更需要科技（信息）的引领作用。

概括起来，我们实现政府、市场、科技耦合的"三元机制"的时代机遇主要有：（1）全球垄断资本主义开始衰变；（2）科学技术面临新的革命；（3）我国已经打下坚实的基础；（4）西方运用科技引领配置资源的雏形时期经验可以借鉴，有利于超越。

四　立足实践创新优化资源配置理论

马克思主义理论是在实践中发展又受实践检验的。资源配置机制和理论也立足实践不断创新，敢于突破原有框框的束缚，不断提升优化的水平。

按照邓小平的观点，社会主义市场经济改革方向 + 现代科技 + "四个坚持"的政治经济原则，是我们的一大系统优势，应当充分发挥它的威力。事实上，恩格斯《自然辩证法》的落脚点，就在于利用"自由人结合"的制度优势，自觉遵循和驾驭自然规律和经济规律配置生产力，克服资本主义市场经济及经济学的短浅目光和短期行为。他说："我们一天天地学会更正确地理解自然规律，学会认识我们对自然界的习常过程所作的干预所引起的较近或较远的后果。"而自然科学的大踏步前进，使得"人们就越是不仅再次地感觉到，而且也认识到自身和自然界的一体性"[1]。"我们也渐渐学会了认清我们的生产活动的间接的、较远的社会影响，因而我们也就有可能去控制和调节这些影响。"[2]而我们现在立足于上述系统优势，有必要、有条件、有机遇、有参照，积极构建"政府主导（方向）、市场主配（微观层面资源配置）、科技主引（引导）"

---

[1] 《马克思恩格斯选集》第 4 卷，人民出版社 1995 年版，第 384 页。
[2] 同上书，第 385 页。

的三元耦合的特殊性功能机制，即"两只手"加科技（形象地可称"两手一脑"），遵循和体现两大规律的辩证统一。这促进中国特色社会主义政治经济学创新，既是理论创新，也是实践创新，在实践上许多方面已经这样做了。我们应当从"必然王国"转进"自由王国"，即把"客观规律"转化为"运行机制"以更充分地发挥两大规律的协同作用。

应当指出，所谓"资源配置"不是为"配置"而"配置"，也不仅仅是将现有资源进行简单的空间位移、时间排序、比例调配，达到在现有水平上的"稳定态"，而更重要的是依照正确的目标取向，使全社会的资源得以持续升质增量、合理利用、科学发展，以达到当前效益和长远效益科学兼蓄的最佳效果。中国特色社会主义资源配置的基本目标取向应当是：（1）社会生产力不断得到质的优化和量的扩增，增强综合国力；（2）通过不断巩固和完善社会主义制度，使广大群众更合理地共享发展成果、防范两极分化，并有益于全世界；（3）使科技得到最佳最快发展，并建设好社会共享的公共设施和共用平台；（4）生态恶化趋势得以有效遏制转而达到不断优化；（5）科学地节约各类资源，发展系统的循环经济，最大限度地把"废物"资源化；（6）确保国家和人民群众的各项安全（包括国防、生产、生活、健康安全）；（7）让广大群众享受优质的精神、文化生活；（8）遏制和杜绝各种丑恶和毒害现象。这些目标取向中都包含着科技的不可或缺的作用，从而凸显出构建由科技引领驱动和参与资源配置机制的必要性。

市场功能虽有调动活力、灵活流动等优点，也有盲目性、滞后性、滋劣性等缺陷。它在政府的正确有效调控下，可以更好地发挥资源配置的"决定性"作用，但是，如上所述，"两只手"仍然有着一定的局限性，主要是限于对现有资源进行较合理的配置，更高水平的发展特别是质的提升就需要靠同科技相耦合予以弥全补正，充分发挥科技对生产力发展的决定作用。

综合来看，"两只手"加科技，最大的优点在于积聚三个系统的合力，充分利用科技信息资源，克服各自孤独起作用及其结合过程中畸轻畸重的缺陷。科技参与，一是能够以巨大合力促进循环经济规律和自然规律之间的结合，实现天人合一，突出的是优化生态环境；二是可以克服资源短缺和消耗过大的痼疾，实现科学利用，循环利用，构建循环经济，既解决污染问题，又实现最大的节约；三是能够把近期利益和长远利益、个体利益和整体利益结合起来，着眼于综合效益，克服单纯追求眼前利润的短期行为；四是能够引领人们探知自然界纵深，预知未来，防范风险，有效防治各种灾害与事故的危害，克服经济行为的盲目性；五是能够着重优化资源配置的质量，实现数量与质量的辩证统一，提高整体竞争力；

六是能够在更高的水平上和更广的范围内优化生产力布局，促进全国乃至国际间资源合理配置和利用（如南水北调），乃至超出地球，开发利用宇宙资源；七是能够不断提高人的质量和技能，使劳动和管理不断升级，创造和把握新的工具与工艺，充分发挥人的智慧；八是三者合力有利于把加速发展科技和充分运用科技的引领、驱动作用相协同，形成互动创新的良性循环。

不过，在理念和理论上还有完成必要的提升，乃至存有一些认识障碍。例如，怀疑此种"三元功能"有无科学技术文献依据？应该说是有的。马克思说："社会化的人，联合起来的生产者，将合理地调节他们和自然之间的物质变换，把它置于他们的共同控制之下，而不让它作为盲目的力量来统治自己。"①恩格斯在《自然辩证法》一书中指出：自然科学的进步，使人们"越来越有可能学会认识并因而控制那些至少是由我们的最常见的生产行为所引起的较远的自然后果"②。这实际上就是要人们运用自然科学技术优化配置和调控资源。邓小平更明确说："高技术领域的一个突破，带动一批产业的发展"③，这就是引领资源配置。他还多次论述，运用科学技术提高市场竞争力，而竞争力正是资源配置的驱动力。更重要的是实践，中国与国际上正在以市场"两只手"与科技引领结合配置资源（如一系列全国性重大工程），并实现最佳化。中央确定的科技支撑发展、引领未来的方针，实质上含有引领资源配置的理念。资源配置的灵魂在优化，优化的关键又在靠利用科学技术，例如大小项目的先进性、可行性、生态环境影响和安全评估，都必须由科技机构和人员事先介入设计、比较分析，而不能当"马后炮"，否则就会产生无可挽回的后果。尤其是资源型城市资源枯竭，以经济转型为主体的资源配置，必须主要靠科技引领。新能源开发利用，都必须依靠三元合力。中央将实施重大科技工程，将需要科技发挥巨大的引领作用。

再如，有不少人把资源配置仅仅理解为外延式扩大再生产，着眼于铺新摊子，并不完全符合优化资源配置的要求。实际上，内涵式扩大再生产是资源配置的更主要的形式，以少投入多产出实现最佳化。所谓优化结构，实质上是用先进科学技术改造整个产业系统，主要方式是内涵式发展。目前我国出现的大量产能过剩，基本上是盲目追逐市场预期、市场价格信号和政府的某些主管决策而不依照科学技术发展趋势、缺乏科学引领而形成的。以化肥为例，尿素产能过剩达1300万吨（占总产量的1/6），要消化这种过剩，必须依靠科学技术

---

① 《马克思恩格斯全集》第25卷，人民出版社1974年版，第926—927页。
② 《马克思恩格斯选集》第4卷，人民出版社1995年版，第384页。
③ 《邓小平文选》第3卷，人民出版社1993年版，第377页。

实现产品转型，产出新的化工产品或化肥品种，需要改进技术设备和工艺，大幅度调整产品结构，而且还要适合生态农业循环利用要求（如缓释肥、水溶肥等），以强化售后服务（农业）扩大市场。这主要是内涵式配置资源。科学技术引领资源配置最明显的功效表现在内涵式扩大再生产上，特别是经济质量上。正如邓小平所说："提高质量是最大的节约。在一定意义上说，质量好就等于数量多。"小到一个企业，大到一个产业链网，只有不断提高利用技术水平，才能生存和发展。即便是外延式配置，也必须依靠先进技术和科技信息，以防止盲目追随市场短期信号或被不对称信息所迷惑，造成产能过剩。资本主义的经济危机，就是这种盲目扩张积累引起来的。同时，科学技术不仅引导人们开拓新的利用资源的领域，还为人们创造了新的发展方式，最突出最有效的就是产业链和循环经济，使之大大提高了资源配置的质量，有效克服资源短缺的瓶颈，它的前景无限广阔。

最大的理论难结在于，科技属于生产力范畴，是一种生产要素（资源），属于被配置的对象，而不是配置资源的机制，同政府、市场不是一个层次。我们认为不能从概念出发，应当做具体分析，认识科技的特殊性。从系统论观点上看，正是由不同性质、不同形态、不同层次的元素方可组成体系合力，犹如中医进行综合治疗，或者像多种兵种组成联合兵团实施立体作战一样。具体看，市场、政府、科技是三种不同的事物，各有独特的存在形态、多种功能、作用方式。市场并不是一个单独的机构，而是交换关系的总和（恩格斯视为"交换方式"，其存在形态为"一大片场关系"）。它最原始的功能是加强社会分工之间的联系，在此基础上形成一系列功能、尺度（价值）及交换工具（如货币等），基于利益关系产生的竞争，进而有了资源配置功能。但这不是唯一的，还有其他多种功能，如传播信息、语言交流、文化娱乐、各种社交等。政府是一种机构，首先是政治机构，位于上层建筑中的国家机器它管理着政治、军事、经济、文化、水利、社会生活、生态建设等全部社会的多项职能，实现调控是它的经济职能之一，还有宏观上资源配置功能（如生产力布局），并且服从于政治目标。正如邓小平所说："没有人民民主专政，党的领导怎么实现啊？"[①] 政府与市场也可以说不是一个层次，它作为"一个机构"怎么与"一大片场"的市场处在"一个层次"上组成一个系统呢？在于它们发挥的作用可以互补互约。科技作为生产力的一种特殊形态，也有其个性，它不同于一般运作中的物质生产力。其基本形态是智慧结晶，马克思恩格斯将其视为抽象的生产力、是

---

① 《邓小平年谱》（下），人民出版社 2004 年版，第 1363 页。

"简单劳动这一肉体要素以外的发明和思想这一精神要素"①，全面看，科技有智能信息、物质（机器、工艺等）、技艺（劳动者掌握的）等形式，它的功能可以覆盖从微观到宏观、从生产到消费、从交通到服务、从设计到建成，无所不在。其存在形态可形象地比作"一套网络"，犹神经网络，它具有两重性（事实上，市场和政府也都有特殊的两重性）。既作为一种要素、资源，可以被配置，也可以作为智能信息引领配置，这并不是难以理解的。它的层次很高，马克思恩格斯"把科学首先看成是历史的有力的杠杆，看成是最高意义上的革命力量"②。习近平同志把科技摆在国家发展全局的"核心"地位。作为一种特有的技能，它完全可以参与资源配置、宏观调控，在这个"三元机制"系统中起着"参谋长"作用，与市场（一大片场）、政府（一种机构）"两只手"的作用可处在一个层次上。这就是科技的两重性的特殊功能，叫作"支撑发展，引领未来"。"一大片场""一个机构"和"一套网络"为什么不可组成一个完整的立体系统？我们应该破除原有的思维定式，从科技时代的现实出发，实事求是地承认和充分利用科技引领、驱动的功效，引入资源配置、宏观调控机制。

我们应当重新认识科技"第一动力"的作用，把它视为经济领域的重要内容，而不是"外部因素"。这是历代马克思主义经典作家的一贯观点。科学技术固然是一种生产要素，但它与实体物质生产力要素不同，属于精神生产力、抽象形态的生产力，具有两重性，既可以作为一种要素参与资源配置，又可作为一种"基因"、"磁力"、方法、信息、方案、蓝图、标准，成为一种引向力、驱动力和"造质力"，能够引领、驱动、规导资源配置，使之更加优化。它与市场、政府并不是互相排斥的，而是辩证统一，形成一个完整的功能系统，能够进一步助推市场的"决定性作用"，增强"正确发挥政府作用"的能力，提供大量预测信息，提高决策的准确性、前瞻性、系统性、协同性、安全性。使之更加科学化，促进经济及社会的整体"优质发展"，增强竞争力。马克思说："只有在劳动共和国里面，科学才能起它的真正的作用。"③ 我们在中国特色社会主义制度下发挥优势，把科技作用用到极致，用到顶层设计和各层次资源配置是完全应该的，很容易理解。事实上，任何一项资源配置，如果没有科技引领，便必定在微观上是低效的，或无效的、有害的，只是人们尚未自觉到这个程度罢了。现在的关键在于要使科技参与资源配置与宏观调控功能化、制度化。这可能出现一次经济学革命。

---

① 《马克思恩格斯全集》第 1 卷，人民出版社 1956 年版，第 607 页。
② 《马克思恩格斯全集》第 19 卷，人民出版社 1963 年版，第 372 页。
③ 《马克思恩格斯全集》第 17 卷，人民出版社 1963 年版，第 600 页。

五　构建"三元机制"体系的初步设想

如何具体构建"三元功能"，我们提出一些粗略构思，供大家讨论和实践验证，不断丰富。

1. 让科学技术及其专家参与资源配置和宏观调控功能化、制度化

在宏观上，国家设立专家委员会，凡重大决策有专家提出、论证，尤其要重视不同意见。如果一种方案由专家否决，不应付诸实施；一时意见统一不了的，应如三峡工程建设那样反复调查论证。各级地方政府也基本仿效，订立咨询论证功能。企业决策，尤其是大中型企业决策，应当由专家提出报告并进行调研论证。这种专家委员会主要应由各类正在从事科研的专家组成，另有少数人是专职（"脱产"）。政府和企业应当定期提出任务，交由相关专家研讨攻关，或者由专家提出专门报告，提出研讨。一旦形成初步意向或方案，向专家们公布，再行论证。在这方面可吸取列宁当年制订电气化计划的经验，我国许多重大工程项目的确定，也经历了这样的过程。

2. 建立和发展多种多样的智库机构

我国智库除了邀请经济学、社会科学各专家外，更多地应依靠科技专家，根据需要抽选专家人选，有的还可请国外专家论证。我们不同意"智库思想"市场化（思想不能成为商品），不主张以经营性的智库为主，因为它们很容易基于利益之争而背离客观的实际。机构门类可以科研机构为依托，形成综合效益收费的辅助形式。更主要的是政府设立专职联络机构，负责为各方专家经常联络，以官办为主，业余为主，不定期论证为主，适当付酬，并以事后奖励为主，使之负责到底，允许失败、允许反复，允许发表颠覆性意见，允许对领导人或统领机关开展批评，但也应实行终身追究制。还可试探将智库机构与院士制度结合起来，鼓励以科研成果入股，并以实际综合效益为评价验收标准。

3. 充分利用先进信息技术，建立科技为依托的信息反馈中心

在资源配置和调控中，充分利用先进的 IT，包括互联网、云计算、大数据、物联网等技术，及时提供有效信息服务、信息通报、信息举报、信息监控，应用大数据分析综合功能，掌握实情、作出正确决策选择；切实保证信息安全。应用先进 IT 推广先进科技成果，进行远程科技培训，普及科技知识，并作为反欺诈、反炒作、反科学的高效手段，用以遏制市场非公平竞争、扭曲资源配置的恶劣倾向。

4. 培植科技示范区、"硅谷"、"孵化器"，是利用科技配置资源的特殊形式

近些年来科技引领、创新驱动走出了新路子，就是利用高端科技培养新的

经济创新极和竞争高地，各地的科技园区是一种好形式，利用一定的区位优势集中科技资源发展科技园区（如苏州园区），带动新兴产业发展并向周边地区扩展，促进经济结构调整。有的借鉴美国硅谷的经验培养各式各样的"谷"（如武汉光谷），带动了整体产业的发展。有的城市提出成为孵化城的目标（如深圳），促进经济结构跨越式调整，占领国内外市场竞争制高点。

5. 把科技体制改革作为资源配置机制改革的组成部分，用以带动经济整体资源配置机制改革，以科技的强力发展驱动经济的优化发展和资源的科学配置

对于基础研究，应以国立科研单位、高等学校为主，既可有计划设定课题，也尊重和保护个人兴趣探索自选课题；对于关乎国家根本利益和国计民生的重大项目，应参照"两弹一星"做法，组织协作攻关；对于公益性、公共性、共享性科技可由公办科技单位、高等学校牵头，发挥社会各方面力量共同兴办；对于应用性科技开发，则以企业为主体，组织产学联相结合，并加速商业性转化和推广；农业科技具有较强的公益性，应以国家兴办为主；应鼓励群众性技术革新活动，发挥广大群众智慧，共同发展和应用"第一生产力"。

6. 建立严格科学的标准化及其监督和评价体系

借鉴国际和发达国家的经验，标准化是科技成果转化的有效"接口"、推广先进科技的重要途径、实施科学监管的法规性手段。制定国家标准作为起码的技术要求，鼓励地方和企业制定更先进的地方标准和企业标准；对事关人身健康、食品安全、环境保护要实行强制性标准；紧跟科技进步和生态节约要求不断进行标准修订和更新；对标准要有一套严格的实施和监管制度；要打破某些国家利用标准实行技术壁垒、进行非公平交易，同时本国也应制定防范国外向我倾销次品乃至垃圾的应对标准；在国际标准的制定中，我们也要掌握话语权，以打破抵制技术垄断，让我国的合格技术产品合理进入国际贸易。

7. 把科普工作作为优化资源配置、促进经济科学发展和提高社会公民素养的重要基础性"必修课"，为广大群众提供更多了解和掌握科技知识的机会，旗帜鲜明地破除各种迷信和歪理邪说，克服种种不良生活习惯，以引导健康消费，促使资源进行良性配置。

8. 改善教育制度和教育导向，使之更好地适应和服务于创新型发展道路。

9. 把科技作为保证各层次安全的重要手段。在资源配置的过程，始终以科技人员和技术为重要力量，研究规避、化解、救治的多种措施，保证优化到底线。

总之，在运用好"两只手"过程中，防止资源错配、宏观调控失误，除了靠严格管理之外，更要依靠科学技术来提升"两只手"的智能，实现微观资源

配置和宏观管理（宏观生产力配置）智能化。现在已经初见端倪的是，把科技引入"两只手"，形成"政府掌舵、市场配置、科技引领"的"三元机制"，科技成为两只手的"参谋长"、黏合剂，更好地发挥预测、防危、补救、引领作用。这种日益完善的配置机制，可能使生产力配置优化，实现自觉的经济调节，尤其是生态环境建设、重大科技项目、国防建设，可持续地提高效率。当然，这是需要进一步探研的重大理论与实践课题，涉及资源配置机制的全面提升，进一步增强"第一动力"的功效，使我国领先世界科技创新和经济发展，实现协调发展和更大的历史跨越。

当今世界仍然处于金融帝国主义时代

李慎明

【作者简介】李慎明，第十二届全国人大常委会委员，第十二届全国人大内务司法委员会副主任委员。中国社会科学院原副院长、党组副书记，世界社会主义研究中心主任，研究员、博士生导师。党的十六大、十七大代表；第十、十一届全国人大常委会委员。中央马克思主义理论研究和建设工程咨询委员会委员、首席专家；全国哲学社会科学评审委员会国际问题组组长；国务院学位委员会第六、第七届学科评议组政治组成员；中国政治学会会长；中国中共文献研究会副会长；中共党史研究会副会长；中国科学社会主义学会副会长；中国国际文化交流协会副理事长；全国党的建设研究会、中国国际战略学会、中国国际友好联络会等顾问；中央统战部专家咨询组成员。中国社会科学院研究生院教授，清华大学、南开大学、北京交通大学、郑州大学、国家行政学院、国家教育行政学院、俄罗斯科学院远东研究所等兼职教授。俄罗斯科学院、莫斯科大学名誉博士。国家中医药管理局改革发展专家咨询委员会顾问。主要研究方向：党的建设、民主政治、国际战略。主要著作：《忧患百姓忧患党——毛泽东关于党不变质思想探寻》《对习近平总书记所讲社会主义的体悟》《居安思危——苏共亡党二十年的思考》《人为什么而活着》《全球化背景下的中国国际战略》《全球化背景下的中国大党建》《李慎明自选集》《中国和平发展与国际战略》《战争和平与社会主义》《纵马湘赣》《王震传》（合著，上、下册）等，任八集电视片《居安思危——苏共亡党的历史教训》和六集电视教育片《苏联亡党亡国 20 年祭——俄罗斯人在诉说》总撰稿。主编《世界社会主义跟踪研究报告——且听低谷新潮声》（系列）、《全球政治与安全报告》（黄皮书系列）等 20 多部学术著作。先后在《人民日报》《求是》《光明日报》等中央重要报刊发表文章 200 多篇。数部作品获国家有关奖项。

何谓时代及时代主题？这是讨论当今我们所处时代必须首先要明确的。

人们用生产工具作为划分时代的标准，如石器时代、青铜器时代、铁器时代、蒸汽机电力时代甚至"互联网＋"时代等；人们也用主要产业和产业的产值作为划分时代的标准，如农业时代、工业时代、信息时代等。

马克思、恩格斯用占社会主导地位的阶级来确定和划分"过去的各个历史时代"、社会发展形态，并明确提出了"资产阶级时代"这一概念。

列宁发展了马克思、恩格斯的思想。列宁明确指出："这里谈的是大的历史时代……我们能够知道，而且确实知道，哪一个阶级是这个或那个时代的中心，决定着时代的主要内容、时代发展的主要方向、时代的历史背景的主要特点等等。"[①]

依据列宁的思想，我们还可以作如下判断：时代，是在"世界历史"范围内按一定标准划分的社会发展的一定历史阶段；是处在时代中心的特定阶级，即矛盾的主要方面，决定着时代的主要内容、发展方向和历史背景的主要特点等。处在时代中心的阶级本质的表现方式发生了改变，即矛盾的主要方面发生了改变，那么时代的主要特点即时代主题也就会跟着发生改变。时代问题、时代主题或时代潮流，则是一定"时代的历史背景的主要特点"，也就是一定时代的不同时期所需要解决的主要矛盾，是世界各种政治力量斗争的焦点。从时间上看，"大的历史时代"、时代，常常是比较漫长的历史阶段，而时代问题、时代主题或时代潮流，则由于"有各种不同的斗争形式提到首位，成为主要的斗争形式"而转换，由于世界格局的重大变化而变化，其时间相对"大的历史时代"、时代则要短暂很多。因此，时代与时代问题或时代主题有着必然的联系，但无疑有着本质的区别。时代规定着自身所特有的不易被人们所直接感知的时代性质的本质内涵，是时代问题或时代主题的上一个层次的问题，而时代问题或时代主题则是易被人们感知的特定时代性质的本质内涵的多样的外在表

① 《列宁全集》第 26 卷，人民出版社 1988 年版，第 143 页。

现形式。时代性质与时代问题或主题是决定和被决定的关系，而不是并列关系，更不是相反。现在理论界有的同志把时代性质与时代问题或主题混为一谈，把时代性质的本质内涵与时代性质本质内涵的外在表现形式混为一谈，就有可能得出不正确的结论来。

写作于 1916 年 1—6 月，出版于 1917 年 9 月的列宁的《帝国主义是资本主义的最高阶段》，是马克思《资本论》的继续发展。在此书中，列宁明确指出："20 世纪是从旧资本主义到新资本主义，从一般资本统治到金融资本统治的转折点"[①]；"帝国主义的特点，恰好不是工业资本而是金融资本"[②]；"帝国主义，或者说金融资本的统治，是资本主义的最高阶段"[③]。列宁在 1917 年 4—5 月间还明确指出："世界资本主义现在（约从 20 世纪初开始）已发展到帝国主义阶段。帝国主义，或金融资本时代，是高度发展的资本主义经济"[④]。列宁在其他著作中，还有大量相关论述。列宁提出"帝国主义"就是"金融资本时代"，这是列宁对马克思、恩格斯所说的"资产阶级时代"作出了具体分析后所得出的十分重要的结论。

列宁所说的帝国主义即金融资本时代，是其对资本主义社会发展不同阶段划分的独创，是对资产阶级在资本主义社会不同发展阶段阶级本质特殊表现形式认识的独创。按照列宁划分时代的标准，我们可以把马克思、恩格斯所说的资产阶级分别细分为三个阶段：一是商业资产阶级，二是工业资产阶级，三是金融资产阶级即金融帝国主义。同时相对应把资产阶级这一"大的历史时代"分别细分为三个较小的历史时代：一是商业资本主义时代，二是工业资本主义时代。商业资本主义时代和工业资本主义时代同为自由竞争的资本主义时代。三是工业资本和银行资本加速集中并日益融合为金融帝国主义时代。金融帝国主义时代则是垄断的、腐朽的资本主义时代。

笔者认为，列宁当年以上一系列论述所说的帝国主义就是金融帝国主义的简称；列宁当年所说的帝国主义是资本主义发展的最高阶段，就是金融帝国主义是资本主义发展的最高阶段的简要表述；我们常说的当今世界仍然处于帝国主义时代，就是当今世界仍然处于金融帝国主义时代。也正因如此，我们说，如果使用列宁的"金融帝国主义"这一提法，将有助于我们更加直接、更加深刻地认识帝国主义的本质，有助于深刻认识当前在全球范围内爆发的国际金融

[①]《列宁全集》第 27 卷，人民出版社 1990 年版，第 361 页。

[②] 同上书，第 403 页。

[③] 同上书，第 374 页。

[④]《列宁全集》第 29 卷，人民出版社 1985 年版，第 474 页。

危机和当今世界上所发生的各种主要事物的本质，有助于科学地找到应对的战略举措。

重温列宁上述一系列论述，我们还可以对迄今为止的资产阶级的商业资本主义、工业资本主义和金融帝国主义这三个时代作如下分析：在商业和工业资本主义时代，资产阶级均处于上升时期。尽管它野蛮、冷酷、无耻，但它打破封建藩篱，到处开拓市场，推进了科学技术的发展和社会生产力的极大发展，对促进社会进步和人类文明作出了重要贡献。随着金融帝国主义这一时代的到来，从总体上来说，资产阶级则逐渐步入了寄生、腐朽、反动和没落的历史阶段。列宁明确判定金融帝国主义"这个时代将延续多久，我们无法断言"，这一判断同样完全正确。我们虽然无法断言金融帝国主义这个时代能够延续多久，但有一点则完全可以肯定，这一时代决不是以几十年甚至百多年为单位，而至少是以数百年乃至上千年为单位。人们对列宁所说的帝国主义是腐朽、垂死的资本主义的诘难，就是把金融帝国主义这一时代看短了，是以百年甚至几十年为单位来衡量列宁对错的，从而得出了列宁所说过时的结论来。其实，这不是列宁所做判断的过错，而是我们理解上的偏狭和过错。

当今时代无疑仍然处于金融帝国主义时代。尽管这一趋势在减弱，但仍然没有质的改变。金融帝国主义时代还可能会持续一个相当长的历史阶段，我们决不能把这一时段看轻了，看短了。认为当今时代已是和平与发展时代，就是把金融帝国主义这一时代看轻了、看短了。当然，从一定意义上讲，这一时代的长短，取决于世界各国人民特别代表其根本利益的共产党人对这一时代的认识和与金融帝国主义合作、竞争、博弈本质上是较量的主观能动性的发挥。从一定意义上讲，美国拥有金融霸权这一经济基础，也就拥有了其他霸权的各种手段。现在，美国经济之所以扑朔迷离，原因之一，就是美国正在并将继续把自己2007年爆发的金融危机转嫁到广大发展中国家甚至是欧盟和日本这样的发达国家。从总的历史趋势讲，资本帝国主义无疑是腐朽的、垂死的资本主义，是"纸老虎"，在战略上和本质上，我们必须这么看。因为这是规律和未来必然的事实。但是，我们也必然记住列宁如下的其他论述，列宁在《帝国主义是资本主义是最高阶段》里明确指出："如果以为这一腐朽趋势排除了资本主义的迅速发展，那就错了。不，在帝国主义时代，某些工业部门，某些资产阶级阶层，某些国家，不同程度地时而表现出这种趋势，时而又表现出那种趋势。整个说来，资本主义的发展比从前要快得多"[1]，甚

① 《列宁全集》第27卷，人民出版社1990年版，第436页。

至会出现惊人迅速的发展①。因此，在战术上看，金融帝国主义又是真老虎、铁老虎，真老虎、铁老虎是要吃人的。苏联这个社会主义的大党大国不是被吃掉了吗？苏联解体的重要原因之一，就是以美国为首的西方世界通过在苏联制造的金融动荡直接或间接洗劫了大量的财富。因此，我们在战术上必须高度警惕，认真应对，不能有丝毫马虎。只有认清金融帝国主义既腐朽、垂死又可以在特定条件下以惊人的速度发展这一重要特征，我们才可能头脑清醒、积极主动地准备各种复杂形势的伟大斗争，才能在任何情况下赢得主动。

金融帝国主义决不是历史的终结。1917 年，列宁指出：帝国主义"造成惨祸、灾难、破产和粗野——这一切就使目前所达到的资本主义发展阶段成为无产阶级社会主义革命的时代"②。1918 年，列宁又指出："从资本主义过渡到社会主义，需要经过长久的阵痛。"③ 无产阶级社会主义革命的时代的到来与从资本主义过渡到社会主义需要经过长久的阵痛，这就是对立统一规律与唯物辩证法表现出的两面。我们之所以说当今时代仍然是列宁当年所说的帝国主义和无产阶级社会主义革命时代，而不是"和平与发展的时代"，主要是二战之后，特别是苏东剧变以来，20 世纪初马克思主义经典作家所指出的世界的三个基本矛盾虽然发生了很大变化，但都没有得到根本解决，并在新的形势还有所激化。由于社会主义国家以及社会主义阵营的出现，帝国主义国家之间的矛盾缓和了，但都没有消失；国际垄断资本有了新发展，其间的矛盾有了新的表现。帝国主义国家与殖民地国家之间的矛盾，由于 20 世纪五六十年代原有殖民地民族民主解放运动的风起云涌，迫使帝国主义采取了新的剥削和统治方式，从而矛盾转变为西方发达国家与发展中国家之间的矛盾这种新的表现形式。无产阶级与资产阶级之间的矛盾，在国际上曾经集中表现为第一世界和第三世界之间的矛盾，表现为社会主义国家与资本主义国家之间的矛盾，又主要表现为与以美国为首的西方发达国家与广大发展中国家之间的矛盾；在资本主义各国又表现为贫富两极的急遽拉大，这就使得无产阶级与资产阶级之间的矛盾重新尖锐起来。最近，发达的资本主义国家也披露大量的数据佐证列宁当年判断的正确。如，2016 年 5 月 23 日美国《时代》周刊刊登的拉娜·福鲁哈的"美国资本主义的重大危机"一文中说，美国"金融部门目前占美国经济的 7% 左右，大约高于 1980 年的 4%，但它目前拿走全部公司利润的 25% 左右，创造的就业岗位却只占区区 4%"。2016 年 3 月 9 日奥地利《新闻报》报道奥利弗·格林的文章中

---

① 参见《列宁全集》第 27 卷，人民出版社 1990 年版，第 436 页。
② 《列宁全集》第 29 卷，人民出版社 1985 年版，第 474 页。
③ 《列宁全集》第 33 卷，人民出版社 1985 年版，第 278 页。

说:"全球最富有的 62 人占其他人一半的财富。2010 年,拥有一半世界最贫穷人口的财富的人能够装满一飞机的话,而 2015 年则才有一辆巴士。"2016 年 1 月 18 日,在达沃斯世界经济论坛开幕前夕,慈善组织乐施会的报告说:"失控的不平等现象导致 62 个人拥有的财富,与全世界最穷的一半人拥有的财富一样多。而 5 年前,这个数字还是 388 人。"美国《外交》杂志 2016 年 1/2 月号刊登的《不平等与现代化》一文中说:"1915 年,美国最富有的 1% 人口的收入,占全部国民收入的 18% 左右,而 2011 年则掌握全国 40% 的财富。""认为现在冲突已不再是工人阶级与中产阶级的冲突,而是极少数精英与广大市民的冲突。1965 年,美国 350 强从业的 CEO 的薪金,是普通工人的 20 倍,现在则是 273 倍。"

如果平心静气谈论世界大势,任何有良知的人都会看到和承认,现在,以发达国家为代表的金融帝国主义正在世界范围内忙着"收获"其金融霸权所"创新"的金融及其各种衍生品的暴利。当金融帝国主义把全球几乎所有财富都数据化为金融及其衍生品并装入自己私囊之后,生存权遭到最终剥夺的全球占绝大多数的人们必然要叩问全球占主导地位的资本主义私有制的生产关系的合理性与正义性。在这种情势下,资本要么忍痛改良(英国著名经济学家皮凯蒂就主张在维持私有制的前提下,通过对资本的高征税以对金融帝国主义实行改良),相对缩小仍在急遽拉大的贫富两极分化,在权宜之计下增加社会相对的有效需求,以推迟自己的灭亡;要么在当下就激起广大人民的强烈反抗,现在就开始走向死亡之路。从一定意义上讲,资本主义一旦踏入金融帝国主义之路,也就是踏上了死亡之路。在通往死亡之路上,改良,仅仅是延缓死亡的策略而已。正是从这种意义上我们说,金融帝国主义是垄断的、腐朽的、垂死的资本主义。

随着金融帝国主义时代的到来,随着各种基本矛盾的激化,无产阶级革命必然是如影相随,接踵而至,这也正如手心手背或者是钱币之两面须臾不可分离。2011 年发生的以美国"占领华尔街"为代表的政治行动,2016 年上半年发生的"民主之春"运动,便是这一矛盾重新尖锐的突出表现。无产阶级与资产阶级这个决定时代性质的根本矛盾并没有消失,反而在特定条件下有所激化,这更加彰显了资本帝国主义时代的存在。尤其是国际金融垄断资本的发展,使美国成为剥削、掠夺全世界的唯一金融霸权和超级帝国主义国家,并在世界上引发一次又一次金融危机其本质上是资本主义的经济危机。为摆脱这些危机,它们首先要把这些危机转嫁到广大发展中国家甚至是一些发达国家。2008 年爆发国际金融危机后,美国金融垄断资本已经在这么做了,并且已经获得很大的成功。与此同时，它们还会并必将继续在世界各国、各地进一步挑起各种各样的冲突、战乱，甚至赤裸裸地对外发动战争，其寄生性、腐朽性达到了一个新的高度。

毫无疑问，经济全球化的深入发展和高新技术革命的加速推进，使得广大发展中国家的快速发展与资本主义盘剥发展中国家的方式发生了重大转变，进而使得时代主题或时代特征发生了新的重大变化。邓小平和中国共产党及时提出了当今时代的主题是"和平与发展"，这就从对国际环境的认识角度为把我国工作重心转移到经济建设上来提供了坚实的理论支撑。对和平与发展这一时代主题，我们一定要清醒认识，决不能轻易发生动摇。应该说，2008 年底爆发的国际金融危机就是世界各国人民反对霸权主义和强权政治、进一步推进世界多极化与国际关系民主化的大好时机，是进一步昂扬和平与发展时代主题的大好时机。但是，也决不能轻易据此就认为时代的根本性质发生了改变，"直把杭州作汴州"，错误地认为当今时代是和平与发展的时代，如果如是，必然会犯下不可饶恕的历史性错误。

如何对当今时代的主题进行判断？邓小平一开始并没有使用"时代主题"这一提法，而所使用的是"时代问题"。1984 年 10 月邓小平指出："国际上有两大问题非常突出，一个是和平问题，一个是南北问题。还有其他许多问题，但都不像这两个问题关系全局，带有全球性、战略性的意义。"[①] 1988 年 12 月21 日，邓小平又指出："当前世界上主要有两个问题，一个是和平问题，一个是发展问题。和平是有希望的，发展问题还没有得到解决。"[②] 虽然邓小平自己始终没有直接使用过"和平与发展是时代主题"这一提法，但在 1989 年 5 月31 日他明确肯定说："十三大政治报告是经过党的代表大会通过的，一个字都不能动。"[③] 而党的十三大报告则指出："根据国际形势和我国现代化建设的需要，围绕和平和发展两大主题，调整外交格局和党的对外关系，发展了独立自主、反对霸权主义、维护世界和平的对外政策。我们在国际上的朋友更多了。"[④] 十三大报告中虽没有正面论述但却出现了"和平和发展两大主题"这一明确的表述。这说明，邓小平是赞成"和平与发展两大主题"这一提法的。党的十四大报告又正式表述为："和平与发展仍然是当今世界两大主题"[⑤]。其间

---

① 《邓小平文选》第 3 卷，人民出版社 1993 年版，第 96 页。
② 同上书，第 281 页。
③ 同上书，第 296 页。
④ 《十三大以来重要文献选编》（上），人民出版社 1991 年版，第 7 页。
⑤ 《十四大以来重要文献选编》（上），人民出版社 1996 年版，第 35 页。

历经党的十五大直至党的十八大，这一提法基本上没有变动。党的十八大的表述为："当今世界正在发生深刻复杂变化，和平与发展仍然是时代主题。"①

邓小平在 1989 年 5 月 31 日间接肯定"和平与发展两大主题"之后，则又多次强调了和平与发展这两大主题中存在的问题。1989 年 11 月 23 日，邓小平在会见南方委员会主席、坦桑尼亚革命党主席尼雷尔时指出："我希望冷战结束，但现在我感到失望。可能是一个冷战结束了，另外两个冷战又已经开始。一个是针对整个南方、第三世界的，另一个是针对社会主义的。西方国家正在打一场没有硝烟的第三次世界大战。所谓没有硝烟，就是要社会主义国家和平演变。"② 1990 年 3 月 3 日，邓小平又说："和平与发展两大问题，和平问题没有得到解决，发展问题更加严重。"③ 可以说，和平与发展仍然是当今时代的两大主题，同时也是当今世界所要解决的两大课题，但更是跨入 21 世纪后我们所竭力要解决而没有解决的两大问题。随着世界经济、政治形势的变化，这两大问题极有可能变得更为严重，也决不排除在特定条件下所发生的转化。和平与发展这"两大主题"、"两大课题"和"两大问题"，决不是几十年甚至上百年乃至更长一点的历史阶段所能轻易解决得了的。原始社会存在 100 多万年，奴隶社会存在 1600 多年、封建社会存在 2000 多年，资本主义社会方才存在 370 多年，尽管现在历史加快了自己的发展步伐，但我们没有理由更没有力量让资本主义现在就寿终正寝。从一定意义上讲，西方强国只要主导着我们这个世界，这两大主题、两大课题和两大问题就不可能从根本上得到解决，战争就不可能完全避免。列宁的判断依然科学而准确：帝国主义是战争的策源地。冷战结束以来，世界范围内发生了 10 多起较大的局部战争，都直接间接与帝国主义大国有关。之所以说世界和平有希望，主要是说世界各国人民其中包括所有发达国家和发展中国家的广大人民对世界和平既有着强烈的愿望和追求，对帝国主义的现象和本质的认识、对帝国主义是战争的策源地的认识都有不同程度的深化。另外，以美国为首的西方国家正处于衰退之中，世界多极化也在深入发展，美国称霸全球常常是力不从心。鉴于用"和平演变"的办法在苏联获得成功，它们今后将主要运用其经济、政治和文化等等霸权对世界上社会主义国家搞"和平演变"，对其他发展中国家搞"颜色革命"，以企图达到永久称霸世界、掠夺世界之目的。正因如此，世界和平的整体总格局仍将会维持一段时间。

几年前，有的同志提出了"当今世界是和平与发展的时代"的观点。这一

---

① 《人民日报》2012 年 11 月 20 日。
② 《邓小平文选》第 3 卷，人民出版社 1993 年版，第 344 页。
③ 同上书，第 353 页。

观点是值得商榷的。如前所述：时代和时代问题、时代主题或时代潮流尽管有着一定的内在联系，但是，两者所特有的内涵和特指的范畴都是特定的。作为子系统的时代的问题、时代的主题或时代的潮流不能随意顶替作为母系统的时代。邓小平提出的和平与发展两大问题，一是充分反映了世界各国人民的愿望；二是明确提出了中国人民为之奋斗的任务和目标，以及实现任务和目标所应解决的最重要的问题；三是指明了在大的时代背景中，有可能争取到的甚至是有可能利用的时代主要特点的历史机遇。正因如此，我们说，邓小平不仅坚持而且还丰富发展了马克思主义关于时代主题的思想。在谈到和平与发展时，邓小平都称之为问题；当然，如前所述他也赞同"和平与发展两大主题"的提法。但是，时代和时代主题是不应混淆的，也是不能随意顶替的，否则，就可能走到问题的另一面。

提出当今世界是和平与发展时代的同志的主要理由之一便是：和平与发展是相对于世界大战而言；只要不打世界大战，便可称之为和平与发展时代。但资本主义兴起后，仅有 20 世纪上半叶发生两次共 10 年的世界大战，那么，除这 10 年外，是不是都叫和平与发展的时代？美苏冷战对峙时期，特别是两个霸权主义国家倾其国力进行战备的准战争时期是叫和平与发展时代还是叫别的什么？处在战争时期的朝鲜、越南、波黑、南斯拉夫、巴基斯坦、以色列、伊拉克、阿富汗、利比亚等和我国在第一、二次国内革命战争和解放战争时期时，算不算处在和平与发展的时代呢？观察、理解和判断时代，不应机械地从战争进行时间的长短和两个战争间歇期的长短来确定。毫无疑问，战争与和平都有不同阶级和力量的主导即性质的不同，又是对立统一和质变与量变的关系。在人类的历史长河中，从时间而言，从整体而言，相对温馨的和平时期是常态，而血与火的战争却是短暂甚至极其短暂的。但是战争一旦发生，既会给一个国家、民族和人民带来十分巨大的灾难，在一定条件下又可以导致一个国家、民族和人民的新生。这正如同经济危机与经济发展时期一样，经济发展是常态，经济危机是非常态，但短暂的经济危机的非常态的发生，可能会对一个国家、民族和人民造成较长甚至很长时段的极大的苦难，又可能促使一个国家、民族和人民的走向觉醒和振兴。

还有的同志认为"对时代的判断，源自对时代特征的深入分析"。这实质上是颠倒了时代与时代特征的决定与被决定作用的关系。从根本上说，是时代决定时代特征，而不是时代特征决定时代。

毛泽东、邓小平、江泽民三代中央领导集体和以胡锦涛、习近平同志为总书记的党中央从来没有否定当今世界时代的性质仍然是帝国主义的时代。而恰恰相反，他们都直接间接肯定了这一时代的本质没有发生改变。1969 年 3 月，毛泽东在召集有关人员的碰头会上明确指出："列宁是帝国主义时代的马克思主义。现在还是帝国主义时代。"[①] 而早在 1960 年 6 月 30 日，邓小平在会见拉丁美洲 12 国兄弟党代表团的讲话中就指出："一切问题的关键在对时代的分析，这个问题在国际共产主义运动中有不同的解释，发生了列宁关于帝国主义是资本主义的最高阶段这个论断合不合用的问题。我们的观点概括说，列宁的论断并没有过时，帝国主义的特征没有改变。"[②] 以邓小平为核心的党的第二代领导人的另一个重要成员陈云在 1989 年十分明确指出："列宁论帝国主义的五大特征和侵略别国、互相争霸的本质，是不是过时了？我看，没有过时。""那种认为列宁的帝国主义论已经过时的观点，是完全错误的，非常有害的。这个问题，到了大呼特呼的时候了。"[③] 江泽民同志在 2000 年也明确指出，当今世界的经济全球化，由西方发达国家为主导[④]。2005 年，胡锦涛同志指出："要和平、促发展、谋合作是时代的主旋律"，"同时，世界和平与发展这两大问题还没有得到根本解决……人类实现普遍和平、共同发展的理想还任重道远。"[⑤] 2013 年 3 月，习近平同志在莫斯科国际关系学院的演讲中指出："这个世界，人类依然面临诸多难题和挑战，国际金融危机深层次影响继续显现，形形色色的保护主义明显升温，地区热点此起彼伏，霸权主义、强权政治和新干涉主义有所上升，军备竞争、恐怖主义、网络安全等传统安全威胁和非传统安全威胁相互交织，维护世界和平、促进共同发展依然任重道远。"[⑥] 2016 年 6 月 25 日，中华人民共和国主席习近平与俄罗斯总统普京在北京共同发表的《关于加强全球战略稳定的联合声明》中明确指出："当前，影响全球战略稳定的消极因素正在世界各地增加，我们对此感到担忧。这一趋势的危险性首先在于，个别国家和军事—政治同盟谋求在军事和军技领域获得决定性优势，以便在国际事务中毫无阻碍地通过使用或威胁使用武力来实现自身利益。他们公然无视各国安全不受减损的安全基本原则，企图以牺牲他国安全换取自身安全。这一政策导致军力增长失控，动摇了全球战略稳定体系，与在有效国际监督下实现普遍、全面裁军的理念背道而驰。"这一论断，不仅间接肯定了列宁所说的帝国主义时代的存

① 《毛泽东年谱（1949—1976）》第 6 卷，中央文献出版社 2013 年版，第 233 页。
② 《邓小平年谱（1904—1974）》（下），中央文献出版社 2009 年版，第 1562 页。
③ 《陈云文选》第 3 卷，人民出版社 1995 年版，第 370 页。
④ 江泽民：《在 2000 年亚太经合组织工商界领导人峰会午餐会上的讲话》，《人民日报》2000 年 11 月 16 日。
⑤ 胡锦涛：《努力建设持久和平、共同繁荣的和谐世界——在联合国成立 60 周年首脑会议上的讲话》，2005 年 9 月 15 日于美国纽约，《人民日报》2005 年 9 月 16 日。
⑥ 《人民日报》2013 年 3 月 24 日。

在，而且还充分肯定了帝国主义就是战争的结论。我们完全可以这样说，不仅毛泽东、邓小平，而且江泽民、胡锦涛和习近平的上述论断，都直接间接肯定了当今世界仍然是处于帝国主义时代。

从一定意义上讲，在经济全球化日益发展的今天，列宁所说的资本主义国家是"总资本家"的时期正在发生新变化，各资本主义国家特别是各资本主义强国的国家机器，都已不是自身完全意义上的全部"法人"，它们正在进一步强化为国际垄断资本的奴仆和代理。马克思主义国家学说在各资本主义强国更加明显地表现出来。真正主导我们这个地球经济政治文化秩序的是操纵资产阶级国家机器背后的以极少数人为主导的日益联合成为一体的国际金融垄断资本联盟。北约、国际货币基金组织、世界银行与各资本主义强国的政权，互相勾结，互为补充，一起构成了国际金融垄断资本联盟的"新型全球性的国家机器"。"人权高于主权"可以从这一跨越民族国家形式的"新型全球性的国家机器"中找到事实根据和理论根据。美国在这一跨越民族国家形式的"新型全球性的国家机器"中，是核心和主导。这一金融垄断资本集团内部，当然同样会相互"倾轧"、"争霸"，但是他们也会依靠直接结成鲜为人知的神秘组织，运用各种方式控制甚至直接操纵各种国际组织，以企图达到极少数人永久掌控和享用世界上愈来愈少的各种资源之目的。竞争与垄断是资本主义相互交替的规律。全球范围内的各种国际金融垄断资本集团的神圣同盟在全世界人民的反抗面前，在它们自己争霸的倾轧之中，将无法最终摆脱其失败之命运。

综上所述，我们可以得出如下结论：

1. 要高度重视对时代问题的研究。真正弄清所处的时代，不仅是研究世界政治、经济、文化、军事和国际关系等各种问题的基础和前提，也是无产阶级政党制定各种战略和策略的理论依据和前提。

2. 和平与发展的时代主题依然没有变化。一是美国已踏上衰落之路。尽管这一进程需要几十年甚至更长时间。二是世界多极化正在深入发展。英国投票脱离欧盟就是一个很好的例证。三是各大国各战略集团都深谙"不战而屈人之兵"之道、之妙。所以，可以较为肯定地说，较大规模的战争在未来三五年内极可能打不起来。在人类历史上，从资本主义向社会主义过渡，社会主义战胜资本主义是一个相当长的历史阶段。从这个角度看，资本主义社会和社会主义社会必然有一个相当长的共处阶段。在这一阶段，我们必须坚持和平发展道路，坚持和平共处五项原则，坚持开展全方位外交，坚守合作、共赢的底线，在更多地与发展中国家开展合作的同时，应努力构建与美国为首的西方强国的新型大国关系，巩固与周边国家的良好关系。尽全力昂扬当今仍然存在的和平与发展这一时代主题，尽最大力量维护和发展世界和平发展这一大局，为人类文明进步和发展作出新的贡献。

3. 高度警惕西方敌对势力对我进行"西化、分化"的图谋。金融帝国主义也在总结自己的经验教训，通过朝鲜战争、越南战争等所吃的苦头与苏联被和平解体所尝的甜头，金融帝国主义表现得越来越"聪明"了。它们主要不是依靠战争而是要通过所谓的软实力和巧实力等新的手段来维护和加强自己的统治。其新的表现形式：首先和主要是金融霸权。从一定意义上讲，这是金融帝国主义的根本表现，也是其他霸权的经济基础。没有这一经济基础，其他霸权将不复存在。二是主要表现在知识产权和贸易上的规制霸权。这是金融帝国主义霸权在经济上的两个翅膀。三是以互联网为主要工具的意识形态霸权。我个人相信，在目前我们这个地球上的某个角落里，霸权主义者正在筹划着继续搞乱甚至肢解世界上几个特定大国的计划。他们企图把中国肢解为 7 至 9 块，布热津斯基明确也表示要把当今的俄罗斯继续"一分为三"。对金融帝国主义西化分化这一根本战略策略的转变，我们必须保持高度的重视。

4. 在警惕"西化、分化"的同时，也要高度警惕金融帝国主义在特定条件下的战争相加。当今世界的各个大国和大国战略集团相互间以各种形式和方式合作，合作背后有激烈的竞争、博弈直至较量；合作、竞争、博弈直至较量的本质与实质，则是阶级的国家的经济利益，而政治则是经济的集中表现；所以，在各种较量的形式中，当经济、文化这些手段不能解决问题之时，也决不排除它们会赤裸裸运用战争这一政治的最高手段。近几年来，美国一方面在欧洲加剧与俄罗斯的军事对抗；另一方面，在中国南海进行频繁的军事活动。这一态势，有可能变成美俄、美中军队的"新常态"。在当今世界，中国和俄国，都是世界和平的举足轻重的重要力量，都应当主动把握"战争与革命"和"和平与发展"时代主题的辩证统一及其相互转化。国际金融危机正在深化，这本质上是资本主义经济、制度和价值观的危机。正是从这一意义上讲，昂扬和平与发展的时代主题正面临着难得的机遇。我们应长期坚持和平共处五项原则，努力避免一切战争，但也要下决心做好一切必要的军事斗争准备，立足打赢捍卫祖国领土和海疆的任何一场战争。只有这样，才能不断拓展和平与发展这一时代主题的新局面，为中华民族伟大复兴的中国梦争取更好的国际环境和周边安全环境，为人类进步事业作出"较大的贡献"。

5. 中俄两国应结成更加紧密的战略伙伴关系。我个人还认为，从全世界各国人民长远根本利益讲，从维护全球长久和平角度出发，中国人民的伟大领袖毛泽东在 20 世纪关于"三个世界划分"的理论没有过时，并具有强烈的现实意义。在当今世界，美国一国属于第一世界，因为美国一家独大，有着别国无法企及的金融、军事、外交、科技、文化、教育等霸权；法国、德国、英国、日本、加拿大、澳大利亚等国属于第二世界。而中国、俄国、印度、巴西、南非、印度尼西亚、伊朗、朝鲜及其他广大发展中国家都属于第三世界。如何有效、有力维护世界和平发展之局面？唯一出路就是依靠广大第三世界国家和所有国家的人民，尽可能团结第二世界国家和各国的人民，坚决反对第一世界国家的霸权主义和强权政治。如何使第三世界有一个坚实的团结基础？我想特别强调的是，中国、俄国是当今世界上最大的两个发展中国家。只有中俄两国放弃各种不必要的猜忌，排除他国别有所图的干扰甚至挑唆，进一步结成更加紧密的战略伙伴关系，进一步加强全方位的合作共赢，才能有力团结其他广大发展中国家，并为世界和各国的和平发展提供前提条件与根本保证。美国不会放过俄罗斯，这是因为俄罗斯有发达的军事工业，这是美国称霸全球的不可逾越的障碍；其次，俄罗斯地大物博，并正在普京政府的领导下渡过困难，走向复兴。美国也不会放过中国，因为中国坚持和发展中国特色社会主义，在以习近平为总书记的党中央领导下，西方企图对中国西化分化的图谋也正在破灭。因此，中俄这两个最大的发展中国家，应该更加紧密地团结起来。只要中俄结成更加紧密的战略伙伴关系，印度等国就会更加坚定地站在第三世界的立场上考虑和处理问题，"金砖五国"和上海合作组织等就能发挥更加重要的作用，第三世界的团结和合作和依靠联合国进行全球治理就有了更加坚实的基础。

6. 辩证看待形势，居安思危，坚定信心。国际金融危机，本质上是以美国为首的经济危机、制度危机和价值观的危机。此危机已经过去了八年，尚未见底，仍在深化，极有可能，更大的灾难还在后头。经济全球化深入发展带来的世界上各种各类矛盾尤其是全球范围内的贫富两极分化的蕴聚、激化，必然导致金融帝国的"乐极生悲"和世界人民的"悲极生乐"。历史辩证法正在向着人们展示，在21世纪中叶前后，极有希望迎来世界社会主义的再一次英姿勃发的大好机遇，其中包括中国共产党人在内的全世界劳动阶级怎样发挥着波澜壮阔的历史主动性和创造性。贫穷决不是社会主义，贫富两极分化也决不是社会主义，但是贫穷和贫富两极分化最终必然产生社会主义。可以预言，在21世纪中叶前后将要诞生一大批符合自己国情的社会主义国家。我们之所以作出这一乐观预言，根本如下：从一定意义上讲，生产工具决定生产力，生产力决定生产关系。以"互联网＋"为生产工具的大变革必然极大地促进社会生产力的高速发展。在未来几十年内，必然会出现一批又一批的无人工厂，并必然带来工人大量失业，全球范围内的贫富两极分化必然进一步急遽拉大，社会矛盾必然进一步激化。现有的资本主义私人占有的所有制及分配关系越来越容纳不下"互联网＋"为代表的社会生产力的极大发展，必然呼唤着新的生产关系和社会制度的诞生。这正是以习近平同志为总书记的党中央强调全党同志要坚定共产主义远大理想和全国人民要坚定中国特色社会主义共同理想的依据所在。

西方经济学中的新自由主义

吴易风

【作者简介】吴易风，中国人民大学一级教授。获全国模范教师、资深翻译家等称号，兼任中华外国经济学说研究会前会长和现名誉会长、全国马克思主义经济学说史学会副会长、中央马克思主义研究和建设工程重点教材西方经济学课题组首席专家，几所科研院所特邀研究员和十几所大学特聘教授。曾获国家级教学成果奖一等奖、中华优秀出版物图书奖、"三个一百"原创图书出版工程奖、全国高等学校哲学社会科学优秀研究成果一等奖、吴玉章优秀科研奖、北京市优秀社会科学研究成果一等奖、中国人民大学优秀科研成果一等奖等。研究领域为西方经济学、外国经济思想史，对马克思主义经济理论和现实经济问题也有所研究。著有《吴易风文集》10 卷，主编、合编专著、论文集、教材等 28 部，翻译、主译、校译 5 部。曾主持的课题项目有"十一五"国家重点图书出版规划项目、国家社会科学基金重点项目、国家社会科学基金重大项目。

本文讨论的西方经济学中的"新自由主义"，是指英语中 Neoliberalism，而不是也译为"新自由主义"的 New Liberalism。西方经济学领域的自由主义统称为经济自由主义。为了区分现代经济自由主义和历史上的经济自由主义，通常把 20 世纪 30 年代以来的经济自由主义名为新自由主义。

一 西方经济自由主义的历史回顾

西方经济自由主义有很长的历史。在 20 世纪 30 年代"大萧条"以前，经济自由主义可以划分为三个阶段。

第一阶段是 17 世纪中叶至 19 世纪初的经济自由主义。这一时期古典经济学占主流地位。英国古典经济学家亚当·斯密接受前人关于自然规律和自由的观念，提出"自然自由"制度的说法，认为资本主义是自然自由制度。他主张，让"一只看不见的手"充分发挥作用，让资本主义经济自行调节，按照自己的固有规律向前发展。斯密的说法存在理论缺陷，但在当时有其历史进步意义，代表了新兴资产阶级的利益，要求封建制国家或君主不要干预经济，以保证资本主义经济的发展和资产阶级取得不受限制和干涉的统治。

第二阶段是 19 世纪 30—60 年代的经济自由主义。19 世纪 30 年代英法资产阶级夺取政权以后，孕育于 18 世纪末期的庸俗经济学取代古典经济学，成为为资产阶级和资本主义制度辩护的主流经济理论。在这一阶段，"萨伊定律"是经济自由主义的核心理论。萨伊在 19 世纪初说过："生产给产品创造需求"。此言后来演变成"供给创造自己的需求"，被称为"萨伊定律"或"萨伊市场定律"。

第三阶段是 19 世纪 70 年代至 20 世纪 20 年代。这一时期以英国马歇尔、庇古等为主要代表的主流经济学在西方被叫作"新古典经济学"。"新古典经济学"把"萨伊市场定律"同工资、价格、利率都具有完全灵活性的假设结合在一起，编造了一个资本主义自由市场经济均衡模型。在这个理论模型中，由于市场机制的自发调节，劳动市场供求均衡——实现充分就业；产品市场供求均衡——没有生产过剩；资本市场供求均衡——不存在资本过剩。这样，"新古典经济学"断言，完全竞争的资本主义自由市场经济能实现资源的有效配置，自行达到充分就业的均衡。在经济政策方面，"新古典经济学"主张自由放任和国家不干预经济。这种经济自由主义的实质是美化资本主义自由市场经济制度，否认资本主义经济制度的矛盾，特别是否认资本主义发生生产过剩经济危机和存在失业的可能性和必然性，具有明显的辩护性质。

在 20 世纪 30 年代"大萧条"中，庇古还在顽固宣传自由主义经济学的陈腐教条："在稳定的条件下，一切愿意工作的人实际上都会就业。"历史上空前严重的这场资本主义大危机给"新古典经济学"的经济自由主义以毁灭性的打击。大危机的现实证明，"新古典经济学"的自由主义赖以建立的"萨伊市场定律"，根本不是对资本主义自由市场经济客观规律的反映，而是完全违背客观实际的主观臆测。在"大萧条"中，西方怀疑、责难、批评"新古典经济学"经济自由主义的学者日益增多。英国经济学家凯恩斯尖锐批判"新古典经济学"否定经济危机和大量失业的可能性时说："这一理论所假设特殊情况的特征，恰好不是我们实际生活在其中的经济社会的特征，结果是，当我们试图把这种理论应用于实际时，它的教义就起误导作用，而且是灾难性的。"

二　西方新自由主义的形成和发展

新自由主义是现代经济自由主义，是在20世纪30年代"大萧条"中破产了的经济自由主义在新形势下的复活和再现。

在20世纪30年代的"大萧条"中，以凯恩斯主义为代表的国家干预主义直面现实，承认资本主义社会失业的严重性，承认经济危机的严重性，承认资本主义自由市场经济有"完全被摧毁"的可能性。"新古典经济学"的经济自由主义在大危机中破产了，原来信奉经济自由主义的经济学家有不少转向并接受凯恩斯主义。但是，少数信奉经济自由主义的经济学家，例如奥地利学派的米塞斯、哈耶克等人，仍在顽固地坚持原来的立场和观点。

凯恩斯的国家干预主义代表作《就业、利息和货币通论》出版于1936年。仅隔一年，即1937年，深受米塞斯、哈耶克影响的李普曼出版《对于良好社会原理的探讨》一书，竭力维护自由市场经济，为经济自由主义辩护。接着在1938年，米塞斯、哈耶克、李普曼等26人聚会巴黎，举行以"自由主义危机"为主题的研讨会。哈耶克后来在1944年出版的被称为"标志新自由主义创立的宪章"的《通向奴役之路》一书的主要思想，就是这次研讨会的产物。

新自由主义又被称为新保守主义。在资本主义世界极其艰难地渡过30年代大萧条以后，新自由主义在西方渐趋复苏，并日渐活跃，形成许多流派。除了以米塞斯、哈耶克等为首的新奥地利学派，英国有伦敦学派，德国有弗赖堡学派，美国有芝加哥学派、货币学派、供给学派、理性预期——新古典宏观经济学学派、公共选择学派以及科斯为首的现代产权学派，等等。

新自由主义产生以后，曾经长期处于非主流地位。从20世纪30年代到70年代，凯恩斯主义经济学在西方经济学界和政界一直处于支配地位。凯恩斯主义经济政策主要有两种：扩张性政策和紧缩性政策。基本做法是：经济危机时，实行扩张性财政政策和货币政策，以期刺激经济增长和增加就业；通货膨胀时，实行紧缩性财政政策和货币政策，以期缓和通货膨胀。在资本主义国家的政策实践中，凯恩斯主义扩张性政策和紧缩性政策对暂时缓和危机和通胀有一些作用。但是，这些政策只能治标，不能治本。只能暂时缓和矛盾，无法解决矛盾。

凯恩斯主义扩张性政策和紧缩性政策有很大的副作用，长期交替使用的结果是导致经济停滞和通货膨胀同时并存。这就是"滞胀"。20世纪70年代，美国等西方国家发生了滞胀。面对滞胀，凯恩斯主义者束手无策。如果采用扩张性政策，"滞胀"中的"滞"没有治好，"滞胀"中的"胀"会更加严重。如果采用紧缩性政策，"滞胀"中的"胀"没有治好，"滞胀"中的"滞"会更加严重。"滞胀"使凯恩斯主义理论和政策陷入严重困境。

当凯恩斯主义陷入严重困境时，新自由主义乘机而起，并迅速上升为西方主流经济学。20 世纪 70—90 年代，是西方新自由主义的全盛期，被称为新自由主义的"黄金时代"。新自由主义万变不离其宗。"市场万能论"和"市场自由配置资源可以达到最有效率的状态"仍然是新自由主义即市场原教旨主义的核心教义和教条。

三　西方新自由主义三大经济政策体系

新自由主义学派林立，形形色色的经济理论和为数众多的政策主张基本面虽然相似，但差异不小。西方国家政府采取和推行的新自由主义政策体系主要有：英国的"撒切尔主义"或"撒切尔经济学"，美国的"里根经济学"，被美国等西方国家向全世界特别是向广大发展中国家推行的"华盛顿共识"。

1. 英国撒切尔政府的新自由主义经济政策

英国是凯恩斯的故乡。以凯恩斯主义为代表的国家干预主义在英国影响广泛而深远。从 20 世纪 30—70 年代，英国历届政府基本上都奉行凯恩斯主义的国家干预政策。二战后，英国经济得到较快的恢复和发展。但是，如前所说，长期交替实行扩张性和紧缩性财政和货币政策，导致经济停滞和通货膨胀并存，使凯恩斯主义政策失灵。

撒切尔于 1979 年出任英国首相。信奉新自由主义的撒切尔从 20 世纪 70 年代末和整个 80 年代，全面推行新自由主义的自由市场经济政策。撒切尔政府的新自由主义政策体系被称为"撒切尔主义"或"撒切尔经济学"，主要包括下列对内对外政策：对国有企业实行私有化（又译为民营化、非国有化）；力推自由市场经济，解除政府对市场的调控和监管，其中包括对金融的监管；打击和削弱工会力量；削减社会福利；减税，主要是对大公司和富人减税；取消汇率管制，实行汇率自由浮动；推行旨在削弱和瓦解苏联的政策。撒切尔竭力对外推销其新自由主义政策，她曾颇为得意地说："人们不再担心染上英国病，他们排队来领取新的英国药方。"

2. 美国里根政府的新自由主义政策

美国自罗斯福新政以来，历届政府长期实行凯恩斯主义的国家干预政策。经济衰退时，实行扩张性财政政策和货币政策；通货膨胀时，实行紧缩性财政政策和货币政策。但是，面对 20 世纪 70 年代出现的经济停滞和通货膨胀并存的滞胀，凯恩斯主义束手无策。这时美国新自由主义思潮从非主流地位上升到主流地位，并走向高峰期，其中的货币学派和供给学派直接对美国政府的政策产生重大影响。

里根于 1981 年出任美国总统。他笃信货币学派和供给学派的经济理论和政策主张。他有一句名言："政府不能解决问题，政府本身才是问题。"里根政府的新自由主义政策主要包括：实行"大市场"和"小政府"，大力减少政府对市场的干预，解除政府对市场的调控和监管；降低税率，主要是大幅度降低富人所得税税率，所得税最高税率从 20 世纪 80 年代初的 70% 降低到 1982 年的 28%；削减社会福利支出；镇压工会领导的罢工运动；推动"星球大战"计划，大幅度增加军费支出，图谋通过军备竞赛拖垮苏联。

3. "华盛顿共识"的新自由主义政策

"华盛顿共识"，是美国国际经济研究所约翰·威廉姆森以新自由主义为理论依据，于 1989 年拟定的先对拉美、随后对苏东转轨国家经济改革提出的系列政策，这些政策在华盛顿召开的研讨会上得到美国政府以及国际货币基金组织和世界银行的确认与支持，因而被称作"华盛顿共识"。

"华盛顿共识"的新自由主义经济政策，涉及企业政策、财政政策、货币政策、税收政策、贸易政策、利率政策、汇率政策、外资政策等一系列政策。

美国著名经济学家斯蒂格利茨把"华盛顿共识"的核心内容概括为"三化"："政府的角色最小化""快速的私有化"和"快速的自由化"。华盛顿共识的"政府的角色最小化"，与里根经济学的"大市场"和"小政府"实质相同；"快速的私有化"，与撒切尔主义的国有企业私有化一样；"快速的自由化"包括贸易自由化、利率自由化和汇率自由化，与撒切尔主义的和里根经济学的解除调控和监管相一致。

美国学者罗伯特·W. 迈克杰尼斯认为，"华盛顿共识"旨在进行"经济体制"、"政治体制"和"文化体制"的改革。这就是说，"华盛顿共识"不仅要把西方资本主义经济制度推广到全世界，而且企图把西方资本主义政治制度和文化制度强加于世界各国。这显然是代表国际垄断资本主义的利益和要求。

四 新自由主义的失败

当新自由主义处在高峰期的时候，西方国家爆发了 20 世纪 30 年代"大萧条"以来最严重的大危机。21 世纪初的这场大危机源于美国，很快蔓延到欧洲以至全世界许多国家。从 2007 年夏季开始，西方许多国家先后陷入严重的危机之中。这场危机不只是金融危机和经济危机，也不只是欧洲"主权债务危机"

和美国"财政悬崖",而是一次资本主义市场经济的系统性危机,包括金融危机和经济危机、社会危机、政治危机、意识形态危机以及已经持续多年的生态和环境危机。

这场危机给西方国家带来了严重的经济倒退。据报道,按照英国《经济学家》周刊设立的衡量标准,在这次受危机影响最严重的国家中,英国倒退了8年,美国倒退了10年,希腊倒退了12年多,爱尔兰、意大利、葡萄牙和西班牙倒退了7年或更多。这场系统性危机在西方国家造成了几千万人的失业大军和极高的青年失业率,使全世界饥饿人口超过9亿。这一切也有力地证明,自由市场配置资源不仅没有达到最有效率的状态,而且相反,出现了西方经济学家所说的"市场失灵",即市场配置资源无效率。

资本主义危机,特别是资本主义大危机,成为"市场原教旨主义"和"市场万能论"的大批判家。它促使许多曾盲目追随过"市场万能论"和"自由市场原教旨主义"的人猛然惊醒,重新思考和认识新自由主义。日本原来笃信新自由主义的学者中谷岩的新著《资本主义为什么会自我崩溃?》一书有一个十分醒目的副标题:《新自由主义者的忏悔》。这部书是新自由主义者公开忏悔的代表作。

正像20世纪30年代"大萧条"给"新古典经济学"的经济自由主义以毁灭性的打击一样,21世纪第一次资本主义市场经济系统性危机也给新自由主义以致命性的打击。

美国《外交政策》双月刊2009年5/6月号发表的加拿大约克大学教授利奥·帕尼奇文章说:"此次危机范围之广、破坏力之大,已使全球资本主义及其卫道士陷入意识形态的恐慌。新自由主义正统派学说的信仰已经发生了内爆。"很明显,帕尼奇所说的"意识形态的恐慌"和"新自由主义正统派学说的信仰已经发生了内爆"是说新自由主义这种意识形态和信仰已经深深陷入危机之中。

美国经济学家约瑟夫·斯蒂格利茨2011年7月6日在世界报业辛迪加网站发表的《西方资本主义的意识形态危机》一文指出:"几年前,一种强大的意识形态——对无拘无束的自由市场的信仰——几乎将世界经济推入万劫不复的深渊。"

帕尼奇和斯蒂格利茨的文章发表后,新自由主义危机逐渐成为西方各国许多人的共识。西方报刊和网站出现了不少批判新自由主义的报道、访谈和文章,异口同声地谴责新自由主义及其严重后果。

在西方不同国家不同学者中,在同声批判新自由主义危机时用语各异。除了上述帕尼奇和斯蒂格利茨的"意识形态恐慌""意识形态危机""新自由主义正统派学说信仰危机"之外，现在常见的还有"市场原教旨主义危机""自由市场原教旨主义危机""自由市场极端主义危机""自由市场资本主义危机""新自由资本主义危机""自由放任主义危机""美国倡导的自由资本主义市场经济危机""市场至上主义危机"，等等。虽然用语各异，但所指相同，全都是指新自由主义危机。

一些西方学者认为，新自由主义危机是新自由主义这一不可持续的社会秩序的危机。法国经济学家热拉尔·迪梅尼尔接受采访时说："当前的危机不是简单的金融危机，而是新自由主义这一不可持续的社会秩序的危机。"英国学者霍尔斯鲍姆说："过去数十年里，人们以为市场可以解决一切问题，这在我看来更像是一种宗教信仰而缺乏现实性。""'市场原教旨主义'已经失败。"英国学者迈克·约翰逊认为："西方出现对资本主义的不满情绪，说明资本主义确实出了很多问题。……面对经济危机下的种种不确定性，唯一可以肯定的是，美国倡导的自由市场资本主义势必会被人们抛弃。"美国作者安迪·斯特恩说："曾在20世纪辉煌一时的自由市场原教旨主义，正被丢进21世纪的灰烬中。"美国斯坦福大学教授弗朗西斯·福山原来是"历史终结论"的主要鼓吹者，断言历史终结于资本主义。然而，在本次危机中，福山的观点出现了戏剧性的变化。他认为，美国式资本主义已经跌下神坛，自由主义市场或新自由主义模式将受到审判。

西方学者不仅在理论上批判新自由主义，而且直接把批判的矛头对准英国撒切尔政府和美国里根政府的新自由主义政策体系。据英国《金融时报》报道，在这场危机爆发后，正当撒切尔夫人入主唐宁街30周年时，许多英国人得出的结论是：30年的试验又一次失败。不过，这次失败的是撒切尔主义。里根经济学同样遭到了批判。曾任里根政府国内政策顾问的布鲁斯·巴特莱特本是里根经济学的参与制定者之一，现在对里根新自由主义经济政策体系反戈一击。他在《新美国经济：里根经济学的失败与未来之路》一书的书名上，赫然写上"里根经济学的失败"。

不仅在西方学界，甚至在西方商界，也有人谴责英国和美国的新自由主义，谴责"撒切尔主义"和"里根经济学"。大投资家乔治·绍罗什在接受彭博社采访时说："目前正在经历大萧条以来最严重的危机，这要归咎于20世纪80年代英国的撒切尔夫人和美国的里根总统所信奉并推行的自由放任主义。撒切尔夫人和里根都误以为市场具备自行调节机制。"

"华盛顿共识"的新自由主义同样受到批判。在这场大危机爆发之前，美国著名经济学家斯蒂格利茨就已经批判"华盛顿共识"，指出新自由主义政策对发展中国家不适用，而且很有害。在这场大危机期间，西方国家和发展中国家的学者指出，"华盛顿共识"在拉美和东欧的"实验"已经宣告失败。

五 应高度重视西方新自由主义在中国的影响

20世纪80年代以来，西方新自由主义经济学家力图通过多种途径用他们的经济理论和经济政策主张来影响中国改革。同时，我国也有一些经济学家试图从西方新自由主义中寻找经济改革的理论依据和政策措施。这样，西方新自由主义便逐渐在我国产生影响。

国内一些有关论著不是立足于马克思主义对新自由主义思潮和学派以及"撒切尔主义""里根经济学"和"华盛顿共识"政策体系进行全面评析，而是不加分析地向国内读者积极推荐，全盘肯定。这对许多人尤其是对青年学生产生了极为有害的影响，使他们对西方新自由主义没有识别和批判分析能力。

在各种新自由主义思潮中，对我国影响最大的是美国科斯和以他为首的产权学派的理论和政策主张。20世纪80年代初，科斯看到中国进行经济体制改革，认为这是推销他的产权私有思想的极好机会。对于如何在社会主义中国推销主张产权私有的科斯思想，其追随者进行了认真琢磨。他们给"私有产权换了包装"，开始时只说"产权明晰"，而不说科斯的产权明晰就是产权私有。直到科斯的思想在中国被一些人接受后，他们才公开声称："私产制是经济发展的灵丹妙药"，并断言："中国会逐渐改变成为一个类似私有制的体制。"

科斯通过"派进来"和"请出去"两种途径来影响中国的产权改革。他将其追随者"派进来"推销他的产权私有论，并"自费"将中国几十位知名经济学家"请出去"，到美国参加他自己组织的"中国经济变革"国际学术研讨会。

更值得注意的是，科斯后来不仅要在中国宣传和推广他的产权私有理论和政策主张，而且远远超出经济学领域，进一步提出中国需要一个"开放而自由的思想市场"的主张，并表示期盼中国成为"自由思想的全球中心"。国内有人在评介科斯关于中国"开放自由思想市场"主张时赞许说："科斯极富洞见的一家之言，对于中国的改革开放来说，显然极具现实意义。"这些人正在积极推销科斯关于中国要积极开放自由思想市场的主张。他们也打着"深化改革"的旗号。

国内媒体报道："2010年，科斯百岁之时，中国经济学家组织了活动庆祝，远在大洋彼岸的科斯发来一段视频。"国内媒体还报道，科斯本应邀在2013年10月来中国访问，没料到在来华前一个月去世。我国有些经济学家对科斯表示沉痛哀悼和敬意，甚至说："科斯的学说始终是照亮中国崎岖的改革道路的一盏明灯。""科斯在经济转轨环境下的中国影响力巨大。科斯的理论在中国获得了比在美国更高的认同和反响。"

过去一个时期,主张私有化的经济学家不愿用"私有化"一词,而是用来自法文的"非国有化"或来自日文的"民营化",并说"非国有化"和"民营化"不是私有化。这纯属欺人之谈。人们知道,法国的"非国有化"就是私有化。英文中的"私有化"和法文中的"非国有化",在日语中译为"民营化"。现在,主张进一步进行产权改革者已经不再讳言私有化,而是公开说国有企业需要进一步私有化。

我国经济改革的目标是建立社会主义市场经济。离开这一目标讲改革,就必然偏离正确的方向。邓小平当年不仅强调改革必须坚持社会主义方向,而且强调改革背离社会主义方向会导致严重后果。他说:"在改革中坚持社会主义方向,这是一个很重要的问题。"他明确指出:坚持"公有制经济始终占主体地位",坚持"走共同富裕的道路,始终避免两极分化",搞市场经济就不会导致资本主义。对于改革偏离社会主义方向可能出现的后果,邓小平说:"如果我们的政策导致两极分化,我们就失败了;如果产生了什么新的资产阶级,那我们就真是走了邪路了。"邓小平在改革之初就强调"四个坚持"的重要性。到了晚年,他又指出:"社会主义市场经济优越性在哪里?就在四个坚持。"用邓小平理论来检测国内的"科斯热",可以作出判断:"科斯热"是要在中国用生产资料私有制取代公有制的主体地位,是要用资本主义市场经济取代社会主义市场经济,其结果必然导致两极分化,必然产生新的资产阶级,必然导致改革失败,必然走上邪路。这是全党全国人民必须高度重视和高度警惕的。

析新自由主义的反社会主义本质

何秉孟

【作者简介】何秉孟，中国社会科学院研究员。曾任中国社会科学院科研局局长、副秘书长兼院党组办公室主任和院政策研究室主任、党组成员、学部主席团秘书长等职。长期从事马克思主义理论和当代资本主义理论研究，主持或参与主持多项国家和院级重大调研课题，著或主编《新自由主义评析》《社会科学研究创新简论》《美国经济和金融危机解析》《产权理论与国有企业改革》等学术专著 10 余部，参与主编和主编《百县市经济社会调查》《百县市经济社会跟踪调查》合计 117 卷，发表论文、研究报告 100 余篇。

继续深入研究、批判新自由主义，对于拓展、丰富社会主义政治经济学理论和政策，确保中国改革开放和现代化事业沿着中国特色社会主义道路健康发展具有重要意义。

一　新自由主义核心理念的攻击矛头直指社会主义

以哈耶克为鼻祖，以私有化、市场化、自由化为核心理念的新自由主义，产生于 20 世纪二三十年代那种比较特殊的经济社会背景之下：

一方面，随着第一次世界大战的结束，资本主义加速由自由竞争阶段向垄断阶段过渡，资产阶级古典经济学已越来越不适应垄断资本主义的需要。在 20 世纪 30 年代"大萧条"期间，多多少少从《资本论》汲取营养的凯恩斯，较为敏锐地把握住了资本主义发展的这一阶段性转换，对资产阶级古典经济学进行了扬弃，发表了一系列关于就业、投资、货币等的论著，并于 1936 年出版代表作《就业、利息和货币通论》，对资产阶级古典经济学进行了所谓的"凯恩斯革命"，逐步取代资产阶级古典经济学成为主导国家垄断资本主义的主流经济学；另一方面，苏联的以公有制为基础、有计划按比例发展的社会主义经济蓬勃发展，显示出社会主义对于资本主义的极大优越性和以公有制为基础、有计划按比例发展的社会主义经济制度的强大生命力，从根本上对资产阶级古典经济学的基本理念形成挑战。

正是在这种背景下，哈耶克相继发表了《价格与生产》《储蓄的"悖论"》等文章，对凯恩斯主义进行批判，为以自由竞争、自主经营、自由贸易等为基本理念的资产阶级古典经济学辩护。

哈耶克在对凯恩斯主义大加挞伐的同时，对社会主义制度所显示出的巨大优越性熟视无睹，与他的老师冯·米塞斯，挑起了同波兰经济学家奥斯卡·兰格等关于经济计算问题的论战，借以攻击社会主义。冯·米塞斯是一个极端仇视社会主义的资产阶级思想家。早在 20 年代初，米塞斯就相继发表《社会主义制度下的经济计算》和《社会主义》等论著，否认社会主义有实行经济计算和合理配置资源的可能性。他认为，没有计算就不可能有合乎经济的活动；市场和它的价格形成功能是经济计算的必要条件，而市场及其价格形成机制必须以生产资料私有制为基础；社会主义经济实行生产资料公有制，不可能有真正的市场，也就不可能存在以货币表现的价格制度，这就等于是放弃经济计算。于是，米塞斯得出的结论是：社会主义"不可能有合乎经济的活动"，不可能实现资源的有效配置。[①] 哈耶克就是在这样一个极端仇视社会主义的老师的熏陶之下，逐步步入学术殿堂的。因此，以他为鼻祖的新自由主义，从其问世之日起便打上逆历史潮流、反对社会主义的胎记。

20 世纪二三十年代特别是 30 年代，资本主义陷入无休无止的金融—经济危机，不仅对社会生产力造成巨大破坏，使资本主义经济倒退近 30 年；而且对人类生存造成巨大灾难，导致资本主义国家数以千万计的劳苦大众被饿死，仅美国就有 800 余万穷人饿死街头，占当时美国一亿二千万人口总数的百分之七![②] 与此形成鲜明对照的是，社会主义苏联经济欣欣向荣，社会、文化及科学教育等各项事业蓬勃发展！这种强烈对比，为世界社会主义运动的发展提供了广泛的社会基础，社会主义思潮在英、美、德、法等工业发达国家风靡一时，广大工人阶级和其他中下层劳苦大众乃至许多知识分子，崇尚社会主义，不仅将加

①　参见米塞斯《社会主义制度下的经济计算》，1920 年，载外国经学说研究会编《现代国外经济学论文选》第九集第 60—67 页，郝建平译，商务印书馆 1986 年版。

②　参见 JG. com. cn：《美国在 20—30 年代的经济大萧条中冻死饿死了多少人》。

强国家宏观调控、"社会正义"、"收入平等"和"就业保障"等视为反经济危机所必须采取的手段，而且将"铲除私有制度"、实行公有制和实行计划经济视为理想目标。这一切使哈耶克等人觉察到，对于资本主义制度的生死存亡而言，最大威胁是社会主义思潮，而非凯恩斯主义；凯恩斯主义虽然对资产阶级古典经济学的基本理念有所背弃，但仍没有跳出资产阶级经济学的窠臼，凯恩斯推行其政策主张的目的在于改良资本主义。同时，美欧等资本主义国家在凯恩斯主义主导之下治理危机已初步取得成效，致使哈耶克等将资产阶级古典经济学推向极端的市场原教旨主义，在美欧发达资本主义国家没有市场、不受待见。在这种形势下，哈耶克等人将主要攻击矛头由凯恩斯主义转向社会主义。

　　20世纪30年代，资本主义世界的经济危机和苏联社会主义经济的繁荣形成鲜明对照。面对上述现实，在嗅觉方面较之其老师米塞斯要敏锐的哈耶克，没有像其老师米塞斯那样，在所谓社会主义能否进行"经济计算"、能否实行"资源有效配置"问题上胡搅蛮缠，而是将对社会主义的攻击矛头集中于不同阶级具有不同理解或标准的"自由"议题。1938年，哈耶克发表《自由与经济制度》一文；之后，他以这篇文章的核心思想为基础，撰写并于1944年出版了专著《通往奴役之路》。在这部他的所谓"成名作"中，他说，"我们的要点与其是说独裁必然不可避免地消灭了自由，毋宁是说计划导致独裁，因为……集中计划要在很大程度上成为可能的话，独裁本身是必不可少的。""一个真正的'无产阶级专政'，即使形式上是民主的，如果它集中指导经济体系的话，可能会和任何专制政体所曾做的一样，完全破坏个人自由"。因为"计划经济所引起的问题，并不仅仅是我们是否会按照我们所喜欢的方法满足我们认为是重要的或不太重要的需要的问题，而是是否会由我们自己来决定什么对我们是重要的和什么是次要的，或是否这必须由计划者加以决定的问题"。[①] 哈耶克进一步论证道：当指导一切经济活动的当局控制了用于我们所有目标的手段的配置后，"也就控制了用于我们所有目标的手段，因而也就必定决定哪一种需要予以满足和哪一种需要不予满足。这实际上是问题的关键。经济控制不仅只是对人类生活中可以和其余部分分割开来的那一部分生活的控制，它也是对实现我们所有目标的手段的控制。任何对于手段具有唯一控制权的人，也就必定决定把它用于哪些目标，哪些价值应得到较高的估价，哪些应得到较低的估价——总之，就是决定人们应当相信和应当争取的是什么"，这也就意味着社会主义将剥夺个

---

　　① 哈耶克：《通往奴役之路》，王明毅、冯兴元译，中国社会科学出版社1997年版，第92—93页。

人的所有自由。① 尤其恶毒的是，哈耶克在《通往奴役之路》中，竟然将苏联的社会主义同希特勒的法西斯主义混为一谈，胡说"纳粹领袖和法西斯领袖""开始时都是社会主义者"；"近些年来，……一个又一个的观察家，尽管在研究他们的题目时期待迥异，但对'法西斯主义'和'共产主义'之下许多方面情况的相似性都留下了深刻的印象"。他危言耸听地警告乃至吓唬欧美追求社会主义的知识分子："年轻的共产主义者都能比较容易地转变为纳粹分子"，不要轻信社会主义关于允诺更大自由的宣传，"倘若允诺给我们通往自由的道路一旦事实上被证明是一条通往奴役的道路的话，悲剧岂不更惨"②。他要求信仰社会主义的年轻知识分子，进一步推敲社会主义理想目标的具体含义之外，还必须权衡为了实现这些目标所要付出的代价！充分暴露出了新自由主义鼻祖哈耶克及他所创立的新自由主义理论体系的反社会主义本质。

在此后的 30 多年中，哈耶克等人沿着这条反社会主义道路，主要干了两件事：其一，是潜心完善其反社会主义的理论，先后发表了《自由宪章》等著述；其二，是纠集一批以复兴自由放任市场经济理论、反社会主义为己任的英国、美国等国的资产阶级经济学者，成立了朝圣山学社，宣传新自由主义核心理念，培植、壮大新自由主义队伍。到 20 世纪 70 年代，以哈耶克为鼻祖，以科斯、米塞斯、弗里德曼和卢卡斯、拉弗、费尔德斯坦等为骨干的新自由主义经济理论队伍初步形成气候，并以这些骨干为首，形成了诸多学派，其中，主要的学派有：以哈耶克为掌门人的鼓吹彻底私有化、自由化的伦敦学派；以美国芝加哥大学为基地、以现代货币学派创始人弗里德曼为领袖的反对政府干预经济、主张完全自由化特别是金融自由化的现代货币主义学派；以科斯为首的鼓吹完全私有化的新制度经济学派；以芝加哥大学教授罗伯特·卢卡斯为首的反对任何形式的国家干预经济、主张应听任以"理性预期"为基础的市场经济自动调节的理性预期学派；以拉弗、费尔德斯坦为首的认为供给自动创造需求、政策应向资本倾斜，反对政府实行扩张性财政以提振社会有效需求的供给学派。这几个主要学派的形成，再加上 20 世纪 90 年代初出笼的"华盛顿共识"所主张的"全球一体化"即"全球美国化"，表明经过哈耶克一伙半个多世纪的苦心经营，以反对社会主义、巩固资本主义制度为其终极目的，以主张完全私有化、绝对自由化、彻底市场化和全球"一体化"即全球"美国化"为核心理念的新自由主义已经形成。

---

① 哈耶克：《通往奴役之路》，王明毅、冯兴元译，中国社会科学出版社 1997 年版，第 111 页。
② 同上书，第 52—57 页。

二　20世纪80年代后新自由主义嬗变为国际金融垄断资本扼杀社会主义的理论武器

20世纪30年代特别是第二次世界大战后，在凯恩斯主义或后凯恩斯主流派主导下，美欧各主要资本主义国家的经济实现了较长时期的持续增长，这就是发达资本主义国家至今仍有人津津乐道的所谓近三十年的"黄金发展期"。但无论是凯恩斯主义主导也好，还是后凯恩斯主流派主导也好，均未触动资本主义的私有制，因而改变不了资本主义经济固有的生产社会化与生产资料私人占有这一基本矛盾，以及由这一基本矛盾所决定、所引发的周期性的经济危机。资本主义世界在经过近30年的持续中速发展进入70年代后，各国先后遭遇以高失业、经济低增长或停滞（下降）、高通胀即所谓"两高一低"并存为特征的滞胀危机。这种"两高一低"同时存在的现象，是此次资本主义经济危机出现的一种新的社会经济现象。马克思在《资本论》中所揭示的资本主义生产利润率下降趋势的规律，是导致这场长达10年的"滞胀"危机的重要的直接的原因。第二次世界大战之后，在凯恩斯主义或后凯恩斯主流派主导之下，经过五六十年代相对平稳的发展，资本积累不断增长，科学技术日益进步，资本的技术构成从而资本的有机构成不断提高；同时，主要资本主义国家特别是欧洲诸国，出于缓和国内阶级矛盾并对苏东国家进行"和平演变"的需要，大致从六七十年代开始，加大了社会保障制度的建设。而高福利建设需要大量资金，这就势必提高资本所得税。正是上述双重因素的叠加，不可避免地销蚀实体产业资本的利润空间，导致资本利润率趋于下降；资本利润率的下降，又导致固定资本投资疲软；为维持较高资本利润率，国家垄断资本利用其垄断地位，扭曲市场法则，强行推高物价；驱动经济复苏的另一只轮子——社会消费，因为劳动者大量失业及高通胀而持续低迷，使资本主义经济只能在"两高一低"的"滞胀"隧道中爬行整整十年。

实体产业资本利润率在下降，而金融领域、资本市场虽然风险大，但存在着通过高杠杆投机操作获取高额回报的机遇。于是，具有冒险天性的资本纷纷离开实体产业向金融领域、资本市场集中，使金融垄断资本迅速扩张、膨胀，并开始了由"圈地"（办实体企业）向直接"圈钱"的蜕变，从而也开启了资本主义由国家垄断阶段向国际金融资本垄断阶段过渡的历史序幕。

一直觊觎资产阶级主流经济学宝座的新自由主义各学派，出于偏见，对20世纪70年代发生"滞胀"危机的真正原因，根本不认识或者不愿承认，而是渲染什么是凯恩斯主义主导的国家对经济实行干预，以及实施宽松财政政策等所致；同时，借机大肆贩卖他们的"市场化、私有化、自由化"和"全球一体化"等市场原教旨主义货色。哈耶克一伙的作为，同"滞胀"期间急剧膨胀的、正欲摆脱国家监控直至冲破国界、控制全球经济、掠夺全世界人民以榨取超额利润的美英国际金融垄断资本一拍即合！正是在这种情况下，代表美英金融垄断资本集团利益的英国保守党撒切尔夫人和美国共和党里根先后胜选而上台执政，将凯恩斯主义扔进了历史博物馆，把新自由主义捧上了美英主流经济学的宝座。

撒切尔夫人是一个信仰新自由主义、反对社会主义的资产阶级政客。1975年，撒切尔夫人当选为保守党主席不久，即同哈耶克会面，表达了她对哈耶克的崇拜；1979 年她当选为英国首相后，更是把哈耶克视为导师，并给哈耶克写信说："过去这几年，我从您那儿学到了很多东西，对此，我很自豪。我希望，您的一些观念能被我的政府付诸实施。"[1]并立即以"撒切尔主义"的名义将以哈耶克为掌门人的伦敦学派的核心理念作为保守党的执政理念，推翻战后两党达成的"共识政治"[2]，推进以国有企业私有化，紧缩财政政策，压缩社会福利开支，减少政府调控，以及围剿工会、扑灭社会主义运动的新自由主义所谓"改革"。

在第二次世界大战中，英国工人阶级、工会及工党为战胜德国法西斯付出了巨大牺牲、作出了重大贡献。第二次世界大战胜利后，工党和保守党历届政府基本上践行了"两党共识"，在实行国有化、计划调节，发展国民经济的同时，扶植工会组织，加大社会保障事业投入，提高劳动者收入，建立了一套较为完整的社会福利制度，贫富差距缩小到第二次世界大战以来的最低；尤其值得一提的是，工会力量不断壮大，至 70 年代后期，会员人数已经占到全国所有劳动力的 57%[3]；工会从组织结构到与政府、资本家讨价还价机制进一步完善，并争取到了宝贵的法律保护和法律特权，实际上已经成为半政府性质的机构，能够影响甚至直接参与政府经济社会政策的制定，在英国政治、经济生活中起到至关重要的作用，成为工会、保守党、工党"三伙伴关系"中的重要一极。

---

① 引自阿兰·艾伯斯坦《哈耶克传》，2003 年，第 342 页。

② 所谓两党"共识政治"，是指二战后也即 1945 年 7 月，通过大选工党获胜组建的艾德礼政府所提出的建设福利国家的执政理念。即以实行"民主社会主义"为目标，实施自由经济与计划经济结合、国有制与私营制相结合，推进企业国有化，扶植工会组织、保护劳工利益，建设福利国家。1946 年，丘吉尔组建了一个政策小组，就战后英国的经济社会政策进行研究，1947 年该小组起草了名为"工业宪章"的文件，承认了艾德礼政府的执政理念，认可对经济干预的必要性，认为对"煤矿、铁路和苏格兰银行的国有化是不可逆转的"。在此前后，英国工党财政发言人德茨克尔和保守党的财政发言人巴特勒会谈，将艾德礼政府所确立的经济社会政策作为"两党共识"。

③ 参见张安顺《英国工人阶级、工人运动的现状及变化趋势》，《北京市工会干部学院学报》第 23 卷第 2 期（2008 年 6 月出版），第 22—26 页；钱箭星：《撒切尔夫人的新自由主义实践：对工会的改革》，《中共天津市委党校学报》2010 年第 6 期，第 83—94 页。

撒切尔在英国推行新自由主义所谓"改革"遭遇到广大工人、工会的强烈抵制与反对。对于这一点，撒切尔和哈耶克一伙是早有预判的。当撒切尔推行新自由主义改革遇到工会激烈抵制与反抗时，哈耶克终于按捺不住，跳出了他蛰伏多年的研究圈，直接走进政治战场，充当起了撒切尔向工人、工会开刀的狗头军师，用哈耶克自己的话说，——"以某种方式参与了政治，……投入很多精力，帮助撒切尔向工会组织开战"①。撒切尔按照哈耶克关于对付工会反抗的最有效办法，就是要从法律上做文章，剥夺被工会僭取的、法院所容忍的特权的指点，从 1980 年开始，从法律的角度，对工会进行钳制，削弱工会力量，乃至打击工会：首先，通过 1980 年、1982 年、1988 年和 1990 年的 4 次《就业法》，逐步剥夺了工会所享有的所有豁免权；其次，通过上述几个《就业法》和 1984 年的《工会法》限制工会组织罢工和工人参加罢工；此外，还通过 1980 年的《就业法》和 1986 年的《工资法》纵容资本家可以任意降低工人工资乃至任意解雇参加未经同意的罢工工人。②

撒切尔、哈耶克一伙，在一手拿刀砍向工会、工人的同时，另一手举刀砍向国有企业。"大萧条"后、特别是战后根据"两党共识"作为"民主社会主义"经济基础所建立的"国有企业"60% 被撒切尔政府或出卖或并购重组折腾掉了。③ 从此，社会主义运动在英国转入了低潮。就是用所有这一切，撒切尔为自己换来了一个至今仍为有些人津津乐道的"铁娘子"这样一个歧义很大、且并不太雅的"雅号"！哈耶克也因此获得了伊丽莎白二世授予的名誉勋位！

就在撒切尔、哈耶克一伙在英国推行新自由主义所谓"改革"、扼杀社会主义运动之时，另一个金融帝国——美国的国际金融垄断资本的代理人、共和党人里根入主白宫后，也在美国推行所谓新自由主义"改革"，摒弃"罗斯福新政"或新古典综合派实施的政府调控、扩张性财政等社会经济政策，实施"自由化"、特别是"金融自由化"以及降低资本所得税、紧缩财政等政策，目的在于为国际金融垄断资本不受监管地牟取高额利润、进一步扩张服务，以加速美国资本主义从国家垄断阶段向国际金融资本垄断阶段过渡。

至 20 世纪 80 年代后期，撒切尔、里根在英美推行新自由主义的所谓"改革"均已大致实现了他们的预期目的。正因如此，哈耶克于 1988 年，也

---

① 引自阿兰·艾伯斯坦《哈耶克传》，2003 年，第 338 页。

② 钱箭星：《撒切尔夫人的新自由主义实践：对工会的改革》，《中共天津市委党校学报》2010 年第 6 期。

③ 钱箭星：《撒切尔夫人的新自由主义实践：对工会的改革》，《中共天津市委党校学报》2010 年第 6 期，第 83—94 页。

就是在他行将就木之时，十分得意地抛出了他的最后一部著作——《致命的自负——社会主义的谬误》，企图以胜利者的姿态，用他的这部小册子为他一辈子同社会主义的战斗画上一个满意的句号，并以胜利者的姿态宣告：不论是以科学、事实还是逻辑为根据，社会主义都是错误的；20 世纪社会主义思想在许多实践领域的应用屡屡遭受失败，便是这些谬误的直接后果！以此鼓动他的在学界的信徒，以及撒切尔、里根之流在更广阔的范围内同社会主义战斗！

物以类聚，人以群分。哈耶克、撒切尔、里根这三位不同性别甚至年龄差距相当大、相聚之前的职业也根本不沾边的人，之所以能够结成"铁三角"，就是因为他（她）们有着共同的信仰——反社会主义：同社会主义斗争了一辈子的哈耶克对社会主义的仇视不用多说；撒切尔在 1975 年 2 月当选为保守党领袖后，便严厉批评当时一些西方国家对苏联的缓和政策，宣称自己坚决反对社会主义的立场；里根 1981 年入主白宫后，也多次发表讲话，对社会主义的道义合法性进行攻击，把西方的自由、民主作为普世价值，以此为标准来衡量苏联等社会主义国家，将社会主义等同于法西斯，诋毁社会主义是"磨灭人民的自由和尊严"的"极权主义"。[①] 这个"铁三角"经过一番密谋、策划之后，从 20 世纪 80 年代中后期开始，联袂向全球推行新自由主义理念，特别是向社会主义国家渗透新自由主义思潮，加大了对社会主义国家实行和平演变战略的力度，为美英国际金融垄断资本控制全球经济，建立世界金融霸权，榨取和掠夺全人类扫清道路。

在 20 世纪 80 年代的全球冷战格局中，美苏两超称雄。苏联成为国际金融垄断资本全球扩张的主要障碍，也就自然而然地成为美英反共同盟的头号敌人。从已经曝光的材料看，美英反共同盟为搞垮苏联，各种手段无所不用其极：在军事上，联合各主要资本主义国家，凭借其所拥有的巨大金融实力，推动同苏联的恶性军备竞赛，以拖垮苏联经济；政治上，通过分化、拉拢、培植、收买等下流手段，在社会上网罗一批由所谓"公知"组成的"持不同政见者"队伍，散布新自由主义、历史虚无主义、西方宪政理论等西方资产阶级理论，抢占意识形态、思想舆论的道德高地，诽谤公有制、消解社会主义主流意识形态。尤其狠毒的是，美英联盟通过在苏共领导层内分化、拉拢、培植甚至安插特务等手段，拼凑了一支盘踞在苏联共产党领导高层的由戈尔巴乔夫、亚·尼·雅

---

① 参见李艳艳、朱继东《从强力推行新自由主义看撒切尔夫人、里根的反共本质》，《马克思主义研究》2013 年第 8 期。

科夫列夫、谢瓦尔德纳泽以及叶利钦等组成的国际金融垄断资本的政治代理人队伍，按照国际金融垄断资本的旨意推进戈尔巴乔夫式的新自由主义改革，一步一步将社会主义苏联带进了万劫不复的深渊：戈尔巴乔夫窃取苏共中央总书记不久，也即1985年12月，曾在美国哥伦比亚大学进修期间被美国特工机关收买的亚·尼·雅科夫列夫给戈尔巴乔夫写信出谋献策，建议通过"公开性"实现"民主化"，实际上是要以"公开性"为工具，揭露苏维埃社会主义共和国历史上的所谓"阴暗面"和"消极现象"，推行"人道的民主的社会主义改革"。一年后，也即1987年1月，戈尔巴乔夫果然在苏共中央全会上正式提出所谓"改革"旧体制的方法：即思想方面的"公开性"和社会变革的"民主化"，以进一步策动苏联的各种反对派疯狂声讨苏共；1990年1月，戈尔巴乔夫发表讲话："我认为实行多党制不会是悲剧"，"我们不应该像魔鬼怕烧香那样害怕多党制"。对于戈尔巴乔夫的讲话所透露出来的弦外之音，苏联国内形形色色的持不同政见者及所谓"民主派"们心领神会，立即于1990年2月4日苏共中央全会召开前一天，在莫斯科召开了有20万人参加的集会游行，喊出了"取消苏共领导地位"、"审判苏共"、"实行多党制"等反动口号。2月5日，戈尔巴乔夫在中央全会上对上述猖獗行为不仅没有明确表示反对，反而说：苏共的领导地位"不应当依靠宪法强行合法化"。正是在戈尔巴乔夫和掌握宣传舆论大权的雅科夫列夫等一伙的操纵与推动下，3月11日，苏共中央全会决定向苏联人民代表大会提交修改宪法第六条等建议。三天后，第三次苏联（非常）人民代表大会正式通过修改宪法的法律。将其中第六条"苏联共产党是苏联社会的领导力量和指导力量，是苏联社会政治制度以及国家和社会组织的核心"，修改为"苏联共产党、其他政党以及工会、共青团、其他社会团体和运动通过自己选入人民代表苏维埃的代表并以其他形式参加制定苏维埃国家的政策，管理国家和社会事务"；法律同时还规定，苏联公民有权组织政党。① 至此，苏联共产党下台只能以"日"来计算了！

但对于美英国际金融垄断资本来说，戈尔巴乔夫在苏联的使命还没有完结，他还有必要在"苏联共产党总书记"的位子上再待那么几天，因为当时苏联强大的国有经济尚未到伤筋动骨的地步。就是说，苏联体制核心的社会主义经济制度还未被摧毁，戈氏在这方面还有利用价值。果然，1990年8月17日，他在敖德萨军区发表谈话，攻击苏联社会主义全民所有制经济特别是国有大型企业，说"国家所有制垄断"是当前苏联"经济危机状况的主要原

---

① 　李慎明总撰稿：《苏联亡党亡国20年祭——俄罗斯人在诉说》，社会科学文献出版社2013年版。

因"，主张"通过财产非国有化、取消垄断、全面改革所有制关系"，"实现所有制私有化"。可见，在撒切尔、里根以及戈氏的战友雅科夫列夫等几年的耳提面命之下，新自由主义经济学的基本理念，已经深深渗入到戈氏的脑海中了！盘踞在苏联领导层内的另一位国际金融垄断资本的政治代理人时任俄联邦总统的叶利钦，当然不甘落于戈氏之后，还在戈氏敖德萨讲话之前，就推出了有自由派经济学家亚夫林斯基参与拟定、并经他首肯的主张"在俄联邦实行广泛的私有化和价格自由化"的"500 天计划"。戈尔巴乔夫为了不致使"改革"主导权旁落，1990 年 5 月 24 日，也授意苏联部长会议主席雷日科夫在第三次苏联最高苏维埃会议上作了《关于国家经济状况和向可调节市场经济过渡的构想》的报告，提出向"可调节市场经济"过渡的"政府纲领"，以与"500 天计划"相抗衡。但雷日科夫的关于苏联经济改革的"构想"，在私有化、市场化、自由化方面，显然远不如经叶利钦首肯的"500 天计划"彻底，美英国际金融垄断资本自然不会满意。里根、撒切尔赶忙出面在戈氏和叶氏间进行撮合。7 月 28 日，戈、叶达成协议，决定成立一个由总统顾问委员会成员自由派经济学家沙塔林为首的所谓专家小组，在俄罗斯"500 天计划"的基础上，制订全苏向市场经济过渡的新的"500 天计划"，即《向市场过渡——构想和纲领》。亚夫林斯基也是这个小组的成员，他的一个特殊使命是随时向美国方面通报情况和听取与传达美国方面的指点。9 月上旬，小组提交了全称为"沙塔林—亚夫林斯基 500 天计划"。这个"计划"，规定苏联沿着私有化、市场化改革的方向，在 17 个月里"实现剧烈的改革"，至少70% 的国有工业企业要实现私有化，转变为联合股份公司；同时鼓励大规模战略性外资进入，在私人商业银行和所谓"市场保障"的基础上建立新的金融体制。在戈尔巴乔夫、雅科夫列夫之流看来，这个"计划"似乎仍缺乏"美国味"。于是，1991 年 4 月在戈尔巴乔夫的授意下，亚夫林斯基和美国哈佛大学的新自由主义经济学家杰弗里·萨克斯教授共同制定了一个以"纯真"的新自由主义为准绳的、名为"哈佛计划"的苏联经济改革纲领，即所谓"休克疗法式"经济转轨方案，其基本思路就是：在西方的援助下，进行激进的经济改革，建立以私有制为基础的市场经济和西方的民主政治制度；在此基础上，1991 年 7 月 1 日，苏联最高苏维埃通过了《关于企业非国有化和私有化原则法》，制定了国有企业分阶段私有化的时间表。这样一来，苏联的"经济改革"亦步亦趋地按照西方指引的方向，走上了一条新自由主义的"不归之路"。正是按照这个"休克疗法式"转轨方案，1991 年 8 月 24 日戈尔巴乔夫宣布辞去苏共中央总书记职位和宣布苏共中央"自行解散"；1991 年 12

月 25 日，苏联总统戈尔巴乔夫宣布辞职并将国家权力和核密码箱移交俄罗斯总统叶利钦。当晚，苏联国旗从克里姆林宫上空缓缓降下![1]

三　新自由主义对中国改革开放的误导和干扰从未停止过

国际金融垄断资本利用新自由主义，用了不到 10 年时间，搞垮了苏东国家的社会主义基本政治经济制度，但并没有就此收手。它们在"和平演变"苏东的同时，两只眼睛也在紧紧地盯着社会主义中国。

我国的改革开放是从 20 世纪 70 年代末启动的；其时，也正是资本主义从国家垄断向国际金融资本垄断过渡的重要节点。这种不期而遇或巧合，增加了我国以社会主义制度的自我完善为根本目标的改革开放的难度和风险。因为国际金融垄断资本急于全球扩张、急于西化包括中国在内的社会主义国家，必然会想方设法利用我国改革开放这个机会，将我国的改革开放也纳入他们预设的轨道。事实上也是如此。从 20 世纪 80 年代开始，他们利用各种渠道向我国传播新自由主义。如，1980 年底，新自由主义的头面人物、新制度经济学派的掌门人科斯，即指使其信徒、弟子张五常回中国，利用中国改革之机，在中国传播私有产权理论。1982 年张五常果然到香港大学任职，此后多次窜到内地，在各种讲台上大放厥词，攻击马克思主义，给公有制泼脏水，传播科斯的私有产权理论。用他自己的话说，就是要在中国大陆培养一个科斯和张五常他本人喜欢的"中国经济学派"[2]，误导中国的改革，在中国重建私有制。科斯本人虽然没有来过中国，但他的眼睛却无时无刻不在盯住中国，甚至两次"慷慨解囊"，分别于 2008 年和 2010 年赞助在我国主办的经济学学术会议，培植科斯本人"喜欢的中国经济学派"，传播科斯的私有产权理论，干扰和误导我国改革。被西方主流经济学界誉为"反通货膨胀旗手"、现代货币学派的掌门人弗里德曼，则曾于 1980 年、1988 年、1993 年三次到我国，传播他的经济自由化尤其是"金融自由化"的观点；第二次来华，是张五常安排的，当时我国正面临通货膨胀问题的困扰。而弗里德曼一贯认为，根治通货膨胀的唯一出路是减少政府对经济的干预，控制货币增长；而控制货币增长的方法是实行"单一规则"，即中央银行在制定和执行货币政策的时候要"公开宣布并长期采用一个固定不变的货币供应增长率"。弗里德曼这次来华，虽然并非官方安排，但却破例受到当时我国"最高领导人"的高度重视，竟与之长谈两个多小时。据弗里德曼自

① 参见马也《苏联私有化"500 天计划"和解体国家》，红色文化网，2015 年 4 月 27 日；李慎明总撰稿《苏联亡党亡国 20 年祭——俄罗斯人在诉说》，社会科学文献出版社 2013 年版。

② 参见凤凰网·财经《张五常评科斯：学问上执着的人在感受上一定长生不老》，2013 年 9 月 3 日。

己说，在这两个多小时的交流中，他将自己的经济自由化观点，非常清晰地传递给了我国的这位决策者；这位领导人显然很快理解了他的关于市场自由的观点，意识到了这种观点的重要性。由此看来，也就是在这位"最高领导人"主持工作的 80 年代末我国发生政治动乱绝非偶然！

30 多年来，新自由主义对我国改革开放进程的干扰和误导从未中断过。每当我国改革开放发展到关键节点，或我党、我国政府推出新的改革措施，国内外的新自由主义分子，都要用新自由主义核心理念进行"解读"，以图误导和干扰我国改革开放进程。直到 2012 年初，也就是在我们党的十八大召开前夕，曾任美国国务院副国务卿、世界银行前行长佐利克，就伙同我国体制内的部分"精英"，花费一年另三个月的时间，炮制了一个佐氏版"哈佛方案"即所谓《2030 年的中国：建设现代、和谐、有创造力的高收入社会》。2012 年 2 月 28 日，佐利克在京举行中外记者会，发布佐氏版"哈佛方案"要点：进一步推进国有企业私有化，尤其是实行国有银行私有化，建立起所谓"更独立"、有利于私有企业发展的私有银行体系，等等。可见，国际金融垄断资本"和平演变中国"的心情是多么急不可耐哟！但他们再一次错误估计了形势：中国人民不会买他们的账！

然而斗争并未终结。尽管 2007 年美国金融危机爆发后，新自由主义在全世界成了过街老鼠，但在我国仍阴魂不散。据有关调查：近几年对我国思想理论界影响最大的几种错误思潮中，新自由主义甚至超越历史虚无主义、普世价值论、西方"宪政民主观"等，位居首位！这表明，我们仍必须高度警惕新自由主义对我国改革开放进行干扰和误导。当前尤其需要在以下几个方面保持高度警惕：

1. 鼓吹国有企业私有化，彻底瓦解社会主义的基本经济制度。当前，尤其应警惕有人借混合所有制改革之名，行国有企业私有化之实。

"混合经济"这一概念甚至实践，并不是我们共产党人或社会主义者的发明。从这一概念的提出看，它是由美国学者、凯恩斯主义经济学家、新古典综合派的奠基人阿尔文·汉森和英国的以霍布豪斯、霍布森等创立的新的自由主义学派于 20 世纪五六十年代提出的；从其实践历史看，混合经济产生于 20 世纪 30 年代凯恩斯主义成为主导资本主义的经济学理论以后、特别是第二次世界大战结束之后。

第二次世界大战加速推动资本主义由私人垄断阶段向国家垄断阶段转换。而国家垄断资本主义的一个基本特征就是，私有垄断资本同资产阶级国家政权相结合，利用国家权力干预和调节社会经济生活；这里的所谓"干预和调节"，就包括政府加大财政投入，在国民经济的重要领域兴办一些国有企业或国有资本控股的股份制企业（公司）。正因如此，西方各国尤其是欧洲诸国，国有经济获得了相当发展。以法国为例，二战后，在法国社会党的"产业国有化、享受社会化"口号下，法国政府运用赎买办法，对基础产业和关系国家经济命脉的行业进行重点投资。据统计，到1982年，政府控制的家用和办公用电子工业、基础化工、有色金属工业、军火工业、航空工业、公用事业的比重分别为44%、54%、63%、75%、84%、100%。国有工业企业营业额在法国工业企业营业总额中的比重达到40%，国家控制的银行数在注册银行总数中的比重达到90%，存款额在全国银行存款总额中也达到90%。① 欧洲其他国家如英国及瑞典等北欧国家情况也大致如此。阿尔文·汉森以及英国新的自由主义学派正是总结了这些国家的实践提出了"混合经济"或"混合所有制企业"的概念。汉森认为，战后欧美国家的经济不再是纯粹的私人市场经济，而是同时存在私人经济与社会化公共经济的"混合经济"。

由此我们可以看到，阿尔文·汉森等人提出的"混合经济"概念有两重含义：一是调节机制意义上的"混合"，即既有市场调节，又有政府（计划）调节；二是企业所有制意义上的"混合"，即既有私人企业，又有公有企业，还有公私资本合股的这种经典的混合所有制企业。但无论是哪种意义上的"混合制"，从撒切尔在英国推行新自由主义改革的历史我们可以看出，"混合所有制"在性质上是一种极不稳定的经济形态，具有极强的过渡性：既可前进一步向公有制经济发展，也容易后退蜕变为私有制经济。正因如此，党的十八届三中全会对我国发展混合所有制经济给出了一个价值定位：混合所有制经济是基本经济制度的重要实现形式。这一"价值定位"，才是十八届三中全会决定在"混合所有制"问题上的重要理论创新！只有不偏离、紧紧把握这一价值定位，才能保障开展混合所有制改革的正确方向。但问题正在于，十八届三中全会后，恰恰有人在论及推进混合所有制改革时，抛开这一价值定位，只提私有资本甚至国外的所谓"战略性投资"进入国企，只主张国企上市、股份化，而后向外资、私有资本出卖股份，不主张、不强调在这一过程中国有资本必须控股；同时也不提倡、甚至抵制公有资本进入私有企业。这种倾向是十分危险的！针对这类倾向，2015年7月习近平主席视察吉林时再次强调："推进国有企业改革，要有利于国有资本保值增值，有利于提高国有经济竞争力，有利于放大国有资

① 吴易风：《西方国家的国有化与非国有化》，《福建论坛》（经济社会版）2001年第9期。

本功能。"① 习近平提出的国企改革必须坚持的"三个有利于",为进一步推进国企混合所有制改革确立了价值判断标准。

2. 借口金融改革或所谓金融"创新",实施"金融自由化"。这是当前我国经济改革面临的最大风险！

据我国媒体报道，近年来，我国金融资本市场状况不断：先是股市接二连三地玩起"过山车"，股民数以十万亿计的积蓄被卷走；继而中国版"庞氏骗局"曝光，昆明泛亚有色金属交易所延续数年疯狂的围猎资本后，最终资金链断裂，数十万投资者的 400 多亿元资金难以讨回；不久，E 租宝、中晋资产等一批 P2P 公司或涉嫌高息非法揽储、或涉嫌集资诈骗、或非法吸收公众存款用于资本市场炒作而倒下；更有甚者，近期又曝中国农业银行北京分行 2 名员工涉嫌非法套取 38 亿元票据，同时利用非法套取的票据在不建立台账的情况下进行回购资金操作，将回购款中相当部分资金违规流入股市，由于股价下跌，出现巨额资金缺口无法兑付；至于地下钱庄更是查了一拨又一拨，涉案动辄数十亿、数百亿！针对金融资本市场的问题，去年年底召开的中央经济工作会议，明确将"去杠杆"同"去产能、去库存、降成本、补短板"并列，作为今年经济工作的五大主要任务之一。然而要"去杠杆"，就必须去金融自由化。

历史的经验已经证明，实施"金融自由化"必然会招致金融危机；近百年人类遭遇的两次均是由美国肇始的国际性金融危机，就是美国实施"金融自由化"惹的祸。第一次国际性金融危机始发于 20 世纪 20 年代后期。当时的背景是，由于主导经济运作的理念是自由竞争、自主经营等那一套，美联储不履行应有的监管职能，这就为极端贪婪的金融资本在金融资本市场违规"圈钱"提供了机遇，众多商业银行和投资金融机构为获得高额回报，纷纷突破业务经营范围乃至行规，涌向金融资本市场特别是股票证券市场进行高杠杆操作、博弈。例如，商业银行不满足于存贷款及支付结算等为客户服务的业务，违规利用自有资本到资本市场从事证券股票交易；各种投资金融机构则高息揽储，而后用于证券股票炒作。正是各类金融机构的这种违规操作、投机牟利，营造了 20 年代美国虚假的"股市繁荣"和股市泡沫。以危机爆发前的 5 年为例，据有关论著记载，从 1925 年 1 月 25 日至 1929 年 10 月，其"上市股票"从 44344.9 万股增加到 10 亿股以上，股票买价比票面价格高出 3—20 倍，成千上万人无心务正业，日夜想着股市投机，股市证券泡沫越吹越大……。正当人们为黄金梦唾手

---

① 《习近平在吉林调研时强调保持战略定力增强发展自信》，新华网，2015 年 7 月 18 日。

可得而如醉如痴时，晴天霹雳从天而降：1929 年 10 月 24 日，纽约证券交易所出现空前的抛售股票大风潮，5 天之后，人们惊魂未定，一场更大灾难发生，大量股票被抛售到市场上，而买者寥寥……一天之中，股市行情下跌 12.82%。这就是至今都让"股迷们"闻之色变的"黑色星期二"！由此拉开了震动世界的包括金融货币危机在内的"经济大萧条"的序幕！[①]

民主党人罗斯福胜选入主白宫后，推行以凯恩斯主义为主导理念的"新政"。针对美国金融资本市场的乱象，于 1933 年颁布了《格拉斯—斯蒂格尔法》。《格拉斯—斯蒂格尔法》的基本精神是，加强金融监管：规定金融机构必须分业经营，商业银行除了可以经营由美联储批准的债券外，不能包销和经营任何其他公司证券、债券、股票等业务，避免给商业银行带来风险；禁止投资金融机构（即从事股票和其他公司有价证券发行、出售等业务的金融机构）收受存款等业务，以抑制其利用吸纳的存款进行股票及其他有价证券投机活动，保护客户利益。《格拉斯—斯蒂格尔法》的颁布，使美国濒临崩溃的金融资本市场逐步稳定下来，成为治理"经济大萧条"的罗斯福"新政"的一柄"撒手锏"。

爆发于 2007 年、同样肇始于美国的第二次国际性金融危机，发生原因与第一次国际性金融危机极其相似。20 世纪 70 年代末 80 年代初，美国金融资本的经济角色及其运行环境急剧变化：金融垄断资本迅速扩张、恶性膨胀，通过借贷、并购、重组等手段，逐步实现了对实体产业的控制，并最终成为整个经济社会乃至政治的主宰。急剧膨胀又极度贪婪的国际金融垄断资本，为实现其尽快增值的目标，不再满足于仅仅主宰美国经济，而且要掌控整个世界经济体系，实现"全球一体化"即"美国化"。因此，它迫切要求摆脱监管，甚至突破国界，在更广阔的领域随心所欲地"圈钱"。80 年代初代表国际金融垄断资本利益的共和党里根执政后，按照国际金融垄断资本的要求，在新自由主义的主导下，加快了修改《格拉斯—斯蒂格尔法》相关规定、推动"金融自由化"立法的步伐。1998 年在格林斯潘等的操盘下，商业银行性质的花旗银行与从事保险业的旅行者集团合并，意味着《格拉斯—斯蒂格尔法》禁止混业经营的规定被突破。1999 年 11 月美国会参众两院最终通过了认可金融混业经营、标榜为《金融服务现代化法》的《格雷姆—里奇—布利雷法》，禁止混业经营的《格拉斯—斯蒂格尔法》被废止。2004 年美国政府又进一步推行投资银行实行自我监管，最终完成了新自由主义主张、国际金融垄断资本集团梦寐以求的"金融自

[①] 宋则行、樊亢，1994 年，第 145—146 页。

由化”立法。正是这一颠覆性的金融立法，使得华尔街的麦道夫、斯坦福之流的“老千”们获得空前“解放”，可以举借高于自身资产数十倍、成百倍的贷款和债务在“自由化”的金融资本市场进行豪赌；包括商业银行在内的各类金融机构也纷纷入场，“举债”买卖形形色色的金融衍生品，使美国金融资本证券市场充斥有毒金融衍生品，金融危机不可避免。

两次国际性金融危机的爆发，肇事者都是“金融自由化”。今天，中国要“去杠杆”，确保金融资本市场平稳运行，必须在理论上对新自由主义鼓吹的“金融自由化”有一个清醒认识，在实践中坚定不移地对金融资本市场实施分业经营等监管措施。

3. 警惕有人用新自由主义供给学派的理念解读供给侧结构性改革，将供给侧结构性改革引上邪路。

为适应经济发展“新常态”，2015 年底召开的中央经济工作会议，在确定 2016 年经济工作五大任务即“去产能、去库存、去杠杆、降成本、补短板”的同时，推出了实施供给侧结构性改革的战略性措施。中央反复强调，推进供给侧结构性改革，其目的是要矫正要素配置扭曲，去过剩产能和落后产能，鼓励科技创新，发展新兴产业，促进传统产业升级换代，扩大有效供给，提高供给结构适应性和灵活性，提高供给体系质量和效率，提高投资有效性，增强持续增长动力，推动我国社会生产力水平整体改善，更好地满足人民群众日益增长的物质、文化需求，确保国民经济持续稳定增长。

然而，有人却说“供给侧结构性改革的理论依据是供给学派经济学”，供给侧结构性改革的首要任务是解决国有企业的垄断问题。实际上或者说骨子里仍然是主张将国企私有化，其用心极为险恶。我们知道，以美国南加州大学教授阿瑟·拉弗和哈佛大学教授马丁·费尔德斯坦为代表的供给学派，其最基本的理论是，供给可以自动创造需求，资本主义经济不会发生任何生产过剩的危机，更不可能出现就业不足；因此，政策取向应该是向供给侧倾斜，政府不应实施扩张性财政，增加社会福利等社会投资，创造就业岗位，提高社会需求；而应实行紧缩性财政预算，减少社会福利投资，同时降低税收、特别是降低资本所得边际税率，以刺激投资。很明显，供给学派的理论主张，是企图削弱政府在经济发展过程中的调控作用，牺牲劳动者的福利以满足资本对高额利润的贪欲的理论，这是典型地“劫贫济富”。我们如果按照这些人的解读去推进供给侧结构性改革，不可避免地会走偏方向，毁掉社会主义的经济基础——国有经济，进一步扩大贫富差距，甚至导致两极分化，犯颠覆性错误！

　　正因为如此，习近平主席最近严正指出："我们讲的供给侧结构性改革，同西方经济学的供给学派不是一回事。"[①] 我们从理论上划清供给侧结构性改革同新自由主义供给学派的界限，我们才能排除干扰，顺利推进供给侧结构性改革，圆满完成"去产能、去库存、去杠杆、降成本、补短板"的五大任务。

---

　　① 蔡昉：《供给侧结构性改革与供给学派经济学的根本区别》，《国家高端智库研究专报》第 47 期，2016 年 6 月 30 日。

科学社会主义篇

我们为什么要坚持和加强
中国共产党的领导

——为纪念中国共产党成立 95 周年而作

朱佳木

【作者简介】朱佳木，中共党员，研究员。1970 年毕业于中国人民大学中共党史系。历任胡乔木、陈云秘书，天津港务局副局长，中国社会科学院研究生院党委书记、副院长，中共中央文献研究室秘书长、第四编研部主任，中共中央党史研究室副主任，中国社会科学院副院长兼当代中国研究所所长，中国地方志指导小组常务副组长。是中共十四大、十五大代表，全国政协第十、十一届委员会委员，俄罗斯科学院荣誉博士。现为全国政协第十二届委员会委员，中华人民共和国国史学会会长，中俄友好协会副会长，中国社会科学院马克思主义当代中国史理论论坛理事长、"陈云与当代中国"研究中心理事长、研究生院兼职教授和博士生导师。主要著作有《陈云年谱》《论陈云》《我所知道的十一届三中全会》《中国工业化与中国当代史》《当代中国史理论问题十二讲》《地方志工作文稿》等。

中国共产党成立至今已经95年了，如果用人来比喻，已经经过幼年、少年、青年，进入了中年。毛泽东同志为纪念建党28周年撰写的《论人民民主专政》一文中指出："人到老年就要死亡，党也是这样。阶级消灭了，作为阶级斗争的工具的一切东西，政党和国家机器，将因其丧失作用，没有需要，逐步地衰亡下去，完结自己的历史使命，而走到更高级的人类社会。"① 不过，我们党的历史使命现在还远远没有完结，因此党不仅不能衰亡，相反要不断壮大；党的领导不仅不能削弱，相反要继续加强，直到自己历史使命的完结。

当年，毛泽东在《论人民民主专政》一文中运用马克思主义基本原理，对帝国主义反动派咒骂中国共产党"独裁""极权""不仁""太刺激了"等种种谬论进行了——驳斥，同时对幻想走"第三条道路"的人们进行了说服教育。近些年来，国内外敌对势力又通过散布历史虚无主义、民主社会主义、西方宪政、"普世价值"等思潮，诬蔑我们党的领导是什么"专制"的、"不民主"的、"不合法"的、不符合"宪政"原则和"普世价值"的，竭力为否定、取消和推翻中国共产党的领导制造理论根据。我们要坚持中国特色社会主义，不妨利用纪念建党95周年之际，进一步论证共产党领导的必然性、必要性、正义性、科学性、民主性、合法性和合理性，批驳敌对势力的上述谬论，为在这些问题有所疑惑的群众做好解疑释惑的工作。

一　坚持和加强中国共产党的领导是中国人民的历史选择

中国自1840年鸦片战争后就面临两大历史问题，即国家的独立和工业化。为此，中国的仁人志士曾进行过种种努力，试图通过走西方资本主义道路来加以解决，最终统统抱恨而归。在此背景下，中国工人阶级的政党中国共产党应运诞生，并从成立伊始便担起了阶级解放以及本该由资产阶级负责解决的国家独立和工业化这两副重担。

现在有人说，中国工人阶级在中国共产党成立时人数很少，并没有建立政党的条件，是俄国共产党策划和经费支持的结果；还说列宁这样做包藏利己的动机，是为了让帝国主义无法集中力量对付俄国革命。这些说法并非什么新发明，而是从历史垃圾堆里捡来的破烂货。

中共在建党时得到过俄共帮助是事实，但这并不表明中共是靠外援建立起来的。第一，中国工人阶级当时人数少，只是相对农民阶级而言，就其绝对数量来说并不少，1914年已有100万人以上，五四运动前夕更达到了200多万人。而共产主义者同盟成立时，英国工人阶级不过400多万人；俄国共产党成立时，产业工人也只有300万；日本工人阶级的政党社会民主党第二次成立时，全国

① 《毛泽东选集》第4卷，人民出版社1991年版，第1468页。

工人还不到 100 万。① 由于外国人在中国直接经营企业比中国民族工业要早，所以，"中国无产阶级的很大一部分较之中国资产阶级的年龄和资格更老些，因而它的社会力量和社会基础也更广大些"。② 第二，中国工人阶级由于受到本国资产阶级、帝国主义势力和本国封建地主阶级的三重压迫，反帝反封建的要求最为强烈，斗争性也最为坚定，五四运动以前就多次举行反帝反封建的大规模游行示威，五四运动中更作为独立的政治力量登上了历史舞台。第三，中国一批接受马克思主义的先进知识分子，早在"五四"期间就自觉地与工人运动相结合，并已意识到建立工人阶级政党的必要性，已经在着手建党，许多地方也建立了党的早期组织，只是还没有统一罢了。第四，俄共当时不仅资助共产党，也给国民党经费，而且比给中共的多得多。第五，世界近代史上的革命运动得到外国资助的情况并不鲜见，如美国独立战争、法国大革命等等。所以，中共的建立是中国工人阶级的斗争需要和革命形势的必然产物，即使没有外力帮助，迟早也是会建立的。至于列宁号召世界无产阶级革命，支持殖民地半殖民地国家进行民族民主解放运动，不仅来源于马克思主义世界革命的理论，而且完全符合当时世界革命的形势，并非只是为了分散帝国主义对俄国新生革命政权的压力。

中国共产党建立后，把马克思主义与中国实际相结合，正确回答了在一个农民占人口绝大多数、农村占国土绝大面积、农业占国民经济绝大成分的半殖民地半封建国家里，如何实现民族独立和工业化等一系列理论和实践问题，从而取得了民族民主革命的领导权，并用自己的模范行动，带领人民通过艰苦卓绝的斗争，推翻了帝国主义、封建主义、官僚资本主义的反动统治，夺取了新民主主义革命的胜利，建立了人民当家作主的新中国。接着，它又带领人民通过社会主义革命和建设，确立了社会主义的基本制度，建立了独立的比较完整的工业体系和国民经济体系；通过改革开放和社会主义现代化建设，开创了中国特色社会主义道路，大幅度提高了中国的综合国力、人民生活水平和国际地位，从根本上改变了中国人民的前途命运。正是这一切，赢得了中国人民对它的信任和拥护。所以，中国共产党的领导地位不是自封的，更不是什么人赐予的，而是历史和人民选择的结果。正如习近平总书记所指出的："没有共产党，就没有新中国；有了共产党，中国的面貌就焕然一新。这是中国人民从长期奋斗中得出的最重要最基本的结论。"③

---

① 以上数字均见《世界通史·近代部分》(周一良、吴于廑主编)，人民出版社 1972 年版。
② 《毛泽东选集》第 2 卷，人民出版社 1991 年版，第 627 页。
③ 《学习时报》2011 年 6 月 27 日。

二　坚持和加强中国共产党的领导是中国法律的明确规定

现在有人以中国共产党没有进行所谓"政党登记"为借口，指责我们党的领导"不合法"。他们煞有介事地摆出一副法律专家的架势，自以为找到了可以置共产党于死地的"法宝"，结果却是搬起石头砸自己的脚，暴露出其反共反华势力"马前卒"的丑恶嘴脸。

凡是对马克思主义国家学说稍有常识的人都知道，社会主义国家同资本主义国家是社会制度根本不同的两种国家，它们的重大区别之一就是，前者公开声明自己实行无产阶级专政，由无产阶级政党领导，不允许代表资产阶级利益的政党与自己分享政权；而后者表面上把自己打扮成"全民国家"，搞所谓多党竞选、轮流执政，实际上实行的却是资产阶级专政。马克思说过："革命是人民权利的法律根据。"① 列宁也说过："无产阶级的革命专政是由无产阶级对资产阶级采用暴力手段来获得和维持的政权，是不受任何法律约束的政权。"② 这就告诉我们，无产阶级革命以及革命胜利后建立的无产阶级政权，都是不受资产阶级法律限制的。因此，社会主义国家不能再用资产阶级的法律来对待政党设置和政党登记一类的问题。

社会主义国家不搞政党登记，并不等于无产阶级政党的领导就没有法律依据。拿中国共产党来说，新中国成立前，它就在所有革命力量中确立了自己的领导核心地位，正因为如此，各民主党派、无党派人士纷纷响应它关于召开新政治协商会议、成立民主联合政府的号召。中国人民政治协商会议第一届全体会议通过的《共同纲领》第一章总纲中明确规定："中华人民共和国为新民主主义即人民民主主义的国家，实行工人阶级领导的，以工农联盟为基础的、团结各民主阶级和国内各民族的人民民主专政。"这里所说的实行工人阶级领导，自然意味着实行工人阶级的政党——中国共产党的领导；所说的团结各民主阶级，自然意味着团结各民主阶级的政党——各民主党派和无党派民主人士。在那次会上，中国民主同盟、民主建国会、国民党革命委员会、农工民主党、致公党、九三学社、民主促进会和无党派民主人士、华侨民主人士、全国工商界、宗教界的领导或代表，均声明坚决拥护中国共产党领导。可见，无论中国共产党的执政地位还是拥护共产党的民主党派和无党派民主人士的参政资格，都是新中国成立伊始就在具有临时宪法性质的《共同纲领》中得到确立的，根本不

---

① 《马克思恩格斯全集》第 6 卷，人民出版社 1961 年版，第 130 页。
② 《列宁选集》第 3 卷，人民出版社 2012 年版，第 594—595 页。

存在还要通过什么"政党登记"来加以确认的问题。

此后，1954 年全国人民代表大会一届一次会议上通过的《宪法》，以及 1975 年、1978 年、1982 年历次修改的《宪法》序言部分，都明确指出中华人民共和国是中国共产党领导各族人民经过长期革命斗争后建立的，今后各族人民要继续在共产党的领导下进行社会主义建设，各民主党派和各人民团体参加的爱国统一战线也要继续在共产党的领导下巩固和发展。这些论述都是中国共产党作为中国人民领导核心，处于中国执政地位的法律依据。1982 年《宪法》还指出，我国"生产资料私有制的社会主义改造已经完成，人剥削人的制度已经消灭，社会主义制度已经确立。""在我国，剥削阶级作为阶级已经消灭。""中国人民政治协商会议是有广泛代表性的统一战线组织，过去发挥了重要的历史作用，今后在国家政治生活、社会生活和对外友好活动中，在进行社会主义现代化建设、维护国家统一和团结的斗争中，将进一步发挥它的重要作用。"这些论述意味着，自从 1956 年中国由新民主主义过渡到社会主义社会之后，参加政协的各民主党派已经不再是民族资产阶级利益的代表者了，共产党领导的多党合作、政治协商已经成为了中国社会主义的一项基本政治制度。可见，那种以所谓"没进行政党登记"而妄图否定中国共产党领导合法性的言论，完全是痴人说梦。事实说明，真正违法、违宪的恰恰是发表那种言论的人。

三　坚持和加强中国共产党的领导是社会主义经济基础的必然要求

很长时间以来，一些人总爱拿西方宪政作为根据，攻击社会主义国家实行共产党一党执政违反了西方"宪政"的多党轮流执政的原则，是什么"一党专政"。少数群众从表面上看问题，认为他们说的似乎有道理。其实，只要深入分析一下就可以看出，他们的所谓道理纯粹是歪道理，是把资本主义国家的政党制度作为"普世"标准，衡量和剪裁社会主义国家的政治制度，是根本站不住脚的。

经济基础决定上层建筑，一个国家实行什么样的政治制度、政党制度，归根结底由这个国家实行的经济制度所决定，这是马克思主义的一个基本原理。中国实行共产党领导的多党合作、政治协商的政党制度而不实行多党轮流执政；军队由共产党绝对领导而不搞"非党化""国家化"，这一切最深刻的根源都在于中国实行的是公有制为主体、多种所有制经济共同发展的基本经济制度，在于社会主义全民所有制经济是中国国民经济的主导力量。这种经济制度决定了，在我国人民内部的根本利益是一致的，并且不允许任何势力破坏这种根本利益的一致性。建立在这种经济制度之上并为之服务的政治制度，只能是工人阶级领导的以工农联盟为基础的人民民主专政，其政党制度也只能是由代表人民根本利益的工人阶级政党一党执政。在社会主义初级阶段和市场经济条件下，人民内部的利益必然呈现多元化态势，不同利益之间的矛盾肯定比单一公有制条件下的矛盾复杂和激烈得多。但社会主义的基本制度又决定了这种矛盾是受到限制的，就是说，在中国特色社会主义社会里，人民内部的矛盾无论多复杂多激烈，都不允许发展到根本利害冲突的程度，不允许出现与人民根本利益相对立的利益集团及其政治代表。既然如此，当然不需要有其他政党与代表人民根本利益的中国共产党相互竞争、轮流执政；同时，为了使共产党的执政地位不被架空、人民的根本利益不受损害，军队也必须由而且只能由中国共产党一党绝对领导。

　　资本主义国家之所以要实行多党竞选、轮流执政的政党制度，同样是由其经济基础决定的。资本主义实行生产资料的资本家私人占有制，在这种制度下掌握生产资料的资产阶级内部分为不同的利益集团。这就决定了资本主义国家必须实行多党制和多党轮流执政，而不能实行一党执政，否则，有些利益集团的利益就会缺少自己的政治代表者，代表不同利益集团的政党就会缺少平等上台的机会。同样，这一制度也决定了其军队只能"非党化""国家化"，而不能由哪一个政党单独领导，否则，多党轮流执政就难以实行。这些情况在社会主义国家是根本不存在的。然而，同时又要看到，资本主义国家里的不同利益集团，毕竟同属于资产阶级，因此，代表不同利益集团的政党归根结底都是资产阶级政党。西方国家中的资产阶级政党之间虽然有利益之争，但在维护资本主义私有制、压制工人阶级和人民大众的反抗、保证西方发达国家始终主导国际经济金融政治秩序等方面，彼此利益又是一致的。从这个意义上说，资本主义国家的多党制实际上也是一党制，是资产阶级的一党制。美国哥伦比亚大学一位教授就说："不管是共和党还是民主党掌权，结果几乎没有什么不同。"① 在这种情况下，资本主义国家的军队虽然是"非党化""国家化"的，但并没有改变其由资产阶级政党绝对领导和作为资产阶级专政工具的本质。

　　中国共产党在社会主义初级阶段的基本路线是"以经济建设为中心，坚持四项基本原则、坚持改革开放"。而在四项基本原则中，除了社会主义道路、中国共产党领导、马克思主义和毛泽东思想之外，还有无产阶级专政即人民民主专政。邓小平指出："无产阶级作为一个新兴阶级夺取政权，建立社会主义，本身的力量在一个相当长时期内肯定弱于资本主义，不靠专政就抵制不住资本主

---

　　① 美国《赫芬顿邮报》网站 2014 年 11 月 6 日。

义的进攻。坚持社会主义就必须坚持无产阶级专政，我们叫人民民主专政。"①
他还指出："没有人民民主专政，党的领导怎么实现啊？"② 这些话表明，要坚
持社会主义道路、坚持中国共产党的领导，就要坚持人民民主专政，坚持党对
军队的绝对领导。

　　习近平总书记反复强调，要树立中国特色社会主义的道路自信、制度自信、
理论自信。要树立这些自信，就要树立对社会主义政治制度、政党制度的自信。
这些制度都是在社会主义经济基础上建立起来的，同时又反过来保证社会主义
的经济制度不被破坏，保证改革开放不走偏方向，保证最大多数人民的整体利
益不受侵犯，保证我们国家的安全不遭危害。国内外敌对势力之所以起劲反对
中国共产党领导，鼓噪我们的军队、政法队伍要"非党化""国家化"，其根本
原因也在这里。

四　坚持和加强中国共产党的领导是人民民主的实现形式

　　民主是相对专制而言的政治制度，但同样实行民主制的国家，对民主的理
解和实践却大相径庭。马克思主义导师在谈论民主时，总是把它和阶级问题联
系在一起，认为在阶级社会里，民主实质上是统治阶级的民主。列宁说：在资
本主义社会，比较完全的民主制度就是民主共和制，"但是这种民主制度始终受
到资本主义剥削制度狭窄框子的限制，因此它实质上始终是少数人的即只是有
产阶级的、只是富人的民主制度"。③ 资产阶级为了模糊民主的阶级性质，总是
把是否进行多党竞选、轮流执政，作为衡量一个国家是否民主的"尺子"。所
谓社会主义国家"不民主"、"专制"的说法，就是用这把"尺子"衡量的
产物。

　　选举当然是民主的一种形式，但选举并不等于就是民主，尤其不等于真正
的实质的民主。同样是选举，由于对选举权有不同规定，其广泛性会有很大差
别。例如，西方国家在相当长时期内就对选举权作过诸如财产、性别、族裔、
居住时间等等的限制。正因为如此，二战前的苏联和二战后诞生的社会主义国
家曾被世人普遍认为是民主国家，而西方国家则是反民主的国家。只是后来西
方国家在国内人民争取民主权利的持续斗争下，逐渐放宽了选举权上的种种限
制，这才回过头来以所谓实行"一党专制"为由，攻击社会主义国家"不民
主"。另外，选举本身也有各种形式，如直接选举、间接选举等等。究竟采用哪

---

① 《邓小平文选》第3卷，人民出版社1993年版，第365页。
② 《邓小平年谱（1975—1997）》（下），中央文献出版社2004年版，第1363页。
③ 《列宁选集》第3卷，人民出版社2012年版，第189页。

种形式好，与国家大小、人口多少、选举内容等等都有关系。只把西方的选举形式视为民主的标杆，而攻击社会主义国家的选举"不民主"，是毫无道理的。即使在西方国家，选举至今也有直接、间接之分。

选举能不能反映大多数人民的真正意愿，还取决于选举的规则。例如，西方国家的总统或议会选举，普遍实行募集竞选资金的办法，使选举很大程度上被金钱所操纵，成为了金钱的竞争，而这恰恰反映了资本主义民主的本质。现在已有越来越多的人认清了这种民主的虚伪性，就连西方国家一些良知未泯的政治家、学者也承认，在他们那里的总统、议会选举中，真正起作用的是金钱。例如，美国前总统卡特就说过："美国只有寡头政治，无限制的政治贿选成为提名总统候选人或当选总统的主要影响因素。州长、参议员和国会成员的情况也是如此。"[①] 美国前国务卿鲍威尔的办公室主任劳伦斯·威尔克森也说："美国的政治由大约400人决定，他们掌握着数万亿美元的资产，在幕后操控美国政府的决策。""因此，政权掌握在约占美国总人口0.001%的人的手中。"[②] 美国明尼苏达州前州长、《美国阴谋》一书作者杰西·文图拉还对《参考消息》报记者说："美国总统大选以及其他政治活动已被财力雄厚的大公司所操纵，美国选举已被金钱扭曲。"[③] 就连参加今年美国总统竞选的候选人伯尼·桑德斯也说："有些人认为国会控制着华尔街，然而真相是华尔街控制着国会。"[④] 难怪美国盖洛普公司的民调显示，2012年美国民众对国会"非常有信心者"和"较有信心者"相加仅为13%，而这一数字在2014年进一步降到了7%。[⑤] 2016年4月，美国许多城市发生了反金钱政治的"民主之春"活动，示威者们要求"结束金钱政治的腐败行为"，手中的标语上写着："将巨额献金清扫出政治"，"金钱滚出政治"。[⑥] 在这种情况下，还硬要把西方选举民主拿来作为评判其他国家是否民主的"普世价值"，岂不让人笑不可抑。

尤其应当看到，民主的本质不同，在实现形式上必然会有很大不同。社会主义民主即人民民主，是多数人的真正的民主，是不同于资本主义民主的新型民主。这种民主的本质在于使占人口多数的人民群众的利益能够在国家的法律、制度、政策、决策中得到充分体现。实现这样的民主，当然不能不用选举的形式，但更为重要的是，要使代表多数人利益的政党牢固地执掌政权。《共产党宣

① 《参考消息》2015年8月12日。
② 俄罗斯卫星网，2015年9月11日昆仑策研究院。
③ 《参考消息》2015年10月19日。
④ 《中国社会科学报》2015年10月9日。
⑤ 《人民日报》2015年5月25日。
⑥ 新华网，2016年5月6日，http://news.xinhuanet.com/politics/2016—05/06/c_128963095.htm。

言》说:"过去的一切运动都是少数人的,或者为少数人谋利益的运动。无产阶级的运动是绝大多数人的,为绝大多数人谋利益的独立的运动。"① 同时指出:"在无产阶级和资产阶级的斗争所经历的各个发展阶段上,共产党人始终代表整个运动的利益。"② 这就说明,共产党正是这种"为绝大多数人谋利益","始终代表整个运动的利益"的政党。尤其在近代中国,特殊的历史条件决定了中国共产党从建党之初就既是无产阶级先锋队又是中华民族先锋队。因此,只要站在多数人的立场上看问题,就不能不承认中国共产党的领导是中国最大多数人民主的前提条件、真正体现和重要保障,是人民民主的首要实现形式。

此外,为了实现人民民主,中国共产党还建立了与各民主党派和各界代表定期协商的制度,各级领导干部深入调研、广泛听取基层群众意见的制度,党和政府接受与认真处理群众信访的制度,等等制度。所有这些也都是人民民主的实现形式。可见,人民民主的实现形式绝非只有选举。我们还要看到,即使选举,照样不能离开党的领导。否则,任由少数人用金钱搞暗箱操作,只会使民主变味、走样,成为向社会主义民主制度的挑战。近些年在湖南衡阳、四川南充和辽宁等地发生的拉票贿选案件,都从反面有力地说明了这一点。

五 坚持和加强中国共产党的领导是中华民族伟大复兴的根本保证

中华民族曾经创造过世界最古老灿烂的文明,只是近代落伍了,现在要追赶世界的先进水平,重新自立于世界民族之林,必须有一个能代表民族整体利益,能把蕴藏在包括海外炎黄子孙中的力量最大限度调动出来、集中起来的政党来领导国家。在当代中国,这个党不可能是其他任何政治组织,而只能是中国共产党。

历史已经说明,中国共产党的领导对于中华民族伟大复兴的事业不仅是必要条件,而且是最大的政治优势。习近平总书记在2012年省部级主要领导干部专题研讨班结业式上,曾把我们党经过长期奋斗形成的独特优势,概括为理论优势、政治优势、组织优势、制度优势和与人民群众密切联系的优势。这一概括无论对于我们充分认识坚持党的领导的必要性,还是深刻认识珍惜、继承和发扬党的优良传统和宝贵资源,都具有极为重要的意义。

最近,人民大学出版社出版了台湾中研院院士朱云汉所著《高思在云:一个知识分子对21世纪的思考》一书。书中说,新中国拥有三大得天独厚的优

---

① 《马克思恩格斯选集》第1卷,人民出版社2012年版,第411页。
② 同上书,第413页。

势，其中第一个优势就是特殊政治体制的优势。书中写道，许多学者认为，从1949 年新中国成立到1979 年改革开放，中国前 30 年都浪费掉了。然而恰恰是这个时期，中国以高昂的社会代价建设了动员能力特别强的现代国家，完成了相当彻底的社会主义革命，将土地和工业资本全面公有化，建立了非常强的国家意识，成为中国近 30 年快速发展的基础。如果将中国与印度相比，社会政治体制对经济发展的作用更为明显。20 世纪 50 年代，印度与中国处在同一发展水平，到 2014 年，印度成人识字率仍未赶上中国 1990 年的水平，在健康、卫生、平均寿命等指标上，印度都落后中国 20 年以上。西方媒体总是给印度冠以"世界最大民主国家"的头衔，但印度的民主只是空有其表，无法有效增进大多数民众的福祉，不能满足大多数普通民众的需求。大多数曾在中印做过实地考察的学者都承认，中国政治体制的治理能力要远强于印度。他们对我国政治制度的这些评论是很有见地的，其客观性、深刻性比起内地的一些所谓"公知"，不知要强出多少倍。

中国共产党现有 8800 多万党员，其中，35 岁以下的约占 1/4。我们要看到新中国成立前入党的党员在党员比重中越来越少，但也要看到青年人成为党员主体是党保持活力、后继有人、前途光明的象征；要看到要求入党的人中的确有一些动机不够端正，但也要看到大多数人是抱着为人民服务的愿望入党的，而且入党动机往往还要在入党后通过不断的教育和学习、实践加以逐步端正；要看到党内一部分干部的腐败和官僚主义、形式主义问题相当严重，但更要看到绝大多数党员和广大基层干部在为国家为人民积极工作、默默奉献；要看到的确有一些愿意为人民服务、个人品行也端正的人，由于党内腐败现象而不愿意入党，但也要看到大多数要求入党的人能够把腐败分子、腐败现象与我们党的性质、宗旨、纲领加以区别；要看到群众中存在对党和政府工作的信任危机，但也要看到广大群众对党和政府的满意度、信任度与世界各国的同类民意调查结果相比，都是最高的。

持续了 20 年的一项高校学生问卷调查显示，对党的执政能力增强和中国特色社会主义事业发展持乐观态度的人分别占 89.6% 和 98.1%。[1] 美国爱德曼公司发布的 2009—2010 年中美两国民众对政府信任度比较报告表明，2009 年分别为 74% 和 46%，2010 年分别为 88% 和 40%，中国比美国高一倍左右。[2] 可见，我们党在普通民众中仍然是很受欢迎、很有威信的。另外，前两年英国《金融

---

① 唐爱军：《坚定对中国特色社会主义道路的自信》，《刊授党校》2013 年 7 月 2 日。
② 《法制晚报》2011 年 1 月 26 日。

时报》报道，世界大企业研究会有个统计，说中国的执行能力在世界上排名第三，仅次于跨国公司和各国的中央银行，远远高于美国总统和美国国会。这也说明，我们党和政府机关尽管存在"中间梗阻"的现象和有些方面效率不够高的问题，但从总体看，执行力还是很强的，起码不比发达国家差。

中华民族为了实现伟大复兴，从 19 世纪中叶的农民起义算起，到现在整整奋斗了 160 多年。如果说过去的奋斗中难免走弯路的话，在剩下的有限时间里则容不得我们再犯大的错误，尤其不能犯全局性、颠覆性的错误。要做到这一点，必须继续有一个用先进的科学的理论武装和有丰富执政经验能保证中华民族始终沿着正确方向前进的政党来领导国家。在当代中国，这个党不可能是其他任何政治组织，而只能是中国共产党。

中国共产党在过去领导民主革命和后来领导社会主义建设、改革的过程中，都曾经犯过错误，有的还是大错误，今天仍然存在许多缺点、错误，今后也不能保证完全不犯错误。但是，中国共产党并没有因为这些错误而失去人民的信任和尊重。这是因为，中国共产党的宗旨始终是全心全意为人民服务，除了人民的利益没有自己的私利。凡是我们党犯过的错误，都是由自己发现、自己纠正的，像中国共产党这样能够坦诚揭露和分析自己错误的党，在世界历史上还找不出第二个。正如毛泽东在《为人民服务》一文中所说："因为我们是为人民服务的，所以，我们如果有缺点，就不怕别人批评指出。不管是什么人，谁向我们指出都行。只要你说得对，我们就改正。你说的办法对人民有好处，我们就照你的办。"① 另外，这些缺点和错误再大，与中国共产党为中华民族复兴已作出和正在作出的贡献相比，都是第二位的。尤其值得一提的是，中国共产党非常善于从错误中汲取教训，有自我整顿、自我清理的传统，也有极强的自我纠错机制和纠错能力。改革开放前，中国共产党搞过不少政治运动，其中有些由于受"左"的思想干扰，简单化倾向严重，打击面过宽，负面作用很大。但大多数运动的主旨，都在于防止党脱离群众、腐化变质，而且确实起到了拒腐防变的作用。改革开放后，中国共产党一方面总结经验教训，纠正了过去整风中"左"的错误和简单方法，着重于制度建设，加强对权力的监督与制约；另一方面，继承和发扬不断整风的优良传统，接二连三地开展党内整顿和教育活动。例如，1984 年进行整党，1990 年进行党员重新登记，1998 年进行"三讲"教育，2003 年进行"三个代表"教育，2008 年进行党员先进性教育，党的十八大后开展党的群众路线教育和"三严三实"专题教育，最近又决定在全

---

① 《毛泽东选集》第 3 卷，人民出版社 1991 年版，第 1004 页。

国基层党组织中搞"两学一做"学习教育。这些教育活动的主题虽然各有不同，但中心仍然是提醒全体党员特别是党员领导干部牢记"两个务必"，不忘党风问题关系党的生死存亡，坚持立党为公、执政为民的思想，防止脱离群众，警惕帝国主义的"和平演变"；而且在实践中对中国共产党经受长期执政、市场经济、对外开放的考验，确实起到了和正在起着积极有效的作用。事实反复说明，只要有这样的党来领导，中国特色社会主义事业的胜利、中华民族的伟大复兴便是任何势力也阻挡不了的。

习近平总书记在庆祝中国共产党成立 95 周年大会上的讲话指出："中国特色社会主义最本质的特征是中国共产党领导，中国特色社会主义制度的最大优势是中国共产党领导。坚持和完善党的领导，是党和国家的根本所在、命脉所在，是全国各族人民的利益所在、幸福所在。"国内外敌对势力之所以总是把攻击的矛头对准中国共产党的领导，不断鼓吹"中共灭亡论"、"中国崩溃论"，也是出于这个原因。然而，95 年来，中国共产党不仅没有被骂倒，相反愈益壮大；67 年来，中华人民共和国不仅没有被唱衰，相反愈益强盛。我们现在要走好实现"两个一百年"奋斗目标的新长征路，要战胜前进道路上的各种风险挑战，必须继续坚持和加强中国共产党的领导。让我们更加紧密地团结在以习近平同志为总书记的党中央周围，为在建党一百年时全面建成小康社会、建国一百年时达到中等发达国家水平而努力奋斗。最后胜利一定属于伟大的中国共产党和伟大的中国人民！

坚持和发展中国特色社会主义
关键在全面从严治党

赵　曜

【作者简介】赵曜，曾任中央党校科学社会主义教研部主任，第八、第九届全国政协委员，第三、第四届国务院学位委员会政治学、社会学、民族学学科评议组成员、召集人，全国哲学社会科学规划马克思主义·科学社会主义评议组副组长，中国科学社会主义学会会长、名誉会长，马克思主义理论研究和建设工程《科学社会主义概论》课题组首席专家。现任中央党校特聘教授，校学术委员会委员。长期从事科学社会主义和国际共产主义运动史的教学与研究工作。在中央党校多次获得教学优秀奖，两次被评为优秀教师。个人撰写专著有《论无产阶级政党》《社会主义理论研究》《赵曜讲学录》《精神文明建设十讲》《赵曜自选集》《赵曜讲稿》等。主编著作和教材有《科学社会主义教程》《中国特色社会主义概论》《社会主义精神文明论》《中国特色社会主义史论研究》等30多部，发表论文300余篇。《中国的改革实践和成功奥秘》获"五个一工程"论文奖，主编的《马克思列宁主义基本问题》获"五个一工程"著作奖。

中国特色社会主义是我们党带领全国人民长期探索的根本成就，是实现两个一百年奋斗目标和中华民族伟大复兴中国梦的必由之路。中国共产党是中国特色社会主义的领导核心。坚持和发展中国特色社会主义关键在全面从严治党，把党的自身建设搞好。党的十八大以后，以习近平为总书记的党中央，大力加强党的建设新的伟大工程，并进而把中国特色社会主义推进到一个新的历史阶段。党在新时期着力抓好如下四大建设。

一   思想理论建设

我们党一向坚持以先进理论治党治国，始终把思想理论建设摆在党的建设的首位。任何一个国家和社会的统治阶级都是以一定的思想理论治国的。北宋大臣赵普曾说，我生平所托都在《论语》书中，过去以半部《论语》定天下，今后以后半部治天下。这就是后人所说的"半部论语治天下"。我国几千年的封建社会，统治阶级是以《论语》和儒家学说治天下的。我们党是一个马克思主义政党，从建党时就以马克思主义作为指导思想。马克思主义不是教条和教义，而是行动的指南。必须科学对待马克思主义。我们党在 90 多年的奋斗历程中，坚持把马克思主义基本原理同中国的具体实践相结合，推进马克思主义中国化，形成了毛泽东思想和中国特色社会主义理论体系两大理论成果，并在它的指导下取得了革命、建设、改革的伟大胜利。党的十八大以来，习近平总书记发表了系列重要讲话，对在新的历史条件下我们党如何治国理政，提出了许多新思想、新观点、新论断，是中国特色社会主义的最新理论成果，是我们坚持和发展中国特色社会主义的强大思想武器。我们必须加深认识思想理论建设的重大意义。理论带有根本性，实践中许多重大问题的解决，最终都得靠理论。没有革命的理论，就不会有革命的运动。没有中国特色社会主义理论体系的指导，就不会有中国特色社会主义事业的大发展。马克思主义作为科学世界观，具有多方面的功能：对过去具有总结历史经验的功能；对现时具有在实践的基础上与时俱进地进行理论创新并以其指导实践的功能；对未来具有科学预测和制定正确纲领的功能；对党的路线、方针、政策具有统领的功能；对各种社会思潮具有分辨是非和认清实质的功能；对个人具有提高本领和工作能力以及改造主观世界的功能。科学地认识世界和革命地改造世界是总的功能。它是我们党最宝贵的思想理论财富。思想理论建设包括理论创新、理论研究、理论武装三个不可分割的重要环节。

加强思想理论建设必须坚持和巩固马克思主义在意识形态领域的指导地位。其实质是坚持以工人阶级的意识形态作为社会的统治思想，以确保工人阶级在经济、政治等领域的全面统治地位。坚持马克思主义在意识形态领域的指导地位和坚持共产党在政治领域的领导地位是党长期执政和坚持走社会主义道路的两项重要原则和保证。但其实现，前者比后者要复杂、艰难得多。在政治领域，共产党的领导地位，靠宪法规定和权力运转就能正常运行，至今几乎没有遇到任何政治力量对其挑战。意识形态领域则不同，马克思主义的指导地位不能只靠宪法规定和权力运行，它要靠自身的真理性和说服力，以哲学社会科学的教学和研究机构作为阵地，以报刊和媒体等为舆论宣传工具，在社会上广泛传播，甚至要通过个人头脑的认同和接受才能实现。自从有了互联网以后，意识形态领域的情况更加复杂严峻，它甚至成为这个领域斗争的主战场。斗争的焦点是中国走什么道路问题。现时意识形态领域已是多样化，但指导思想只能一元化，不能多元化。如果多元化，放弃马克思主义的指导地位，改旗易帜，必然亡党亡国，这已有前车之鉴。坚持马克思主义在意识形态领域的指导地位，一要大力宣传马克思主义理论，让马克思主义占领宣传舆论阵地；二要积极引导和改造非马克思主义社会思潮，化消极因素为积极因素；三要坚持批判反马克思主义、反社会主义思潮，排除干扰，降低和削弱其影响。三者的共同目标，是使马克思主义成为主流意识形态。当前，在意识形态领域的反马克思主义思潮中影响和危害最大的是历史虚无主义、新自由主义、民主社会主义思潮。历史虚无主义不顾历史事实，肆意抹黑和否定党史国史，丑化和妖魔化党的领袖人物，其目的就是要共产党下台，改走新自由主义、民主社会主义鼓吹的资本主义邪路。党中央十分重视高校这个意识形态领域的前沿阵地，因为它肩负着培养中国特色社会主义合格建设者和可靠接班人的历史重任。在高校，必须坚持以马克思主义为指导，加强和改进政治理论课教学，使用马克思主义理论研究和建设工程编写的教材，决不允许违反宪法和法律的言论在课堂上随意传播，搞乱学生的思想。意识形态领域的主管部门和理论工作者在原则问题上和大是大非面前，要立场坚定，旗帜鲜明，敢于亮剑，坚持批判形形色色的各种反马克思主义、反社会主义思潮。习近平同志指出："经济建设是党的中心工作，意识形态工作是党的一项极端重要的工作。"我们要大力加强思想理论建设，把意识形态工作做好。

二　理想信念建设

任何一个国家和民族，都需要有强大的精神支柱。理想信念就是最重要的精神支柱。过去我们党有理想信念的传统优势，广大党员干部坚信马克思主义、共产主义并为之奋斗。但是，近些年来情况有很大变化，在资本主义的"西潮"、市场经济的"商潮"和社会主义的"低潮"的冲击和影响下，有些党员干部信仰缺失、信念动摇，这对执政党来说是一个危险的信号。党的十八大以后，以习近平为总书记的党中央，强调问题导向，坚持在全党加强理想信念建设，以解决"三信"问题。

其一是对马克思主义的信仰。马克思主义是马克思、恩格斯的观点和学说体系，是工人阶级的意识形态和科学世界观，是工人阶级及其政党认识世界、改造世界的强大思想武器。我们党老一辈无产阶级革命家和许多老党员都是通过学习马克思主义经典著作，建立起对马克思主义的信仰。马克思主义，对党来说，是指导思想；对党员个人来说，是政治信仰。党组织要组织党员学习马克思主义，党员个人要自觉学习马克思主义著作，要真学、真信、真干，把它作为看家本领。有对马克思主义的信仰，才能有坚定的共产主义信念。

其二是对共产主义的信念。过去共产党人的一个传统优势，就是精神力量强大。我们的理想信念是最终实现共产主义。马克思、恩格斯在《共产党宣言》中提出的"两个必然"武装了一代又一代共产党人和革命者。邓小平指出："光靠物质条件，我们的革命和建设都不可能胜利。过去，我们党无论怎样弱小，无论遇到什么困难，一直有强大的战斗力，因为我们有马克思主义和共产主义的信念。"近些年来我们失去了这个传统优势，一些党员干部出现这种那种问题，甚至走上腐败犯罪道路，首要原因就是理想信念动摇，精神崩溃，在糖弹面前打了败仗。习近平强调："革命理想高于天。""理想信念是共产党人精神上的'钙'，理想信念坚定，骨头就硬，没有理想信念，或理想信念不坚定，精神上就会'缺钙'，就会得'软骨病'。"共产党员特别是党的领导干部要做共产主义远大理想和中国特色社会主义共同理想的坚定信仰者和践行者。

其三是对共产党的信赖。共产党是马克思主义、共产主义的信仰团体。中国共产党是中国社会主义事业的组织者和领导者。没有共产党就没有社会主义。现时在中国，离开共产党，任何杰出个人也干不出大事业来。党是有组织有纪律的，党员必须在思想上政治上行动上和党中央保持高度一致，对党绝对忠诚，而不允许和党中央唱反调。习近平同志强调，要加强纪律建设，严明政治纪律和政治规矩。政治规矩是我们党在长期实践中所形成的政治规则、组织约束、优良传统和工作习惯。从已出事的领导干部看，这些人不守纪律，不讲规矩，为了个人利益，不择手段，胡作非为。守纪律是底线，守规矩靠党性和自觉。党员要爱党、忧党、兴党、护党，并身体力行把它落实到党的生活的各个环节。

三　党风廉政建设

党风廉政建设是党的建设的一项重要内容。它包括党风、廉政、反腐败三个相互联系、相互促进的环节。首先是党风。我们党一贯重视党风建设，在长期革命斗争中形成了理论和实践相结合、密切联系群众、批评和自我批评三大作风以及谦虚谨慎、戒骄戒躁、艰苦奋斗等优良作风。党风问题的实质始终是党和群众的关系问题。党风问题关系人心向背，而人心向背决定党的命运。陈云深刻指出："执政党的党风问题是有关党的生死存亡的问题。"我们党在很长一段时间保持了良好的作风。但是，在新的历史条件下，有些党员干部经受不住长期执政、市场经济、改革开放和外部环境的"四大考验"，滋长和蔓延许多不良风气，如庸俗、人情、迷信、拜金、吹捧、奢靡等风，严重侵蚀了党的肌体，引起群众强烈不满。党风决定政风、民风、社风。党风不正，各项工作都会走样变形。实践证明，党风与政策不同，政策错了，通过总结经验，很快就能纠正；党风则不同，一旦出了问题，就不是短期内能够解决的，而且它具有顽固性和反弹性，稍一放松就会死灰复燃。党的十八大以后，党中央为了端正党风，在全党开展了以为民务实清廉为主要内容的群众路线教育实践活动，着力解决形式主义、官僚主义、享乐主义和奢靡之风的四个"不正之风"。这是新时期党风建设的一个重大战略举措。两期实践活动已完满结束。习近平同志在党的群众路线教育实践活动总结大会上讲话时说："整个活动进展有序、扎实深入，达到了预期目的，取得了重大成果。"他强调，"在充分肯定这次活动取得的成绩的同时，我们也要看到存在的问题和不足"。"作风有所好转，'四风'问题有所收敛，但树倒根存，有些是在高压态势下取得的，仅仅停留在'不敢'上，'不想'的自觉尚未完全形成"。"现在，广大干部群众最担心的是问题反弹、雨过地皮湿、活动一阵风，最盼望的是形成常态化，常抓不懈、保持高效"。作风建设永远在路上，永远没有休止符。

其次是廉政。党风和廉政密不可分，党风正，政治必然廉洁清明。我们党一贯强调艰苦奋斗、勤俭节约，勤俭办一切事业。为政清廉，是执政党题中应有之义。但是，近些年来，随着经济、社会的发展，某些党政机关和领导干部丢掉了这个优良作风和传家宝，开始讲排场、比阔气，大手大脚，铺张浪费，有的县级市新建的党政机关大楼比美国白宫还大好几倍，给国家造成巨大损失。党的十八大以后，党中央为改进工作作风、加强廉政建设制定的"八项规定"，被称为新时期的"三大纪律、八项注意"，是当前我国社会政治生活的一大亮点，出台一年多来，大力压缩会议、精简文件，全面清理超标公车和办公用房，严禁公款送礼、公款吃喝、公款用车、公款旅游，整治"会所中的歪风"和"培训中心的腐败"，成效明显。据统计，截至2014年9月30日，全国共查处违反中央八项规定精神问题62404起，处理党员干部82533人，其中给予党纪政纪处分的23259人，并先后公开点名道姓通报曝光一些典型案件，起到了强烈的震慑作用。

再次是反腐败。加强廉政建设必须坚持反腐败斗争。这是一个问题的两个方面。历史上任何一个国家都有腐败问题和反腐败斗争。政治清廉，就得民心，社会就稳定；反之，政治腐败，则丧失民心，社会就动荡。古今中外任何一个王朝和帝国的覆灭，无一不和腐败无关。我们党一贯重视廉政建设，我国的政治清廉曾举世闻名。但是，近些年来形势逆转，一些党政干部贪得无厌，腐败愈演愈烈。腐败是大面积的，贪腐手段极其卑劣：如体制内的买官卖官，有的买官，有的卖官，有的既买又卖；体制外，官商勾结，权钱交易，为他人谋利益，收受巨额贿赂；在国企改制中，低价出售企业，国有资产大量流失，个人从中获利；利用职权，为子女亲属经商提供优越条件，实行"一家两制"；有的利用一职之权，小官巨贪，某地一科级干部大肆贪污、受贿、挪用公款，家中搜出1.2亿元，黄金37公斤，房产68套；更有甚者，有些单位拉帮结伙，出现集体贪腐的"窝案"以及某些省、市相当多的领导干部纷纷落马的"塌方式腐败"。腐败分子像韭菜一样，割了一茬又长一茬，其原因很复杂。一是从个人来说，有些干部私心太重，私欲过强，公私不分，以公权谋私利。私欲是万恶之源。古往今来，凡孜孜以求权势和金钱的，最终必然走上变异的道路。二是从政治运行机制来说，权力过分集中，监督制约机制在权力面前显得苍白无力，如同虚设。权力本身不是腐败，利用权力以权谋私则是腐败，绝对权力绝对腐败。三是就环境和条件来说，现时已不是计划经济和纯粹公有制，而是市场经济和多种经济成分并存，还保护私有财产，这些对那些掌握大权的意志薄弱者具有一种不可遏止的诱惑力。习近平同志多次指出，"腐败是社会毒瘤。如果任凭腐败愈演愈烈，最终必然亡党亡国"。党的十八大以后，以习近平为总书记的党中央，把党风廉政建设和反腐败斗争提到关系党和国家生死存亡的高度，以强烈的历史责任感、深沉的使命忧患感、顽强的意志品质，加大了反腐败斗争的力度，坚持无禁区、全覆盖、零容忍，"老虎"、"苍蝇"一起打，严肃查处腐败分子，不到两年就有六十几名省部级高官落马，甚至突破了"刑不上常委"的惯例。截至2014年底，全国各级纪检监察机关立案39.8万件，结案39.1万件，给予党纪政纪处分41.4万人，涉嫌犯罪被移送司法机关处理2.16万人。党中央在反腐败斗争中，坚持标本兼治，强化对权力运行的制约和监督，形成不敢腐的惩戒机制、不能腐的防范机制、不易腐的保障机制，铲除腐败现象滋生蔓延的土壤。这些都深得党心民心。但是，我们必须清醒地看到，当前一些领域消极腐败现象仍然易发多发，滋生腐败的土壤依然存在，反腐败斗争形势依然严峻，主要是在实现不敢腐、不能腐、不想腐上还没有取得压倒性的胜利。习近平同志强调，今后要进一步深入推进反腐败斗争，做到"四不"，即：零容忍态度不变，猛药去疴的决心不减，刮骨疗毒的勇气不泄，严厉惩处的尺度不松。发现一起查处一起，发现多少查处多少。用最坚决的态度减少腐败存量，用最果断的措施遏制腐败增量。反腐败斗争是一场输不起的生死较量。

四　干部队伍建设

干部队伍建设是党的建设的一个重要方面。毛泽东指出，政治路线确定以后，干部就是决定的因素。坚持和发展中国特色社会主义，需要有一支宏大的干部队伍。干部队伍建设的内容很多，关键是如何选拔干部。"为政之要，莫先于人。"习近平同志强调："党要管党，首先是管好干部；从严治党，关键是从严治吏。"从严治吏的首要问题是把好选人关、用人关。这个问题最为重要，因为选拔上来的干部是好还是不好，后果大不一样。关于选拔好干部的标准历来是明确的，就是德才兼备，以德为先，其中德是第一位的，才是第二位的。德就是品德，政治立场，政治方向。才就是才能、才干，工作能力，领导水平。德才兼备的干部就是好干部。要把好选拔干部这一关。要把那些德才兼备、作风优秀的干部提拔起来，切忌把那些既无德又无才、世故圆滑、见风使舵、投机钻营、跑官要官的人"带病提拔"到领导岗位。应该说，现时有些单位选拔上来的干部不少是称职的好干部，但有些单位风气不正，竟出现了如《〈人民论坛〉问卷调查》所指出的逆淘汰怪现象。即：清廉的不如腐败的；亲民的不如霸道的；干事的不如会说的；不站队的不如站队对的；眼睛向下的不如眼睛向上的；实干的不如作秀的。对这种不正常现象必须坚决制止。习近平同志指出，德才兼备好干部的标准既是具体的，又是历史的。在改革开放和社会主义现代化建设的新时期，德才兼备好干部的具体标准有五条，即：信念坚定，为民服务，勤政务实，敢于担当，清正廉洁。在这五条标准中，理想信念是第一标准。如果理想信念不坚定，不相信马克思主义和共产主义，政治上不合格，经不起风浪，这样的干部本事再大也不应选拔。

其次是如何管理、教育和提高干部。对于如何提高干部，最重要的途径有两个，一是向书本学习，学习有关专业知识，特别是学习马克思主义，树立正确的世界观、人生观、价值观，这是领导干部做好各项工作的看家本领；二是向实践学习，到实际工作部门锻炼，密切联系群众，提高处理实际问题的能力。习近平同志特别强调各级领导干部要树立和发扬"三严三实"的好作风。"三严"即严以修身，严以用权，严以律己。"三实"就是谋事要实，创业要实，做人要实。习近平同志最近在一次讲话中强调，必须从严要求领导干部，坚持做到"四有"，即心中有党，心中有民，心中有责，心中有戒；还要把好"三关"，即权力关，金钱关，美色关。领导干部要自觉加强自身修养和党性锻炼。中华民族历来强调个人的品德修养。中国儒家早就提出"修身齐家治国平天下"的古训。要"齐家、治国、平天下"，首要前提就是"修身"，即加强以德为中心的个人修养。德也可以分为公德和私德。用现代语言来说，公德就是政治立场，理想信念，对党、人民和社会主义的忠诚；私德就是公私分明，不以权谋私，个人品德和人格。古人说"政者正也"，是说为政者必须身正行直，做事公道，不以私害公。领导干部要有高度的自我批评精神，经常反思自己，尽可能做到曾子说的"吾日三省吾身"。

社会主义社会是全面发展的社会。党的十八大以后，习近平同志依据社会主义社会的发展规律，创造性地提出全面建成小康社会、全面深化改革、全面推进依法治国、全面从严治党。"四个全面"是党在新时期治国理政的总方略和新布局，是马克思主义和中国实践相结合的"新飞跃"。其中第一个"全面"是现阶段的奋斗目标，后三个"全面"是实现这个奋斗目标的三项重大举措，它们之间既相互联系又相互促进。从严治党，关键在治，要害在严。只要我们坚持全面从严治党，把党的自身建设搞好，锻造坚强领导核心，就一定能够把中国特色社会主义推进到一个新的阶段，对中国和世界作出新的更大贡献。

坚持人民民主专政，完全合理合情合法

李崇富

【作者简介】李崇富，湖北省鄂州市人。曾任第十、十一届全国政协委员、中国社会科学院马克思列宁主义毛泽东思想研究所所长、中国历史唯物主义学会会长；现为中国社会科学院学部委员、马克思主义研究院教授、博士生导师，中国历史唯物主义学会名誉会长。享受国务院特殊津贴专家。长期致力于马克思主义哲学、科学社会主义和中国特色社会主义的研究和教学工作，已有《李崇富选集》《中国社会科学院学者文选·李崇富集》《中国社会科学院学部委员专题文集·论科学社会主义和中国特色社会主义》《较量——关于社会主义历史命运的战略沉思》《毛泽东与马克思主义中国化》《邓小平理论的马克思主义解读》（主撰）等著作行世，共约 400 万字。其中论文和理论文章 300 余篇；个人和合作科研成果获得中共中央宣传部精神文明建设"五个一工程"奖 3 项、团中央"五个一工程"奖 1 项，获省部级特别奖 1 项、一等奖 3 项、二等奖 3 项、三等奖 2 项。

党的十八届三中全会《关于全面深化改革若干重大问题的决定》确定："全面深化改革的总目标是完善和发展中国特色社会主义制度，推进国家治理体系和治理能力现代化。"[①] 2014 年 2 月 17 日，习近平总书记"在省部级主要领导干部学习贯彻三中全会决定的专题研讨班开班式上的讲话"中，指出：这是

---

① 《党的十八大以来重要文献选编》（上），中央文献出版社 2014 年版，第 512 页。

两句话组成的一个整体，必须完整理解和把握全面深化改革这个总目标。他还强调说，看待政治制度模式，必须坚持马克思主义政治立场。马克思主义政治立场，首先就是阶级立场，进行阶级分析。我们治国理政的根本，就是中国共产党领导和社会主义制度。推进国家治理体系和治理能力现代化，绝不是西方化、私有化、资本主义化。我国人民民主与西方所谓的"宪政"在本质上是不同的。

近期有些人挑起了一场与此相关的争论。其中，有极少数人公开反对我国工人及领导的、以工农联盟为基础的人民民主专政的"国体"，并对论述"坚持人民民主专政，并不输理"的文章，发狂地加以围攻、歪曲、谩骂和无限上纲。这种反常举动，恰好体现了我国人民民主专政与主张西方"宪政"之争的实质，是事关"全面深化改革"的大方向的、旨在争夺"推进治理体系和治理能力现代化"的解释权和话语权的一场政治博弈。这些人反对人民民主专政的言论，违背了四项基本原则，是根本站不住脚的。而我国实行人民民主专政，则是完全合理合情合法的。

一　坚持人民民主专政，必须理直气壮

我们说人民民主专政"合理"，是指其符合马克思主义揭示的客观真理。人民民主专政作为切合我国实际的无产阶级专政的实现形式，是新中国的国体和根本的政治制度，是开创和坚持中国特色社会主义的政治前提。其理论根据，是马克思主义的阶级观点及其国家观，是邓小平提出并成为党在现阶段基本路线的"两个基本点"之一的"坚持四项基本原则"中的一项基本原则。如果稍微具体一点说，就应包括：

其一，坚持无产阶级专政符合阶级斗争发展规律之"理"。关于现代社会中存在阶级和阶级斗争，是由一些资产阶级学者在其革命时期发现和论述过的客观事实。马克思的新贡献，是立足于历史唯物主义，对之作出科学解释，从而揭示了人类阶级社会产生、发展和经过无产阶级专政，走向消灭阶级和实现共产主义的客观规律。

马克思关于阶级和阶级斗争的发展规律，曾作出过精辟概括。1852 年 3 月 5 日，马克思在《致约瑟夫·魏德迈》的信中，在高度评价这位学生和战友此前在《纽约民族主义者报》上，针对海因岑把"阶级斗争"说成是"共产主义者的无聊捏造"，嘲笑马克思主义者"玩弄阶级"等谬论所发表的一篇批驳文章中，曾对阶级斗争学说作出了简明而科学的概括和发挥。他写道："至于讲到我，无论是发现现代社会中有阶级存在或发现各阶级间的斗争，都不是我的功

劳。在我以前很久，资产阶级的历史学家就已叙述过阶级斗争的历史发展，资产阶级的经济学家也已对各个阶级作过经济上的分析。我的新贡献就是证明了下列几点：（1）阶级的存在仅仅同生产发展的一定历史阶段相联系；（2）阶级斗争必然要导致无产阶级专政；（3）这个专政不过是达到消灭一切阶级和进入无阶级社会的过渡。"①

马克思的这三句话，作为对整个阶级社会历史的高度概括，深刻地揭示了阶级和阶级斗争产生、发展和灭亡的客观规律。其中，马克思的第一句话——"阶级的存在仅仅同生产发展的一定历史阶段相联系"——所内蕴的历史逻辑是：阶级"这种划分是以生产的不足为基础的，它将被现代生产力的充分发展所消灭"②。无产阶级专政的整个政治前史，都是源于社会生产力逐步有所发展之推动，才导致原始公社解体后家庭、私有制和阶级社会，即奴隶社会、封建社会、资本主义社会的先后产生、发展和更替。随着社会形态的这种历史发展和更替，相应地也使奴隶与奴隶主、农民与地主、工人与资本家之间的阶级矛盾和阶级斗争先后产生、发展和更替，都成为客观和必然的历史事实；直至最终形成无产阶级埋葬资产阶级，社会主义代替资本主义，以使人类经过无产阶级专政"进入无阶级社会"，即共产主义社会所必须的物质前提，即"现代生产力的充分发展"。

马克思的第二句话——"阶级斗争必然导致无产阶级专政"——是由资本主义生产方式的基本矛盾，即社会化大生产与生产资料私有制的矛盾运动的客观经济逻辑，所必然衍化出的政治逻辑。它表现为代表现代社会化生产力发展要求的工人阶级，要摆脱其受剥削、受压迫的雇佣奴隶地位，以争得无产阶级和人类的彻底解放，就必须使反抗资本家阶级剥削的阶级斗争，发展为社会革命。而"工人革命的第一步就是使无产阶级上升为统治阶级，争得民主"③，即用革命手段，打碎剥削阶级国家机器，建立无产阶级国家，由无产阶级专政取代资产阶级专政。这是无产阶级捍卫革命政权，"剥夺剥夺者"，开创和发展社会主义事业，最终消灭一切阶级和过渡到共产主义社会的根本政治前提，是防范和制止资本主义复辟的唯一法宝。

马克思的第三句话——"这个专政不过是达到消灭一切阶级和进入无阶级社会的过渡"——是对无产阶级历史使命及其实现途径的简明概括。据此，实行无产阶级专政的历史正当性就在于：一是作为工人阶级劳动结晶的现代大工

① 《马克思恩格斯全集》第28卷，人民出版社1973年版，第504、509页。
② 《马克思恩格斯文集》第3卷，人民出版社2009年版，第563页。
③ 《马克思恩格斯文集》第2卷，人民出版社2009年版，第52页。

业，为"消灭一切阶级和进入无阶级社会"提供了必须的物质技术基础；二是现代无产阶级作为"大工业本身的产物"和资产阶级的"掘墓人"[1]，作为最具先进性和革命彻底性的领导阶级，才能在马克思主义理论武装下，认识和运用历史规律，以自觉承担起履行无产阶级专政的历史使命；三是无产阶级国家"向前发展，即向共产主义发展，必须经过无产阶级专政，不可能走别的道路，因为再没有其他人也没有其他道路能够粉碎剥削者资本家的反抗"[2]。因此，实行无产阶级的革命和专政，是人类由阶级社会走向无阶级社会的历史必由之路。

其二，坚持无产阶级专政符合社会主义国家的阶级实质之"理"。马克思主义国家学说，依据历史唯物主义及其阶级分析，科学地揭示了国家政权与其统治阶级的根本利益之间的本质联系，并阐明了区别于一切剥削阶级国家的无产阶级国家，在发展社会主义民主的基础上，必须理直气壮地承担和履行无产阶级专政的政治职能。

唯物史观认为，"国家"是一个与阶级产生和存在密切相关的历史性范畴。当原始公社后期有了生产力和商品交换的一定发展，因而有了少量剩余产品可供上层人物剥削的条件下，就导致了家庭、私有制的产生和阶级分化。于是在历史上，首先出现了反抗剥削和压迫的奴隶阶级，同奴隶主阶级之间的矛盾和斗争。而奴隶主阶级为了维护其阶级利益和统治秩序，用以镇压奴隶反抗，就需要和建立奴隶制国家。后来，由于社会生产力的历史性发展，又使得封建制国家和资本主义国家，先后代替了奴隶制国家和封建制国家。必须肯定，家庭、私有制和国家的出现、发展和社会更替，是以社会生产力的发展及其生产关系的变革为基础的社会进步，是文明时代的重要标志。但这种历史性进步性，并不能否定一切剥削阶级国家，都具有维护其阶级利益和阶级统治，而履行其阶级专政职能。

马克思主义在国家学说史上，第一次阐明了"超阶级"国家的虚伪性，从而揭示了国家起源和本质的"历史之谜"。对此，恩格斯概括说："国家是社会在一定发展阶段上的产物；国家是承认：这个社会陷入了不可解决的自我矛盾，分裂为不可调和的对立面而又无力摆脱这些对立面。而为了使这些对立面，这些经济利益互相冲突的阶级，不致在无谓的斗争中把自己和社会消灭，就需要有一种表面上凌驾于社会之上的力量，这种力量应当缓和冲突，把冲突保持在'秩序'的范围以内；这种从社会中产生但又自居于社会之上并且日益同社会

---

① 《马克思恩格斯文集》第 2 卷，人民出版社 2009 年版，第 41、43 页。
② 《列宁专题文集·论社会主义》，人民出版社 2009 年版，第 28—29 页。

相异化的力量，就是国家。"① 列宁对此作出了更为简明的概括是："国家是阶级矛盾不可调和的产物和表现"②，即"系统地使用暴力和强迫人们服从暴力的特殊机构……就叫作国家"③。国家的这种专政职能，同现代资产阶级共和国所宣扬的人人平等、多党竞选和议会民主等光鲜外表，以及在日益强化中的社会管理职能，似乎是不太一致的。然而这并不矛盾。因为，历来剥削阶级的"政治统治到处都是以执行某种社会职能为基础，而且政治统治只有在它执行了它的这种社会职能时才能持续下去"④，才能更好维护剥削阶级的根本利益和统治秩序。正如恩格斯所说："实际上，国家无非是一个阶级镇压另一个阶级的机器，而且在这一点上民主共和国并不亚于君主国。"⑤ 虽然当代西方资本主义国家，总是在高调地宣扬其"民主""人权""法治"和"博爱"等所谓"普世价值"，但在其对外进行经济掠夺和军事侵略、对内镇压劳动人民反抗之时，从来都是毫不手软的，甚至常常不惜使用血腥、残暴的屠杀手段。

当然，无产阶级革命在推翻剥削阶级统治以后，也需要建立新型的国家和新型的专政，才能为消灭剥削制度、建设社会主义社会提供根本的政治前提。马克思说："在资本主义社会和共产主义社会之间，有一个从前者转变为后者的革命转变时期。同这个时期相适应的也有一个政治上的过渡时期，这个时期的国家只能是无产阶级的革命专政。"⑥ 不过，社会主义国家已经不是原来意义上的国家。因为，此前所有国家都只有极少数剥削者才真正享有阶级特权，而对广大劳动人民实行专政，以维护其剥削阶级利益；恰恰相反，无产阶级国家则是在广大人民内部实行民主，并为保护人民的和平劳动，而只对反抗社会主义的极少数剥削者实行专政。当"无产阶级上升为统治阶级"和"争得民主"以后，为了解放和发展社会生产力，就必须"一步一步地夺取资产阶级的全部资本，把一切生产工具集中在国家即组织成为统治阶级的无产阶级手里，并且尽可能快地增加生产力的总量"⑦。社会主义只有创造出高于资本主义的劳动生产率，才能最终战胜资产阶级。但在这之前，正如列宁所说："从资本主义过渡到共产主义是一整个历史时代。只要这个时代没有结束，剥削者就必然存在着复辟希望，并把这种希望变为复辟尝试。被推翻的剥削者不曾料到自己会被推翻，

---

① 《马克思恩格斯文集》第4卷，人民出版社2009年版，第189页。
② 《列宁选集》第3卷，人民出版社2012年版，第114页。
③ 《列宁全集》第37卷，人民出版社1986年版，第62—63页。
④ 《马克思恩格斯选集》第3卷，人民出版社2012年版，第559—560页。
⑤ 同上书，第55页。
⑥ 同上书，第373页。
⑦ 《马克思恩格斯文集》第2卷，人民出版社2009年版，第52页。

他们不相信这一点，不愿想到这一点，所以他们在遭到第一次严重失败以后，就以十倍的努力、疯狂的热情、百倍的仇恨投入战斗，为恢复他们被夺去的'天堂'、为他们的家庭而斗争"①。因此，社会主义国家必须在发展广泛、充分而真实的人民民主的基础上，实行无产阶级专政，以捍卫社会主义事业。否则，其初创的社会主义制度，就会在国内外敌人联合进攻下夭折。苏联和东欧国家被颠覆，就是前车之鉴。

所以，不承认无产阶级国家具有镇压反社会主义敌对势力的专政职能，在理论和实践上都是错误和有害的，甚至是天真、幼稚而可笑的！当然也应看到，随着社会主义事业在更多国家的开创、巩固和发展，包括社会主义民主和法治的逐步扩大和健全，相应地，该社会的阶级斗争也将逐步趋向和缓。故此，从长远看，社会主义国家是走向自行消亡中的"新型民主"和"新型专政"的国家，列宁称之为"半国家"②。

其三，坚持无产阶级专政符合社会主义"不断革命"之"理"。在我国新时期，由于"彻底否定文化大革命"和"无产阶级专政下的继续革命理论"，有些人就走向另一个极端，出现了"告别革命"的错误思潮。例如，说我们党已由"无产阶级革命党"转变为"马克思主义执政党"，就有个如何理解的问题。因为"无产阶级革命党"与"马克思主义执政党"，以及社会主义的革命与建设、民主与专政，在本质上是一致和统一的。如果有人要将这两者割裂开来、对立起来，那就曲解了无产阶级及其政党的历史使命，从而否定和违背了马克思的"不断革命论"。

马克思在《1848 年至 1850 年的法兰西阶级斗争》一文中，把《共产党宣言》中关于"共产主义革命"必须同"传统的所有制"及其"传统观念"实行"最彻底的决裂"的思想，发展为"不断革命论"。所以，科学社会主义就是不断革命的社会主义。对此，马克思写道："这种社会主义就是宣布不断革命，就是无产阶级的阶级专政，这个专政是达到消灭一切阶级差别，达到消灭这些差别所由产生的一切生产关系，达到消灭和这些生产关系相适应的一切社会关系，达到改变由这些社会关系产生出来的一切观念的必然的过渡阶段。"③ 在共产党人看来，必须坚持马克思主义不断革命论与革命发展阶段论的统一，必须通过无产阶级专政把无产阶级的"共产主义革命"进行到底。而这个"底"，就是实现马克思所讲的这"四个达到"。只要社会主义中国尚未实现这"四个达

① 《列宁选集》第 3 卷，人民出版社 2012 年版，第 612 页。
② 同上书，第 140、124 页。
③ 《马克思恩格斯文集》第 2 卷，人民出版社 2009 年版，第 166 页。

到"，那么，我国无产阶级革命就不能停步，就不能放弃无产阶级专政。相反地，如果我们不坚持马克思的"不断革命"论、不坚持无产阶级专政，那么我国改革开放和中国特色社会主义，就会变形走样，就会无法保护劳动人民的根本利益，同时也势必会抛弃马克思主义。

因此，从理论和实践上看，无产阶级专政与消灭阶级的革命过程是共始终的，而且它在马克思主义科学体系中居于核心地位。对此，列宁说："只有懂得一个阶级的专政不仅对一般阶级社会是必要的，不仅对推翻了资产阶级的无产阶级是必要的，而且对介于资本主义和'无阶级社会'即共产主义之间的整整一个历史时期都是必要的，——只有懂得了这一点的人，才算掌握了马克思主义国家学说的实质。"而且，这还是判别真假马克思主义者的"试金石"。他指出："只有承认阶级斗争，同时也承认无产阶级专政的人，才是马克思主义者。马克思主义者同平庸的小资产者（以及大资产者）之间的最深刻的区别就在这里。必须用这块试金石来检验是否真正理解和承认马克思主义。"①

故而，我国在阶级和阶级差别完全消灭以前，所有共产党人和马克思主义信奉者，都应该理直气壮地坚持无产阶级专政，亦即人民民主专政。

二　坚持人民民主专政，完全切合国情和世情

我们说人民民主专政"合情"，是指其完全切合我们的国情和当代的世情。新时期，我国在改革开放和社会主义现代化建设中坚持人民民主专政，是源于当代国情和世情的需要。如果，我国不坚持社会主义道路，不坚持人民民主专政，不坚持共产党的领导，不坚持马列主义和毛泽东思想，那么，社会主义中国就会被国内外敌对势力所"西化""分化"和颠覆。这决不是危言耸听！

恩格斯在《共产主义原理》中曾指出："无产阶级革命将建立民主的国家制度，从而直接或间接地建立无产阶级的政治统治。在英国可以直接建立，因为那里的无产者现在已占人民的大多数。在法国和德国可以间接建立，因为这两个国家的大多数人民不仅是无产者，而且还有小农和小资产者，小农和小资产者正处在转变为无产阶级的过渡阶段，他们的一切政治利益的实现都越来越依赖无产阶级，因而他们很快就会同意无产阶级的要求。"②毫无疑问，恩格斯这里讲的"直接地……建立无产阶级的政治统治"，即是其后马克思和他表述为"无产阶级专政"的政治主张，并直接适用于像当时英国那样工业化国家的

① 《列宁选集》第3卷，人民出版社2012年版，第139—140页。
② 《马克思恩格斯文集》第1卷，人民出版社2009年版，第685页。

革命；至于像在当时法国和德国那样尚未完成工业化国家的革命中，"可以间接建立""无产阶级的政治统治"。至于后者究竟宜于采取何种政治形式，马克思和恩格斯尚未有过明确预见。

从其理论上切合国情看，毛泽东首先提出和阐明新中国必须实行人民民主专政，是他对马克思主义的坚持、运用和发展。新中国成立前夕，毛泽东在《论人民民主专政》中得出结论说："总结我们的经验，集中到一点，就是工人阶级（经过共产党）领导的以工农联盟为基础的人民民主专政。这个专政必须和国际革命力量团结一致。这就是我们的公式，这就是我们的主要经验，这就是我们的主要纲领。"① 这是通过对无产阶级专政理论的坚持、运用和创新，而找到了切合我国国情的无产阶级专政的实现形式。

毛泽东关于新中国"人民民主专政"的"国体设计"的真理性和创新性就在于：第一，这充分体现了"无产阶级专政"的实质性要求，因为这个专政坚持"工人阶级（通过共产党）领导"，从而实际地建立和坚持"无产阶级的政治统治"；第二，同样根据中国"大多数人民不仅是无产者，而且还有小农和小资产者"的国情，这个专政"以工农联盟为基础"，就意味着这个"专政的最高原则就是维护无产阶级同农民的联盟，使无产阶级能够保持领导作用和国家政权"②，同时也是"间接地建立无产阶级的政治统治"的最好形式；第三，"人民民主专政"更明确地表达了"对人民实行民主，对敌人实行专政"③ 的科学内涵，这样更易于为人们所理解和接受。因此，人民民主专政是无产阶级专政原理结合中国实际的理论发展和实践创新。

在新时期，邓小平结合国情和具体实际，坚持和发展了毛泽东的人民民主专政的理论和实践。在改革开放之初，他针对刚露头的资产阶级自由化而提出"四项基本原则"，就包括"必须坚持无产阶级专政"亦即人民民主专政。邓小平指出："中央认为，我们要在中国实现四个现代化，必须在思想政治上坚持四项基本原则。这是实现四个现代化的根本前提。"④ 其后，在改革和建设的实践探索中，所逐步形成的党在社会主义初级阶段基本路线中，"坚持四项基本原则"作为这条政治路线的"两个基本点"之一，而成为我们的立国之本。

1992 年初，邓小平在"南方谈话"中强调说：党的"基本路线要管一百年，动摇不得"，其"关键是坚持'一个中心、两个基本点'。"并要求我国

① 《毛泽东选集》第 4 卷，人民出版社 1991 年版，第 1480 页。
② 《列宁全集》第 42 卷，人民出版社 1987 年版，第 50 页。
③ 《邓小平文选》第 3 卷，人民出版社 1993 年版，第 379 页。
④ 《邓小平文选》第 2 卷，人民出版社 1994 年版，第 164 页。

"在整个改革开放的过程中，必须始终注意坚持四项基本原则"。邓小平认为，这"四个坚持"是一个有机整体。"在四个坚持中，坚持人民民主专政这一条不低于其他三条"①。"如果动摇了四项基本原则中的任何一条，那就动摇了整个社会主义事业，整个现代化建设事业。"② 可见，坚持党的基本路线，坚持包括"人民民主专政"在内的"四项基本原则"，必须贯穿我国整个社会主义初级阶段，即贯穿社会主义现代化的全过程。

邓小平还指出："依靠无产阶级专政保卫社会主义制度，这是马克思主义的一个基本观点。马克思说过，阶级斗争学说不是他的发明，真正的发明是关于无产阶级专政的理论。历史经验证明，刚刚掌握政权的新兴阶级，一般来说，总是弱于敌对阶级的力量，因此要用专政的手段来巩固政权。对人民实行民主，对敌人实行专政，这就是人民民主专政。运用人民民主专政的力量，巩固人民的政权，是正义的事情，没有什么输理的地方。"③ 邓小平在晚年，还结合发挥"社会主义市场经济优越性"和"防止两极分化"问题，再次强调"四个坚持"。他说道："社会主义市场经济优越性在哪里？就在四个坚持。四个坚持集中表现在党的领导。这个问题可以敞开来说，我那个讲话没有什么输理的地方，没有什么见不得人的地方。当时我讲的无产阶级专政，就是人民民主专政，讲人民民主专政，比较容易为人所接受。现在经济发展这么快，没有四个坚持，究竟会是个什么局面？……没有人民民主专政，党的领导怎么实现啊？四个坚持是'成套设备'。"鉴于能否防止"私有化"和解决"两极分化"问题，是事关改革开放和中国特色社会主义前途命运的大问题，所以邓小平说："我们讲要防止两极分化，实际上两极分化自然出现。要利用各种手段、各种方法、各种方案来解决这些问题。"④ 当然，这只能主要利用经济手段，同时也要适当运用国家政权的力量，来逐步加以解决。

从理论和实践的深层次看，我国坚持人民民主专政的现实根据，是我国的阶级和阶级斗争在一定范围内仍将长期存在。正如党的十一届六中全会《决议》中所说："在剥削阶级作为阶级消灭以后，阶级斗争已经不是主要矛盾。由于国内的因素和国际的影响，阶级斗争还将在一定范围内长期存在，在某种条件下还有可能激化。"⑤ 这种正确的政治估量，以及我国现阶段实行公有制为

① 《邓小平文选》第 3 卷，人民出版社 1993 年版，第 370—371、379、365 页。
② 《邓小平文选》第 2 卷，人民出版社 1994 年版，第 173 页。
③ 《邓小平文选》第 3 卷，人民出版社 1993 年版，第 371—372、379 页。
④ 《邓小平年谱（一九七五—一九九七）》（下），中央文献出版社 2004 年版，第 1363—1364 页；引文中所说的"我那个讲话"，是指邓小平 1979 年 3 月在党的理论工作务虚会上的讲话《坚持四项基本原则》。
⑤ 《改革开放三十年主要文献选编》（上），中央文献出版社 2008 年版，第 213 页。

主体、多种所有制经济共同发展的基本经济制度等基本国情，都表明：我国要在社会生产力高度发展的基础上，逐步消灭私有制和一切阶级差别，以完成人民民主专政的历史任务，仍然任重道远，需要长期奋斗。

据此可以说，"阶级斗争还将在一定范围内长期存在"是我国社会主义初级阶段的基本国情之一。正如邓小平所说："社会主义社会中的阶级斗争是一个客观存在，不应该缩小，也不应该夸大。实践证明，无论缩小或者夸大，两者都要犯严重的错误。"① 阶级斗争的客观规律，往往是"树欲静而风不止"。尽管我们主观上想回避和淡化阶级斗争，但不管我们承认与否，阶级斗争该来之时，还是总会到来的。即使我们不想斗，可国内外敌对势力照样会找上门来，同马克思主义斗、同社会主义斗。谓予不信，请看事实：

例如，我国意识形态上的斗争，一直十分复杂、尖锐和激烈。这是阶级斗争在思想领域的反映。国内"左"和右的种种错误思潮时隐时现、此起彼伏，企图干扰和误导改革开放和现代化建设。其中，特别是日益坐大的资产阶级自由化思潮，尽管27年前在"八九风波"中严重受挫，但并未销声匿迹、偃旗息鼓，而是在西方敌对势力渗透、鼓动和操纵下，利用有些媒体想"淡化意识形态"的心态，一直在变本加厉地歪曲、颠覆和抹黑我们的党史和革命史，在诋毁、丑化和"妖魔化"共产党、党的领袖和英模人物，在攻击、否定马克思列宁主义和毛泽东思想、党的领导和社会主义制度的同时，千方百计在宣扬和鼓吹我国搞"全盘西化"。这包括鼓吹和推销经济上的"私有化"；政治上的资产阶级多党制和西方"宪政"；思想文化上的"新自由主义"、历史虚无主义和"普世价值"；如此等等。党和人民同这些错误思潮所进行的交锋和较量，从未停止过。

又如，全党全国各族人民为了维护国家主权、领土完整和民族团结，而必须同企图"西化"和"分化"我国的民族和地区分裂势力及其暴恐犯罪所进行的斗争，既是一种严重的政治斗争，同时也是反对他们内外勾结的一种阶级斗争。尽人皆知，从我国"藏独"、"疆独"、"台独"到新近"港独"势力的衍生，不仅都有当年帝国主义侵略旧中国的历史背景，而且这些民族分裂势力之所以至今尚能苟延残喘，有些人还在搞"暴恐"式的民族分裂和地区分裂活动，就在于他们是受国外敌对势力所豢养、鼓动和支持的。中华民族团结统一和繁荣富强，是全国各族人民的共同意志和心愿。假若没有外部势力或明或暗的干预、支持和豢养，我国的这些民族败类在日益富强的社会主义祖国面前，

---

① 《邓小平文选》第2卷，人民出版社1994年版，第182页。

那是连一天也混不下去的。

再如，改革开放以来，在如何看待我们党员干部队伍中的腐败现象滋生蔓延及其原因的看法上，只有坚持马克思主义的阶级观点和阶级分析，才能揭示问题的本质。但现在比较流行的，往往是用西方的犯罪成本理论即"寻租"理论来解释，虽然多少有点道理，但未能触及问题的要害和本质。即使用体制不健全和监督制度不到位，来解释"腐败"现象的滋生蔓延，虽有一定的解释力，即看到了问题产生的外部条件，但仍未能揭示"腐败"现象产生的根本原因和政治实质。实际上，这个问题并不复杂，而且在党的文献中早有明确论断，只是出于某种不言自明的顾虑，而不愿正视和深究而已。

江泽民多次指出："从本质上说，腐败现象是剥削阶级和剥削制度的产物。""这些消极腐败现象是资产阶级和其他剥削阶级思想作风在党内的反映。"① 这就是说，有些党员干部贪腐自毁，正是由于作为资产阶级等剥削阶级思想之集中表现的拜金主义、享乐主义、极端利己主义等腐朽没落意识的恶性膨胀，而腐蚀了一些党员干部的思想灵魂，才使得他们丧失了应有的阶级立场、党性原则和理想信念，从而抵挡不住权力、金钱、美色和其他"糖弹"的诱惑和攻击，以致"前腐后继"地纷纷走上以权谋私、违法犯罪、腐化堕落的不归路。我们在反腐斗争中，如果不抓住问题的本质和要害，从而无法遏制其迅猛蔓延，那就不只是使我们党脱离群众和损害党的形象问题，而是可能导致亡党亡国的特大政治问题。因此，我们党和国家的反腐败斗争，既是国内外一定范围的阶级斗争尤其是意识形态斗争在一些党员干部头脑和身上的反映，也是这类斗争在党内的反映。

鉴于"阶级斗争还将在一定范围内长期存在"是我国现阶段的基本国情之一；鉴于我国要完成消灭一切阶级和阶级差别的任务——"就是要造成使资产阶级既不能存在也不能再产生的条件"，"这个任务是重大无比的"② ——在短期内既不可能提上议事日程、更不可能完全实现；所以坚持人民民主专政是完全切合我国国情的。

从当今国际政治的战略态势看，我国实行人民民主专政，也是完全切合当代之世情的。古今中外，任何国家机器都具有的一项正当而基本的职能，就是对外维护国家主权、领土完整和社会安宁，即通过国防建设，以防止和反抗其他国家或国家集团对本国一切可能的威胁与侵略。在"世界大同"以前，包括

① 《江泽民论有中国特色社会主义（专题摘编）》，中央文献出版社 2002 年版，第 433、425 页。另见江泽民《论党的建设》，中央文献出版社 2001 年版，第 101—102、244 页等处。
② 《列宁专题文集·论社会主义》，人民出版社 2009 年版，第 85 页。

我们社会主义国家在内的世界各国，都应当具有和必须履行这项国家职能，而概莫能外。世界上从来没有不设防的国家。

当今世界，和平与发展作为世界人民的愿望，是我们时代的主题。经贸全球化、政治多极化、社会信息化的大趋势，使我国改革开放和现代化建设，要抓住这个难得的发展机遇。我国出于社会主义制度的正义本性，特别是在我国改革开放、现代化进程和中华民族复兴，都处于关键性的发展阶段之时，所以必须始终不渝地坚持和平共处五项原则，继续奉行独立自主的和平外交政策，坚定不移地走和平发展之路，以期达到平等合作、互利共赢之目的。这样，既有利于营造我国社会主义现代化建设所必须的国际和平环境和周边友好环境，有利于地区稳定和世界和平，同时也有利于团结世界人民，反对霸权主义和强权政治，谋求第三世界广大国家获得平等的发展权和人类社会进步。

但是，当今世界并不太平和安宁。自从 20 世纪 90 年代初，东欧剧变和苏联解体以来，世界社会主义运动仍然处于低潮和战略守势；而"一超独大"及其谋求"单极化"世界霸权的冷战思维，并未发生根本性变化。当今世界 190 多个国家大体上可以分为三类：一类是 5 个社会主义国家，这是俄国十月革命以来硕果仅存的新型国家；另一类是以美国为首西方少数垄断资本主义国家，其社会上层对社会主义事业大多持有不同程度的对立乃至敌视的态度；而介于这两类国家之间的，则是广大发展中的民族资本主义国家，由于其中多数国家都有过受西方殖民剥削和欺凌的历史，至今仍在受到西方大国不同程度的歧视，因而它们既有同情社会主义的一面，同时也有易受西方国家笼络和利用的另一面。因此，当今世界尽管有几个社会主义国家代表着人类的未来，但在总体上仍然是受"丛林原则"支配的阶级社会。

虽然，当今世界这三类国家本身以及它们之间，尽管有可能根据本国现实利益的需要，而实际地会发生多种形式的，即在经济、政治、科技、文化、军事、外交等方面的纵横捭阖。但是，世界各国无产阶级与资产阶级、社会主义与资本主义、马克思主义与非（反）马克思主义的这种两个阶级、两种社会制度和两种思想体系之间的本质对立、反复较量和力量消长，仍然是国际间阶级斗争和政治博弈的主旋律。这种国际政治背景，要求我国人民民主专政必须履行防范和自卫职能。我们必须坚持用马克思主义阶级观点和阶级分析方法，来观察和对待与之有关的国际政治现象。否则，我们就是自我解除理论武装，也会因看不清国际政治的实质和底蕴，而缺乏正确的政治估量和长远的战略眼光。

对当代中国共产党人来说，来自外部最严重的威胁，就是以美国为首西方敌对势力企图对我国实施"西化"和"分化"，即"和平演变"的政治战略。

我国历来希望、并且努力同西方构建平等交往、合作共赢的国家关系。然而，老练而狡诈的美国垄断资产阶级及其政治代表，却对我存心不良、虚与委蛇。他们通过制定和执行"接触和遏制"的两手政策，一方面，在"接触"和"战略对话"中，声称欢迎一个繁荣和负责任的中国"和平崛起"，以捞得巨量的经济实利；另一方面，美国当局在关键时刻、在关键问题上，往往又凶相毕露，"诱压促变"。其中，最为集中的表现，就是近几年美国把军事战略重点，从西欧转向东亚，宣布把60%的舰艇及其兵力，都部署到亚太地区，重点是西太平洋地域，公然在我国大门口实施所谓"再平衡战略"，并想拼凑东方"小北约"，对我国搞"C型"围堵。这至少是企图牵制中国和平崛起。

其实，邓小平对美国等帝国主义的政治图谋，早就洞若观火，作过深刻揭露。他在苏联解体之前，当不少人为美苏缓和、冷战结束而欢呼之际，就指出："我希望冷战结束，但现在我感到失望。可能是一个冷战结束了，另外两个冷战又已经开始。一个是针对整个南方，第三世界的，另一个是针对社会主义的。西方国家正在打一场无硝烟的第三次世界大战，所谓没有硝烟，就是要社会主义国家和平演变。"[1] 鉴于其主谋和主力是美国，故而邓小平又揭露说："美国，还有西方其他一些国家，对社会主义国家搞和平演变。美国现在有一种提法：打一场无硝烟的世界大战。我们要警惕。资本主义是想最终战胜社会主义，过去拿武器，用原子弹、氢弹，遭到世界人民的反对，现在搞和平演变。"[2] 实际情况正是这样。当今地球人都知道，美国和其他西方敌对势力，对中国社会主义事业，历来是文武两手交替玩弄，妄想"以压促变"，对我搞破坏、渗透和颠覆，而且从未停止过。苏东国家被搞垮以后，他们立即就把"和平演变"的矛头主要指向中国。对此，我们党和人民应当牢记毛泽东和邓小平反对"和平演变"的思想和告诫，提高警惕，正确应对，严密防范。

坚持人民民主专政，是我们国家政权的一项基本政治职能。这就是在工人阶级（经过共产党）领导下，在必要时运用人民民主专政的力量，用以捍卫和保障国家安全，以利于坚持和发展中国特色社会主义。这包括国家政权运用人民军队、警察、法庭、监狱和整个社会主义法制体系，以镇压和改造一切反抗社会主义的敌人，有效预防和依法惩处一切犯罪活动，维护社会法治秩序和社会团结稳定，保护人民的和平劳动。同时，党和国家对于错误的政治思潮，主要是从思想认识上进行教育与批评；而对于在反动的社会思潮、政治理念和其

---

① 《邓小平文选》第3卷，人民出版社1994年版，第344页。
② 同上书，第325—326页。

他歪理邪说鼓动下，所引发的社会动乱等反抗社会主义的违法犯罪行为，则必须由人民民主专政的国家机器来应对。对此，邓小平早已有明确回答："我不止一次讲过，稳定压倒一切，人民民主专政不能丢。你闹资产阶级自由化，用资产阶级人权、民主那一套来搞动乱，我就坚决制止。……坚持社会主义就必须坚持无产阶级专政，我们叫人民民主专政。"①

鉴于我国面对国内外一定范围内的阶级斗争还将长期存在的客观现实，故此我们必须理直气壮、毫不动摇地坚持人民民主专政。

三 坚持人民民主专政，就是坚持我国法定的国体

我们说人民民主专政"合法"，就是说，它既符合我国现行宪法及其整个中国特色社会主义法律体系，也符合我们党的现行党章。我们作为公民就要守法，首先要遵守宪法；如果是共产党员，还必须遵守党章；如果是国家公职人员，以及公职人员所在的国家机关，更带头"依宪行政"、"依法办事"。任何人的言行，都不能违宪和违法。所以，一切反对我国人民民主专政的言行，都是违宪和违法的，绝不容允。

《中华人民共和国宪法》规定：

"第一条 中华人民共和国是工人阶级领导的、以工农联盟为基础的人民民主专政的社会主义国家。社会主义制度是中华人民共和国的根本制度。禁止任何组织或者个人破坏社会主义制度。"

宪法既规定人民的民主权利，也规定了专政对象：

"第二条 中华人民共和国的一切权力属于人民。人民行使国家权力的机关是全国人民代表大会和地方各级人民代表大会。人民依照法律规定，通过各种途径和形式，管理国家事务，管理经济和文化事业，管理社会事务。"

"第二十八条 国家维护社会秩序，镇压叛国和其他危害国家安全的犯罪活动，制裁危害社会治安、破坏社会主义经济和其他犯罪活动，惩办和改造犯罪分子。"

"第二十九条 中华人民共和国的武装力量属于人民。它的任务是巩固国防，抵抗侵略，保卫祖国，保卫人民的和平劳动，参加国家建设事业，努力为人民服务。"②

马克思主义国家观，如实地否定了剥削阶级政治家和御用学者，往往把

---

① 《邓小平文选》第3卷，人民出版社1994年版，第364—365页。

② 《改革开放三十年主要文献选编》（上），中央文献出版社2008年版，第300、304页。

"国家"说成是"超阶级"的"全民国家"的人为"神话"和政治欺骗；从而以"国体"的科学概念，科学地揭示了国家的阶级实质。对此，毛泽东指出："这个国体问题，从前清末年起，闹了几十年还没有闹清楚。其实，它只是指一个问题，就是社会各阶级在国家中的地位。""至于还有所谓'政体'问题，那是指的政权构成的形式问题，指的一定的社会阶级取何种形式去组织那反对敌人保护自己的政权机关。"①

　　这就从"国体"上表明，当代的一切西方大国，都是资产阶级特别是垄断资产阶级作为统治阶级的国家，是资产阶级对工人阶级等劳动人民实行资产阶级专政的资本主义国家；而所谓资产阶级"多党制"、两院制和"三权分立"的制衡体制等，则是资产阶级国家所采取具体的"政权构成的形式"，"去组织那反对敌人保护自己的政权机关"。而社会主义中国的"人民民主专政"，在"国体"上，就是规定"工人阶级"是新中国的"领导阶级"，是中国"工人阶级（经过共产党）领导的、以工农联盟为基础的人民民主专政"，也就是使工人阶级"上升为统治阶级"的社会主义国家；我国的人民代表大会制度作为一项根本的政治制度，则是我国社会主义的"政体"。因此，当今世界，从根本上说，只有工人阶级领导的和资产阶级统治的两类国家，即或者是无产阶级专政（我国称为人民民主专政）的社会主义国家，或者是资产阶级专政的资本主义国家两类。社会主义国家是取代资本主义的新型民主和新型专政的国家，从长远看，是处于"自行消亡"中的国家。这就是说，一切国家都是具有阶级性的。待到将来在"国体"上完全丧失阶级性之日，也就是国家完全"自行消亡"之时。

　　就我国全体人民（公民）而言，人民民主专政作为社会主义中国的"国体"，是宪法赋予和保障的作为领导阶级的工人阶级、以工农联盟作为基础的全体人民、各级人民政府、人民武装力量等专政的主体力量，都必须依法履行其神圣的权力和职能。因此，从理论上、从舆论上、从实践上坚持人民民主专政，是拥护宪法、实施宪法的合法行为，是受宪法和我国整个中国特色社会主义法律体系所要求、所保护的行为。相反地，凡是反对、违反人民民主专政的一切言行，都是违宪违法的言行。有些所谓"公知"主张以所谓的"人民民主宪政"，来取代我国的"人民民主专政"。其实质，是要否定我国宪法所规定的社会主义"国体"，即"人民民主专政"。因为，任何时代和任何情况下，都没有什么"超阶级"的全民国家。所以，我国一旦抛弃了人民民主专政，亦即无产

---

① 《毛泽东选集》第2卷，人民出版社1991年版，第676、677页。

阶级专政，就只能是资产阶级专政。显然，这些自称为"公知"和"精英"所讲的"民主宪政"，绝不是要实践社会主义中国宪法的"民主宪政"，而是照搬西方资本主义的"宪政"；而其所谓"民主"，是要照搬西方资产阶级的"多党制"、"议会民主"、"三权分立"及其所谓"宪制民主"，并且主张对广大劳动人民实现资产阶级的、法西斯的野蛮专政。这从他们一听到别人讲"坚持人民民主专政，并不输理"，一听到别人讲要坚持马克思主义的"阶级观点"和"阶级分析"，就发出要对之进行"审判"、要施"绞刑"等类似法西斯的论调，就足见他们主张的"宪政"，到底是什么货色！

"人无信不立"。对共产党员而言，遵守党章是根本的政治规范，是入党宣誓时所做出的庄严而神圣的政治承诺。共产党的先进性和战斗力，来源于"中国共产党党员是中国工人阶级的有共产主义觉悟的先锋战士"[①]，来源于党的组织性和纪律性，是工人阶级先进性和革命性的集中表现。所以，共产党员都必须遵守党章和党纲，以指导和约束自己的言行。任何共产党员如果发表反对"人民民主专政"的言行，那他不仅是违宪的，而且也是违背党章的。因为《中国共产党章程》的"总纲"规定："坚持社会主义道路，坚持人民民主专政，坚持中国共产党的领导，坚持马克思列宁主义毛泽东思想这四项基本原则，是我们的立国之本。在社会主义现代化建设的整个过程中，必须坚持四项基本原则，反对资产阶级自由化。"[②]

坚持包括"人民民主专政"在内的"四项基本原则"，之所以是"我们的立国之本"，不仅在于它是我们社会主义国家立足的政治基石，而且从根本上说，工人阶级政党——共产党的历史使命，就是通过创建和执掌无产阶级国家政权，以带头履行工人阶级的历史使命。这是共产党成为无产阶级革命的领导核心，成为社会主义国家执政党之合法性的政治基础。而工人阶级的历史使命，就利用"无产阶级的政治统治"，在领导人民发展社会生产力的前提下，逐步消灭私有制和一切阶级，以建成社会主义和共产主义社会。所以，假如我们共产党员反对运用阶级观点和阶级分析，反对人民民主专政，亦即无产阶级专政，那么这就既否定了共产党的存在、领导革命和在社会主义国家执政的历史正当性，同时也否定了共产党人的历史责任和政治资格。因为，当一个社会不存在阶级和阶级差别之时，才不需要阶级观点和阶级分析，因而既不需要任何政治国家，当然也就不需要任何政党及其党员了。

---

① 《中国共产党第十八次全国代表大会文件汇编》，人民出版社2012年版，第73页。

② 同上书，第66页。

其实，任何政党都是其阶级的一翼，世界上根本就不存在"全民党"。一切真正的共产党，都是由其具有共产主义觉悟的先进分子组成的无产阶级政党，是无产阶级革命和无产阶级专政的核心领导力量。因此，只有当我们共产党作为本国工人阶级的先锋队，而当工人阶级及其政党正处于履行无产阶级的历史使命之时，才必须研究、宣传和实践包括"坚持人民民主专政"在内的"四项基本原则"；同时这也是党章赋予每个党员的政治权利和神圣义务。所以，凡是否定、攻击和损害包括"坚持人民民主专政"在内的"四项基本原则"、凡是鼓吹"资产阶级自由化"的言行，都是违背党章和党的基本理论的错误言行，应该受到批评、教育和追究。因此，在社会主义初级阶段，当我们党在马克思列宁主义、毛泽东思想和中国特色社会主义理论指导下，坚持"一个中心、两个基本点"的基本路线，团结和带领全国各族人民，为建成"够格"的社会主义，也就是要创造条件，为完全消灭私有制、消灭一切阶级和阶级差别，最终实现共产主义社会而努力奋斗之际，有些人明目张胆地散布歪曲和攻击马克思列宁主义、毛泽东思想，诋毁和谩骂"人民民主专政"的张狂言论本身，就是当前我国在一定范围内存在的阶级斗争在意识形态上的表现与反映。

论共产党与社会党名称蕴含的本质区别

刘书林

【作者简介】刘书林，法学博士。现任清华大学马克思主义学院教授、博士生导师。在清华大学先后担任：教育部重点研究基地高校德育研究中心主任，人文社会科学学院党委副书记。2011 年评为清华大学"杰出人才"。国家社科基金项目评审专家；教育部《思想理论教育导刊》常务副总编；全国高校马克思主义研究会副会长等。"马工程"教材编写组首席专家。主持的"思想道德修养"课和"思想道德修养与法律基础"课，分别获得"国家级精品课程"奖，还获得"国家级优秀教学成果一等奖"、"北京市精品教材奖"。所著《当代中国人权状况报告》获得 1995 年中宣部"五个一工程"奖，2003 年获中宣部"全国抗击非典优秀新闻作品奖"。在马克思主义理论、思想政治教育研究领域中的专著 16 部，论文 200 余篇。近年著作有：《社会思潮与青年教育》《斯大林评价的历史与现实》《论民主社会主义思潮》《毛泽东的民族精神》等。

　　在国际共运史上，共产党与社会党的政治分野泾渭分明。自从列宁领导建立共产国际开始，真正的无产阶级政党就集合在共产党的旗帜之下，这是从马克思、恩格斯领导的共产主义者同盟以来，一脉相承的共产党的传统；同时，1951 年建立的社会党国际，是工人运动内部的工人贵族势力的大本营，特别是破产了的第二国际的右派和黄色国际为反共的目的而集结起来的大杂烩。以马克思、恩格斯、列宁、斯大林为代表的世界共产党人前仆后继，英勇斗争，终于改变了世界发展的方向，燃起了世界进步人民追求理想社会的希望。社会党在 20 世纪 80 年代虽然最终从反共的泥潭中挣扎出来,与共产党人实现了一定程度的合作,但社会党毕竟是与共产党性质截然不同的资产阶级改良主义性质的政党,走着与共产党截然不同的道路。共产党,社会党,完全是两种截然不同的性质,两种不同的道路,两种根本不同的理想的政党。一些社会主义国家的共产党人曾经出现过抹杀这样两种不同性质政党的做法,但是结局却很惨:亡党亡国。经历过苏联东欧剧变之后,令人很难相信还会有人对这样两种不同的政党认识不清楚。

然而,就在 20 世纪末,国内竟然出现鼓吹改变共产党名称进而改变共产党性质的主张。1999 年,有人跑到美国公开发表演说,提出要中国共产党改为中国社会党:"据我预测,中国将要发生的一个巨大变化就是:中国共产党将要改名为中国社会党。""我们可以推动,大家来共同努力推动,促进中国共产党改名。我们展望十六大,期待十七大。"① 也许有人认为这是狂言乱语、无稽之谈。但许多迹象使人感到这也并非空穴来风。

共产党这个名称,体现着党的最终奋斗目标,体现党的旗帜,体现着党的性质,体现着马克思主义的指导。它的存废,涉及我们党是否改变性质、国家是否改变颜色的问题。对于真正的无产阶级政党来说,共产党这个名称是马克思、恩格斯、列宁、斯大林、毛泽东一贯坚持使用的名称。共产党这个光荣的名称,不能改。这正如胡锦涛同志在纪念改革开放 30 周年大会所讲的:"决不走改旗易帜的邪路。"② 本文通过分析共产党与社会党的名称蕴含的本质区别,划清共产党与社会党的界限,这是划清马克思主义与非马克思主义界限的一个重要方面。

一　马克思恩格斯最早提出并坚持使用共产党的名称

最早提出和使用共产党这个名称的是恩格斯。他在 1843 年 10 月 23 日写的《大陆上社会改革运动的进展》一文中,就提出了"共产党"和"共产主义"这样的名称。③ 之后,恩格斯就大量地使用"共产党"这个名称了。

1848 年 2 月,马克思恩格斯受共产主义者同盟委托起草并发表《共产党宣言》,周详地论证了共产党的性质、指导思想、最近纲领和实现共产主义的最终目标、组织原则、策略原则和国际主义原则。中国以及全世界的马克思主义者,就是读了这部《共产党宣言》,才"入了门",成为共产党人的。毛泽东、周恩

①　曹思源:《人间正道私有化》,香港夏菲尔国际出版公司 1999 年版,第 370 页。
②　胡锦涛:《在纪念改革开放 30 周年大会上的讲话》,人民网 12 月 18 日电文。
③　《马克思恩格斯全集》第 1 卷,人民出版社 1956 年版,第 587 页。

来、朱德、彭德怀、邓小平等老一辈无产阶级革命家都在自己的自述和讲话中说明了自己的这种思想经历。

共产主义者同盟的建立和《共产党宣言》的发表，标志着国际共产主义运动的开端。共产主义者同盟虽然接受了马克思恩格斯的指导，接受了《共产党宣言》为总纲领，但当时的组织严重不纯。其中，许多党员和党的领导人被马克思恩格斯称作"连我们的理论的基本原理都不懂"、"不可救药的蠢材"，从这个意义上说，恩格斯认为："其实，我们不曾有过任何党。"① 从马克思、恩格斯的这些控诉中，可见马克思、恩格斯坚持真正的共产党人立场的原则性。

《共产党宣言》发表不久，爆发了属于资产阶级民主革命性质的1848年欧洲革命。当时法国的资产阶级民主派包括民主共和主义者、激进民主主义者都自称社会民主主义者，其实他们的主张当然不会超出资产阶级的范畴。马克思恩格斯曾经批判他们是用笼统的社会民主主义空话欺骗工人。但是，由于当时共产主义者同盟还不能作为一个独立的无产阶级政党行动起来，马克思恩格斯和共产主义者同盟的成员参加了德国的民主派，成为民主派的左翼，主张进行彻底的资产阶级民主革命，以便为进一步过渡到社会主义革命创造条件。因此，在这个特殊的时期，马克思恩格斯也称自己是"社会民主主义者"，为了与当时其他社会主义流派相区别，通常又坚持自称共产主义者。

19世纪60年代以后的20年，随着德国在民族国家范围内建立了社会民主工党，欧美许多国家相继建立了一批工人阶级政党。由于当时欧美国家一般还没有完成资产阶级民主革命，工人阶级政党的任务只能是组织工人阶级和其他革命阶级推翻封建专制、争取民主权利、进而为社会主义而斗争。由于这个原因，这时成立的工人阶级政党使用了"社会民主主义"的名称，一般定名为社会民主党、社会民主工党、社会党。因此，这个名称就带来了不少相关的麻烦和混乱，工人阶级队伍中出现了接受资产阶级影响的势力，并成为政治气候。众所周知，马克思曾经为了纠正德国1875年合并时出现的《哥达纲领》，付出了极大的努力帮助工人政党划清无产阶级与资产阶级政党主张的界限，写下了《哥达纲领批判》这部著作，与那种极力回避无产阶级革命和无产阶级专政的资产阶级影响进行了原则性的斗争。但是，鉴于当时广大工人群众维护工人运动统一的愿望，和一般工人群众对《哥达纲领》竟然能够作正面理解，"作出了共产主义的解释"，马克思、恩格斯决定作出让步，暂时不发表《哥达纲领批判》。可见，容忍是有条件的。

---

① 《马克思恩格斯全集》第27卷，人民出版社1972年版，第210页。

对于工人阶级政党取名为"社会民主工党"这件事，马克思恩格斯也是有原则性保留的。他们认为，用"社会民主主义"这个名称来表述共产党的主张是"绝对不行的"；用社会民主党来取代党的名称，也是"不确切的"。因此他们特别强调自己是"共产主义者"而不称自己是"社会民主主义者"。恩格斯1894年1月在《"'人民国家报'国际问题论文集"序》中指出："读者将会看到，在所有这些文章里，尤其是在最后这篇文章里，我处处不把自己称做社会民主主义者，而称做共产主义者。这是因为当时在各个国家里那种根本不把全部生产资料转归社会所有的口号写在自己旗帜上的人自称是社会民主主义者。""因此对马克思和我来说，用如此有伸缩性的名称来表示我们特有的观点是绝对不行的。现在情况不同了，这个词也许过得去，虽然对于经济纲领不单纯是一般社会主义的而直接是共产主义的党来说，对于政治上的最终目的是消除整个国家因而也消除民主的党来说，这个词还是不确切的。"① 然而党在发展，当时在社会民主主义这个词里还包含着一些马克思主义的内容，所以，马克思恩格斯才在严正声明和坚决批判的同时容忍了这个名称，但他们自己却严格拒绝自称社会民主党这个名称。

加入第二国际的各国工人阶级的党，后期发生了极大的变化。一是在注意党的建设的群众性的同时忽视了党的先进性和纯洁性，大批小业主、资产阶级知识分子涌进党内；二是出现了"苏黎世三人团"、伯恩施坦为代表的修正主义，他们反对马克思主义的剩余价值学说、阶级斗争学说，否定共产主义的最终目标。修正主义几乎在大部分国家的社会民主党中都占了上风，于是，社会民主主义就成了修正主义、机会主义的代名词。对此，恩格斯是不能容忍的。他指出：让那些"冒牌货""留在自己队伍中，我们是完全不能理解的。但是，既然连党的领导也或多或少地落到了这些人的手中，那就是说党简直是受到了阉割，再没有无产阶级的锐气了"②。恩格斯对欧洲社会民主党的领导权落入机会主义领导人的手中，表示了极大的愤慨，说明他们追求真正独立行动的共产党的原则和努力是始终的。

二　列宁主张：抛弃社会民主党的称号，恢复共产党的称号

列宁投身国际共产主义运动活动的时期，是第二国际的后期。这个时期，参加第二国际的27个党，其中有24个党都背叛了无产阶级的根本利益，在第

---

① 《马克思恩格斯全集》第22卷，人民出版社1965年版，第489、490页。
② 《马克思恩格斯全集》第19卷，人民出版社1963年版，第189页。

一次世界大战爆发的条件下转到帝国主义立场，与本国资产阶级政府合作，使过去在同一个无产阶级国际组织中共事的各国同伴成为交战的仇敌。这使第二国际的各个党不可能再坐到一起开会了。第二国际的大多数党蜕变为社会沙文主义和改良主义的党，导致第二国际的破产。这表明社会民主主义完成了从理论到实践、从思想到组织向改良主义的演变。

只有列宁领导的俄国布尔什维克党等少数左派的党坚持了无产阶级国际主义和马克思主义的建党路线。鉴于大多数第二国际的党背叛无产阶级立场，鉴于第二国际在第一次世界大战爆发时的破产，列宁主张无产阶级政党应该抛弃"社会民主党"这个被玷污的名称，恢复共产党的名称。

早在 1914 年 11 月 22 日，列宁就提出了真正的无产阶级的政党，应当抛弃社会民主党的名称，恢复共产党的名称。他说："既然这样的'社会民主党人'希望成为多数并建立一个正式的'国际'（＝在国际范围内为民族沙文主义辩护的联合会），那么，抛弃被他们玷污和败坏了的'社会民主党人'这个称号而恢复共产党人这个原先的马克思主义称号，不是更好吗？"① 列宁的这一号召，鼓舞了各国社会民主党内的左派，摆脱中派和右派的控制，在组织上与他们决裂，为建立独立的马克思主义新型政党奠定了基础。

1917 年 4 月，在著名的"四月提纲"中，列宁在指出当时党面临的几项任务时，就提出一个重要的政治任务就是："更改党的名称。"对此，他注明说："社会民主党的正式领袖在世界各地都背叛社会主义，投奔资产阶级了（如'护国派'和动摇的'考茨基派'），所以我们不应再叫'社会民主党'，而应改称共产党。"② 这是列宁第一次把恢复共产党的名称正式提上日程。几天后，列宁写下了《无产阶级在我国革命中的任务》，在进一步详细阐发"四月提纲"的过程中，专门列出一个大标题，论证党的名称的问题。这个标题是："我们党应当用什么名称，在科学上才是正确的，在政治上才是有助于无产阶级意识的？"他明确提出："现在谈一谈最后一个问题，就是我们党的名称问题，我们应该像马克思和恩格斯那样称自己为共产党。我们应该重复说，我们是马克思主义者，我们是以《共产党宣言》为依据的。"③ 为了充分论证新型的无产阶级政党应该称作共产党而不应该再称社会民主党，列宁举出了四个论据：

"'社会民主党'这个名称在科学上是不正确的，马克思曾经屡次——例如在 1875 年的《哥达纲领批判》中——指出这一点，恩格斯在 1894 年又更通俗

---

① 《列宁全集》第 26 卷，人民出版社 1988 年版，第 97 页。
② 《列宁选集》第 3 卷，人民出版社 1995 年版，第 16 页。
③ 同上书，第 64 页。

地重复谈过这一点。人类从资本主义只能直接过渡到社会主义，即过渡到生产资料公有和按每个人的劳动量分配产品。我们党看得更远些：社会主义必然会逐渐成长为共产主义，而在共产主义的旗帜上写的是：'各尽所能，按需分配'。这是我的第一个论据。"①

"第二个论据：我们党（社会民主党人）的名称的后半部，在科学上也是不正确的。民主是一种国家形式，而我们马克思主义者是反对任何国家的。……与无政府主义不同，马克思主义认为，为了向社会主义过渡，国家是必需的，但这种国家并不是指通常的资产阶级议会制民主共和国那样的国家，而是指 1871 年巴黎公社以及 1905 年和 1917 年工人代表苏维埃那样的国家。"

"我的第三个论据是：现实生活，革命，实际上已经在我国创立了这种新'国家'，虽然它还处在幼弱的萌芽状态，可是这种国家已经不是原来意义上的国家了。……民主这个词用于共产党，不仅仅在科学上不正确。这个词在目前，在 1917 年 3 月以后，已成为遮住革命人民眼睛的眼罩，妨碍他们自由、大胆、自动地建设新的东西——工农等等代表苏维埃，即'国家'的唯一政权，一切国家'消亡'的前驱。"②

"我的第四个论据，就是应当考虑到世界社会主义运动的客观形势。现在的形势已和 1871—1914 年不同，那时马克思和恩格斯曾有意识地容忍了'社会民主'这个不正确的、机会主义的用语。因为当时，在巴黎公社失败之后，历史把缓慢的组织教育工作提上了日程。……我们也应该了解新时代的任务和特点。我们决不要重蹈那些可怜的马克思主义者的覆辙，马克思在谈到这些人时说过：'我播下的是龙种，而收获的却是跳蚤。'……大多数的'社会民主党'领袖、'社会民主党'议员、'社会民主党'报纸——要知道影响群众的正是这种工具——背叛了社会主义，出卖了社会主义，跑到'本国'资产阶级方面去了。群众惶恐不安，糊里糊涂，受了这些领袖的欺骗。我们如果仍旧沿用这个同第二国际一样腐朽了的陈旧名称，就是鼓励这种欺骗，助长这种欺骗!"③

列宁关于抛弃社会民主党这个名称、恢复共产党名称的论证是充分的。列宁的这种严肃认真的论证，说明这一问题事关重大。列宁领导的十月革命成功之后不久，俄国社会民主工党于 1918 年 3 月党的第七次代表大会上通过了更改党的名称、确立共产党（布尔什维克）名称的决定。在通过这个决定的时刻，列宁再一次强调恢复共产党这个名称的重要意义。

---

① 《列宁选集》第 3 卷，人民出版社 1995 年版，第 64 页。
② 同上书，第 64—66 页。
③ 同上书，第 66—67 页。

列宁说："关于更改党的名称的问题从 1917 年 4 月起就在党内展开了相当详细的讨论，因此，中央委员会一下子就通过了看来不会引起很大争论、甚至不会引起任何争论的决议，即中央委员会建议更改我们党的名称，把它叫作俄国共产党，并在括号里附上布尔什维克。"① 列宁论证这样做的理由有四个：

第一，社会民主党名称中的"民主"是旧的资产阶级民主的概念，不符合社会主义新型民主的含义。"'社会民主党'这个名称在科学上是不正确的，这一点在我们的报刊上也已经作过解释。工人建立了自己的国家之后，就了解到民主制（资产阶级民主制）的旧概念在我国革命的发展过程中已经过时了。我们建立了西欧任何地方都不曾有过的民主类型。"②

第二，只有共产党这个名称才能描述建立共产主义社会的最终目标。"另外，我们开始社会主义改造的时候，应该给自己清楚地提出这些改造归根到底所要达到的目的，即建立共产主义社会。共产主义社会不仅仅限于剥夺工厂、土地和生产资料，不仅仅限于严格地计算和监督产品的生产和分配，并且要更进一步实行各尽所能、按需分配的原则。因此，共产党这个名称在科学上是唯一正确的。"③

第三，只有称为共产党，才能与破产了的第二国际各机会主义的社会民主党划清界限。"另外，更改党的名称的最重要的理由是：直到现在，欧洲各先进国家旧的正式的社会党，都没有摆脱使欧洲正式社会主义在这次战争中彻底破产的社会沙文主义和社会爱国主义的乌烟瘴气，因此直到现在，几乎所有正式的社会党都是工人社会主义革命运动真正的障碍，真正的绊脚石。现在各国劳动群众对我们党无疑抱有极大的同情，我们党应该尽量坚决果断、明白无误地声明我们党同这种旧的正式的社会主义断绝关系，而更改党的名称将是达到这个目的的最好办法。"④

第四，改称共产党是为了恢复《共产党宣言》的优良传统。"要知道我们是在恢复举世皆知的老的优良范例。我们大家都知道《共产党宣言》，全世界都知道这个宣言；要修改的并不是下面的内容：无产阶级是唯一彻底革命的阶级，其余各个阶级，包括劳动农民在内只有转到无产阶级的立场上来，才能够成为革命的阶级。"⑤

① 《列宁全集》第 34 卷，人民出版社 1985 年版，第 40 页。
② 同上。
③ 同上书，第 41 页。
④ 同上。
⑤ 同上书，第 58 页。

基于以上理由，"代表大会决定今后把我们党（俄国布尔什维克社会民主工党）的名称改为俄国共产党，并加上括号注明'布尔什维克'。"①

至此为止，列宁恢复新型无产阶级政党为共产党的理论准备工作基本完成。在俄共（布尔什维克）的带动和影响下，欧洲许多国家工人政党中的革命左派，纷纷与社会民主党决裂，并按照列宁的建党原则，相继成立了一大批独立的共产党，形成国际共运史上第二次建党高潮。1919年3月，在列宁的领导下，成立了第三国际即共产国际。参加共产国际的成员党都是各国从原来的社会民主党分化出来的左派所建立的共产党。从此后，各国马克思主义的政党都确立了共产党的性质和名称。

1920年共产国际通过了列宁起草的《加入共产国际的条件》即"21条"。其中规定，凡参加共产国际的党均应改名为共产党，以与背叛了工人阶级的社会民主党或社会党划清界限；必须修改过去留下来的带有社会民主主义的纲领。共产国际是世界新型无产阶级政党的集合体。它的出现标志着：在世界范围内，马克思列宁主义的共产党与当时社会民主党在组织上彻底决裂。就像骆驼难以穿过针孔那样，一切社会民主党人、机会主义者和修正主义者在"21条"面前，都休想混入共产国际。马克思、恩格斯所追求的共产党的组织形式，在这时才得到全面实现。

三　毛泽东指出：改了共产党的名称，就把自己的形象搞坏了

在中国共产党的发展历史上，也一度出现过关于党的名称是否要改的争论。毛泽东同志在这一争论中，坚持认为，不能改变共产党的名称，显示了他的真知灼见和伟大的无产阶级领袖的立场。

在党的第七次全国代表大会召开前夕，党内外出现了要共产党改变名称的一些言论。因为当时抗战还没有见到最后胜利，与国民党的合作和建立联合政府的口号还继续有效。所以，有人在这种形势面前，产生了不知自己"姓"什么的问题，因此提出了共产党要不要改名的问题。对此，毛泽东同志及其领导集体作出了明确的否定回答。

1945年3月31日，毛泽东在《对"论联合政府"的说明》中指出："关于党名，党外许多人主张我们改，但改了一定不好，把自己的形象搞坏了，所以报告中索性强调一下共产主义的无限美妙。……报告中对共产主义提过一下以后，仍着重说明民主革命，指出只有经过民主主义，才能到达社会主义，这是

---

① 《列宁全集》第34卷，人民出版社1985年版，第53页。

马克思主义的天经地义。这就将我们同民粹主义区别开来，民粹主义在中国与我们党内的影响是很广大的。"① 毛泽东看出了在改变党的名称的背后是对共产主义最终目标的放弃或怀疑。如果改变党的名称，就毁坏了党的形象。即使当时的直接目标的表述是民主主义革命，需要资本主义的广大发展，但毛泽东仍然认为要坚持共产党的名称，而且强调了共产主义的远大目标；同时与民粹主义划清界限。

毛泽东还看出，与俄国十月革命相继发生的其他某些国家的社会主义革命先后失败了，究其原因，关键在于那个国家的无产阶级是分裂为共产党和社会党；无产阶级不能集中团结在共产党的旗帜下，说明了无产阶级觉悟还不够。毛泽东说："首先在俄国爆发了十月革命，后来接着有德国革命、匈牙利革命、意大利革命，但是这些都被打垮了。因为这些国家的无产阶级还是分裂的，有共产党，有社会民主党，无产阶级的觉悟也不够。"② 共产党的力量不够强大，社会党人的背叛和分离，使得上述几个国家的社会主义革命归于失败。一个国家的无产阶级政党形成统一的共产党，这是这个国家无产阶级团结奋斗、觉悟较高的表现，这是社会主义革命胜利的保证，对此决不能含糊。

在党的七大上，毛泽东同志所做的大会政治报告《论联合政府》事先发给了与会代表。因此，1945 年 4 月 24 日，毛泽东在党的七大上没有照本宣科地宣读这个报告，而是受中央委托，作了一个口头政治报告。在这个口头政治报告中，毛泽东同志指出：敌人越是希望我们改名，我们就越是不能改名。他说："有人说我们党要改改名称才好，他们说我们的纲领很好，就是名称不好……蒋委员长来电报要我们改名称，中间派也劝我们改名称，像左舜生就说过：'你们的纲领实在好，如果你们不叫共产党，我就加入。'前年七、八、九三个月的反共高潮中，我们有很多东西搞出去了。他们看到之后，非常高兴，说纲领很好，就是名称不好。很多美国人也要我们改名称，我们若是改了名称，他们就喜欢了。他们喜欢我们改成国民党，大概世界上最好的名称莫过于国民党了。另外，还有一个第三党，然而它也不过是第三而已。再有还可以叫保守党。但是，一切问题并不在乎名称，你叫保守党也好，什么党也好，他们还是叫你红党。""不论你名称怎样改，它都是红的。你粉白了，不要胭脂，只要水粉，他们还总是把红账挂在你的身上。""资产阶级的代表都那样讲，所以我们党的名称还是不要改。我们的名称，中国人民是喜欢的。"③ 无论什么人觉得共产党这个名称

---

① 《毛泽东文集》第 3 卷，人民出版社 1996 年版，第 275 页。
② 同上书，第 289 页。
③ 同上书，第 324—325 页。

有什么不舒服，但是人民喜欢共产党这个名称，问题不在于我们是否用共产党这个名称刺激了资产阶级人等，而是只要你坚持共产党人的本质不变，资产阶级仍然会习惯地把一切"红帐"挂在我们身上。这时候需要的是旗帜鲜明的坚定性，而不是政治上的软弱和怯懦。

在中国革命的环境中，由于没有任何资产阶级民主传统可以利用，反动派不允许共产党人有合法活动的权利，所以中国革命的道路只能是"以暴抗暴"，采取暴力革命的方式。中国的无产阶级，由于身受三重压迫，处境极为严酷，所以中国也不可能出现欧洲各国工人运动中社会党那样的改良主义派别，这是中国无产阶级的优点。20 世纪初出现的江亢虎发起组织的"中国社会党"，也是昙花一现，一哄而散，没有什么根基。因此，中国没有社会党生长的土壤。自从党的七大以后，共产党领导的革命事业乘风破浪，一往无前，取得了全国范围的胜利，因而再也没有人鼓动共产党改名的问题了。

四　前苏东国家共产党向社会党靠拢，带来灾难性后果

共产党的名称是列宁恢复新型无产阶级政党名称以后世界共产主义运动公认的名称。一般说来，改换这个名称就意味着党的变质。历史教训表明，只要改掉共产党的名称，其执政地位、社会主义国家的经济、政治制度就会随之崩溃。苏东剧变一次又一次地向人们显示了这一规律性的变化。

由于社会党人的"民主社会主义"思潮对苏联东欧国家的长期熏染，苏东地区的社会主义国家曾经出现过蜕化变质的东欧"新马克思主义"，其典型代表就是苏联的"赫鲁晓夫主义"。这股政治势力终于在 20 世纪 80 年代发挥了改旗易帜的作用。苏东剧变的过程中，一个个国家执政的共产党宣布改名，改旗易帜，直接导致党的分裂和执政地位的丧失，接着导致社会主义制度的崩溃。

原苏联共产党在戈尔巴乔夫的控制下，在党的第二十八次代表大会上公开改旗易帜，宣布抛弃共产主义的旗帜，改变共产党的性质，最后落得一个亡党亡国的悲惨结局，社会主义制度崩溃，丧失了原有的超级大国的国际地位。苏共留下的沉痛教训，成为人类 20 世纪最发人深省的事件。

原匈牙利执政党社会主义工人党（共产党），1989 年 10 月在党的十四大上由得势的"激进改革派"宣布改名为社会党，改旗易帜，放弃马克思主义、无产阶级国际主义原则和共产主义奋斗目标，立即造成党的分裂，其社会主义制度随之崩溃，坚持共产党传统的党员重新召开了党的十四大。

原波兰的执政党统一工人党（共产党），于 1990 年 1 月召开的党的十一大上宣布自行解散，改旗易帜，立即分裂为波兰社会民主党、社会民主联盟、劳

动人民党，党的执政地位丧失，其社会主义制度随之崩溃。

原民主德国执政党统一社会党于1989年12月和1990年2月两次改名，改旗易帜，公开宣布走民主社会主义道路，造成大批党员退党，原230万党员只剩下30万，其社会主义制度随之崩溃。

原保加利亚共产党于1990年1月保共十四大上宣布改变党的性质为"劳动人民和知识分子的党"，接着于4月正式改名为社会党，改旗易帜，导致原100万党员中52.3万人退党，其社会主义制度随之崩溃，反对改名的党员重新组成两个共产党。

原捷克斯洛伐克共产党于1989年12月改旗易帜，宣布改变党的最终目标，导致党的大分裂，90万党员退党，党员人数锐减，其社会主义制度从此崩溃。

党的名称的改变以及党的最终目标的改变，不仅导致党的分裂和执政地位的丧失，社会主义制度的崩溃，而且还丧失了与其他党派合作的条件，在各国处于极为孤立的地位。丧失政权后的东欧各国党的领导人，无论在当政时如何表现，下台后仍然被得势的反对派冠以"滥用职权"、"腐败"、"严重损害国民经济"等罪名，遭到拘捕、审判、监禁。身患癌症的前民主德国领导人昂纳克，不得不远离家乡，漂流四方，到处受到缉捕，偌大一个世界，没有他存身的地方，真是凄惨之极。即使那些积极追随超级大国、吃里爬外、带头搞垮本国社会主义政权的人们，虽然一时得势、自鸣得意，有的甚至成为剧变后的国家领导人；但是好景不长，很快就在美国中情局一手掀起的所谓"颜色革命"中，一个个被打得人仰马翻，下场极惨。

共产党失去政权的味道，不应该只有东欧前领导人体会到，全世界进步人士都应该居安思危，从中得到应有的教益。共产党改名、改性质，改旗易帜，必然带来灾难性的后果。这是20世纪留给后人的基本政治常识。

当然，历史潮流是不可抗拒的。国际共产主义运动遇到挫折，不等于共产党的宗旨和信仰出现问题。坚持马克思主义、坚持共产党名称的人们大有人在。希望之光没有弪灭。苏联东欧剧变的灾难性后果使世界社会主义运动遭受极大的挫折，同时也使得全世界无产阶级和进步的人们总结了经验教训，有希望把未来的社会主义事业搞得更好。

在苏东剧变的多米诺骨牌效应中，原东欧8个社会主义国家的执政党改名、裂变，重组、分化为20多个党。其中，属于共产党性质的12个，属于社会党性质的10个（左翼和中派各5个），公开宣称与共产党和马克思主义断绝关系的右派党只有3个。这些共产党性质的党，普遍接受马克思主义指导，坚持共产主义的最终目标。大难之后，在野的共产党人重新奋斗。

在苏东剧变的冲击下，发达国家和发展中国家的共产党，也有改名的，但只占极少数。这些改名的党，大都是些小党，人数极少。这些国家的共产党改名也导致党的分裂。其中坚持马克思列宁主义的派别，依然坚持共产党宗旨和共产主义最终目标，掀起"重建共产主义运动"，重建共产党。

有些国家的共产党在苏东剧变的冲击下，曾经发生过动摇，也曾想过改掉党名中的"共产"二字，不再悬挂镰刀锤子标志的党旗。但苏联解体、资产阶级反共气焰的嚣张震醒了他们，也从反面教育了他们。他们冷静下来，与党内的分裂活动和取消党的错误主张进行了坚决的斗争，坚持了共产党人的本色。西班牙共产党就是这样。西共的十三大击败了"取消派"，决定继续坚持马克思主义指导和共产主义理想，继续把《国际歌》作为党歌，把镰刀和锤子的红旗作为党旗。西共总书记宣布："苏共的解体不等于西共也必须解体，也不意味着资本主义的胜利或共产主义的失败"，在国内外的一切变革中"决不放弃原则"，"因为在原则问题上的退让，将会损害被压迫者和劳动者的根本利益。"[①]法共、比共、挪威共，都在类似的斗争中取得胜利，坚定了共产主义信念。

沧海横流，方显英雄本色。在苏东剧变的冲击下，真正的共产党人经受了考验，认清了党内民主社会主义思潮的本质和危害，更加坚定地坚持党的宗旨和共产党的名称。

五　坚持共产党的旗帜和共产主义远大理想

在苏东剧变的冲击已经过去近 10 年之久，在中国突然冒出要共产党改名的思潮，这是耐人寻味的一个问题。其实，仔细听听那些主张共产党改名的人的说教，答案也就不言自明了。

改变共产党的名称的要害，是改变党的性质和追求。有人这样推论："既然共产主义目标是遥远的，既然在 2700 年的征程里都要搞社会主义，那么，把共产党改名为社会主义党，简称社会党，不就更加合情合理了吗？"[②]"社会主义党"就是"社会党"吗？这种玩弄偷换概念的手法，只能表达自己政治上的浅薄和无知。邓小平同志讲的"几代、十几代、几十代"就一定要理解为长达2700 年的 90 代人吗？共产主义的目标虽然遥远，但并不渺茫，也绝对不可能需要 2700 年。今天的物质条件和精神条件虽然不能实行共产主义的政策，但并不说明我们今天不能坚持共产主义的远大理想。真正的共产党人，真正了解历史

---

① 《苏联东欧剧变后国外马克思主义趋向》，中国人民大学出版社 2000 年版，第 430—431 页。
② 曹思源：《人间正道私有化》，香港夏菲尔国际出版公司 1999 年版，第 370 页。

发展大趋势的人，就一定会像马克思恩格斯在《共产党宣言》中号召的：在今天的运动中代表着运动的未来。

今天的社会主义阶段包括中国特色社会主义，就是向着未来更高级的共产主义社会发展的必要准备。胡锦涛同志指出："中国共产党作为马克思主义政党，在本质上具有非马克思主义政党无可比拟的先进性。这种先进性，集中体现在坚持把马克思主义科学理论作为指导，坚持把实现符合人类社会发展规律的社会主义和共产主义作为坚定信念和远大理想，坚持把立党为公、执政为民作为本质要求，坚持把民主集中制作为根本组织制度和领导制度，坚持把最广大人民作为根本力量源泉等主要方面。"[1] 党的十七届四中全会关于加强党的建设的决定号召党员干部："把理想信念教育作为全党学习践行社会主义核心价值体系的重中之重，……做共产主义远大理想和中国特色社会主义共同理想的坚定信仰者。"[2] 这就是以胡锦涛为总书记的党中央对那种企图改变党的名称、妄图改旗易帜的思潮的正面回答。

在这些根本性的问题上，中国共产党人是清醒的。谁都知道，苏联东欧的剧变是前车之鉴，不能忘怀。一旦取消了共产党的名称，取消了对共产主义的最终目标，就存在一个中国向何处去的问题。中国的前途命运就要遭遇到史无前例的曲折，中国的社会就要遭受历史性的灾难。因此，妄图改掉共产党这个名称的思潮，就是企图制造这样一场大灾难的思潮，这是一切共产党人和进步人们绝对不能允许的。

---

① 胡锦涛：《在庆祝中国共产党成立 85 周年暨总结保持共产党员先进性教育活动大会上的讲话》，新华网北京 6 月 30 日电文。

② 《中国共产党关于加强和改进新形势下党的建设若干重大问题的决定》，中国方正出版社 2009 年版，第 12—13 页。

要深化对社会主义初级阶段理论的研究

梁　柱

【作者简介】 梁柱，北京大学资深教授、博士生导师。曾任北京大学副校长、校务委员会副主任等职。现兼任中国延安精神研究会副会长等职务，被多所研究机构、高等院校聘为特邀研究员、兼职教授。主要从事中共党史、毛泽东思想和中国特色社会主义理论研究。主要学术成果：专著、主编《毛泽东社会主义时期的两大探索》《社会主义初级阶段与四项基本原则》《蔡元培教育思想探析》等 10 余部，在各种报刊发表论文 400 多篇，并从中选编《履冰问道集》《毛泽东与中国社会主义事业》等三部论文集。在教学和科研方面曾获得国家、省部级一等奖等多个奖项。

早在民主革命时期，毛泽东就指出："认清中国的国情，乃是认清一切革命问题的基本的根据。"① 在社会主义时期，党要正确把握这个历史时期的主要矛盾和主要任务，制定正确的路线、方针、政策，首要的问题仍然是要认清中国的国情。所谓国情，既包括一个国家的国土、人口、资源和历史传统，又包括经济、文化发展的状况，而更重要的则是它的社会制度及其发展阶段。十一届三中全会之后的一个重要理论贡献，就是对我国所处的社会主义初级阶段有了

---

① 《毛泽东选集》第 2 卷，人民出版社 1991 年版，第 633 页。

更加清醒、更加自觉的认识，这就为改革开放一系列新方针的制定提供了坚实的立足点。30 多年来所取得的巨大成就证明，符合现阶段国情的方针政策所具有的威力；同时也说明，经过了 30 多年的发展，进一步深化对社会主义初级阶段理论的研究，对于继续推进我国的社会主义事业，帮助广大党员和干部自觉把握党的最高纲领和阶段性纲领的辩证统一关系，都有着重要的理论和现实的意义。

一

社会主义社会的发展阶段问题，是实践中的社会主义提出的一个新课题。马克思主义经典作家的相关论述，为研究这个课题提供了方法论的指导，而对它的正确认识，则要靠社会主义实践经验的积累而不断地深化。

马克思和恩格斯在创立科学社会主义理论时，考察和分析了人类社会的发展历程，并在原则上描述了未来共产主义社会的发展阶段。他们是在批判旧世界的基础上发现新世界的。恩格斯曾谈过他和马克思如何运用唯物主义历史观考察未来社会的特征，他说："我们对未来非资本主义社会区别于现代社会的特征的看法，是从历史事实和发展过程中得出的确切结论；脱离这些事实和过程，就没有任何理论价值和实际价值。"[1] 正是坚持这种历史唯物主义的方法论原则，使他们对未来社会的设想，是一种科学的预测，从而为我们今天正确认识社会主义社会历史方位及其发展阶段提供了科学的方法论和理论基础。

马克思在《1844 年经济学哲学手稿》及其他一些著作中，探讨了未来社会的发展问题，预见到未来社会将经历一个从低级到高级的发展阶段。而在 1875 年所写的《哥达纲领批判》中，马克思首次提出了共产主义两个发展阶段的学说，分析了共产主义第一阶段和高级阶段的区别与联系。这是社会主义理论的一次飞跃。但应当指出，马克思在这里主要是针对《哥达纲领》所宣扬的"不折不扣的劳动所得""公平分配"和"平等的权利"与拉萨尔的"空洞的废话"，着重在分配原则上研究了共产主义两个阶段的区别，而没有专门阐述共产主义两个阶段的一般特征。特别是当时还缺乏社会主义实践的经验，对作为共产主义第一阶段即社会主义社会，在其历史发展过程中将会经历哪些发展阶段，还不是当时面临的现实问题，这自然在经典著作中是找不到现成答案的。

列宁完全赞同马克思对未来社会的设想，并明确将共产主义第一阶段称作"社会主义"，高级阶段称为"共产主义社会"。这时随着社会主义实践经

---

① 《马克思恩格斯全集》第 36 卷，人民出版社 1974 年版，第 419—420 页。

验的初步积累，列宁开始意识到社会主义也将是一个多级发展的历史过程，他曾用"完全的社会主义"，"达到完备形式的社会主义"、"发达的社会主义"等概念，来描述这种多级发展的不同阶段。他在《共产主义运动中的"左派"幼稚病》一文中，还用"最初阶段""低级阶段""中级阶段"和"高级阶段"这四个发展阶段的概念，来说明从资本主义到社会主义以及共产主义历史发展的全过程。同时，列宁还认为，社会主义将是一个很长的历史阶段，"是需要很长时期才能建设起来的"。① 强调了社会主义建设的长期性和艰巨性。列宁的上述重要思想，对于我们认识社会主义社会的发展阶段问题，是有着重要的指导意义的。但由于列宁过早离世，也没有对上述思想作过充分的论证。正像他所说的，对于更具体的发展阶段和它们之间的过渡办法，我们不知道，也不可能知道。

1936 年，苏联完成了对生产资料所有制的社会主义改造，剥削阶级作为一个阶级已经消灭，斯大林依据这个事实，宣布苏联基本上建成社会主义。但这时仍限于历史经验不足，加上这时在认识上陷于形而上学，不对俄国的国情作具体的分析，简单地认为建成社会主义之后就可以向共产主义过渡，因而斯大林在 1939 年联共（布）十八大的报告中，就提出"向共产主义前进"的冒进口号。这时离他宣布建成社会主义仅仅三年。反法西斯战争爆发，中断了这一进程。但战后 1952 年召开的苏共十九大，又重提"向共产主义过渡"的任务。这种违背苏联的具体国情、超越历史发展阶段的口号和做法，使苏联的政治、经济体制更加僵化和脱离实际，阻碍了生产力的进一步发展。斯大林逝世后，赫鲁晓夫进而宣布苏联要 20 年建成共产主义，更加搞乱了苏联的政治、经济生活。之后，从勃列日涅夫提出"发达社会主义"的口号，到其继任者安德罗波夫、契尔年科的"发达社会主义入口处"的提法，名为纠正赫鲁晓夫关于"共产主义建设任务的途径和期限的轻率概念"，但都没有对苏联国情进行深入的研究，实际上都没能解决苏联发展阶段的准确定位及相应的政策问题。戈尔巴乔夫上台后，则完全放弃社会主义原则，并最终导致苏联解体。

社会主义发展阶段这一历史课题，它将在历史经验的积淀中加以回答。

二

1956 年"三大改造"基本完成之后，在中国确立了社会主义制度。我国实

---

① 《列宁全集》第 36 卷，人民出版社 1985 年版，第 308 页。

际上进入了社会主义的初级阶段。但对社会历史发展这一准确的定位，是经历了一个探索的过程。

最初，对社会主义发展阶段的认识，是毛泽东从 20 世纪 50 年代中期开始探索适合中国国情的社会主义建设道路的一个组成部分。如同这个时期的历史特点一样，对社会主义发展阶段的认识也经历了一个曲折的过程。但就其探索的意义及所取得的理论成果来说，具有开创性的作用，对党在十一届三中全会之后确立起社会主义初级阶段的理论有积极的意义。这主要表现在以下两个方面：

第一，将"进入"社会主义和"建成"社会主义加以明确的区别。1956 年党的八大明确宣布，社会主义改造已经取得决定性的胜利，社会主义的社会制度在我国已经基本建立起来了。在这期间，毛泽东不只一次地指出：我们已经进入社会主义，进入是进入了，但尚未完成，不要说已经完成。他认为社会主义生产关系已经建立起来了，它是和生产力的发展相适应的；但是，它又很不完善，这些不完善的方面和生产力的发展又是相矛盾的。同时，上层建筑和经济基础也存在着这种相适应又相矛盾的情况。只有不断地解决这些矛盾，社会主义制度才能逐步巩固和完善。随后，他又明确指出，之所以说我国的社会主义社会还没有建成，重要的原因在于我国社会主义的"物质基础还很不充分"。毛泽东强调："只有经过十年至十五年的社会生产力的比较充分的发展，我们的社会主义的经济制度和政治制度，才算获得了自己的比较充分的物质基础（现在，这个物质基础还很不充分），我们的国家（上层建筑）才算充分巩固，社会主义社会才算从根本上建成了。现在还未建成，还差十年到十五年的时间。"① 这里时间的估计虽还过短，但他明确提出社会主义制度的巩固和完善要有自己的比较充分的物质基础，要有社会生产力的比较充分的发展，这无疑是一个十分深刻而重要的思想。

还需要指出，毛泽东在这里所说的建成社会主义，并不是在完全的意义上说的，主要是指经过相当长时间的努力建立起比较充分的物质基础，使社会主义在相对巩固的基础上进入一个新的发展阶段。毛泽东在 1955 年 3 月党的全国代表会议的讲话中说："我们可能经过三个五年计划建成社会主义社会，但要建成为一个强大的高度社会主义工业化的国家，就需要有几十年的艰苦努力，比如说，要有五十年的时间，即本世纪的整个下半世纪。"② 由此可见，毛泽东这

---

① 《建国以来毛泽东文稿》第 6 册，中央文献出版社 1992 年版，第 549—550 页。
② 《毛泽东文集》第 6 卷，人民出版社 1999 年版，第 390 页。

时所提出的建成社会主义，大体上相当于后来他用更加准确的概念所表述的"不发达的社会主义阶段"。

第二，指出社会主义和共产主义都将经历许多不同的发展阶段，并明确地把社会主义划分为"不发达的"和"比较发达"的两个阶段。在毛泽东看来，在人类社会发展的过程中，以不同的社会制度为代表的历史时期，会在其共同的基础上产生带有不同质变特点的发展阶段，由若干不同的发展阶段组成了这个大的历史时期。他认为，社会主义和未来的共产主义都会经历不同的发展阶段。1955 年 10 月，毛泽东在一次谈话中提出，社会主义是会有缺点的，将来还要发展到共产主义，共产主义也要分阶段，旧制度不行了，新的制度就要起来代替。生产力总要向前进，同生产关系发生矛盾。次年 11 月，他在同苏联驻华大使尤金谈话时，又一次发挥了这个思想。他认为，在社会主义社会，生产关系和生产力是相适应的，上层建筑和经济基础基本上是相适应的，但是过了200 年或更长的时间之后，生产力不断向前发展，总有一天会同生产关系发生矛盾，经济基础变化了，上层建筑也就会不相适，一部分进步的人要求改变，另一部分保守的人不愿意改变。这样就会发生革命。共产主义社会可分成第一阶段、第二阶段、第三阶段等。这里所说的革命，显然不是本来意义的政治革命，而是泛指社会的进步和变革。后来在他起草的《工作方法六十条（草案）》中又提道："由社会主义过渡到共产主义是一场斗争，是一个革命。进到共产主义时代了，又一定会有很多很多的发展阶段，从这个阶段到那个阶段的关系必然是一种从量变到质变的关系。"① 在这里，毛泽东主要从量变必然引发质变的哲学角度，阐发了他对未来共产主义社会发展阶段的看法，这时虽还未直接涉及社会主义的发展阶段问题，但这有助于对它的理论思考。

社会主义制度在我国确立之后，对社会主义发展阶段的定位就成为一个现实问题；特别是当时出现的超越阶段做法所造成的严重后果，更增加了正确认识这个问题的迫切性。这也是引发毛泽东对我国社会主义所处的历史阶段进行深入思考的重要背景。如 1958 年 11 月毛泽东召集的第一次郑州会议，初步纠正了当时已经认识到的"左"的错误，专门讨论社会主义和共产主义的有关理论问题和人民公社的性质问题，提出要区分社会主义和共产主义的界限，不能混淆集体所有制和全民所有制的界限，更不能混淆社会主义和共产主义的界限，强调由社会主义过渡到共产主义是一个相当长相当复杂的发展过程，而在这整个发展过程中，社会的性质仍然是社会主义的；并提出，从集体所有制向全民

① 《建国以来毛泽东文稿》第 7 册，中央文献出版社 1992 年版，第 53—54 页。

所有制过渡，不取决于人们的主观愿望，而取决于生产力发展的水平。而在1959年初召开的第二次郑州会议上，毛泽东又一次提出，究竟什么叫建成社会主义的问题，他指出，中国到达建成社会主义要经过一系列阶段：完成农业机械化、电气化、国家工业化等任务，还只是第一阶段，以后还有第二、第三个提高的阶段，逐步建成社会主义。这里虽然还不是就整个社会主义的发展来划分阶段的，但仍坚持以生产力发展的程度来考察建成社会主义的阶段性，是很有意义的。

毛泽东在1959年12月到1960年2月读苏联《政治经济学》教科书时，进一步探讨了社会主义的发展阶段以及我国所处的阶段问题。他明确提出，要通过生产力发展和人民富裕程度的定量考察来研究建成社会主义的"边"，即阶段性特征问题。他据此认为："社会主义这个阶段，又可能分为两个阶段，第一个阶段是不发达的社会主义，第二个阶段是比较发达的社会主义。后一阶段可能比前一阶段需要更长的时间。经过后一阶段，到了物质产品、精神财富都极为丰富和人们的共产主义觉悟极大提高的时候，就可以进入共产主义社会了。"[①]毛泽东明确地把社会主义划分为"不发达的"和"比较发达的"两个阶段的观点，这对科学社会主义理论是一个很有创见的丰富和发展，对实践中的社会主义也有极为重要的指导意义。特别是他还指出我国现在是处在"不发达的社会主义阶段"这一重要观点，不仅有效地指导了60年代初期国民经济的调整工作，而且也为党在新时期提出"社会主义初级阶段"这一科学概念提供了理论依据。

应当说，毛泽东对社会主义发展阶段的探索，既体现了一个历史时期的成果，又不能不带有那个历史时期的局限。因而在这个探索中，往往是成功与挫折、正确与失误相交织。毛泽东对社会主义发展阶段认识上的错误，主要有以下两个方面：

一是急于求成的冒进情绪，导致了在经济建设上急于求成、生产关系上急于过渡的超越阶段的错误；二是阶级斗争扩大化理论导致了混淆社会主义发展阶段的"大过渡论"。这表明，我们党在这个时期对社会主义发展阶段，对我们还处在"不发达的"即初级阶段的社会主义的认识，还不是成熟稳定的，完全清醒自觉的。

党的十一届三中全会以来，党在总结新中国成立以来历史经验和改革开放以来新的实践经验的基础上，随着对国情认识的深化，逐步作出了我国还处于

---

① 《毛泽东文集》第8卷，人民出版社1999年版，第116页。

并将长期处于社会主义初级阶段的科学论断。这是我们党对社会主义和国情再认识的理论升华。

社会主义初级阶段科学概念的形成，也有一个逐步深化的过程。1979 年十一届四中全会讨论通过的叶剑英国庆 30 周年讲话稿中，初步总结了新中国成立以来的历史经验，指出："社会主义制度还处在幼年时期。""我国实现现代化，必然要有一个由初级到高级的过程。"① 1980 年 4 月邓小平同外宾的谈话中说："现在我们正在总结建国三十年的经验。总起来说，第一，不要离开现实和超越阶段采取一些'左'的办法，这样是搞不成社会主义的。我们过去就是吃'左'的亏。第二，不管你搞什么，一定要有利于发展生产力。"② 这都是从总结历史经验的角度，对发展阶段定位的积极思考。

第一次提出我国还处在社会主义初级阶段，是 1981 年十一届六中全会通过的《关于建国以来党的若干历史问题的决议》，随后在 1982 年党的十二大报告和 1986 年十二届六中全会通过的《关于社会主义精神文明建设指导方针的决议》，都分别对初级阶段作过一定的分析。十一届六中全会决议肯定"我们的社会主义制度还是处于初级的阶段"。当时这个论断主要是针对有人企图否认我国已经建立起社会主义制度，否认坚持社会主义的必要性的错误观点，强调社会主义制度由不完善到比较完善，必然要经历一个长久的过程。十二大报告是在"努力建设高度的社会主义精神文明"这一节中讲到"我国的社会主义社会现在还处在初级发展阶段"。并强调这个阶段的根本特征是"物质文明还不发达"。十二届六中全会决议则指出，我国还处在社会主义的初级阶段，不但必须实行按劳分配，发展社会主义的商品经济和竞争，而且在相当长的历史时期内，还要在公有制为主体的前提下发展多种经济成分，在共同富裕的目标下鼓励一部分人先富起来。这个决议主要从意识形态、道德观念同经济基础的关系上，论述在社会主义初级阶段的历史条件下精神文明建设的方针问题，但这个文件对初级阶段在经济方面的基本特征作了较多的分析。由此可见，这时党对我国社会主义的历史方位已有了明晰的看法，并提出了初级阶段这一科学概念，但对初级阶段的判断还没有提到是建设中国特色社会主义的首要问题的高度上，还没有把它作为制定党的基本路线和基本政策的根本依据加以论述。

1987 年党的十三大召开前夕，邓小平对这次大会的指导思想曾提出："十三大报告要在理论上阐述什么是社会主义，讲清楚我们的改革是不是社会主义。

---

① 《三中全会以来重要文献选编》上册，人民出版社 1982 年版，第 220、233 页。
② 《邓小平文选》第 2 卷，人民出版社 1993 年版，第 312 页。

要申明四个坚持的必要，反对资产阶级自由化的必要，改革开放的必要，在理论上讲得更加明白。"① 随后在同外宾谈话中又明确指出："我们党的十三大要阐述中国社会主义是处在一个什么阶段，就是处在初级阶段，是初级阶段的社会主义。社会主义本身是共产主义的初级阶段，而我们中国又处在社会主义的初级阶段，就是不发达的阶段。一切都要从这个实际出发，根据这个实际来制订规划。"② 这就第一次把社会主义初级阶段作为党制定路线、政策所依据的基本国情提了出来，并科学地勾勒出依据这个国情所要坚持的基本路线的内容。根据邓小平的意见，十三大报告全篇以社会主义初级阶段作为立论的根据，并由此提出了以"一个中心、两个基本点"为主要内容的党在社会主义初级阶段的基本路线。这标志着社会主义初级阶段理论的形成。

这样，经过几十年的曲折发展，我们党对社会主义初级阶段这一基本国情有了准确的把握。这也使我们更加深切地认识到，认清中国的国情，是认清社会主义建设一切问题的首要问题，建设中国特色社会主义正是在这个认识的基础上提出来的。

三

应该指出，社会主义初级阶段这个概念并不是泛指任何进入社会主义的国家都会经历的起始阶段，而是特指像中国这样经济文化落后的国家建设社会主义必然要经历的特定历史阶段。

社会主义初级阶段这一科学概念有不可分割的两层含义：其一，我国社会已经是社会主义社会，我们的现代化建设和改革开放必须坚持而不能离开社会主义；其二，我国的社会主义还处在初级阶段，我们的一切工作必须从这个实际出发，而不能犯超越阶段的错误。前者是指初级阶段的社会性质，后者则体现我国现阶段的基本国情。我们必须把这两者统一起来，完整准确地认识和把握社会主义初级阶段的内涵。而作为社会主义的初级阶段的基本特征，主要表现在以下两个方面：

第一，社会生产力不发达，经济文化还很落后。我国社会主义制度的建立，是在跨越资本主义充分发达的阶段实现的。由于近代中国社会的资本主义经济已经有了一定程度的发展，而在中国革命的发展过程中又有了相对强大的无产阶级政治力量，加上国际无产阶级的支援，所以具备了跨越这个阶段的条件。

---

① 《邓小平文选》第 3 卷，人民出版社 1993 年版，第 203 页。
② 同上书，第 252 页。

但是，根本改变经济、文化落后的阶段却是不能超越的。应该看到我们进入社会主义的历史前提的特殊性，也就是说，中国原是一个资本主义没有充分发展、社会化大生产和商品经济很不发达的半殖民地半封建的社会。新中国成立后虽然仅以三年时间使国民经济恢复到历史最高水平，但远没有改变经济文化落后的面貌。以我国进入社会主义社会后的 1957 年为例，美国、中国的钢产量分别为 10225 万吨、535 万吨，煤产量分别为 46997 万吨、13100 万吨，原油产量分别为 35365 万吨、146 万吨，发电量分别为 7164 亿千瓦小时、193 亿千瓦小时。我国的科学文化也很落后，据统计，1956 年，在农村青壮年中，约有 80% 的人是文盲；在工人中，文盲的比例也在 50% 左右。经济文化远远落后于发达的资本主义国家。因而社会主义初级阶段的中心任务，就是要根本改变经济文化落后状态，基本实现现代化。

第二，已经建立的社会主义的生产关系和上层建筑还不成熟、不完善。我们已经建立的社会主义的生产关系和上层建筑还不完善，固然有多种原因，但从根本上说，是同生产力还不发达，经济文化还相对落后相联系着的。

从生产关系看，应当说，社会主义公有制主体地位的确立及其不可动摇的原则，是社会主义初级阶段区别于过去新民主主义社会的根本标志，也是确定我国社会的社会主义性质的主要根据。但是，由于社会生产力的相对落后，社会主义初级阶段的生产关系还是不成熟，不完善的。这不仅表现在现阶段还不能建立起完全占有社会一切生产资料的社会主义公有制，还要采取与生产力发展水平相适合的，以公有制为主体多种经济成分共同发展的基本经济制度；而且还表现在作为主体地位的社会主义公有制的实现机制上还不成熟、不完善，需要通过不断地调整和改革使之完善起来。当然，这种调整和改革的目的，是为了公有制主体地位更加巩固和发展，而不是削弱或取消公有制的主体地位。同时，这个阶段在分配上还是实行以按劳分配为主体、多种分配方式并存的制度，还容许剥削现象的存在，而作为主体的按劳分配也还有一个逐步完善的发展过程。

同样，由于受到经济文化条件的制约，由于还缺乏经验，我国社会主义民主政治的发育程度还比较低，国家制度的某些环节上还存在缺陷，党和国家机关中的官僚主义和腐败现象还严重存在。在意识形态领域，封建主义意识、资本主义腐朽思想和小生产习惯势力在社会上还有广泛影响，并且经常侵蚀党和国家的干部队伍；妄图否定马克思主义指导地位的资产阶级自由化思潮，还顽强地表现自己。这一切，同社会主义经济基础是不相适应的。因此，社会主义的上层建筑也有一个不断完善和成熟的过程。

上述情况表明，我国将在一个相当长时期处于社会主义初级阶段。这就是说，从 50 年代社会主义改造基本完成到社会主义现代化任务基本实现，都属于社会主义初级阶段。在这个历史阶段，将是逐步摆脱不发达状态，实现社会主义现代化的历史阶段，在社会主义基础上实现中华民族伟大复兴的历史阶段。这样的历史进程，至少需要一百年时间，也就是从 1956 年我国确立社会主义制度算起，到 21 世纪中叶我国实现社会主义现代化、达到中等发达国家水平这样一个世纪的时间。这是一个不可逾越的历史阶段。

我们在新时期对我国社会发展阶段有了科学认识的一个重要表现，就是依据这个基本国情制定出党在这个阶段的基本路线，同时又依靠这个基本路线的全面贯彻来完成初级阶段的任务，从而推进社会主义事业向前发展。可以说，坚持党的基本路线不动摇，是邓小平建设中国特色社会主义的一个重要思想。他多次指出，十一届三中全会确定的改革开放路线不会变，不能变。他在 1992 年南方谈话中，作出了"基本路线要管一百年，动摇不得"的重要论断。这就是说，要在整个社会主义初级阶段都要坚持党的基本路线。他说："要坚持党的十一届三中全会以来的路线、方针、政策，关键是坚持'一个中心、两个基本点'。不坚持社会主义，不改革开放，不发展经济，不改善人民生活，只能是死路一条。""只有坚持这条路线，人民才会相信你，拥护你。"① 后来在党的历次代表大会报告中，都重申了邓小平的这个重要思想。毫无疑义，坚持党的基本路线不动摇，对于完成社会主义初级阶段的历史任务具有决定的意义，是一个极其重要的思想。

坚持党的基本路线不动摇，体现了党的最高纲领和阶段性纲领的统一。

中国共产党从诞生之日起，就是以马克思主义和共产主义理想作为自己的旗帜，并把马克思主义中国化作为自己努力的方向。党在探索中国革命发展规律时，虽历经曲折和磨难，但终于正确解决了党的最高纲领和最低纲领辩证统一的关系，引导中国革命从胜利走向胜利。

毛泽东的新民主主义理论给了我们一个重要的启示，共产主义理想的确立，是中国革命和中国社会发展的正确选择，但要最终实现这个目标，无论是革命时期，还是建设时期，都要通过不同的发展阶段，才能逐步达到。因而如何处理现实的发展阶段同终极目标的关系，是正确指导中国革命和建设的一个十分重要的问题。在这里，既要反对超越阶段的左倾空谈主义，又要反对那种"运动就是一切，目的是没有的"右倾机会主义思潮。这两种错误都曾给中国革命

---

① 《邓小平文选》第 3 卷，人民出版社 1993 年版，第 370—371 页。

带来过重大损失，党正是在同这两种错误思潮的斗争中逐步成熟起来的。

邓小平作为我国改革开放和现代化建设的总设计师，深刻理解我们事业的出发点和归宿，他旗帜鲜明地指出："我们是坚持社会主义和共产主义的，我们采取的各方面的政策，都是为了发展社会主义，为了将来实现共产主义。"① 这一重要思想，为新时期的工作提供了正确的指导原则和发展方向。他在 1992 年南方谈话中关于社会主义本质的那段著名的概括，继承和发展了科学社会主义理论，充分反映了他在我国现代化建设和改革开放中完全正确的指导思想。正是这样，他坚决纠正了"以阶级斗争为纲"的错误，把党和国家工作重心转移到经济建设上来，同时又明确指出我们的现代化必须是社会主义的现代化，决不能是资本主义的现代化；在改革开放中必须迈出新的步子，包括允许多种经济成分并存、实行社会主义市场经济体制这样重大的决策，同时又始终强调必须坚持公有制为主体和共同富裕这两个社会主义的根本原则；反对思想文化上"万马齐喑"的局面，要形成生动活泼的政治局面，同时又明确必须坚持四项基本原则，反对资产阶级自由化，等等。这表明，我们的现代化建设和改革开放，既是从社会主义初级阶段的基本国情出发，又是为了巩固和发展社会主义这个目的，是为了将来向更高的阶段过渡准备条件。如果离开了初级阶段这个基本国情，我们就会犯超越阶段的"左"的错误；如果忘记了改革的目的，改革也就失去了意义，那就会走了邪路。二者都是不足取的。

社会主义初级阶段论和社会主义本质论，是邓小平理论的两大基石。党的基本路线，既反映了社会主义初级阶段的历史要求，又体现了社会主义本质的要求。只有坚持党的基本路线不动摇，才能正确地把党的最高纲领和阶段性纲领辩证地统一起来。

四

由上可见，社会主义初级阶段，既是一个具有相对稳定性，又是一个过渡性的发展阶段。经过 30 多年改革的今天，虽然还要继续警惕急于求成、超越阶段的错误倾向，但也要防止把初级阶段凝固化、固定化，而忘记了党的最高目标。那样的话，就有可能导致邓小平在改革开放初期就一再警示的要防止改革的逆向发展。20 世纪 90 年代初苏联解体、苏共亡党之后，彭真在思考新中国国史问题时讲了这样一段话：社会主义社会不是一个独立的社会形态，是共产主义的低级阶段，是一个变化中的社会。所以，社会主义建设一定要以共产主义

---

① 《邓小平文选》第 3 卷，人民出版社 1993 年版，第 112 页。

为灵魂，为总纲。纲举目张。我们的最终目的是为了实现共产主义，这是写进党章的。抓住这一点，社会主义建设就可以搞得好一些，放弃了这一点，就要演变。苏联、东欧都是如此。中国所以还能够支撑，就在于还没有放弃这一点。抓住了这一点，就不会"左"右摇摆，即使摇摆也不会太大。放弃了，就不知道摇摆到哪儿去了。苏东不就是这样吗？这对于我们正确理解和坚持党的最高纲领和阶段性纲领相统一的实践原则，是很有帮助的。

今天在建设中国特色社会主义事业中，坚持党的最高纲领和阶段性纲领的辩证统一，不仅是一个理论问题，而且也是一个实践问题，特别是要体现在全面贯彻党的基本政策上。党的十七大总结改革开放以来党在理论和实践上创新的经验，提出了要坚持中国特色社会主义的道路及其理论体系，并对它们给以科学的定位。指明中国特色社会主义的道路，是既坚持了科学社会主义的基本原则，又根据我国实际和时代特征赋予其鲜明的中国特色；中国特色社会主义理论体系，是既坚持了马克思主义的普遍真理，又使之在中国在当代的运用中得到创新发展，成为中国化的马克思主义。党的十八大在确立科学发展观作为党的指导思想时，又进一步发挥了这一科学表述。习近平同志在新进中央委员会的委员、候补委员学习贯彻十八大精神研讨班的讲话中，以鲜明而深刻的语言阐释了这一历史定位，强调中国特色社会主义是科学社会主义理论逻辑和中国社会发展历史逻辑的统一。上述这个科学定位，体现了我们党一贯坚持的马克思主义普遍原理同中国实际相结合的思想原则，蕴含了党的最高纲领和阶段性纲领辩证统一的思想内涵。这个科学的表述，不仅写在党的旗帜上，而且还贯穿在改革开放以来党所制定的有关政治、经济和文化等一系列基本政策上。

以社会主义初级阶段的基本经济制度为例，来说明在基本政策的层面上坚持党的最高纲领和阶段性纲领辩证统一的重要性。这一基本经济制度，既坚持了科学社会主义的基本原则，又体现了我国还处在社会主义初级阶段的基本国情；既纠正了过去超越阶段的错误，从初级阶段生产力发展的水平出发，允许多种所有制经济存在和发展，又坚持公有制为主体，有效地防止改革开放中的逆向发展，保证了社会主义的发展方向。邓小平在改革开放初期就不止一次提出必须坚持公有制为主体和共同富裕这两个社会主义的根本原则，就是从两个不同的角度揭示同一个命题：改革开放和现代化建设都必须沿着社会主义的轨道前进。在他看来，在中国，只有社会主义才能为实现国家富强、人民共同富裕提供根本的制度保证。而公有制作为社会主义的经济基础，是巩固和发展社会主义的一个带有根本性的问题。这是因为，所有制问题是涉及判断一个社会性质的标准问题。马克思主义的常识告诉我们，一个社会的基础是生产关系，而占主体地位的生产关系决定社会的性质，人类历史正是按照这样的标准，区分为奴隶社会、封建社会和资本主义社会，而社会主义社会也同样是按照这样的标准来确定和表明它的社会性质的。邓小平在南方谈话中回答当时有人怀疑深圳是不是社会主义的问题时，他明确地说深圳是社会主义，因为占主体的是公有制。之所以要坚持这样的标准，是因为生产资料由谁占有，决定着人们在生产中的不同地位和在劳动产品中所占的不同份额，扩而大之，它决定人们在整个社会中所处的不同地位，形成不同的利益集团和阶级势力。社会主义公有制主体地位的确立，意味着社会主体部分的生产资料不再成为剥削和压迫的工具，而成为全体社会成员所有，这就为社会成员的平等地位、根本利益的一致性提供了保证，也为进一步巩固和发展社会主义提供了坚实的经济基础。如果这种占有形式发生了质的变化，也就是公有制被私有制所代替，这就不能不使社会性质发生反向的变化。

应当看到，这些年来，有的共产党员置党的纲领和宗旨于不顾，痴迷西方的新自由主义思潮，攻击和否定公有制主体的地位，主张"国有企业改革的核心在于国有制改为私有制"；有的公开提出让中国继续走资本主义道路；有的人为了否定公有制的主体地位，竟然提出"社会主义的基本特征是社会公正加市场经济"的公式，用这样连民主社会主义都不主张的模糊话语，来否定社会主义的基本经济制度；等等，不一而足。而有的担负一定领导责任的党员干部，由于践行党的纲领观念的缺失，受到新自由主义思潮的误导，不能全面贯彻中央所坚持的"两个毫不动摇"的要求，而是以"改制"为名行私有化之实。不必讳言，当前在我国国民经济的比重中，国有经济下降到不足1/3，私有经济和外资经济已上升到2/3，这不能不影响到社会财富向少数人集中，其速度之快，比重之大都达到惊人的程度。这样做，不但造成国有资产大量流失，大批工人下岗，而且严重动摇了公有制的主体地位。这不能不引起我们高度警觉和严肃对待。

所有制的格局将会决定分配的格局，这是一个问题的两个方面。在改革开放和现代化建设中使公有制主体地位获得巩固、完善和发展，是逐步实现共同富裕的一个重要的前提条件。否则，就有可能向相反的两极分化的方向发展。邓小平在改革开放之初曾经设想在这场社会变革中有可能导致逆向发展的种种情况，他说："社会主义与资本主义不同的特点就是共同富裕，不搞两极分化。"① 但是，当现实生活一旦出现这种种情况的时候，作为无产阶级

① 《邓小平文选》第3卷，人民出版社1993年版，第123页。

革命家决不会回避问题，更不会文过饰非，而是敢于直面现实，揭露和解决矛盾。这是对我们事业有信心的表现。邓小平在这方面为我们树立了坚持实事求是的榜样。他在晚年（即退休之后）关于分配问题的六次谈话中，都尖锐地提出了在改革开放的进程中出现的贫富悬殊、两极分化的问题。特别是1993 年 9 月，他在关于分配问题见于记载的最后一次谈话中，非常坦诚而语重心长地指出："十二亿人口怎样实现富裕，富裕起来以后财富怎样分配，这都是大问题。题目已经出来了，解决这个问题比解决发展起来的问题还困难。分配的问题大得很。我们讲要防止两极分化，实际上两极分化自然出现。"他还说："少部分人获得那么多财富，大多数人没有，这样发展下去总有一天会出问题。分配不公，会导致两极分化，到一定时候问题就会出来。这个问题要解决。"① 这个忧虑，他在多个场合讲过。对于两极分化可能导致的严重后果，他做过深刻的思考和分析。他说："我们实行改革开放，这是怎样搞社会主义的问题。作为制度来说，没有社会主义这个前提，改革开放就会走向资本主义，比如说两极分化。中国有十一亿人口，如果十分之一富裕，就是一亿多人富裕，相应地有九亿多人摆脱不了贫困，就不能不革命啊！九亿多人就要革命。所以，中国只能搞社会主义，不能搞两极分化。"② 这虽是极而言之，但这是基于对历史经验的深刻理解而发出的警示。1992 年 12 月，他在上海休息期间，看到《参考消息》的两篇外电报道：《马克思主义新挑战更加令人生畏》和《中国将成为最大的经济国》，其中一篇文章提到：西方实行自由市场的自由派所面临的挑战将不仅仅是显示资本主义比社会主义效率高，而且还要显示资本主义在分配上是公平合理的。当时正是苏东剧变发生不久，在西方一些学者看来，资本主义社会如果不能解决在财富分配上的公平合理问题，总有一天主张公平合理分配的马克思主义、社会主义还会重新高涨起来。这则报道引发了充满忧患意识的邓小平的深入思考，如果说以私人占有生产资料为特征的资本主义社会制度决定了他们不可能解决收入分配不公平不合理的问题，那么在社会主义条件下如何解决好社会成员收入的公平分配，就成为一个十分重要的问题。为此，他专门和身边工作人员谈道："中国发展到一定的程度后，一定要考虑分配问题。也就是说，要考虑落后地区和发达地区的差距问题。不同地区总会有一定的差距。这种差距太小不行，太大也不行。如果仅仅是少数人富有，那就会落到资本主义去了。要研究提出分配

---

① 《邓小平年谱（1975—1997）》（下），中央文献出版社 2004 年版，第 1364 页。
② 同上书，第 1317 页。

这个问题和它的意义。到本世纪末就应该考虑这个问题了。我们的政策应该是既不能鼓励懒汉，又不能造成打'内仗'。"① 从上述这些，可以看到一个共产党人的高度的党性原则，在处理实际问题时牢记党的纲领的伟大胸怀。

　　邓小平对分配问题的思考及其重要观点，为我们树立了在基本政策层面如何正确把握最高纲领和阶段性纲领辩证统一关系的一个范例。他基于对两极分化可能导致的严重后果的深刻认识，强调指出："要利用各种手段、各种方法、各种方案来解决这些问题。"② 短短数语，其重视与急切的心情可以想见。他自己就提出要始终坚持改革的社会主义方向，一定时候就要把共同富裕的问题提上日程，做好调节税的工作，等等。他在这时特别提出要善于回头总结经验，勇于改正缺点的思想方法和工作方法，对于我们解决这一难题有重要的指导意义。我们要切实贯彻中央的"两个毫不动摇"的方针，坚决制止以"改制"为名行私有化之实的错误做法，进行政策性的必要调整，逐步完善能够保证实现共同富裕目标的合理的所有制结构。在国有企业中，要建立和完善同社会主义公有制性质相适应的管理制度，防止盲目和西方资本主义接轨，防止管理层无限制的、严重脱离工人群众的高薪制，要使工人群众有权参与对企业的管理和监督。对于私有经济，要积极引导他们守法经营，依法纳税，切实保障职工的合法权益，严厉打击危害国家、残害工人的违法行为。要旗帜鲜明地反对那些企图用西方新自由主义误导改革的社会思潮，保证改革的社会主义方向。

　　在解决社会分配中出现的新问题时，要像邓小平那样，不仅要从经济上着眼，更要从政治高度上加以认识。贫富差距、两极分化的出现，虽然根源于经济的原因，但又是由多方面的因素促成的。特别是同改革开放以来一部分党员干部中理想信念缺失、腐败现象蔓延，社会风气中不健康因素的滋长，政治思想教育不力等等原因，有着密切关系。党内腐败现象的滋长和蔓延，以权谋私，贪污受贿，官商勾结，权黑结合，这不但使一些人攫取了大量社会财富，加剧了两极分化，而且毒化了社会风气，鼓励了一些人胆大妄为，不择手段，唯利是图，非法暴富群体急剧增加。如果听任这种情况发展下去，势必人心涣散，失去民族的凝聚力，党和政府的公信力也会严重动摇，后果将不堪设想。我们要牢记陈云在改革开放之初就指出的这是关系到党的生死存亡问题，要切实按照党中央的要求，以力挽狂澜的决心和魄力，惩治腐败现象，树立良好的、健

① 《邓小平年谱（1975—1997）》（下），中央文献出版社2004年版，第1356—1357页。
② 同上书，第1364页。

康的社会风气，切实保证和维护工农大众的主人翁地位，在广大党员干部中弘扬为人民服务的根本宗旨，杜绝一切潜规则，为最终实现共同富裕创造良好的社会环境。总之，我们要在改革开放和现代化建设的新的历史条件下，在政治、经济、文化和社会的基本政策中，更好地体现党的最高纲领和阶段性纲领辩证统一的关系。

社会主义的本质决不等于
美国的"中产阶级化"

刘书林

【作者简介】刘书林，法学博士。现任
清华大学马克思主义学院教授、博士生导
师。在清华大学先后担任：教育部重点研
究基地高校德育研究中心主任，人文社会
科学学院党委副书记。2011 年评为清华大
学"杰出人才"。国家社科基金项目评审专
家；教育部《思想理论教育导刊》常务副
总编；全国高校马克思主义研究会副会长等。"马工程"教材编写组首席专家。
主持的"思想道德修养"课和"思想道德修养与法律基础"课，分别获得"国
家级精品课程"奖，还获得"国家级优秀教学成果一等奖"、"北京市精品教材
奖"。所著《当代中国人权状况报告》获得 1995 年中宣部"五个一工程"奖，
2003 年获中宣部"全国抗击非典优秀新闻作品奖"。在马克思主义理论、思想
政治教育研究领域中的专著 16 部，论文 200 余篇。近年著作有：《社会思潮与
青年教育》《斯大林评价的历史与现实》《论民主社会主义思潮》《毛泽东的民
族精神》等。

《上海思想界》2014 年第 1、2 期（合刊）以《当代中国思想状况》为题
刊登了一组座谈会发言实录。其中有署名王占阳的一篇发言（以下简称"王
文"）。"王文"说，"原来社会主义的头号口号是公有化，邓小平把它反过来，
改成共同富裕。共同富裕是什么意思？我研究后发现，共同富裕就是现代中产
阶级化。中产阶级化是什么意思？邓小平去美国等地看了，那些地方不都中产
阶级化了？共同富裕变成那样就是社会主义。所以，邓小平说达到中等发达国

家水平就是搞社会主义，当然更发达的就更是社会主义了。所以邓小平在这里面有极重要的思想解放，他自己也不敢直说。邓小平说社会主义说不清，什么事情说不清？因为在那种政治环境下，邓小平没法把话说清楚，所以他说'说不清'，我要是说了你们就得把我打倒了，其实他心里明白他搞的目标是什么。"这些说法涉及重大理论问题，不仅要高度重视，而且要澄清是非。

一　邓小平讲社会主义本质的落脚点是"共同富裕"，从来没有否定"公有制"的主体地位

1992 年，邓小平在视察南方的讲话中高度概括了社会主义的本质。他说"社会主义的本质，是解放生产力，发展生产力，消灭剥削，消除两极分化，最终达到共同富裕。""如果富的愈来愈富，穷的愈来愈穷，两极分化就会产生，而社会主义制度就应该而且能够避免两极分化。"① 这里讲的社会主义与实现"中产阶级化"的社会，没有任何联系。

邓小平讲的社会主义是以马克思主义——科学社会主义的基本观点来阐述的，是有前提的。不能取消前提，做出曲解。社会主义制度作为高于一切剥削制度的崭新社会制度，与人类历史上一切剥削制度都不同。要实现这样一个制度，首先要创造一个前提条件，这就是：解放生产力，发展生产力，消灭剥削，消除两极分化，这就是社会主义革命。离开无产阶级社会主义革命这个前提，去谈论"共同富裕"和"社会主义"，就是偷换概念。

"王文"硬说邓小平把决定社会主义本质的"公有制"改为"共同富裕"，这就是搞另外一套社会制度了。其实，邓小平讲的"解放生产力"、"消灭剥削"，就意味着坚持实现以公有制为主体的社会主义制度，而不是以"中产阶级化"为标准的社会制度。正是在这次视察南方讲话中，邓小平提到了坚持"公有制"的优势。他说："特区姓'社'不姓'资'。从深圳的情况看，公有制是主体，外商投资只占四分之一，就是外资部分，我们还可以从税收、劳务等方面得到益处嘛！……我们有优势，有国营大中型企业，有乡镇企业，更重要的是政权在我们手里。"② 邓小平在这里对公有制地位强调是明确的。这怎么能说邓小平放弃或者改变了社会主义本质的标准，变成了以"共同富裕"取代了"公有制"呢？

在整个改革中，邓小平一直坚持公有制的主体地位，并把它作为一个突出

---

① 《邓小平文选》第 3 卷，人民出版社 1993 年版，第 373—374 页。
② 同上书，第 372—373 页。

的原则问题强调。他绝对没有以"共同富裕"取代"公有制"地位的意思。

1985年8月，邓小平对外宾的谈话中说："我们现在讲的对内搞活经济、对外开放是在坚持社会主义原则下开展的。社会主义有两个非常重要的方面，一是以公有制为主体，二是不搞两极分化。公有制包括全民所有制和集体所有制，现在占整个经济的百分之九十以上。"① 他还说："总之，我们的改革，坚持公有制为主体，又注意不导致两极分化，过去四年我们就是按照这个方向走的，这就是坚持社会主义。"② 在这里，邓小平是把公有制与共同富裕一起作为社会主义的基本原则来强调的。

1985年9月23日，邓小平在党的全国代表会议上再次指出："在改革中，我们始终坚持两条根本原则，一是以社会主义公有制经济为主体，一是共同富裕。"③ 邓小平又一次把公有制与共同富裕作为社会主义的原则一起强调。

1985年10月，邓小平在会见美国企业家代表团时说："我们在改革中坚持了两条，一条是公有制经济始终占主体地位，一条是发展经济要走共同富裕的道路，始终避免两极分化。我们吸收外资，允许个体经济发展，不会影响以公有制经济为主体这一基本点。相反地，吸收外资也好，允许个体经济的存在和发展也好，归根到底，是要更有力地发展生产力，加强公有制经济。只要我国经济中公有制占主体地位，就可以避免两极分化。"④ 邓小平在这里进一步强调了改革要坚持"以公有制经济为主体这一基本点"。

1986年12月，邓小平在同几位中央负责同志谈话中指出："我们要发展社会生产力，发展社会主义公有制，增加全民所得。我们允许一些地区、一些人先富起来，是为了最终达到共同富裕，所以要防止两极分化。这就叫社会主义。"⑤

所以，可以说邓小平从来就没有否定"公有制"的主体地位。他坚持社会主义公有制的思想是一贯的。"王文"对邓小平思想的歪曲，没有根据。

二　美国就是社会主义国家了吗？

按照"王文"的观点，撇开社会主义"共同富裕"实现的革命前提，然后用抽象的"共同富裕"作为衡量是不是社会主义的标准，而且进一步把这种

① 《邓小平文选》第3卷，人民出版社1993年版，第138页。
② 同上书，第139页。
③ 同上书，第142页。
④ 同上书，第149页。
⑤ 同上书，第195页。

"共同富裕"转化为西方资本主义的"中产阶级化",最终又把"中产阶级化"作为衡量社会主义的标准。这样就出现一个连等式:社会主义＝共同富裕＝中产阶级化＝现今美国社会状态,简约地说:社会主义＝现今美国社会状态。这样一个标准的建立,就出现十分荒谬的结论。在"王文"那里,资本主义发达的美国,比社会主义的中国更加有"资格"称为社会主义国家,因为美国更加"中产阶级化"。20 多年前,有个别的所谓理论家早就公开发表过这种热昏了头的胡话,这只能在历史上留下反面教材,没有任何积极的意义。

1986 年 9 月,邓小平在与美国记者迈·华莱士谈话中,明确划清了我们中国人讲的"致富"不同于美国人讲的"致富"。邓小平说:"致富不是罪过。但我们讲的致富不是你们讲的致富。社会主义财富属于人民,社会主义的致富是全民共同富裕。……坦率地说,我们不容许产生新的资产阶级。"① 显而易见,邓小平说的"共同富裕"或"共同致富",与美国的"共同富裕"或"中产阶级化"毫无共同之处。"王文"以"共同富裕"、"中产阶级化"作为标准,显然抹杀了邓小平划出的两种社会制度不同的致富概念的界限。

"王文"明显歪解邓小平论述的原意,只能说明作者不是无知,就是另有目的。

"王文"企图以"共同富裕"和"中产阶级化"把美国打扮成社会主义国家。这是崇美媚美的粗俗的实用主义。这说明其马克思主义修养等于零,说明其改革的真正目的是全盘西化,把中国的社会主义制度变为资本主义制度。除此之外,不知"王文"还能够做出什么高妙的解释。

不过,当今对美国如此狂热追求的人恐怕不多了。美国的现实也很不争气。美国的著名反共政治家布热津斯基,也不得不承认,与"美国梦"正在消逝的过程相伴,"中国梦"正在被全世界越来越多的国家所选择。他说:"中国打着建设'和谐世界'的口号精心塑造的国际形象正激起世界欠发达地区民众的政治热情。与正在消逝的'美国梦'相比,很多人热切盼望一个更贴近自身未来的愿景。中国正在为他们提供一个崭新的选项——日益璀璨的'中国梦'。"② 现在,连美国统治阶级内部也有许多人不再夸耀自己的制度优越了。

漫长的经济危机使得美国经济精疲力竭,很难自拔;政府一些非核心部门连续八年经费困难,有些甚至无法维持运转而关门;被"王文"宣传为普遍达到"中产阶级化"的美国,连续几年被"占领华尔街"运动冲击,惹得美国国

---

① 《邓小平文选》第 3 卷,人民出版社 1993 年版,第 172 页。
② [美] 兹·布热津斯基:《战略视野》,海洋安全研究院出版,第 279 页。

家机器对这些不乏知识的中产阶级群众大打出手；美国在最近十几年中，每年都发动战争或从事战争，到处滥杀无辜，令世界人民侧目；美国不择手段对全球目标进行监听，一个斯诺登的揭发就使得美国脱掉新闻自由的外衣而对斯诺登大加讨伐。这种美国社会与常人所理解的社会主义社会有何共同之处呢？生长在中国社会主义条件下，却否定自己的社会主义性质，美化美国社会为社会主义，鼓吹中国走美国式的资本主义道路，这就是"王文"对当代中国思想界的贡献吗？

三　社会福利不等于社会主义，资本主义与社会主义福利制度的出发点根本不同

其实，有些人包括"王文"所说的美国的所谓"社会主义"，或者"美国比中国更社会主义"这类概念，是由于它们看中了美国的福利制度，认为中国的福利制度不如美国，所以鼓吹美国比中国更具备社会主义的条件。

在历史上，还有一些研究者，曾经认为西方资本主义的福利制度是向社会主义国家学习和吸纳的结果，有人觉得是学习苏联的做法而搞福利制度。

其实，资本主义国家最早自觉地搞福利制度，是出于自身缓解社会矛盾的需要。福利制度的大量集中出现，是在 19 世纪 80—90 年代。例如，当时的德国，在大量出台镇压工人阶级政党的法令的同时，也大量出台福利制度的法规。如，1883 年的《疾病保险法》，1884 年的《意外事故保险法》，1889 年的《老年和残废保险法》，1911 年的《雇员保险法》等。在美国，这方面虽然落后于德国，但也有明显的进展，出现了一个相对集中的"劳工立法"时期。如，1868 年国会规定了关于公共工程界的工人八小时工作日制法律规定，1874 年麻州为工厂童工和女工规定《十小时工作日制法》，1892 年规定了政府雇员的八小时工作制法律，1898 年国会通过对劳工争端的仲裁法，1908 年通过《雇主义务法》）。当时美国类似的立法之多，使得一些保守的法官，在各州"把司法席位变成一道堤防，使福利立法汹涌澎湃的浪潮难以冲过"①。由此可见，当时的西方国家福利制度建设的气势。福利制度在这些国家的初步建立，极大地缓解了工人阶级的斗争对统治阶级的压力，为资产阶级统治者带来了一个较为平静的发展时期。

这种福利制度的建立与社会主义国家无关。这是资产阶级统治者的经验总结，是值得现代社会主义国家借鉴的一个问题。那个时候，社会主义国家还没

① ［美］塞·埃·莫里森：《美利坚合众国的成长》下卷，天津人民出版社 1991 年版，第 172 页。

有出现。

　　我们在党的十八大之后把民生问题提到了更加突出的地位，这是十分必要的。改革开放前，我们国家已有的社会福利保障机制在新中国成立后几十年间产生了相当重要的影响。对于中国工人阶级和广大人民群众来说，生老病死有依靠，这是被人们当作社会主义和共产党的恩情来对待的东西。但是，随着改革尤其是市场经济体制建立以来，这些福利保障措施受到极大冲击，有的甚至被当成"大锅饭"加以否定了。这无疑是近二十年来社会产生不安定状况的主要原因之一。今天，我们不是羡慕美国的"中产阶级化"的时候，也不是仿效西方的福利制度的时候，而是在经济实力提高的同时，努力把具有中国特色的、有效的福利制度恢复或建立起来。在改革中，凡是涉及广大人民群众基本生活和生存条件的福利制度，第一，不能缺少；第二，已有的不能取消。如有改变，事前必须安排补救，不能留下空缺。这是我国保持长治久安的一项工程，也是党的群众路线的题中应有之义。再也不能把老百姓的基本生活和生存方面的福利保障当作"铁饭碗"和"大锅饭"敲掉了。在这些方面，宁可多下些功夫，多出一些政绩，这是会名垂千古的。

　　有人说不要看重原苏联和东欧国家在社会主义时期的福利制度，这个制度后来成了发展的负担，成了养懒汉的制度。其实，这样的话，已经陷入了资产阶级老爷的世界观了。大家都熟知，马克思恩格斯在《共产党宣言》中就提到了这一争论。当时，资产阶级遇到科学社会主义主张消灭私有制、建立崭新的公有制的时候，就曾经制造公有制会养懒汉的舆论。马克思恩格斯对此指出："有人反驳说，私有制一消灭，一切活动就会停止，懒惰之风就会兴起。这样说来，资产阶级社会早就应该因懒惰而灭亡了，因为在这个社会里劳者不获，获者不劳。""谈到封建所有制的时候你们所能理解的，一谈到资产阶级所有制你们就再也不能理解了。"①老祖宗批评的这种观点，就是资产阶级老爷世界观的表现。在马克思主义者看来，公有制，人民大众的基本福利制度，不会养懒汉。只有私有制的资本主义国家才会养不劳而获的资产阶级懒汉，只有在腐败的风气下才会养懒汉。不能把养懒汉的罪过推到社会主义公有制和社会主义的福利制度上。

　　社会主义国家的福利制度是以"为人民服务"为出发点，资本主义国家的福利制度是以缓解工人阶级的反抗为出发点。虽然出发点不同，但社会治乱的规律，确有相似之处。在贫富差距较大，人民内部矛盾比较尖锐的情况下，这

---

　　① 《马克思恩格斯选集》第 1 卷，人民出版社 1995 年版，第 288—289 页。

是必须研究的问题。

四　不照搬苏联模式不等于"告别苏联模式"，更不等于"我另搞一套也是社会主义"

"王文"认为："中国特色社会主义提出的背景就是那时候要告别苏联模式，也告别东欧当时的探索……苏联特色那套东西是整个东欧的一个经互会，是政治体系、经济体系自成一体，而邓小平跟世界主流结合。""邓小平的目标很明确，中国就是要建设像他出国时候看到的那样的国家。他强调道路特色，那中国道路肯定不能跟美国一样，起码中国不需要打一场独立战争，也不能有南北战争，不能有黑奴问题。各国道路不一样，一国有一国的路，各种路之间有共性，但是没法完全照搬。"[①]

这里涉及社会主义国家对待社会主义的苏联模式的看法问题。

苏联是世界上第一个社会主义国家。苏联在建设社会主义的过程中对发展道路和基本制度的探索是世界上第一次全面认真的探索。在探索的过程中，苏联取得了史无前例的成就，永垂史册。同时，苏联最后形成的社会主义的建设模式，既具有科学社会主义的基本骨架，又带有自身的许多特点甚至错误。因此，对于建设社会主义的苏联模式，应该采取有分析的态度。对其体现科学社会主义的制度和做法，我们应该借鉴和学习，当然这种学习不是照搬，而必须是有分析的。对于其个性和缺点部分，也应该采取具体分析的态度，找到应有的经验和教训。对社会主义建设的苏联模式采取照搬的态度，被历史证明是错误的做法；但是，对其采取一概否定的态度，就等于否定了其中的科学社会主义部分，很容易走到邪路上去。无论说苏联模式有什么弊病，它坚持马列主义的指导、坚持共产党的领导、坚持无产阶级专政、坚持社会主义公有制的基本特点与我国的社会主义是共同的，是不能否定的。所以，不能把中国的改革简单化为"告别苏联模式"。"告别苏联模式"的说法不符合中国特色社会主义的实际，也不符合我国改革的实际。

从毛泽东到邓小平，对苏联模式的科学社会主义的性质是肯定的，对不能照搬苏联模式的态度是明确的。我国建立的社会主义制度和中国特色社会主义，在本质上与苏联是相同的，都是贯彻科学社会主义的实践探索。这是共性。但是由于国情不同，历史文化不同，时代特点也不同，所以具体表现形式或者说在体制方面有所不同。各有各的特点，形成不同的表现形式。这就是我国的社

---

①　《当代中国思想状况》，《上海思想界》2014 年第 1、2 期合刊，第 28 页。

会主义建设与苏联社会主义模式的共性与个性的分析。

然而，"王文"企图采取移花接木的办法，把中国特色社会主义与美国现代的资本主义制度解释为个性与个性的关系。这就成了弥天大谎。现实中的我国与美国社会制度，分别属于社会主义制度与资本主义制度，在性质上没有共性，基本上没有可比性。"王文"企图论证中国要走美国的道路，照搬美国的模式；区别就是不用学着美国去打独立战争、南北战争和解决黑奴问题，其他的就是具体个性的差别，而基本的东西皆可照搬了。看来，"王文"把社会主义本质概念中的"公有制"偷换为"共同富裕和中产阶级化"，其目的在这里就完全清楚了。中国建设的特色社会主义明明与苏联模式在本质上有相同性，而"王文"却说是"告别苏联模式"，明明与美国的制度毫无相似性，"王文"却说我们的共同富裕就是美国的中产阶级化，不知是何用意？

"王文"歪曲邓小平的意思是"我另搞一套也是社会主义"。"王文"企图使人相信，邓小平实际上搞的是美国的资本主义，不敢说这是搞资本主义，就说这是搞社会主义，只不过是与苏联模式不同的社会主义。"王文"企图以"告别苏联模式"为借口，把美国资本主义道路强加给邓小平，硬说邓小平心里头想象的榜样就是美国。邓小平如果在天有灵，肯定要对这样的歪曲和强加表示极大的愤慨和谴责。不过，邓小平对"王文"这种小儿科的骗术，也可能只是付之一笑。

"王文"说："现在搞的社会主义是市场社会主义，这跟马恩所说的社会主义大不一样。"① 这话听起来很别扭，好像不是生活在我国境内的人说的话。使用国内大众化的语言，可以纠正一下"王文"的这一说法，很简单，这个道理应该这样讲：我们现在搞的是中国特色社会主义，在经济领域搞的是社会主义市场经济，不是什么"市场社会主义"。马克思、恩格斯过去只是阐述了科学社会主义的基本原理，而要在一个国家搞社会主义建设，必须以当时当地的具体情况为转移。这不能说与马、恩所说的社会主义"大不一样"，这是马、恩所说的科学社会主义的具体化。在苏联搞社会主义，与在中国这样的地方搞社会主义，都不可能是一样的。但是，它们内在的灵魂都是一样的，都是科学社会主义。这个共性是存在的。这就是马克思主义的辩证法。

五 社会主义的经济基础与上层建筑的关系

"王文"说："马恩当年实际是在西方资本主义早期阶段就设想了一个比较

---

① 《当代中国思想状况》，《上海思想界》2014 年第 1、2 期合刊，第 28 页。

高级的民主政体，这个民主政体的特点就是在普选的基础上整个建立一套新的制度。现在这样一个体制恰恰是西方的模式。……我还是坚持我 2004 年公开提出来的观点，即社会主义要在终极价值层面上给出定义。社会主义终极价值是什么？就是普遍幸福，实现所有人的普遍幸福。"①

　　按照"王文"的说法，既然当年马克思恩格斯设想的"比较高级的民主政体""恰恰是现在的西方的模式"，那么在上层建筑领域，按照马克思的"设想"，我们现在就应该照搬西方政治制度了。如果说前一番议论是拐弯抹角地主张搞西方资本主义的经济制度，那么现在就过渡到上层建筑，要实行西方资本主义的政治制度了。这里有一个政治常识问题：马克思设想的"政治体制"，是建立在什么样的经济基础上的呢？难道他们可能在当时或恰恰是现在的西方资本主义的经济基础之上设想政治体制吗？马克思主义唯物史观的一条基本原理就是经济基础决定上层建筑。他不可能脱离经济基础设想政治体制。马克思主义从诞生之日起，就严格地遵循科学研究的道路：只有全球性生产力得到普遍发展，同时只有全球性的世界交往得到普遍发展，共产主义社会才是现实的。这样两个普遍发展的观点和前提，马克思恩格斯从来没有放弃过。在设计政治体制的时候也不会忘却。这里没有给"王文"留下任何空隙可钻。

　　"王文"最终把社会主义的"终极价值"定义为"普遍幸福"。看来，"王文"现在又不需要"共同富裕"这个概念了。其实，"普遍幸福"与"公正""正义"等抽象的概念一样，每一个阶级都有不同的理解和感受。亚当·斯密就主张，什么是"公正"？资本家拿利润，地主收地租，工人拿工资，这就是世界上最"公正"的。而共产党人所说的公正，则是要有物质条件做保证，要求消灭私有制，要求公有制占主体，要求共同富裕，要求机会均等，要求扶助弱势群体等等。无产阶级与资产阶级在"终极价值"上，没有什么"公约数"。因此，对于"普遍幸福"之类的概念，也不会有共同的理解。正像鲁迅说的，捡煤渣老婆子不会有煤油大王亏本的苦恼，《红楼梦》里的焦大也不会爱贾府的林妹妹。共产党人认为普遍幸福的首要前提就是建立社会主义制度，然后经过努力才能达到。这样的价值观，西方能接受吗？同样，西方那种虚伪的"普遍幸福"，社会主义国家的人们也不会买账。

　　"王文"企图在价值层面对社会主义给出定义。这有什么用处呢？人类的思维活动始终有两种判断：即价值判断与真理判断。对于社会主义这样一个历史发展所必然出现的社会形态，它是否合理，它是否具有历史发展的前景，它

---

① 《当代中国思想状况》，《上海思想界》2014 年第 1、2 期合刊，第 28 页。

是否会最终取得胜利，以及人类是否应该追求它，对于这一系列的问题，只作价值判断是不够的，也是不科学的，而且也是没有说服力的。只有对其首先做真理判断，才能得出应有的结论。也就是说，首先看它是不是符合人类历史发展的规律，它是不是有科学的根据，它是不是真理。然后才能做出选择。"王文"不讲真理判断，不做真理判断，即使拿出"终极价值"也是枉费心机，既不能说服别人，恐怕也不能说服自己的良心。

完善和发展社会主义的历史性文献

——纪念《关于正确处理人民内部矛盾的问题》发表 60 周年

梁　柱

【作者简介】梁柱，北京大学资深教授、博士生导师。曾任北京大学副校长、校务委员会副主任等职。现兼任中国延安精神研究会副会长等职务，被多所研究机构、高等院校聘为特邀研究员、兼职教授。主要从事中共党史、毛泽东思想和中国特色社会主义理论研究。主要学术成果：专著、主编《毛泽东社会主义时期的两大探索》《社会主义初级阶段与四项基本原则》《蔡元培教育思想探析》等 10 余部，在各种报刊发表论文 400 多篇，并从中选编《履冰问道集》《毛泽东与中国社会主义事业》等三部论文集。在教学和科研方面曾获得国家、省部级一等奖等多个奖项。

60 年前，毛泽东发表了他在社会主义时期的理论巅峰之作——《关于正确处理人民内部矛盾的问题》。这是我们党对"什么是社会主义，如何建设社会主义"这一历史新课题的创造性回答，丰富和发展了马克思主义的唯物史观和科学社会主义的理论。经过半个多世纪正反两方面的实践检验，证明它所阐述的关于社会主义社会基本矛盾的理论、人民内部矛盾成为政治生活主题的思想、关于社会主义经济建设和民主政治建设等重要思想，都为坚持、完善和发展社会主义指明了正确方向。这部作为历史性的文献，不仅具有重要的现实价值，而且也为社会主义理论的进一步发展提供了坚实的基础。

一

对于已经建立的社会主义社会发展的动力是什么？毛泽东在提出社会主义社会的矛盾问题时，许多人还天真地认为社会主义社会已经没有任何矛盾了，把团结、和谐看成是社会主义社会的发展动力；但在实际生活中依然表现出矛盾的存在，特别是有的矛盾还会以尖锐的形式出现，人们感到不可理解，在社会矛盾面前束手束脚，处于十分被动的地位。而毛泽东在 1956 年 12 月 4 日致黄炎培的信中就明确提出："社会总是充满着矛盾。即使社会主义和共产主义社会也是如此，不过矛盾的性质和阶级社会有所不同罢了。"① 并论述了对不同性质的矛盾要采取不同的解决办法。同年 12 月 29 日，《人民日报》发表了《再论无产阶级专政的历史经验》一文，这是根据中共中央政治局扩大会议关于苏共二十大以来国际共运问题的讨论而写的，并经毛泽东修改定稿的。文章从国际范围上第一次明确阐述了两类矛盾问题，文章特别指出，社会主义制度建立以后，在生产关系和生产力之间、上层建筑和经济基础之间仍然存在着一定的矛盾，"这种矛盾表现为经济制度和政治制度的某些环节上的缺陷。这种矛盾，虽然不需要用根本性质的变革来解决，仍然需要及时地加以调整"。这篇反映毛泽东观点的著名文章，已经大体上勾勒出了两类不同性质矛盾学说的基本轮廓。

1956 年，当社会主义制度在我国确立之后，党和国家面临着如何巩固、完善和发展社会主义制度，即关系到国家的治理和社会走向这一根本性问题时，毛泽东以其特有的敏锐和深刻的哲学思维，运用对立统一规律深入总结实践中社会主义的历史经验，观察和分析社会主义社会各种复杂的矛盾，创造性地提出社会主义社会基本矛盾学说，深刻揭示社会主义社会存在着两类不同性质的矛盾，并且把正确处理人民内部矛盾作为国家政治生活的主题。这些理论观点，集中体现在毛泽东于 1957 年 6 月发表的《关于正确处理人民内部矛盾的问题》（以下简称《正处》）一文中。它从哲学的高度回答了时代面临的重大课题，是我们党对"什么是社会主义，怎样建设社会主义"这一历史课题最早的、又是非常重要的理论上的探索和回答。这个回答，深化了对社会主义的认识。

《正处》肯定社会主义社会还有矛盾，同时指出："在社会主义社会中，基本的矛盾仍然是生产关系和生产力、上层建筑和经济基础之间的矛盾。"这里所

---

① 《毛泽东书信选集》，中央文献出版社 2003 年版，第 474 页。

说的"仍然是"，就是说人类社会历史的基本矛盾都是这两种矛盾，社会主义社会也不例外。毛泽东在肯定社会主义社会基本矛盾的同时，又科学地揭示了社会主义社会基本矛盾不同于以往任何阶级社会基本矛盾的运动特点，"它不是对抗性的矛盾，它可以经过社会主义制度本身，不断地得到解决"①。这就在科学社会主义发展史上，第一次明确提出了社会主义社会基本矛盾的范畴，并从矛盾的普遍性和特殊性的统一上，深刻阐述了社会基本矛盾在社会主义社会的表现特征和解决方式，为认识社会主义社会发展动力提供了基本依据。

　　社会基本矛盾原理是马克思创立的唯物史观的基石。马克思在《〈政治经济学批判〉序言》中，根据他对人类社会的演进和繁纷复杂的社会现象的长期研究，指明了推动社会发展的具有决定作用的基本矛盾，他说："社会的物质生产力发展到一定阶段，便同它们一直在其中运动的现存生产关系或财产关系（这只是生产关系的法律用语）发生矛盾。于是这些关系便由生产力的发展形式变成生产力的桎梏。那时社会革命的时代就到来了。随着经济基础的变更，全部庞大的上层建筑也或慢或快地发生变革。"② 在这个奠定唯物史观理论基石的经典表述中，虽然没有使用"基本矛盾"这一概念，但实际上已指明生产力和生产关系、经济基础和上层建筑这两种基本的矛盾是社会发展动力这一唯物史观的基本原理。后来恩格斯在《社会主义从空想到科学的发展》一文中，曾明确使用过基本矛盾这一概念，他指出：社会化生产与资本主义占有制之间的矛盾，"这就是产生现代社会的一切矛盾的基本矛盾，现代社会就在这一切矛盾中运动，而大工业把它们明显地暴露出来了"③。列宁在《评经济浪漫主义》一文中，也是在这个层面上提出社会基本矛盾的问题，他在讨论资本主义经济危机的成因时指出："因为危机是由现代经济制度中另一个更深刻的基本矛盾，即生产的社会性和占有的私人性之间的矛盾引起的。"④ 他们这个深刻的理论观点，反映了整个人类社会都是建立在社会生产的基础之上，一切社会的运动和社会的面貌归根到底都是由生产力和生产关系之间的矛盾决定的。但社会现象是极其复杂的，这个概括还不能反映整个资本主义社会运动的全部特点，还没有涵盖上层建筑和经济基础这样人类社会的另一个基本矛盾，因为有一部分社会矛盾是由这个基本矛盾产生的。因而，毛泽东的理论贡献，是在马克思主义哲学史上，第一次把经典作家发现的生产力和生产关系、经济基础和上层建筑

① 《毛泽东文集》第 7 卷，人民出版社 1999 年版，第 213—214 页。
② 《马克思恩格斯选集》第 2 卷，人民出版社 1995 年版，第 32—33 页。
③ 《马克思恩格斯选集》第 3 卷，人民出版社 1995 年版，第 758—759 页。
④ 《列宁全集》第 2 卷，人民出版社 1984 年版，第 137 页。

这两种矛盾规定为社会基本矛盾，并认定这种社会矛盾贯穿于人类社会发展的全过程。他说："将来全世界的帝国主义都打倒了，阶级消灭了，……那个时候还有生产关系同生产力的矛盾，上层建筑同经济基础的矛盾。"① 这表明，社会基本矛盾存在于包括现实的社会主义社会和未来的共产主义社会在内的一切社会发展过程的始终，是一切社会矛盾的总根源，它规定和制约着社会各种矛盾的存在和发展。

如何正确认识和处理社会主义社会的矛盾问题，是马克思主义发展史上的新课题。马克思在《哥达纲领批判》一文中，科学地考察了未来共产主义的发展问题，第一次论证了共产主义社会发展两个阶段的思想。他敏锐地预见到，在共产主义的第一阶段，在经济、道德和精神等各方面还不可避免地带着它脱胎出来的那个旧社会的痕迹，并且具体指出在这个阶段还存在着体力劳动和脑力劳动之间、城乡之间的差别以及分配问题存在的事实上的不平等。这里虽然还主要是从分配领域作的探讨，但指出这些差别，实际上说明了社会主义社会仍然存在着矛盾，这对于我们认识社会主义社会的特征是有深刻的启示意义的。应该说，马克思和恩格斯是在批判旧世界中发现新世界的，由于当时还没有无产阶级革命胜利的实践，社会主义社会的矛盾问题还没有提到他们面前，他们对于社会主义社会的"未来的发展和变化，只应该也只能说出个大的方向"②。而不可能作出全面的和具体的描述与论证。

十月革命之后，列宁根据建立和巩固苏维埃政权斗争的实践经验，曾具体地分析了社会主义社会存在的矛盾。他论述了从资本主义到共产主义过渡时期兼有两种经济结构的特点；分析了无产阶级专政条件下阶级斗争继续存在及其特点；谈到了社会主义社会中工人阶级内部的矛盾及其处理办法，等等。他在批评布哈林写的《过渡时期经济》一文时，曾经提出了在社会主义条件下，对抗将会消失，矛盾仍将存在的重要思想。应该特别指出，这时列宁已预见到社会主义国家政治生活的主要内容将发生变化，除了原来意义的即各阶级之间斗争的政治以外，还有"从事国家建设的政治"③。这显然是十分深刻并富有现实指导意义的思想。列宁的这些论述，对社会主义社会的认识是大大地前进了。但是，由于列宁辞世过早，没有经历社会主义改造完成之后的实践，因而也不可能充分地和系统地回答社会主义社会的矛盾问题。

在苏联社会主义改造完成之前，斯大林还比较多地讲到苏联社会存在的各

---

① 《在中国共产党第八届中央委员会第二次全体会议上的讲话》，1956 年 11 月 15 日。
② 《毛泽东选集》第 1 卷，人民出版社 1991 年版，第 106 页。
③ 《列宁选集》第 4 卷，人民出版社 1995 年版，第 308 页。

种矛盾，包括已经大量表现出来的人民内部矛盾。但他这时所讲的矛盾，主要是指过渡时期存在着的社会矛盾。他曾指出，当时的苏联存在着两种矛盾，一种是"内部的矛盾"，即工人阶级和农民之间的矛盾；另一种是"外部的矛盾"，即社会主义国家和其他一切资本主义国家之间的矛盾。[①] 他在20年代末批驳托洛茨基的"二次革命论"时，还把工人阶级和农民基本群众之间的矛盾称为"结合内部的矛盾"，把工农群众和国内资产阶级分子之间的矛盾称为"结合外部的矛盾"。对这两种矛盾作了区别。他认为，前一种矛盾，将"随工业化的增长，即随着无产阶级在国内的力量和影响的增长，这种矛盾将日益缓和并顺利解决"。而后一种矛盾，"在我们还没有消灭富农阶级以前，这种矛盾是会日益增长并尖锐化的"。[②] 斯大林的这些观点基本是正确的。但他没有回答社会主义改造完成以后是否仍存在两种不同性质矛盾的问题，因而远没有形成完整准确的科学理论。相反，当苏联1936年宣布建成社会主义以后的一个长时期中，斯大林错误地认为，社会主义社会的生产关系和生产力之间、上层建筑和经济基础之间是"完全适合的"；工人、农民和知识分子之间在政治上和道义上的一致，是社会主义社会发展的主要动力。直到他逝世前一年写的《苏联社会主义经济问题》一书时，才开始承认社会主义制度下生产关系和生产力之间存在着矛盾，要领导者经常注意发现矛盾和解决矛盾，并认为如果注意不够，搞不好的话还可能发生冲突。但是，这时他还是没有把它作为全面性的问题提出来，还是没有认识到这些矛盾是推动社会主义社会向前发展的基本动力，因而在理论上是不彻底的。1957年5月，毛泽东南下宣讲正确处理人民内部矛盾问题，在南京上海干部会议的讲话提纲中写道："公开承认矛盾，列宁承认社会主义社会存在矛盾。斯大林不承认，混淆两类问题，直到死前才在理论上承认，但实际做又是一回事。"[③] 这反映了在这个重大问题上的实际情况。

否认社会主义社会存在着矛盾的观点，不仅在理论认识上是错误的，而且在实践上也是极其有害的。这正如毛泽东所指出的："没有矛盾的想法是不符合客观实际的天真的想法。"[④] "许多人不承认社会主义社会还有矛盾。因而使得他们在社会矛盾面前缩手缩脚，处于被动地位；不懂得在不断地正确处理和解决矛盾的过程中，将会使社会主义社会内部的统一和团结日益巩固。"[⑤] 由于斯

---

① 《斯大林全集》第7卷，人民出版社1958年版，第91页。
② 《斯大林全集》第13卷，人民出版社1958年版，第20页。
③ 《建国以来毛泽东文稿》第6册，中央文献出版社1992年版，第403页。
④ 《毛泽东文集》第7卷，人民出版社1999年版，第204页。
⑤ 同上书，第213页。

大林在一个相当长的时期内否认苏联社会存在矛盾，这就势必对现实政治生活中出现的矛盾问题无法作出正确的判断，而把一切矛盾归结于国外帝国主义的指使和挑动，结果导致混淆敌我的严重错误。苏联这种长期积累下来的社会矛盾，以及由于苏联对东欧一些社会主义国家的错误做法造成的严重后果，在 1953 年斯大林逝世以后，特别是 1956 年苏共二十大以后，进一步暴露出来了。

正是在这样的理论和现实的背景下，毛泽东结合我国社会主义建设的经验，开始对社会主义制度建立后的社会运动的本质和特点进行了深入的思考和研究，在科学社会主义发展史上，第一次提出了社会主义社会存在着矛盾及矛盾的根源，并且指明矛盾同样是推动社会主义向前发展的动力。从这里可以看到，在马克思主义的发展史上，理论的创新是一个继承和发展的关系，没有实践（包括经验总结）就不会有理论的升华；没有继承就不会有理论的发展。这充分显示了在继承马克思主义基础上的发展，具有重要的理论创新意义。

二

毛泽东在《正处》中阐明了社会主义社会基本矛盾的特点，即生产力和生产关系、经济基础和上层建筑之间是又相适应又相矛盾，而相适应是基本的方面，相矛盾是非基本的方面。这个科学的论断，就为社会主义社会的根本任务和自我完善奠定了坚实的理论基础。

强调适应的一面是主要的，是符合社会主义社会的性质和要求的。毛泽东说："我国现在的社会制度比较旧时代的社会制度要优胜得多。如果不优胜，旧制度就不会被推翻，新制度就不可能建立。所谓社会主义生产关系比较旧时代生产关系更能够适合生产力发展的性质，就是指能够容许生产力以旧社会所没有的速度迅速发展，因而生产不断扩大，因而使人民不断增长的需要能够逐步得到满足的这样一种情况。"[①] 这是从制度的比较上说的。我国已经建立了人民民主专政的国家制度，在政体上建立了能够反映人民当家作主权力的民主集中制，即人民代表大会制度，特别是消除了生产资料私有制，建立了以公有制为主体的社会主义经济制度，从而保证了人民在根本利益上的一致，这些都表现了能够适应和促进生产力的发展。正是基于上述的分析，毛泽东指出："我们的根本任务已经由解放生产力变为在新的生产关系下面保护和发展生产力。"[②] 他进一步说，之所以要提出正确处理人民内部矛盾的问题，就是为了"团结全国

---

① 《毛泽东文集》第 7 卷，人民出版社 1999 年版，第 214 页。
② 同上书，第 218 页。

各族人民进行一场新的战争——向自然界开战，发展我们的经济，发展我们的文化"①。明确以在新的生产关系下面保护和发展生产力为根本任务，既体现了社会主义制度的优越性，也反映了它的内在要求。这是因为：每一种社会形态都有自己的物质技术基础，能否建立起强大的物质技术基础是关系到社会主义制度能否巩固和发展；能否创造出比资本主义更高的劳动生产率，是社会主义制度能否最终战胜资本主义的最根本的因素。这正如马克思恩格斯在《共产党宣言》中所指出的，无产阶级上升为统治阶级，争得民主，是"工人革命的第一步"，无产阶级将利用自己的政治统治，"尽可能快地增加生产力的总量。"②

对社会主义社会的根本任务的规定，除了社会制度这一根本因素外，还要对这个历史时期的阶级状况和社会主要矛盾作出精准判断。因为社会的主要矛盾决定党的主要任务；如果这个历史时期的阶级矛盾和阶级斗争仍居主导地位，就不可能实现由阶级斗争到经济建设为主的转变。社会主义改造的基本完成，使国内阶级关系和阶级斗争形势发生了重大变化。1956年召开的中共八大正确指出：国内主要矛盾已经不再是工人阶级和资产阶级的矛盾，而是人民对于经济文化迅速发展的需要同当前经济文化不能满足人民需要的状况之间的矛盾。这时毛泽东也对这种变化迅速作出了正确的判断，他在《正处》中指出，现在的情况是：革命时期的大规模的急风暴雨式的群众阶级斗争已经基本结束，但是阶级斗争并没有结束；还有反革命，但是不多了。这是对社会主义社会阶级斗争的基本形势和主要任务的正确判断。在这里必须肯定，阶级的产生和作为完整的阶级的消灭，都是基于同生产资料的关系；正是坚持这同一个标准，所以当生产资料资本主义所有制的改造基本完成之后，资产阶级赖以获取剩余价值的生产资料已经交出，失去了借以剥削和压迫人的手段，这使它作为一个剥削阶级已经归于消亡，所以这时阶级斗争已不再是主要矛盾，再提"阶级斗争为纲"的口号就失去了客观依据。也正因为这样，经济建设就成为社会主义时期的主要任务。当然，我们也不能因此而否定在社会主义社会一定范围内依然存在阶级斗争的事实，不能走到阶级斗争熄灭论的错误上去。

为了认识社会主义时期的阶级还没有最终消灭，阶级斗争仍然长期存在，毛泽东总是提醒人们要正确分析国际和国内的阶级斗争状况。他在1958年写的《工作方法六十条（草案）》就说过："现在一方面有社会主义世界同帝国主义世界的严重的阶级斗争；另一方面，就我国内部来说，阶级还没有最后消灭，

---

① 《毛泽东文集》第7卷，人民出版社1999年版，第216页。
② 《马克思恩格斯选集》第1卷，人民出版社1995年版，第2—3页。

阶级斗争还是存在的。这两点必须充分估计到。"① 历史和现实证明，社会主义国家内部的阶级斗争，往往是同国际上的阶级斗争互相配合，互相呼应的。这是社会主义时期阶级斗争的一个显著特点，并且也使这种斗争呈现出错综复杂的局面。毛泽东在考察社会主义时期的阶级斗争问题时，总是把国内的阶级斗争同国际的阶级斗争联系起来，并且提醒人们对这两个方面都要充分估计到，这无疑是十分正确和深刻的。

毛泽东在《正处》中肯定社会主义社会基本矛盾，即生产力和生产关系、经济基础和上层建筑相适应是主要方面，同时又指出它们之间还存在不相适应的方面。这是因为，我们建立的新的制度还不完善，国家机构中还存在官僚主义的作风，人民群众中还存在基于利益的各种矛盾，等等。但一般说来，这些矛盾不是对抗性的，所以是社会基本矛盾中的次要方面，是可以通过社会主义制度本身加以逐步解决。这正如《再论无产阶级专政的历史经验》一文所指出的："这种矛盾表现为经济制度和政治制度的某些环节上的缺陷。这种矛盾，虽然不需要用根本性质的变革来解决，但仍然需要及时地加以调整。"《正处》通过如何保持生产和需要之间的平衡关系，同样指出"需要作出局部的调整"。"矛盾不断出现，又不断解决，就是事物发展的辩证规律"②。这就为社会主义改革提供了理论依据，换句话说，这种改革是为了巩固和完善社会主义制度。正是通过对矛盾的正确认识和不断加以解决，推动社会主义社会向前发展。

有学者认为，毛泽东在这里只提矛盾是社会发展的动力，而没有提改革是动力，所以是不彻底的。这是不符合事实的。调整和改革都是解决社会矛盾的途径，在一定意义上说，调整也是改革。何况，毛泽东这时也多次倡导改革，他说："中国的改革和建设靠我们来领导。""我们国家要有很多诚心为人民服务、诚心为社会主义事业服务、立志改革的人。我们共产党员都应该是这样的人。"他还提出："我们还需要有一批党外的志士仁人，他们能够按照社会主义、共产主义的方向，同我们一起来为改革和建设我们的社会而无所畏惧地奋斗。"③ 在这里，他是从社会主义事业的需要提出改革和建设的任务的。改革是要改变不完全适应生产力发展的局部性的生产关系和上层建筑，以利于解放和发展生产力。从特定意义上说，改革是矛盾积累到一定程度上发起和进行的，具有阶段性的特征，而调整则是随时随地依据实际情况加以进行的。所以，矛盾是社会发展的根本动力，改革是直接动力，表现了二者的一致性。

---

① 《毛泽东文集》第 7 卷，人民出版社 1999 年版，第 351 页。
② 同上书，第 216 页。
③ 同上书，第 275 页。

　　毛泽东对社会主义社会基本矛盾特点的论述及其所作出的重要结论，对完善和发展社会主义有重要的指导意义。诚然，这个时期毛泽东在处理经济建设和阶级斗争的关系问题上出现了失误，使党的根本任务的转变没能得到坚持和贯彻，出现了历史的曲折。这反映了探索时期的特点，重要的是要认真总结历史的经验，更好地认识和把握事物发展的客观规律。但这里需要指出，毛泽东在《正处》中的科学的理论判断，有助于我们在总结经验中能够较快地回到正确的原点。

<h2 style="text-align:center">三</h2>

　　社会主义社会基本矛盾表现在人与人之间的关系上，存在着敌我矛盾和人民内部矛盾这样两类不同性质的矛盾。一般地说，以往阶级社会也同样存在对抗性和非对抗性这样两类不同性质的社会矛盾，不同的是，毛泽东特别强调在社会主义社会，大量的、主要的是人民内部矛盾，因而正确处理人民内部矛盾就成为社会主义国家政治生活的主题。这就为社会主义民主政治建设指明了方向。

　　毛泽东认为，敌我矛盾和人民内部矛盾，是一个具体的历史范畴。在建设社会主义的时期，一切赞成、拥护和参加社会主义建设事业的阶级、阶层和社会集团，都属于人民的范围；一切反抗社会主义革命和敌视、破坏社会主义建设的社会势力和社会集团，都是人民的敌人。从这里可以看到，人民是具有极大的广泛性的基础，而且在社会主义社会里，两类不同性质的社会矛盾运行的总的趋势，是人民的范畴越来越扩大，敌人的范畴越来越缩小。这是从社会主义事业正常的、健康的发展趋势上说的，也是社会主义事业发展的规律性现象。

　　对待人民内部矛盾，要重在"正确处理"。这不仅因为我们缺乏正确区分和处理的经验，还存在官僚主义的作风，更重要的，两类不同性质的矛盾不是凝固不变的，而是在一定条件下也会互相转化。这是两类不同性质矛盾运行规律的一个重要表现。毛泽东在《矛盾论》中就指出："根据事物的具体发展，有些矛盾是由原来还非对抗性的，而发展成为对抗性的；也有些矛盾则由原来是对抗性的，而发展成为非对抗性的。"[1] 他在《正处》中进一步发挥了这个思想，指明在社会主义社会两类不同性质矛盾运动中也同样存在这种互相转化的可能。当然，这种互相转化是在一定条件下才会发生的。

　　毛泽东特别强调，人民内部的矛盾在一定的条件下也可能激化，发生对抗

---

① 《毛泽东选集》第1卷，人民出版社1991年版，第335页。

的形式。他指出："在一般情况下，人民内部的矛盾不是对抗性的。但是如果处理得不适当，或者失去警觉，麻痹大意，也可能发生对抗。"[①] 在理论上正确认识并指明这个问题，对实际工作是有重要的指导作用。

之所以会这样，我们应该着重看到：其一，人民内部矛盾产生的最深刻原因在于经济方面，而且大量表现在分配问题上。如在改革开放新时期实行社会主义市场经济的条件下，出现了利益多元化，他们之间有的还存在着雇佣劳动关系，一些失去理想信念的国家干部还会利用手中权力掠夺社会财富，有的则通过不正当经营、欺诈手段获得大量财富，这不但会迅速形成贫富悬殊、而且还会造成社会心理的严重失衡，对社会稳定有极大的冲击力。对于这种情况的出现，如果我们不坚持共富、共享的发展方向，不采取有力的、正确的解决方法，矛盾激化的潜在危险是显而易见的。其二，人民内部矛盾还突出地表现在人民群众与领导者之间的矛盾问题上。作为处在执政地位的党，如何正确处理各方面的关系，都会直接关系到人民内部的矛盾问题。还有很多人民内部的矛盾，诸如工农之间、工人内部和农民内部之间的矛盾、企业主与工人之间的矛盾等等，虽然并不直接表现为领导与群众的矛盾，但领导者也负有正确调节和处理的责任。如果处理不当，人民内部的矛盾也会通过领导与群众的矛盾形式表现出来。在这种情况下，领导机关如果犯官僚主义错误，对人民群众特别是弱势群体漠不关心，采取简单化甚至粗暴的态度对待人民内部矛盾，就有可能使本来能够合理解决的矛盾复杂化尖锐化，以致被激化成对抗性矛盾。其三，还应该特别注意到，国内外敌对势力往往利用社会主义国家存在和出现的人民内部矛盾，利用群众关注的切身经济利益问题和政治生活中的某些失误进行挑拨，煽动群众闹事，来达到他们不可告人的目的。近些年来国际上一再出现的所谓"颜色革命"，就是某些西方国家通过公开的或看不见的手进行操纵，蓄意利用和制造矛盾，通过"街头政治"达到更换或颠覆政权的目的。这是值得我们高度警惕的。

毛泽东关于人民内部矛盾已成为社会主义社会政治生活的主题，并深刻阐明两类不同性质矛盾的运行规律，对于我们在新的历史条件下正确处理人民内部矛盾，善于化解矛盾，并促使矛盾向有利于人民内部的团结和社会主义事业发展的方向转化，有效防止矛盾的逆向发展，有重要的指导意义。

首先，要坚持和发展公有制的主体地位，在大力发展经济的同时要重视分配的公平性。如前所述，人民内部的团结是建立在人民根本利益一致的基础上，

---

① 《毛泽东文集》第7卷，人民出版社1999年版，第211页。

所以人民内部矛盾是非对抗性，是能够通过民主的方法加以解决的。这里所说的人民根本利益一致，最重要的体现，就是建立了公有制为主体的社会主义经济制度。虽然我们还处在社会主义的初级阶段，还应当容许多种所有制存在，但占主体地位的生产资料已经属于全社会所有，不再成为剥削和压迫人的工具，所以在一般意义上说，在这样基础上出现的矛盾是非对抗性的矛盾。坚持公有制的主体地位，不仅关系到我们国家的社会主义性质，而且也关系到每个人的切身利益，即保证了分配的公平性，有效防止贫富悬殊、两极分化，并最终达到共同富裕的目标。应当看到，改革开放以来，在经济快速发展的同时，也出现了严重的贫富悬殊、两极分化的现象，这不能不引发诸多的社会矛盾，有的是以尖锐的形式表现出来。在 20 世纪 90 年代初，邓小平晚年就对这种自然出现的两极分化现象深为忧虑，多次提出警告，他提出，少数人富起来，多数人没有富起来，这样发展下去就会落到资本主义去了，就不能不引起革命。当然，这是极而言之，但这种严重性是应当引起我们高度警惕的。解决这个问题的办法是多方面的，包括税收调节、精确扶贫等等，但从根本上说，贫富悬殊、两极分化是属于分配领域的问题，而分配是同所有制的格局密切相关的，坚持并不断完善公有制的主体地位，坚持"两个毫不动摇"的方针，是解决这个问题的根本途径。习近平总书记多次强调要做强做优做大国有企业的指示，具有很强的现实针对性和深远意义，我们要从政治高度上加以认识和落实。

其次，要努力形成生动活泼的政治局面。毛泽东总结社会主义国家的实践经验，他认为对于如何完善和发展社会主义，实际上存在着两种不同的治国方针。一种是"收"的方针，一种是"放"的方针。前者就是不承认社会主义社会存在矛盾，强调社会主义社会的特征是"政治上道义上的团结一致"，对于实际上存在的不同意见不容许充分发表，以维持表面上的统一，而实际上是形成了一种"万马齐喑"的局面，被掩盖的矛盾就有可能在一定条件下以激烈的形式表现出来，这显然是不利于国家的巩固和团结的。而后者是坚持彻底的唯物辩证法，承认社会主义社会充满着矛盾，大量的是人民内部的矛盾，而且许多阶级斗争的问题，在特定条件下也表现为人民内部矛盾。因此，不是回避或掩盖矛盾，而是敢于承认矛盾，并且采取"团结—批评—团结"的方法来解决大量存在的人民内部矛盾。毛泽东倡导的"百花齐放、百家争鸣"的方针，这个方针，不仅限于艺术和科学领域中的是非问题要通过自由讨论和实践去解决，而且还可扩大到正确处理人民内部的思想性质的问题。这不但有利于艺术和科学的繁荣发展，有利于形成生动活泼的政治局面，而且有利于巩固和发展马克思主义在思想领域的领导地位。毛泽东指出："马克思主义者不应该害怕任何人批评。相反，马克思主义者就是要在人们的批评中间，就是要在斗争的风雨中间，锻炼自己，发展自己，扩大自己的阵地。""真的、善的、美的东西总是在同假的、恶的、丑的东西相比较而存在，相斗争而发展的。……这是真理发展的规律，当然也是马克思主义发展的规律。"①

　　上述重要思想，给我们以下两方面重要的启示：一方面，要尊重不同的意见，不能采取简单压制的办法。在这方面，毛泽东给我们树立了榜样。1956 年初，一位在中国讲学的苏联学者，在参观广东孙中山故居的时候，向中方陪同人员表达了他对毛泽东关于孙中山世界观评价的不同看法。这件事上报中宣部后，认为这"有损我党负责同志威信"，中宣部报告提出是否有必要向苏方反映。毛泽东在批语中指出："我认为这种自由谈论，不应当去禁止。这是对学术思想的不同意见，什么人都可以谈论，无所谓损害威信。"他不但不同意向苏方反映，而且还强调："如果国内对此类学术问题和任何领导人有不同意见，也不应当加以禁止。如果企图禁止，那是完全错误的。"② 这是对党的"双百"方针的生动写照。另一方面，贯彻党的"双百"方针，不但要"放"，而且还要"争"。"放"，当然要在国家宪法容许的范围内，这是一个公民的常识，但有人因此认为，只能让真的、善的、美的东西放，不能让假的、恶的、丑的东西放，只能让正确的意见放，不能让错误的意见放。这是不正确的。毛泽东认为："为了判断正确的东西和错误的东西，常常需要有考验的时间。历史上新的正确的东西，在开始的时候常常得不到多数人承认，只能在斗争中曲折地发展。"③ 因此，采取简单压制的办法，无助于提高群众的识别能力，而且还有可能妨碍新生事物的成长。应当允许发表各种不同的意见，提倡自由讨论。他特别强调："凡属于思想性质的问题，凡属于人民内部的争论问题，只能用民主的方法去解决，只能用讨论的方法、批评的方法、说服教育的方法去解决，而不能用强制的、压服的方法去解决。"④ 我们是提倡有"放"有"争"，只有这样才能真正形成生动活泼的政治局面，才能加强马克思主义意识形态领域的指导地位。那种不许"放"，不许"争"，都同样是错误的，都不利于巩固和发展社会主义的。

　　再者，要加强党的领导，保持党的纯洁性和领导的正确性。正确区分两类不同性质的矛盾，正确处理人民内部的矛盾，是关系到完善和发展社会主义的

①《毛泽东文集》第 7 卷，人民出版社 1999 年版，第 232、230—231 页。
②《建国以来毛泽东文稿》第 6 册，中央文献出版社 1992 年版，第 40 页。
③《毛泽东文集》第 7 卷，人民出版社 1999 年版，第 229 页。
④ 同上书，第 209 页。

重大问题。中国共产党作为领导我们事业的核心力量，在全国执政的条件下，要善于适应新的情况，研究新的问题，改进和完善党的领导。毛泽东在《正处》中提出要有效防止矛盾逆向发展的问题时，当时还主要着眼于要反对官僚主义的思想作风和工作作风，而今天党内存在的问题比过去要复杂和尖锐得多。一些党员干部由于理想信念失落而出现的官僚主义、形式主义、享乐主义，以至以权谋私、贪赃枉法，这不但严重损害了党和人民群众血肉相连的关系，严重动摇党的执政基础，而且也成为激化社会矛盾的酵素。我们对此要有清醒的认识，一定要按照习近平总书记要求的，治国必先治党，治党务必从严，把我们的党建设成为坚强的领导核心，治国的能手，通过正确处理人民内部的矛盾，实现中华民族的伟大复兴。

　　毛泽东期望通过正确处理人民内部的矛盾，调动一切积极的因素，把我们的国家建设成为伟大的社会主义强国。这正如他在南京上海干部会议宣讲正确处理人民内部矛盾问题的提纲中说的：采取现在的方针，"党会经常保持活力，人民事业会欣欣向荣，中国会变成一个大强国而又使人可亲"。① 这应当是我们追求的国家治理的目标。

---

① 《建国以来毛泽东文稿》第 6 册，中央文献出版社 1992 年版，第 405 页。

第三世界与社会主义

卫建林

【作者简介】卫建林，我国第三世界发展学创始人，马克思主义理论家。1959 年考入南开大学中文系，1964 年毕业后分配到《红旗》杂志社工作。1977 年在国务院财贸小组工作，后在中共中央书记处研究室、中央政策研究室工作，任副主任至退休。中国共产党第十四次全国代表大会代表，政协第十届全国委员会委员。退出领导岗位后，兼任中国国际文化交流中心副理事长，中国社会科学院马克思主义研究院顾问、中国人民大学兼职教授、博士生导师。全国哲学社会科学基金 2005 年度重大项目"全球化与第三世界"课题首席专家。长期从事党的思想宣传、理论研究和文化研究工作，在哲学社会科学、文艺理论、国际关系和第三世界发展等研究方面造诣深厚。代表作为《曹雪芹论》《〈呐喊〉〈彷徨〉及其时代》《文学要给人们以力量》《生活教导着作家》《明代宦官政治》《辩证法是历史的代数学》《卫建林文集》《历史没有句号》《明代宦官政治（增订本）》《忧郁的俄罗斯在反思》《科技属于人民》《历史是谁的朋友》《西方全球化中的拉丁美洲》《全球化与中国共产党》《新自由主义全球化别名考》《卫建林自选集》《全球化与第三世界》《写作心路》《秋天遭遇春天》《第三世界与社会主义》等。

当代世界的两个主要矛盾是，帝国主义和第三世界的矛盾，资本主义和社会主义的矛盾。这个世界在燃烧，正在资本的炼狱中锻造一个全新的世界，一个华尔街钱柜和美式导弹无法左右、西方主流舆论无法改写和掩饰的世界，一个属于人民自己的世界。在这个世界中，中国人民和第三世界人民在发展问题上的独特贡献，正在成为人类文明的新的财富。苏联解体的悲剧，没有改变一个天天重演的事实，即帝国主义时代的第三世界，社会主义之外真正是"别无选择"。社会主义是一个日益全球化的世界的人民的选择，是各国人民基于自己条件和民族传统的发现和创造。从第三世界走向社会主义，除各自民族和国家的具体情况和历史传统，一般地说，在很长一个历史时期，都面临两个方面的基本任务。一个是抵御帝国主义的侵略和干涉，把民族独立、国家主权放在第一位。另一个是充分发展社会生产力和在这一基础上实现社会全面进步。

一 世界主要矛盾及其发展

20 世纪 70 年代末 80 年代初，新自由主义登上舞台。关于此后 30 多年世界历史运动的发展趋势，邓小平同志提出两个经得起历史检验的著名判断。

第一个判断："可能是一个冷战结束了，另外两个冷战又已经开始。一个是针对整个南方、第三世界的，另一个是针对社会主义的。西方国家正在打一场没有硝烟的第三次世界大战。所谓没有硝烟，就是要社会主义国家和平演变。"

第二个判断："从一定意义上说，某种暂时复辟也是难以完全避免的规律性现象。一些国家出现严重曲折，社会主义好像被削弱了，但人民经受锻炼，从中吸取教训，将促使社会主义向着更加健康的方向发展。因此，不要惊慌失措，不要认为马克思主义就消失了，没用了，失败了。哪有那回事！"

回头看看，在几十个上百个共产党改名、解散、放弃马克思列宁主义，忠诚的共产党人备受压抑、被解雇、送上法庭和关进监牢，马克思列宁主义、社会主义、共产主义被踩在脚底和成为荒谬与邪恶的同义语，对资本主义的迷恋达到疯狂程度、地拉那万人空巷欢迎美国国务卿贝克来访和高呼"美国爸爸"的时候，作出这两个判断，该具有怎样的共产党人的冷静、清醒、政治坚定性和把握历史运动规律的科学勇气！

历史这样走来，还在继续这样走下去。

两个判断，揭示出当代世界的两个主要矛盾——帝国主义和第三世界的矛盾，资本主义和社会主义的矛盾。

西方的第三世界政策，用德国报纸文章的话来说是，"我们能够单独做出决定，南方必须走什么样的道路"①；用英国报纸文章的话来说是，"像对待苏联

---

① 《北方对南方发动的战争开始了吗？》，德国《法兰克福汇报》1992 年 3 月 19 日。

一样"，三叉戟、导弹和潜艇瞄准第三世界①；用美国杂志文章的话来说是，"重新殖民化"，"使非殖民化过程颠倒过来，恢复古老的帝国价值观，甚至倒退到白人统治的旧制度"②。

西方万变不离其宗，始终循着这样的政策思路行事。它在第三世界各大洲不断制造事端、干涉内政、武装入侵、颠覆不驯顺的政权和扶植奴才政权，孤立、渗透、制裁、遏制、禁运，贸易战、金融战、资源战、生物战、气候战、信息战、心理战、网络战，无所不用其极，直到真刀真枪，在炮火中毁灭国家和民族，用第三世界人民的尸骨锻造西方垄断资本的利润。在第三世界进行最残酷的争夺，成为新自由主义全球化的一项基本内容。

这是一个西方对第三世界进行"人道主义轰炸"和发动"'自由与民主'的侵略"的时代③。这场新殖民主义战争"争夺目的是——基本原材料、势力范围、控制市场、战略通道、军事基地等。这其中包括西方国家痴迷的经典殖民主义方式，用暴力方式将自己的价值观强加于人，强迫边缘社会加入新的世界秩序，为了推动'人类进步'不惜完全摧毁其文化"，"正在形成的或许不是一个理解与和平的时代，而是一个比爆发世界大战的上世纪更为恐怖的时代"④。

西方对社会主义国家的政策，在解体苏联的过程中，渐次成熟和得到经典的表述。苏共下台、苏联亡国接近真相大白的关键时刻，美国主流已经不再使用惯常的外交辞令似的抽象概念，而是对苏联的改革，发出训诫般的只能如何、不许如何的清晰而具体的指令。

尼克松撰有《戈尔巴乔夫的危机与美国的机会》，提出对戈尔巴乔夫其人的两个不放心。一个，他是"共产党组织培养的产物"。另一个，"他是一个爱国的俄罗斯民族主义者"。因此，必须向他施加"势不可当的压力"，强迫"转向"和"回到彻底改革的道路上"。所谓"彻底改革"，就是"肢解帝国、摧毁社会主义的改革"⑤。

接着是基辛格，说苏联"正经历两次革命"："反对斯大林国家制度的民主革命"和"反对自彼得大帝以来的俄罗斯帝国的反殖民主义革命"，第一种革命针对 74 年的共产党历史，第二种革命针对 400 年的俄罗斯帝国历史⑥。

---

① 《三叉戟导弹潜艇瞄准疯狂的国家集团》，英国《星期日电讯报》1995 年 1 月 4 日。
② 《再见吧，莫伊先生》，美国《新闻周刊》1966 年 11 月 11 日。
③ 《新殖民主义扩张》，阿根廷新闻社布宜诺斯艾利斯 2012 年 2 月 6 日电。
④ 《新的殖民战争》，西班牙《起义报》2011 年 4 月 4 日。
⑤ 尼克松：《戈尔巴乔夫的危机与美国的机会》，美国《华尔街邮报》1991 年 6 月 2 日。
⑥ 基辛格：《同一个新俄罗斯打交道》，美国《新闻周刊》1991 年 9 月 2 日。

　　这里说出的，是西方为社会主义国家规定的改革内容和底线。尼克松两个目标或者基辛格两次革命提出的两个方面，缺一不可——不允许共产党，也不允许爱国；不允许社会主义，也不允许民主主义；要摧毁社会主义，也要摧毁民主主义；不允许斯大林，也不允许彼得大帝；不允许74年，也不允许400年。如果加上布热津斯基《大棋局》不许俄罗斯成为"欧亚帝国"的规定，那就在解体苏联之后，需要继续离间独联体和解体俄罗斯。这个过程其实已经持续多年。

　　结果是社会主义国家的第三世界化，是第三世界完全丧失自己的民族历史、民族传统、民族文化、民族意识。解体的苏联从超级大国、分裂的东欧从第二世界，沦入第三世界。这个目标已经基本实现。戈尔巴乔夫因为"转向"和"彻底改革"到这样的地步而身价骤升，有幸被美国封为俄罗斯的"民主之父"和美国的"自己人"。

　　两个主要矛盾中，帝国主义和第三世界的矛盾，从资本主义登上历史舞台就存在，而进入帝国主义时代则遍于全球；资本主义和社会主义的矛盾，由自由资本主义时代西方国家内部资产阶级和工人阶级的矛盾，发展为帝国主义时代苏联产生以来两种社会制度的矛盾。

　　资本主义国家之间、各民族资产阶级之间、不同资本集团之间及其内部，也存在竞争和冲突，但是面对工人阶级、被压迫人民、被压迫民族，它们总是联合起来，建立压迫者对付被压迫者、剥削者对付被剥削者的兄弟联盟。世界人民不会忘记，绞杀俄国革命和对苏联发动冷战，入侵阿富汗、伊拉克、南斯拉夫、利比亚的战争，对叙利亚、伊朗的军事威胁，这种联盟怎样一次又一次地显示其捍卫世界资产阶级整体利益的政治性质。美国官方和主流媒体动辄把国内工人阶级失业和生活水平降低的原因，转嫁到第三世界国家包括中国身上，妄言中国工人夺了美国工人的饭碗。事实正好相反，在美国作为全球霸主的世界，国际垄断资本从中美两国工人阶级的身上榨取利润，两国工人阶级的根本利益是一致的。

　　两个主要矛盾，从根本上影响和左右着我们时代世界的、地区的、各国各民族之间及其内部的，政治、经济、文化、宗教的错综复杂的其他矛盾。比如竭力把伊拉克战争、利比亚战争、叙利亚战争宣传为国内战争或者宗教教派冲突，比如讨论苏联解体原因而刻意仅仅把它孤立地归结为其国内经济政策、民族政策，稍稍留心就会发现，这些方面的矛盾都存在、都有各国各民族的特点，也都发生作用，但是都不能离开帝国主义及其追随者为一方、第三世界和社会主义国家人民为另一方，围绕民族独立国家主权问题产生的矛盾，都成为这个具有基础意义的主要矛盾的某种存在形式。民族独立和国家主权，是第三世界和社会主义国家捍卫自己利益的最后一道防线。确立共产主义目标的社会主义所以为西方特别地深恶痛绝，也是因为，在帝国主义时代，共产党人和共产主义者是最彻底、最坚定的民主主义者，只有社会主义才能保证并全面实现民族独立和国家主权。

在两个主要矛盾中，相当一个时期以来，西方掌握着历史主动权和居于矛盾的主导地位。这就使新自由主义全球化，成为国际垄断资本全球征讨围剿第三世界和社会主义，世界民族解放运动和世界社会主义运动一道陷入低潮的过程。这一过程至今尚未终结。

西方占有世界最大份额的物力、财力，拥有全球绝对优势的经济、政治、军事、意识形态的控制力和影响力，在资本主义的数百年里积累起统治国内人民和世界人民的丰富经验。这是它在同第三世界、同社会主义矛盾中掌握历史主动权和占据主导地位的依据。

但是它以国际垄断资本亦即世界极少数人的无限膨胀的私欲为起点、过程和落脚点，以剥夺、伤害、灭绝世界最大多数人的尊严和利益，残酷而无节制地破坏人类共有的资源和生态环境为实现条件，势必遭遇世界最大多数人的抗击和自然界的惩罚。

作为资本主义发展的最新阶段，新自由主义全球化带给世界的，完全不是它所允诺和描绘的自由、民主、和平、富裕的世界。剥离花花哨哨的泡沫和堆积如山的垃圾语言，这到底是一个什么样的世界呢？——一个号称"地球村"而混乱、动荡、分裂、灾难频仍的世界，一个财富空前增长而贫富两极分化和不平等空前加剧的世界，一个越是涂抹现代化油彩也越是奴隶制、封建君主制、法西斯主义和新殖民主义携手卷土重来的陈腐倒退的世界，一个道德沦丧和腐败、诈骗、军火、犯罪、贿赂、洗钱、贩毒、卖淫成为最大产业的时代，一个因为严重失业丧失今天和更为严重的青年失业丧失明天的世界，一个西方发达国家生产率增长达到顶峰、财政和生态达到极端，"我们的体制破裂了"[①]，资本主义历史地展现其生机和成果，然后端出全部丑恶卑鄙和死相的世界，一个美国自封全球霸主、把全球权益集中于自身同时也就把全球怨愤和仇恨集中于自身的世界。由它发动的两个冷战，是旨在永久奴役世界人民的不义之战。正如一位葡萄牙学者所说，"新自由主义是最近 50 年来最违反社会和人性的资本

---

① 托马斯·弗里德曼：《醒醒吧，震撼人心的变化正在发生》，新加坡《海峡时报》网站 2012 年 10 月 13 日。

主义"①。

这样一个世界和维护这个世界的秩序不可持续，已经和继续走向衰退。这又成为它终究丧失历史主动权和矛盾主导地位的依据。历史不是它的朋友，而且越来越不是它的朋友。

2001 年美国"9·11"事件，是历史进程的一个标杆。此前和此后，矛盾的发展呈现出两个阶段。

第一个阶段。新自由主义登上舞台，特别是在拉美的强制推行和演变东欧、解体苏联，达到顶峰。戈尔巴乔夫现象成为国际性现象。西方发动长驱直入的全面攻势，第三世界国家和苏联、东欧等社会主义国家，领导集团或者步步退让，或者改旗易帜，人民尽管并非不战而降，但是绝大多数在苦难中沉默、彷徨和忍耐，仅有的反抗，基本上是下层的、零散的、自发的。

两个重大事件具有全球的、深远的影响。一个是 1994 年爆发的墨西哥印第安人的萨帕塔运动。这一运动用冲锋枪打响世界人民反抗新自由主义全球化的第一枪。它的口号"受够了，就是受够了"，迅速由拉美向欧洲、美国和世界传开。另一个，是 1999 年美国的"西雅图事件"。这是 20 世纪 60 年代以来美国爆发的最大规模的抗议活动。西方多国卷入这一事件。一家英国刊物写道："成千上万的民众在西雅图、巴黎、伦敦、华盛顿等城市举行示威活动，以示其反资本主义的情绪。不仅如此，这种情绪还表现在其他方面，如民意测验显示，在波兰、原东德地区和意大利，认为'资本主义'一词引起不良联想的民众分别占 58%、63% 和 51%。所以，抗议者反资本主义，只是冰山的一角，其下则是人们对资本主义的普遍不满。"②

这种基本上属于下层的、零散的、自发的反抗，孕育着更广泛、更大规模和具有更深厚历史能量的斗争。它的一个直接的、多少畸形的产物，就是"9·11"。"9·11"造成美国人民的损失，这是不可取的。但是在第三世界和西方国家包括美国的下层，为此幸灾乐祸的人不在少数。它成为被压迫人民、被压迫民族愤怒情绪的一种宣泄口。西方就有媒体，把"9·11"看作第三世界的报复。

第二个阶段。"9·11"以后，历史出现两种并行而又交互影响的现象。

第一种，布什当局对"9·11"的回应，是以所谓"反恐战争"之名，宣布"非友即敌"和"先发制人"，在第三世界选择相对弱小、资源丰富、具有

① 博阿文图拉·德索萨·桑托斯：《给左派的第八封信：最后的阵地》，西班牙《起义报》2012 年 9 月 1 日。
② 《反资本主义：理论与实践》，英国《国际社会主义》2000 年秋季号。

全球战略地位的国家和地区，首先在欧亚非三大洲交汇的中东北非，或者加强军事控制力量，或者直接发动更频繁、更残酷的战争。它从最初在阿富汗、伊拉克的劳师远征、所向披靡、如入无人之境，走到在利比亚和至今尚无进展的叙利亚、伊朗退居幕后、遭遇强硬的抗击，给那里的人民造成毁灭性灾难，自己背上沉重的包袱。"恐怖主义"没有停止，"反恐"越反越恐，"基地"的影响扩大。在这一过程中，从美国开其端，爆发世界资本主义金融危机、经济危机、社会危机，以及由此导致的全球粮食危机、能源危机、生态危机。就其主要方面而言，危机是美国穷兵黩武，尤其是资本主义世界体系内脏腐烂、自我爆裂的产物，是资本主义深层结构性、制度性弊端的逻辑延续。这就使业已展开的资本主义衰退过程，更加显示出不可逆转的性质。

"9·11"打开美国的地狱之门，终结美国建国以来基本上走上线的趋势，久已存在然而影响甚微的美国衰退之说，现在成为活生生的、无法掩饰的历史过程。还在世界资本主义体系危机爆发之前，《华盛顿时报》网站就承认，在美国，"'衰退'成为经济圈的流行词"①。

2009年即将结束的时候，美国《时代》周刊、它的网站和《华盛顿邮报》网站分别刊出文章，评论21世纪最初10年的美国，那真是一片晦暗："史上最糟糕的10年""最令人沮丧、最令人失望的10年""地狱里的10年""美国梦行将破碎的10年""最灰心、最幻灭的10年""梦想破碎的10年""失落的10年""在惊恐中开始，又在惊恐中结束的10年""可怕的10年""大零蛋的10年""还不能保证下一个10年会比这个10年好的10年"。

2011年的所谓"阿拉伯之春"，因为美国爆发"占领华尔街"运动，被认为走到"美国之秋"，到2012年阿拉伯世界的反美群众斗争兴起，新的提法已经是进入"美国之冬"。

第二种，对新自由主义和整个资本主义的质疑、否定和反抗，新的历史道路的探索和创造，都在成为全球化现象。

先是普遍"怀旧"——苏联和东欧怀社会主义时代零失业、低物价、免费教育、免费医疗和女孩子彻夜不归平安无虞的旧，阿富汗怀苏军占领或塔利班的旧，利比亚怀君主制或卡扎菲的旧，拉美和非洲怀保护环境、尊重自然的原始部族的旧，西方发达国家怀曾经因为社会主义国家的比照和本国人民的斗争争得的社会福利的旧，西班牙一直怀到虽然独裁却"过得不像现在这样惨"的佛朗哥时代的旧。所有这些怀旧，共同地植根于抛弃国际垄断资本控制的现存

---

① 《经济学家预测，衰退不可避免》，美国《华盛顿时报》网站2007年12月25日。

秩序。你这个秩序，连君主制、苏军占领、塔利班、卡扎菲、原始部族直至佛朗哥都不如，还有什么理由，在人类历史上继续存在呢？

历史进程把新自由主义兴起之初撒切尔的"别无选择"和她给予世界的全部允诺，送上被告席，使它成为赤裸裸的全球谎言。西方七国首脑、国际货币基金组织和世界银行首脑的每一次聚会，都不得不在多国人民的追逼和愤怒示威中偷偷摸摸地举行，不断上演"7个人开会、7千人保卫、7万人包围"的场面。2003年春天，近100个国家、上千个城市爆发抗议美国入侵伊拉克的群众示威活动，仅美国就有140个城市正式通过反战决议，百万人的抗议电话使白宫电话系统陷入瘫痪。美国一家周刊惊呼，世界"再次变红"，"锤子和镰刀图案的红旗迎风招展。青年男女高喊着当年的革命口号行进在巴黎街头"。[1]

继墨西哥萨帕塔运动开始的新探索，拉美出现集聚世界反新自由主义、反资本主义力量的世界社会论坛，提出埋葬新自由主义和资本主义的种种"替代"——"替代模式"、"替代秩序"、"替代社会"、"替代战略"以及"另一个世界是可能的"。然后就是，一方面新自由主义全球白色恐怖和世界社会主义运动低潮、世界民族解放运动低潮尚未过去；一方面西方知识界迎来向马克思求教的"伟人回归"思潮，社会主义重新成为人类摆脱苦难和新的历史创造的灵感源泉。在拉美，社会主义古巴和它的影响，冲破美国持续半个多世纪的封锁包围，一系列国家左翼上台执政，从来没有过社会主义的第三世界国家委内瑞拉，高举起"21世纪社会主义"的旗帜。

二　危机加深了垄断资本的腐朽性和破坏性

2008年爆发的国际金融危机，已经演变成世界资本主义日益深刻的经济和社会危机。国际垄断资本没有因为陷入危机而改恶从善，反而在加强自己的腐朽性和破坏性。

西方国家救市中的"国有化"，在用属于全体国民的劳动成果，填补金融资本集团因为贪婪挥霍制造的空洞。他们把利益私有化，把亏欠和损失国有化。危机和救市成为新的洗劫。

资本主义世界体系生病了。这一体系范围内的任何救市措施，归根结底有利于资本而不利于工人，终究成为这种秩序的延续。美国彭博新闻社2010年6月11日报道全球百万富翁家庭2008年减少14%，降至980万个，控制全球财

---

① 《西方再次变红》，美国《新闻周刊》2006年4月24日。

富的36%；但是2009年增加大约14%，达到1120万个，控制全球财富的38%。

法新社2008年12月4日报道，已经几乎被遗忘的"社会主义"，在年度热门词汇评选中排名第三位。但是美国用以救市的所谓国有化，不是社会主义，而是资本主义私有化的一种实现形式，是美国垄断资本和它的政治代表融为一体的象征。可以预言，一俟危机稍稍过去，那里将再次实行赤裸裸的私有化。至于危机的最终结果，如果不是无产阶级取得统治和社会的革命性改造，就是积累条件实现这种统治和改造。

后危机的几年，国际垄断资本集团的利润比此前大幅增加。这不仅是通过向国内人民，也是通过向国外特别是第三世界转嫁危机实现的。

从美国来说，迁出高污染、高耗能、低技术行业是转嫁，自己壁垒高筑而向别处"自由贸易"是转嫁，推销债券是转嫁，要求别国帮它救市是转嫁，美元升值或贬值是转嫁，油价飙升抑制中国等石油进口国发展是转嫁，油价下跌制造俄罗斯、委内瑞拉、伊朗等产油国的困境是转嫁，收缩国内消费堵塞中国、印度等日用品出口也是转嫁。如此等等。

爆发于华尔街的危机，一层一层向下和向外转嫁。在现存秩序中，最后的垫底者，只能是第三世界，而且越是政治经济和美国关系最为密切的国家和地区，受到伤害也最大和带有根本的性质。

危机阴云继续笼罩。国际垄断资本集团的最大的破坏性举措，是走向大规模扩军备战和向第三世界发动公开的战争。

美国所有的经济部门都在危机期间陷入困境，只有军事工业蓬勃飞腾。什么都在下降，只有军费在增加。官方文告左藏右掖，划出的仍然是军费一路向上的斜线：从2001年的3127亿美元，到2002年的3567亿美元、2003年的4152亿美元、2004年的4647亿美元、2005年的5034亿美元、2006年的5272亿美元、2007年的5570亿美元、2008年的6211亿美元、2009年的6686亿美元、2010年的6983亿美元。实际数字还要高。比如有一种计算，2010年为7300亿美元，平均每天20亿美元。无法统计到底有多少项目尚未和不计入官方文告。比如1999—2008年，仅仅伊拉克、阿富汗的战争，就给美国"额外"增添9030亿美元的支出。《洛杉矶时报》9月10日文章透露，"9·11"事件后，资金源源流入接受巨额军工订单的波音公司、洛克希德—马丁公司和诺斯普罗—格鲁曼等大型国防承包商。小型军工企业生意兴隆。媒体披露，南加州一个小公司，过去10年的年销售额从2940万美元蹿升到2.925亿美元。

因为危机，人们说，金融是美国的生命线。

准确地说，战争是美国的生命线，是美国作为帝国主义国家的常态和生存基础。没有战争就没有美国，美国和战争同在。这里说的战争，指美国垄断资产阶级对国内人民发动的战争和对国外的侵略战争。战争是多种形态的，金融战也是战争。

西方话语体系中的两种论点，被推销为时髦商品。

一是苏联解体、冷战结束，不会再有战争。此说开口就作为前提，把苏联定为战争根源，把美国定为和平天使，从出笼就是谎言。

二是人类进入世界充满爱、人人恭喜发财和彼此打躬作揖的新时代，永久告别战争。

然而在他们的这个新时代，世界没有一天不存在战争，最大的战争的发动者和幕后策动者，都是美国。

奥巴马以收缩战争和实现和平的承诺当选总统。他在增兵阿富汗的日子里，获得诺贝尔和平奖。而且美国至少正在伊拉克、阿富汗、巴基斯坦、利比亚和也门5个国家动用无人机、轰炸机、特种部队投入大屠杀乃至地面战争，在俄罗斯和中国周边加紧军事对抗，强化对朝鲜的武力钳制，在拉美策划、部署入侵古巴和委内瑞拉，利比亚战争尚未结束就忙于筹备军事入侵叙利亚和伊朗。布什入侵伊拉克的时候，还要制造理由，摇唇鼓舌一番。现在不需要了，他的国会正在考虑新的宣战模式，授权在无限期、无限度和无明确敌人的冲突中使用军队。奥巴马为他的利比亚战争做出这样的辩解：只要认为美国的"利益与价值观"被牵连在内，即使将被攻击的目标并不对美国的安全造成可感知的威胁，比如"保持贸易流动"之类，美国仍然有权开战。美国主流社会曾经因为奥巴马的某些国内政策向他抛出恐吓性的称号"左倾"，现在则在表扬他的"硬起来"了。

美国中央情报局从一个主要收集和分析情报的机构，提升为可以明火执仗地采取军事行动的准军事机构。现在，美国特种部队这支享有特种待遇的"秘密军中军""重点转向南方"，成为真正的"增长产业"：司令部工作人员从20世纪90年代的3.7万人增加到接近6万人，起点预算从23亿美元上升到63亿美元而实际上达到98亿美元，和生产特制装备与武器的公司的重要合同2001年以来增长5倍，活动范围从60个国家扩展到75个国家，2011年年底将扩展到120个国家。这支部队有权在全球它认为需要的地方，展开包括定点剿杀、猎杀/绑架、破门而入、夜间突袭的秘密暗杀战。奥巴马特意批准它"更快地变得嚣张起来"。

削减军事开支，不过作为一个选举口号存在。在事实上，美国国防预算15倍于国务院预算，五角大楼工作人员数量200倍于外交人员，联合国申请的全球抵抗饥饿运动经费只是美国国防预算的1%。这里有一个近期见于公开媒体而且挂一漏万的清单——空军在"9·11"以来成本翻一番的基础上，决定用每架2.18亿美元的无人机取代U-2侦察机，并签订耗资3200万美元增购重型钻地炸弹的合同；2011年"全球即时打击计划"投入2.399亿美元，包括试飞以5倍于音速飞行、在30分钟内打击全球任何目标的先进高超音速武器；专设网络战司令部，未来5年将投入5亿美元发展网络武器；使用瞬间瘫痪对方电子系统的电子对抗高功率微波先进导弹的电子战导弹，成为战场新宠。明言主要针对中国的，有海军着手巨资研发的新型反舰导弹，11月间还出炉整合海军、空军、陆军的海空一体战战略和专门机构，耸立起"对中国采取新冷战立场"的里程碑。

数年以前，曾有北约理论家发出信号：把中国炸回到石器时代。美国入侵和肢解南斯拉夫，就不忘记向中国使馆射导弹。金融危机以来，又有兰德公司向美国当局进言，与其用7000亿美元救市，不如用它发动一场战争；第一目标即中国。中国周边军事活动频繁，包围圈由北边而东而南而西而西北，空中、海上、陆地，已经大体构筑就绪，美国航母、导弹、飞机、反潜武器、军事顾问，美国指挥的军事演习、侦查系统，围着中国转。中国运送石油、原材料和商品的航线上，布满军事基地。新近又挑唆印度和越南在中国南海制造领海纠纷，在缅甸、泰国蠢蠢欲动，直到把东部方向的包围圈扩展到印度尼西亚和澳大利亚。《澳大利亚人报》11月21日载文，美澳将合伙在印度洋的科科斯群岛新建军事基地，将美军印度洋基地群和太平洋基地群完整地衔接起来，以监控中国主要海上航道。

即便使用百万倍的显微镜，从这里也找不到爱的温馨和打躬作揖的姿态。美国的社会土壤培育了他们统治集团中的一帮战争狂人，做梦都想饿狼一般撕毁和吞噬中国。美国人民反对战争，有着深厚爱国主义传统和英雄主义精神、在共产党领导下久经反侵略战争考验的中国人民严阵以待，成为阻止和延缓这种战争的主要因素。但是军事包围和战争威胁，以此遏制中国的发展和挑动中国内乱，已经是严峻的事实。

三　西方走向衰落

资本主义的金融危机引发经济危机和社会危机，接着是政治危机。由美国而欧洲而全球，社会信任危机延伸为政治体制的危机，出现政治精英和金融精英、经济精英同流合污，以及继续导致主权债务危机和所有这些精英被先后或一并推上历史被告席的情形。在这一过程中，西方衰落日渐显现。

认为西方没有衰落、不会衰落和永世长存的理论仍然占据主导地位。但是和它一向的绝对优势相比，对它提出质疑和反驳的理论，愈益生机勃勃和展示出历史运动深层的能量。现在人类面临的，不仅是美国的而且是整个资本主义世界体系的衰落，不仅是短暂的、表面的、局部的衰落而且是这一体系的全局的、结构性和制度性的衰落。

在资本主义世界体系的范围内，摆脱衰落的惯常的、几乎是唯一的和终结性的选择，总是战争——硝烟弥漫的战争和无硝烟的战争。30年来的新自由主义全球化，就是一场美国发动的全球战争。目前的危机和衰落，正是这种战争的恶果。

新自由主义全球化的战争，以向西方发达国家国内无产阶级的进攻，吹响冲锋号。其后的阶段性成果，是"华盛顿共识"征服拉美，"休克疗法"演变东欧和解体苏联，"经济结构调整"搞乱非洲，在亚洲则直接策动一场金融危机。"9·11"事件以来，发动据称针对所谓恐怖主义的战争，使第三世界各大洲在连续爆发的金融危机和经济危机中，陷入战争的恐怖。制造分裂，肢解国家，改变政权，硬实力和软实力中的政治干预、政策导向、贸易金融往来的欺诈和不平等、科技专利和市场的控制、文化的传播渗透和价值观出口，任意驱遣突然向自己转轨过来的不少于20亿各种肤色的廉价劳动力，大规模抢劫各国自然资源和社会主义时代、国家独立时代创造的财富，把第三世界变为奴隶制性质的血汗工厂、环境废墟或者干脆就是瓦砾共血肉齐飞的坟场。这种全球战争，没有一天停止过。

私欲如火而目光如豆，甜言蜜语、空洞许诺与虚伪奸诈相纠缠，不断上演着残忍、欺骗、无能和叛卖，到处把法律、学术、教育、权力、良心、尊严、贞操、气节，一概浸泡在污秽的臭水沟里。最先进的生产力和科学技术成就，要么被用于奢华挥霍，要么被用于盘剥和屠杀。绕过生产过程赚钱的狂热和欺诈，统治了世界。

华尔街金融家率领的蝗虫，把世界啃得只剩枯枝败叶。

世界的财富和贫富两极分化达到空前规模，世界的言辞堂皇和道德沦丧也达到空前规模。这种战争在破坏现代文明的和文化的成就，也在摧毁人类社会存在的条件。于是危机从资本主义殿堂的核心爆发开来，金融、生产力、社会衰退的景象，笼罩着越来越多的国家和地区。

然而战争没有给美国打造一个伊甸园。

2011 年进入 "9·11" 10 周年， "衰退" 继续成为评论美国的主题词。CNN 财经网站 6 月 8 日《美国版 "失去的 10 年"》认为，美国未来可能面临又一个 "失去的 10 年"。经济复苏的故事，在战争的阴云下轻烟一般飘忽不定。穷兵黩武把美国推向破产的边缘。世界终于看懂，国际秩序是如此地怪异和反常：自封而且似乎得到世界认可的全球经济、军事、政治领袖和文化导师、道德先锋的美国，竟然在靠来自第三世界的廉价商品和巨大债务勉力维持运转。英国《金融时报》发出警告，美国和欧洲将在债务危机中一同沉没。美国民意调查，80% 的人认为衰退卷土重来。

和经济减速、失业率居高不下、两极分化加剧同在的，是关于美国社会分裂和弊端丛生、道德沦丧、文化堕落、政治体制运转失灵、美国人对国家发展方向丧失信心的消息。

天下乱局，制造于先，加剧于后，趁乱牟利，还是动辄杀人放火、攻城略地的殖民主义老套路，兵器先进而伎俩陈旧。"阿拉伯之春" 把利比亚变成一片焦土。然而还在不断搬起石头又不断砸自己的脚，血腥的春风也已经吹到西方。《纽约时报》看到的是 "愤怒的时代"："世界已经颠倒，变得一团糟。我们所目睹的一切正是这种翻天覆地的变化对西方社会的动摇。" 英国的骚乱被看作时代骚乱的信号。德国焚烧汽车。从希腊到西班牙、意大利，大规模抗议活动接踵而至。继 "阿拉伯之春" 欧洲版，美国《大西洋月刊》提出 "美国是下一个骚乱爆发地吗？" 的问题。接着是 9 月，爆发大规模的 "占领华尔街" 运动，并迅速向美国和全球资本主义国家蔓延。那位曾经发明 "中美国" 这个概念的美国学者弗格森，甚至在这以前，已经在预测美国 "瞬间垮台" 的可能性了。

无穷的战争生活，给世界人民带来无穷的灾难，同时把美国推向深渊，制造美国人民的巨大伤痛。美国人民不需要这样一个以发动侵略战争掠夺和统治世界的美国。世界人民不需要这样一个美国。美国外交政策聚焦网站 2010 年 7 月 27 日曾有《帝国的过度杀戮与美国帝国的灭亡》。由战争而衰退，由衰退而战争，越衰退越战争，越战争越衰退，美国陷身的这种历史周期律中的每一次循环和上升，都在导致它的希望的破灭，都在拉近它同坟墓的距离。

眼看它起高楼，眼看它要塌了。和一切曾经的大国、强国一样，美国或是整个资本主义世界体系走向衰落和崩溃进程的依据，主要不在于经济数字，甚至不在于整个物质基础，而在于人民信任度的降低，在于精神的、政治的纽带的腐烂。在这一切成为事实和不可逆转的过程之后，尽管美国仍然是世界最重要的经济大国和军事大国，然而缓慢地衰退和崩溃抑或是 "瞬间垮台"，已经不那么重要了。

资本主义世界体系危机及其衰落，一方面是世界人民反抗和斗争的结果，一方面是国际垄断资本集团自己打倒自己的过程。它用自己的贪欲、疯狂和内脏腐烂，铺设了走向坟墓的道路。

四　第三世界和世界历史的转折

某些政策转换的信号，有时候看来仿佛只是一个偶然的细节。西方在新自由主义全球化中对于第三世界的安排，最早恰恰不是由主要西方国家的政要，而是由戈尔巴乔夫说出的。这位埋葬苏联共产党的最后一任苏共总书记，把出卖第三世界，作为苏联解体前夕奉送给西方当局的一份厚礼。这就是由他担任两主编之一的《未来的社会主义》。该书宣布，共产主义灭亡不可改变，第三世界已经不复存在，剩下的只是被淘汰却还负隅顽抗的"垃圾堆"和"人类中派不上用场的残物"。这是一本在新自由主义全球化初期向西方抛媚眼、讨封赏的书。

随着苏联解体，即由美国《新闻周刊》宣布"让我们废除第三世界"，"把'第三世界'这个词抛弃掉"；英国报纸高呼"像对待苏联一样"，用"三叉戟导弹潜艇瞄准"第三世界；到20世纪90年代中期，又冒出"重新殖民化"、"使非殖民化过程颠倒过来，恢复古老的帝国价值观，甚至倒退到白人统治的旧制度"。1995年9月，戈尔巴乔夫再次出面，邀集在西方世界有头有脸的500名政治家、经济界领袖、科学家，聚会于旧金山费尔蒙特大饭店，讨论"通往21世纪的道路"和"新的文明"。这个"全球智囊团"，把未来简化为"20∶80"：世界只要有占总人口20%的富人就可以了，另外80%的穷人——他们主要集中在第三世界——已经既没有存在的能力，也没有存在的必要。

但是斗转星移，不几年间，金融危机袭来，整个西方阴霾满天，在西方的政治日程表上，关于自己的描述不再那么通体珠光宝气，倒是第三世界地位陡升，突然被说得遍身鲜花。

2009年4月，二十国峰会即将在伦敦举行，冒出两个很快传遍主流媒体的提法。

一个是突出"新兴经济体影响力不断增强"，"亚洲新兴国家中产阶级人数已超过西方"，"随着力量向新兴国家转移，西方正在失去优势"，"金砖四国"已经成为2009年拉动世界经济和全球内需增长的"唯一源泉"，以及第三世界国家，至少是所谓"金砖四国"、新兴经济体将率先走出危机之类。3月23日，索罗斯定调，发表文章认为二十国会议对第三世界国家——他称之为"外围国家"——的关注，"应成为中心议题"。

德国《欧亚杂志》2009年3月号发表《世界的去西方化如火如荼》，认为"西方是问题的一部分，而不是问题的解决办法"，"西方式的民主是一种过时的模式"。3月22日，美国《新闻周刊》发表它的外交学会研究人员的《民主是如何消亡的》，承认近年来，西方民主在非洲、拉美、中东和原苏联地区急剧衰落，"在几乎所有大洲，民主都在逐渐消亡"。

这年5月19日有英国《卫报》，罕见地批评历来被西方封为"最大的民主国家"的印度，指其民主的"丑恶的一面"——贫富两极分化之外，"在民主的印度，贫困率和文盲率远远高于中国"。12月21日，《华尔街日报》又有《灯塔黯然失色》，说在21世纪的头10年里，"美国迅速从资本主义的灯塔，沦为展示资本主义制度某些缺陷的橱窗"。问题的提出和讨论，从包括美国扩展到不限于美国一国。

柏林墙倒塌，曾经被宣传为一座历史的里程碑。柏林墙倒塌20年的回顾，简直可以看作另一种意义的历史的里程碑。英国《卫报》2009年11月11日刊出《西方金融危机对东方来说是根本危机》——此处"东方"，特指东欧那些原社会主义国家。文章写道，历史的变局在于，西方当初设计的从社会主义"专制"向资本主义"民主"转轨的模式"已经结束"，近年来连续发动的花里胡哨的"颜色革命"连续失败，这种"民主"在人民中威信扫地，取而代之的是怀念和回归社会主义的新的社会思潮。

在西方的设计中，这种模式转轨的一个中间跳板，叫作"民主社会主义"，瑞士被列为西方第三世界代理人鼓噪转轨和"民主社会主义"及他们"普世价值"的不朽例证。但是花无百日红，危机袭来，这个"和谐典范"风光不再，"逃税天堂"难以为继。美国《新闻周刊》2010年2月15日，就有《瑞士神话的终结》。

第三世界惨遭新自由主义全球化的洗劫。在这个虎狼和奴才横行、种族灭绝成为"国际惯例"的世界，在这种被压迫人民、被压迫民族的自我意识被消解于美元和美国价值观的时代，第三世界几乎被逼到戈尔巴乔夫们希望的那种"垃圾堆"和"残物"的悬崖边上，只能趴着存活。然而越是沉重的苦难，又越是成为凝聚结束苦难的历史能量的孕床。

西方衰落，人们习惯于由此得出世界历史出现转折的结论。这只是事情一个方面。第三世界具有更重要的和根本的意义。第三世界正在黑暗中冷冷地警觉着虎狼的威吓、吹嘘和战栗，唾弃"万劫不复的奴才"，唤起历史创造的自信和对自己民族英雄、人民领袖的敬重，开始找回自我，划出自己判断善恶是非的界限，迈出捍卫自己利益的步骤。

从人类发展的高度认识第三世界发展问题，成为世界历史运动的首要问题。在世界历史运动特别是当代世界历史运动进程的研究中，第三世界问题、第三世界和社会主义的关系问题，都应该提到更为重要的地位。借用邓小平同志关于发展问题的提法就是："提到全人类的高度来认识，要从这个高度去观察问题和解决问题。"对于西方国家的有良知的学者来说，对于第三世界国家的学者来说，对于社会主义国家的学者来说，对于一切向往人类进步的学者尤其是尊崇马克思主义和社会主义的学者来说，此点尤其重要。

为什么这样提出问题呢？

第一个理由，第三世界人口占世界人口的绝大多数。

一切少数人参与的、为少数人谋利益的运动注定短命。绝大多数人参与的、为绝大多数人谋利益的运动，注定具有历史的合理性和生命力。藐视、忽略和抛弃绝大多数，只能暴露政治上的狭隘、愚蠢和短视。在一国一地如此，在世界亦如此。

第二个理由，第三世界人民是创造世界历史的动力的主要力量。

第三世界是资本主义时代以来形成的一种世界历史现象。第三世界人民既是世界巨大物质财富的创造者，又是世界文明的创造者。西方的发达来自第三世界的落后，西方的富有来自第三世界的贫困。没有东欧、美洲、非洲和亚洲的财富、文明成果和人民的种族灭绝、流离失所、家破人亡及资本重压下的无偿的廉价的劳动，就没有资本主义。没有第三世界人民支持和呼应西方无产阶级的斗争，就没有西方国家内部多少给人民带来好处的福利制度。没有第三世界人民数千年创造和积累的自然的、社会的知识，就没有今天的世界文明。

华尔街的每一个美元，都熔铸着第三世界人民的骨血。近代以来，几乎所有西方强国都在中国敲骨吸髓。甲午战争养肥了日本。《环球时报》2008年8月26日载文披露，美国第31任总统胡佛，一个不名一文的穷小子，义和团运动后在中国骗购洋务运动企业开平煤矿，又向南非输出华工，成为美国第一个在中国发财的百万富翁，靠在中国掠夺巨额财富政治发迹。

第三个理由，第三世界的发展是世界发展的主要的、根本的标志。

第三世界为世界发展作出的贡献最大、牺牲最大。第三世界是世界发展的支柱和主力军。没有第三世界的发展就没有世界的发展，世界的发展就只能是是零星的、片面的、病态的甚至负数的。

现在谈发展和发展理论、模式、战略、政策问题，开口就是美国如何，就是在美国也只是指占人口少数的富人如何，而且仅仅或是主要地孤立渲染这个少数的智慧、财富、花天酒地，完全或基本上抹杀美国和世界多数人为此付出的代价。这是一种极端的历史荒诞。号称研究世界发展问题而拒绝谈论第三世界发展问题，甚至连"第三世界"这个词都避之唯恐不远，力图掩盖世界因资本主义体系统治秩序而愈益不平等这个每天面对的简单事实，能研究出什么名堂呢？欺世盗名、装腔作势也就罢了，相当一些是骗子。

第四个理由，第三世界求解放、求发展的斗争持续数百年，但是在资本主义秩序范围内，解决这个问题的一切道路已经堵死，一切希望已经破灭。

美国从西欧殖民统治下取得独立，成为第三世界解放的第一个先例。但是美国从建国的第一天起，就成为靠吮吸第三世界膏血强大起来的最大压迫者。

资本主义世界体系的殿堂就是这样，一经排好座次，就只有大鱼吃小鱼和大鱼之间相互厮杀的戏剧；国际垄断资本控制的金字塔的最高殿堂，尤其不会允许增添一把新座椅。西欧之后，从第三世界中只走出一个美国。进入帝国主义时代以来，沿着美国的道路，再也没有出现一个英国、法国或德国，再也没有出现一个美国。

俄国曾经寻求这样的道路，碰壁于西欧。中国也曾经寻求这样的道路，碰壁于日本和美国。历史不断重复着老师欺负学生的故事。

第三世界以美国为偶像，诚心诚意地同美国接轨、亦步亦趋于美国道路的政党、阶级、国家，一个接着一个。美国当局也在不断地制造一些样板——从拉美的"墨西哥奇迹"、"巴西奇迹"、"智利奇迹"、"阿根廷奇迹"，亚洲的"龙"和"虎"，到东欧"转轨先锋"波兰、国际货币基金组织"好学生"匈牙利，直到非洲几个国家，最近还有伊拉克和阿富汗遍地爆炸声中的"民主样板"。但是美国哪些地方值得学习，这是一回事，亦步亦趋于美国道路，是另一回事。亦步亦趋的结果，要么浮光掠影的闪光之后无声无息，要么从一开始就没有好日子，要么在本次世界经济危机中更深地沉入黑暗。即便某些领域曾经有过相对的发展，也不曾提供具有世界历史意义的社会全面进步的范例。美国之后无美国。

第五个理由，在整个资本主义时代，第三世界都是被压迫者、被剥夺者、被边缘化者，始终是而且越来越是弱者。

向弱者吐唾沫、丢冷眼，靠由此博取西方强者的欢笑以至被接纳入他们那个所谓"国际社会"，不仅愚蠢可笑和鼠目寸光，而且为君子所不齿，首先是一种道义的堕落。结束这种道义的堕落，是人类社会发展和进步的条件和题中应有之义。

第六个理由，美国霸权主义和新自由主义蹂躏全球30年，造成世界历史的全面倒退，尤其是第三世界的重大灾难。

第三世界人民是资本主义灾难特别是新自由主义灾难的最大承担者。2013年以来，已经不仅是左翼的、进步的媒体，甚至代表西方社会主流的达沃斯论坛，都在密切关注不平等问题对世界发展和安全的严重威胁。这种不平等，正是资本主义统治的必然的、无法摆脱的噩梦。

全球贫富两极分化空前加剧。2009年，占全球家庭比例不足1%的百万美元家庭增加14%，其所控制的全球财富也由一年前的36%，上升到38%。[①] 2013年，最富的300人拥有的财富，比全球最穷的30亿人——几乎相当于全球人口的一半——的财富总和还要多。另外一种统计提供更加残酷的现实：全球最富的200人拥有大约2.7万亿美元财富，全球最穷的35亿人仅仅拥有2.2万亿美元的财富。在殖民统治时代，富国与穷国的收入差距已经从3∶1扩大到35∶1，现在则进一步扩大到80∶1。按照马萨诸塞大学一位经济学教授等计算，仅仅跨国公司在第三世界国家获得廉价的土地、自然资源和劳动力一项，每年就使贫穷国家失去大约5000亿美元的GDP。[②]

西方国家总是宣传和渲染它们向第三世界国家提供了多少援助，但是从来不说它们从第三世界掠夺了多少财富。

第七个理由，第三世界是资本主义全球统治秩序的最薄弱环节，是从根本上动摇和结束这种秩序和开创人类历史新篇章的地方。

尽管美国建国是它所代表的第三世界解放之路的开始同时又是这条道路的结束，在第三世界历史上，就民族独立、国家主权的意义而言，它仍然具有自己的开创的地位。这条道路的失败，开启了新的、也就是到资本主义秩序之外进行探索和创造的斗争。于是出现十月革命和苏联。社会主义理论的创造从西方资本主义发达国家开始，它之成为一种具有世界影响的、大国的新的社会制度的实践，却首先发生于第三世界。作为世界无产阶级和第三世界人民的共同创造，作为一种标志人类未来的社会制度，它首先在第三世界确立下来。20世纪如此，看来21世纪仍然如此。

第八个理由，苏联从第三世界崛起和走向强大，从背叛第三世界走向衰落和解体。

苏联的教训之一在于，在它强大之后，它的领导集团不再承认自己属于第

---

① 美国彭博新闻社网站2010年6月11日。
② 阿根廷南南网站2013年8月5日。

三世界，不再支持第三世界人民反对帝国主义的斗争和独立自主地建设自己的国家，而是和霸权主义美国称兄道弟、共同把第三世界作为划分势力范围、争夺利益的对象。背叛第三世界，成为导致苏联解体的一个根本原因。

第九个理由，中国始终坚持自己属于第三世界。

中国从第三世界崛起和走向强大。中国的经验之一在于，支持第三世界人民反对帝国主义的斗争和独立自主地建设自己的国家，强调自己即使强大起来，也永远属于第三世界，永远不称霸。第三世界人民是中国人民的交心换命的真诚朋友。第三世界把中国"抬进"联合国。第三世界为中国的健康发展由衷地高兴。在中国遭受严重自然灾害的时候，第三世界总是倾囊而尽的无私援助者。

第十个理由，对待第三世界的态度，是社会真理和道义的监测器，是在国际社会区别是非的分水岭。

世界无产阶级和第三世界命运与共，曾经共同进行阶级解放、民族解放、社会解放的斗争，共同欢庆斗争的胜利，又共同陷入世界社会主义运动和民族解放运动的低潮。如果甘心情愿地跟在西方当局后面，在舆论上抹杀第三世界的存在或者使用含糊其词的"外交辞令"掩饰西方对第三世界的压迫和掠夺，甚至默认"把导弹瞄准第三世界"和"重新殖民地化"的西方政策，那就是助纣为虐和为虎作伥，那就是对于第三世界人民、对于人类进步事业的无耻叛卖。

在挽救人类、探索和创造人类历史新前景的斗争中，第三世界人民是世界人民的中坚和无产阶级斗争的最强有力、最广大的同盟军。第三世界人民的斗争，将意味着最终埋葬帝国主义、消灭第三世界之作为第三世界的存在。这是在全球消灭剥削和压迫、实现世界各国各民族人民的平等和睦相处的决定性前提。

十个理由，大致可以说明为什么要从全人类的高度来观察、对待、解决第三世界问题。

今天的弱者，一定会和正在成长为世界历史运动的大力士。未来属于第三世界。历史是第三世界的朋友。近年以来西方资本主义特别是美国的衰落和第三世界的崛起，已经成为不可遏制的客观趋势。这就是世界历史进程的辩证法。

第三世界发展，是第三世界人民根据自己的具体情况和文化传统，创造性地探索和创造实现自己利益的发展。它没有脱离人类发展大道，而是构成它的主要组成部分。相对于西方发展而言，它不是也不应该是一种附属物，而是具有自己独立的意义。

20世纪以来，第三世界已经有过两次觉醒——第一次觉醒出现在苏联，第二次觉醒出现于中华人民共和国、其他一系列社会主义国家和众多的第三世界坚持民族独立、国家主权的国家。这种觉醒，是人类绝大多数走向自我解放的全球性的重大历史过程。两次觉醒，结束了仅有的两次世界大战，瓦解了世界殖民体系，阻止了帝国主义把世界变为它的殖民地的步伐，提供了一个相对长期的和平时代，创造了无产阶级和被压迫民族的社会解放以及政治、经济、教育、科学技术发展的完全崭新的经验。这成为第三世界对人类历史的最伟大贡献。这种贡献，没有因为新自由主义全球化这一资本—帝国主义发动的全球性阶级复仇和民族复仇而被掩盖和抹杀。它深深地镂刻在历史上。正在西方衰落走向中酝酿着的，是第三世界的第三次觉醒。

十月革命以来包括苏联解体以来的世界历史，突出了第三世界发展中的两个基本的支撑点。一个是，始终坚持国家主权、民族独立，用邓小平同志的话来说，叫作"国家的主权和安全要始终放在第一位"。另一个是，始终坚持大力推进社会生产力的提高和在这一基础上实现社会的全面进步。

第三世界所以沦为第三世界，所以贫穷落后，不是与生俱来，而是帝国主义西方干预、控制、侵略，和由此形成的资本主义世界秩序及其"国际惯例"统治的结果。在这种世界秩序和"国际惯例"中，为主权和民族独立而进行的任何斗争，为提高自己社会生产力和推进社会全面进步而付出的任何努力，总是显示出进步的意义。新的历史转折，将从第三世界开始。

五　事情正在起变化

2012 年 12 月 5 日，美国合众社和德国的德新社报道同一条消息，说美国总统大选中搜索频率最高、最热闹的"时髦词"，是"社会主义"和"资本主义"，"从全年看，人们对使用这两个词语的兴趣都很浓厚，两个词经常同时出现。它们是时代精神的浓缩"。在西方及其追随者不惜用几十年的时间和巨大的物力财力，动员可以动员的一切力量，用人类历史上最无耻的手段，费尽心机进行全球洗脑运动，以便从人类的记忆彻底清除社会主义之后，出现这样的现象，不能不说具有世界历史的意义。

保持清醒阶级意识、具有丰富政治经验的美国当局很清楚，只要扑灭社会主义取向和截断走向社会主义的道路，第三世界容易对付、不足为大害，无论收买或是剿灭都得心应手、屡战屡胜，现在摆在面前的直接的、致命的、最大的威胁，并非拉登和他的"基地"组织，而是社会主义。

美国当局在对付强大苏联的时候护佑、扶持、武装"基地"组织，苏联解体就收拾它并定为"反恐战争"的主要打击目标，而"反恐战争"受到阿拉伯人民的抵制、美国自身力不从心的时候，又相机讨好、向"基地"组织暗送秋波。中国人讲"始乱终弃"，现在是一个又一个轮回。在阿富汗、利比亚、埃及和叙利亚，都看到这种情形。仅仅一个对"基地"组织的政策的变化，就活脱脱画出一部美国政治史和美国兴衰史。

美国走向衰落，布什那种公开和世界为敌、随处杀人放火的方针无法延续，同时打两场战争、一个小时进击和毁灭世界任何地方的牛皮偃旗息鼓，维护国际垄断资本集团权益的唯一可取的战略，就是动员全部仇恨和现有政治、经济、军事、意识形态力量，集中打击社会主义。目标首先是俄罗斯和中国。按照美国当局的路线图，俄罗斯和中国必须"彻底改革"到实现尼克松、基辛格、布热津斯基规定的标准。这两个国家的问题一旦解决，古巴、委内瑞拉和拉美其他提出社会主义选择的国家将顺流而下，整个第三世界则失去依托和方向。很难说这是西方强大的标志。用中国人民解放战争的战局比拟，这相当于陷入穷途末路的蒋介石集团，不得不从全面进攻转变为重点进攻。

普京从出任总统的第一天，就因为没有遵照尼克松和基辛格的口径，去一笔抹黑斯大林和社会主义时代的74年，又一笔抹黑彼得大帝以来的400年，于是成为西方的靶子。他恢复苏联国歌曲调、武装阅兵和"劳动英雄"称号，强调民族精神，捍卫和推进俄罗斯国家利益，被指为"苏联情结"。西方最担心俄罗斯"仍未彻底完成转型"和"新版苏联再现"。美国总统候选人罗姆尼的选举口号之一是，"俄罗斯是我们的头号地缘政治敌人"。2012年12月6日，美国国务卿希拉里在都柏林召开新闻发布会，说"美国正试图阻止俄罗斯借助经济一体化的方案重建新版苏联"。为阻止普京当选总统，美国派出副总统拜登亲赴莫斯科，抛弃一切外交礼仪，胁迫普京退出大选。然后是挑拨俄罗斯和周边国家的关系，策动和资助俄罗斯国内的反普京运动。

所谓"重返亚洲"的战略转移，就是在俄罗斯南部、中国西部的中东北非地区持续制造动乱，然后从东边构筑对俄罗斯和中国的军事包围圈。中国共产党召开自己的第十八次全国代表大会，巴西《圣保罗报》两天的头条文章坦率地使用这样的标题：《北京代表着美国最大的挑战》、《美国总统候选人争相表示对中国强硬》。① 在这一军事包围圈面向中国大陆的前沿钓鱼岛、黄岩岛、南海，美国正在唆使日本、菲律宾、越南挑起事端。制造紧张的战争气氛，或许并不意味着明天美国就胆敢悍然武装入侵中国，然而这又使人想起尼克松和基辛格：施加"势不可当的压力"强迫"转向"到肢解国家、摧毁社会主义的

---

① 巴西《圣保罗报》2012年10月22日、24日。

"彻底改革"和"两次革命"。

这种"彻底改革"和"两次革命"，俄罗斯的标准和经验中国化，针对74年的共产党历史和反对斯大林，就成为针对共产党、中华人民共和国历史和反对毛泽东；针对彼得大帝以来400年的俄罗斯历史，就成为针对包括尧舜禹汤、孔子孟子、秦皇汉武、康熙直到孙中山的5000年中华民族的历史。这就是邓小平说的，"西方正在打一场没有硝烟的第三次世界大战。所谓没有硝烟，就是要社会主义国家和平演变"。这种和平演变的具体内容，就是"分化""西化"。

中共十八大庄严宣告，中国将继续坚持有中国特色的社会主义道路。十八大的世界历史意义，正在于它承载着中国人民和世界人民的期待。这种期待就是社会主义。

在美国和资本主义的衰落中，无论美国统治当局，还是美国人民乃至世界人民，关注点集中于"社会主义"和"资本主义"，确如合众社的报道所说，正是因为这两个词是"时代精神的浓缩"。这里说的"社会主义"和"资本主义"，不是从马克思主义经典著作或者苏联教科书中搬来的概念，也不是任何政府律令、金钱收买、政客和无良文人鼓噪或者中央情报局制造的概念。它源于人民实际生活的感受，源于在新自由主义、资本主义秩序中的苦难和绝望，源于在人类文明和自己历史创造伟大传统承续中的新的思考与探索，本身就是历史进程的产物。

第三世界自其产生，实现解放、取得发展的起点和基础，就是民族独立和国家主权。美国是第一个争得这种解放的国家，但是从确立资本主义制度的第二天，就骑在第三世界的头上，由拉美而向全球扩张，成为第三世界的最大压迫者和剥削者。两个多世纪，所谓"美国道路"被到处推荐给第三世界，却从来没有一个第三世界国家，遵循这条道路获得独立、主权和实现最大多数人利益的发展。

1917年十月革命历史地开辟的，是另一条道路，即在帝国主义时代、社会主义从世界资本主义体系边缘即第三世界崛起的道路。历史没有因为存在72天否定巴黎公社，也没有理由因为存在74年否定苏联，更没有理由否定至今坚韧存在和继续蓬勃发展的中国、古巴等社会主义国家。面对这样一个活生生的历史过程，搬弄马克思关于资本主义工业国首先实现社会主义的设想，是没有意义的。

教训在于，社会主义苏联的各方面巨大成就，后来不是成为进一步发展的动力而是成为一种包袱，走向离开社会主义。于是胜利转化为失败。曾任尼加拉瓜教育部长的埃内斯托·卡德纳尔妙语惊人：社会主义失败是因为没有实现社会主义，资本主义失败是因为实现了资本主义。苏共认识和政策的一个严重错误是，尽管从建国以来，没有一天不在国际资本主义的包围圈里和压迫下艰难迈步，却不承认自己属于第三世界，后来干脆走到社会帝国主义的地步。这就在很大程度上背离社会主义原则。脱离第三世界，成为苏联解体的原因之一。

两个主要矛盾，资本主义、帝国主义的一方虽然走向衰落却仍然占据上风，社会主义和第三世界的一方虽然涌动着生机却仍然处于下风。资本主义、帝国主义的腐烂和在腐烂中的疯狂不可避免，没有硝烟的战争和硝烟弥漫的战争不可避免。按照西方的战略，就是维持和扩大 1% 对 99% 的胜利，就是实现 1995 年旧金山费尔蒙特大饭店会议提出的奴役世界的 "20∶80" 的公式，制造全球的新的混乱和世界人民的新的灾难。

苏联解体的悲剧，没有改变一个天天重演的事实，即帝国主义时代的第三世界，社会主义之外真正是 "别无选择"。但是社会主义不是外加的药方，不是上帝的恩赐，不是一组教条的实现，只能是一个日益全球化的世界的人民的选择，只能是各国人民基于自己条件和民族传统的发现和创造。

历史走着 "之" 字形的路。苏联解体了，中国社会主义事业蒸蒸日上。资本主义以新自由主义的形式，在全球猖獗和疯狂地播种仇恨、灾难、荒谬以及它自身的危机。于是新的斗争和探索又已经开始。社会主义之火，在第三世界重新燃起。

世界社会主义运动低潮尚未过去，社会主义新高潮的到来，仍然需要相当长时期的、经受巨大磨难的曲折过程。但是死者未死，生者方兴未艾。在苏东地区，对社会主义的怀念，成为新的历史抉择的起点。在美国统治如水银泻地的拉美，出现 "21 世纪社会主义" 的社会运动。在喜马拉雅山下的小小的尼泊尔，毛派共产党人坚持开辟农村革命根据地、武装斗争 10 年，结束数百年国家的君主制。尤其是，社会主义中国巍然屹立，作为经济增长的明星为世界所关注。

中国比西方国家更有效地应对本次危机、继续发展的事实，再次宣布西方民主和他们的市场万能之说一道破产。全部问题的症结在于，中国是一个社会主义国家。

社会主义中国建立于百年来西方列强的蹂躏和战争的废墟，劈头盖脸就遭遇美国等西方国家的封锁、制裁、禁运和入侵朝鲜的战争，连续三年自然灾害，十年 "文化大革命"，北京地区的动乱和制止动乱之后西方的再制裁，过几年来一回的大水灾、大雪灾、大地震和西方挑唆的民族纠纷，亚洲金融危机和本次危机。诸如此类，每一次都使国家面临一种危险的境地。但是越是这样的关键时刻，所谓市场万能之类的废话越是无影无踪，越是到处看到党的马克思列宁主义、毛泽东思想旗帜的凝聚和召唤，党中央的正确领导，全国一盘棋的精心筹谋和"一方有难、八方支援"的社会氛围，看到党的各级组织的紧急动员，全党同志和全国各族人民的团结奋斗，共产党员、先进分子、人民子弟兵的英雄行为和牺牲精神。这就是社会主义。社会主义一次再次地捍卫着，并且在危难中拯救了我们的共和国。

只有社会主义能够救中国和发展中国，不是一句空洞的政治口号而是人民的生活方式和思维方式，不是一次完成的瞬间而是一种历史过程。

耐人寻味的是，在本次世界金融危机、经济危机中，欧洲和美国的多家媒体，都有"中国救世界"的声音。他们是不是想说，只有社会主义能够救世界呢？

世界在谈论"中国道路"。中国人民感谢世界人民的善意的关注，也警惕地面对西方主流的"棒杀"和"捧杀"。

在世界的帝国主义时代和中国的半殖民地半封建社会，马克思列宁主义的传入，使中国人的精神由被动转入主动。其政治标志即中国共产党的诞生。作为无产阶级的先锋队，中国共产党自诞生之日，就站在中国文化的制高点上，就成为一支完全崭新的文化生力军。

如果使用"中国道路"这个用语，那么中国共产党人总结建党 90 多年和中华人民共和国建国 60 多年的经验，仅仅从文化的角度，就为第三世界的发展提供了若干重要的历史启示。

——文化是民族的血脉，是人民的精神家园。

——中国共产党既是中华优秀传统文化的忠实传承者和弘扬者，又是中国先进文化的积极倡导者和发展者。

——物质贫乏不是社会主义，精神空虚也不是社会主义。没有社会主义文化发展繁荣，就没有社会主义现代化。

——中国社会主义文化，是面向现代化、面向世界、面向未来的，民族的科学的大众的社会主义文化。

——坚持马克思主义指导地位。

今天存活的人类，经历过世界社会主义运动和民族解放运动的胜利，经历过它的全球性惨痛失败。新自由主义全球化使世界布满镣铐、监狱和绞刑架。但是这个世界在燃烧，正在资本的炼狱中锻造一个全新的世界，一个华尔街钱柜和美式导弹无法左右、西方主流舆论无法改写和掩饰的世界，一个属于人民自己的世界。在这个世界中，中国人民和第三世界人民在发展问题上的独特贡献，正在成为人类文明的新的财富。

事情正在起变化。两个主要矛盾、矛盾各方的地位和力量对比都在变化。然而不是也不会按照华尔街的指挥棒和美国红缨枪布局的秘密指令，而是遵循自己的规律变化。世界尚未走出新自由主义、资本主义的地狱，但是西方占据的主导地位和历史主动权，正处于开始连根朽烂和因为危机的冲击而被撼动的过程。到处传出人民觉醒和斗争的呼号。和 30 年前、20 年前甚至 10 年前，情况已经大不一样。经历新自由主义劫难的第三世界，在自己的基地上依据新的条件团结、斗争和萌生社会主义的要求。在苏联解体以来的世界社会主义低潮中，旧制度的复辟和严重曲折成为人民的历史教科书，经受锻炼，吸取教训，正在促使社会主义向着更加健康的方向发展。人类历史的进步，难道有一次不以巨大的牺牲为代价吗？但是无论经过怎样的复辟和曲折，世界应该成为、正在成为而且注定成为人民自己的世界。

六　只有社会主义能够救第三世界

第三世界和社会主义的关系问题，已经成为世界历史运动的重要的组成部分，不过在理论研究领域，从第三世界解放和发展的角度论及社会主义，又似乎多少是一个新问题。

2010 年 6 月出版的英国《经济学家》，有一篇《重新审视第三世界》，文中援引世界银行行长佐利克的一个说法："我们所知的第三世界，在 2009 年已经消亡。"[1]

最近 30 年来，这是西方阵营第三次宣布第三世界的消亡。

第一次是在苏联解体过程中直到解体前夕和解体的最初几年。宣布解散苏联共产党的苏共中央最后一任总书记戈尔巴乔夫，同社会党国际主席勃兰特等人，领衔主编《未来的社会主义》。主题是社会主义没有未来。该书收入一篇西班牙作者的《历史的开始》，费心论证的是，这个"未来"即是共产主义灭亡不可避免，第三世界不复存在，剩下的只是"垃圾堆"和"人类历史中派不上用场的残物"。这同福山那个"历史的终结"，有一种耐人寻味的呼应。当时西方主流媒体也在甚嚣尘上地鼓噪——"第三世界"是一个"含糊不清的简明的表达方式"，应该成为"历史名词"并"抛弃掉"，至少已经"不是世界历史的组成部分"，诸如此类。[2]

---

[1] 《重新审视第三世界》，英国《经济学家》周刊 2010 年 6 月 10 日。
[2] 卫建林：《历史没有句号——东西南北与第三世界发展理论·绪论》，北京师范大学出版社 1997 年版。

第二次是 1995 年 9 月积聚西方高层主要人物的旧金山费尔蒙特大饭店会议。会议提出"20∶80"的著名公式，认为启用有劳动能力的 20%，足以维持世界的繁荣，"80% 希望工作的人都没有劳动岗位"，只能"靠喂奶过日子"。① 喂奶固然慈善，却也诸多麻烦，索性由西方发达国家"单独做出决定，南方必须走什么样的道路"，直到"重新殖民化"："像对待苏联一样"把三叉戟导弹潜艇瞄准它们，"使非殖民化的过程颠倒过来，恢复古老的帝国价值观，甚至倒退到白人统治的旧制度"。②

然后是佐利克这次。他把第三世界消亡的时间定在 2009 年，所指正是世界经济危机。消亡了吗？《经济学家》文章又说，全球经济衰退加速了一种趋势：富国尚未完全恢复，穷国收入大幅超越危机前水平，因此"第三世界已经成为世界经济的引擎"，"第三世界的终结将对世界产生广泛的影响"。这是危机以来，西方关于第三世界的宣传主调。

作为新自由主义全球化的成果，西方国家内部、西方和第三世界之间、第三世界国家内部，贫富两极分化都空前加剧。在第三世界国家，极少数家庭和个人，取得进入世界级富豪俱乐部的资格。这里记录着的，是他们在依附西方的基础上，放肆掠夺、出卖自己国家财富和压榨人民的过程。危机是它的结果，但是甚至危机期间，两极分化也仍然在加剧。

和过去的危机一样，第三世界也是 2008 年世界资本主义体系"百年不遇"的金融危机、经济危机、社会危机的最大受害者，不仅被强加承受经济与金融危机、生态与能源危机和粮食危机这三重危机直接导致的经济凋敝、衰退、失业、饥饿的灾难，而且要和西方国家的普通民众一道，为金融垄断资本集团的贪婪无度埋单。仅仅粮食价格飙升一项，用美联社的话来说，就已经把从巴基斯坦到阿根廷，再到刚果（金）的许多第三世界国家的人们，越来越深地拖入贫困的深渊，"拼命让自己下一顿有饭吃，仍是每天都要面对的残酷现实"。③ 第三世界用自己国家的资源流失、市场萎缩、环境破坏甚至主权削弱，用人民的勤劳、节俭、容忍和日甚一日的贫困化，挣扎于危机的泥沼。现在却被高调，剥去"第三世界"这一意味着苦难的身份证，贴上"引擎"、"发动机"之类的新标签，在别怀深意的冷落、谦恭和赞美中，继续遭受洗劫。

---

① 汉斯－彼得·马丁、哈拉尔特·舒曼：《全球化陷阱——对民主和福利的进攻》，中央编译出版社 1998 年版，第 5 页。

② 《北方对南方发动的战争开始了吗？》，德国《法兰克福汇报》1992 年 3 月 19 日；《再见吧，莫伊先生》，美国《新闻周刊》1996 年 11 月 11 日；《三叉戟导弹潜艇瞄准疯狂的国家集团》，英国《星期日电讯报》1995 年 1 月 4 日；《为什么第三世界依然十分重要》，美国《国际安全》1992—1993 年冬季号。

③ 《价格飙升威胁穷国粮食安全》，美联社北京 2010 年 6 月 6 日电。

过些日子，西方还会第四次、第五次宣布第三世界消亡。等着看就是了。

资本主义是一种超越国界的现象。资本的扩张和边缘，伸向地球的每一个角落。资本主义产生，开始马克思所说的历史向世界历史转变。这就是全球化。

第三世界作为资本主义制度的产物、作为资本主义世界体系的边缘存在，和资本主义同生同死。它反映一种资本主义全球体系内部的关系：中心把边缘作为自然资源、廉价劳动力提供地和商品推销的市场，进行抢劫、压迫、剥削、控制。用美国历史学家斯塔夫里亚诺斯的话来说，"第三世界"主要是一个世界经济范畴，既不单指一组国家，也不是一组统计数据，而是意味着一种关系："一种支配的宗主国中心与依附的外缘地区之间的不平等关系——这些地区在过去是殖民地，今天是新殖民地式的'独立'国。"①

第三世界为摆脱这种不平等关系进行的斗争，载于整个近代史。

18世纪80年代，北美殖民地人民用暴力革命的形式反抗欧洲殖民统治，建立起美洲第一个资产阶级共和国。这就是美国。作为第三世界解放的第一个成功先例，这一事件具有伟大的世界历史意义。

但是美利坚合众国的建立，同时宣告由它开辟的第三世界解放道路的终结。美国当然仍然提供某些值得第三世界国家学习的经验。但是在第三世界，把美国道路神圣化、偶像化，梦想照抄美国道路走向富强的国家和民族一个接着一个，不同肤色的美国崇拜者一代接着一代，却没有一个好下场。美国也不断地按照自己的需要，在第三世界制造出一些样板，从拉美的"墨西哥奇迹""巴西奇迹""智利奇迹""阿根廷奇迹"，亚洲的"龙"和"虎"，到东欧"转轨先锋"波兰、国际货币基金组织"好学生"匈牙利，直到非洲几个国家。亦步亦趋于美国道路，要么浮光掠影的闪光之后无声无息，要么从一开始就踏上混乱、动荡、衰退的路，要么在本次经济危机中更深地沉入黑暗。即便某些领域曾经有过相对的发展，也不曾提供社会全面进步的范例，更说不上在全球产生广泛的意义。

资本主义世界体系的殿堂就是这样，一经排好座次，就只有大鱼吃小鱼和大鱼之间相互厮杀的戏剧。国际垄断资本控制的金字塔的最高殿堂，尤其不会允许增添一把新座椅。这是一个规律。西欧之后，在第三世界，作为美国道路的延续的，只有一个美国。进入帝国主义时代以来，沿着这样的道路，再也没有出现一个英国、法国或德国，再也没有出现一个美国。

新自由主义全球化，也被称为"美国全球化"。那既不是比如美国科技进

---

① 斯塔夫里亚诺斯：《全球分裂——第三世界的历史进程》上册，商务印书馆1993年版，第17页。

步成果的全球化、美国国家强盛水平和美国富裕阶层生活水平的全球化，更不是表示任何其他国家可以得到按照美国官方方式行事的权力，而是仅仅意味着其他地方成为美国霸权的条件或对象。总之，世界只有一个美国，美国之后再无美国。

历史已经终结第三世界通过美国道路走向发达资本主义的任何可能性。社会主义苏联应运而生，开辟了第三世界解放的第二条道路。

苏联的成就，曾经深深鼓舞第三世界的解放事业，把"社会主义"的旗帜传遍第三世界。姑且不论各自有怎样的特点和理解，自称社会主义的政党和国家，一度达到上百个之多。非洲50多个国家陆续独立，42个搞社会主义。尼赫鲁不信伊斯兰，在印度搞得还是社会主义。[①] 1975年美国两位学者合编《第三世界社会主义》一书[②]，收有11篇文章，分别论述11个国家的社会主义。这些国家，包括拉丁美洲的智利和古巴，中东的叙利亚和伊拉克，北非的利比亚和阿尔及利亚，热带非洲的马里、加纳、坦桑尼亚，亚洲的斯里兰卡和巴基斯坦。

这里一方面不能用书本的标准裁剪历史，否认这些第三世界国家的社会主义趋向的探索；另一方面不能简单地把所有这些探索不加分析地统统装进一个叫作"科学社会主义"的筐里。我们只想说，当时的苏联被认为是社会主义的榜样，苏联对第三世界的吸引力，主要来自两个方面。

首先，如阿尔及利亚领导人本·贝拉所说，"对社会主义的向往，是不发达国家人们的根本目标。不发达国家的落后，它们的政治与经济结构是殖民帝国主义造成的。一旦殖民统治被消灭，人民群众中就会再次出现这种向往，就要为它寻求出路"。其次，如斯塔夫里亚诺斯所说，"对他们来说，苏联是一个在30年内成功地将自己从一个落后的农业国转变成世界第二大工业、军事强国的国家。使这一惊人的变化成为可能的种种制度和技术，对这些民族来说非常重要"，"他们用羡慕而不是同情的眼光来看待苏联的生活水平"。[③]

人们把20世纪中期称为"东风压倒西风"的时代。那正是第三世界解放和发展的时代。所谓解放，就是从帝国主义统治下取得民族主权、国家独立。所谓发展，就是取得主权和独立基础上的经济社会进步。苏联之后，中国、东欧和亚洲一批国家以及后来的古巴，陆续走上社会主义道路。中国社会主义事业蒸蒸日上。美国可以派出几支小部队，像拂去灰尘一样轻易在拉美和加勒比地

---

① 王小强：《"文明冲突"的背后》，大风出版社2007年版，第29页。
② 海伦·德斯福瑟斯、雅克·莱维斯克：《第三世界的社会主义》，商务印书馆1983年版。
③ 斯塔夫里亚诺斯：《全球通史——1500年以后的世界》，上海社会科学院出版社1999年版，第690页。

区的任何地方动手动脚，直到发动军事政变，颠覆一个政权，另外制造一个亲美或更亲美的政权。只有小小古巴，在美国的军事威胁和全面封锁中，已经巍然屹立半个多世纪。对于经济极端困难的朝鲜，西方主流媒体时而说饿死几百万，要政变了，时而说领导人患不治之症，要死了，隔几个月就宣布一次面临崩溃甚或已经崩溃，但是至今仍然存在并不断发出属于自己的声音。这两个国家，至少在涉及国内绝大多数人的教育和医疗领域的发展成就，西方宣传家也只能闭口。倒是中途改旗易帜、退回到向美国道路转轨的那些国家，包括俄罗斯，日子一直仿佛"王小二过年"。

一篇西班牙报纸文章写道，资本主义制度给俄罗斯带来灾难：私有化成为对国家财富前所未有、厚颜无耻的大抢劫，50%的食品依靠进口，人均寿命下降，人均消费热量减少1/3、牛奶减半，身高缩减1.5厘米，参军青年中15%营养不良，真实失业率25%以上，最富有者与最贫穷者的收入之比从1991年的4：1扩大到2010年的41：1。① 看来，在目前体制下恢复到解体以前的整体水平，仍然是一个梦。

笔者1999年和2002年两次出访俄罗斯，一直困扰于一个问题：国破山河在，山河也已经遭到严重破坏，损失远远超过第二次世界大战，国家机器何以正常运转，而且有时候还仿佛世界强国之一，能够继续保留某种程度的世界问题的发言权呢？

莫斯科新添几座金碧辉煌的东正教教堂，仍然主要靠社会主义时代的城市建筑，保持世界大都会的资格。免费医疗、免费读书有所改革却也有所保留。产妇生孩子，休息三年，工资照发。过去免费分到或在私有化中廉价购得的住房，简陋而结实。陈旧的管道和电线，稍加修理，照用不误。在莫斯科街头，凌晨暮霭中见有拉达车飞驰而过，后面的车门捆着塑料绳子。同行的中国人说，莫斯科有一个谚语说，"旧拉达比新奔驰跑得快"，言其经久耐用。苏共老党员、红军老战士靠变卖过去的衣物、勋章和有革命色彩的旧家具，一时尚不至于饿死。苏联时代居民曾在郊区分有小块土地——过去是度周末的别墅，现在种土豆，可以部分解决吃饭问题。

2010年5月9日，俄罗斯举行纪念卫国战争胜利65周年庆典阅兵式。5月14日《世界新闻报》刊有4种显示俄罗斯军事力量的现代化武器——图–160"海盗旗"战略轰炸机、"格丽莎"小型反潜舰、TOS–1"喷火坦克"和"铠甲–ST"型弹炮合一战车。其中的前3种，明言产自苏联时代或当时已经装备

① 《从苏联到俄罗斯》，西班牙《起义报》2010年7月3日。

军队。也是这家报纸，7 月 16 日刊有介绍俄军装甲部队装备情况：目前仍以苏联时代的坦克为主力，新的雄心壮志，是投产苏联时代开始研制的 "T－95"，"重塑苏式铁军"。

香港一家杂志 2010 年刊有《社会主义在俄罗斯》。今日俄罗斯，任何人进医院仍然会获得救治，不必付押金，住院期间国家承担包括伙食、护理费等一切费用。住房实行 "无偿私有化"，人均 18 平方米以下无偿转给个人，18 平方米以上收取很少的钱。莫斯科出现 "天价房"，地产商将四成新房交给政府以换取提供建房用地。政府把这些新房分配给等待福利房的年长居民，首先是二战老官兵、残疾人、苏联时期受过政治迫害的家庭。政府控制水电煤气取暖等公用事业费用上涨，幅度不得超过居民家庭收入的 10% 到 20%，超过部分由政府补贴，人均收入过低者免交。政府财政收入 1/3 以上用于教育、医疗、救济等公共产品建设。公立小学到大学全部免费，国家还免费提供课本、一年级到四年级学生午餐。①

历史的根伸入大地，其生命力绝非信口雌黄可以扼杀。社会主义一旦成为人民生活的组成部分，政治上层建筑可以坍塌，标语口号可以忘却，重重灾难和乌七八糟的谎言可以铺天盖地，然而那些融入人民生命的文化的积淀，却深深埋在历史的土壤中。没有了高尔基和乌兰诺娃，甚至没有了普希金和柴可夫斯基，但是美国心理健康研究所 2007—2008 年的调查结果，简直令人惊异和啼笑皆非："以前被认为性格沉闷的俄罗斯人，要比活泼的美国人幸福。"②

这就是人民创造的社会主义的家底——物质的家底和精神的家底。这个家底，即使遭受毁灭性的巨大破坏，即使不再增加什么或者很少能够增加什么，即使私有化大跃进到国家财产被内外勾结，大规模地贱卖、瓜分和抢劫，贪污腐败遍于国中，科学教育体系几至彻底崩溃，道德沦丧达到历史水平，也还在一个相当长的时间里，拆不毁、挖不掉、用不完、折腾不干净。国家存在并继续运转，在某些重要领域保留着令别国羡慕而且短时间里追赶不上的水平。

一个第三世界国家，靠社会主义成为世界一流强国，已经是人类史的一个奇迹。颠覆社会主义，颠覆者坐在先辈用血肉之躯夺得的座椅上咒骂先辈，社会主义遗产成为非社会主义政权存在的救命稻草，靠旧家当支撑新日子；这也算得人类史上的一个奇迹。

---

① 《社会主义在俄罗斯》，《凤凰周刊》2010 年第 10 期。
② 《报告显示俄罗斯人比美国人幸福，虽沉闷但不沉沦》，"环球时报—环球网" 2010 年 7 月 22 日。

社会主义取代资本主义的现实进程，不是从其全球体系中的资本主义发达世界，而是从它的薄弱环节即第三世界发起突破。换句话说，资本主义在世界历史中的消亡，不是从它的中心而是从它的边缘开始。这既不是任何教义律令的演绎，也不是任何杰出领袖人物的什么"顶层设计"，而是 20 世纪以来世界历史运动的现实。

苏联解体以来，弥漫全球的白色恐怖，用于进行讨伐和围剿的武器，恰恰不是事实，倒是经常搬出一个恐怖制造者制造的马克思。

按照他们的说法，资本主义是什么？就是美国、英国、法国、德国，苏联和中国因为革命前没有充分发展的资本主义，社会生产力落后，因此没有资格建设社会主义，或者说根本不存在社会主义。如果说这就是社会主义，那就不合马克思；结论是需要"民主革命补课"——于是从以消灭私有制作为旗帜的革命发生的起点，倒转回去重新私有化，于是用社会主义创造的巨大财富作为觐见礼、一头转轨到西方垄断资本的怀里。

从十月革命起，对苏联的一个主要指责是，俄罗斯经济文化落后，"生产力没有发展到实现社会主义的水平"。列宁《论我国革命》和毛泽东的一系列著作，特别是苏联、中国及其他社会主义国家的实践，已经回答了这个问题。苏联解体以来，在世界社会主义运动的低潮中，这种指责沉渣泛起，还派生出一套社会主义国家需要"民主革命补课"的理论。所谓"民主革命补课"，就是要求再走美国道路，从社会主义退回去，重新经历资本主义充分发展的完整阶段。

"民主革命补课"——俄国、苏联其他各加盟共和国和东欧原社会主义国家，补课了，补出的是些什么东西呢？西方的控制，主权和独立的削弱，社会混乱，经济衰退，失业遍于国中，贫困日甚一日，如此而已。这就是邓小平同志讲的，"一旦中国抛弃社会主义，就要回到半殖民地半封建社会，不要说小康，就连温饱也没有保证"。

这里抬出一个被歪曲的马克思。据说，既然马克思认为社会主义从资本主义产生出来，那么，第三世界国家别无选择，必然地需要经过资本主义的充分发展，在这之前或者没有资格谈社会主义，或者虽然称呼社会主义而其实不是社会主义。这就剥夺了第三世界国家走向社会主义的权利。

然而正是马克思，在 19 世纪的 70 年代、80 年代分析俄国社会出路的时候指出，《资本论》论及资本主义生产起源的基础是"生产者同生产资料的彻底分离"即"对农民的剥夺"，"明确地把这一运动的'历史合理性'限于西欧各国"。马克思说，"如果一定要把我关于西欧资本主义起源的历史概述彻底变成一般发展道路的历史哲学理论，一切民族，不管它们所处的历史环境如何，都注定要走这条道路"，那"会给我过多的荣誉，同时也会给我过多的侮辱"。至于俄国，"由于各种情况的特殊凑合，至今还在全国范围内存在着的农村公社能够逐渐摆脱其原始特征，并直接作为集体生产的因素在全国范围内发展起来。正因为它和资本主义生产是同时代的东西，所以它能够不通过资本主义生产的一切可怕的曲折而吸收它的一切肯定的成就"。①

在19世纪70年代、80年代，作为一个第三世界国家，俄国被笼罩于资本主义世界体系，但是由于自己的特殊条件，"能够不通过资本主义生产的一切可怕的曲折而吸收它的一切肯定的成就"。在《共产党宣言》1882年俄文版序言中，这被称为"共产主义发展的起点"。

历史的启示在于，从第三世界走向社会主义，也如马克思这封信论及当时俄国情形时所说，只能是一种"和资本主义生产是同时代的东西"，因此不能不始终面临两个方面的历史任务。这就是，第一，争得和维护民族主权、国家独立，即反对帝国主义侵略和干涉。第二，发展社会生产力和在这一基础上实现社会全面进步。

这成为它的生命的支柱。两个任务相互联系、彼此渗透，都具有包含着政治、经济、思想文化广泛内容的综合的性质。所谓"始终"，所谓"历史任务"，是说在实现最高目标之前，这是一个长期的过程，不会因为社会主义革命一个回合或几个回合的胜利，也不会因为宏伟的建设成就，而能够放松或丢弃其中的任何一项。根据社会条件的变化，认识、把握、处理两方面历史任务的关系，在一定条件下突出一些方面，以便形成自己社会存在、发展、进步的最佳合力，经常处于一种迎接新挑战、解决新课题的探索和创造的状态，也总是成为对政权的考验和全部领导艺术的中心。

如果社会主义从资本主义发达国家突破，情况就会有很大的不同。前述第一个任务已经完成或基本完成。发展社会生产力和在这一基础上实现社会全面进步，也已经具备相当的条件。在这种情况下，需要解决的基本问题，就只是生产的社会化和生产资料资本主义私人占有形式之间的矛盾了。

所谓"民主革命补课"，如果是主张取消社会主义，主张从已经成为现实的社会主义倒退，退回到待资本主义充分发展以至达到发达的程度，再谈社会主义问题，那只不过重复一个自19世纪末已经落入虚幻的命题。在帝国主义时

---

① 《给"祖国纪事"杂志编辑部的信》、《给维·伊·查苏利奇的信》，均见《马克思恩格斯全集》第19卷，人民出版社1963年版。

代，发达资本主义不会允许，而且有足够实力禁止任何第三世界国家进入它的领地。历史没有提供任何一个这种所谓"补课"的成功实例。

生活提供的，恰恰是另一种实例。无论在俄罗斯还是在中国，前述的两个历史任务，本来应该由资产阶级承担，但是这个阶级既没有有效地抵御帝国主义的侵略和干涉，也没有在发展社会生产力方面作出足够的贡献，更说不上社会全面进步了。两个任务，历史地落在无产阶级领导的社会主义事业的肩上。如果使用"民主革命补课"这种语言，那就应该说，从第三世界起步的社会主义，不能不包含民主革命的内容。用中国读者容易理解的说法，就是经过新民主主义，走向社会主义。在这里，所谓"民主革命补课"，只能归结为，这是抵御帝国主义侵略和干涉、把民族独立和国家主权放在第一位的社会主义，这是需要为发展社会生产力和在这一基础上实现社会全面进步付出更为艰巨努力的社会主义，这是两者缺一不可的社会主义。

苏联从诞生到解体，没有一天不处于世界资本主义的干涉、侵略、封锁、制裁的包围圈中。这正是典型的第三世界特征。但是苏联共产党的致命错误之一，恰恰在于自赫鲁晓夫时代起，从全面抵御帝国主义的包围，走到在政治上、思想上撤除防线的地步。在理论上，它不认为自己是从第三世界进入社会主义，不认为自己仍然属于第三世界，而是眼巴巴地和美国一道对第三世界国家进行掠夺和控制，身处国际阶级斗争的生死线而居然吹嘘自己在建成"发达社会主义"。这一理论错误，导致一系列内外政策的错误。就国民生产总值的增长速度和总量而言，就把经济成果用于提高国内人民群众的物质文化水平而言，无论苏联犯有多少错误，都可以说无愧于自己时代的任何国家。但是没有能够全面把握第三世界国家社会主义事业持续发展的规律，使它终于在取得伟大成就之后，用悲剧为自己画上句号。

斯塔夫里亚诺斯应该算是一位旁观者。在 1981 年出版的《全球分裂——第三世界的历史进程》中，他已经意识到，每个国家都需要根据自己的实际情况处理一些至今悬而未决的矛盾，包括是精神刺激还是物质鼓励，是等级结构的官僚体制还是群众参与，还有城市与农村的矛盾，体力劳动与脑力劳动的矛盾，等等，"提高国民生产总值本身并不能应付这些矛盾，这一点已被美国和苏联的经验，以及从巴西到伊朗、印度尼西亚等第三世界国家的经验所充分地证明"。①

西方当局标榜"民主"，却从来不会支持第三世界的彻底的民主革命。埋

---

① 　斯塔夫里亚诺斯：《全球分裂——第三世界的历史进程》下册，商务印书馆 1993 年版，第 662 页。

葬苏联，既是摧毁社会主义革命成果的过程，也是摧毁民主革命成果的过程。这里是两个而不是一个目标。在苏共垮台"接近真相大白"的关键时刻，美国上层发生一场是否继续援助戈尔巴乔夫改革的争论。结论性的意见见于尼克松：要使戈尔巴乔夫"转向"和"不可逆转地回到彻底改革的道路"——即"接受肢解帝国，摧毁社会主义的改革"的道路，——就必须清楚，他是"共产党组织培养的产物"，又是一个"爱国的俄罗斯民族主义者"。为此需要施加势不可当的压力，使危机加深到他别无选择的程度。①

这就是尼克松开出的"彻底改革"的路线图：不允许共产也不允许爱国，不允许社会主义也不允许民主主义，不仅要卖党而且要卖国。底牌就是货真价实的殖民地，就是退回到第三世界的起点，退回到20世纪以前的沙皇俄国和亚洲、非洲、拉丁美洲的状态。布热津斯基还要过分，索性再倒退500年，继续肢解下去，直到不允许俄国成为一个横跨欧亚两洲的大国。

帝国主义时代意味着，在第三世界的解放和发展中，民主革命，也就是实现民族独立、国家主权的彻底程度和取得的成就，取决于同社会主义的联系。社会主义成为民主革命的逻辑的延续，也只有社会主义才能够包含、保证民主革命的成功和成果。鸦片战争以来，为摆脱中国半殖民地半封建状态，几代仁人志士牺牲奋斗，只是在找到马克思主义、确立社会主义的目标以后，才开辟出胜利的道路，只有在确立社会主义制度以后，才真正实现民族主权、国家独立。一切爱国者，在业已选定的路上奋斗，要么成为共产党人，要么成为共产主义的真诚朋友。从爱国主义走向社会主义，这是中国的，也是整个第三世界解放和发展的一条规律。

从另一方面提出问题，一切埋葬社会主义的努力，都包含摧毁民主革命的成果，都以此为前提。社会主义所以使西方当局及其追随者寝食不安，芒刺在背，正在于它、也只有它，成为民族独立、国家主权的铜墙铁壁。解体苏联之后，继续解体俄罗斯写在西方的战略日程表上，在一个一个已非社会主义的苏联前加盟共和国，不知疲倦、坚持不懈地煽动"颜色革命"。这里演出的，是一种寻找西方垄断资本当局忠顺政权的选秀游戏——稍有贰心，即刻颠覆，赏赐与出卖民族主权、国家独立呈正比例，循环往复，以至无穷。在第三世界各国，莫不如此。

巴黎公社失败了，公社的原则永存。于是有俄国的十月革命。苏联解体了，十月革命的原则永存。十月革命的第一个原则，就是第三世界走向社会主义。

① 尼克松：《戈尔巴乔夫的危机与美国的机会》，美国《华盛顿邮报》1991年6月2日。

世界社会主义低潮，新自由主义全球肆虐导致全球灾难，世界资本主义经济危机，美国霸权主义衰落，再次展开第三世界寻找解放和发展道路的教科书。马克思在西方国家引起普遍关注。怀念已经遭遇毁灭的社会主义的成就，成为东欧人民历史创造的新起点。社会主义中国的发展，吸引着第三世界的人们。从尼泊尔到委内瑞拉，从自己的实际出发，重新举起社会主义的旗帜。

进入帝国主义时期，特别是出现苏联社会主义，特别是苏联解体、世界社会主义运动进入低潮的时代，历史已经以更加深厚的力量，赋予第三世界通过社会主义，实现解放和发展的权利。

无论苏联的历史还是苏联解体以来的历史，都告诉世界，从第三世界起步的社会主义，除各自民族和国家的具体情况和历史传统，一般地说，在很长一个历史时期，都面临两个方面的基本任务。一个是抵御帝国主义的侵略和干涉，把民族独立、国家主权放在第一位。另一个是充分发展社会生产力和在这一基础上实现社会全面进步。

这成为它的生命的支柱。两个任务相互联系、彼此渗透，都具有包含着政治、经济、思想文化广泛内容的综合的性质。根据社会条件的变化，认识、把握、处理两方面任务的关系，在一定条件下突出一些方面，以便形成自己社会存在、发展、进步的最佳合力，经常处于一种迎接新挑战、解决新课题的探索和创造的状态，也总是成为对政权的考验和全部领导艺术的核心。

如果社会主义从资本主义发达国家起步，情况就会有很大的不同。前述第一个任务已经完成或基本完成。社会生产力也已经达到相当的水平。在这种情况下，需要解决的基本问题，就主要归结为生产的社会化和生产资料资本主义私人占有形式之间的矛盾了。

苏联的成功和它在第三世界的号召力在这里。苏联失败和解体的最重要原因以及它留给世界的最深刻教训，也在这里。中国坚持社会主义，走中国特色社会主义的道路并取得巨大成就，基本的经验，同样在这里。

危机袭来的时候，马克思和他的学说在西方发达国家重新受到尊重。甚至美国，也不得不在国内实行带有某种社会主义色彩的政策，比如医疗改革。连它的总统奥巴马，也被他的拥护者或者反对者戴上"社会主义者"的红帽子。对社会主义的怀念，成为苏联东欧地区人民历史探索的新起点。中国社会主义事业蒸蒸日上。拉美和亚洲再度升起社会主义的旗帜。历史以特别尖锐的形式，把社会主义与第三世界解放和发展的关系问题，推到自己舞台的前沿。

第三世界是人类的多数。离开这个多数，妄谈世界的发展和进步，简直文不对题。只有社会主义才能救第三世界。只有社会主义才能救世界。这种大多数人参与的、实现大多数人利益的运动，不会是金钱买卖的产物，不会是富豪善心的实现，不会是书本教条的结果，也不会是社会主义已有样式的重复，而只能是各国人民根据自己实际情况和历史传统的新创造。巨大的苦难和废墟，正在成为奋不顾身的挣扎、探索和创造的新天地。充满英雄主义和牺牲精神、萌生蓬勃的新事物的伟大的世界历史画卷，将再次在人类面前展开。

开创 21 世纪中国马克思主义
学术研究的新境界

——记 30 位中老年马克思主义学者

党的十八大以来，中共中央政治局先后集体学习马克思主义哲学和马克思主义政治经济学，习近平总书记在集体学习会上发表重要讲话。2016 年 5 月 17日，习近平总书记在哲学社会科学工作座谈会上发表重要讲话。这些重要讲话成为当代中国马克思主义的新发展，是指引我国马克思主义理论研究的新方针。为了传播学术研究最新成果，进一步推动当代中国马克思主义理论研究，中国历史唯物主义学会、中国经济规律研究会和中国社会科学院马克思主义研究学部共同开展"近年最具影响力的 30 位马克思主义学者"评选工作（在位的部长级学者不在此次评选范围）。他们是：

第一，在马克思主义哲学研究领域，作出突出学术贡献的著名学者为中国人民大学陈先达，中国社会科学院汝信、李崇富、侯惠勤、徐崇温，复旦大学陈学明，武汉大学陶德麟。他们在马克思主义哲学特质、基本原理及其应用，特别是在意识形态理论、国外马克思主义哲学评析和马克思主义哲学方法中国化的学术研究，以及科学批判西方普世价值等错误思潮方面，取得了重要进展和科研成果，积极推动了中国特色马克思主义哲学体系和话语体系的构建。

第二，在马克思主义政治经济学研究领域，作出突出学术贡献的著名学者中国社会科学院刘国光、程恩富、何秉孟，中国人民大学卫兴华、吴易风、周新城、胡钧，北京大学顾海良，复旦大学洪远朋，厦门大学吴宣恭，武汉大学颜鹏飞，河南财经政法大学杨承训。他们在 21 世纪马克思主义政治经济学和中国特色社会主义政治经济学的体系、方法和理论的创新，尤其是在系统构建现代政治经济学初级、中级和高级三个版本的系统教材、中外马克思主义经济思想史、马克思主义经济学与西方经济学比较，以及科学批判新自由主义等错误思潮方面，形成重要的科研成果。

第三，在科学社会主义等研究领域，作出突出学术贡献的著名学者中国社会科学院李慎明、朱佳木、张海鹏，中央党校赵曜，中央文献研究室逄先知，北京大学沙健孙、梁柱，清华大学刘书林，教育部社科中心田心铭，武汉大学梅荣政，中央政研室卫建林。他们在科学社会主义、中国特色社会主义、世界社会主义、当代资本主义、中国近现代史、党史党建，以及运用马克思主义及其中国化理论科学批判资产阶级的民主社会主义、历史虚无主义和西方宪政观等错误思潮方面，发表了有重大影响的论著，从学理上系统诠释了中国特色社会主义的道路、理论、制度和文化"四个自信"。

这些马克思主义学者具有共同的思想和学风特质：

一是理想信念坚定，决不模糊理论立场。刘国光是我国经济学界社会主义市场经济概念和理论的主要提出者，近年来继续科学阐述社会主义与市场经济的有机高效结合，并一再强调要以马克思主义经济学指导西方经济学的教学和研究。陈先达、陶德麟著作等身，积极诠释马克思主义信仰、共产主义远大理想和中国特色社会主义共同理想的科学性和当代价值，回顾和总结学术人生以教诲后学。

二是学风为人严谨，决不哗众取宠、人云亦云。汝信、田心铭、刘书林、梅荣政在马克思主义基本原理和当代运用上，一贯注重为人民做学问的学术方向和学风，坚持科学的理性思维，"不唯书、不唯上、只唯实"，思想解放而不僵化，学风严谨而不风化。顾海良面对中外学界不客观地抹黑斯大林的潮流，发表《斯大林社会主义思想研究》力著，并在中外马克思主义经济思想史研究领域作出了系统严谨的研究。吴易风、吴宣恭、颜鹏飞主动进行马列主义及其中国化经济理论同西方经济理论的科学比较，破析"西方范式、中国问题"、"西方经济学中国化和本土化"、"中国经济学西方化"等谬误，同时合理借鉴国外有用知识。

三是创新批判融洽，决不当"开明绅士"。逄先知、朱佳木、沙健孙、梁柱和张海鹏从学术和现实层面实事求是地评析党史、国史和近代史问题上的历史虚无主义；何秉孟、周新城和胡钧则重点评析导致国际金融危机和贫富两极分化的新自由主义；李崇富对马克思主义国家理论作出新的解说，批评在国家认识上的各种错误思潮；侯惠勤对马克思主义意识形态理论作出系统的新解读，理性批驳西方普世价值观。他们把理论创新与科学批判相结合，敢于"发声亮剑"，不当只顾个人声誉的骑墙观望式"开明绅士"。

四是理论实践结合，决不空谈误学。卫兴华既对马列主义及其中国化经济理论体系有全面把握，也对中国特色社会主义经济实践有深度了解，尤其是在产权、分配、调节、开放、城镇化等现实问题上不断献智献策。洪远朋在"综合经济利益"全方位研究的基础上独到地提出"共享价值论"新理论和新话语，认为为了与资本主义社会的主要特征相区别，最好不用"剩余价值"这一概念，而用"共享价值"来反映社会主义社会中劳动新创造的价值，确实可以比较好地体现社会主义的本质。杨承训高度重视科技在经济发展中的功效，独创性地提出科技调节是与市场调节、国家调节并存的第三种调节机制，形成相互作用的三元调节系统。

五是国内国外统观，决不封闭自满。李慎明不仅发表国内国际多领域多问题的马克思主义研究论著，而且领衔的"世界社会主义论坛"年年均有数十位国际知名的马克思主义和左翼学者出席，影响日渐扩大。程恩富不仅已出版《现代政治经济学》越南版、《经济学方法论》日文版和十多篇外文文章，而且作为世界政治经济学会会长在国外每年组织的论坛均有近百位学者参加，主编《世界政治经济学评论》和《国际思想评论》英文期刊被选列为"国际新兴学术期刊"。徐崇温、陈学明在国外马克思主义及其哲学的研究和国际交流方面，成绩显著。赵曜在科学社会主义及其世界表现式样和国内外理论比较方面，卫建林在第三世界与社会主义研究方面，均有国内外宽阔的视野和统一战略思考。

六是教研育人并重，决不孤芳自赏。这些马克思主义理论大家的学术影响力，还充分表现在教书育人、学术团队建设和学生出类拔萃层面。他们一般都先后培养和指导数十位或过百位的研究生、博士后和访问学者，且继续从事指导的仍占多数。正是他们在马克思主义理论的教书育人上的亲力亲为，因而在中国社会科学院、中国人民大学、北京大学、复旦大学、武汉大学、清华大学等学术重镇，造就了老中青相结合的马克思主义理论研究较强团队，逐渐成为马克思主义教研的坚强阵地，用马克思主义指导中国哲学社会科学的学术殿堂、马克思主义理论和策论的主要思想库。

（作者：马学仁，原载《中国社会科学报》2017年2月6日第1140期）

后　记

2016 年 5 月 17 日，习近平总书记在哲学社会科学工作座谈会上的讲话和 2017 年 5 月 17 日给中国社会科学院成立 40 周年的贺信中都强调："丰富和发展 21 世纪马克思主义和当代中国马克思主义。"这是以习近平为核心的党中央再次发出的重要号召，也是我们广大哲学社会科学工作者的心声和宏伟目标，必须继续多层面地丰富和发展马克思主义。

一是在创发主体层面，马克思主义是由马克思、恩格斯创立和后继者不断发展的理论体系。自马克思和恩格斯创立马克思主义以来，各国马克思主义政党领袖和学者不断发展马克思主义，并结合各国国情和实践进行本国化创新，尽管存在某些失误，但总体上推进了这一理论体系的发展。马克思主义中国化理论形成毛泽东思想和中国特色社会主义理论的两大飞跃。党的十八大以来，习近平系列重要讲话形成治国理政的新理念、新思想和新战略，丰富和发展了马克思主义的哲学、政治经济学、科学社会主义、政治学、文化学、生态文明学、法学、社会学、国际关系学等理论，从而出现正在发展中的当代中国马克思主义。我们广大马克思主义学者作为后继主体之一，应在治国理政新理念新思想新战略的指引下，树立为人民做学问的理念，在社会科学的主干性和基础性学科领域继续积极丰富和发展马克思主义，为更好地塑造作为指导思想与作为学术思想的当代中国马克思主义良性互动的新气象而努力。

二是在学术内涵层面，马克思主义是关于自然、社会和思维发展的一般规律的学术思想和科学体系。有舆论错误地认为，马克思主义只是革命理论和意识形态。其实，马克思主义理论与其他相同主题的非马克思主义理论一样，都既是意识形态，又是学术思想，只不过立场、观点和方法有本质区别。比如，在哲学领域，唯物史观与唯心史观、辩证唯物主义与机械唯物主义、唯物辩证法与唯心辩证法、社会存在决定论与社会意识决定论，等等；在政治经济学领域，中国特色社会主义理论认为，公有制占主体的社会主义与市场经济结合，可以比私有制占主体的资本主义产生更高的公平和效率，而西方经济学则完全否认这一学术观点；在社会主义研究领域，认为中国特色社会主义是科学社会主义的继承和发展，它与认为社会民主主义（所谓民主社会主义）是科学理论的观点截然相反。可见，马克思主义不仅是一般的学术思想，而且是相对最科学的学术体系。我们必须大力推进马克思主义一级学科和哲学社会科学相关学科的马克思主义学术体系、范畴体系、话语体系和方法体系。

三是在社会功能层面，马克思主义是工人阶级及其政党进行社会主义革命和建设以及过渡到共产主义社会的指导思想和科学体系。 有舆论错误地认为，马克思主义已过时，或中看不中用，或没有建设理论。事实上，仅从《资本论》来说，马克思关于社会主义和共产主义经济形态的论述就有 80 处，主要阐述该经济形态的所有制、再生产、经济计划、按比例发展、必要劳动与剩余劳动、各类基金、分配制度、农业与土地、人的全面发展与教育以及家庭等一系列问题。中国特色社会主义理论均继承和全面系统地拓展了这些思想，尤其是以"五位一体"总体布局和"四个全面"战略布局为核心的治国理政新思想，对于不忘初心，坚信理想信念，弘扬将革命进行到底的精神（习近平 2016 年 12 月 31 日元旦座谈会讲话用语），推进中国特色社会主义伟大事业、进行具有许多新的历史特点的伟大斗争和党的建设新的伟大工程，发挥了极其重要的指导作用和社会功效。我们必须在真学真懂真信的基础上真正运用好马克思主义，为当今中国和未来的持续健康发展献智献策。

四是在人民福祉层面，发展马克思主义关于改善民生和人的全面自由发展的原则思想和科学体系。 有舆论错误地认为，马克思主义是"高大上"理论，与就业、分配、住房、社保、婚姻等民生和福祉问题没有关系。恰恰相反，所有的马克思主义经典作家和共产党领袖都高度重视关于民生和福祉的问题，均有前后继承、与时俱进的大量理论性和方针政策性的论述。党的十八大以来，马克思主义中国化理论及时提出以"国家富强、民族振兴、人民幸福"为宗旨的中国梦目标，强调"以人民为中心的发展思想"、"改善民生就是发展"和共同富裕原则以及共享的新理念，在扶贫、就业、社保、医疗、教育、住房、休闲、安全、分配等民生提升方面成效显著。可见，马克思主义及其中国化理论关于革命、建设和改革的最终目的，就在于通过最大限度地满足全体人民物质和精神生活的需要，来不断提高人的福祉程度和全面自由发展。我们必须贴近民生、贴近幸福、贴近人的发展，脚踏实地地发展马克思主义共富共享共福的原则和政策思路。

五是在价值观念层面，发展马克思主义关于人生信仰和基本价值观的社会

思想和科学体系。有舆论错误地认为，只有信教才有人生信仰和价值观。一般说来，信仰是对某种主义、宗教或某人、某物的信奉和尊重，并奉为自己的行为准则。与基本价值观相吻合的信仰有三类：一是原始信仰，人们相信图腾、禁忌、神话和巫师；二是宗教信仰，人们相信由人自己塑造的宗教教义和教主；三是主义信仰，近现代以来，人们相信各种较系统的理论体系或主义，如西方的普世价值观、宪政观、新自由主义等，也包括相信马克思主义和共产主义。不过，只有马克思主义关于人生信仰和基本价值观才是科学和先进的。马克思关于为人类而工作、马克思主义中国化理论关于为人民服务等人生价值观，曾经并继续发挥着正能量的巨大社会作用。目前，倡导的富强、民主、文明、和谐、自由、平等、公正、法治、爱国、敬业、诚信、友善，展示了社会主义多层面的核心价值观，其宗旨便是社会主义的新人类理应把为人民服务作为自己崇高的人生价值观和幸福观。我们必须从理论与现实、历史与未来的有机结合上，阐明和进一步发展科学的人生信仰观和人类先进的价值观，促进人类整个价值观体系和行为的不断文明化和崇高化。

六是在国际交往层面，发展马克思主义关于和平发展和促进人类共同体的国际思想和科学体系。有舆论错误地认为，马克思主义只是主张暴力革命。实际上，依马克思所见，和平方式和革命暴力方式都是处理国内和国际间关系的手段和途径，应视不同的情况而灵活运用，并以和平方式为首选，而永久和平则是人类追求的理想目标。在马克思的交往学说中，批判剥削社会的"虚假的共同体"和不平等的国际贸易和世界市场，主张"自由人联合体"的"人道主义共产主义共同体"。当代中国高举和平、发展、合作、共赢旗帜，引导国际社会共同塑造更加公正合理的国际新秩序，引导国际社会共同维护国际安全，构筑和促进人类命运共同体和利益共同体，是马克思主义关于国际交往和全球化思想的新理念新思想新战略。我们必须在大发展大变革大调整的时代浪潮中，全面系统地阐明世界多极化、经济全球化、社会信息化、文化多样化，发展马克思主义关于金融垄断资本主义大时代中和平发展大势和人类共同体的国际思想体系，以造福世界，造福人民。

要言之，我们要贯彻落实中共中央《关于加快构建中国特色哲学社会科学的意见》，推进马克思主义中国化、时代化、大众化，多层面、多领域地丰富和发展21世纪马克思主义、当代中国马克思主义，加快构建和完善中国特色哲学社会科学学科体系，不断扩大中国马克思主义学术和思想在世界上的影响力和吸引力。

为了学习贯彻习近平总书记在哲学社会科学工作座谈会上的重要讲话精神，

中国社会科学院马克思主义研究学部组织撰写了这部研究文集。这是本学部组织的第九部文集,展示了评选出的 30 位著名马克思主义社会科学家的研究成果。本部文集由本人主编,谭晓军研究员为副主编。在此,十分感谢各位文章的作者,以及中国社会科学出版社赵剑英社长和马克思主义理论出版中心田文主任等给予的一贯大力支持!文章依据内容排序,只代表各位作者的个人观点,若有不妥之处,烦请读者批评指正。

中国社会科学院马克思主义研究学部主任　程恩富

2017 年 5 月于北京